지식재산법과 제도

_ 상표권 및 디자인권 중심 _

김태만 · 박기문 · 박재원 · 이한규 · 정인영 · 진선태 · 차형렬 저

Trade Mark & Design

충남대학교출판문화원

지식재산법과 제도
- 상표권 및 디자인권 중심 -

지 은 이 _ 김태만, 박기문, 박재원,
이한규, 정인영, 진선태, 차형렬
발 행 일 _ 2023년 4월 28일
발 행 인 _ 이진숙
펴 낸 곳 _ 충남대학교출판문화원
주 소 _ 대전광역시 유성구 대학로 99
전 화 _ 042-821-6045
홈페이지 _ http://www.cnupress.co.kr
E-mail _ cnupress@cnu.ac.kr

ISBN 979-11-6503-202-9 93360
정가 40,000원

지식재산법과 제도

-상표권 및 디자인권 중심-

머리글

이 책은 지식재산 분야의 머글(Muggle)을 위한 책입니다. 알다시피 머글은 영화 해리 포터에 나오는 마법을 전혀 부릴 줄 모르는 보통 인간을 말합니다. 해리 포터의 세상에서는 마법의 존재를 알고 필요한 때 마법의 힘을 이용할 줄 아는 사람과 그렇지 않은 사람의 삶은 큰 차이를 만들어 냈습니다.

지식재산에서의 법과 제도도 마찬가지입니다. 지식재산 분야의 전문가가 아니더라도 지식재산 제도의 존재와 핵심 원리를 이해한다면 위와 같은 결과를 만들어 낼 것입니다. 즉 자신의 업무에 전략적인 접근과 지식재산 전문가의 도움을 적절히 활용할 수 있는 사람과 그렇지 않은 사람의 역량 차이는 크게 달라질 수 있습니다.

이 책은 지식재산법과 제도를 효과적으로 활용할 줄 아는 현명한 학습자를 위해 구성되었습니다. 저자들은 다음과 같은 원칙을 정하여 이에 유의하여 집필하였습니다.

첫째, 최대한 일상용어를 사용하려고 노력했습니다.

지식재산법과 제도는 일상에서 쉽게 접하기 어려운 분야이기 때문에 학습자의 시야에 들어오지 않는 전문분야입니다. 지식재산 전문가 사이에서의 전문용어 사용은 객관성을 담보하고 오해의 여지를 줄일 수 있어 효과적일 수 있으나, 이 책에서는 초심자들에게는 어려운 전문용어를 가급적 지양하고 의미가 통할 정도의 일상용어를 사용하려고 노력하였습니다.

둘째, 지식재산의 핵심원리 위주로 기술하고자 노력했습니다.

지식재산법과 제도에 대한 자세한 내용이나 절차를 책 한권에 담는 것은 어렵습니다. 세세한 전문지식은 그 분야 전문가를 활용하거나 추가 검색을 통해 파악할 수 있습니다. 이 책에서는 지식재산법과 제도의 핵심 원리를 이해하여 활용방법을 학습자들에게 전달하려는 것이 목적입니다.

셋째, 다양한 지식재산 실무사례를 포함시키고자 노력하였습니다.

법에 대한 개념과 용어가 추상적으로 설명될 때 학습자들은 그 개념에 쉽게 다가가기 어려운 경우가 많습니다. 이 책에서는 현장실무에서 벌어지는 지식재산에 관한 다양한 판결과 실무사례를 가급적 많이 포함시켰습니다. 다양한 사례를 통하여 자연스럽게 지식재산권에 대한 핵심개념과 작동원리를 이해할 수 있도록 하였습니다.

이 책을 위해 지식재산 분야의 어벤저스(Avengers)라 부를 만할 전문가들로 필진을 구성했습니다. 상표출원과 심사분야는 특허청 박재원 심사관이, 상표심판분야는 특허심판원 차형렬 심판장이, 상표사용과 보호분야는 정인영 심판장이 집필을 맡았습니다. 디자인출원과 심사분야는 특허청 진선태 심사관이, 디자인 심판과 보호분야는 특허심판원 이한규 심판장이 각각 집필을 맡았습니다. 나머지 분야의 집필은 김태만 교수가 맡았으며, 전체적인 기획과 감수는 충남대 박기문 교수가 맡았습니다.

이 책이 출판되기까지에는 많은 분들의 도움이 있었습니다. 물심양면 지원을 아끼지 않은 충남대 지식재산인력양성사업단의 김태훈 단장님과 허내금, 이신명 팀장님께 감사드립니다. 특히, 우수도서 출판지원사업의 대상 도서선정과 출판을 맡아 주신 충남대 출판문화원 관계자 분들께도 감사의 말씀을 드립니다.

아무쪼록 지식재산의 핵심원리를 이해하여 더 높은 경지로 오르고자 하는 현명한 학습자들에게 재미있는 마법의 여정이 될 수 있기를 기대합니다.

2023년 3월

저자 일동

차례

01. 지식재산의 의미와 중요성

출처 :
https://www.google.co.kr/search?q=intellectual%20property&tbm=isch&tbs=il:cl&hl=ko&sa=X&ved=0CAAQ1vwEahcKEwiIsbO84tT7AhUAAAAAHQAAAAAQAw&biw=2496&bih=1312#imgrc=pCZcxAfqKOvW4M

이 모듈은 학습자가 지식재산제도가 무엇인지, 지식재산제도가 왜 필요한지, 지식재산이 어떻게 기업의 가치를 지키고 더 높일 수 있는지 이해할 수 있도록 구성되어 있다.

지식재산의 의미와 중요성 단원의 내용 구성

교육목표

지식재산 제도의 의미가 무엇인지, 지식재산제도가 우리의 경제활동에서 어떤 역할을 하는지 이해하고, 지식재산권 다양한 종류와 쓰임새를 이해하고 필요에 따라 전략으로 활용할 수 있는 역량을 배양한다.

내용체계

학습	학습 내용	비고
1. 지식재산의 의미	[1] 인류사적 관점 [2] 산업구조・기업적 관점 [3] 개인적 관점	
2. 지식재산의 종류와 특징	[1] 지식재산의 종류 [2] 지식재산의 공통점과 차이점	
3. 기업경영과 지식재산	[1] 기업경영에서의 지식재산의 역할 [2] 기업의 지재권 전략과 IP-R&D	

핵심 용어

지식재산, 특허, 실용신안, 상표, 디자인, 저작권, 부정경쟁방지법, 혁신, 경제발전,

학습 1 지식재산의 의미

학습 목표	• 지식재산제도의 의미와 필요성을 예를 들어 설명할 수 있다. • 지식재산권의 종류를 이해하고, 그 차이점과 공통점을 들어 설명할 수 있다.

먼저 여러분이 '지식재산'의 세계로 오신 것을 환영한다. 이 세계는 평범한 머글(Muggle)[1]들은 평생 한번도 들어보지도 생각해보지도 않았을 말들로 가득 차 있다. '코드분할다중접속', '히알루로니다아제의 피하주사 제형', '금속분말 사출성형법'같은 기술적 전문용어들과, '청구범위', '식별력', '창작비용이성', '형태모방', '침해금지소송'과 같은 법률적 전문용어들이 난무하는 세계이다.

우리는 이 복잡하고 난해한 세계를 반드시 알아야만 하는가? 그냥 지식재산을 모르는 머글로 살아가면 무슨 문제가 있는가? 이제 여러분은 지식재산이라는 마법을 배우러 떠나는 호그와트(Hogwarts)[2]행 기차역에 서 있다. 이 기차를 타기 전에 먼저 지식재산의 의미와 이것이 우리의 삶과 경제생활에서 담당하고 있는 역할과 기능은 어떤 것인지 큰 틀에서 살펴보기로 하자.

1 인류사적 관점

아래 그래프는 우리 인류가 지구상에 등장해서 지금까지 영위해 온 경제생활을 한 장의 그림으로 보여준다. 구체적으로 지난 2000년간 우리 인류 전체가 생산해 낸 생산물의 총합계로, 좀 더 쉽게 표현하면 우리 인류가 매년 벌어들인 돈의 총합계를 보여주는 것이다.

그런데 이 그래프는 1700년대까지는 거의 밑바닥에 깔린 채 거의 변화가 없다가 1700년부터 1900년 사이의 어느 시점을 변곡점으로 해서 급격히 위쪽으로 치솟아 올라가는

1) J. K. 롤링의 소설 해리포터 시리즈에 나오는 말로 마법사나 마녀들이 마법사(마녀)가 아닌 "보통 인간"을 가리킬 때 쓰는 말이다.

2) J. K. 롤링의 소설 해리포터 시리즈에 나오는 말로 만11~18세 사이의 청소년 마법사를 교육하는 7년제 교육기관이다.

것을 볼 수 있다. 즉, 우리 인류는 이 지구상에 등장한 이래 극히 최근까지 가난한 삶을 근근이 이어오다가 최근에 와서 갑자기 벼락부자가 되었다는 것을 알 수 있다.

이 때 무슨 일이 일어났던 것일까? 모두가 짐작하듯이 이 그래프의 변곡점과 겹치는 시기에 일어난 큰 사건은 영국에서부터 시작된 산업혁명이다. 그러면 산업혁명은 왜 그 긴 시간동안 변화가 없었던 인류의 생산능력을 이렇게 극적으로 끌어 올릴 수 있었을까?

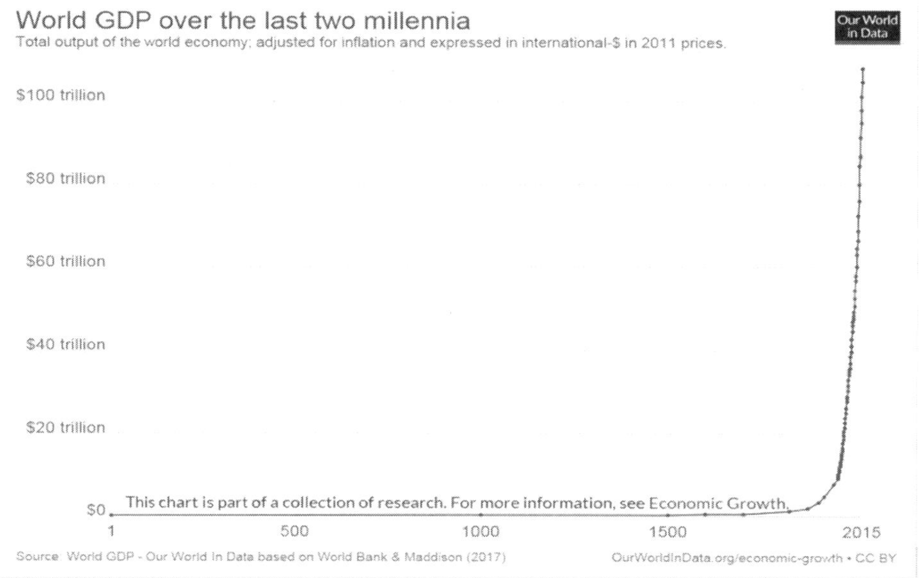

이미지 출처 : our world in data

이것을 경제학자들의 방식으로 설명해 보면 다음과 같다.

1. 생산함수와 기술혁신

경제학에서는 생산함수를 "Y = f(K, L)"로 표현한다. 이 함수를 풀이해 보면, 생산량(Y)은 그것을 생산하기 위하여 투입하는 자본(K)과 노동(L)에 의하여 결정된다는 의미이다. 그리고 이 함수는 동차함수의 성격을 가지고 있다고 한다. 함수로 표시하면 "nY = f(nK, nL)"와 같이 표현할 수 있다. 즉, 생산량을 n배 증가시키려면, 자본도 n배, 노동도 n배를 더 투입해야 한다는 것이다.

여기서 생산함수가 가지는 동차함수라는 특징이 왜 우리 인류가 그 오랜 시간동안 가난한 삶을 이어올 수밖에 없었는지를 설명해 줄 수 있다고 생각한다. 예를 들어, 100평의 땅을 혼자서 노동하여 12말의 쌀을 수확한 다음 1달에 1말씩 먹고 사는 농부가 있다고 하자. 이제 이 농부가 금년부터 생산량을 두 배로 늘려 24말의 쌀을 생산하겠다는 목표를 세웠다고 하자. 이를 위해서는 땅도 100평을 더 구입해야(자본 투입 2배)하고 인부도 1명 고용하거나 본인의 노동시간을 2배로 늘려야(노동 투입 2배) 한다. 이 농부가 지난해 수확한 12말의 쌀로는 1년 먹고 살기도 빠듯한데 땅을 살 돈과 인부를 고용할 돈을 어디서 마련할 것인가?

그런데 이 농부가 이모작을 착안하게 되었다고 하자. 같은 땅에서 봄부터 가을까지는 벼농사를 짓고, 가을부터 봄까지는 보리농사를 지어, 쌀과 보리를 각각 12말씩 생산하게 되었다면 어떻게 될까? 자본(땅 100평)과 노동(농부 본인 1명)의 투입량은 그대로인데 생산량은 두 배가 되었다. 또 농부가 비료를 주는 방법을 도입해서, 생산량을 다시 2배로 늘렸다면, 동일한 투입량으로 생산량을 네 배가 될 것이다. 이 차이를 그래프로 표시하면 다음과 같다.

땅을 더 사고 인부를 더 고용해서 생산량을 늘리려고 하는 것은 아래 그래프에서 A점에서 B점으로 이동하려는 것과 같다. 그런데, 이런 방향으로의 이동은 위에서 본 것처럼 쉽지도 않을뿐더러 나의 노동시간과 잉여자본을 갈아 넣어야 되는 것이기 때문에 우리의 삶을 개선하여 주지는 않는다.

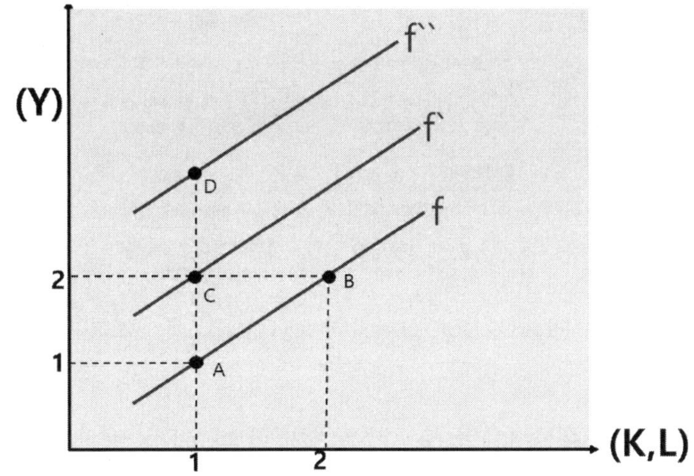

그런데 2모작이라는 새로운 농사 기술을 도입해서 생산량을 두 배로 올리는 것을 그래프에서 표현하면 A점에서 C점으로 이동하는 것으로 나타낼 수 있고, 비료를 주어 생산량을 다시 두 배를 더 올리는 것은 C점에서 D점으로 이동하는 것으로 나타낼 수 있다. 기술혁신을 통하여 생산함수를 f에서 f'로, f'에서 f''로 끌어올린 것이다. 이게 중요한 이유는 나의 노동시간을 더 갈아 넣거나 나의 소비를 줄여 자본 투입을 더 늘이지 않고도 더 많은 소득을 올릴 수 있게 해주기 때문이다. 즉, 기술혁신을 통하여 생산성을 향상시키는 것이야말로 진정으로 우리 삶의 질을 개선하는 유일한 방법이라는 것이다.

2. 기술혁신과 지식재산

그러면 이렇게 중요한 기술혁신이 수 만년 동안의 인류 역사동안 거의 일어나지 않다가 (천천히 드물게 일어나다가) 18세기 후반을 기점으로 급속하게 일어나게 된 원인은 무엇일까? 이러한 기술혁신의 봇물이 왜 하필 18세기 후반에, 그 많은 나라들 중에서 영국에서 일어났을까?

출처 : 한국지식재산연구원, UKIPO, USPTO, IoT Analytics 자료를 참조하여 재구성

위 그림은 특허청에서 지식재산의 중요성을 설명할 때 가장 빈번하게 인용하는 자료이다. 이 자료가 말하고자 하는 것은 산업혁명을 촉발한 기술혁신은 특허제도 덕분이라는 것이다. 1차 산업혁명이 영국에서 발생하기 얼마 전에 세계 최초로 특허제도를 도입하였

고, 2차 산업혁명이 미국에서 일어나기 얼마 전에는 미국이 또 특허제도를 도입하여 강력한 親특허(Pro-patent)정책을 추진하였다. 3차 산업혁명(정보화 혁명)도 미국에서 발생하였는데, 그 직전에 컴퓨터 관련 발명을 특허로 인정하는 등 2차 親특허정책을 추진하였으며, 그 결과 3차 산업혁명이 그 시기에 그 곳에서 발생하게 된 것이라는 것이다.

지나치게 단순화한 설명이기는 하지만 설득력이 있다. 특허제도는 한 마디로 표현하면 새로운 혁신을 창출한 사람에게 그 혁신의 결과물을 일정기간 독점할 수 있도록 하는 강력한 인센티브를 국가가 나서서 보장해 주는 제도이다. 새로운 혁신을 창출한 사람에게 부와 명예가 돌아가게 하는 시스템인 것이다. 이러한 시스템은 우수하고 혁신적인 인재를 끌어들인다. 누구라도 아무런 보상이 없는 곳보다는 충분한 보상이 주어지는 곳에서 혁신활동을 하고 싶어 할 것이기 때문에, 지식재산제도가 제대로 작동하지 않는 나라에서 두뇌가 유출(brain drain)되어 지식재산제도가 잘 작동하고 있는 나라로 유입(brain gain)된다. 그 결과 지식재산제도가 잘 작동하는 나라에서 기술혁신이 더 활발하게 이루어지고 있는 것이다.

2 산업구조적·기업적 관점

아래 그래프는 오션토모(Ocean Tomo)社에서 조사한 S&P500 기업[3]의 자산구조의 변화추이를 나타낸 것이다. 이 조사는 기업의 자산을 크게 유형자산(tangible assets)과 무형자산(intangible assets)으로 나누고 그 변화 추이를 살펴본 것이다. 유형자산은 토지, 건물, 재고, 현금 등 눈에 보이는 손에 만져지는 자산을 말하고, 무형자산은 이와 반대로 눈에 보이지 않는 손에 만져지지 않는 자산을 말한다. 무형자산에는 브랜드 가치, 소비자 데이터, R&D역량, 소프트웨어 등이 포함되며 이 중 가장 중요한 것이 지식재산(intellectual property)이라 할 수 있다.

이 그래프를 보면, 기업의 자산 중 유형자산의 비중은 점차 줄어들고, 무형자산의 비중이 점점 커지는 것을 알 수 있다. 1975년에는 17%에 불과하던 무형자산이 2020년에는 90%로 늘어났고, 반대로 1975년에 무려 83%를 차지하던 유형자산은 2020년에 와서는

3) 미국의 스탠더드 앤드 푸어(Standard & Poor)사가 기업규모·유동성·산업대표성을 감안하여 선정한 보통주 500종목을 대상으로 작성해 발표하는 주가지수이다. 따라서, S&P 500에 포함된 기업은 미국의 대표적인 기업 500개사로 이해할 수 있을 것이다.

고작 10%에 불과하다.

과거에는 대규모 자본을 동원하여 대규모의 공장과 설비를 마련하고 많은 직원을 채용하여 대량생산을 함으로써 규모의 경제를 누릴 수 있었던 기업이 성공하는 시대였다면, 지금은 지식재산권과 같은 보이지 않는 무형의 자산을 창출하고 활용하는 능력이 뛰어난 기업이 성공하는 시대가 된 것이다.

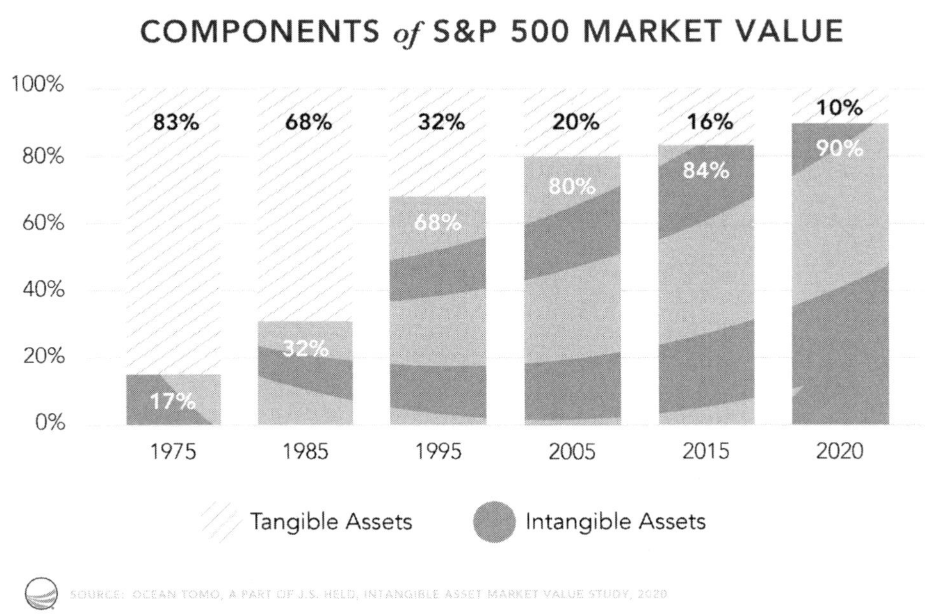

*이미지 출처: https://www.oceantomo.com/intangible-asset-market-value-study/

Rank	Name	Market Cap	Price	Today	Price (30 days)	Country
1	Apple AAPL	$2.765 T	$172.10	2.14%		USA
2	Saudi Aramco 2222.SR	$2.365 T	$10.75	0.25%		S. Arabia
3	Microsoft MSFT	$2.177 T	$291.91	1.70%		USA
4	Alphabet (Google) GOOG	$1.593 T	$122.65	2.36%		USA
5	Amazon AMZN	$1.462 T	$143.55	2.07%		USA

출처: https://companiesmarketcap.com/

위 자료는 시가총액이 가장 큰 순위로 본 세계 상위 5대 기업이다. 이 순위를 2000년의 순위와 대비해 보면 다음과 같다. 2000년부터 순위에 있었던 기업이 아직까지 5대 기업 안에 포함된 기업은 Microsoft가 유일하고 GE, Cisco, Exxon Mobil, WalMart 등 나머지 4개 기업은 순위에서 사라졌다. 새로 순위에 올라온 기업은 Apple, Saudi Aramco, Google, Amazon이다. 이중 사우디아라비아의 국영 석유회사인 Saudi Aramco를 제외하고는 모두가 무형자산을 핵심자산으로 하는 기업이다.

〈시총순위 세계 5대 기업〉

순위	2000년	2021년
1	GE (General Electric)	Apple
2	Cisco	Saudi Aramco
3	Microsoft	Microsoft
4	Exxon Mobil	Alphabet (Google)
5	WalMart	Amazon

순위에서 사라진 기업들의 특징을 보면 대규모 자본 투입으로 거대 공장설비 등 유형자산을 기반으로 하고 있던 기업임을 알 수 있다. 예컨대, GE는 세탁기, 냉장고 등 가전제품부터 의료기기, 자동차 · 철도차량 · 비행기 엔진 등을 생산하는 대규모 생산시설을 떠올리게 하고, Exxon Mobil은 텍사스 유전, 정유시설, 전국에 산재한 주유소 등의 유형자산을 상기시키며, Wal Mart는 전국에 산재한 대규모 매장과 물류시설과 같은 유형자산을 떠올리게 한다.

그러나 새롭게 순위에 올라온 기업들을 보면, Apple은 스마트폰과 관련 서비스를, Microsoft는 윈도우즈 등 컴퓨터 소프트웨어를, Alpahbet은 Google, Youtube 등 인터넷 서비스를, Amazon은 온라인 상거래를 주로 하는 기술 주도 플랫폼 기업들이다. 어느 회사도 대규모 유형 자산을 보유하고 있지 않으며, 이들 기업의 핵심 자산은 눈에 보이지도 만져지지도 않는 무형의 자산이다.

이상에서 알 수 있는 것은 오늘날 세계에서 가장 성공적인 기업들은 공통적으로 지식재산 등 무형의 자산을 잘 창출하고 잘 활용하는 기업이라는 점이다.

3 개인적 관점

지식재산 등 무형의 자산을 창출하고 활용하는 역량이 기업의 성패를 좌우하는 요소로 부상함에 따라, 기업에서도 이러한 무형의 자산을 창출하고 활용하는 능력이 뛰어난 혁신적 인재를 찾게 되었고, 혁신적 인재들이 더욱 적극적으로 기술개발 등 혁신활동을 할 수 있도록 인센티브를 제공하고 있다. 그 대표적인 제도가 직무발명 보상제도이다.

1. 직무발명 보상제도

특허를 받을 수 있는 권리는 발명을 한 사람이 취득한다는 것이 특허법의 원칙이다.[4] 그런데, 내가 기업이나 공공연구기관의 연구직 직원으로 취업하여 연구개발 업무를 수행하는 과정에서 발명을 했다고 한다면 어떻게 될까? 이러한 맥락에서 만들어진 발명을 '직무발명'이라고 한다. 즉, 내가 한 발명이 내가 속한 기관의 업무에 속하고 또 내가 발명을 하게 된 행위가 나의 업무의 일환으로 이루어진 경우를 말하는 것이다.[5] 반대로, 내가 속한 기관의 업무와 관계없이 한 발명은 직무발명이 아니다.[6]

직무발명에 대해서도 특허를 받을 수 있는 권리는 발명자인 나에게만 있다고 하면 불합리한 결과가 생긴다. 예컨대 내가 특정 기업의 연구원으로 취업하여 그 회사에서 월급을 받으면서 그 회사의 연구시설에서 그 회사의 예산을 사용하여 연구개발한 성과에 대해서 내가 특허를 받은 다음, 경쟁회사에 돈을 받고 그 특허를 이전해 준다면 어떻게 될까? 아무도 연구원을 채용하지 않을 것이다. 그래서 흔히 채용계약을 맺을 때, 직무발명을 한 때에는 회사에 특허를 받을 수 있는 권리를 승계한다는 조항을 넣는 것이 일반적이며, 이렇게 특허를 받을 수 있는 권리를 승계했을 때에는 정당한 보상을 하도록 한 제도가 직무발명보상제도이다.[7]

4) 특허법 제33조 제1항
5) 발명진흥법 제2조 제2호
6) 이러한 발명은 '자유발명'이라 하여 특허를 받을 수 있는 권리가 당연히 발명자에게 귀속되는 것이다.
7) 발명진흥법 제15조

2. 직무발명 보상 사례

우리나라에서 직무발명에 대한 보상과 관련하여 보도된 사례를 보면 일반적인 봉급생활자로서는 상상하기 어려운 큰 금액의 보상이 주어진 경우를 찾아볼 수 있다. 예컨대, OO전자의 수석연구원으로 근무하면서 HDTV의 영상압축기술에 관한 발명을 하여 OO전자에 625억 상당의 수익을 안겨준 정OO박사에게 서울중앙지방법원은 60억원의 직무발명보상금을 지급하라는 판결을 내린 바 있다.8)

또 다른 사례는 한국원자력연구원 사례이다. 변OO 박사팀은 한국원자력연구원에서 방사선 치료 후 면역기능 회복을 위한 연구를 수행하여 4건의 특허를 창출하였고, 한국원자력연구원은 2006년에 화장품 업체인 '한국콜마'와 공동으로 연구소기업인 '콜마B&H'를 설립하면서 이 특허를 출자하였다. 이후 콜마B&H가 성공적으로 상장되면서 한국원자력연구원 소유 지분 주식 중 25%를 330억원에 매각하고, 직무발명자인 변OO 박사에게 41억원을 지급하였다. 나머지 지분을 모두 매각하면 최대 150억원을 받게 될 것으로 예상된다.9)

이상의 사례에서 보듯이 기업이나 대학 또는 공공연구기관에서 연구원으로 취업한 경우에도 단순히 주어진 연구과제를 수행하고 연구보고서를 작성하는 것으로 그치는 것이 아니라, 연구성과물을 지식재산권으로 만들고, 이를 활용하여 내가 속한 기업 또는 기관에 큰 수익을 안겨준 경우에는 나에게도 큰 보상과 명예가 뒤따르게 된다. 같은 연구원으로 일하더라도 지식재산제도의 작동원리를 이해하고 잘 활용하는 사람과 그렇지 않은 사람은 큰 차이가 있을 수 있다. 이런 점에서 지식재산은 개인의 성패를 좌우하는 요인이기도 하다.

---

8) 서울중앙지방법원 2012.11.23. 선고 2010가합41527판결 [직무발명보상금]

9) 조선일보(2016.11.8.), 150억 · 120억… 과학자도 큰 돈 법니다.
(https://www.chosun.com/site/data/html_dir/2016/11/08/2016110800139.html)

따라하기

1. 한국은행의 경제통계시스템(https://ecos.bok.or.kr)에서 1961년부터 2021년까지의 우리나라의 연도별 국내총생산(GDP)의 추이를 조사해서 그래프로 그려보자.

2. 특허청의 지식재산통계서비스(http://ipstat.kipi.or.kr/cmm/main/mainPage.do)에서 1961년부터 2021년까지의 우리나라의 연도별 특허출원건수를 조사해 보자.

3. 위의 두 가지 통계를 비교하여 상관관계가 어떤지 말해 보자.

4. 이러한 상관관계가 나타나는 이유는 무엇인지 정리하여 발표해 보자.

확인학습

1. 우리 인류의 소득 수준을 높여서 삶의 질을 향상시켜 주는 것은 노동시간을 늘이거나 소비를 줄여서 자본투입을 늘리는 것이 아니라 □□□□을 통하여 생산성을 향상시키는데 있다.

2. 세계 각국은 기술혁신을 유도하기 위하여 새로운 기술을 발명한 사람에게 일정기간 독점 배타적 권리를 주어 이 기술을 개발하는 과정에 투자한 노력과 비용을 회수하고 적절한 수익을 얻을 수 있도록 하고 있는데, 이렇게 하여 발명을 장려하는 제도적 장치가 □□제도이다.

3. 오늘날 세계적으로 가장 성공적인 기업들은 보면 □□자산보다는 특허를 비롯한 □□자산을 창출하고 활용하는 능력이 뛰어난 기업이며, □□의 자산을 창출하고 활용하는 역량이 기업의 성패를 좌우하는 요소로 부상하고 있다.

4. 기업에서도 이러한 무형의 자산을 창출하고 활용하는 능력이 뛰어난 혁신적 인재를 찾게 되었고, 채용한 후에도 혁신적 인재들이 더욱 적극적으로 기술 혁신에 매진할 수 있는 동기를 부여하기 위하여 노력하고 있다. 이런 관점에서 직원이 회사에서 본인의 업무와 관련하여 발명을 한 경우 해당 발명에 대한 특허를 받을 수 있는 권리를 기업이 승계하여 소유하고, 발명자인 직원에게는 정당한 보상을 하는 □□□□보상제도를 도입하고 있다.

학습 2 지식재산권의 종류

학습 목표	• 지식재산권에 속하는 각종 권리들의 공통점과 차이점을 예를 들어 설명할 수 있다. • 상황에 따라 어떤 지식재산권이 유용할지 전략적 판단을 할 수 있다.

지식재산기본법에서는 지식재산을 "인간의 창조적 활동 또는 경험 등에 의하여 창출되거나 발견된 지식·정보·기술, 사상이나 감정의 표현, 영업이나 물건의 표시, 생물의 품종이나 유전자원, 그 밖에 무형적인 것으로 재산적 가치가 실현될 수 있는 것"이라고 정의하고 있다. 이렇게 지식재산의 정의가 장황해진 이유는 지식재산(Intellectual Property) 또는 지식재산권(Intellectual Property Rights)이란 말이 먼저 생기고 지식재산권에 속하는 제도들이 생겨난 것이 아니라, 이미 존재하고 있던 특허권, 상표권, 저작권 등의 권리들을 통칭하기 위하여 만들어진 말이기 때문이다.

지식재산의 종류는 고정되어 있는 것이 아니라 산업이 발전해 가면서 새롭게 생겨나는 것 중에서 지식재산으로서의 성격을 가지는 대상(인간의 지적인 활동으로 창출되는 것으로, 무형적인 것으로 재산적 가치를 갖는 것)을 계속하여 포함해 가는 과정에 있다.

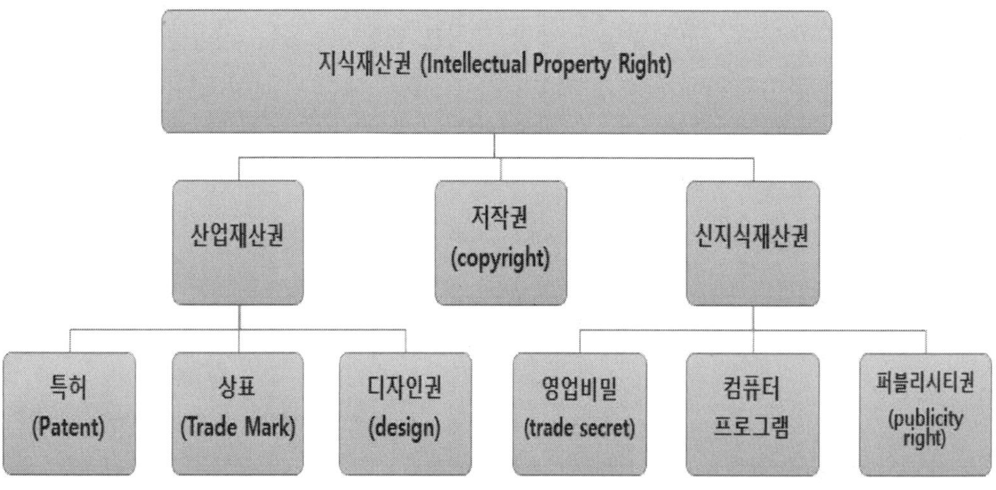

〈부정경쟁방지법〉

전통적으로 지식재산권으로 분류되는 권리로는 특허권, 실용신안권, 상표권, 디자인권과 같은 산업재산권과 저작권이 있으며, 새롭게 지식재산권으로 편입되고 있는 신지식재산권에는 영업비밀에 관한 권리, 컴퓨터프로그램에 관한 권리, 반도체집적회로 배치설계에 관한 권리, 데이터베이스에 관한 권리, 도메인이름에 관한 권리 등이 있다. 그리고 개별적인 지식재산법에서 구체적으로 규정되어 있지는 않지만, 지식재산제도의 취지에 비추어 타당하지 않은 행위를 규율하는 법으로 부정경쟁방지법이 있다.

이 중에서 비교적 일찍부터 도입되어 그 법리가 확립되어 있는 특허권, 실용신안권, 상표권, 디자인권, 저작권에 대해서 살펴봄으로써 지식재산제도의 공통적인 작동원리와 각각의 차이점을 알아보기로 하자.

1 지식재산의 종류

1. 특허권 및 실용신안권

특허권은 새로운 기술을 발명한 사람에게 부여되는 권리이다. 특허권을 부여한다는 것은 그 특허발명을 독점적으로 사용할 수 있는 권리를 준다는 의미이며, 타인이 특허권자의 허락을 받지 않고 그 특허발명을 사용하는 것을 배제할 수 있는 권리를 준다는 것이다.

이와 같이 국가가 독점적 권리를 발명자에게 부여하는 이유는 다음과 같다. 새로운 기술을 발명하기까지 많은 시간과 노력과 비용이 들어가는 반면, 그 기술을 모방하는 데는 거의 비용이 들지 않으므로 이러한 모방행위를 허용한다면 시장에서 모방자가 승리하고 발명자는 도태되고 만다. 이렇게 되면 어느 누구도 새로운 기술을 개발하기 위한 연구개발(R&D)에 투자하기 보다는 타인의 연구성과에 편승(freeriding)하여 이익을 얻으려고 할 것이기 때문이다.

이렇게 되면 기술개발과 이에 따른 산업발전은 정체되고 만다. 특허제도는 이러한 상황을 극복하고 새로운 기술을 개발하기 위한 연구개발 활동을 장려하기 위한 제도이다. 즉, 새로운 기술을 발명한 사람에게는 일정기간 그 특허발명에 대한 독점권을 부여함으로써 R&D과정에서 투자한 비용을 회수하고 정당한 수익을 거둘 수 있게 해 줌으로써 발명을 장려하고 그 결과 산업발전을 도모하는데 그 목적이 있다.

특허권을 획득하기 위해서는 특허청에 특허출원을 하여 심사를 받아야 한다. 특허청에서 특허를 부여할지 말지를 심사하는 기준은 '특허요건'이라고 하는데, 신규성, 진보성, 산업상 이용가능성이 그것이다. '신규성'이라는 것은 기존에 이미 있던 기술 또는 기존에 이미 알려진 기술이 아니라 새롭게 발명된 기술이어야 한다는 것이다. '진보성'이라는 것은 그 분야의 통상의 지식을 가진 사람이 기존의 기술로부터 쉽게 발명할 수 있는 것이 아니라야 한다는 것이다. '산업상 이용가능성'이라는 것은 실제로 산업에 이용될 수 있고 현실적으로 실시할 수 있는 발명이어야 한다는 것이다.

특허청의 심사결과 특허요건을 충족한 것으로 판단되면 등록료를 납부하고 특허등록을 받게 된다. 특허를 등록받게 되면 그 대상이 되는 발명기술을 독점적으로 사용할 수 있는 권리를 부여받게 되며, 만약 타인이 특허권자의 허락을 받지 않고 그 특허기술을 사용하게 되면 특허침해(infringement)가 된다. 특허침해가 있으면 특허권자는 자신의 권리를 지키기 위하여 민사 소송을 통하여 침해금지(injunction)을 청구하거나, 손해배상(damage)을 청구할 수 있고, 형사고소를 통하여 침해자의 처벌을 청구할 수도 있다.

실용신안제도는 특허제도와 대체로 같으나 특허발명보다 기술적 난이도가 낮은 '고안'을 보호대상으로 한다는 점과 보호기간이 출원일로부터 10년으로 특허보다 짧다는 점에서 차이가 있다.

2. 디자인권

디자인권 제도는 특허제도와 그 논리구조가 거의 동일하다. 미국에서는 특허를 실용특허(utility patent)와 디자인특허(design patent)로 구분하여 디자인권도 특허의 한 종류로 포함하고 있다.

디자인권은 새로운 디자인을 창작한 사람에게 부여된다. 국가가 독점적 권리를 디자인 창작자에게 부여하는 이유도 특허의 경우와 대체로 같다. 새로운 디자인을 창작하기까지 많은 시간과 비용이 들어가는 반면, 그 디자인을 모방하는 데는 거의 비용과 노력이 들지 않으므로 이러한 모방행위를 허용한다면 시장에서 모방자가 승리하고 창작자는 도태되고 만다. 디자인보호제도는 새로운 디자인을 창작한 사람에게 일정기간 그 디자인에 대한 독점권을 부여함으로써 디자인 창작과정에서 투자한 비용을 회수하고 정당한 수익을 거둘 수 있게 해 줌으로써 디자인 창작활동을 장려할 뿐만 아니라 나아가 산업발전을 도모하는

데 그 목적이 있다.

디자인권을 획득하기 위해서는 특허청에 디자인출원을 하여 심사를 받아야 한다. 특허청에서 디자인권을 부여할지 말지를 심사하는 기준을 '등록요건'이라고 하는데 신규성, 창작비용이성, 공업상 이용가능성이 그것이다. 디자인의 등록요건은 특허요건과 대체로 같은 의미로 이해하면 된다. 즉, '신규성'이란 기존에 이미 있던 디자인 또는 기존에 이미 알려진 디자인이 아니어야 한다는 것이고, '창작비용이성'이란 그 디자인 분야의 통상의 지식을 가진 사람이 기존의 디자인으로부터 쉽게 창작할 수 있는 것이 아니라야 한다는 것이며, '공업상 이용가능성'은 공업적 방법으로 양산이 가능한 디자인이어야 한다는 것을 의미한다.

특허청의 심사결과 디자인 등록 요건을 충족한 것으로 판단되면 등록료를 납부하고 디자인 등록을 받게 된다. 디자인 등록을 받게 되면 그 대상이 되는 디자인을 독점적으로 사용할 수 있는 권리를 부여받게 되며, 만약 타인이 디자인권자의 허락을 받지 않고 그 디자인을 사용하게 되면 디자인권 침해(infringement)가 된다. 디자인권 침해가 있으면 디자인권자는 자신의 권리를 지키기 위하여 민사 소송을 통하여 침해금지(injunction)을 청구하거나, 손해배상(damage)을 청구할 수 있고, 형사고소를 통하여 침해자의 처벌을 청구할 수도 있다.

3. 상표권

상표권 제도는 특허제도나 디자인권제도와는 다소 차이가 있다. 주된 차이점은 특허나 디자인권은 그것을 발명하거나 창작하는데 따른 노력에 대한 보상을 해 줌으로써 새로운 발명이나 디자인 창작을 장려하려는 제도이나, 상표제도의 경우에는 새로운 상표를 많이 창작하도록 장려하려는 의도가 없다는 것이다. 새로운 상표가 많이 생긴다고 해서 산업발전이 이루어지는 것도 아니고, 새로운 상표의 사용을 국가가 장려할 이유도 없다.

그보다는 상표에 화체된 상표권자의 신용(goodwill)을 보호함으로써, 타인이 상표권자의 신용에 편승하는 행위를 방지하여 시장경제가 원활하게 작동하게 하고 결과적으로 산업발전을 이루려는 것이며, 동시에 수요자들이 짝퉁상품에 속아서 사는 일이 없도록 수요자를 보호하는데 그 목적이 있다.

상표권을 획득하기 위해서는 특허청에 상표출원을 하여 심사를 받아야 한다. 특허청에서 상표권을 부여할지 말지를 심사하는 기준 역시 '등록요건'이라고 하는데, 가장 중요한 요건은 식별력이 있어야 한다는 것과 다른 사람의 선등록 또는 선사용 상표와 오인혼동의 가능성이 없어야 한다는 것이다.

특허청의 심사결과 상표등록 요건을 충족한 것으로 판단이 내려지면 등록료를 납부하고 상표등록을 받게 된다. 상표 등록을 받게 되면 그 대상이 되는 상표를 독점적으로 사용할 수 있는 권리를 부여받게 되며, 만약 타인이 상표권자의 허락을 받지 않고 그 상표를 사용하게 되면 상표권 침해(infringement)가 된다. 상표권 침해가 있으면 상표권자는 자신의 권리를 지키기 위하여 민사 소송을 통하여 침해금지(injunction)을 청구하거나, 손해배상(damage)을 청구할 수 있고, 형사고소를 통하여 침해자의 처벌을 청구할 수 있다.

4. 저작권

저작권은 새로운 저작물을 창작한 사람에게 부여되는 독점배타적 권리이다. 저작물은 소설 · 시 · 논문 등의 어문저작물, 음악저작물, 연극 · 무용 등의 연극저작물, 회화 · 서예 등의 미술저작물, 건축물 등 건축저작물, 사진저작물, 영상저작물, 지도 등의 도형저작물, 컴퓨터프로그램 저작물 등 다양한 형태의 저작물을 포함하고 있다. 이와 같이 국가가 독점적 권리를 저작자에게 부여하는 이유도 특허나 디자인의 경우와 같이 저작자의 노력을 보상해 줌으로써 창작 활동을 장려하고 그 결과 문화발전과 관련 산업의 발전을 이루려는 것이다.

2 지식재산의 공통점과 차이점

이상에서 살펴 본 바와 같이 지식재산제도에 속하는 각종 제도를 살펴보면 비슷한 논리구조를 가지고 있음을 알 수 있다. 즉, 다른 사람이 상당한 투자나 노력을 들여 만들어 낸 성과물에 무단으로 편승해서 부당한 이익을 얻으려고 하는 시도를 국가가 나서서 막아줌으로써 그러한 성과물을 만들어낼 유인을 제공한다는 것이고, 그 결과 산업발전 내지는 경제발전이 이루어지도록 한다는 것이다.

지식재산권 내용은 모두 권리자의 허락 없이 타인이 무단으로 사용하는 것을 막을 수 있는 독점배타적 권리라는 점에서 같다. 이러한 권리를 침해했을 때, 그러한 침해의 금지를 청구할 수 있고 침해에 의하여 발생한 손해에 대하여 손해배상을 청구할 수 있도록 한 것도 동일하며, 지식재산권을 침해한 사람에 대하여 징역 또는 벌금의 형벌을 부과하는 형태로 권리를 보호해 주는 것도 동일하다.

지식재산권에 속하는 특허권, 디자인권, 상표권, 저작권 사이의 차이점은 보호하려는 대상이 다르고, 그 대상의 성격에 따라 보호요건, 등록여부, 등록절차, 권리의 존속기간 및 구제방법에서 조금씩 다르다.

보호요건은 해당 지식재산권으로 보호할 만한 가치가 있는 것과 그렇지 않은 가르는 기준으로 이 기준을 만족해야 법적인 보호가 부여되는데, 대체로 기존에 있던 것과는 일정 기준 이상 새로워진 성과물을 창조해 냈을 것을 요구한다. 지식재산권 중에는 등록이 필요한 권리가 있고 등록을 하지 않아도 보호되는 권리가 있다. 특허권, 상표권, 디자인권은 원칙적으로 특허청에 등록하여야 보호가 되며, 저작권은 등록하지 않아도 창작과 동시에 권리가 부여된다.

권리의 존속기간은 특허권과 디자인권의 경우에는 등록일부터 시작하여 출원일로부터 20년이 되는 날까지 존속한다. 상표권은 10년마다 갱신을 하면 영구적으로 존속할 수 있으며, 저작권의 경우에는 원칙적으로 저작자가 생존하는 동안과 사후 70년까지 존속한다. 특허권, 디자인권 및 상표권을 침해한 경우에는 7년 이하의 징역 또는 1억원 이하의 벌금에 처해질 수 있으며, 저작권의 경우에는 5년 이하 징역 또는 5천만원 이하의 벌금에 처해질 수 있다.

이상의 내용을 정리하면 다음 표와 같다.

〈각종 지식재산제도의 공통점과 차이점〉

구분	특허 (실용신안)	디자인	상표	저작권
목적 · 취지	발명장려 → 기술혁신 → 산업발전	디자인창작 장려 → 산업발전	상표권자의 신용보호+수요자의 이익보호 → 산업발전	저작자 권리보호 →문화 및 관련 산업의 발전
보호 대상	기술의 발명	창작된 디자인	상표에 화체된 신용	저작물
보호 요건	신규성, 진보성, 산업상 이용가능성	신규정성, 창작비용이성, 공업상 이용가능성	식별력, 타인의 선상표와 비유사	창작성
권리 확보 절차	특허청에 특허출원	특허청에 디자인출원	특허청에 상표출원	별도 절차없이 창작과 동시에 권리발생
권리의 성격	독점배타권 (exclusive right)	독점배타권 (exclusive right)	독점배타권 (exclusive right)	독점배타권 (exclusive right)
존속 기간	등록일~출원일 후 20년(실용신안은 10년)이 되는 날	등록일~출원일후 20년이 되는 날	등록일~출원일후 10년이 되는 날 (갱신가능)	저작자가 생존하는 동안과 사망한 후 70년간
침해	권한 없이 타인의 특허를 실시	권한 없이 타인의 디자인을 실시	권한 없이 타인의 상표를 사용	권한 없이 타인의 저작물을 상업적으로 이용
구제 조치	침해금지(injuction) 손해배상(damage) 침해죄(7년 이하 징역 또는 1억원 이하 벌금)	침해금지(injuction) 손해배상(damage) 침해죄(7년 이하 징역 또는 1억원 이하 벌금)	침해금지(injuction) 손해배상(damage) 침해죄(7년 이하 징역 또는 1억원 이하 벌금)	침해금지(injuction) 손해배상(damage) 침해죄(5년 이하 징역 또는 5천만원 이하 벌금)

따라하기 /

Q. 여러분이 다음과 같은 성과물을 만들었다면 이것을 가장 효과적으로 보호할 수 있는 지식재산권이 무엇인지 설명해 보자.

1. 스마트폰의 액정에 보호필름을 붙일 때마다 각도가 맞지 않거나 기포가 생겨서 여러 번 다시 붙여야 하고, 여러 번 실패하면 보호필름에 지문이나 먼지가 묻거나 접착력이 떨어져 버리는 경우가 많았다. 이러한 불편을 해소하기 위하여 스마트폰을 넣으면 자동으로 깨끗하게 보호필름을 붙여주는 간단한 보호필름부착기를 개발하였다. 이 장치를 생산하여 스마트폰 가게 등에 판매하려고 한다. 다른 사람이 이 기술을 이용한 기기를 만들어 파는 것을 막고 싶다.

   [ ]

2. 이 보호필름부착기의 외형을 보면 누구나 만져보고 싶을 정도로 매끈하고 심플하게 만들었다. 이러한 아름다운 외관 때문에 구입을 원하는 사람이 많을 것 같은데 다른 사람이 똑 같이 생긴 모방품을 만들어 파는 것을 막고 싶다.

   [ ]

3. 이 보호필름부착기를 사용하면 기포가 전혀 생기지 않는다(Bubble Zero)는 뜻을 암시하는 "Buro"라는 브랜드를 붙여 시판하려고 한다. 다른 사람이 짝퉁 "Buro"보호필름부착기를 만들어 파는 것을 방지하고 싶다.

   [ ]

4. 이 보호필름부착기를 인터넷 쇼핑몰을 통하여 판매하려고 인터넷 쇼핑몰을 개설하였다. 인터넷 쇼핑몰을 개설한 김에 관련된 상품들도 같이 판매하려고 액정보호필름과 스마트폰 케이스 제조사와 위탁 판매계약을 체결하였다. 구매의욕을 자극할 수 있도록 보호필름 제조기, 액정보호필름과 스마트폰 케이스들의 사진을 감성적이고 세련되게 연출하여 게시하였다. 다른 사람들이 나의 쇼핑몰 디자인이나 제품사진들을 가져다 쓰는 것을 막고 싶다.

   [ ]

확인학습

1. 지식재산기본법에서는 지식재산을 "인간의 창조적 활동 또는 경험 등에 의하여 창출되거나 발견된 지식 · 정보 · 기술, 사상이나 감정의 표현, 영업이나 물건의 표시, 생물의 품종이나 유전자원, 그 밖에 무형적인 것으로 재산적 가치가 실현될 수 있는 것"이고 정의하고 있다. 전통적으로 지식재산권으로 분류되는 권리로는 □□권, □□□□권, □□권, □□□권과 같은 산업재산권과 저작권이 있으며, 새롭게 지식재산권으로 편입되고 있는 □□□□□권에는 영업비밀에 관한 권리, 컴퓨터프로그램에 관한 권리, 반도체 집적회로 배치설계에 관한 권리, 데이터베이스에 관한 권리, 도메인이름에 관한 권리 등이 있다.

2. 전통적인 지식재산권 중에는 등록을 하여야 권리가 발생하는 것이 있고 등록을 하지 않아도 권리가 발생하는 것이 있다. 특허청에 등록을 하여야 권리가 발생하는 것으로는 □□권, □□□□권, □□권, □□□권이 있으며, 등록하지 않아도 창작과 동시에 권리가 발생하는 것으로는 □□권이 있다.

3. 전통적인 지식재산권 중에는 정해진 기간 동안에만 권리가 존속하는 것이 있고, 갱신을 통하여 영구적으로 권리를 유지할 수 있는 것이 있다. 일정한 존속 기간을 가지는 권리로는 □□권, □□□□권, □□□권, □□권이 있고, 갱신을 통하여 존속기간을 영구히 연장할 수 있는 권리로는 □□권이 있다.

학습 3 기업 경영과 지식재산제도

학습 목표	• 기업경영에서 지식재산권이 어떤 역할을 하는지 예를 들어 설명할 수 있다. • 지식재산 전략을 IP-R&D 방법론에 의거하여 설명할 수 있다.

1 기업경영에서의 지식재산의 역할

기업경영의 성패는 최종적으로 자사의 상품이나 서비스를 얼마나 판매할 수 있느냐에 따라 정해진다. 기업은 자사의 상품이나 서비스를 소비자들이 기꺼이 선택하는 매력적인 것으로 만들기 위하여 기술개발을 통하여 편리한 기능을 장착하고, 고급스러운 외관과 포장을 디자인하며, 광고 선전을 통하여 멋진 브랜드 이미지를 구축하여 타 경쟁제품과 차별화하려고 노력한다.

이런 차별화 포인트 하나하나가 사실 경쟁자들이 편승하고 싶어 하는 것이다. 새롭고 편리한 기능, 고급스러운 외관, 브랜드 이미지 등을 모방한 제품을 판매할 수만 있다면 노력과 비용을 들이지 않고도 큰 수익을 올리게 된다. 이러한 편승행위를 막아주는 것이 지식재산제도이다. 애플이 '아이폰'이라는 새로운 형태의 휴대폰을 세상에 내놓을 당시에 어떻게 지식재산을 준비하고 활용했는지를 살펴보며 기업경영과 지식재산의 역할을 알아보자.

1. 휴대폰 시장의 환경과 애플의 지재권 포트폴리오

2007년 출시한 애플의 아이폰은 세상을 완전히 바꾸어 놓았다. 휴대폰은 반도체, 디스플레이, 통신장비, 센서, 카메라 등 수많은 부품이 결합된 어셈블리 전자제품이다. 애플이 아이폰을 시장에 내놓을 2007년경에는 이미 노키아, 삼성, LG, 모토로라 등 다양한 휴대폰이 시장을 점령하고 있었고, 휴대폰과 휴대폰을 구성하는 부품과 관련된 수 만개의 특허가 이미 존재하는 상황이었다. 이런 상황에서 애플은 기존의 휴대폰 기술을 재조합하여 새로운 형태의 휴대폰을 개발한 것이다. 이 과정에서 소비자들이 기존의 휴대폰을 버리고 아이폰으로 갈아타도록 여러 가지 차별화 포인트를 도입했다. 이 차별화 포인트를 지키는 것이 애플의 지식재산권 전략의 핵심이라 할 수 있다.

애플이 준비한 지식재산권의 포트폴리오의 핵심이 무엇인지는 금세기 최대의 특허전쟁이라 일컬어지는 삼성전자와 애플의 특허분쟁에서 애플이 꺼내든 카드를 보면 알 수 있다. 애플은 2011부터 2018년까지 진행된 소송에서 다음과 같은 지재권을 가지고 삼성을 공격하였다.10)

1) 특허 3건

기존의 휴대폰이 주로 조작부와 디스플레이부가 분리되어 있었던 것에 비하여 아이폰은 터치스크린을 이용하여 이를 합친 것이 핵심적인 특징이기 때문에 터치스크린 조작에 관한 기술들을 핵심특허로 준비한 것을 알 수 있다.

bounce Back 특허 (US 7,469,381)	Pinch to Zoom 특허 (US 7,844,915)	Tap to Zoom 특허 (US 7,864,163)
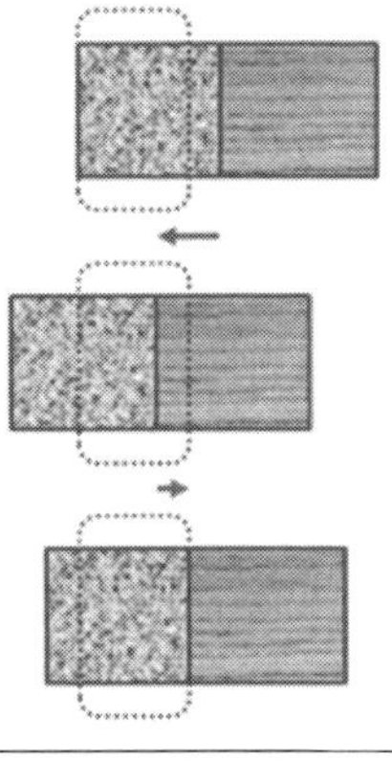	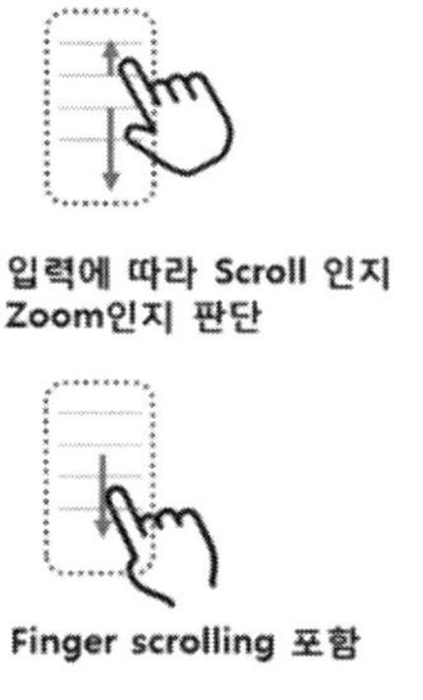	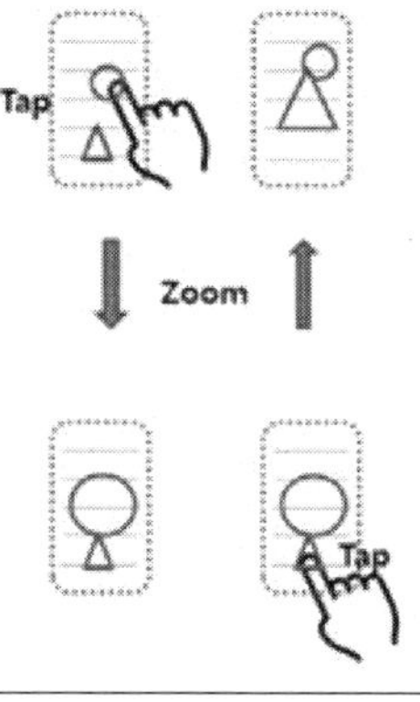
문서 블록이 중간에 잘리지 않도록 이동방향의 반대로 움직여 끝을 맞추는 기술	손가락 집게의 동작에 따라 줌인지 스크롤인지 판단하는 기술	복수의 문서가 디스플레이 되고 있을 때 tap을 하면 확대되면서 화면중앙에 오도록 하는 기술

2) 디자인 4건

전체적으로 둥근 모서리를 가진 직사각형의 모양을 하고 전면에는 둥근 홈버튼과 스피

10) 한국특허전략개발원, 삼성-애플 특허전쟁 리뷰 (https://www.kista.re.kr/webzine/vol04/sub05.jsp)

커부분을 제외하고는 검고 평평하고 투명한 스크린으로 뒤덮인 외관과 4X4의 그리드 형태로 배열된 아이콘의 배열과 끝에서 끝까지 유리로 덮은 아이패드의 디자인 등을 디자인의 핵심으로 보고 디자인 등록을 하였다.

D618,677	D593,087	D604,305	D504,889
	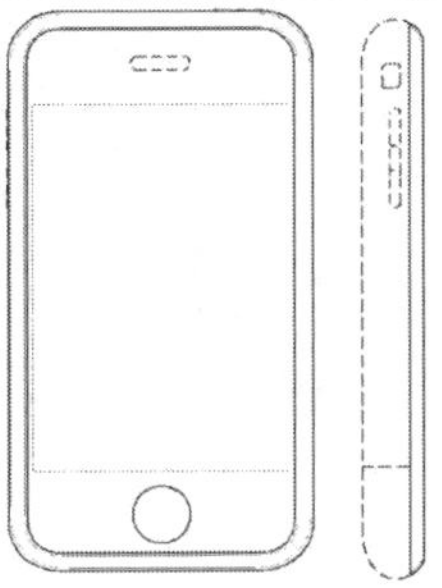		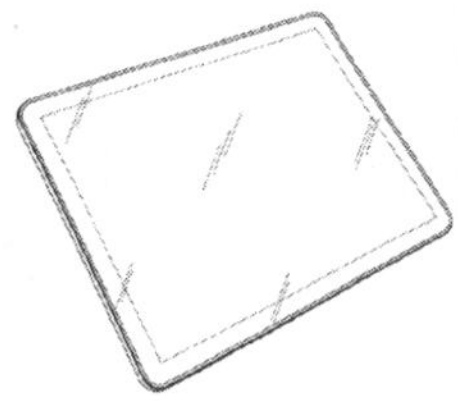
검고 평평하고 투명한 전면 스크린	얇고 둥근 코너 베젤 + 둥근 홈버튼	검은 화면과 그리드형태의 아이콘 배열	edge to edge 유리 디자인

3) 트레이드 드레스 3건

아이폰의 특징적 외관 전체를 상표로 등록한 다음, 소송에서는 트레이드드레스로 주장하였다.

3,470,983	3,457,218	3,475,327

아이폰의 독특한 외관	아이폰의 독특한 외관	아이폰의 독특한 외관

4) 등록상표 6건

‘Apple’, ‘ ’, ‘**iPhone**’과 같은 전통적인 상표 외에도 둥근 모서리의 사각형 아이콘들도 상표로 등록하여 두었다.

3,886,196	3,889,642	3,886,200	3,889,685	3,886,169	3,886,197

2. 소송의 경과 및 시사점

애플이 주장한 특허3건에 대해서 삼성의 특허침해가 인정되어 약 1.5억 달러의 손해배상금을 지급하라는 판결이 내려졌고, 애플의 디자인 3건에 대해서도 삼성의 침해가 인정되어 약 5.4억 달러의 손해배상금을 지급하라는 판결이 내려졌다. 상표와 트레이드드레스에 대해서는 1심에서 침해가 인정되어 3.8억을 배상하라는 판결이 내려졌으나, 2심에서는 비침해로 판정되었다.[11]

이상에서 알 수 있는 것은 새롭게 개발한 제품을 시장에 출시하기 전에 제품의 경쟁력이 될 수 있는 다양한 요소를 그 성격에 따라, 특허, 디자인, 상표, 트레이드드레스 등 다양한 지재권 포트폴리오를 구성해 두면 후발주자의 추격을 효과적으로 견제할 수 있다는 것이다.

또 눈여겨 볼 부분은 특허침해로 1.5억 달러의 배상 판결이 나온 반면, 디자인 침해로 5.4억 달러, 2심에서 뒤집어지기는 했으나 상표 및 트레이드드레스 침해로 3.8억 달러의 배상 판결이 나온 것이다. 즉, 특허뿐만 아니라 디자인, 상표 등 다른 지재권도 매우 중요한 역할을 하고 있으므로 모든 지재권을 종합적으로 활용하는 전략을 구사할 필요가 있다는 점이다.

11) 한국특허전략개발원, 삼성-애플 특허전쟁 리뷰 (https://www.kista.re.kr/webzine/vol04/sub05.jsp)

3. 기업경영에서의 지식재산의 역할

애플의 사례에서 살펴본 바와 같이 기업은 시장 경쟁에서 승리하기 위하여 경쟁기업과 차별화될 수 있는 경쟁력 요소를 개발하고 이를 지식재산으로 보호하기 위한 노력을 계속하고 있다.

기업이 새로운 기능을 가진 신제품을 개발하여 시장에 내놓기까지의 과정을 보자. 먼저 이 제품이 새로운 기능을 수행할 수 있도록 하는 기술을 개발하기 위하여 R&D를 수행하게 된다. 그 결과 정상적으로 작동하는 기기의 개발에 성공하면 이를 감싸는 외장을 디자인하고, 이 상품에 붙일 상표를 선택하는 일련의 작업을 거치게 된다. 출시가 준비되면 대대적인 광고활동을 통하여 이 제품의 존재와 유용성을 소비자에게 알리고 유통경로와 서비스체계를 구축하여 소비자들이 편리하게 구매하고 사용할 수 있게 지원하는 과정을 거치게 된다. 소비자들은 이 제품을 구매하여 사용해 본 결과 만족했다면 이 제품과 기업에 대한 신뢰를 형성하게 되고 반복적인 구매를 하게 된다.

기업은 더 빠른 전송속도, 더 높은 해상도, 더 정확한 음성인식, 더 가볍고 견고한 외장 등 제품의 기능을 높이기 위한 경쟁을 하는 동시에, 더 예쁘고 더 고급스런 디자인을 하기 위한 경쟁을 한다. 더 좋은 성능과 더 좋은 디자인은 제품의 구매를 촉진하며, 만족스러운 소비자 경험은 그 제품과 기업에 대한 신뢰로 축적된다. 기업의 기술력과 디자인력에 대한 신뢰는 그 기업의 브랜드에 축적되며, 결국은 소비자들이 브랜드를 믿고 구매 선택을 하는 단계에 이르게 된다.

이렇게 축적되는 기술력, 디자인력, 브랜드 이미지 하나하나가 경쟁력의 핵심이 되는데, 이러한 경쟁력 요인을 타인의 모방으로부터 지키기 위해서 필요한 것이 바로 지재권 전략이다. 제품의 기능적 차별성은 특허로, 제품의 외형적 차별성은 디자인권으로, 브랜드의 명성과 신뢰는 상표권으로 보호하는 것을 기본으로 하되, 필요한 경우에는 부정경쟁방지법, 저작권법 등 다양한 지재권 전략을 구사할 필요가 있다.

2 기업의 지재권 전략과 IP-R&D

1. IP-R&D란?

지재권 전략의 실천적 방법론으로 특허청이 개발하고 한국특허전략원에서 체계화한 방법론이 'IP-R&D방법론'이다. 이 방법론은 주로 특허분석을 통한 기술개발전략을 수립하는데 활용되는데, 디자인과 상표분야에서도 똑같이 적용될 수 있다.

일반적으로 기업들은 새로운 제품을 개발하기 위하여 연구개발(R&D)활동을 하고, 그 결과 좋은 기술이 개발되면 이것을 특허(IP)로 출원하여 등록을 받아 놓는다. 즉, 특별히 의식하지 않으면 자연스럽게 R&D를 먼저하고 IP를 확보하는 'R&D-IP'를 하게 된다. 그러나 이와 같이 중구난방으로 특허를 받아 놓으면 실제로 특허분쟁이 발생했을 때 제대로 쓸 수 있는 특허가 없다는 것을 깨닫는 경우가 많다.

이를 개선하기 위하여 IP와 R&D의 순서를 의식적으로 뒤집어서 나의 비즈니스 영역을 지키기 위해 필요한 IP포트폴리오가 무엇인지 먼저 확인하고, 이들 IP를 확보하는데 초점을 맞추어 R&D를 수행하자는 것이 IP-R&D 방법론이다.

2. IP 리스크와 IP-R&D의 필요성

특별한 IP전략 없이 기업을 경영하는 경우 봉착할 수 있는 리스크는 크게 두 가지이다. 하나는 나의 제품이 선발 주자의 IP를 침해하게 되는 경우이고, 다른 하나는 나의 제품을 모방한 미투(mee too) 상품의 범람으로 내가 시장에서 퇴출되는 위험이다.

1) 타인의 특허 침해

특허분석 없이 제품을 개발하여 판매하면 나도 모르게 타인의 특허를 침해할 수 있다. 사업의 규모가 작을 때는 다른 기업의 IP를 침해하더라도 내버려 두는 경우도 많다. 그러나 사업의 규모가 커지고 선발주자에게 위협이 된다고 생각되면 선발주자의 견제가 시작된다.

이러한 견제는 경고장을 보내오는 것으로 시작되고, 그 내용은 나의 제품이 자신의 이런저런 특허를 침해하고 있으니 당장 사용을 중지하고 계속 사용하려면 로열티를 지급하라는 것이다. 이 단계에와서야 상대방의 특허를 침해하고 있다는 사실을 깨닫게 되면 대응할 수 있는 수단이 거의 없다. 나의 제품에서 그 특허기술을 빼버리고 나면 나의 제품의 품질이 떨어져서 시장에서 외면 받게 될 것이고, 요구하는대로 로열티를 주고 나면 남는 수익이 거의 없게 된다. 그렇다고 거절을 하게 되면 실제로 소송이 벌어지게 되고, 패소하게 되면 손해배상금은 물론 막대한 소송비용까지 부담해야 하는 처지에 놓이게 된다.

2) 미투(mee too)상품의 범람

IP전략 없이 제품을 개발하여 시판하였는데 시장에서 큰 성공을 거두게 되었다면, 순식간에 이를 모방한 미투상품들이 시장에 범람하게 된다. 나는 이 제품을 개발하기 위하여 많은 투자를 하였기 때문에 모방자들보다는 비싼 가격에 팔 수 밖에 없고, 그 결과 가격경쟁력에서 밀리게 되어 나의 제품이 시장에서 도태되어 버린다. 이 단계에 이르러 미투상품을 견제하기 위한 IP포트폴리오를 미리 확보해 놓았어야 했다고 후회해도 만회할 방법은 거의 없다.

3) IP-R&D의 필요성

IP-R&D는 특허분석을 통하여 R&D전략을 수립하고 집행함으로써 이 두 가지 위험을 동시에 방지할 수 있는 방법론이라 할 수 있다.

3. IP-R&D의 추진방법

IP-R&D방법론을 간단히 그림으로 표현하면 다음과 같다. 내가 개발하고자 하는 제품과 관련된 특허를 검색해 보면 적게는 몇 백 건에서 많게는 몇 십만 건의 특허가 검색되어 나온다. 이 중에서 정말 나의 제품과 관련된 특허를 추려 내는 과정을 거치게 되는데 이렇게 뽑혀져 나온 특허를 '유효특허'라 한다.

이렇게 추출된 유효특허를 체계적으로 분석하기 위하여 일정한 기준에 따라 정리한다. 예컨대, 횡축은 특허기술이 해결하고자 하는 과제(정밀성 향상, 내구성 증가 등)로 하고, 종축은 그 과제를 해결하기 위한 수단(구조의 변경, 소재의 교체 등)으로 정리하거나, 신약개발과제인 경우에는 횡축을 약효, 종축을 후보물질로 하는 등 적절한 기준을 가지고

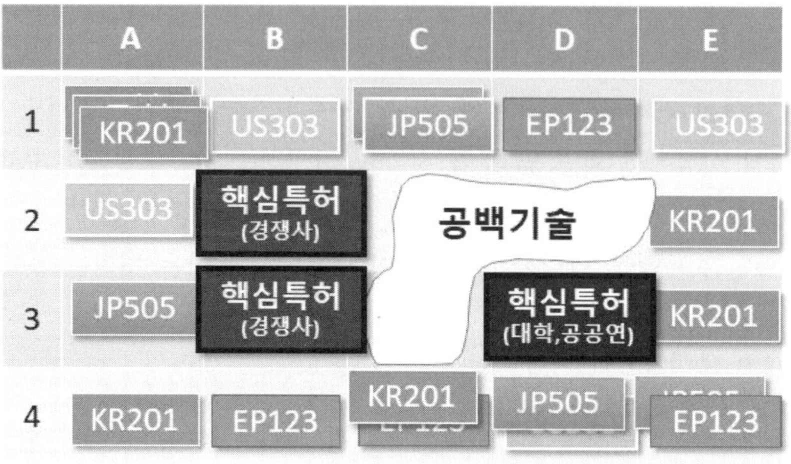

정리한다. 이제 유효특허의 내용을 하나하나 읽어 보면서 나의 제품을 생산하기 위해서는 반드시 써야만 하는 특허를 확인하는데, 이렇게 찾아낸 특허를 '핵심특허'라 한다. 이렇게 자료가 정리 되면 이 자료를 바탕으로 다음과 같은 전략을 수립하게 된다.

1) 핵심특허 대응전략

제품 생산에 반드시 활용해야만 하는 특허인데 그 특허를 경쟁사가 보유하고 있다면, 먼저 같은 기능을 확보할 수 있는 대체적인 기술적 수단을 찾아본다. 이를 '회피설계'라 한다. 만약 회피할 수단이 마땅치 않다면 이 특허를 무효화할 수 있는지 검토해 보아야 한다. 특허를 무효화시키는 유일한 방법은 이 특허와 내용이 같은 선행특허나 논문, 브로셔 등 선행 기술자료를 찾아내는 것이다. 이것을 '무효화전략'이라 한다.

2) 핵심특허 매입전략

제품 생산에 반드시 활용해야만 하는 특허인데 경쟁사가 아닌 기업이 보유하고 있거나, 특히 대학이나 공공연구기관이 보유하고 있는 특허라면 매입전략을 쓴다. 특히 대학이나 공공연구기관은 제품판매가 아니라 기술이전이 목적인 경우가 많으므로 적절한 가격을 제시하면 기꺼이 기술이전에 응할 가능성이 많다.

3) 자체 R&D 전략

다른 사람이 아직 특허를 확보하지 않고 있는 '공백기술영역'에 대해서는 자체 R&D를 통하여 신규 특허를 확보하는 전략을 수립한다.

4) IP-R&D의 효과

이러한 과정을 거쳐 전략적으로 IP포트폴리오를 구성하게 되면, 실제로 신제품을 가지고 시장에 진출했을 때 걸림돌이 될 수 있는 타인의 특허는 회피하거나 무효화하고, 나의 IP포트폴리오를 활용하여 모방품으로부터 시장을 지킬 수 있게 되어 안정적으로 사업을 영위할 수 있게 된다.

따라하기

1. A社는 기능성 섬유를 개발하여 아웃도어 의류회사에 판매하는 것을 주된 사업으로 하고 있는 회사이다. A社는 겨울에는 보온 효과가 있고 여름에는 냉감 효과가 있는 기능성 소재를 개발 중에 있다. 이 제품이 개발되면 뛰어난 기능성 때문에 세계 시장에서 선풍적인 인기를 끌 것으로 예상된다. 이 제품 출시 전후에 예상할 수 있는 지재권 관련 위험(IP Risk)은 어떤 것이 있을지 정리하여 발표해 보자.

2. 기능성 섬유소재분야에서는 이미 여러 글로벌 기업들이 오랫동안 다양한 기능성 제품들을 생산하고 있고 많은 특허를 보유하고 있다. A社의 제품이 인기를 끌어 시장점유율을 잠식해 갈 경우 위협을 느낀 선발 경쟁사가 A社를 견제하기 위하여 사용할 수 있는 수단은 어떤 것이 있을지 말해보자.

3. A社의 제품이 인기를 끌 경우 이를 모방한 제품이 범람할 우려가 있는데 이에 대응하기 위하여 A社가 취할 수 있는 대책은 무엇이 있을지 말해 보자.

4. 이 제품의 생산을 위해서는 반드시 사용해야 하는 핵심 기술을 선발 경쟁사에서 이미 특허를 받아 놓은 것이 확인되었다. 이를 극복하기 위하여 A社가 취할 수 있는 전략은 무엇이 있을지 말해 보자.

5. 그 핵심 기술에 대한 특허가 경쟁사가 아닌 대학, 공공연구기관 또는 스타트업에서 보유하고 있는 것이 확인되었다면 어떻게 하여야 할까?

6. 아직 특허가 존재하지 않는 공백영역이 발견된다면 어떻게 하여야 할까?

확인학습

1. 일반적으로 기업들은 새로운 제품을 개발하기 위하여 연구개발(R&D)활동을 하고, 그 결과 좋은 기술이 개발되면 이것을 특허(IP)로 출원하여 등록을 받아 놓는다. 즉, 특별히 의식하지 않으면 자연스럽게 R&D를 먼저하고 IP를 확보하는 'R&D-IP'를 하게 된다. 그러나 이와 같이 중구난방으로 특허를 받아 놓으면 실제로 특허분쟁이 발생했을 때 제대로 쓸 수 있는 특허가 없다는 것을 깨닫고, 이를 개선하기 위하여 IP와 R&D의 순서를 의식적으로 뒤집어서 나의 비즈니스 영역을 지키기 위해 필요한 IP포트폴리오가 무엇인지 먼저 확인하고, 이들 IP를 확보하는데 초점을 맞추어 R&D를 수행하자는 것이 □□-□□□방법론이다.

2. 특허분석을 통하여 내가 제품 생산을 위하여 반드시 사용해야 하는 기술에 대한 특허(핵심특허)를 경쟁기업이 보유하고 있는 것으로 판단되면 대응전략을 마련해야 하는데, 핵심특허 대응전략에는 크게 그 특허를 침해하지 않는 대체 기술을 개발하는 □□□□전략과 상대방의 특허를 무력화시키는 □□□전략이 있다.

3. 제품 생산에 반드시 활용해야만 하는 특허인데 경쟁사가 아닌 기업이 보유하고 있거나, 특히 대학이나 공공연구기관이 보유하고 있는 특허라면 그 특허를 □□하는 전략을 쓸 수 있다.

4. 특허분석 결과 아직 특허가 존재하지 않는 □□기술영역이 발견되면 R&D를 통하여 신규 특허를 확보하는 전략을 쓸 수 있다.

참고자료

〈도 서〉

- 정우성 외, 『기업을 흥하게 만드는 성공적인 특허 경영전략 특허전쟁』, 에이콘, 2017
- 정우성, 『세상을 뒤흔든 특허전쟁 승자는 누구인가?』, 에이콘, 2012
- 손승우, 『지식재산권법의 이해』, 동방문화사, 2019
- 구대환 외, 『과학기술과 특허』, 박영사, 2012
- 정상조 외, 『특허법주해』, 박영사, 2018
- 박종배, 『이지 상표법』, 한빛지적소유권센터, 2013
- 정상조 외, 『상표법주해I』, 박영사, 2018
- 특허청 외, 『현장에서 꼭 필요한 IP-R&D 전략』, 2017

〈인터넷〉

- Our World in Data based on World Bank & Maddison,
  https://ourworldindata.org/grapher/world-gdp-over-the-last-two-millennia
- OCEAN TOMO, A RART OF J.S. HELD, INTANGIBLE ASSET MARKET VALUE STUDY, 2020
  https://www.oceantomo.com/intangible-asset-market-value-study/
- Largest Companies by Market Cap, https://companiesmarketcap.com/
- 조선일보(2016.11.8.), 150억·120억… 과학자도 큰 돈 법니다.
  https://www.chosun.com/site/data/html_dir/2016/11/08/2016110800139.html
- 한국특허전략개발원, 삼성-애플 특허전쟁 리뷰,
  https://www.kista.re.kr/webzine/vol04/sub05.jsp

02. 상표제도의 이해

출처: https://www.flickr.com/photos/verbeeldingskr8/3351438252

이 모듈은 학습자가 상표가 무엇인지, 상표제도가 왜 필요한지, 기업경영에서 상표관리가 왜 중요한지 이해할 수 있도록 구성되어 있다.

상표제도의 이해 단원의 내용 구성

교육목표

상표제도가 왜 필요하며 상표가 경제활동에서 어떤 역할을 하는지 이해하고, 좋은 상표가 될 수 있는 상표를 선택할 수 있다.

내용체계

학습	학습 내용	비고
1. 상표제도는 왜 필요한가?	[1] 상표란? [2] 상표제도의 목적 [3] 상표의 기능	
2. 좋은 상표 고르기 1. (상표의 식별력)	[1] 상표의 식별력 [2] 좋은 상표의 조건과 식별력	
3. 좋은 상표 고르기 2. (유사한 상표의 존재)	[1] 유사상표의 존재를 확인해야 하는 이유 [2] 상표 유사여부를 따져 보아야 하는 경우 [3] 상표의 유사판단	

핵심 용어

상표, 상표의 기능, 상표의 가치, 상표의 식별력, 상표유사, 오인・혼동의 우려

학습 1 상표제도는 왜 필요한가?

학습 목표	• 상표가 무엇인지 설명할 수 있다. • 상표제도가 왜 필요한지 이해할 수 있다.

1 상표란?

상표법은 상표를 "자기의 상품과 타인의 상품을 식별하기 위하여 사용하는 표장(標章)"이라고 정의하고 있고[12], "표장"이라 함은 "기호·문자·도형·소리·냄새, 입체적 형상, 홀로그램·동작 또는 색채 등으로서 그 구성이나 표현방식에 상관없이 상품의 출처를 나타내기 위하여 사용하는 모든 표시"를 말한다고 정의하고 있다.[13]

1. 상표의 정의

상표의 정의를 일상적인 용어로 표현하면, 상표는 어떤 상품을 어느 회사에서 만들었는지, 다시 말해서 어떤 브랜드의 제품인지를 표시하기 위하여 부착하는 어떤 표장(Mark)을 말한다. 예를 들면, 신발에 표시된 "**NIKE**"라고 하는 문자, " "모양의 도형, 또는 이들이 결합한 " "와 같은 것들을 들 수 있다.

상표는 자기의 상품과 타인의 상품을 식별하기 위하여 사용하는 것이기 때문에 항상 그 상표가 사용되는 상품과의 관계 하에서 상표법적인 취급이 결정된다. 즉, "**NIKE**"라는 상표는 "신발"이라는 상품을 타인의 상품(신발), 예컨대 "**adidas**" 또는 "**WORLD CUP**"등과 구별하기 위하여 사용하는 것이다. "**NIKE**"라는 상표에 대한 권리는 원칙적으로 "신발"이라고 하는 상품과 관련하여서만 생기고, 다른 상품, 예컨대 "자동차"나 "냉장고"에는 미치지 않는다. 이와 같이 상표를 사용함으로써 나의 상품과 타인의 상품을 구별하려고 하는 그 상품을 "지정상품"이라 한다.

---

12) 상표법 제2조 제1항 제1호
13) 상표법 제2조 제1항 제2호

2. 상표가 될 수 있는 표장

상표라 하면 우리가 일반적으로 떠올릴 수 있는 이미지는 위에서 예를 든 것과 같이 문자(NIKE)나 도형( ) 또는 이들을 결합한 것( )들이다. 실제로 오늘날 사용되고 있는 대다수의 상표들이 이러한 범주에 들어가는 상표들이다. 우리나라 최초의 상표법은 "자기의 상품을 타업자의 상품과 식별시키기 위하여 사용한 기호, 문자, 도형 또는 그 결합의 특별 현저한 것"을 말한다고 하여 암묵적으로 이러한 표장들로 한정하는 듯한 규정을 두었다.14)

그러나 이러한 전형적인 상표 외에도 산업이 발전함에 따라 소리, 냄새, 입체적 형상 등 다양한 재료들이 상표로 쓰이기 시작했으며, 상표법은 이를 반영하여 상표로 쓰일 수 있는 표장의 범위를 계속 확대하여 왔다. 특히 2016년 상표법 개정을 통하여 "그 구성이나 표현방식에 상관없이 상품의 출처를 나타내기 위하여 사용하는 모든 표시"로 완전히 개방함에 따라, 이제는 소리·냄새, 입체적 형상, 홀로그램·동작 또는 색채 등 그 표장의 종류가 무엇이든 자타의 상품을 식별하기 위하여 쓰일 수 있는 모든 표장은 상표가 될 수 있게 되었다.

이렇게 통상적으로 사용하지 않는 상표들을 비전형상표라 하는데, 예를 들면 카카오톡으로 메시지가 왔을 때, 휴대폰에서 들리는 "카톡, 카톡"하는 알림음도 상표(소리상표)로 등록되어 있고,15) 코카콜라의 독특한 병모양""도 상표(입체상표)로 등록되어 있으며16), 홀로그램으로 구성된 ""와 같은 상표(홀로그램상표)도 등록되어 있다.17)

3. 상표와 유사한 제도와의 구별

상표와 비슷하여 헷갈리기 쉬운 여러 가지 제도가 있다. 이들과 상표와의 차이점을 알면 상표가 무엇인지 좀 더 정확하게 이해할 수 있다.

---

14) 상표법, 1949년 11월 28일 법률 제71호
15) 상표 등록 제40-1565826호
16) 상표 등록 제40-0804966호
17) 상표 등록 제40-1444673호

1) 상호(trade name)

일상적으로 자주 접하는 용어 중에 상표와 유사한 용도로 사용되어 구별하기 어려운 것으로 '상호'라는 것이 있다. 상표제도와 상호제도는 모두 상인의 명칭으로 사용되는 표시와 관련된 보호하는 제도라는 점에서는 동일하나 다음과 같은 점에서 차이가 있다.

상표는 자신과 타인의 '상품'을 구별하기 위한 표시인 반면에, 상호는 '영업의 주체'를 구별하기 위하여 사용하는 표시이다. 다시 말해서 상표는 영업의 객체를 구별하기 위하여 사용하는 것이나, 상호는 영업의 주체를 구별하기 위하여 사용하는 것이다. 상표제도는 상표법에서 규정하고 있고, 상호제도는 상법에서 규정하고 있다.

상표를 등록받기 위해서는 특허청에 출원하여야 하는데 특허청에서는 심사를 통하여 동일 · 유사한 상표가 이미 등록되어 있는지, 또는 사용되고 있는지를 심사하여 등록 여부를 결정한다. 그러나 상호에 대해서는 특별시 · 광역시 · 시 · 군 등 지자체에 등기를 신청하도록 되어 있으며, 신청을 받은 지자체에서는 타 지역에서 동일 · 유사한 상호가 있는지 여부를 심사하지 않고 등기를 해 주며, 타 지역에서 동일한 상호가 등기되어 있더라도 같은 지역 내에 같은 상호가 없으면 등록해 준다. 또한, 등록상표에 대해서는 그 권리자에게 지역적 제한 없이 전국적 범위에서 당해 상표를 독점적, 배타적으로 사용할 권리가 부여되는 데 반하여, 상호는 등기를 한 특별시 · 광역시 · 시 · 군내에서만 보호가 된다는 점에서 차이가 있다.

따라서 새로 사업을 시작할 때에는 나의 상호를 지자체에 등기한 것만으로 전국적으로 그 상호를 독점적으로 사용할 수 있는 권리를 획득하였다고 착각하여서는 안 되고, 반드시 특허청에 동일 · 유사한 상표가 등록되지 않았는지 확인하고 나의 상표를 등록해 두는 것이 중요하다.

2) 단체표장(collective marks)

상표법은 단체표장을 "상품을 생산 · 제조 · 가공 · 판매하거나 서비스를 제공하는 자가 공동으로 설립한 법인이 직접 사용하거나 그 소속 단체원에게 사용하게 하기 위한 표장"을 말한다고 규정하고 있다.[18] 상품의 출처를 표시하기 위하여 사용하는 표장이라는 점에서는 상표와 동일하나, 그 표장을 사용하려는 주체에서 차이가 있다. 즉, 상표는 상표권자

18) 상표법 제2조 제1항 제3호

가 단독으로 사용하는 것을 전제로 하고 있다면, 단체표장은 여러 사람이 동시에 사용하는 것을 전제로 한다. 공동으로 설립한 법인이 직접 사용하거나 또는 그 소속 단체원들이 동시에 같은 표장을 사용하는 것을 목적으로 만든 표장이다. 단체표장은 흔히 자본력과 영업신용도가 낮은 소규모의 동종업자들이 단체로 조합 등을 설립하고 그 단체의 이름으로 품질을 보증함으로써 소비자들로부터 신용을 획득하려고 하는 경우에 활용된다. 다음과 같은 예를 들 수 있다.

〈단체표장 사례〉

한국승강기공업 협동조합	한국썬팅필름 협동조합	한국전자공업 협동조합	충청호남알미늄공업 협동조합
unicon 한국승강기공업협동조합 KOREA ELEVATOR INDUSTRY COOPERATION	KWFC Korea Window Film Cooperative 한국썬팅필름협동조합	It'Sound 한국전자공업협동조합	CHA GREEN 충청호남알루미늄공업협동조합

3) 지리적 표시 단체표장(collective marks for geographical indications)

비교적 많이 활용되는 단체표장의 한 형태가 지리적 표시 단체표장이다. 이는 “영광굴비”, “영덕대게”, “포항물회”, “청송사과” 등 특정지역에서 생산되었기 때문에 품질이 좋은 것으로 알려진 상품들에 사용되는 것으로, 이러한 상품의 명성을 유지하기 위해서는 그 지역에서 생산자들이 공동으로 품질을 관리하면서, 그 표장의 명성을 유지하기 위하여 다른 사람이 이 표장을 상표로 사용하는 것을 막을 필요성이 있을 때 활용한다. 지리적 표시

〈지리적 표시 단체표장 사례〉

영광굴비	영덕대게	보성녹차	포항물회
영광굴비 (44-0000077호)	영덕대게 (44-0000054호)	보성녹차 (44-0000018호)	포항물회 (44-0000145호)

단체표장도 개인이 등록할 수 없으며, 그 지역의 생산자단체 등이 등록을 하고 공동으로 사용한다는 점에서 상표와 차이가 있다.

4) 증명표장(certification marks)

증명표장이란 "상품의 품질, 원산지, 생산방법 또는 그 밖의 특성을 증명하고 관리하는 것을 업(業)으로 하는 자가 타인의 상품에 대하여 그 상품이 품질, 원산지, 생산방법 또는 그 밖의 특성을 충족한다는 것을 증명하는 데 사용하는 표장"을 말한다.[19] 증명표장은 본인의 상품에 사용하기 위하여 등록하는 표장이 아니라, 타인상품의 품질 등 특성을 증명하기 위하여 사용하는 표장이라는 점에서 상표와 다르다.

〈증명표장 사례〉

식품의약품안전처 (식품안전관리인증)	청양군 (구기자의 품질인증)	산림청장 (석재채취우수사업자인증)	한국생산성기술연구원 (탄소배출량 인증)
HACCP 식품의약품안전처	구기자 청양군 인증 명품 구기자 (47-0000014호)	K STONE (47-0000055호)	C 000g 2 (44-0000077호)

5) 업무표장(business emblem)

업무표장은 "영리를 목적으로 하지 아니하는 업무를 하는 자가 그 업무를 나타내기 위하여 사용하는 표장"이다.[20] 비영리 업무를 대상으로 한다는 점에서 상표와 구별된다. 한국소비자원, 대한변리사회, YMCA, 보이스카웃 등 비영리 단체의 업무를 나타내는 표장을 예로 들 수 있다.

---

19) 상표법 제2조 제1항 제7호

20) 상표법 제2조 제1항 제9호

〈업무표장 사례〉

한국소비자원	대한변리사회	YMCA	보이스카웃연맹
(42-0005998호)	(42-0000615호)	(42-0002435호)	(42-0000157호)

2 상표제도의 목적

상표법은 “상표를 보호함으로써 상표 사용자의 업무상 신용 유지를 도모하여 산업발전에 이바지하고 수요자의 이익을 보호함을 목적으로 한다”고 규정하고 있다.[21] 국가가 상표제도를 만들어 운영하고 있는 이유는 두 가지로 나눌 수 있다. 첫째는 상표사용자의 업무상 신용을 유지할 수 있도록 함으로써 산업발전에 이바지할 수 있도록 하는 것이고, 둘째는 수요자의 이익을 보호하는 것이다. 각각에 대해서 알아보기로 하자.

1. 상표사용자의 신용 유지를 통한 산업발전

상표 사용자의 신용을 유지시켜 주는 것이 왜 산업발전에 도움이 되는지를 이해하기 위하여 다음과 같은 상황을 상상해 보기로 하자.

1) 상표가 아예 없다면?

가령 여러분이 운동화를 사기 위해서 ‘쿠팡’이나 ‘11번가’와 같은 온라인쇼핑몰에 접속했다고 하자. 수백 종류의 다양한 운동화 사진이 올라와 있고, 몇 만원부터 몇 십만 원까지 다양한 가격이 매겨져 있다. 그 중에서 다음 세 가지 제품이 가장 마음에 들었다고 가정해 보자. 여러분이라면 이중에서 어떤 제품을 선택할 것이며, 그 이유는 무엇인가?

21) 상표법 제1조

	상품이미지	가격
1		836,980원[22]
2		164,300원[23]
3		16,800원[24]

이러한 상황이라면 선택이 매우 어렵다. 사진만 보아서는 각각의 제품이 어느 정도의 품질을 가지고 있는지 알 수가 없다. 이런 상황에서 모양이 예뻐 보여서 제일 비싼 제품을 선택했는데 막상 신어 보니 금방 헤지거나 변형이 생기면 얼마나 억울하겠는가? 이런 상황에서는 그나마 가장 값이 싼 3번 제품을 고르는 것이 그나마 합리적인 선택이 될 것이다. 품질을 알 수 없다면 가장 값이 싼 제품을 골라야 후회할 일이 적을 것이다.

소비자들이 무조건 저렴한 제품만 선택하는 시장에서 생산자는 어떻게 대응하여야 할까? 만약 이런 시장에서 더 좋은 제품을 만들기 위하여 연구개발에 많은 투자를 하고 품질관리에 많은 비용을 지불하는 회사가 있다면 어떻게 될까? 아마도 경쟁 제품보다 비싼 가격으로 인하여 소비자의 선택을 받지 못하고, 그 결과 매출 부진으로 망하게 될 것이다.

이런 상황에서는 겉보기에 그럴듯한 제품을 최대한 적은 비용으로 만든 다음 싼 가격에 판매하는 것만이 시장에서 살아남을 수 있는 유일한 방법이 될 것이다. 즉, 상표가 없는

22) 에누리닷컴 (http://www.enuri.com/list.jsp?cate=250901)

23) 에누리닷컴 (http://www.enuri.com/detail.jsp?modelno=92282684)

24) 에누리닷컴 (http://www.enuri.com/detail.jsp?modelno=24889682)

시장은 조악하고 값싼 제품만이 판치는 시장으로 바뀌게 되는 것이다.

2) 상표가 있다면?

이제 여러분이 선택한 제품의 브랜드가 각각 '프라다', '나이키' 그리고 '슈즈스마트'라는 것을 알게 되었다면 여러분의 선택은 어떻게 될 것인가?

	상품이미지	브랜드	가격
1	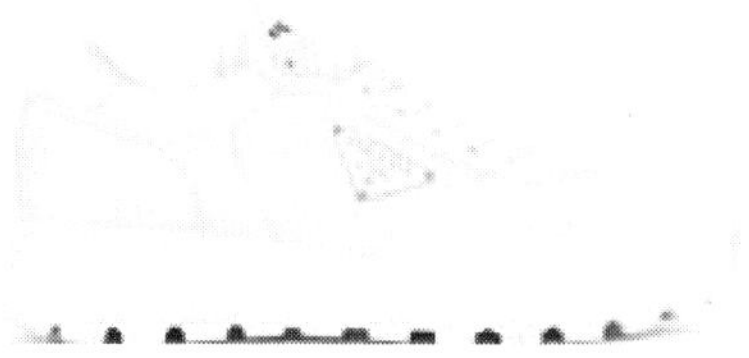	프라다	836,980원
2		나이키	164,300원
3		슈즈스마트	16,800원

앞에서는 소비자가 무조건 가장 값싼 물건을 골랐다면, 이제는 각자의 형편과 취향에 따라 선택이 달라질 것이다. 1번 제품은 상당히 비싸기는 하지만 세계적 명품을 만드는 '프라다'에서 나온 제품이니 품질도 좋을 것이고, 신었을 때 나의 존재감을 돋보이게 해 주는 효과도 있을 것이라는 생각으로 80만원이 넘는 가격을 흔쾌히 지불하겠다는 사람도 있을 것이다. 2번 제품은 오랫동안 세계 시장에서 스포츠화를 생산·판매해 온 '나이키'의 제품이고, 여러 번 사서 신어본 경험에 의하여 품질도 좋고 친구들의 반응도 괜찮았다는 것을 기억하기 때문에 큰 고민 없이 선택하는 사람이 많을 것이다. 3번 제품은 별로 들어보지 않은 브랜드라서 믿음은 가지 않지만 가격이 워낙 저렴하기 때문에 한번 신어 볼까

하는 생각으로 선택하는 사람도 있을 것이다.

3) 타인의 상표를 무단으로 사용할 수 있도록 방치한다면?

이제 제품을 생산하여 판매하면서 다른 사람의 상표를 붙여서 파는 행위, 소위 '짝퉁제품'을 판매하는 것이 허용된다면 어떤 일이 생길 것인가? 이런 경우에도 생산자들이 많은 연구개발비를 투입하여 좋은 제품을 개발하고 품질관리를 통하여 소비자들의 신뢰를 얻기 위하여 노력할 것인가?

처음에는 그런 회사들이 존재했다 하더라도 점차 겉보기에 그럴듯한 값싼 제품을 만든 다음에 소비자들 사이에 평판이 좋은 다른 회사의 브랜드를 붙여서 파는 약삭빠른 생산자들이 생겨나게 될 것이고, 이런 생산자가 가장 많은 수익을 올리게 될 것이다. 좋은 제품으로 본인의 신용(goodwill)을 축적해 가는 대신에 타인의 신용에 편승(free-riding)하려는 약삭빠른 생산자들이 판치는 시장이 되면 좋은 제품을 생산하여 판매하는 정직한 생산자들은 점차 도태되어 사라지게 될 것이다. 결국, 브랜드를 믿고 구매선택을 빠르고 간편하게 할 수 있는 시장경제는 더 이상 작동하지 않게 되고, 아예 상표가 없는 것과 다를 바 없는 상태가 되어버린다.

4) 상표가 존재하고 적절하게 보호된다면?

상표가 존재하고 적절하게 보호되는 시장에서는 소비자들은 브랜드를 믿고 제품을 선택할 수 있기 때문에 내가 찾는 제품을 고르기 위해 많은 비용을 들이지 않아도 된다. 즉, 상표는 원하는 제품을 찾기 위한 탐색비용((search cost) 내지는 거래비용(transaction cost)을 최소화할 수 있게 해 줌으로써 시장경제가 원활하게 작동할 수 있도록 도와준다. 동시에, 생산자들이 무조건 가격 경쟁에 매달리지 않고 제품의 품질 또는 매력으로 경쟁할 수 있는 토대를 만들어 준다. 제품의 품질과 매력으로 소비자를 유인할 수만 있다면 높은 가격으로 판매하여 수익을 극대화하는 것이 가능해지는 것이다.

상표는 소비자의 탐색비용을 최소화하여 시장에서 거래가 원활하게 이루어질 수 있도록 해 주는 동시에, 생산자간의 품질 경쟁이 가능한 토대를 만들어 줌으로써, 고품질의 고부가가치 산업이 발전할 수 있도록 하는 기반이 된다.

2. 수요자의 이익 보호

상표법에서 수요자의 이익을 보호한다는 것은 쉽게 표현하면 소비자가 상표에 속아서 물건을 사는 일이 없도록 하겠다는 뜻이다. 이를 위하여 내가 만든 제품에 다른 사람의 상표를 붙여서 파는 짝퉁상품의 판매를 금지할 뿐만 아니라, 먼저 등록되어 있는 상표와 비슷하여 소비자들의 오인・혼동을 야기할 가능성(likelihood of confusion)이 있는 상표는 등록해 주지 않는다. 등록되지 않은 상표라 하더라도 이미 소비자 사이에 특정 인의 상표로 알려져 있는 상표와 유사하여 오인·혼동을 야기할 가능성이 있는 상표도 등록해 주지 않으며, 그러한 상표를 사용하는 것도 원칙적으로 금지하고 있다.

3. 다른 지식재산법과의 비교

상표법은 그 목적을 규정함에 있어 특허법 등 다른 지식재산법과는 다소 결을 달리하고 있다. 특허법, 디자인보호법, 저작권법 등 다른 지식재산법에서는 대체로 그 보호대상인 '발명', '디자인' 또는 '저작자의 권리'를 보호함으로써, 산업발전을 도모하는 것을 목적으로 규정하고 있다. 즉, 발명을 보호해 줌으로써 더 좋은 기술이 개발되도록 하고, 디자인을 보호해 줌으로써 더 좋은 디자인이 창작되도록 하며, 저작자의 권리를 보호해 줌으로써 더 좋은 저작물들이 창작되도록 유도함으로써 궁극적으로 국가의 산업발전 내지는 경제발전에 이바지한다는 것이다.

그러나 상표제도는 이와는 달리 상표를 보호함으로써 더 많은 상표를 만들도록 유도하려는 의도는 없다. 상표가 많아지는 것 자체는 국가의 산업발전에 아무런 도움을 주지 않는다. 상표를 보호하는 이유는 상표를 보호해 주어야만 자유롭고 공정한 시장경재가 원활하게 작동할 수 있고, 이를 통하여 궁극적으로 국가의 산업발전을 도모할 수 있기 때문이다. 이에 더하여, 다른 지식재산법에는 없는 수요자의 이익 보호라는 공익적 목적을 추가적으로 가지고 있어서 다른 지식재산법에는 없는 여러 가지 특유의 제도를 가지고 있다.

3 상표의 기능

상표는 나의 상품을 다른 사람의 상품과 구별하기 위하여 나의 상품에 나를 상징하는 표지를 붙이는 것으로부터 시작되었다. 즉, 상표의 본질적인 기능은 소비자들이 여러 생산자의 상품을 서로 구별할 수 있도록 해 줌으로써 시장경제가 원활하게 작동할 수 있도록 해 주는데 있다. 이를 조금 더 세분화하여 살펴보면 다음과 같다.

1. 출처표시기능(source indicator)

상표는 상표를 부착한 상품이 어느 기업에서부터 나온 것인지 알려주는 출처표시의 기능을 한다. 즉, 내가 보고 있는 신발이 '프라다'에서 나온 것인지, '나이키'에서 나온 것인지, '르까프'에서 나온 것이지를 알려주는 것이다.

이 때, 출처는 아주 구체적일 필요는 없다. 즉, 소비자들이 '르까프'라는 상표가 붙은 신발을 보고 이 신발은 '주식회사 화승'에서 제조・판매하는 신발이라고 인식하는 정도로 구체적일 필요는 없다. 다만, 소비자들이 '르까프'라고 하는 상표를 사용하는 신발제조업체가 이 세상 어디에선가 존재하고, '르까프'라고 하는 상표가 붙은 신발은 모두 이 회사에서 제조해서 공급하고 있는 것이라는 정도만 인식할 수 있으면 족하다. 이런 의미에서 '익명의 추상적 출처(a single anonymous source)'라고도 한다.

2. 품질보증기능(quality indicator)

이는 소비자들이 동일한 상표가 붙은 상표는 일정한 수준의 동일한 품질을 가지고 있을 것이라는 기대를 할 수 있게 하는 기능을 말한다. 이때 품질을 보증한다는 의미는 좋은 품질을 보증한다는 의미가 아니라, 좋으면 좋은대로 나쁘면 나쁜대로 일정한 품질을 유지한다는 것을 의미한다. 즉, '나이키' 신발이라면 이 정도 품질을 가지고 있을 것이고, '르까프' 신발이라면 이 정도 품질을 가지고 있을 거라는 기대를 가지고 소비자가 구매를 하더라도 문제가 없을 정도로 일정한 품질을 유지한다는 것을 의미한다.

상표의 이러한 기능 덕분에 소비자들은 상표를 보고 구매결정을 쉽고 빠르게 할 수 있으며 위험 부담도 줄일 수 있다. 즉, 구매하려는 제품을 누가 만들었는지, 품질 수준은 어느 정도인지 알아보기 위하여 많은 탐색비용(searching cost) 또는 거래비용(transaction cost)을 들이지 않고 바로 구매결정을 할 수 있게 해 주기 때문에 거래가 활성화되고 경제가 성장할 수 있게 되는 것이다.

소비자들이 더 높은 품질을 기대하는 상표가 붙은 제품은 더 잘 팔리고 더 비싼 가격에 팔리기 때문에 생산자에게도 자신의 상품의 품질을 유지하고 개선하려는 유인을 제공하게 된다.

3. 광고기능 등 파생적 기능

광고는 판매자가 자신의 제품의 매력을 소비대중에게 적극적으로 알려서 판매를 촉진하려는 활동이다. 이때 광고를 통하여 소비자에게 알리고자 하는 정보는 그 상품 자체의 우수성은 물론이고, 그 제품의 생산에 사용된 기술력, 디자인 능력, 품질관리 능력 등 광고하고자 하는 상품에 대한 소비자의 긍정적인 인식을 일으킬 수 있는 모든 정보가 될 것이다. 이러한 광고는 상표를 중심으로 이루어지며, 광고를 통하여 형성된 상품에 대한 긍정적인 이미지나 정보는 상표라는 그릇에 담겨서 소비대중에게 효과적으로 전달되고 소비대중의 인식 속에 안착하게 된다.

상표가 지속적으로 사용되어 신용이 축적되고 광고 활동 등으로 좋은 제품, 갖고 싶은 제품이라는 이미지를 획득하게 되면, 이제 상표 그 자체가 고객을 끌어 모을 수 있는 힘을 갖게 된다. 즉, 상표가 상품의 시장경쟁력을 제고해 주는 역할을 하게 되는 것이다.

따라하기 /

Q. 아래 기사를 보고 다음 질문에 대답해 보자.

중국 최대 온라인 쇼핑몰인 알리바바에서 삼성전자의 프리미엄 스마트폰 '갤럭시S22 울트라'를 모방한 제품이 판매되고 있는데, 정품 가격의 13분의 1수준인 103달러(약 12만 3000원)에 판매되고 있다.

이 같은 모방 제품 때문에 삼성전자가 중국 시장을 공략하는 데 고전하고 있다. 삼성전자의 중국 스마트폰 시장 점유율은 0.6%에 그치는 데 반해 모조폰 비중은 34%에 달한다.

출처: 서울경제 https://www.sedaily.com/NewsView/262A3DTKOI

1. 중국에서 팔리는 짝퉁 갤럭시폰을 누군가가 대량으로 구입하여 무제한으로 국내에서 판매한다면 어떤 일이 벌어질 것인지, 짝퉁 제품의 판매행위에 대해서 정부에서 어떠한 제재도 하지 않고 방치한다면 어떻게 될지 다음 사항을 중심으로 발표해 보자.

   ① 삼성전자는 지금과 같은 품질의 정품 갤럭시폰을 계속하여 시장에 공급할 수 있을 것인가? 또 성능과 디자인을 개선한 신제품을 계속하여 내어 놓을 수 있을 것인가?
   ② 우리나라 스마트폰 시장은 어떻게 바뀌어 갈 것인가?
   ③ 우리나라 소비자들에게는 어떤 영향이 있을 것인가?

확인학습 /

1. 국가에서 상표를 보호하는 목적은 크게 두 가지가 있다. 하나는 상표권자(상표 사용자)가 축적한 업무상 □□에 편승(freeriding)하여 부당하게 이득을 얻는 것을 방지해 줌으로써 시장경제가 원활히 작동할 수 있도록 하고, 그 결과 □□□□ 을 이루고자 하는 것이다. 다른 하나는 가짜 상표에 속아서 구매하는 일이 없도록 방지 등 □□□의 □□을 보호하기 위한 것이다.

2. 상표가 수행하고 있는 기능에는 □□□□의 기능, □□□□의 기능, □□□□ 등 파생적 기능 이 있다.

학습 2 좋은 상표 고르기 1. (상표의 식별력)

학습 목표	• 상표의 식별력에 대하여 사례를 들어 설명할 수 있다. • 좋은 상표가 되기 위한 조건을 상표의 식별력의 관점에서 설명할 수 있다.

1 상표의 식별력(distinctiveness)

상표는 나의 상품과 다른 사람의 상품을 구별하기 위하여 내 상품에 부착하는 표지를 말한다. 따라서, 상표로 기능하기 위해서는 그 표지가 나와 다른 사람의 상품을 구별할 수 있게 해주는 능력이 있어야 하는데, 이를 자타상품식별력 또는 간단히 식별력이라 한다. 상표로서 기능하기 위해서는 식별력이 있어야 하며, 식별력이 없는 상표는 상표로 등록될 수 없다. 우리상표법은 식별력이 없는 상표를 하나하나 열거하여 상표등록을 받을 수 있는 상표에서 제외하고 있다.[25)]

상표의 식별력에 대하여 이해하기 쉽게 체계적으로 설명하고 있어서 가장 많이 인용되고 있는 것은 소위 Abercrombie 사건에서 담당판사인 Henry Jacob Friendly 판사가 제시한 기준이다.[26)] 이것은 상표의 식별력의 강도에 따라 상표를 5개 카테고리로 분류한 것인데, 흔히 "아버크롬비 식별력 스펙트럼(Abercrombie spectrum of distinctiveness)" 이라고도 하고, 이 기준에 따라 식별력의 정도를 판단한다고 해서 "아버크롬비 테스트(Abercrombie Test)"라고도 한다.

1. 일반명칭상표(Generic Marks)

이것은 상품의 일반적인 명칭 그 자체를 상표로 사용하려는 경우로서 식별력이 전혀 없는 상표이다. 일반명칭상표는 누구라도 자신의 상품을 지칭하기 위하여 사용하여야 하는 용어이기 때문에 어떠한 경우에도 등록을 받을 수 없도록 하고 있다. 우리 상표법에서는

25) 상표법 제33조 제1항

26) Abercrombie Fitch Company v. Hunting World Incorporated, 537 F.2d 4 (2nd Cir. 1976)

보통명칭상표와 관용상표으로 나누어 규정하고 있다.

1) 보통명칭상표

보통명칭상표란 “그 상품의 보통명칭을 보통으로 사용하는 방법으로 표시한 표장만으로 된 상표”를 말하며,[27] 예를 들면 자동차에 대한 상표로 “Car”를 사용한다든지, 휴대용 전화기에 “스마트폰”이라는 상표를 사용하는 경우를 예로 들 수 있다. 다음은 보통명칭상표인지의 여부가 문제가 된 사건에서 보통명칭상표에 해당한다고 판시한 사례들이다.

〈보통명칭 사례〉[28]

지정상품	상 표	지정상품	상 표
포장용 필름	랩(96후1224)	자동차용 전구	Truck Lite(96후986)
커피음료	Caffé Latté(02후321)	화 장 품	Foundation(01후89)
위 장 약	정로환(92후827)	건 과 자	콘치프(88후455)
가구재료	호마이카(86후93)	복 사 기	COPYER(86후67)
요 식 업	카페, 그릴(99허2068)	통 신 업	컴퓨터통신

2) 관용상표

관용상표란 상표법에 “그 상품에 대하여 관용하는 상표”라 규정되어 있는 것으로,[29] “당해 상품을 취급하는 동업자들 사이에 어떤 표장을 그 상품의 명칭 등으로 일반적으로 자유롭게 사용한 표장”을 말한다.[30] 관용표장은 처음에는 특정인의 상표였던 것이 상표권자가 상표관리를 허술히 하는 동안 동업자들이 자유롭게 사용하게 됨으로써, 마치 일반명칭상표와 같이 되어버린(genericized) 상표로 다음과 같은 예가 있다.

27) 상표법 제33조 제1항 제1호
28) 특허청, 상표심사편람, p.40101
29) 상표법 제33조 제1항 제2호
30) 특허청, 상표심사편람, p.40201

〈관용표장 사례〉[31]

지정상품	상 표	지정상품	상 표
구중청량제	인단 (66후7)	직 물	TEX, LON, RAN
장식용 시트	데코시트 (99후24)	낙지요리	조방낙지 (05후1592)
장 아 찌	오복채 (03후243)	콜드크림	VASELINE (95후1463)
숙 박 업	관광호텔, 파크	꼬 냑	나폴레온 (83후14)
요 식 업	가든, 원, 장, 각, 성 (98허4111)	청 주	정 종
통 신 업	cyber, web, tel, com, net (98허7233)	금 융 업	Homebanking, Passcard, Cashcard

2. 기술적 상표(descriptive Marks)

기술적 상표는 상표의 성분, 품질 등 그 상품의 특징 또는 성질을 그대로 묘사(describe)하는 상표를 말한다. 우리 상표법은 "그 상품의 산지(産地)·품질·원재료·효능·용도·수량·형상·가격·생산방법·가공방법·사용방법 또는 시기를 보통으로 사용하는 방법으로 표시한 표장만으로 된 상표"라고 규정하고 있다. 기술적 상표는 통상 상품의 유통과정에서 누구라도 자신의 상품의 특성을 기술하기 위하여 사용하여야 하는 용어이기 때문에 어느 한 사람에게 독점적으로 사용하게 하는 것이 불합리하므로, 상표로 등록될 수 없도록 규정하고 있다. 다만, 반복적인 사용으로 소비자 사이에 특정인의 상표라고 인식이 된 경우에는 예외적으로 등록을 받을 수 있다. 이를 '사용에 의한 식별력' 또는 '이차적 의미(secondary meaning)[32]'를 획득하였다고 표현한다. 기술적 상표인지가 문제가 되었던 대표적인 판례로는 다음과 같은 것을 들 수 있다.

31) 특허청, 상표심사편람, p.40202

32) 원래의 의미는 상품의 성질을 묘사하는 기술적 의미이나, 오랜 사용을 통하여 소비자 사이에 상품출처표시로 인식되는 또 다른 의미를 가지게 되었다는 뜻으로 이차적 의미를 획득하였다고 한다.

〈기술적 상표의 사례〉[33]

구분	지정상품	상표	판례번호
산지 표시	(찐빵)	**안흥찐빵**	2000허4701
품질 표시	(비약용입술방향연고)	SOFTLIPS	2006후1131
원재료 표시	(식당업)	**오뎅사께**	2006허10012
효능 표시	(구두)	**키높이**	2005허1646
용도 표시	(이메일 송수신 서비스를 위한 소프트웨어 등)	SOCIAL HUB	12허481
수량 표시		**2짝, 100그램**	상표심사기준
형상 표시	(아이스크림)		2011허3568
가격 표시		100원, 10 dOLLARS 등	상표심사기준
생산방법·가공방법·사용방법의 표시	(수지침술 강좌업)	**수족침**	94후1312
시기 표시	(잡지)	AUGUST	08허6475

3. 암시적 상표(Suggestive Marks)

암시적 상표는 기술적 상표처럼 직접적으로 그 상품의 성질을 묘사하는 것은 아니지만, 그러한 성질이 유추될 수 있도록 암시하는 표장으로 된 상표이다. 암시적 표장은 그 상품의 성질을 직접적으로 표현하는 말이 아니기 때문에 소비자는 그 표장을 보고 상상하거나 유추하는 등 한 단계 사고 과정을 거쳐야 그 상품의 성질을 떠올릴 수 있다는 점에서 기술적 표장과는 다르다. 암시적 표장은 식별력이 있는 표장으로 인정되며, 누구나가 자신의 상품을 표현하기 위하여 반드시 써야 할 용어도 아니므로 등록이 가능하다. 암시적 표장인지가 문제가 되었던 대표적인 판례로는 다음과 같은 것을 들 수 있다.

33) 특허청, 상표심사편람, p.40202

〈암시적 표장으로 판단된 사례〉[34]

상표(지정상품)	판 단 내 용	관련판례
Nokstop (방수지, 내산지 등)	"Nokstop" 및 "녹스탑"으로 인식·호칭된다고 하더라도 'Nok' 을 한글 '녹'으로 인식하고 이를 다시 '녹슬다' 의 의미로 인식하는 등 여러 단계의 인식과정을 거쳐야 하므로 암시적임	2008허13435

4. 임의선택상표(Arbitrary Marks)

임의선택상표는 지정상품과 아무런 관계가 없는 단어를 임의적으로 상표로 선택한 경우를 말한다. 대표적인 예로 "Apple(컴퓨터)"을 들 수 있다. "Apple"을 사과에 사용하면 보통명칭 표장이 되겠지만, 컴퓨터라는 전혀 관계없는 상품에 사용할 경우에는 임의선택상표가 되는 것이다. 임의선택상표는 본질적으로 강한 식별력이 있는 것으로 취급되며, 상표등록이 허용된다.

5. 조어상표(Coined or Fanciful Marks)

조어상표는 상표로 사용하기 위하여 만들어 낸 말이다. 대표적인 예로 카카오(데이터베이스 접속제공 등) "Netflix(주문형 비디오 전송업 등)"를 들 수 있다. 이는 누구도 쓰지 않는 말을 오로지 상표로 사용할 목적으로 만들어 낸 말이므로 가장 강한 식별력을 가지며 당연히 상표등록이 허용된다.

식별력이 강할수록 등록을 받을 가능성이 높아지며, 상표침해 판단에 있어 유사범위를 좀 더 넓게 잡아 주는[35] 등 상표법상의 보호를 강하게 받는다고 할 수 있다.

---

34) 상표심사기준 p.40310

35) 상표침해 판단에서 유사범위를 넓게 잡아준다 함은 다른 사람이 나의 상표와 유사한 상표를 사용하고 있는데, 이것이 나의 상표를 침해하고 있는 것인지의 판단함에 있어, 식별력이 강한 상표는 약한 상표에 비해서 유사하다고 판단해 주는 범위가 넓다는 것을 의미한다. 즉, 조금 덜 비슷한 것까지 유사하다고 판단해 주는 것을 말한다.

2 좋은 상표의 조건과 상표의 식별력

상표의 식별력이 강하면 강할수록 더 좋은 상표라 할 수 있을까? 반드시 그렇지는 않다. 좋은 상표는 출처표시, 품질보증, 광고 및 제품 경쟁력 제고라는 상표의 기능을 잘 발휘할 수 있는 상표라 할 수 있다. 따라서 좋은 상표가 되려면 식별력 외에도 고려해야 할 요소들이 많다.

1. 좋은 상표의 조건

특허청에서는 좋은 상표의 조건으로 9가지를 제시했다.36) 이 조건들을 정리해 보면 크게 다음의 세 가지 정도로 요약해 볼 수 있다.

(1) 독창성이 있어서 다른 상표와 쉽게 구별할 수 있어야 한다.(식별력)
(2) 소비자들이 쉽게 기억하고 다시 찾을 수 있어야 한다.(상품 환기력)
(3) 긍정적인 느낌을 주어야 하고 부정적인 느낌을 주지 않아야 한다.(긍정적 이미지)

2. 좋은 상표의 조건과 식별력과의 관계

좋은 상표의 조건 중 세 번째, 긍정적인 느낌을 주어야 하고 부정적인 느낌을 주지 않아야 한다는 조건은 상표의 종류가 무엇인지와는 무관하게, 그 상표의 의미가 무엇인지, 소비자들이 어떤 맥락으로 받아들이는지에 달려 있으므로 이를 제외하고, 첫 번째 조건과 두 번째 조건을 중심으로 어떤 상표가 좋은 상표가 될 가능성이 높은지 판단해 보자.

먼저 일반명칭(generic)상표는 그 상품의 명칭 자체이기 때문에 상표를 사용하면 그 상품을 바로 떠올릴 수 있기 때문에 상품 환기력은 가장 좋겠으나, 다른 사람의 상품과 구별시켜 주는 식별력이 전혀 없기 때문에 아예 상표가 되지 못한다.

---

36) 특허청 홈페이지(https://www.kipo.go.kr/easy/pc/trademark.html) [알아두면 좋은 상표출원의 꿀팁!! 1. 어떤 것이 좋은 상표일까요? ① 독창성이 있는 상표, ② 기억하기 쉬운 것, ③ 상품 및 기업 이미지에 부합되는 것, ④ 수요자의 기호에 맞는 것, ⑤ 시대적 감각에 맞는 것, ⑥ 발음하기 쉬운 상표, ⑦ 부정적인 느낌이 없는 것, ⑧ 해외사용에 문제가 없는 것, ⑨ 외국상표와 동일 · 유사하지 않은 것]

표장의 종류	일반명칭 (generic)	기술적 (descriptive)	암시적 (suggestive)	임의선택/조어 (arbitrary/coined)
① 식별력	×	×*	○	◎
② 상품 환기력	◎	◎	○	×
좋은 상표가 될 가능성	×	3	1	2

* 사용에 의한 식별력을 획득한 경우에는 예외.

반대로, 임의선택(arbitrary)상표나 조어(coined)상표는 상품과 아무런 관련이 없는 말을 임의로 선택했거나 상표로 사용하기 위해서 새로 만든 말이기 때문에 독창성이 강하고 다른 상표와 쉽게 구별할 수 있어 식별력이 매우 강하다. 다만, 상품과 아무런 관련이 없는 말이기 때문에 소비자들이 이 상표를 쉽게 기억하고 다시 찾게 만들기가 쉽지 않다. 그러나 지속적 사용과 광고·마케팅 활동을 통하여 소비대중 사이에 인지도를 한번 구축하고 나면 어떤 것보다 좋은 상표가 될 수 있다.

이 양 극단 사이에 끼어 있는 것이 기술적 상표와 암시적 상표인데, 둘 다 상품의 품질이나 효능 등을 표현하는 상표이기 때문에 소비자들에게 상품이나 기업의 이미지를 쉽게 환기시킬 수 있어서 좋은 상표가 될 가능성이 많다. 그러나 상품의 품질이나 효능 등을 직접적으로 표현하는 말이라고 인정이 되면 식별력이 없는 것으로 되어 상표로 등록받을 수 없고 그 상표가 기술적인지, 암시적인지의 판단이 애매한 경우가 많기 때문에 위험부담이 따른다. 그러나 일단 암시적 상표라고 인정을 받으면 좋은 상표가 될 가능성이 매우 높다. 소비자들에게 나의 상품을 쉽게 환기시킬 수 있으면서도 식별력을 인정받아 바로 등록을 받을 수 있기 때문이다.

따라하기 / 상표 만들어 보기

창업을 계획하고 있는 A씨의 어머니는 손칼국수 요리의 달인이다. 한번 먹어 본 사람들은 누구나 그 맛을 칭찬하고, 손님이 집을 방문하면 늘 손칼국수를 대접한다. A씨는 어머니의 손칼국수를 아이템으로 해서 식당을 개업하고, 이 요리의 레시피를 표준화해서 전국적으로 프랜차이즈 가맹점을 모집할 계획으로 있다.

1. A씨는 이 사업에 사용하기 위하여 몇 가지 상표를 만들어 보았다. 이들 상표를 아래의 아버크롬비 식별력 스펙트럼(Abercrombie spectrum of distinctiveness)의 적당한 칸에 넣어보자.

(상표1)	(상표2)	(상표3)	(상표4)	(상표5)
손칼국수	엄마손맛	KTM	生우리밀	쥐라기

구분	일반명칭상표	기술적상표	암시적상표	임의선택상표	조어상표
상표					

2. 위에서 만든 상표들을 좋은 상표의 조건들을 대입해서 평가해 보고 가장 좋은 상표를 선택해 보자.

좋은 상표의 조건	상표 1	상표 2	상표 3	상표 4	상표 5
식별력					
상품 환기력					
긍정적 이미지					
전체적 평가					

3. 최종적으로 선택한 상표는?

확인학습

1. 타인의 상품과 나의 상품을 구별할 수 있게 해 주는 상표의 능력을 상표의 □□□이라 한다.

2. 상표의 식별력이 강한 정도에 따라 상표를 분류하고, 식별력이 가장 약한 상표부터 가장 강한 상표까지 순서대로 나열하면 다음과 같다.
   ① □□□□상표
   ② □□□상표
   ③ □□□상표
   ④ □□□□상표, □□상표

학습 3 좋은 상표 고르기 1. (유사한 상표의 존재)

학습 목표	• 상표 선정 시 내가 선정하고자 하는 상표와 유사한 타인의 상표를 조사해 보아야 하는 이유를 사례를 들어 설명할 수 있다. • 상표의 유사여부를 판단하는 기준을 사례를 들어 설명할 수 있다.

1 유사 상표를 확인해야 하는 이유

만약 내가 어떤 상표를 선택하여 사업을 시작했는데 알고 보니 다른 사람이 이미 등록을 받아 놓은 상표와 같거나 유사하다면 어떻게 될까? 상표법에 의하면 이 상표를 등록받을 수도 없고, 등록받지 않고 사용할 수도 없다. 상표법에서 이렇게 규정하고 있는 이유는 이것을 허용할 경우에 소비자들이 상표를 보고 이것이 누가 공급하는 상품인지를 알 수 없게 될 우려(오인 · 혼동의 우려)가 있고, 그 결과 상표의 출처표시기능을 마비시키기 때문이다.

이런 경우에는 이 상표를 포기하고 다른 상표를 선택하는 것이 가장 현명한 방법이다. 그러나 이 상표를 사용하기 시작한 후라면 이미 설치한 간판이나 상품에 부착한 라벨, 상표가 표시된 포장용기 등을 교체로 인해 막대한 비용이 지출될 것이다. 더욱이 광고 등을 통하여 소비자들에게 이미 기존의 상표가 일정 수준 이상 알려져 있는 상태라면, 이 상표를 포기하고 새로운 상표를 선택하는 것은 매우 어려운 작업이 될 것이다. 이런 이유로 기존 상표를 포기하지 못하고 엄청난 시간과 비용을 들여 상표분쟁을 하는 경우가 많다. 그러므로 상표를 선택하기 전에 다른 사람의 상표와 겹치지 않는지 확인하는 것은 매우 중요하다.

2 상표의 유사여부를 따져 보아야 하는 경우

상표를 선정하는 과정에서 내가 선정하려는 상표와 유사해 보이는 다른 사람의 상표가 발견된다면 어떻게 해야 할까? 특히 다른 사람이 그 상표를 사용할 수 있는 권리를 선점하고 있는 경우라면 그 상표와 유사한 상표를 선정하더라도 사용할 수 없는 상황이 되기 때문에 곤란하다. 이런 경우에는 그 상표의 선정을 보류하고 유사여부를 꼼꼼히 따져 볼 필요가 있다. 이런 경우에는 다른 사람이 그 상표를 사용할 수 있는 권리를 선점하고 있어 나의 상표를 등록할 수 없을 뿐 아니라, 등록받지 않고 이 상표를 그대로 사용하게 된다면 타인의 상표권을 침해하게 된다.37) 타인의 상표를 고의 또는 과실로 침해한 경우에는 손해배상의 책임을 지게 되고,38) 7년 이하의 징역 또는 1억원 이하의 벌금에 해당하는 형벌을 받을 수도 있다.39) 타인의 상표와 유사 여부를 따져 보아야 하는 경우는 대체로 다음의 세 가지 경우이다.

1. 타인의 선출원에 의한 등록상표가 있는 경우

타인이 먼저 출원하여 등록받은 상표가 있는 경우에는 내가 동일 · 유사한 상표를 동일 · 유사한 상품에 출원하는 경우 등록이 거절된다.40) 타인이 그 상표를 사용하고 있는지는 문제가 되지 않으며, 타인이 나보다 먼저 출원하여 상표등록이 되어 있기만 하면 나의 상표등록을 저지할 수 있다.

2. 주지상표가 있는 경우

내가 선정하려는 상표와 동일 · 유사한 상표가 이미 타인의 상표로 수요자에게 널리 알려져 있는 상태라면, 그 타인의 상표가 비록 등록되어 있지 않더라도 나의 상표등록을 저지할 수 있다.41) 이 규정은 위의 경우와 마찬가지로 내가 등록하려는 지정상품과 타인의 주지상표의 지정상품이 동일 · 유사한 경우에만 적용된다.

37) 상표법 제108조 제1항
38) 상표법 제109조
39) 상표법 제230조
40) 상표법 제34조 제1항 제7호
41) 상표법 제34조 제1항 제9호

3. 저명상표가 있는 경우

내가 선정하려는 상표와 동일 · 유사한 상표가 이미 타인의 상표로 수요자에게 현저하게 알려져 있는 상태라면, 그 타인의 상표가 등록되어 있지 않고, 지정상품이 서로 다르더라도 타인의 상품이나 영업과 혼동을 일으키게 하거나 그 식별력 또는 명성을 손상시킬 염려가 있을 때는 나의 상표등록을 저지할 수 있다.[42]

3 상표의 유사판단

두 개의 상표가 서로 유사한지 판단하는 최종적 기준은 두 상표가 시장에 공존하는 경우 소비자들이 출처에 오인 · 혼동을 일으킬 우려(likelihood of confusion)가 있는지 여부이다. 오인 · 혼동의 우려가 있다면 유사로 판단하고 없다면 비유사로 판단한다.

1. 일반원칙

상표의 유사여부는 비교 대상인 두 개 상표를 놓고 그 외관 · 호칭 · 관념 등을 전체적 · 객관적 · 離隔的으로 관찰하여 유사 여부를 판단한다. 상표의 유사여부를의 판단할 때는 그 상표가 어떻게 보이는지(외관), 어떻게 불리는지(호칭), 어떤 뜻으로 들리는지(관념)의 세 가지 측면에서 비교하여 판단하되, 이 세 가지 요소를 기계적으로 비교하는 것이 아니라, 이러한 요소들을 두루 고려하였을 때 두 상표의 전체적인 이미지가 일반수요자나 거래자가 오인 · 혼동을 일으킬 정도로 비슷한 경우에 유사한 상표로 판단한다는 것이다.

2. 유사여부 판단 요소

1) 호칭 유사

주로 문자로 된 상표에서 중요한 판단 요소가 되며 외국문자로 된 상표의 경우에는 내

42) 상표법 제34조 제1항 11호

국인 관례상의 호칭은 물론 해당 외국인의 대표적인 호칭도 함께 고려하여 판단한다.

〈호칭이 유사한 표장 예시〉43)

① INTERCEPTOR ≒ 인터셉트	② REVILLON ≒ REVLON
③ LYSOTAN ≒ 로소탄(LOSOTAN)	④ 千年 ≒ 天然
⑤ TVC ≒ TBC	⑥ 마르샤 ≒ 마르셀
⑦ EVOL ≒ EPOL	⑧ TOBY ≒ TOPY
⑨ DANYL ≒ DAONIL	⑩ Leeman ≒ Riman
⑪ PAPASHELIN ≒ PAPAPHYLLIN	⑫ CHROMATRON ≒ CHROMATONE
⑬ SAFUNEN ≒ SAFUNENSO	⑭ ADEFLON ≒ ADOPRON

2) 외관 유사

주로 도형이나 기호로 된 상표에서 중요한 판단요소가 되며, 외관상의 형상이 소비자의 오인・혼동을 불러일으킬 정도로 유사한지를 보고 판단한다.

〈외관이 유사한 표장 예시〉44)

① 

② HOP=HCP

③ 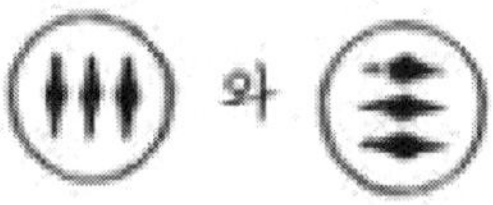

④ 

3) 관념 유사

호칭과 외관이 다름에도 불구하고 관념이 같다고 해서 유사로 판단되는 경우는 많지 않으나, 상표가 가지는 의미가 소비자의 오인・혼동을 불러일으킬 정도로 유사하면 두 상표가 유사한 것으로 판단한다.

43) 특허청, 상표심사기준 p.50708

44) 특허청, 상표심사기준 p.50708

〈관념이 유사한 표장 예시〉[45]

① 임금 ≒ 王 ≒ KING	② 平和 ≒ PEACE
③ VICTOR ≒ VICTORY	④ Golden Spike ≒ Golden Spur (상품:골프화)
⑤ 조개표 ≒ 	⑥  대한제분 ≒ 곰표

3. 유사여부 판단을 위한 관찰 방법

특허청 상표심사기준은 상표의 유사여부를 판단할 때는 전체적, 객관적, 이격적으로 관찰하여야 한다고 정하고 있다.

1) 전체적 관찰

호칭 · 외관 · 관념을 서로 비교하지만 어느 한 가지 요소에 집중하는 것이 아니라 그 모든 것을 고려한 전체적 이미지의 대비에 중점을 두어 판단하여야 한다는 것이다. 즉, 세 가지 요소 중 어느 하나가 유사하다 하더라도 전체적으로는 차이가 있어 거래상 상품출처의 오인 · 혼동을 일으킬 염려가 없는 때에는 비유사로 판단하고, 반대로 각 요소에서 서로 다른 부분이 있어도 전체적으로 볼 때 일반수요자나 거래자가 오인 · 혼동을 일으킬 우려가 있는 경우에는 유사한 것으로 판단하여야 한다.

2) 객관적 관찰

사용자의 의도 등 주관적 요인이 아니라 상표 자체의 구성 등 객관적 사실을 중심으로 판단하여야 한다는 것이다.

3) 이격적 관찰

이격적으로 관찰한다는 것은 두 상표를 나란히 붙여 놓고 그 차이점을 세세히 비교하면

45) 특허청, 상표심사기준 p.50709

서 보는 것이 아니라, 각각의 상표를 다른 곳, 다른 때에 접하는 경우를 가정하고 비교해 보는 것이다. 즉, 두 상표를 나란히 놓고 세세하게 관찰했을 때는 두 상표의 차이점을 알 수 있으나 때와 장소를 달리하여 관찰했을 때에는 오인·혼동이 발생할 우려가 있다고 한다면 유사한 것으로 판단하여야 한다는 것이다. 실제로 소비자가 상품을 구매할 때 비교 대상 상품을 나란히 놓고 결정하는 경우도 있지만, 두 상표를 다른 매장에서 다른 시기에 접하는 경우가 더 많기 때문이다.

4. 결합상표의 유사판단

상표는 문자만으로, 또는 도형만으로 구성된 상표도 있지만, 문자와 문자, 문자와 도형 등 여러 가지 요소가 결합된 상표도 많다.

〈결합상표의 예시〉

Ⓐ 상표등록번호 : 41-0272982-0000호	Ⓑ 상표출원번호: 4020170085756호
허기숙할머니 원조 오뎅식당 대한민국 최초 부대찌개 1호점 since1960	명륜진사갈비

위의 Ⓐ 상표의 경우, 문자(허기숙, 할머니, 원조, 오뎅식당, 대한민국, 최초, 부대찌개)와 도형('원조'라는 글자를 둘러싼 붉은 색 이파리 모양, 낙관모양의 도형, 배경에 희미하게 비치는 할머니 얼굴) 등 다양한 요소가 결합하고 있고, Ⓑ 상표의 경우도 기와집 지붕 모양의 도형과 '명륜진사갈비'라고 하는 문자부분이 결합하고 있는 것을 볼 수 있다.

1) 분리관찰 및 요부 관찰

위의 Ⓐ상표의 경우를 예로 들어 설명해 보자. 여러분이 친구와 저 식당에서 만날 약속을 하려고 전화를 한다면 저 식당을 뭐라고 부를 것인가? '허기숙할머니원조오뎅식당'에서 만나자라고 할 사람은 많지 않을 것이다. '허기숙할머니'집에서 만나자고 할 사람도 다소는 있겠지만, 대부분은 그냥 '오뎅식당'에서 보자라고 할 가능성이 많아 보인다.

이러한 거래계의 실정을 감안하여, 결합상표의 경우에는 전체관찰의 원칙을 좀 더 유연하게 적용한다. 즉, 전체적 관찰이 원칙이기는 하나 간이 · 신속을 위주로 하는 거래실제에 있어서 그 구성부분의 일부분만으로 간략하게 호칭 · 관념되는 경우에는 이 부분(요부)을 분리하여 관찰하는 것도 허용된다. 이때, '요부'라 함은 '중요한 부분'이라는 뜻으로 그 상표에서 가장 강한 인상을 주는 부분, 간략하게 부를 때 사용될 것으로 보이는 부분을 말한다. 그 상표의 구성에서 가장 식별력이 강한 부분이 요부가 될 가능성이 많고 식별력이 없는 부분은 요부가 될 수 없을 것이다.

2) 결합 강도

분리관찰 내지는 요부관찰을 허용할 것인지는 상표를 구성하는 요소들이 얼마나 강하게 결합되어 있는지에 따라 판단한다. 즉, 여러 요소가 결합되어 있더라도 실제 거래계에서 그 일부분만으로 호칭될 가능성 많은 경우에는 분리관찰을 허용하고, 상표를 구성하는 각 구성부분이 강하게 결합하여 일부분만을 분리하여 사용하는 것이 부자연스러운 경우에는 분리관찰을 하여서는 안 된다. 특히, 상표를 구성하는 부분 간의 결합으로 현저하게 다른 외관, 호칭 또는 관념을 낳는 것이 명백한 경우에는 분리 관찰을 하여서는 안 된다.[46]

〈결합강도에 따른 분리관찰 가능여부 예시〉

분리관찰 불가	분리관찰 가능
WORLD CUP ≠ WORLD 또는 CUP Morning Glory ≠ Morning 또는 Glory	DITO SAMA ≒ DITTO 또는 SAMA Cherry blossom boy ≒ Cherry blossom

46) 특허청, 상표심사기준 p.10713

따라하기 / 선등록 상표 검색하기

특허청에서는 한국특허정보원을 설립하여, 특허청이 보유한 국내・외 지식재산권 관련 모든 정보를 누구나 인터넷을 통하여 검색할 수 있도록 하는 특허정보검색서비스(KIPRIS)를 운영하고 있다. (http://www.kipris.or.kr)

Q. A씨는 칼국수 전문식당을 개점하기 위하여 상표로 '엄마손맛'을 선정하고, 특허정보서비스(kipris)에서 선등록 상표를 검색해 보았더니 다음과 같은 상표들이 검색되었다. 상표 유사판단 기준에 비추어 두 상표가 유사한 상표인지 판단해 보자.

선정상표	선등록 상표	유사여부
엄마손맛		

	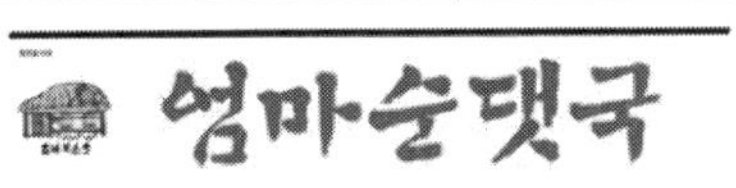	

확인학습

1. 내가 선정한 상표가 타인의 상표와 오·인혼동 우려(likelihood of confusion)가 있을 정도로 유사하다면 상표사용에 문제가 발생한다. 특히 내가 선정한 상표가 다음 중 하나에 해당하는 경우에는 그 상표를 등록 받을 수 없다.
   ① □□□에 의한 타인의 □□상표와 동일 유사한 상표를 그 지정상품과 동일 유사한 상품에 사용하는 경우
   ② 타인의 상품을 표시하는 것이라고 수요자들에게 널리 인식되어 있는 상표(□□상표)와 동일 유사한 상표로서 그 타인의 상품과 동일 유사한 상품에 사용하는 상표
   ③ 수요자들에게 현저하게 인식되어 있는 타인의 상표(□□상표)와 혼동을 일으키거나 그 식별력 또는 명성을 손상시킬 염려가 있는 상표

2. 상표의 유사여부는 비교 대상인 두 개의 상표를 놓고 그 □□ · □□ · □□등을 전체적 · 객관적 · 이격적으로 관찰하여 유사여부를 판단한다.

참고자료

〈도 서〉

- 정상조 외, 『상표법주해 I』, 박영사, 2018
- 정상조 외, 『상표법주해 II』, 박영사, 2018
- 박종배, 『이지 상표법』, 한빛지적소유권센터, 2013
- 최승우, 『상표법』, 한국아카데미, 2010
- 윤선희, 『상표법』, 법문사, 2021
- 특허청, 『상표심사편람』, 특허청, 2008

〈인터넷〉

- 특허청, 상표심사기준,
  https://www.kipo.go.kr/ko/kpoContentView.do?menuCd=SCD0200155
- 인터브랜드, https://interbrand.com/best-global-brands/
- 오뎅식당 홈페이지, https://odengsikdang.com/odengsikdang1
- 명륜진사갈비 홈페이지,
  https://www.xn—w39at6wpzax3i7sdctt.kr/html/brand01.html
- 특허청, 어떤 것이 좋은 상표일까요?,
  https://www.kipo.go.kr/easy/pc/trademark.html

03. 상표 출원과 검색

출처 : https://www.youtube.com/watch?v=2-Y__9DmMJM

이 모듈은 학습자 스스로 출원인의 관점에서 상표출원절차와 출원서의 작성 방법을 숙지하고, 심사 절차를 이해할 수 있도록 구성되어 있다.

상표 출원과 검색 단원의 내용 구성

교육목표

상표등록출원을 위한 출원인의 자격 및 출원 절차를 이해하고, 실제로 상표 출원을 위해 작성해야 할 출원서 및 상표 검색방법, 출원 시스템을 중점적으로 학습한다.

선수학습

상표의 기능, 상표의 개념, 지식재산권 보호의 중요성

내용체계

학습	학습 내용	비고
1. 상표출원 절차	1 상표선정	
	2 상표의 등록요건 검토	
	3 상표의 검색	
	4 출원서 작성	
	5 우선심사 신청	
2. 상표 검색	1 키프리스 검색	
3. 상표출원서 작성	1 상표출원서의 작성	
	2 상표출원의 제출	

핵심 용어

상표 출원인, 국제상표출원, 키프리스(KIPRIS), 특허로, 상표 심사 절차

학습 1 상표출원절차

학습 목표	• 상표출원을 위해서 검토해야 할 절차들을 학습할 수 있다.

1 상표선정

출원인은 자신이 국내에서 사용하거나 사용하려는 상표를 선정해야 한다. 상표는 간결한 메시지 전달을 통해 수요자의 머릿속에 오랫동안 남아야 하고, 한번 정하면 쉽게 바꿀 수 없기 때문에 신중하게 만들어야 한다. 좋은 상표를 만들기 위해서는 다음과 같은 사항들을 고려해야 할 것이다.

① 기억하기 쉽고, 발음하기 쉬운 단어를 사용하라.
② 부정적 이미지나 거부감이 들지 않아야 한다.
③ 소비자 입장에서 선정해야 한다.
④ 경쟁사와 차별화가 이루어지도록 한다.

문자상표는 일상에서 흔히 접하는 단어나 일상용어를 약간 변형한 단어를 선택할 수도 있고, 새로운 단어를 창작할 수도 있다.

	상표	지정상품
일상용어	기고만장	장(醬)류
	장남위주	술
일상용어 변형	막걸러	막걸리
	잡았닭	치킨업점

2 상표의 등록요건 검토

1. 출원적격

상표는 원칙적으로 '상표등록을 받을 수 있는 자'[47]라는 권리능력을 가져야 한다. 상표는 국내에서 상표를 사용하는 자 또는 사용하려는 자가 상표를 등록받을 수 있기 때문에, 상표를 사용하고 있지 않거나 사용할 의사가 없는 자는 상표등록을 받을 수 없다. 따라서 실제 사용하지 않거나 사용할 의사 없이 단순히 상표를 선점하거나 다른 사람의 상표등록을 방해하려는 목적으로 출원하는 경우에는 상표등록을 받을 수 없다. 또한 특허청 직원이나 특허심판원 직원은 재직 중 상표등록을 받을 수 없다.

2. 등록요건

상표는 자기의 상품과 타인의 상품을 식별하기 위하여 사용하는 표장을 말한다. 표장은 상품의 출처를 나타내기 위하여 사용하는 모든 표시를 말한다. 여기서 '타인의 상품을 식별'하게 해주는 힘을 '식별력'이라고 한다. 식별력은 상표를 등록받기 위한 가장 중요한 요건이다. 상표는 식별력이 '강한 상표'와 '약한 상표'가 있다. 일반적으로 홍보에 있어서는 즉각적인 판매 효과를 달성하기 위해 이른바 식별력이 '약한 상표'를 선택하려고 한다.
예를 들어, '과자'에 '허니버터'를 상표로 사용했다면, 수요자들은 직감적으로 '이 과자는 꿀과 버터가 들어가서 달콤하겠다.'라고 이해할 것이다. 이러한 상표는 식별력이 약할 뿐만 아니라 식별력이 없다고 보아야 한다. 반면, 식별력이 '강한 상표'는 상표권자에게 강력한 힘을 줄 것이다. 예를 들어, '젤리'에 '하리보' 상표는 새로운 단어로서 식별력이 강한 상표이다.

3. 부등록상표 등

상표의 기본적인 등록요건으로서 식별력이 있다고 하더라도, 그 상표를 등록하여 독점배타적으로 상표권을 부여하는 것이 공익상 문제가 있거나 타인의 이익을 침해하는 경우

47) 상표법 제3조 제1항은 "국내에서 상표를 사용하는 자 또는 사용하려는 자는 자기의 상표를 등록받을 수 있다. 다만, 특허청 직원과 특허심판원 직원은 상속 또는 유증(遺贈)의 경우를 제외하고는 재직 중에 상표를 등록받을 수 없다."고 규정하고 있다.

에는 상표등록을 받을 수 없다. 이를 부등록사유라고 하는데, 상표법 제34조 제1항에서 제한적, 열거적으로 규정하고 있다. 상표를 선정함에 이어서 해당 상표가 법률적으로 보호됨으로써 상표의 사용자가 향후 독점적 사용자의 지위를 가질 수 있는가는 매우 중요한 요소이다. 그리고, 선등록 또는 선사용 상표와의 문제도 발생할 수 있다. 따라서 상표등록출원 전에 상표의 부등록사유를 사전에 검토하는 것은 매우 중요하다고 할 수 있다. 부등록사유에 대한 구체적인 내용은 4단원에서 살펴볼 것이다.

3 상표의 검색

상표는 먼저 출원하거나 먼저 등록된 상표가 있으면 등록받지 못한다. 그렇기 때문에 선출원 또는 선등록 상표에 대한 사전 검색이 매우 중요하다. 그러나 사전 검색을 했음에도 불구하고, 등록상표의 존재를 간과하고 등록상표와 유사한 상표를 사용하였을 경우에는 상표의 사용을 금지당하거나 손해를 배상하여야 하는 경우가 생길 수 있고, 7년 이하의 징역 또는 1억원 이하의 벌금에 처해질 수도 있다.

이와 같이 철저한 상표의 검색은 상표의 사용 전에 장래의 잠재적인 분쟁가능성을 미리 없앨 수 있는 것이므로 매우 중요한 과정이다. 사용하고자 하는 상표와 동일하거나 유사한 상표가 선출원 또는 선등록되어 있는지 여부는 인터넷상의 상표검색 사이트를 통하여 직접 조사할 수도 있고, 전문가인 특허법률사무소의 변리사를 통하여 선행상표를 조사할 수도 있다. 상표 검색에 대한 자세한 내용은 학습2에서 확인해보자.

4 출원서 작성

상표등록출원을 위해서는 특허청에 자신의 고유번호인 '특허고객번호[48]'를 부여받아야 한다. 출원하는 방법은 특허청에 직접 또는 우편으로 제출하는 방법과 전자출원하는 방법이 있다.

48) 2016년 9월 이전에는 '특허고객번호'가 '출원인코드'라고 명칭되었다.

상표등록을 받으려는 자는 상표등록출원서를 특허청장에게 제출해야하는데, 다음과 같은 항목을 기재해야한다. ① 출원인의 성명 및 주소, ② 대리인이 있는 경우에는 대리인의 성명 및 주소나 영업소의 소재지, ③ 상표, ④ 지정상품 및 상품류, ⑤ 조약에 따른 우선권을 주장하는 경우 상표등록출원서에 그 취지, 최초로 출원한 국가명 및 출원 연월일, ⑥ 그 밖에 산업통장자원부령으로 정하는 사항 등이 있다.

상표유형별 기재사항은 다음과 같다.

구 분	상표견본	설명란기재	시각적 표현	첨부자료
일반상표	상표견본 1개	임의	불필요	
입체상표	특징을 충분히 나타내는 2장 이상 5장 이하의 도면 또는 입체사진	임의	불필요	사용증거 (입체적 형상만으로 된 상표)
색채만으로 된 상표	단일색채나 색채 조합만으로 채색된 1장의 도면 또는 사진	필수	불필요	사용증거
홀로그램상표	특징을 충분히 나타내는 2장 이상 5장 이하 도면 또는 사진	필수	불필요	동영상자료(임의)
동작상표	특징을 충분히 나타내는 2장 이상 5장 이하 도면 또는 사진	필수	불필요	동영상자료(임의)
소리상표	불필요	필수	필수	사용증거 (식별력 없는 소리) 소리파일, 악보(임의)
냄새상표	불필요	필수	필수	사용증거, 냄새견본
기타 시각적 상표	특징을 충분히 나타내는 2장 이상 5장 이하 도면 또는 사진	필수	불필요	사용증거 동영상자료(임의)
기타 비시각적 상표	불필요	필수	필수	사용증거 기타 자료(임의)

5 우선심사 신청

상표는 출원 순서대로 심사가 이루어진다. 그런데 출원의 순서대로 심사가 진행되지 않고 우선적으로 심사를 진행할 수 있는 '우선심사' 제도가 별도로 운영되고 있다. 상표등록 출원 후 출원인이 아닌 자가 상표등록출원된 상표와 동일·유사한 상표를 동일·유사한 지정상품에 정당한 사유 없이 업으로서 사용하고 있다고 인정되는 경우, 출원인이 상표등록출원한 상표를 지정상품의 전부에 사용하고 있는 등 대통령령으로 정하는 상표등록출원으로서 긴급한 처리가 필요하다고 인정되는 경우[49] 등에 있어서는 우선적으로 해당 출원 상표의 권리화를 판단하여야 할 긴급성이 요구된다. 이처럼 신속한 심사가 필요한 경우에 우선심사 신청을 한다면 특허청장은 심사관으로 하여금 출원의 순위에 관계없이 다른 상표등록출원보다 우선하여 심사하게 할 수 있다.[50]

49) 상표법 시행령 제12조는 "출원인이 상표등록 출원한 상표를 지정상품의 전부에 사용하고 있는 등 대통령령으로 정하는 상표등록출원으로서 긴급한 처리가 필요하다고 인정되는 경우"에 대해 규정하고 있다.

50) 상표법 제53조 제2항.

Q. 특허청에서는 다음과 같은 보도자료를 배포하였다. 이 보도자료에 인용된 상표들은 어떤 점에서 좋은 상표라고 생각하는지 말해 보자.

보도자료

특허청

www.kipo.go.kr

KOREAN INTELLECTUAL PROPERTY OFFICE

문 의	상표디자인심사국 복합상표심사팀	팀 장 변 영 석 서기관 한 상 규	042-481-5318 042-481-5327
OPEN	2019년 6월 19일(수) 배포(09:00) 즉시 보도해 주시기 바랍니다.		

재미있고 기억하기 쉬운 상표가 대세?

- '전화위복'(복요리점)처럼 일상 언어로도 상표등록 가능, 다만, 상표권 효력이 미치지 않는 경우가 있어 주의 필요 -

□ 특허청(청장 박원주)은 최근 소비자들이 쉽게 기억할 수 있고 상품의 이미지를 잘 전달할 수 있는 일상용어를 활용한 상표들이 많이 등록되고 있는 추세라고 밝혔다.

□ **일상에서 흔히 접하는 용어들을 상품과 재치 있게 연결하여 상표로 등록받은 사례**로는 '전화위복'(복요리점), '주도면밀'(면요리점), '하루방'(숙박업), '견인구역'(애완동물업) 등이 있다.

o 이외에도 '땅집GO'(부동산업), '신통방통'(물통), '나를따르라'(소주), '헤어 날 수 없다면'(이미용업) 등과 같이 일상에서 자주 사용하는 용어들을 상표로 등록받은 경우도 있다.

□ **흔히 사용하는 단어를 약간 변형하여 상표로 등록한 경우**도 많다. '와인슈타인'(와인), '잉큐베이터'(어학교육업), '갈빅탕'(식당업), '기승전골'(식당업), '잔비어스'(주점업), '족황상제'(족발), '네일바요'(손톱미용업) 같은 것들이다.

□ **이미 있는 고유명사를 그대로 상표로 사용한 경우**도 있다. '갤럭시(Galaxy)', '애플(Apple)', '아마존(Amazon)' 은 본래 의미보다도 스마트폰이나 IT, 유통기업의 브랜드로 더 유명해 졌다.

□ 상표는 상품의 출처(出處)를 나타내므로 소비자가 쉽게 기억할 수 있는 상표일수록 판매에 많은 도움이 된다. 따라서 출원자가 이러한 용어를 선택하는 것은 당연할 수도 있다.

ㅇ 다만, 일상용어가 상표로 등록된 경우 사용에 있어서 상표적 사용인지 아닌지를 잘 따져볼 필요가 있다. 등록상표라도 **상품을 설명하는 용어로 사용하면 상표권의 효력이 미치지 않기 때문이다.**

ㅇ 예를 들면 '현대' 가 자동차에 상표등록이 되었지만 다른 회사에서 '현대 사회와 어울리는 자동차' 라고 사용할 경우 상표적 사용으로 보기 어려워 상표권의 효력이 미치지 않는다.

□ 특허청 변영석 복합상표심사팀장은 **"상표는 특허와는 달리 창작성이 필요 없어 얼마든지 기존에 있는 단어를 선택해서 상표로 등록받을 수 있다"** 고 하면서, **"다만, 등록상표라도 상품을 설명하는 용어가 되면 상표권의 효력이 미치지 않으므로 출원시 용어 선택이나 상표사용에 유의할 필요가 있다"** 고 덧붙였다.

※ 붙임 : 일상용어를 상표로 등록받은 사례

OPEN	보도자료와 관련하여 자세한 내용을 원하시면 상표디자인심사국 복합상표심사팀 서기관 한상규(☎ 042-481-5327)에게 연락 바랍니다.

확인학습

1. □□는 자기의 상품과 타인의 상품을 식별하기 위하여 사용하는 표장을 말한다.

2. 상표를 출원하기 전에 선정한 상표로서 등록될 수 있는지 세 가지 측면에서 검토해 볼 필요성이 있다.

① 출원인이 출원인 적격을 갖추고 있는지?
② 출원하고자 하는 상표가 □□□을 가지고 있는지를 포함하여 등록요건을 갖추고 있는지?
③ 출원하고자 하는 상표가 □□□ 사유에 해당하지 않는지?

3. 신속한 심사가 필요한 경우 □□□□의 신청이 있다면 특허청장은 심사관으로 하여금 출원의 순위에 관계없이 다른 상표등록출원보다 우선하여 심사하게 할 수 있다.

4. 상표등록출원서에 포함되어 있지 않은 것은?
① 출원인의 성명 및 주소
② 상표
③ 지정상품
④ 상품류
⑤ 상품 개수

학습 2 상표 검색

학습 목표	• 상표검색 사이트를 통해 검색방법을 숙지하고 출원 및 분쟁시 적절하게 대응하는 능력을 키워 상표보호전략을 수립하도록 한다.

1 키프리스(KIPRIS) 검색

상표를 검색할 수 있는 사이트(http://www.kipris.or.kr)

1. 상표 검색의 중요성

일반적으로, 상표권의 확보를 위하여 상표법상 등록의 장애사유가 없다는 것을 확인한 후 상표를 출원하는 것이 요구된다. 하지만, 표장과 지정상품이 유사한 타인의 선출원 또는 선등록 상표가 있음에도 이를 대강 넘기고 그와 유사한 상표를 실제 사용까지 하게 될 경우에는 상표권 침해가 성립될 수 있는 치명적인 결과를 초래할 수 있다. 따라서, 선출원 또는 선등록 상표에 대한 사전 검색은 매우 중요한 것이라고 할 수 있다.

2. 키프리스(KIPRIS)

상표 검색을 직접 하려면 어디서 할 수 있는 것인가? 일반적으로 민간의 상표검색사이트에서도 검색이 가능하지만, 해당 검색사이트를 이용하기 위해서는 수수료를 지불해야 한다는 단점이 있다. 그런데 한국특허정보원의 "KIPRIS 특허정보검색서비스[51)]"에서는 사용자가 별도로 수수료를 지불하지 않고 상표검색을 할 수 있으므로, 해당 웹사이트를 이용하여 기본적인 상표검색을 하면 된다. 해당 "KIPRIS 특허정보검색서비스"의 상표검색사이트에서 상표명칭란에 검색하고자 하는 상표를 입력하고 검색부분을 클릭하면 해당 상표를 포함하는 선출원 및 선등록상표들이 화면에 나타난다. 다만, 이 경우 해당 상표검색사이트에서는 입력된 검색어와 동일하거나 검색어를 포함하는 상표들 위주로 검색되므로, 유사하다고 판단될 수 있는 다양한 단어들도 함께 입력해서 검색하여야 한다. 항목별 검색을 활용할 때에는 지정상품에 대한 부분을 세부적으로 입력하여 유사한 지정상품에 한해서 검색을 한정함으로써 검색 시간을 단축시킬 수도 있다.

3. 항목별 검색

상표를 검색할 수 있는 사이트(http://www.kipris.or.kr)

51) http://kdtj.kipris.or.kr/kdtj/searchLogina.do?method=loginTM

1) 키워드 검색

항목별 검색을 활용할 때에 유사상표를 검색하는 수단에는 여러 가지가 있는데, 그 중 몇 가지 내용들을 살펴보면 다음과 같다.

첫째, 기호를 사용하여 특정 키워드를 포함하거나 제외하는 방법이인다. 특정 키워드를 포함하는 상표를 검색할 경우에 "?"를 이용하는 방법이다. 즉, "사랑?"으로 검색하면 '사랑'으로 시작하는 모든 상표를 검색할 수 있고, "?사랑"으로 검색하면 '사랑'으로 끝나는 모든 상표를 검색할 수 있으며, "?사랑?"으로 검색하면 '사랑'이 포함되어 있는 모든 상표를 검색할 수 있다. 한편, 구문으로 된 상표명칭을 검색할 경우 큰따옴표(" ")를 사용하면 된다(예: "서울의 사랑"이라는 구문의 상표를 검색할 수 있음).

그리고 입력된 키워드 2개가 모두 포함된 상표를 검색하기 위해서는 "휴대폰*가방"과 같이 연산자 "*(AND연산)"를 사용하고, 입력된 키워드 중 한 개라도 포함된 상표 검색을 하기 위해서는 "핸드폰+휴대폰"과 같이 연산자 "+(OR연산)"를 사용하며, 입력된 키워드 2개 중 한 개는 반드시 포함하고 다른 한 개는 포함하지 않는 상표를 검색하기 위해서는 "자동차*!가방"과 같이 연산자 '!(NOT연산)'를 사용한다.

둘째, 외관, 칭호 또는 관념의 면에서 유사단어들을 골라서 검색하는 방법이다. 예를 들면, "sapoon"과 유사한 상표를 검색하고자 할 때에 칭호나 외관상 유사한 "사푼", "sappun", "사뿐" 등의 검색을 할 필요가 있고, 사용하고자 하는 상표가 "삽살개의 그림"일 경우에는 해당 그림상표가 삽살개의 관념을 가지고 있으므로, 관념상 유사한 "삽살개"라는 단어도 아울러 검색하여 볼 필요가 있다.

셋째, 유사하게 발음되는 것들을 함께 검색해 보는 방법이다. 예를 들면, 'ㅂ'과 'ㅍ'은 유사하게 칭호되는 것이므로, "볼보"라는 상표를 사용하고자 할 때에는 "볼포"라는 상표도 함께 검색하여 볼 필요가 있다. 알파벳상으로도 "bolbo"라는 상표를 사용하고자 할 때에는 "volvo"와 같이 알파벳상으로는 차이가 있으나 유사하게 칭호될 가능성이 있는 것을 모두 검색해 보아야 추후에 예상치 못한 유사한 선출원 또는 선등록상표의 등장으로 인한 피해를 사전에 예방할 수 있다.

그런데 이와 같이 상표의 검색 방법도 어려울 뿐만 아니라, 설령 상표의 검색이 제대로 되었더라도, 자신의 상표와 검색된 선출원 또는 선등록 상표가 실제적으로 유사하여 자신의 상표의 등록 및 사용에 장애가 될 수 있는지 여부를 판단하는 것이 매우 어려운 일이다. 상표의 유사판단은 특허청의 상표심사기준과 법원의 판례를 기준으로 하여 유사판단

법리에 따라 행해지는 것이므로, 일반인들이 유사판단을 하기에는 다소 어려운 점들이 존재하기 때문이다.

따라서 개인적으로 간단한 상표를 검색해 볼 수는 있을 것이나, 결합상표 등과 같이 복잡하게 구성되어 있는 상표들에 대해서는 상표등록 및 사용의 안전성을 확실하게 보장받을 수 있도록 변리사와 같은 전문가를 통해 선행상표에 대한 조사와 자신의 상표의 등록가능성을 종합적으로 미리 판단받는 것이 바람직하다. 특히 기업이 상표의 사용을 준비하는 경우, 상표등록 및 사용 등에 문제가 발생할 때에는 기업의 마케팅 등에 치명적인 결과를 초래할 수 있으므로, 사전에 전문가에 의한 상표의 검색과 상표등록의 가능성에 대한 판단을 받아 보는 것이 더욱 중요하다.

2) 상품검색

상품은 상표법시행규칙 제28조 제1항의 규정에 의한 [별표 1]에서 상품류 구분을 두고 있으며, 제1류부터 제45류까지 분류되어 있다. 심사의 신속, 정확한 처리를 위해서 특허청의 상품에 대한 심사실무상 지정상품의 유사 여부의 판단기준은 원칙적으로 "유사상품 심사기준[52)]"에 따라 "유사군코드[53)]"가 동일한 상품을 유사한 상품으로 추정한다. 따라서 사전에 선출원 또는 선등록상표의 존재를 검색할 때에 상품에 관하여 이러한 유사군코드가 일치하는지 여부를 파악하는 것이 매우 중요하다고 할 수 있겠다. 여기서 현행 유사상품 심사기준상의 유사군코드의 종류와 구성은 아래와 같다. 이러한 유사군코드의 동일함을 기준으로 하여 특허청에서 상품 사이의 유사판단에 관한 심사가 원칙적으로 이루어지게 된다.

〈기존의 유사군코드 부여 및 식별방법〉

G	13	01

- G: Goods (상품)
- 13: 한국분류 제13류(비누와 세제)

---

52) 유사상품 심사기준은 상표법 제38조 제2항 및 같은 법 시행규칙 제28조 제1항에 따라 고시한 상품의 유사범위에 대한 판단기준을 정함으로써 상품심사의 신속성, 객관성 및 공정성을 유지함을 목적으로 한다.

53) "유사군"이란 상품 자체의 속성 및 거래실정 또는 서비스의 성질이나 내용, 서비스의 거래실정이 동일 또는 유사한 상품군을 말하며, "유사군코드"란 각각의 유사군에 부여한 특정 기호를 말한다.

- 01: 한국분류 제13류의 제1군(비누류)

〈신설된 유사군코드 부여 및 식별방법〉

S	05	01	09

- S : Services (서비스업)
- 05 : 한국분류 제105류(수리 · 수선업)
- 01 : 한국분류 제105류의 제1군(수리 · 수선업)
- 09 : 가지번호(담배와 흡연기구) ※ 한국분류 제9류를 의미

S	10	01	01

- 10 : 한국분류 제110류(특수가공업)
- 01 : 한국분류 제110류의 제1군(특수가공업)
- 01 : 가지번호(고무가공업) ※ 한국분류와 무관한 일련번호임

S2	001

- S2 : 도소매 관련서비스업을 나타내는 대표기호
- 001 : 한국분류 제1류(비료)

〈표〉 유사상품 심사기준에 의한 유사군코드 예시

상품류	유사군코드	지정상품
3류	G1302	치약(toothpaste)
3류	G1817	애완동물용 치약(dentifrices for pets)
21류	G1302	치약튜브 짜개(toothpaste tube squeezers)

예시와 같이, 제3류에 속하는 '치약'과 제21류에 속하는 '치약튜브 짜개'는 유사군코드가 G1302로 동일하므로 서로 유사한 상품이다. 반면, 제3류에 속하는 '치약'과 '애완동물용 치약'은 유사군코드가 다르므로 서로 비유사한 상품으로 판단한다.

따라하기 / 특허정보검색서비스 검색하기

Q. 화장품 사업을 시작하려고 한다고 가정하자. 본인이 화장품에 사용하고 싶은 상표를 생각해보고, KIPRIS 특허정보검색서비스(www.kipris.or.kr)를 통해 먼저 출원된 상표가 있는지, 먼저 등록된 상표가 있는지 검색해보자.

〈KIPRIS 특허정보검색서비스의 상표 검색 화면〉

확인학습

1. 다음 빈칸에 알맞은 용어를 기재해보자.

심사의 신속, 정확한 처리를 위해서 특허청의 상품에 대한 심사실무상 지정상품의 유사 여부의 판단기준은 원칙적으로 "유사상품 심사기준"에 따라 "□□□□□"가 동일한 상품을 유사한 상품으로 추정한다.

2. 상표검색을 직접할 수 있는 한국특허정보원의 검색서비스를 무엇이라 하는가?

① KEPRIS
② KIPORIS
③ KIPRIS
④ KIIPRIS
⑤ KYPRIS

3. 유사한 상품과 비유사한 상품을 판단해보자.

	상품류	유사군코드	지정상품
①	5류	G110101	생체조직으로 이루어진 외과수술용 이식물
②	10류	G110301	정형외과 수술전용 시트
③	10류	G110101	정형외과용 수술기구

a) ①과 ② 관계:
b) ②과 ③ 관계:
c) ①과 ③ 관계:

학습 3 상표출원서 작성과 제출

학습 목표	• 상표출원 절차를 이해하고, 실제 상표출원상황을 가정하여 출원서의 작성능력을 배양하도록 한다. • 상표출원에서 출원의 보정 및 보정각하, 분할의 절차를 이해하여 출원시 대응할 수 있는 능력을 키우고 국제상표출원의 방법을 이해하여 보호전략을 다양화 할 수 있다.

1 상표출원서의 작성

1. 사용자 등록(특허고객번호)

상표등록출원 등의 절차를 밟고자 하는 자는 먼저 특허청에 자신의 고유번호인 '특허고객번호'의 부여 신청을 하여 자신의 특허고객번호를 부여받아야 하며, 향후 특허청에 대한 절차를 수행할 경우 모든 출원서 및 중간서류에 반드시 자신의 특허고객번호를 적어야 한다.

전자문서(이동식 저장매체와 같은 전자적 기록매체 또는 온라인 제출)로 출원하고자 할 경우에는 미리 전자문서 이용신고를 하고, 해당 서류를 특허청에서 제공하는 소프트웨어 또는 특허청 홈페이지를 이용하여 작성하여야 한다. 전자문서를 이용하지 않고 서면으로 출원서를 직접 제출하는 경우에는 전자문서로 출원서를 제출하였을 때보다 출원료가 높아짐에 유의하여야 한다.[54]

54) 출원서를 전자문서로 제출하는 경우에는 출원료가 1 상품류 구분마다 '6만2천원'이나, 출원서를 서면으로 제출하는 경우에는 1 상품류 구분마다 '7만2천원'이다. 그런데 출원서를 전자문서로 제출하고, 그 지정상품을 「상표법 시행규칙」 별표 1에 따라 특허청장이 정하여 고시하는 상품류에 속하는 상품의 명칭만으로 지정하는 경우에는 1 상품류 구분마다 '5만6천원'으로 더욱 출원료가 낮아진다. 다만, 1상품류 구분의 지정상품이 20개를 초과하는 경우에는 그 초과하는 지정상품마다 2천원을 가산한 금액으로 하는 것은 이상의 3 가지 경우 모두 동일하다(특허료 등의 징수규칙 제5조 제1항 제1호).

2. 출원방법

1) 서면출원

서면출원의 경우 소정의 양식에 의해 출원서 등을 작성한 후 특허청에 직접 방문 또는 우편으로 제출한다. 출원서 등은 특허청에 도달한 날부터 그 효력이 발생한다. 다만, 우편으로 발송한 때, 우편법령에 따른 통신날짜도장에 표시된 날이 분명한 경우에는 그 표시된 날, 그 표시된 날이 분명하지 아니한 경우에는 우체국에 제출한 날(우편물의 수령증에 의하여 증명된 날)에 특허청에 도달한 것으로 본다.[55)]

2) 전자출원

전자출원은 정보통신망을 이용하여 온라인으로 출원하는 방법과 이동식 저장매체 등 전자적 기록매체에 수록하여 출원하는 방법이 있다. 온라인 출원의 경우, '특허로(https://www.patent.go.kr)'라는 사이트에 접속한 후, 특허청에서 지급하는 전자문서 작성용 소프트웨어 등을 이용하여 작성한 출원서를 온라인으로 전송한 후 접수번호(출원번호)를 확인하면 절차가 종료되며, 전자적 기록매체에 수록하여 출원서를 제출하는 경우에는 특허청에서 지급하는 전자문서 작성용 소프트웨어 등을 이용하여 작성한 출원서를 전자적 기록매체에 저장하여 특허청에 제출하고 접수번호를 부여받으면 된다.

전자출원 시스템: 특허로(https://www.patent.go.kr)

55) 상표법 제28조.

3. 출원서 작성

상표법 제36조(상표등록출원)

① 상표등록을 받으려는 자는 다음 각 호의 사항을 적은 상표등록출원서를 특허청장에게 제출하여야 한다.

1. 출원인의 성명 및 주소(법인인 경우에는 그 명칭 및 영업소의 소재지를 말한다)
2. 출원인의 대리인이 있는 경우에는 그 대리인의 성명 및 주소나 영업소의 소재지[대리인이 특허법인·특허법인(유한)인 경우에는 그 명칭, 사무소의 소재지 및 지정된 변리사의 성명을 말한다]
3. 상표
4. 지정상품 및 산업통상자원부령으로 정하는 상품류(이하 "상품류"라 한다)
5. 제46조제3항에 따른 사항(우선권을 주장하는 경우만 해당한다)
6. 그 밖에 산업통상자원부령으로 정하는 사항

② 상표등록을 받으려는 자는 제1항 각 호의 사항 외에 산업통상자원부령으로 정하는 바에 따라 그 표장에 관한 설명을 상표등록출원서에 적어야 한다.

③ 단체표장등록을 받으려는 자는 제1항 각 호의 사항 외에 대통령령으로 정하는 단체표장의 사용에 관한 사항을 정한 정관을 단체표장등록출원서에 첨부하여야 한다.

④ 증명표장등록을 받으려는 자는 제1항 각 호의 사항 외에 대통령령으로 정하는 증명표장의 사용에 관한 사항을 정한 서류(법인인 경우에는 정관을 말하고, 법인이 아닌 경우에는 규약을 말하며, 이하 "정관 또는 규약"이라 한다)와 증명하려는 상품의 품질, 원산지, 생산방법이나 그 밖의 특성을 증명하고 관리할 수 있음을 증명하는 서류를 증명표장등록출원서에 첨부하여야 한다.

⑤ 지리적 표시 단체표장등록이나 지리적 표시 증명표장등록을 받으려는 자는 제3항 또는 제4항의 서류 외에 대통령령으로 정하는 바에 따라 지리적 표시의 정의에 일치함을 증명할 수 있는 서류를 지리적 표시 단체표장등록출원서 또는 지리적 표시 증명표장등록출원서에 첨부하여야 한다.

⑥ 업무표장등록을 받으려는 자는 제1항 각 호의 사항 외에 그 업무의 경영 사실을 증명하는 서류를 업무표장등록출원서에 첨부하여야 한다.

관련 사이트 : http://www.law.go.kr/

1) 출원항목 작성

상표법 제36조에서 규정하고 있는 상표등록출원서의 기재방식과 관련하여 유의하여야 할 점들은 상표법 시행규칙 제28조에 상세하게 규정되어 있다.

(1) 출원구분

출원 구분에서 상표등록출원, 상표등록분할출원, 지정상품추가등록출원 등을 구분하여 선택한다.

(2) 출원인

특허고객번호부여신청서에 기재한 한글 성명(또는 법인의 명칭)을 적는다.

(3) 상품류와 지정상품

상표를 출원하고 싶은 상품류(1류~45류)를 선택하고, 지정상품을 적는다. 상품류는 「상표법 시행규칙」 별표 1의 상품류 구분에 따라 해당하는 1개류를 적는다. 지정상품에는 상표법 시행규칙」 별표 1에 따라 특허청장이 정하여 고시한 구체적인 상품을 적는다. 주의할 점은 지정상품란에는 "다른 류에 속하지 않는 …", "그 밖에 …", "각종 …" 등과 같이 적으면 안 된다. 예를 들어, 신발에 '나출원' 상표를 출원하고 싶다면, 신발이 속하는 제25류를 선택하고, 지정상품에 '스포츠화, 슬리퍼'를 적으면 된다.

(4) 상표유형

상표유형에는 일반상표, 입체상표, 색채만으로 된 상표, 홀로그램상표, 동작상표, 소리사표, 냄새상표 등 중에 구분하여 선택한다.

(5) 상표견본

출원서에는 등록받고 싶은 상표 견본을 첨부하는데, 상표견본은 가로, 세로의 길이에 구분없이 A4용지 안에 작성한다.

(6) 그 외의 항목 작성

색채만의 상표, 홀로그램상표, 동작상표, 소리상표, 냄새상표 등은 상표에 대한 설명서를 제출하여야 하고, 단체표장등록출원 및 지리적 표시 단체표장등록출원 또는 증명표장등록출원 및 지리적 표시 증명표장등록출원의 경우에는 정관 또는 규약 등을 제출하여야 한다.

그리고 업무표장등록출원의 경우, 업무의 경영 사실을 증명하는 서류를 제출하여야 하며, 소리상표는 시각적 표현에 합치하는 소리파일, 냄새상표는 냄새 견본으로 시각적 표현에 합치하는 냄새를 담은 밀폐용기 3통 또는 냄새가 첨가된 향패치 30장을 상표등록출원서에 첨부해서 제출하여야 한다. 증명표장의 경우에는 증명하려는 상품 또는 서비스의 품질, 원산지, 생산방법이나 그 밖의 특성 등을 증명하고 관리할 수 있음을 입증하는 서류를 반드시 제출하여야 한다.

〈상표등록출원서 예시〉

2022-08-01

【서지사항】

【서류명】 상표등록출원서
【출원구분】 상표등록출원
【권리구분】 상표
【출원인】
【성명】 나출원
【특허고객번호】 4-2022-123456-1
【등록대상】
【상품류】 제25류
【지정상품】 신발의 부품 및 부속품, 슬리퍼, 스포츠화, 목욕용 샌들, 자전거용 의류
【상표유형】 일반상표
【취지】 위와 같이 특허청장에게 제출합니다.

출원인 나출원 (서명 또는 인)

【수수료】
【출원료】 1개류 56,000원
【우선권주장료】 0건 0원
【합계】 56,000원

2022-08-01

【상표견본】

Na CHulwon

2 상표출원의 제출

1. 1상표 1출원주의

상표등록출원을 하고자 하는 자는 상표마다 출원하여야 한다. 즉, 여러 개의 상표를 하나의 출원으로 할 수 없다. 이를 '1상표 1출원주의'라 한다. 상표등록출원은 하나의 상표에 대하여 상품류 구분 내에서 그 상표를 사용할 1개 또는 2개 이상의 상품(서비스도 포함)을 지정하여 상표마다 출원하여야 하는데, 이를 1상표 1출원주의 원칙이라고 하며, 출원할 상표가 여러 개일 경우에는 각 상표마다 출원하여야 하고 하나의 출원서에 2개 이상의 상표를 함께 출원하는 것이 허용되지 않는다는 것이다. 따라서 상표등록출원서에 상품(서비스도 포함)은 2개 이상이 지정될 수 있고, 상품과 서비스를 동시에 지정할 수도 있지만, 상표는 반드시 1개의 상표만이 기재되어야 하며 2개 이상의 상표를 하나의 출원서에 함께 기재할 수 없다.

예를 들어, 나출원씨가 운영하는 "휴대폰"을 제조하는 회사에서, 제품의 모델별로 "체리원"이라는 상표와 "체리투"라는 2가지 유사한 상표를 하나의 출원서에 동시에 기재하여 상표등록출원을 하면, 1상표 1출원주의에 위반되어 상표등록을 받을 수 없다.

2. 출원의 보정

상표등록출원의 보정이란, 출원의 절차상 또는 내용상의 부족한 부분이 있는 경우 특허청장 등의 명령에 의하거나 또는 출원인이 스스로 보충하거나 정정할 수 있도록 하는 제도를 말한다.

이러한 보정에는 '절차의 보정'[56]과 '실체의 보정'이 있다. 그런데 심사관의 심사단계에서는 주로 '실체의 보정'이 이루어진다. 여기서 '실체의 보정'이란 '상표등록출원서의 기재

---

56) i) 절차가 상표법 제4조 제1항(미성년자 등의 행위능력) 또는 제7조(대리권의 범위)에 위반된 경우, ii) 상표법 제78조(상표에 관한 절차의 수수료)에 따라 내야 할 수수료를 내지 아니한 경우, iii) 절차가 상표법 또는 상표법에 따른 명령으로 정한 방식에 위반된 경우 등에 관하여 특허청장의 보정명령에 의한 보정(상표법 제39조)과 출원인이 스스로 보정하는 자진 보정이 있다.

사항, 출원상표 또는 그 지정상품' 등을 보정하는 것으로서, 이러한 실체적인 보정으로 상표등록출원서의 기재사항을 보정하거나 거절이유에 관한 상표 또는 지정상품을 삭제하거나 정정하는 보정서를 제출할 수 있다.

보정은 시기와 범위가 제한되므로 기간을 넘지 않도록 하고, 요지변경이 되지 않도록 유의하여야 한다. 예를 들어, 상품명이 지나치게 포괄적이거나, 지정상품과 상품류가 불일치하거나 지정상품의 기재가 타당하지 않은 경우에 보정서를 제출하면 이 문제를 극복할 수 있고, 일부 지정상품에 대해서만 거절이유가 있는 경우에는 해당 상품을 삭제하는 보정서를 제출할 수 있으며, 상표에 '주식회사'와 같이 상표의 부기적인 부분으로 포함된 경우에는 이를 삭제하는 보정을 할 수 있다.

<보정을 인정하는 경우와 인정하지 않는 경우>

최초 출원상표	국기 · 국가 삭제	『(주)』삭제	성질표시 삭제	한글 병기
(주) swiss pshop KIDS & GIFT	(주) pshop KIDS & GIFT	pshop KIDS & GIFT	pshop	pshop 피 샵
	보정 인정 ○	보정 인정 ○	보정 인정 ○	보정 인정 X

상표등록출원서의 기재사항이나 지정상품 또는 상표 등에 관한 보정이 적법한 것으로 인정되면, 그 보정된 내용대로 최초의 상표등록출원이 이루어진 것으로 본다. 그러나 상표등록출원서의 기재사항이나 지정상품 또는 상표 등에 관하여 보정한 것이 요지변경인 경우에는 심사관은 그 보정을 거절하는 결정을 해야 하는데, 이를 '각하결정'이라고 한다. 각하결정통지서 작성 시 요지변경에 해당하는 이유를 구체적으로 기재하여야 한다.

3. 출원의 분할

2개 이상의 상품을 지정상품으로 하여 1개의 상표등록출원을 하였을 경우에 2개 이상의 상표등록출원으로 분할하여 출원할 수 있는 제도를 '출원의 분할'이라고 한다. 즉, 출원의 분할은 지정상품의 분할을 뜻하며, 결합상표라고 하더라도 상표 자체의 분할을 의미하지는 않는다.

출원의 분할은 일부 지정상품에 대하여 거절이유가 있는 경우 거절이유가 없는 상품에 대하여만 출원일을 인정받아 먼저 등록을 받을 수 있는 장점을 갖고 있으며, 이는 출원인의 편의를 위한 제도이다. 출원의 분할에 의하여 분할된 상표등록출원을 "분할출원"이라 하며, 분할출원은 실체보정을 할 수 있는 기간 내에 할 수 있다.

분할출원을 하려는 자는 별도의 분할출원서에 그 취지를 기재하고 새로이 출원하여야 하며, 분할출원을 하는 경우에는 원출원에 대하여도 분할하고자 하는 상품을 삭제하는 보정서를 제출하여야 한다.

분할에 의한 새로운 상표등록출원은 독립된 별개의 상표등록출원이므로 위임장 등의 첨부서류를 별도로 제출하여야 하나 원출원에 첨부한 서류를 원용할 수 있다. 이러한 분할출원은 원출원과는 별도로 심사절차가 진행됨은 물론이고, 원출원에 대한 심사결과 등은 분할출원에 영향을 미치지 아니한다. 따라서 원출원과 분할출원이 등록된 이후에는 각각 별개의 상표권이 발생한다.

4. 국제상표출원(마드리드 의정서에 의한 국제출원)

국내에서 출원 또는 등록한 상표를 해외에서 보호받고자 하는 경우에는 보호받으려는 외국의 특허청에 상표등록출원하여 상표등록을 받아야만 한다. 그런데 이와 같이 해외로 상표등록출원을 하는 방법으로는 ① 개별 국가마다 직접 상표등록출원을 하는 절차와 ② 마드리드 의정서에 의한 국제출원절차로 나누어 볼 수 있다.

1) 마드리드 의정서에 의한 국제상표출원의 장점

마드리드 의정서에 의하여 국제출원을 하는 경우 마드리드 의정서 가입국에 대해서는 우리나라 특허청을 통해 하나의 국제출원서를 영어로 작성하여 제출하면, 출원인이 국제출원서에 지정한 국가들에 대하여 우리나라 특허청에 국제출원서를 제출한 날짜와 동일한 날짜에 출원한 것으로 보기 때문에 국내 기업의 해외상표등록절차가 매우 간소화되는 장점이 있고, 여러 국가들을 지정하여 출원할 때의 비용도 상당히 저렴하다고 할 수 있다.

2) 개별국 상표출원 절차와 국제상표출원의 절차

마드리드 의정서에 의하여 국제출원을 하는 경우 출원인은 특허청에 계속 중인 본인의 상표등록출원 또는 상표등록을 기초[57]로 하여 영어로 국제출원서를 작성하여 제출한다. 본국관청[58] 역할을 하는 한국 특허청은 기초 출원(등록)과 국제출원의 상품 및 상표 견본이 일치하는지 심사하고, 적법하다고 판단하면 국제출원서 등을 국제사무국(WIPO)[59]에 송부한다. 국제사무국(WIPO)은 국제출원서 등의 방식심사, 국제등록부에 등록 및 국제공고 후 출원인이 지정한 각국 특허청에 이를 통지한다.

그 이후, 지정국 특허청에서는 각 국의 상표법에 따라 해당 국제출원을 심사하고, 심사결과 거절이유를 발견한 경우에는 국제등록일부터 12개월(18개월까지 연장 선언 가능[60]) 이내에 국제사무국에 거절통지를 하여야 하며, 만약 지정국 특허청이 국제사무국에 대하여 해당 기간 이내에 거절통지를 하지 않을 때에는 지정국은 그 지정국에 등록된 것과 동일한 효력을 해당 상표에 부여하여야 한다.

〈개별국 상표출원 절차와 마드리드 의정에 의한 국제상표출원 절차의 비교〉

<table>
<tr><th>개별국 상표출원 절차</th><th>마드리드 의정서에 의한 출원절차</th></tr>
<tr><td>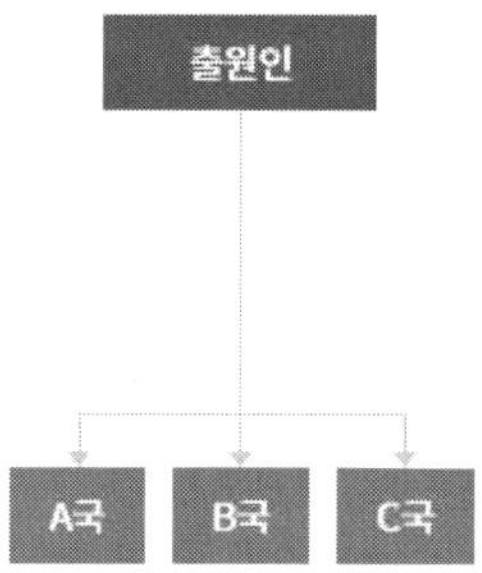</td><td>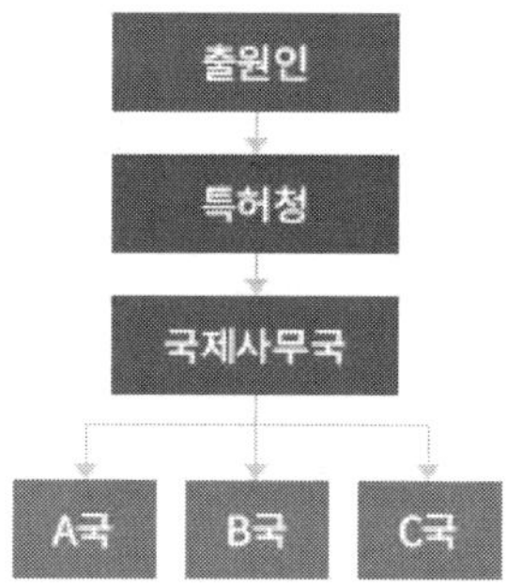</td></tr>
<tr><td>•각국별 언어
•각국별 출원절차
•1국가 1출원시스템</td><td>•영어, 불어 또는 스페인어(하나의 언어)
•하나의 국제출원(다수국가보호)을
•하나의 본국관청에 제출하고
•하나의 수수료 납부</td></tr>
</table>

57) 본국관청에 이미 등록되어 있는 상표를 기초등록(basic registration)이라고 하고, 출원 중에 있는 상표를 기초출원(basic application)이라고 한다.

58) 본국관청(Office of Origin)이라 함은 마드리드 의정서에 의하여 출원하고자 하는 상표와 동일한 상표가 등록(기초등록) 또는 출원(기초출원)되어 있는 국가(또는 국제기구)의 관청을 말한다. 예를 들면, 우리나라에서 등록된 상표를 기초로 국제출원을 하는 경우, 본국관청은 우리나라 특허청이 된다.

59) 세계지식재산기구(World Intellectual Property Organization)를 말한다.

60) 우리나라에서 심사를 받는 국제상표등록출원은 18개월로 규정하고 있다.

〈마드리드 의정서에 의한 국제상표출원 흐름도〉

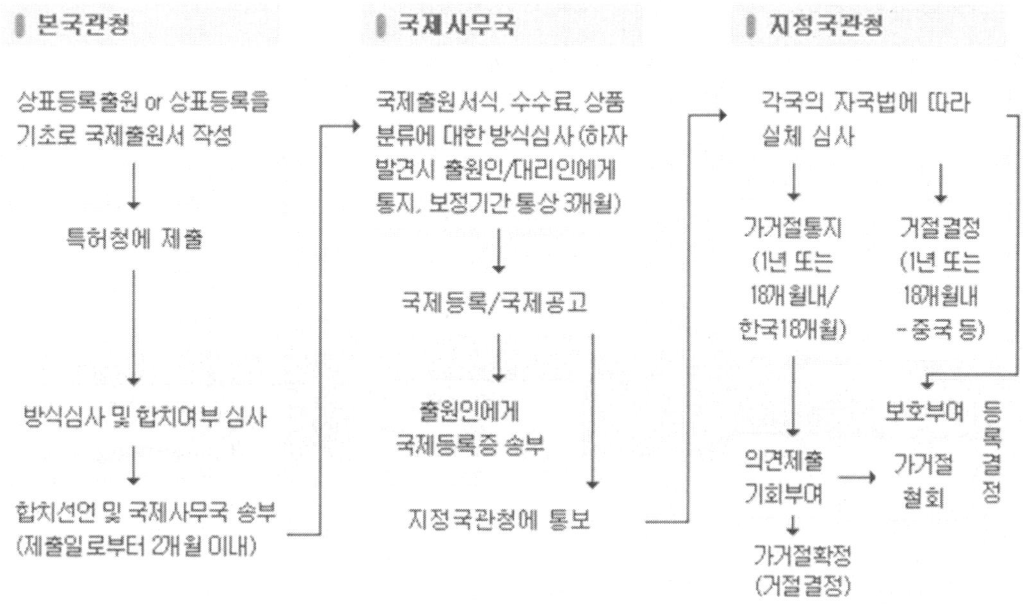

Q. 타인 선출원상표 또는 선등록상표가 없다면, 특허로(https://www.patent.go.kr)' 사이트를 통해 직접 상표출원을 실습해보자. 왼쪽 상단 '처음이신가요'를 클릭한 후, 화면에 나타난 팝업창의 오른쪽 상단 '모의출원'을 클릭하여 'Web 작성/제출'을 해보자.

〈특허로 Web 작성/제출 화면〉

확인학습

1. 다음 빈칸에 알맞은 용어를 기재해보자.

상표등록출원 등의 절차를 밟고자 하는 자는 먼저 특허청에 자신의 고유번호인 '□□□□□□'를 부여받아야 한다.

2. 다음을 무엇을 설명하고 있는가?

상표등록출원을 하고자 하는 자는 상표마다 출원하여야 한다. 즉, 여러 개의 상표를 하나의 출원으로 할 수 없다. 이를 '□□□ □□□□□'라 한다.

3. 최초 출원상표의 부기적인 부분에서 보정을 인정하지 않는 경우는?

① 국기・국가 삭제
② 「○○ 박람회 ○○상 수상」 삭제
③ 「특허」삭제
④ '주식회사' 삭제
⑤ 한글 음역 변경

4. 국내 출원 또는 등록상표를 해외에서 보호받고자 할 때, 마드리드 의정서에 의한 국제상표출원을 할 수 있다. 다음 중 마드리드 의정서에 의한 국제상표출원의 장점을 모두 고르시오.

① 하나의 국제출원서를 영어로 작성하면 된다.
② 주소변경도 한번에 할 수 있다.
③ 현지 대리인 비용을 절감할 수 있다.
④ 출원수수료도 일괄하여 납부한다.
⑤ 존속기간 갱신도 한번에 할 수 있다.

참고자료

〈도 서〉

- 박종태(2022), 『제16판 리담상표법』, 한빛지적소유권센터, 2022
- 정진길, 복병준(2019), 『길 상표법 입문』, 한빛지적소유권센터, 2022

〈인터넷〉

- 특허청(2022), 상표심사기준, https://www.kipo.go.kr/ko/kpoContentView.do?menuCd=SCD0200155

04. 상표 심사

출처 : https://www.youtube.com/watch?v=At4w7c7CC_g

이 모듈은 학습자가 상표 심사 절차와 상표권을 부여받기 위해 갖추어야 할 등록의 요건을 이해하고, 상표등록을 받을 수 없는 사유에 대해서도 이해할 수 있도록 구성되어 있다.

상표 심사 단원의 내용 구성

교육목표

상표 심사 절차에 대해 살펴보고, 상표법상 규정되어 있는 상표법 제33조의 등록요건과 제34조의 부등록사유에 대해 중점적으로 학습하고자 한다.

선수학습

상표의 식별력, 상표의 유사판단에 대한 이해

내용체계

학습	학습 내용	비고
1. 상표 심사 절차	1 심사 절차	
2 상표등록의 요건	1 상품의 보통명칭인 상표 2 관용상표 3 성질표시 상표 4 현저한 지리적 명칭 5 흔히 있는 성 또는 명칭 6 간단하고 흔히 있는 표장 7 기타 식별력이 없는 표장 8 사용에 의한 식별력	
3. 상표등록을 받을 수 없는 사유	1 공익적 거절사유 2 사익적 거절사유 3 그 외 거절사유	

핵심 용어

식별력, 사용에 의한 식별력, 부등록사유, 공익적 거절이유, 사익적 거절이유

학습 1 상표 심사 절차

학습 목표	• 상표 심사 절차를 이해할 수 있다.

1 심사 절차

상표법 제50조(심사관에 의한 심사)

① 특허청장은 심사관에게 상표등록출원 및 이의신청을 심사하게 한다.

② 심사관의 자격에 관하여 필요한 사항은 대통령령으로 정한다.

관련 사이트 : http://www.law.go.kr/

〈상표심사절차 흐름도〉[61]

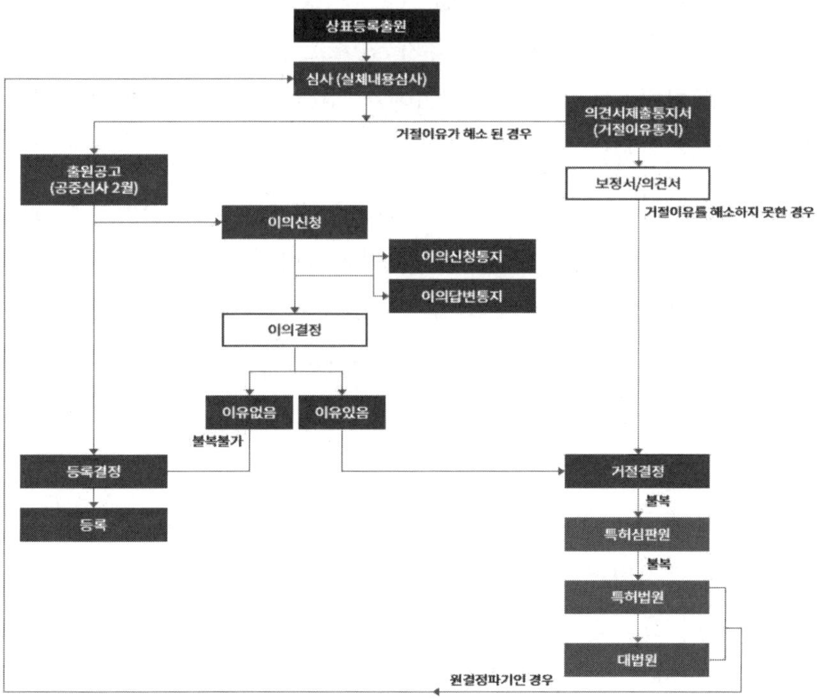

61) 특허청, https://www.kipo.go.kr/ko/kpoContentView.do?menuCd=SCD0200154

1. 방식심사

출원을 하면 소속 부서(출원과)에서 방식심사를 한다. 방식심사란 출원에 관한 절차를 밟는 자가 특허청에 제출한 서류가 상표법에 정하는 방식에 적합한지 여부를 심사하는 것을 말한다. 출원관련 서류에 대한 방식심사는 서류의 기재방식, 첨부서류, 수수료 납부사항 등에 대해서 실시하여 모든 사항이 적합하면 수리하고, 그렇지 않은 경우에는 보정요구 또는 반려이유통지를 한다.

2. 실체심사

상표출원서의 방식심사를 마치면, 심사관은 실체심사를 한다. 실체심사란 출원이 상표등록을 받을 수 있는 요건을 만족하는지 여부 등을 심사하는 것이다.

심사관이 특별한 거절이유가 없다고 판단하면 출원공고를 하게 되고, 출원공고일로부터 2개월 간은 누구든지 해당 상표의 등록에 관하여 이의신청을 할 수 있다. 이 과정을 통하여 일반공중으로부터 심사에 대한 협력을 구하는 것이다.

심사관이 출원상표에 상표법상 거절이유가 있다고 판단하였다면, 출원공고를 하지 않고 거절이유를 적은 의견제출통지서를 출원인에게 보낸다. 이 경우에 출원인은 거절이유가 부당하다는 취지의 의견서를 제출해서 심사관을 설득하거나, 또는 거절이유에 해당하는 지정상품 등을 보정하여 출원공고결정을 받을 수 있다. 그러나 이러한 출원인의 의견서 또는 보정서 제출에도 불구하고 거절이유를 극복하지 못하였다고 판단된다면, 심사관은 출원상표에 대해서 거절결정을 하게 된다.

이와 같은 거절결정에 대해서는 출원인은 심사관에게 그 부당함을 다툴 수 없고, 심사국보다 상급기관인 특허심판원에 해당 거절결정에 불복하는 심판을 청구함으로써 해당 거절결정의 부당함을 다툴 수 있다.

한편, 출원상표의 등록을 결정하는 쪽으로 심사가 완료된다면, 심사관은 등록결정서를 통지하며, 출원인이 등록결정서 등본을 송달받은 날부터 2개월 이내에 등록료를 납부하면 해당 출원상표는 최종적으로 등록이 되어(이것을 설정등록이라 한다), 출원인은 상표권을 특허청으로부터 부여받게 된다.

3. 출원공고제도

상표의 출원공고제도는 심사의 공정성과 완전성을 담보하고 부실권리의 발생을 예방하며, 등록 후 발생할 수 있는 분쟁을 미연에 방지하고자 상표등록출원에 대하여 심사관이 실체심사를 한 결과 거절이유를 발견할 수 없거나, 거절이유가 해소된 경우에 그 출원 내용을 공중에 공고함으로써 심사의 협력을 구하는 제도이다. 출원인은 원칙적으로 출원공고 후 타인이 무단으로 당해 출원된 상표와 동일·유사한 상표를 동일·유사한 상품에 대하여 사용함으로 인하여 출원인에게 업무상의 손실이 발생하는 경우, 그 타인에게 경고를 하고 업무상의 손실에 상당하는 보상금을 청구할 수 있도록 하되, 상표등록출원의 사본(국제상표등록출원의 경우에는 국제출원의 사본)을 제시하고 경고하는 경우에는 출원공고 전에도 보상금을 청구할 수 있도록 규정하고 있다. 다만, 상표권의 설정등록된 이후에만 당해권리를 행사할 수 있도록 규정하고 있다.

4. 이의신청제도

출원공고된 상표에 대하여 이의가 있을 때에는 누구나 출원공고일로부터 2개월 이내(연장 불가)에 이의신청을 할 수 있고 이의신청서는 소정의 양식에 의거 작성하되 반드시 이의신청의 이유를 기재하고 이에 필요한 증거를 첨부하여야 한다. 이미 제출한 이의신청에 대한 이유나 증거를 보정하고자 하는 경우에는 이의신청기간이 경과한 후, 30일 이내에 하여야 한다.

5. 의견제출통지

출원인은 심사관으로부터 의견제출통지서를 받으면 거절이유를 해소하고자 지정기간 내에 보정서 및 의견서를 제출할 수 있다. 또한 심사관으로부터 통지가 없더라도 자진해서 보정할 수 있는 기간과 범위를 정하여 제출된 출원서를 보정할 수 있다. 지정상품 또는 상표견본을 보정하는 출원서 등의 보정서는 제출가능 기간이 엄격하게 제한된다.

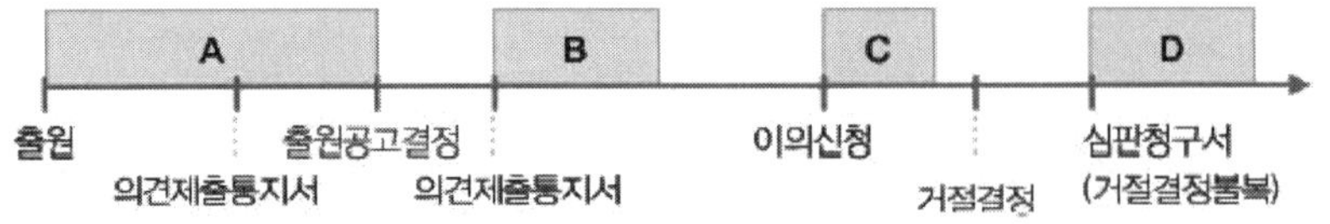

- **A구간** : 출원 후 출원공고 전까지
  (제출원인이 된 서류 : 의견제출통지서 수령 전에는 출원서의 접수번호를 기재, 의견제출통지서 수령 후 제출기일 내에는 의견제출통지서의 발송번호 기재)
- **B구간** : 출원공고 후 의견제출통지서가 송달되면 의견제출기일까지
  (제출원인이 된 서류 : 의견제출통지서의 발송번호 기재)
- **C구간** : 이의신청이 있다면 이의신청에 대한 답변서 제출기간 내
  (제출원인이 된 서류 : 이의신청서에 대한 부분송달서의 발송번호를 기재)
- **D구간** : 심판(거절불복)청구일로부터 30일까지
  (제출원인이 된 서류 : 심판청구의 접수번호를 기재)

출원인의 거절이유에 대한 대응조치로서 먼저, 해당 거절이유가 타당한지 여부를 파악하기 위해 거절이유의 내용을 검토해야 한다. 왜냐하면, 구체적인 거절이유의 내용에 따라 취할 수 있는 조치가 다르기 때문이다. 특히, 상표법 제34조 제1항 제7호나 제35조 등이 거절이유일 경우에는 타인의 선출원상표의 출원 검색 결과 자료나 선등록상표의 상표등록원부 등을 토대로 심사관의 거절이유통지가 타당한지 여부를 검토하여야 한다.

심사관이 통지한 거절이유가 부당하다고 판단되는 경우에는 주로 의견서만을 제출하여 통지된 거절이유가 부당하다고 주장할 수 있으나, 보정이나 분할 등에 의하여 거절이유가 치유된다고 판단되는 경우에는 보정서나 분할출원서를 의견서와 함께 제출하게 된다.

의견서의 내용은 사안마다 각각 다르게 되는데, 상표법 제3조 제1항에 따른 상표에 대한 사용의사가 없다는 거절이유를 받은 경우에는 상표의 사용계획서 등의 입증자료를 제출할 수 있다. 출원상표가 식별력이 없다는 거절이유를 받은 경우에는 출원상표가 식별력이 있음을 주장하기도 한다. 또한, 타인의 선등록상표 또는 선출원상표와의 저촉이나 주지・저명상표와의 저촉 등이 문제일 경우에는 출원상표가 타인의 이러한 선등록상표 등과 비유사하다는 것 등을 주장하기도 한다. 이와 같은 의견서를 제출할 때는 그 주장을 객관적으로 뒷받침하기 위하여 자신의 주장의 정당성을 입증해 줄 수 있는 유사한 사례에서의 판례나 심결례 또는 상표의 선등록 사례 등을 첨부하는 것이 바람직하다. 또한, 지정상품이 불명확한 경우는 상표법 제38조 제1항에 의한 거절이유가 통지되고, 지정상품을 명확하게 보정하는 보정서 및 의견서를 제출하면 거절이유를 해소할 수 있다.

예를 들어, 출원인이 '나출원' 상표를 지정상품 '비누'에 출원했다. 지정상품 '비누'는 불명확한 상품이므로 심사관은 상표법 제38조 제1항에 의한 의견제출통지를 했다. 의견제출통지를 받은 출원인은 특허청 상품분류코드에서 상품을 조회한 후, 명확한 상품을 기재하는 보정서를 제출하면 된다. 명확한 상품명으로는 '인체용 비누', '목욕비누' 등이 있다. 보정서를 제출하면서, 심사관이 지적한 상품명을 명확하게 보정했다는 내용을 기재한 의견서를 간략히 제출해도 좋다.

상품분류코드 상품조회 사이트(https://www.kipo.go.kr)

6. 등록/거절결정

보정서를 통하여도 등록을 받을 수 있는 요건을 만족하지 못하면 심사관은 거절결정을 한다. 출원인은 거절결정의 등본을 송달받은 날로부터 3개월 이내 심판원에 거절결정불복심판을 청구할 수 있다. 기간 내에 거절결정불복심판의 청구가 없으면 거절결정을 확정된 것으로 본다.

반면, 아무런 거절이유가 없어 출원공고를 바로 하였거나 의견제출통지 후 출원인이 보정서 및 의견서 제출을 통해 거절이유를 해소한 경우, 심사관은 등록결정을 한다. 등록결정이 되면 등록결정서에 함께 송부된 납입고지서로 등록료와 등록세를 납부함으로써 상표권의 효력이 발생하게 된다.

따라하기 / 심사관 되어보기

Q. 심사관이 하는 심사 절차에 대해 배워 보았다. 나도 향후 진로를 정할 때, 심사관이 될 수 있을까? 심사관에 대한 자격은 대통령령으로 정한다고 되어 있다. 어떤 사람이 심사관이 될 수 있는지 국가법령정보센터(https://www.law.go.kr)에서 구체적으로 '상표법 시행령 제9조'를 살펴보자.

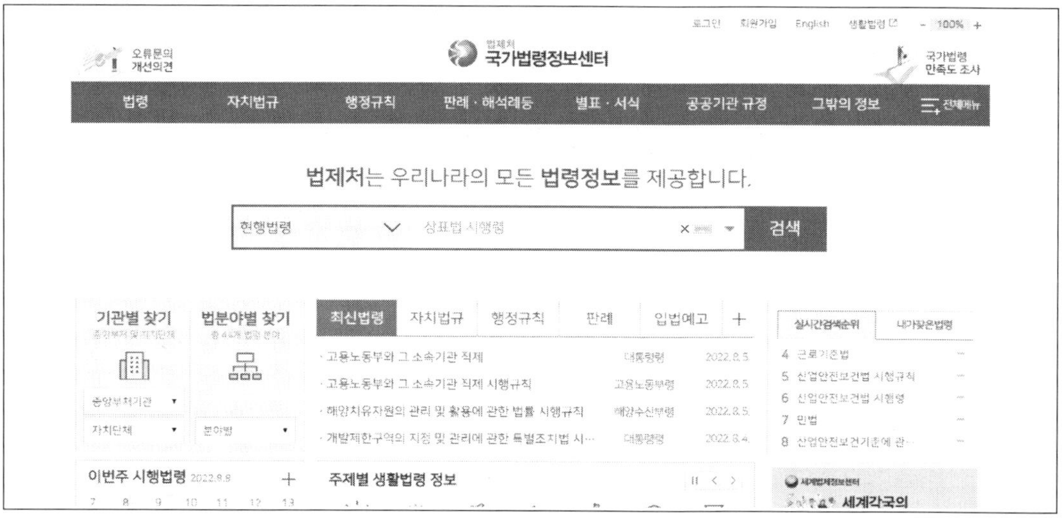

Q. 상표심사절차 흐름도에 빈칸을 채워보자.

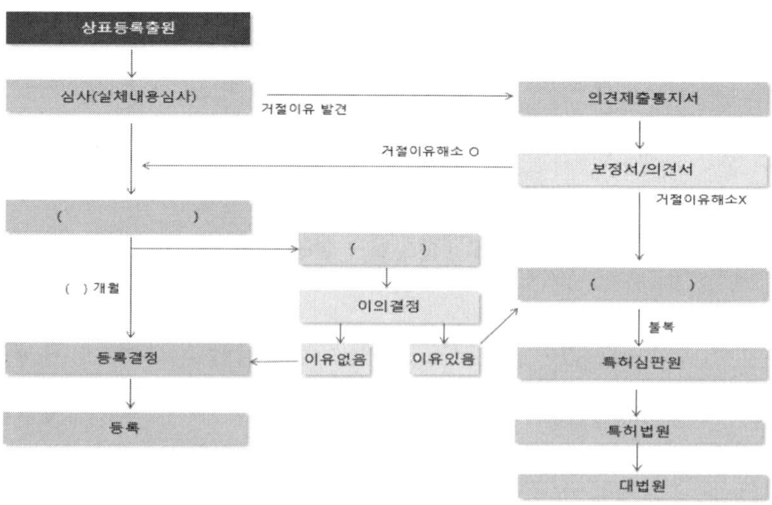

확인학습

1. 다음 빈칸에 알맞은 용어를 기재해보자.

□□□□ 출원에 관한 절차를 밟는 자가 특허청에 제출한 서류가 상표법에 정하는 방식에 적합한지 여부를 심사하는 것을 말한다.

2. 다음 문장을 완성해보자.

□□□□제도는 심사의 공정성과 완전성을 담보하고 부실권리의 발생을 예방하며, 등록 후 발생할 수 있는 분쟁을 미연에 방지하고자 상표등록출원에 대하여 심사관이 실체심사를 한 결과 거절이유를 발견할 수 없거나, 거절이유가 해소된 경우에 그 출원 내용을 공중에 공고함으로써 심사의 협력을 구하는 제도이다.

3. 이의신청제도에 대한 설명으로 옳지 않은 것은?

① 출원공고된 상표에 대해서 이의가 있을 때 한다.
② 이해관계자만 할 수 있다.
③ 출원공고일로부터 2개월 이내에 이의신청을 할 수 있다.
④ 반드시 이의신청의 이유를 기재하고 이에 필요한 증거를 첨부하여야 ㅎ나한다.
⑤ 이미 제출한 이의신청에 대한 이유나 증거를 보정하고자 하는 경우에는 이의신청기간이 경과한 후, 30일 이내에 하여야 한다.

4. 다음 설명에 대해 O, X를 해보자.

아무런 거절이유가 없어 출원공고를 바로 하였거나 의견제출통지 후 출원인이 보정서 및 의견서 제출을 통해 거절이유를 해소한 경우, 심사관은 등록결정을 한다. 등록결정이 되면 등록결정서에 함께 송부된 납입고지서로 등록료와 등록세를 납부함으로써 상표권의 효력이 발생하게 된다.

학습 2 상표등록의 요건

학습 목표	• 식별력이 인정되지 않아 상표등록을 받을 수 없는 사유를 이해할 수 있다. • 사용에 의한 식별력이 무엇인지 이해할 수 있다.

1 상품의 보통명칭인 상표

나출원씨는 'BANANA'라는 상표를 상품 '바나나'에 상표등록출원을 하였다. 이 경우 상표등록이 가능할까?

1. 제도의 취지

법 제33조 제1항 제1호[62]의 상품의 '보통명칭'은 자타상품을 구별할 수 있는 식별력이 없을 뿐만 아니라, 당해 상품의 일반적인 명칭이므로 누구나 자유롭게 사용할 수 있도록 해야 하며, 특정인에게 독점적으로 사용하게 하는 것이 부당하기 때문에 상표로 등록받을 수 없도록 한다.[63]

2. 적용요건

1) '상품의 보통명칭에 해당'할 것

상표법에서 규정하는 '그 상품의 보통명칭'이란 일반적으로 그 상품을 취급하는 거래사회에서 그 명칭이 특정 상품을 지칭하는 것으로 인식되고 사용되는 명칭을 말한다. 상표가 특정 상품과 관련하여 그 상품의 명칭을 나타내는 경우이다.

62) 그 상품의 보통명칭을 보통으로 사용하는 방법으로 표시한 표장만으로 된 상표
63) 특허청, 상표심사기준, 40101면

2) 상품의 보통명칭이 '보통으로 사용하는 방법으로 표시'되어 있을 것

'보통으로 사용하는 방법으로 표시되어 있다는 것'은 상표의 외관, 칭호, 관념을 통해 상품의 '보통명칭' 등으로 직감할 수 있도록 표시된 경우를 의미한다. 따라서 출원상표가 독특한 서체나 도안 및 구성으로 표시되어 있어 문자의 의미를 직감할 수 없을 정도로 도안화된 경우는 예외이다.

3) 상품의 보통명칭 '만'으로 된 상표일 것

또한, 출원상표가 지정상품의 보통명칭 '만'으로 구성되어 있어야 한다. 따라서 보통명칭에 다른 식별력 있는 문자나 도형 등이 결합되어 있어 전체적으로 식별력이 인정되는 경우에는 상표등록을 받을 수 있다.

불닭 (특허법원 2008.4.24. 선고 2007허8047 판결)

'불닭'은 명사로 국립국어원의 신조어사전 및 인터넷 국어사전, 백과사전 등에 등재되었을 뿐만 아니라, 업종의 분류에서도 '찜닭'등과 함께 독립적인 닭고기 요리로 분류되고 있고, 신문이나 TV에서도 매운 맛의 닭고기의 일종으로서 사용하고 있으며, (중략) 다수의 일반소비자나 거래자들은 '불닭'을 피고들의 상표의 출처표시로 인식하고 사용하고 있다고 보기 보다는 매운 양념을 하여 석쇠에 굽거나 기름에 튀긴 닭고기 요리를 칭하는 보통명칭으로 인식하고 사용하고 있다고 봄이 상당하고...

'BANANA'는 한국어로 '바나나'를 의미하고, 상품 '바나나'를 의미하므로 보통명칭에 해당되어 나출원씨는 상표등록을 받을 수 없다.

2 관용상표

나출원씨는 숙박업을 운영하고 있다. '관광호텔'이라는 상표를 출원하려고 하는데, 상표등록을 받을 수 있을까?

1. 제도의 취지

법 제33조 제1항 제2호[64]의 '관용상표'는 자타상품을 구별할 수 있는 식별력이 없을 뿐만 아니라 해당 상품의 제조·판매업자 등이 누구나 자유롭게 사용할 수 있어야 하기 때문에 상표로 등록받을 수 없도록 한 것이다.[65]

2. 적용요건

1) '해당 상품의 동업자들이 자유롭게 사용'한 것일 것

'그 상품에 대하여 관용하는 상표'라 함은 해당 상품을 취급하는 동업자들 사이에 특정 종류의 상품의 명칭에 대하여 일반적으로 사용 가능한 표장을 말하며, 반드시 전국적으로 알려져 있을 필요는 없다.

2) 동업자들이 자유롭게 사용한 결과 '그 표장이 식별력을 상실'하였을 것

동업자들 사이에 그 상품의 명칭 등으로 일반적으로 자유롭게 사용한 결과 그 표장이 식별력을 상실한 것이어야 한다.

오복채 (대법원 2003.12.26. 선고 2003후243 판결)

1971년경부터 이 사건 등록상표의 등록결정일 무렵까지 28년 동안이나 장아찌 종류를 생산·판매하는 자들 사이에서 '오복채'를 장아찌의 한 종류를 가리키는 제품명으로 일반적으로 자유롭게 사용하여 온 사실을 인정할 수 있으므로, 이 사건의 등록상표는 관용상표에 해당한다.

'관광호텔'은 이미 숙박업 분야에서 관용적으로 흔히 사용하는 용어가 되었으므로 관용상표에 해당하여 나출원씨는 상표등록을 받을 수 없다.

---

64) 그 상품에 대하여 관용(慣用)하는 상표

65) 특허청, 상표심사기준, 40201면

3 성질표시 상표

나출원씨는 ‘빵, 과자’ 상품에 ‘블루베리’라는 상표를 출원하려고 하는데, 상표등록을 받을 수 있을까?

1. 제도의 취지

법 제33조 제1항 제3호[66]는 ‘성질표시(性質標示)’ 또는 ‘기술적(記述的) 표장(descriptive mark)’이라고 한다. 이는 상품의 품질, 효능, 용도 등과 같은 성질을 직접적으로 기술하는 것에 불과한 표장을 말한다. 이러한 성질표시 표장은 통상 상품의 유통과정에서 필요한 표시이므로 누구나 그 사용을 원하기 때문에 특정인에게 독점시키는 것은 공익상 바람직하지 않다. 성질표시의 경우 상품의 출처표시로 인식되지 않고 제품의 설명으로 인식되어 타인의 동종상품과의 관계에서 식별이 어렵다는 점 때문에 상표등록을 받을 수 없도록 한 것이다.[67]

2. 적용요건

1) ‘해당 상품의 성질을 직접적으로 표시’하는 표장일 것

출원상표가 지정상품과의 관계에서 산지 · 품질 · 원재료 · 효능 · 용도 · 수량 · 형상 · 가격 · 생산방법 · 가공방법 · 사용방법 또는 시기 등을 직접적으로 표시하여 상품의 출처표시로 인식될 수 없거나, 특정인에게 독점시킬 경우 당 업계의 경쟁을 제한할 우려가 있는 경우를 말한다.

2) ‘해당 상품의 성질을 보통으로 사용하는 방법으로 표시’한 표장일 것

‘보통으로 사용하는 방법으로 표시’되어 있다는 것은 상표의 외관, 호칭, 관념을 통해 상품의 보통명칭 등으로 직감할 수 있도록 표시된 경우를 의미한다. 따라서 출원상표가

66) 그 상품의 산지(産地) · 품질 · 원재료 · 효능 · 용도 · 수량 · 형상 · 가격 · 생산방법 · 가공방법 · 사용방법 또는 시기를 보통으로 사용하는 방법으로 표시한 표장만으로 된 상표

67) 특허청, 상표심사기준, 40301면

일반인의 특별한 주의를 끌 정도로 독특한 서체・도안 및 구성으로 표시되어 있어 문자의 의미를 직감할 수 없을 정도로 도안화 된 경우에는 상표등록을 받을 수 있다.

3) 해당 상품의 성질을 보통으로 사용하는 방법으로 표시한 표장 '만'으로 된 상표일 것

출원상표가 지정상품의 보통명칭 '만'으로 구성되어 있어야 한다. 따라서 다른 식별력 있는 문자나 도형 등이 결합되어 있어 전체적으로 식별력이 인정되는 경우엔 상표등록을 받을 수 있다.

3. 판단 시 유의사항

성질표시 또는 기술적 상표인지 여부의 판단은 지정상품과 관련하여 상대적으로 결정하여야 한다. 상품에 대한 기술적 또는 설명적 표시라 하더라도 당해 지정상품에 대해서 직접적인 기술적 또는 설명적 표시라 볼 수 없는 때에는 이에 해당하지 않는 것으로 본다.

모든 상품에 공통적인 기술적 표장인 「BEST」, 「No1」, 「NICE」, 「SUPER」, 「DELUXE」, 「최고」, 「정상」, 「제일」 등과 유사한 것은 지정상품을 불문하고 성질표시에 해당하는 것으로 한다.

4. 성질표시의 유형 및 판단

1) 산지표시

'산지표시'는 상품의 생산지를 표시하는 것을 말한다. 특정 상품이 그 지방에서 과거에 생산되었거나 현실적으로 생산되고 있음으로써 일반 수요자나 거래자가 그 곳에서 그와 같은 상품이 특히 많이 생산되고 그 품질도 좋다고 보아 해당 지방을 특정 상품의 산지로 인식하고 있는 경우라고 볼 수 있다.

지정상품이 '인삼'인 경우의 '금산', '모시'인 경우의 '한산', '굴비'의 경우의 '영광'은 각각 인삼, 모시, 굴비의 산지 표시에 해당된다고 할 것이다.

2) 품질표시

상품의 '품질표시'는 해당 상품의 품질 상태 또는 우수성을 직접적으로 표시하는 것이

다. '특급', '우수', 'SUPER', 'NEW' 등은 모든 상품의 품질을 일반적으로 표시하는 표장들이라 할 수 있으며, 술·담배에 있어서 'MILD', 사이다에 있어서 'sparkle'은 그 지정상품의 성질을 직접적으로 표시하는 것이라고 할 수 있다.

3) 원재료표시

상품의 '원재료표시'는 원재료가 지정상품에 현실적으로 사용되고 있거나 사용될 수 있다고 인정되는 경우를 말한다. 원재료에는 해당 상품의 주원료 또는 주요 부품은 물론 보조원료 또는 보조부품이라 하더라도 해당 상품의 품질, 성능, 효능 등에 중대한 영향을 줄 수 있는 것은 여기에 포함된다.

4) 효능표시

상품의 '효능표시'란 해당 상품과의 관계에서 상품의 성능 또는 효과를 직접적으로 표시하는 경우이다. 효능표시는 해당 상품의 객관적인 성능 또는 효과의 표시는 물론 주관적인 안락감, 쾌감 등 만족감의 표시도 포함하며, 실제로 그 효능이 있고 없고는 불문한다.

5) 용도표시

상품의 '용도표시'는 상품의 사용목적·사용처(수요계층, 다용도, 전천후, 필수품, 편의용품, 오락용 또는 레저용) 등 용도에 관한 기술적 또는 설명적인 표시를 말한다. 예를 들어, 지정상품이 '가방', 상표가 '여행'인 경우 '여행용 가방'으로 그 상품의 용도를 표시하는 것이라고 할 수 있다.

6) 수량표시

상품의 '수량표시'는 거래사회에서 사용되고 있거나 사용될 수 있는 해당 상품의 개수, 크기 또는 규격, 중량의 표시를 말한다. 수량표시에는 해당 상품의 수량으로 인식될 수 있는 단위나 단위를 나타내는 기호 등도 이에 해당하는 것으로 본다.

7) 형상표시

상품 또는 포장의 '형상표시'는 상품이나 상품의 포장 및 용기의 외형, 모양, 크기 또는 규격, 무늬, 색깔, 구조 등에 관한 기술적 또는 설명적인 표시를 말한다. '대형' , 'Slim', '둥근' 등은 지정상품의 형상을 표시하는 것이다.

8) 가격표시

상품의 '가격표시'는 해당 거래사회에서 현실적으로 사용되고 있는 가격과 가격표시로 인식되고 있는 단위 및 그 단위의 기호 등을 표시하는 것이다. 가격표시에는 거래사회에서 현실적으로 유통되고 있거나 유통될 수 있는 가격표시는 물론, 그 가격표시의 단위(예: Dollars) 또는 기호(예: $)만을 표시하는 것도 포함되는 것으로 본다.

9) 생산방법·가공방법·사용방법표시

상품의 '생산방법·가공방법·사용방법의 표시'는 상품의 제조, 재배, 양식, 조립, 가공방법이나 push, pull, switch, combination 등의 사용방법 등을 기술적 또는 설명적으로 표시하는 경우를 말한다.

10) 시기표시

상품의 '시기표시'란 계절상품에 있어서 춘하추동의 표시, 상품의 특성상 오전, 오후, 주간, 야간, 식전, 식후, 맑은날 또는 우천, 전천후 등 상품의 판매 또는 사용의 특정 또는 불특정시기를 기술적 또는 설명적으로 표시하는 경우를 말한다. 시기표시에는 해당 지정상품과의 관계에서 그 상품의 판매 또는 사용의 계절, 시기, 시간 등을 직접적으로 표시하는 것이라고 인정되는 경우에 해당하는 것으로 본다.

MICRO BAMBOO (특허법원 2021.6.24. 선고 2020허2932 판결)

이 출원상표 'MICRO BAMBOO'는 영문자 'MICRO'와 'BAMBOO'가 결합하여 구성된 문자 결합상표로서, 전단의 'MICRO'는 사전상 '아주 작은, 극소의' 등을 의미하는 영단어인데, 직물, 원단 등과 관련해서는 '극세사'를 이르는 용어로 사용되고 있다. 후단의 'BAMBOO'는 '대나무'라는 의미의 영단어인데, 대나무가 원료로 사용된 대나무 섬유는 인체에 무해한 친환경 소재로 곰팡이 억제 기능이 있고 흡수성과 탈취성이 좋은 것으로 알려져 있으며(인터넷 포털 네이버 국어사전 참조), 인터넷 포털의 블로그, 웹사이트 등 게시글에서 대나무 섬유가 이불, 수건, 의류 등 직물제 제품들의 소재 원료로 활용되고 있음을 쉽게 확인할 수 있다.

그렇다면 'MICRO'와 'BAMBOO'가 단순 결합된 'MICRO BAMBOO'가 직물제 상품인 이 출원상표의 지정상품 등에 사용되는 경우, 일반 수요자들은 그 상품들이 대나무(섬유)를 원료로 한 극세사 원사(原絲)를 사용하여 만든 제품이라고 직감할 것으로 보이는바, 지정상품의 성질(품질, 원재료, 생산방법, 가공방법 등)을 직접적으로 표시한 표장이어서 그 식별력을 인정받기 어렵다고 할 것이다.

'빵, 과자'에 '블루베리' 상표는 '이 빵과 과자에 블루베리가 들어가 있네?'라고 그 상품의 원재료표시를 직접적으로 기술한 것으로서 나출원씨는 상표등록을 받을 수 없다.

4 현저한 지리적 명칭

대전에 사는 나출원씨는 '한밭' 상표를 '신발' 상품에 상표등록출원을 하였다. 상표등록이 가능할까?

1. 제도의 취지

법 제33조 제1항 제4호[68]에서 규정하는 '현저한 지리적 명칭'은 수요자에게 현저하게, 즉 널리 인식된 지리적인 명칭을 말하며 "현저한 지리적 명칭이나 그 약어(略語) 또는 지도만으로 된 상표"는 상표등록을 받을 수 없다.

특히, 현저한 지리적 명칭은 그 지역주민의 상호로 많이 사용되고 있어, 이러한 지리적 명칭을 등록시켜 준다면 해당 지역에서의 자유사용을 저해할 수 있기 때문에 일정규모 이상 널리 알려진 지리적 명칭에 대해서는 특정인에게 독점배타적인 권리를 부여하지 않는다.[69] 현저한 지리적 명칭은 상품에 관계없이 단순히 지리적, 지역적 명칭을 말하는 것일 뿐이다.

2. 적용요건

1) '현저한 지리적 명칭이나 그 약어 또는 지도'에 해당할 것

'현저한 지리적 명칭이나 그 약어'는 국가명, 국내의 특별시, 광역시 또는 도의 명칭, 특별시・광역시・도의 시・군・구의 명칭, 저명한 외국의 수도명, 대도시명, 주 또는 이에 상당하는 행정구역의 명칭 그리고 현저하게 알려진 국내외의 고적지, 관광지, 번화가 등의 명칭 등과 이들의 약칭을 말한다. 다만, 특별시・광역시・도의 시・군・구의 명칭이 다의

68) 현저한 지리적 명칭이나 그 약어(略語) 또는 지도만으로 된 상표
69) 특허청, 상표심사기준, 40401면

적인 의미를 지니고 있는 경우, 사용실태 등을 고려하여 현저한 지리적 명칭으로 보지 아니할 수 있으며, 시 · 군 · 구보다 낮은 행정구역 명칭이라도 현저하게 알려져 있는 경우에는 현저한 지리적 명칭에 해당할 수 있다.

국내 · 외의 산, 강, 섬, 호수 등이 일반수요자에게 널리 알려진 관광지일 경우에는 현저한 지리적 명칭으로 본다. 다만, 보통명사인 "산", "강", "섬", "호수", "도(島)", "호(湖)", "Mountain", "River", "Island", "Lake" 등이 결합되지 않아 그 의미를 특정할 수 없는 경우에는 현저한 지리적 명칭에 해당하지 않는 것으로 본다. 외국의 유명한 "산", "강", "섬", "호수" 등의 명칭은 보통명사인 "Mountain", "River", "Island", "Lake" 등과 결합되지 않고 사용된 경우라도 국내 일반수요자가 유명한 산 등으로 인식할 수 있는 경우에는 현저한 지리적 명칭에 해당하는 것으로 본다.

관광지가 아닌 단순한 지명이거나, 관광지라도 널리 알려지지 않은 경우에는 현저한 지리적 명칭에 해당하지 않는다. 역사적 문화재의 경우에는 그 문화재가 저명하여 그 명칭이 단순히 문화재의 호칭으로써 뿐만 아니라 그 문화재가 소재하는 지역을 이르는 지리적인 명칭으로서도 현저하게 되었다면 현저한 지리적 명칭에 해당하는 것으로 본다. 다만, 이와 같은 정도에 이르렀다고 보기 어려운 경우에는 저명한 문화재의 명칭이라도 현저한 지리적 명칭으로 보지 아니한다.

2) 현저한 지리적 명칭이나 그 약어 또는 지도 '만'으로 된 상표일 것

현저한 지리적 명칭에 방위각 표시가 결합된 경우에도 원칙적으로 현저한 지리적 명칭에 해당하는 것으로 본다.

'종로학원' (대법원 2001.2.9. 선고 98후379 판결)

'종로'는 '서울특별시 종로구'의 명칭 또는 '종로3가' 등 종로구 소속 행정구역의 일종으로서의 거리의 이름을 나타내는 현저한 지리적 명칭임이 명백하다.

> '한밭' 상표는 대전의 옛 지명으로 나출원씨는 상표등록을 받을 수 없다.

5 흔히 있는 성 또는 명칭

부동산 경매업을 하는 나출원씨는 '김노인' 상표를 출원하였다. 상표등록이 가능할까?

1. 제도의 취지

법 제33조 제1항 제5호[70] '흔히 있는 성 또는 명칭'은 많은 사람들이 사용하고 있어 자타상품의 식별력이 없을 뿐만 아니라, 특정인에게 독점권을 부여하면 이를 자유롭게 사용하는 많은 영업자에게 피해를 줄 우려가 있기 때문에 상표등록을 받을 수 없도록 한 것이다.[71]

2. 적용요건

1) '흔히 있는 성 또는 명칭'에 해당할 것

'흔히 있는 성 또는 명칭'은 현실적으로 다수가 존재하거나 관념상으로 다수가 존재하는 것으로 인식되고 있는 자연인의 성 또는 법인, 단체, 상호임을 표시하는 명칭 등을 말한다.

흔히 있는 명칭에는 법인명 · 단체명 · 법인격이 없는 단체명 · 상호 · 아호 · 예명 · 필명 또는 그 약칭 등을 포함하며, 회장 · 총장 · 사장 등 직위를 나타내는 명칭도 이에 해당하는 것으로 본다. 외국인의 성은 비록 당해 국가에서 흔히 있는 성이라고 하더라도 국내에서 흔히 볼 수 있는 외국인의 성이 아닌 한 여기에 포함되지 아니한다.

2) 흔히 있는 성 또는 명칭을 '보통으로 사용하는 방법으로 표시'하였을 것

보통으로 사용하는 방법으로 표시되어 있다는 것은 상표의 외관, 호칭, 관념을 통해 상품의 '보통명칭 등'으로 직감할 수 있도록 표시된 경우를 의미한다. 따라서 출원상표가 일

70) 흔히 있는 성(姓) 또는 명칭을 보통으로 사용하는 방법으로 표시한 표장만으로 된 상표
71) 특허청, 상표심사기준, 40501면

반인의 특별한 주의를 끌 정도로 독특한 서체 · 도안 및 구성으로 표시되어 있어 문자의 의미를 직감할 수 없을 정도로 도안화된 경우에는 해당하지 않는다.

3) 흔히 있는 성 또는 명칭 '만'으로 된 상표일 것

흔한 성과 "商社", "商店", "商會", "工業社", "社", "會", "당", "양행", "組合", "協會", "研究所" 또는 "會長", "사장", "이사장", "總長" 등 명칭(외국문자 또는 그 번역도 포함한다)이 결합된 때에도 흔히 있는 명칭에 해당한다. 흔한 성이 상호 결합된 경우 원칙적으로 흔히 있는 성에 해당하는 것으로 보는데, 흔한 성과 흔하지 않은 성이 결합된 경우에는 본호에 해당하지 않는 것으로 본다.

윤 씨 농 방 (특허법원 2000.11.23. 선고 2000허2392 판결)

등록상표의 구성 중 '윤씨'는 우리나라에서 흔히 있는 성이고 '농방'은 이 사건 등록상표의 지정상품 중 하나인 '장'을 의미하는 '농'을 파는 가게를 뜻하는 것으로서 결합에 의하여 새로운 식별력이 생기는 것이 아니므로 상표법 제33조제1항제5호에 해당하여 식별력이 없다.

'김노인' 상표 중 '김'은 흔히 있는 성을 나타내는 것이고, '노인'도 흔히 있는 명칭을 나타내는 것이므로 '김노인'이라는 상표 전체도 역시 흔히 있는 성 또는 명칭의 단순한 결합으로써 흔히 있는 명칭에 해당하므로 나출원씨는 상표등록을 받을 수 없다.

6 간단하고 흔히 있는 표장

나출원씨는 'S' 상표를 출원하였다. 이 경우 해당 상표는 등록이 가능한가?

1. 제도의 취지

법 제33조 제1항 제6호[72] '간단하고 흔히 있는 표장'만으로 된 상표는 상거래에서뿐만 아니라 일상에서 흔히 사용되는 것들로 식별력이 없을 뿐만 아니라, 누구나가 자유롭게

72) 간단하고 흔히 있는 표장만으로 된 상표

사용할 수 있어야 하기 때문에 상표로 등록받을 수 없도록 한 것이다.[73]

2. 적용요건

1) '간단하고 흔히 있는 표장'에 해당할 것

문자상표의 경우, 1자의 한글로 구성된 표장이거나 2자 이내의 알파벳으로 구성된 표장을 원칙적으로 간단하고 흔히 있는 표장에 해당하는 것으로 본다. 다만, 구체적인 관념으로 직감될 수 있거나, 특정인의 출처표시로 직감되는 경우에는 이에 해당하지 않는 것으로 본다.

이는 간단하고 흔히 있는 표장만으로 된 상표일 때는 등록받을 수 없다는 것이지 간단하지만 흔하지 않거나 또는 흔하지만 간단하지 않은 표장만으로 된 상표일 때도 등록을 받을 수 없다는 뜻은 아니다. 따라서 상표법 제33조 제1항 제6호의 적용대상이 되는 표장은 간단하면서도 흔한 표장만을 말한다.

2) 간단하고 흔히 있는 표장 '만'으로 된 상표일 것

출원상표가 간단하고 흔히 있는 표장 '만'으로 구성되어 있어야 한다. 따라서 간단하고 흔히 있는 표장에 다른 식별력 있는 문자나 도형 등이 결합되어 전체적으로 식별력이 인정되는 경우에는 상표등록을 받을 수 있다.

예를 들어, 최근 기업의 상호나 상표를 영문자 2자로 하는 것이 트렌드가 되고 있는데, 국내에서 유명한 대기업의 상호상표인 SK, LG, GS, CJ 등과 같은 영문자 2자로 된 문자들은 어떻게 상표등록이 가능한 것인가? 이러한 상호들은 영문자 2문자를 식별력이 있는 도형과 결합시키거나 문자 자체를 독특하게 도형화하여 상표 전체적으로 식별력을 취득한 것으로 인정받아 등록을 받을 수도 있고, 국내에서의 명성을 근거로 하여 상표법 제33조 제2항에서의 사용에 의한 식별력의 취득을 인정받아 등록이 가능한 경우도 있는 것이다.

영문자 2문자를 포함하여 등록된 대기업의 상호상표

73) 특허청, 상표심사기준, 40601면

(특허법원 2021.10.14. 선고 2021허1707 판결)

출원상표는 직사각형의 테두리를 초록색의 굵은 선으로 구성한 도형표장으로서, 비록 테두리 선의 두께가 일반적으로 직사각형을 그리거나 만들 때 구성하는 선보다 넓게 구성되어 있는 특색은 있지만, 일반적인 직사각형의 기본적인 형태를 그대로 유지하고 있어 쉽게 접할 수 있는 형태의 흔한 도형이라 할 것이므로, 일반 수요자나 거래자에게 직사각형 모양의 도형이 가지는 의미 이상으로 인식되거나 특별한 주의를 끌 정도에 이르렀다고 보기 어려워 상표법 제33조 제1항 제6호에 해당한다.

영문자 1자는 '간단하고 흔히 있는 표장만으로 된 상표'에 해당으로 나출원씨의 'S' 상표는 상표등록을 받을 수 없다.

7 기타 식별력이 없는 표장

화장품도매업을 하고 있는 나출원씨는 '우린 소중하잖아요'라는 회사의 슬로건을 상표로 출원하였다. 상표등록을 받을 수 있을까?

1. 제도의 취지

기타 식별력이 없는 상표에 대한 상표법 제33조 제1항 제7호[74] 규정은 제33조 제1항 제1호부터 제6호까지 규정에는 해당하지 않으나 식별력이 없어 출처표시로 인식되지 않거나, 상표법의 목적이나 거래실정을 고려할 때 특정인에게 독점배타적인 권리를 부여하는 것이 타당하지 않은 상표에 대하여 등록을 받을 수 없도록 한 보충적 규정이다.[75]

74) 제1호부터 제6호까지에 해당하는 상표 외에 수요자가 누구의 업무에 관련된 상품을 표시하는 것인가를 식별할 수 없는 상표

75) 특허청, 상표심사기준, 40701면

2. 적용요건

1) 수요자가 '누구의 업무에 관련된 상품을 표시하는 것인가를 식별할 수 없는' 것

출처표시로 인식되지 않거나 자유사용이 필요한 일반적인 구호(슬로건), 광고문안, 표어, 인사말이나 인칭대명사 또는 유행어로 표시한 표장은 기타 식별력이 없는 상표에 해당하는 것으로 본다. 다만, 일반적인 구호 등을 넘어 출처표시로 인식되는 경우에는 상표등록을 받을 수 있다.

방송이나 인터넷을 포함한 정보통신매체 등을 통하여 출처표시로 인식되지 않을 정도로 널리 알려져 일반인들이 유행어처럼 사용하게 된 방송프로그램 명칭이나 영화, 노래의 제목 등도 기타 식별력이 없는 상표에 해당하는 것으로 본다.

사람・동식물・자연물 또는 문화재를 사진・인쇄 또는 복사하는 등의 형태로 구성된 표장과 상품의 집합・판매・제조 장소나 서비스 제공 장소의 의미로 흔히 사용되는 표장은 기타 식별력이 없는 상표에 해당하는 것으로 본다.

해당 표장이 특정한 의미로서의 인식이 매우 강해 일반수요자들이 해당 표장을 접했을 경우 상표로서 인식하기보다는 특정한 고유 의미를 먼저 떠올릴 가능성이 높은 경우(예: blockchain), 해당 표장이 현실적으로 다양한 상품 또는 여러 분야에서 사용되고 있거나 사용될 가능성이 높은 경우(예: k-pop)는 기타 식별력이 없는 상표에 해당하는 것으로 본다.

2) (또는) '공익상 특정인에게 독점시키는 것이 적합하지 않다고 인정'되는 것

다수가 사용하는 종교단체의 명칭이나 긴급(안내) 전화번호로 인식될 수 있는 숫자는 누구나가 자유롭게 사용할 필요가 있어 기타 식별력이 없는 상표에 해당하는 것으로 본다. 국가나 공공분야에서 사용되는 용어이거나 여러 분야에서 필수적으로 사용되어야 하는 용어와 같이 공공성이 높고 경업자의 자유 필요성이 높은 표장의 경우에는 이에 해당하는 것으로 본다.

이게웬떡이냐 (대법원 1998.2.27. 선고 97후945 판결)

예상하지 않았던 일에 불로소득 등의 이익이 있을 경우에 표현되는 구어체 서술형의 짧은 문장으로서 그 지정상품인 건과자, 비스킷, 호떡 등과의 관계에서 자기의 상표와 타인의 상표를 식별할 수 없는 표장에 해당한다.

PEPTIDIN 펩타이딘 (대법원 2021.8.12. 선고 2021후10442 판결)

이 출원상표는 그 지정상품인 화장품의 효능, 품질 등 성질을 직감하게 하고, 화장품 제조에 종사하는 다수의 업체에서 제품의 성질을 표시하는 방법으로 자유롭게 사용하거나 사용할 필요가 있다고 할 수 있어 공익상 특정인에게 독점사용권을 부여하는 것이 적절하다 할 수 없으며, 그 지정상품에 부착되어 사용되는 경우 일반 수요자나 거래자 등은 상품의 출처를 나타내는 표시로 인식하기보다는 광고・선전 문구로 인식한다고 봄이 상당하다. 따라서, 이 출원상표는 상표법 제33조 제1항 제7호 소정의 수요자가 누구의 업무에 관련된 상품을 표시하는 것인가를 식별할 수 없는 표장에 해당한다.

회사 슬로건은 일반 수요자들이 상품의 출처표시로서 인식하기 어려운 것이므로, "우린 소중하잖아요"라는 슬로건은 기타 식별력 없는 상표에 해당하여 상표등록을 받을 수 없다.

8 사용에 의한 식별력

성질표시 상표, 현저한 지리적 명칭, 흔히 있는 성 또는 명칭 및 간단하고 흔히 있는 표장에 해당하더라도 출원 전부터 이러한 표장으로 이루어진 상표를 사용한 결과 그 상표가 수요자 간에 특정인의 상품에 관한 출처를 표시하는 것으로 식별할 수 있게 된 경우에는 그 상표를 사용한 상품에 한정하여 상표등록을 받을 수 있다.

1. 제도의 취지

법 제33조 제2항[76]에서 규정하고 있는 사용에 의한 식별력은 원래 식별력이 없는 상표

76) 제1항 제3호부터 제6호까지에 해당하는 상표라도 상표등록출원 전부터 그 상표를 사용한 결과 수요자 간에 특정인의 상품에 관한 출처를 표시하는 것으로 식별할 수 있게 된 경우에는 그 상표를 사용한 상품에 한정하여 상표등록을 받을 수 있다.

라도 특정인이 일정기간 계속하여 사용한 결과 식별력을 획득한 경우 이미 상표로서 기능할 뿐만 아니라, 더 이상 경쟁업자간의 자유사용을 보장할 공익상의 필요성이 없어졌다고 볼 수 있으며, 오히려 상표등록을 허용함으로써 제3자의 부정경쟁 목적의 사용을 방지하여 상표사용자의 신용을 보호하고, 일반수요자로 하여금 상품의 품질 오인이나 출처 혼동을 방지하는 것이 상표법의 본래 목적에 부합하기 때문에 사후적으로 식별력을 인정하는 것이다.[77]

2. 적용대상

법 제33조 제1항 각호 중 사용에 의한 식별력이 인정되는 경우는 법 제33조 제2항에 명시적으로 규정된 성질표시 표장(제3호), 현저한 지리적 명칭(제4호), 흔한 성 또는 명칭(제5호), 간단하고 흔한 표장(제6호), 기타 식별력 없는 표장(제7호)도 사용에 의한 식별력이 인정된다. 그러나 해당 상품의 보통명칭(제1호)과 관용표장(제2호)은 사용에 의한 식별력이 인정되지 않는다.

3. 적용요건

1) '상표등록출원 전부터 상표를 사용'하였을 것

사용에 의한 식별력을 주장하기 위해서는 상표등록출원 전부터 계속적으로 사용할 것이 요구된다. '사용'이란 상표적 사용을 말하는 것으로 법 제2조 제1항 제11호 각목[78] 및 제2조 제2항[79]에서 규정하는 행위에 해당하는 것이어야 한다. 사용기간은 따로 정해져 있

---

77) 특허청, 상표심사기준, 40901면

78) 제2조 제1항 제11호 "상표의 사용"이란 다음 각 목의 어느 하나에 해당하는 행위를 말한다.
가. 상품 또는 상품의 포장에 상표를 표시하는 행위
나. 상품 또는 상품의 포장에 상표를 표시한 것을 양도 또는 인도하거나 양도 또는 인도할 목적으로 전시·수출 또는 수입하는 행위
다. 상품에 관한 광고·정가표(定價表)·거래서류, 그 밖의 수단에 상표를 표시하고 전시하거나 널리 알리는 행위

79) 제1항 제11호 각 목에 따른 상표를 표시하는 행위에는 다음 각 호의 어느 하나의 방법으로 표시하는 행위가 포함된다.
1. 표장의 형상이나 소리 또는 냄새로 상표를 표시하는 행위
2. 전기통신회선을 통하여 제공되는 정보에 전자적 방법으로 표시하는 행위

지는 않으며, 지정상품의 특성이나 광고선전 실적, 매출 실적 등에 따라 단기간에도 일반수요자에게 널리 인식될 수 있음을 고려하여 판단한다.

2) '수요자간'에 그 상표가 '특정인의 상품에 관한 출처를 표시'하는 것으로 '식별할 수 있게' 되어 있을 것

'수요자'란 해당 상품의 일반수요자와 거래자를 의미하며, '특정인의 상품에 관한 출처'란 반드시 구체적인 특정인의 성명이나 명칭까지 인식하여야 하는 것은 아니고, 익명의 존재로서 추상적인 출처 정도로 수요자가 인식할 수 있을 정도면 충분하다.

'식별할 수 있게 된 정도'란 법 제34조 제1항 제13호의 특정인의 상품을 표시하는 것이라고 인식되어 있는 상표의 인식도 보다는 높되, 법 제34조 제1항 제9호의 타인의 상품을 표시하는 것이라고 수요자들에게 현저하게 인식되어 있는 상표 즉, 주지상표의 인식도보다는 낮은 단계를 의미하며, 일부 지역에서 일부 거래자나 수요자들에게 특정인의 상품에 관한 출처를 표시하는 것으로 식별할 수 있게 된 경우에도 인정 가능한 것으로 본다.

3) '실제로 사용한 상표를 사용한 상품에 출원'한 것일 것

사용에 의하여 식별력을 취득한 것은 실제로 사용된 상표 그 자체이므로 그에 유사한 상표에 대해서까지 등록이 허용되는 것은 아니고, 상품의 면에서도 실제로 상표가 사용된 상품을 지정상품으로 하여야 하고, 자타상품식별력을 그 밖의 유사한 상품에까지 확대하여 인정하지는 않는다.

4) 사용에 의한 식별력을 주장하는 자는 '입증자료를 제출'할 것

사용에 의한 식별력을 인정받기 위해서는 출원인이 입증해야 하며, 어느 정도 광고, 선전 등이 된 사정만으로 추정할 수 없고 증거를 통해서 명확하게 입증해야 한다.

사용에 의한 식별력을 주장하는 자는 그 입증자료로서 ① 사용한 상표, ② 사용한 상품, ③ 상당기간 계속 사용한 사실, ④ 전국 또는 일정지역에서 사용한 사실, ⑤ 해당 상품의 생산 · 제조 · 가공 · 증명 · 판매량 · 매출액 · 시장점유율, ⑥ 사용의 방법 · 횟수 및 내용, ⑦ 광고선전의 방법 · 횟수 · 내용 · 기간, ⑧ 객관적인 소비자 인지도조사, ⑨ 상품품질이나 명성을 입증할 수 있는 자료, ⑩ 사용상표를 독점배타적으로 사용하고 있다는 자료 등을 제출할 수 있다.

K2 (대법원 2008.9.25. 선고 2006후2288 판결)

원고회사는 "K2"와 동일성이 인정되는 상표들을 장기간에 걸쳐 사용하였을 뿐만 아니라 2002년경부터 이 사건 등록상표의 등록결정일까지 'K2' 상표를 3년 6개월간 계속적·중점적으로 사용함으로써 이 사건 등록상표의 등록결정일인 2004. 10. 16. 무렵 등산화, 안전화 및 기타 등산용품에 관한 거래자 및 수요자의 대다수에게 'K2' 상표는 원고회사의 상표로 인식되기에 이르렀다고 할 것이어서, 사용에 의한 식별력을 취득하였다고 할 것이다.

JUST DO IT (특허법원 2009.6.26. 선고 2008허14230 판결)

일부 원고 제품의 광고에 사용되거나 일부 의류제품에 직접 표시되어 사용된 사실이 있기는 하나, 주로 스포츠용품을 제조・판매하는 기업인 원고가 '스포츠에서의 도전정신'을 강조하는 구호 내지 광고문안으로 이 사건 출원상표를 사용한 것이어서, 이 사건 출원상표가 원고의 지정상품에 대한 식별표지로 사용된 것이라고 보기는 어렵고, 결국 이 사건 출원상표는 상표법 제33조 제2항 소정의 사용에 의한 식별력을 취득하였다고 할 수 없다.

〈상표법 제33조제1항 각호〉

상표법 제33조제1항 각호	상품과의 관계 고려	사용에 의한 식별력의 취득
상품의 보통명칭(1호)	고려	적용 없음
관용상표(2호)	고려	적용 없음
성질표시 상표(3호)	고려	적용
현저한 지리적 명칭(4호)	고려 안 함	적용
흔히 있는 성 또는 명칭(5호)	고려 안 함	적용
간단하고 흔히 있는 표장(6호)	고려 안 함	적용
기타 식별력이 없는 표장(7호)	원칙적 X 상황에 따라 고려 O	법규정상으로는 적용 제외 판례 및 상표심사기준 적용 인정

따라하기 / 식별력이 있는 상표와 없는 상표 사례 찾기

Q. 상표의 식별력은 거래자나 일반 수요자로 하여금 상표를 표시한 상품이 누구의 상품인가를 알 수 있도록 인식시켜 주는 것을 말한다. 구체적으로 상표법 제33조 제1항 규정에 따라 ① 상품의 보통명칭, ② 관용상표, ③ 성질표시 상표, ④ 현저한 지리적 명칭, ⑤ 흔히 있는 성 또는 명칭, ⑥ 간단하고 흔히 있는 표장, ⑦ 기타 식별력 없는 표장에 대해서도 배웠다.

배운 것을 생각하며, 아래 칸에서 식별력이 있는 상표와 식별력이 없는 상표를 구분해 보자. 식별력이 없다면, 상표법 제33조 제1항 제1호부터 제7호 중 어디에 해당하는지도 적어보자.

상표	불닭	매직블럭	성심당	화정똥돼지	국민이불	BMW	미녀는 석류를 좋아해
지정상품	음식 준비업	세척용 스펀지	제과점업	식당업	이불	자동차	음료
식별력 여부							

○ '배달업'을 주요 사업으로 하는 회사 IP법무팀에 취업을 했다. 회사에서 상표를 사용하고자 'B마트'를 등록을 받고 싶어 한다. 팀장님은 나에게 이 상표가 등록받을 수 있는지 검토해보라는 업무를 지시하셨다. 이 상표는 등록을 받을 수 있는가?

확인학습

Q. 다음 문장을 완성해 보자.

1. 상표법에서 규정하는 '그 상품의 □□□□'이란 일반적으로 그 상품을 취급하는 거래 사회에서 그 명칭이 특정 상품을 지칭하는 것으로 인식되고 사용되는 명칭을 말한다. 상표가 특정 상품과 관련하여 그 상품의 명칭을 나타내는 경우이다.

2. 성질표시 또는 □□□ 표장이라고 한다. 이는 상품의 품질, 효능, 용도 등과 같은 성질을 직접적으로 기술하는 것에 불과한 표장을 말한다. 이러한 성질표시 표장은 통상 상품의 유통과정에서 필요한 표시이므로 누구나 그 사용을 원하기 때문에 특정인에게 독점시키는 것은 공익상 바람직 하지 않다. 모든 상품에 공통적인 □□□ 표장인「BEST」, 「No1」, 「NICE」, 「SUPER」, 「DELUXE」, 「최고」, 「정상」, 「제일」등과 이와 유사한 것은 지정상품을 불문하고 성질표시에 해당하는 것으로 한다.

3. □□□ □□□ 명칭은 그 지역주민의 상호로 많이 사용되고 있어, 이러한 지리적 명칭을 등록시켜 준다면 해당 지역에서의 자유사용을 저해할 수 있기 때문에 일정규모 이상이나 널리 알려진 지리적 명칭에 대해서는 특정인에게 독점배타적인 권리를 부여하지 않는 것이다.

4. □□□ 의한 □□□은 원래 식별력이 없는 상표라도 특정인이 일정기간 계속하여 사용한 결과 식별력을 획득한 경우 이미 상표로서 기능할 뿐만 아니라, 더 이상 경쟁업자간의 자유사용을 보장할 공익상의 필요성이 없어졌다고 볼 수 있으며, 오히려 상표등록을 허용함으로써 제3자의 부정경쟁 목적의 사용을 방지하여 상표사용자의 신용을 보호하고, 일반수요자로 하여금 상품의 품질 오인이나 출처 혼동을 방지하는 것이 상표법의 본래 목적에 부합하기 때문에 사후적으로 식별력을 인정하는 것이다.

학습 3 상표등록을 받을 수 없는 사유

학습 목표	• 식별력이 인정되어도 상표등록을 받을 수 없는 사유에 대해 설명할 수 있다.

1 공익적 거절사유

1. 국기 · 국장 등과 동일 · 유사한 상표

상표법 제34조제1항제1호 가목 내지 마목

1. 국가의 국기(國旗) 및 국제기구의 기장(記章) 등으로서 다음 각 목의 어느 하나에 해당하는 상표
   가. 대한민국의 국기, 국장(國章), 군기(軍旗), 훈장, 포장(褒章), 기장, 대한민국이나 공공기관의 감독용 또는 증명용 인장(印章) · 기호와 동일 · 유사한 상표
   나. 「공업소유권의 보호를 위한 파리 협약」(이하 "파리협약"이라 한다) 동맹국, 세계무역기구 회원국 또는「상표법조약」체약국(이하 이 항에서 "동맹국 등"이라 한다)의 국기와 동일 · 유사한 상표
   다. 국제적십자, 국제올림픽위원회 또는 저명(著名)한 국제기관의 명칭, 약칭, 표장과 동일 · 유사한 상표. 다만, 그 기관이 자기의 명칭, 약칭 또는 표장을 상표등록출원한 경우에는 상표등록을 받을 수 있다.
   라. 파리협약 제6조의 3에 따라 세계지식재산기구로부터 통지받아 특허청장이 지정한 동맹국 등의 문장(紋章), 기(旗), 훈장, 포장 또는 기장이나 동맹국 등이 가입한 정부 간 국제기구의 명칭, 약칭, 문장, 기, 훈장, 포장 또는 기장과 동일 · 유사한 상표. 다만, 그 동맹국 등이 가입한 정부 간 국제기구가 자기의 명칭 · 약칭, 표장을 상표등록출원한 경우에는 상표등록을 받을 수 있다.
   마. 파리협약 제6조의 3에 따라 세계지식재산기구로부터 통지받아 특허청장이 지정한 동맹국 등이나 그 공공기관의 감독용 또는 증명용 인장 · 기호와 동일 · 유사한 상표로서 그 인장 또는 기호가 사용되고 있는 상품과 동일 · 유사한 상품에 대하여 사용하는 상표

관련 사이트 : http://www.law.go.kr/

1) 제도의 취지

법 제34조 제1항 제1호 가목 내지 마목은 파리협약 제6조의 3을 입법화한 것으로 각 항목마다 목적이 있다. 국기나 국장 등이 상징하는 국가, 훈공자 등의 존엄성을 유지하고 국제적인 신의를 보호하는 한편 상표의 사용자가 이들 기관과 특수한 관계에 있는 것처럼 오인·혼동할 우려도 있기 때문에 이를 방지하기 위함이며, 감독용 인장 등은 감독 또는 증명의 권위를 유지하기 위하여 품질보증적인 기능이 강하므로 수요자 보호차원에서 상표 등록을 허용하지 않는 것이다. 그러나 국제적십자, 국제올림픽위원회 또는 저명한 국제기관이 명칭, 약칭 또는 표장을 상표등록출원할 때에는 해당 규정을 적용하지 않고 상표등록이 가능하다.

2) 적용요건

(1) 제34조 제1항 제1호 가목

국기는 「대한민국 국기에 관한 규정」, 국장은 「나라의 문장에 대한 규정」, 군기는 「군기령」, 훈장 및 포장은 「상훈법」 및 같은 법 시행령이 정하는 것을 말하며, 기장은 공적을 기념하거나 신분, 직위 등을 표상하는 휘장 또는 표장을 의미한다. 공공기관의 '감독용 또는 증명용 인장(印章)·기호'라 함은 상품의 규격·품질 등을 관리, 통제, 증명하기 위하여 대한민국 자체가 채택한 표장(예: 「KS」)을 말한다.[80]

국기·국장·군기·훈장·포장, 기장 예시

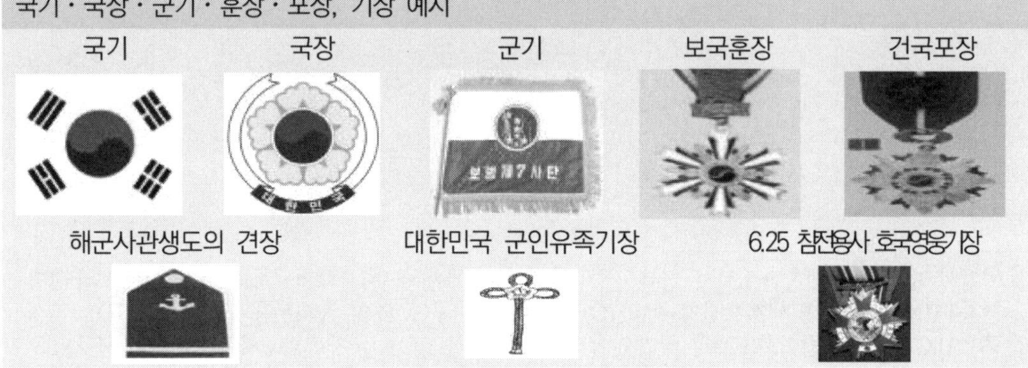

80) 특허청, 상표심사기준, 50101면

(2) 제34조 제1항 제1호 나목

국기는 모든 외국의 국기가 보호대상이 아니라 ‘공업소유권의 보호를 위한 파리협약 동맹국’, ‘세계무역기구 회원국’ 또는 ‘상표법조약 체약국’의 국기에 한하며, 동맹국 등의 국기는 라목의 동맹국 등의 문장, 기, 훈장 등과는 달리 세계지식재산기구(WIPO)로부터의 통지 여부와는 상관없이 보호대상이 된다.

(특허법원 2016.6.16. 선고 2016허1574 판결)

이 출원상표는 네덜란드 국기처럼 적색, 백색, 청색으로 된 직사각형으로 이루어진 점, 전체 외곽의 가로와 세로의 비율이 4:3 정도인 점 등에서 공통되고, 이러한 공통점과 이 사건 출원상표에서 열기구 모양의 면적이 전체에서 차지하는 비율이 낮고, 열기구의 색채 배열도 적색, 백색, 청색으로 되어 있는 점에 비추어 보면, 이 사건 출원상표는 전체적으로 보아 네덜란드 국기와 유사하다.

(3) 제34조 제1항 제1호 다목

‘저명한 국제기관’이라 함은 국제연합(UN) 및 그 산하기구와 EU, NATO, OPEC와 같은 지역 국제기구 등 국제사회에서 일반적으로 인식되고 있는 국가 간의 단체를 말하며, 정부 간 국제기구와 비정부 간 국제기구를 포함한다.[81] 그런데 국제적십자, 국제올림픽위원회 또는 저명한 국제기관이 명칭, 약칭 또는 표장을 상표등록출원 할 때에는 등록이 가능한 것으로 본다.

81) 여기서 저명한 국제기관으로서 정부 간 국제기구의 예를 들면, “국제원자력기구(IAEA), 국제형사경찰기구(INTERPOL), 세계보건기구(WHO), 세계무역기구(WTO), 국제부흥개발은행(IBRD), 국제금융공사(IFC), 국제개발협회(IDA), 국제연합식량농업기구(FAO), 국제연합교육과학문화기구(UNESCO), 아프리카연합(AU), 국제노동기구(ILO), 국제통화기금(IMF), 석유수출국기구(OPEC), 세계지적소유권기구(WIPO), 북대서양조약기구(NATO)” 등을 들 수 있고, 비정부 간 국제기구의 예를 들면, “국제사면위원회(AI), 국제상공회의소(ICC), 국제의회연맹(IPU), 기독교청년회(YMCA), 기독교여자청년회(YWCA), 국경없는의사회(MSF), 세계교회협의회(WCC)” 등이 있다.

저명한 국제기관의 표장, 적십자 표장 예시

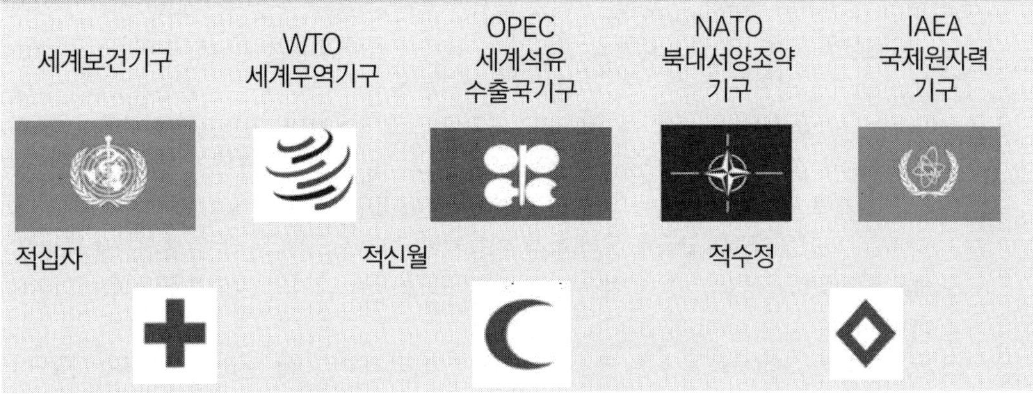

(4) 제34조 제1항 제1호 라목

특허청장이 직권으로 인정하는 것 이외에는 동맹국이 세계지식재산기구의 국제사무국을 통하여 우리나라에 통지된 것만을 보호대상으로 한다. 그러나 동맹국 또는 동맹국 등이 가입한 정부 간 국제기구가 명칭, 약칭(동맹국 등이 가입한 정부 간 국제기구에 한정한다), 포장 등을 상표등록출원할 때에는 등록이 가능한 것으로 본다.

〈관련조약(규정)〉

【파리협약】

제6조의 3 마크 : 국가표장, 공공인장 및 정부간 기구의 표장에 관한 금지

1. (a) 동맹국은 동맹국의 국가문장, 기, 기타의 기장 및 동맹국이 택한 감독용 및 증명용의 공공의 기호와 인장 또는 문장학상 이러한 것들의 모방이라고 인정되는 것의 상표 또는 그 구성부분으로서의 등록을 거절 또는 무효로 하고 또한 권한있는 당국의 허가를 받지 않고 이를 상표 또는 그 구성부분으로 하여 사용하는 것을 적당한 방법으로 금지할 것에 합의한다.
   (b) 세항(a)의 규정은 1 혹은 그 이상의 동맹국이 가입하고 있는 정부간 국제기구의 문장, 기, 기타의 기장, 약칭 및 명칭에 대하여도 적용된다. 다만, 이미 그의 보호를 보장하기 위한 현행 국제협정의 대상이 되고 있는 문장, 기, 기타의 기장, 약칭 및 명칭 등은 이에 해당하지 않는다.
   (c) 동맹국은 이 조약이 그 동맹국에 있어서 효력을 발생하기 전에 선의로 취득한 권리의 소유자의 이익을 침해하는 경우에는 세항(b)의 규정을 적용하지 아니할 수 있다. 세항(a)에 언급된 사용 또는 등록이 당해 국제기구의 당해 문장, 기, 기장, 약칭 또는 명칭과 관계가 있는 것으로서 공중에게 암시되는 것이 아닌 경우 또는 당해 사용자와 당해 국제기구간에 관계가 있는 것으로 공중을 오도하지 아니하는 것이라고 인정되는 경우에는 동맹국은 세항(b)의 규정을 적용하지 아니할 수 있다.

2. 감독용 및 증명용의 공공의 기호 및 인장의 금지는 당해 기호 및 인장을 포함한 상표가 당해 기호 및 인장을 사용하고 있는 상품과 동일 또는 유사한 종류의 상품에 대하여 사용되고 있는 경우에 한하여 적용된다.
3. (a) 이러한 규정을 적용하기 위하여 동맹국은 국가 기장과 감독용 및 증명용의 공공의 기호 및 인장으로서 각국이 전면적으로 또는 일정 한도까지 이 조항의 규정에 의한 보호하에 둘 것을 현재에 요구하거나 또는 장래 요구하려는 것의 일람표 및 이 일람표에 첨가될 그 후의 모든 변경을 국제사무국을 통하여 상호 통지할 것에 동의한다. 각 동맹국은 통지된 일람표를 적절히 공중의 이용에 제공한다. 다만, 그 통지는 국가의 기장에 관하여는 의무적이 아니다.
   (b) 본 조 1항 세항(b)의 규정은 정부간 국제기구가 국제사무국을 통하여 동맹국에 통하여 동맹국에 통지한 당해 국제기구의 문장, 기, 기타의 기장 및 명칭에 한하여 적용된다.
4. 동맹국은 이의가 있을 경우에는 3항의 통지를 수령한 때로부터 12개월의 기간내에 그 이의를 국제사무국을 통하여 관계국 또는 관계 정부간 국제기구에 통보할 수 있다.
5. 위 1항의 규정은 국가의 기장에 관하여는 1925년 11월 6일 이후에 등록되는 상표에 대하여서만 적용된다.
6. 앞의 제 규정은 동맹국의 기를 제외한 국가 기장, 공공의 기호 및 인장과 정부간 국제기구의 문장, 기, 기타의 기장, 약칭 및 명칭에 관하여 위 제3항의 통지를 수령한 때로부터 2개월이 경과된 후에 등록되는 상표에 대하여서만 적용된다.

【파리협약 제6조의 3에 의한 파리협약 등의 동맹국 공익표장의 보호에 관한 운영요령】

제10조(공개된 파리협약 등의 동맹국 공익표장에 대한 이의신청의 처리) ① 특허청장(상표정책과장)은 제9조제7항에 의하여 특허청장에게 이의신청이 제기된 경우 그 성립성 여부를 판단하여야 한다.

②상표심사정책과장은 제1항의 판단 결과 이의신청의 이유가 타당한 경우 제8조제2항의 통지수령일로부터 12개월 이내에 주제네바 대한민국대표부를 통하여 국제사무국에 이의를 제기하여야 한다.

③제1항에 의해 제기된 이의신청에 대한 모든 처리와 관리는 상표심사정책과장이 수행하고 상표디자인심사국장이 감독한다.

(5) 제34조 제1항 제1호 마목

특허청장이 직권으로 인정하는 것 이외에는 동맹국이 세계지식재산기구의 국제사무국을 통하여 우리나라에 통지된 것만을 보호대상으로 한다. '감독용 또는 증명용 인장(印章) · 기호'라 함은 상품 등의 규격 · 품질 등을 관리 · 통제 · 증명하기 위하여 동맹국 국가 자체가 채택한 표장을 말한다(예: KS, JIS, UL 등). 따라서 국가가 아닌 국가의 하위기관 또는 공법상 기관에서 채택한 것은 포함되지 않는다. 그러나 이것은 감독용 또는 증명용 인장·기호가 사용되고 있는 상품과 동일하거나 유사한 상품에 관하여 사용하는 것에만 적용이 된다는 점에 유의하여야 한다.

국가별 감독용이나 증명용 인장(印章) 또는 기호 예시

미국	EU	일본	중국
미국 연방통신위원회(FCC)[82]의 통신기기 인증마크	유럽 연합(EU)의 제품 안전마크 (conformite europeenne)[83]	일본 공업규격 (Japanese Industrial tandards)	중국 품질안전인증마크 (China Compulsory Certification)

2. 국기 등과의 관계를 거짓으로 표시하거나 비방하는 상표

상표법 제34조 제1항 제2호

국가·인종·민족·공공단체·종교 또는 저명한 고인(故人)과의 관계를 거짓으로 표시하거나 이들을 비방 또는 모욕하거나 이들에 대한 평판을 나쁘게 할 우려가 있는 상표

관련 사이트 : http://www.law.go.kr/

1) 제도의 취지

법 제34조 제1항 제2호는 국가·인종·민족 등에 대한 권위와 존엄을 인정하여 국제적인 신의를 유지하고, 저명한 고인이나 그 유족의 명예와 인격을 보호하기 위한 규정이다.[84]

2) 적용요건

(1) '국가·인종·민족·공공단체·종교 또는 저명한 고인과 관계'가 있을 것

'국가'는 대한민국은 물론 대한민국 이외의 나라인 외국들을 모두 포함하는 의미이다.

82) Federal Communications Commission

83) conformite europeenne는 european communities의 불어표기

84) 특허청, 상표심사기준, 50201면

이 경우 '외국'은 대한민국의 국가 승인 여부에 관계없이 실질적으로 영토, 국민, 통치권을 독자적으로 가지는 통치단체를 모두 포함하며, 교황청 등은 외국에 준한다. '공공단체'는 지방자치단체, 공공조합, 공법상 영조물법인과 그 대표기관 및 산하기관을 포함하며, 주정부 및 그 산하기관도 이에 해당하는 것으로 본다.

'저명한 고인(故人)'은 일반 수요자에게 대체로 인식되고 있는 고인은 물론 지정상품과 관련하여 거래사회에서 일반적으로 인식되고 있는 고인을 의미하며, 외국인도 포함한다. 또한 이 규정은 저명한 '고인(故人)'으로서 사망한 자에 대해서만 적용된다. 따라서, '현존(現存)'하는 자연인이나 법인에 대하여는 상표법 제34조 제1항 제6호를 적용한다.

(2) 국가 등과의 관계를 '거짓으로 표시하거나 비방 또는 모욕하거나, 평판을 나쁘게 할 우려'가 있을 것

관계 거짓 표시, 비방, 모욕 또는 나쁜 평판 등은 출원인이 이러한 목적 또는 의사의 유무를 불문하며, 상표 자체는 물론 그 지정상품과의 관계를 고려하여 해당 상표를 사용하는 것이 사회통념상 그와 같은 결과를 유발할 우려가 있다고 인정되는 때에는 해당하는 것으로 본다. 따라서 단순히 상표에 저명한 고인의 이름을 표시한 것일 뿐 지정상품과 관련하여 관계를 거짓으로 표시한 것이 아니거나 비방, 모욕의 염려가 없을 때는 해당하지 않는다.

'이순신' (특허법원 2015.12.29. 선고 2015허6688 판결)

이 출원상표의 지정서비스 중 '사설탐정업, 개인의 경력조사업, 실종자조사업'은 의뢰인의 요구에 따라 사건, 사고, 정보 등을 조사해 주는 서비스를 그 업무의 내용으로 하는 사실, 이들 서비스는 아직까지 국내에서 합법화되지 않아 심부름센터, 흥신소 등의 명칭으로 영업을 하면서, 주로 배우자에 대한 불륜의 감시나 채무자에 대한 조사·독촉 등의 업무를 수행하고 있으며, 업무의 성격상 그러한 업무 수행 과정에 불법행위가 개입될 여지가 상당히 존재하는 사실, 이로 인하여 상당수의 국민이 이들 서비스에 대하여 부정적으로 인식하고 있으며, 그 합법화에도 반대하고 있 있다. 따라서 국민들로부터 성웅으로 추앙받고 있는 저명한 고인의 이름과 같은 이 출원상표가 상당수의 국민에 의하여 부정적으로 인식되고 있는 위 사립탐정업 등에 상업적으로 사용된다면, 저명한 고인이 나쁜 평판을 받게 될 염려가 충분하다고 하겠으므로, 이 출원상표는 적어도 위 사립탐정업 등과의 관계에서 상표법 제34조 제1항 제2호에 해당하여 등록될 수 없다.

3. 국가 · 공공단체 등의 업무를 나타내는 표장으로 저명한 것과 동일 · 유사한 상표

상표법 제34조 제1항 제3호

국가 · 공공단체 또는 이들의 기관과 공익법인의 비영리 업무나 공익사업을 표시하는 표장으로서 저명한 것과 동일 · 유사한 상표. 다만, 그 국가 등이 자기의 표장을 상표등록출원한 경우에는 상표등록을 받을 수 있다.

관련 사이트 http://www.law.go.kr/

1) 제도의 취지

법 제34조 제1항 제3호는 저명한 업무를 표시하는 표장을 가진 국가나 공익단체의 업무상의 신용과 권위를 보호하고, 그것이 상품에 사용되면 일반수요자나 거래자에게 상품출처에 대한 오인 · 혼동을 일으키게 할 염려가 있으므로 이로부터 일반 공중을 보호하기 위한 규정이다.[85]

2) 적용요건

(1) '국가 · 공공단체 또는 이들의 기관과 공익법인'일 것

국가에는 외국도 포함되며, 공공단체에는 지방자치단체, 공공조합, 공법상 영조물법인과 그 대표기관 및 산하기관, 외국의 주정부 및 그 산하기관도 이에 해당하는 것으로 본다. '공익법인'은 민법 제32조[86]에 따라 설립된 종교나 자선 또는 학술 등의 공익을 주목적으로 하는 비영리법인(사단 또는 재단)을 말하며, 여기에는 외국의 공익법인도 포함된다.

(2) '비영리업무나 공익사업을 표시하는 표장으로서 저명'한 것일 것

요금 또는 수수료의 부과 등 부수적으로 영리업무를 하더라도 주목적이 비영리업무 또는 공익사업을 수행한다면 여기에 포함된다. '저명'은 국내 사회통념상 또는 거래사회에서

---

85) 특허청, 상표심사기준, 501301면

86) 민법 제32조(비영리법인의 설립과 허가) 학술, 종교, 자선, 기예, 사교 기타 영리가 아닌 사업을 목적으로 하는 사단 또는 재단은 주무관청의 허가를 얻어 이를 법인으로 할 수 있다.

일반적으로 널리 인지되고 있는 표장을 말한다. 국가나 공공단체 등이 자기의 표장을 직접 출원하는 경우엔 수요자의 오인, 혼동의 우려가 없고 해당 단체의 신용을 상표법에서 보호할 필요가 있으므로 예외로 인정하고 있다.

'ZERO PAY' (특허심판원 2020.3.9., 2019원1574 심결)

'제로페이'는 중소벤처기업부 및 지방자치단체 등이 추진한 소상공인 간편 결제 시스템 정책을 표상하는 표장으로 '국가 · 공공단체 또는 이들의 기관과 공익법인의 비영리 업무나 공익사업을 표시하는 표장'에 해당하고, 심판 심결시를 기준으로 볼 때 '저명한 표장'에 해당하므로, 이와 유사한 이 출원상표는 상표법 제34조 제1항 제3호에 해당한다고 할 수 있다.

4. 공서양속을 해칠 우려가 있는 상표

상표법 제34조 제1항 제4호

상표 그 자체 또는 상표가 상품에 사용되는 경우, 수요자에게 주는 의미와 내용 등이 일반인의 통상적인 도덕관념인 선량한 풍속에 어긋나는 등 공공의 질서를 해칠 우려가 있는 상표

관련 사이트 http://www.law.go.kr/

1) 제도의 취지

법 제34조 제1항 제4호는 자타상품의 식별력을 갖춘 상표라도 공익적 견지에서 사회 공공의 이익보호, 일반의 도덕관념의 유지, 국제적인 신의의 보호 등을 위해 선량한 풍속이나 공공의 질서를 해칠 우려가 있는 상표에 대해서는 등록을 받을 수 없도록 한 규정이다.[87]

2) 적용요건

(1) 선량한 풍속, 공공의 질서의 의미

'선량한 풍속'은 전통적 가치 중 미풍양속 등 사회통념상 존중되고 있는 사회적 윤리 및 도덕질서는 물론 자유시민으로서 지켜야 할 공중도덕을 포함한다.

87) 특허청, 상표심사기준, 50401면

'공공의 질서'라 함은 실정법상의 공법질서, 국제신뢰 또는 일반 사회질서는 물론 공정하고 신용 있는 거래질서와 인간의 존엄과 가치, 평등권 보장 등 자유민주주의 기본질서도 포함한다.

(2) '상표 그 자체가 공서양속을 해칠 우려'가 있는 경우

상표의 구성 자체가 과격한 슬로건으로 이루어진 상표, 문자나 도형을 읽는 방법 또는 보는 방법에 따라서 일반인에게 외설적인 인상을 주거나 성적 흥분 또는 수치심을 유발할 수 있는 상표 등은 선량한 풍속에 저촉된 상표로 본다.

(3) (또는) '상표가 상품에 사용되는 경우 공서양속을 해칠 우려'가 있는 경우

상표 그 자체는 공서양속을 해칠 우려가 없더라도 그 상표가 지정상품에 사용될 때 수요자에게 주는 의미나 내용 등이 일반인의 통상적인 도덕관념인 선량한 풍속에 어긋나거나 공공의 질서를 해칠 우려가 있는 때에 적용한다.

(4) '기타 공서양속을 해칠 우려'가 있는 경우

다른 법률에 의하여 사용이 금지되거나 당해 상표사용행위가 명백히 다른 법률에 위반되는 상표인 경우도 이에 해당한다.

'SLAYER' (특허심판원 2019.7.31., 2018원1455 심결)

이 국제등록출원상표 'SLAYER'는 사전상으로는 '살해자'라는 의미가 있는 문자상표로서, 영어사전에 난이도를 나타내는 별표가 전혀 없는 어려운 단어이다(별표가 많을수록 쉽고, 중요도가 높은 단어이다). 그러나 외국어사전 및 인터넷 검색이 가능한 스마트폰 등 휴대용 정보통신 단말기가 일반인에게 널리 보급되어 있는 최근의 현실에 비추어, 이 사건 국제등록출원상표를 처음 접한 일반 수요자들이라 하더라도 소지하고 있는 기기를 이용하여 'SLAYER'의 의미가 '살해자, 살인범'의 의미라는 것을 어렵지 않게 인식할 것이다. 따라서 이 국제등록출원상표는 비록 난이도가 있는 단어로서 그 뜻을 쉽게 알지 못한다 하더라도, 사전적 의미가 단지 '살해자, 살인범(killer)'이라는 뜻이 있는 이상, 상표 그 자체가 형사상 범죄에 해당하는 용어, 또는 공중도덕 감정을 저해하는 상표에 해당된다고 할 것이므로 상표법 제34조 제1항 제4호에 해당하여 상표등록을 받을 수 없다.

5. 박람회의 상패 · 상장 등과 동일 · 유사한 표장이 있는 상표

상표법 제34조 제1항 제5호

정부가 개최하거나 정부의 승인을 받아 개최하는 박람회 또는 외국정부가 개최하거나 외국정부의 승인을 받아 개최하는 박람회의 상패 · 상장 또는 포장과 동일 · 유사한 표장이 있는 상표. 다만, 그 박람회에서 수상한 자가 그 수상한 상품에 관하여 상표의 일부로서 그 표장을 사용하는 경우에는 상표등록을 받을 수 있다.

관련 사이트 http://www.law.go.kr/

1) 제도의 취지

법 제34조 제1항 제5호는 박람회에서 시상한 상패 · 상장 등의 권위를 보호하고, 동시에 박람회의 상패 · 상장 등은 품질을 보증하는 성격이 강하다고 할 수 있으므로 상품의 출처나 품질 오인으로부터 수요자의 이익을 보호하기 위한 규정이다.[88]

2) 적용요건

(1) '정부가 개최하거나 정부의 승인을 받아 개최하는 박람회' 또는 '외국정부가 개최하거나 외국정부의 승인을 받아 개최하는 박람회'일 것

'정부 또는 외국정부의 승인'이라 함은 정부 또는 외국정부의 인가 · 허가 · 면허 · 인정 · 공인 · 허락 등 그 용어를 불문하고 정부가 권위를 부여하거나 이를 허용하는 일체의 행위를 말한다. '박람회'는 전시회, 전람회, 품평회, 경진대회 등 그 용어를 불문하고 넓게 해석한다.

(2) '그 박람회의 상패 · 상장 또는 포장과 동일·유사한 표장'이 있는 상표일 것

'상패, 상장, 포장'이라 함은 공로패, 표창장, 감사장 등 용어를 불문하고 주최자가 수여하는 일체의 증서 또는 기념패 등을 말한다. 상표의 부기적인 부분으로 사용하는 경우를 말하며, 박람회의 수상자가 박람회에서 받은 포장 등을 자신의 상표의 전부 또는 상표에서 대부분을 차지하는 지배적인 표장으로 사용할 때에는 상표의 등록이 허용되지 아니한다.

88) 특허청, 상표심사기준, 50501면

(특허심판원 2006.7.5., 2006원6707심결)

한글인 "대한민국친환경기업대상"과 영문자 알파벳인 "Korea Environmental Company Award"가 상하로 병기되고 한글부분 상단에 잎사귀 모양의 작은 도형을 장식하여 표장이 구성되어 있는데, 공문서에 의하면 조선호텔 그랜드볼륨에서 수자원환경신문사, 환경미디어가 개최하는 제1회 대한민국 친환경기업대상 행사에 환경부와 산업자원부가 후원명칭의 사용을 승인한 바 있으며, 정부의 후원명칭과 함께 대한민국친환경기업대상 행사에 사용된 표장과 동일·유사하고 주최 기관도 아닌 개인이 출원한 이 사건 출원상표가 그 지정서비스에 사용될 경우, 일반 수요자로 하여금 대한민국친환경기업대상을 받았거나 대한민국친환경기업대상과 관련 있는 서비스인 것으로 품질을 오인케 할 염려가 있다고 할 것이므로 이 사건 출원상표는 상표법 제34조 제1항 제5호에 해당한다.

6. 품질 오인 또는 수요자를 기만할 염려가 있는 상표

상표법 제34조 제1항 제12호

상품의 품질을 오인하게 하거나 수요자를 기만할 염려가 있는 상표

관련 사이트 http://www.law.go.kr/

1) 제도의 취지

법 제34조 제1항 제12호는 상표의 기능 중 품질보증기능 및 출처표시기능을 보호함으로써 상품의 품질 오인 또는 출처의 오인·혼동으로부터 생길 수 있는 수요자 기만을 방지하고, 건전한 상거래질서를 유지하기 위하여 마련된 공익적 규정이다.[89]

2) 적용요건

(1) '상품의 품질을 오인하게 할 염려'가 있는 상표

'상품의 품질을 오인하게 할 염려'란 상표의 구성 자체가 그 지정상품이 본래 가지고 있는 성질과 다른 성질을 가지는 것으로 수요자를 오인하게 할 가능성이 있는 경우(상품 품질의 오인), 또는 상표를 당해 지정상품에 사용할 경우 상품 자체를 다른 상품으로 오인하

89) 특허청, 상표심사기준, 51201면

게 할 가능성이 있는 경우(상품 자체의 오인)를 말한다.

특정의 상표가 품질오인을 일으킬 염려가 있다고 하기 위해서는 당해 상표에 의하여 일반인이 인식하는 상품과 현실적으로 그 상표가 사용되는 상품과의 사이에 일정한 경제적인 견련관계 등 그 상품의 특성에 관하여 오인을 일으킬 정도의 관계가 인정되어야 한다.

상품 품질의 오인은 품질이 그 상품에 실질적으로 존재하느냐를 불문하고 그 상품이 그러한 품질을 가지고 있는 것으로 수요자에게 오인될 가능성이 있으면 해당하는 것으로 보며, 상품 자체의 오인은 지정상품과의 관계에서 수요자에게 상품이 오인될 가능성이 있는 경우 해당하는 것으로 본다.

(2) (또는) '수요자를 기만할 염려'가 있는 상표

'수요자를 기만할 염려'란 자연인이 공법상 특수법인의 명칭을 출원하거나 상품의 지리적 출처를 오인하게 하는 경우와 같이, 상표의 구성이나 지정상품과의 관계에서 일반수요자에게 착오를 일으키게 하는 경우(순수한 수요자 기만) 또는 국내 수요자에게 특정인의 상품표지로 인식되어 있는 상표와 상품출처의 오인·혼동을 일으키게 하는 경우(출처의 오인·혼동으로 인한 수요자 기만)를 말한다.

특정상표가 수요자를 기만할 염려가 있다고 하기 위해서는 선사용상표와 그 지정상품이 반드시 주지·저명하여야 하는 것은 아니지만, 적어도 국내의 일반거래에 있어서 수요자나 거래자에게 그 상품이나 상표라 하면 특정인의 것이라고 알려져 있어야 하고, 상표에 대해서 수요자가 인식하는 상품과 현실적으로 그 상표가 사용되는 상품과의 사이에 양자가 동일한 계통에 속하는 상품이라든가 재료, 용도, 외관, 제조방법, 판매계통이 공동으로 되어 있다든가 혹은 그 상품의 특성이 거래상 오인을 일으키는 것이 일반적으로 인정되는 관계가 있어야 한다.

'KEVLAR' (대법원 2006.6.9. 선고 2004후3348 판결)

등록상표 'KEVLAR'의 지정상품들은 대부분 보호용 특수장갑인 반면에 선사용상표 'KEVLAR'의 사용상품은 그 원재료에 해당하는 아라미드섬유로서 양 상품이 동일하지는 않지만, 경제적 견련의 정도가 상당하므로, 등록상표가 그 지정상품에 사용되는 경우, 선사용상표의 사용상품과 동일·유사한 상품에 사용된 경우에 못지 아니할 정도로 그 출처의 오인·혼동을 초래할 염려가 있어, 상표법 제34조제1항제12호에 정한 수요자를 기만할 염려가 있는 상표에 해당한다.

7. 부정한 목적을 가지고 사용하는 상표

> **상표법 제34조 제1항 제13호**
>
> 국내 또는 외국의 수요자들에게 특정인의 상품을 표시하는 것이라고 인식되어 있는 상표(지리적 표시는 제외한다)와 동일·유사한 상표로서 부당한 이익을 얻으려 하거나 그 특정인에게 손해를 입히려고 하는 등 부정한 목적으로 사용하는 상표
>
> 관련 사이트 http://www.law.go.kr/

1) 제도의 취지

법 제34조 제1항 제13호는 국내 또는 외국의 수요자들에게 특정인의 상표라고 인식되어 있는 상표가 국내에 등록되어 있지 않음을 기회로 제3자가 부정한 방법으로 이와 동일 또는 유사한 상표를 등록받아 정당한 상표사용자의 사용을 배척하거나 부당한 이득을 얻으려고 하는 등 부정한 목적을 가지고 출원하는 상표에 대해서는 사전에 등록을 배제하여 건전한 상거래질서를 유지하고, 모방상표로 인한 일반수요자들의 오인·혼동을 방지하기 위한 규정이다.[90]

2) 적용요건

(1) '국내 또는 외국의 수요자들'에게 '특정인의 상품을 표시하는 것이라고 인식되어 있는 상표와 동일·유사'한 상표일 것

'국내 또는 외국의 수요자들에게 특정인의 상품을 표시하는 것이라고 인식되어 있는 상표'에 해당하기 위해서는 특정인의 상표가 누군가의 상품을 표시한다는 인식이 해당 상품에 관한 국내 또는 외국의 수요자들 중 거래상 의미 있는 최소한의 범위 이상의 사람들 사이에서 존재하면 충분하고, 반드시 그 수요자들의 전부 또는 대부분이 그러한 인식을 하고 있어 특정인의 상표가 주지상표에 해당할 필요는 없다.

특히, '특정인의 상품을 표시하는 것이라고 인식'되어 있는지 여부는 출원인이 타인의 상표라는 인식이 있었는지 여부와 부정한 기대이익을 합해서 판단할 수 있다. 즉, 출원인이 타인의 상표임을 알고 출원했다는 것과 이를 통해 매출액 증가 등 편승의 이익이 기대

90) 특허청, 상표심사기준, 51301면

된다면 그 거래계에서 최소한의 범위의 사람들에게는 알려져 있는 상표라는 것을 보여주는 증거로 볼 수 있으므로, 이 경우 특정인의 상품을 표시하는 것으로 인식되어 있는 상표로 볼 수 있다.[91]

(2) 부당한 이익을 얻으려 하거나 그 특정인에게 손해를 입히려고 하는 등 '부정한 목적으로 사용'하는 상표일 것

부정한 목적이 있는지 여부는 출원상표의 출원 당시 특정인의 상표의 인식도 또는 창작성의 정도, 특정인의 상표와 제3자의 상표의 동일·유사성의 정도, 제3자와 특정인 사이의 상표를 둘러싼 교섭의 유무와 그 내용, 기타 양 당사자의 관계, 제3자가 출원상표를 이용한 사업을 구체적으로 준비하였는지 여부, 출원상표와 특정인의 상표의 지정상품의 동일·유사성 내지 경제적 견련관계 유무, 거래실정 등을 종합적으로 고려하여 판단하여야 한다.[92]

선사용상표'Folli Follie' vs. 등록상표'Folli Follie'(대법원 2014.5.29. 선고 2014후119 판결)

선사용상표와 관련된 상품(보석, 손목시계, 가방, 액세서리 등)의 판매기간, 매출액, 광고내역 등을 종합적으로 고려할 때, 그 지정상품을 '방진안경, 보안용 챙, 수중안경' 등으로 한 등록상표의 출원일인 2006. 4. 10. 무렵 선사용상표는 '보석, 시계, 가방' 등의 상품에 관하여 적어도 그리스의 수요자 간에 특정인의 상품을 표시하는 것이라고 인식되어 있었다고 봄이 상당하다.

8. 입체상표, 색채만으로 된 상표 등의 기능성

상표법 제34조 제1항 제15호

상표등록을 받으려는 상품 또는 그 상품의 포장의 기능을 확보하는 데 꼭 필요한(서비스의 경우에는 그 이용과 목적에 꼭 필요한 경우를 말한다) 입체적 형상, 색채, 색채의 조합, 소리 또는 냄새만으로 된 상표.

관련 사이트 : http://www.law.go.kr/

91) 특허법원 2011.10.26. 선고 2011허4653 판결

92) 특허법원 2010.2.3. 선고 2009허7659 판결

1) 제도의 취지

법 제34조 제1항 제15호는 특정한 입체적 형상, 색채, 소리 또는 냄새가 상표등록을 받으려는 상품 또는 그 포장의 기능을 확보하는 데 꼭 필요한 것인 경우, 이에 대한 독점을 허용하게 되면 관련 산업의 발전을 저해할 우려가 있으므로 이를 예방하고, 다른 경쟁업자의 자유로운 사용을 보장하기 위해 공익적 차원에서 특정인에 의한 상표등록을 배제하도록 한 규정이다.93)

2) 적용요건

(1) 상표등록을 받으려는 '상품 또는 그 상품의 포장'일 것

상표등록을 받으려는 지정상품뿐만 아니라 그 지정상품의 포장도 판단대상이 된다.

(2) 그 기능을 확보하는데 꼭 필요한 입체적 형상, 색채, 색채의 조합, 소리 또는 냄새(이하 "입체적 형상 등"이라 한다)만으로 된 상표일 것

모든 상품 또는 그 상품의 포장이 채용하는 입체적 형상, 색채, 소리 또는 냄새 등은 대체로 상품 또는 그 상품의 포장이 가지는 일정한 본래의 기능을 수행하고 있는 것이 일반적이나, 이러한 상품 자체에서 비롯된 본래의 기능을 수행하는 동종의 상품일지라도 상품의 입체적 형상, 색채, 소리 또는 냄새 등의 특성으로 인하여 상품 자체의 본래의 기능을 넘어서 '경쟁상 우월한 기능(실용적 이점)'을 가져올 수 있다. 이 경우 해당 규정에서의 기능성 여부를 판단함에 있어서는 상품의 입체적 형상, 색채, 소리 또는 냄새 등의 특성으로 인하여 상품 자체의 본래의 기능을 넘어서 경쟁상 우월한 기능이 존재하는지의 여부를 판단하여야 하는 것이다.

따라서 기능성을 판단함에 있어서는 상품이나 그 상품의 포장 자체가 기능적인지 여부가 아니라 그 상품 등의 입체적 형상, 색채, 소리 또는 냄새 등이 기능적인지 여부를 판단하는 것이라고 할 수 있다.

93) 특허청, 상표심사기준, 51501면

'비아그라 입체상표' (대법원 2015.10.15. 선고 2013다84568 판결)

내복용 알약에는 다양한 크기, 형상, 색깔이 존재할 수 있어 이용 가능한 대체적 형상이 다수 존재하고, 이 사건 등록상표의 지정상품인 심장혈관용 약제, 성기능장애 치료용 약제가 실제로 이 사건 등록상표와 같은 마름모 도형의 입체적 형상과 푸른색 계열의 색채가 아닌 다른 색채와 형상으로도 여러 업체에서 생산되어 판매되고 있는 점, 또한 위 형상과 색채의 결합이 알약의 본래적인 기능을 넘어서는 기술적 요소가 발휘된 것이라고 보기는 어려운 점 등을 알 수 있다. 이러한 사정에 비추어 보면, 이 사건 등록상표 "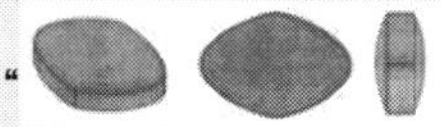"는 상표등록을 받고자 하는 상품의 기능을 확보하는 데 불가결한(꼭 필요한) 입체적 형상만으로 된 상표에 해당한다는 사유로 그 상표등록이 무효로 될 것임이 명백하다고 할 수는 없다(무효사유로서 상표법 제34조 제1항 제15호에 해당되지 않는다고 판단).

2 사익적 거절사유

1. 저명한 타인의 성명 · 명칭 등을 포함하는 상표

상표법 제34조 제1항 제6호

저명한 타인의 성명 · 명칭 또는 상호 · 초상 · 서명 · 인장 · 아호(雅號) · 예명(藝名) · 필명(筆名) 또는 이들의 약칭을 포함하는 상표. 다만, 그 타인의 승낙을 받은 경우에는 상표등록을 받을 수 있다.

관련 사이트 http://www.law.go.kr/

1) 제도의 취지

법 제34조 제1항 제6호는 상품의 출처의 오인 · 혼동을 방지하기 위한 규정이라기보다는 저명한 타인의 성명 · 명칭 등을 보호함으로써 타인의 인격권을 보호하기 위한 규정이다.[94]

94) 특허청, 상표심사기준, 50601면

2) 적용요건

(1) '저명'할 것

'저명'은 사회통념상 국내 일반수요자 또는 관련 거래업계에서 일반적으로 널리 인지될 수 있는 정도를 말한다. 다만, 저명성 요건은 널리 알려진 연예인이나 스포츠선수 이름, 국내외 유명인사 등의 이름으로 직감할 수 있으면 충분한 것으로 본다. 따라서, 타인 그 자체가 저명해야 한다는 의미는 아니다.

(2) 타인의 '성명 · 명칭 또는 상호 · 초상 · 서명 · 인장 · 아호 · 예명 · 필명 또는 이들의 약칭을 포함'하는 상표일 것

'타인'이란 현존하는 자연인은 물론 법인(법인격이 없는 단체를 포함한다)이나 외국인도 포함된다. '외국인'은 국내 일반수요자 또는 관련 거래업계에서 일반적으로 널리 인식되고 있는 현존하는 외국의 자연인 또는 법인을 말한다.

또한, '약칭'은 그 타인 스스로 약칭을 정하지 않았다고 하더라도 국내 일반수요자 또는 관련 거래업계에서 그 타인으로 약칭되고 있으면 족하다고 본다. 저명한 연예인 이름, 연예인그룹 명칭, 스포츠선수 이름, 기타 국내외 유명인사 등의 이름이나 이들의 약칭, 캐리커처 등을 포함하는 상표는 이에 해당하는 것으로 본다.

저명한 타인의 성명 등을 포함하는 상표라도 그 타인의 승낙을 얻은 경우에는 예외적으로 상표등록을 받을 수 있다. 자신의 성명 또는 명칭과 저명한 타인의 성명 또는 명칭이 동일한 경우, 자신의 성명 등을 상표등록 출원하였더라도 해당 규정의 적용을 받지 않기 위해서는 그 저명한 타인의 승낙이 꼭 필요하다는 것이다.

'방탄카페' (특허심판원 2021.9.1.1 2020원1295 심결)

다양한 채널로 '방탄소년단'의 각종 소식을 전하는 인터넷 방송 명칭으로 '방탄가요', '방탄 크리스마스 선물파티', '방탄 늬우스', '방탄의 오늘' 등이 사용되고 있는 점, 세계 최대의 포털사이트인 '구글'이나 국내의 포털사이트인 '네이버' 등에서 '방탄'을 검색하면 '방탄소년단'의 약칭으로 사용되는 경우가 대부분인 점 등을 종합해 볼 때, '방탄'은 '방탄소년단'의 약칭으로서 저명한 정도에 이르러 있다고 봄이 합당하다. (중략) 이 출원상표의 '방탄' 부분은 일반 수요자들에게 방탄커피를 지칭하는 용어로 인식되기보다 '방탄소년단'의 약칭으로 인식될 가능성이 더 크다고 판단된다.

2. 선등록상표와 동일 · 유사한 상표

상표법 제34조 제1항 제7호

선출원(先出願)에 의한 타인의 등록상표(등록된 지리적 표시 단체표장은 제외한다)와 동일 · 유사한 상표로서 그 지정상품과 동일 · 유사한 상품에 사용하는 상표.

관련 사이트 http://www.law.go.kr/

1) 제도의 취지

법 제34조 제1항 제7호는 선등록상표권자의 독점배타적인 상표권을 보호하고, 동일 · 유사한 상품에 타인의 동일 · 유사한 상표가 등록되어 상품출처의 오인 · 혼동을 일으키는 경우, 상표의 본래 기능인 자타상품 식별기능이 발휘될 수 없기 때문에 이를 유지하기 위한 규정이다. 상표의 유사여부 판단 목적은 궁극적으로는 출처의 오인 · 혼동 가능성이 있는지를 판단하기 위한 것이므로 상표의 유사여부 판단 시에는 유사 그 자체보다 출처의 오인 · 혼동 가능성이 있는지 여부를 중점적으로 검토하여 판단하여야 한다.[95]

2) 적용요건

(1) '선출원에 의한 타인의 등록상표와 동일 · 유사'한 상표일 것

우리 상표법은 상표등록출원일의 선후(先後)로서 결정하는 이른바 선출원주의를 채택하고 있다. 따라서, 제34조 제1항 제7호는 선출원에 의한 타인의 선등록상표와 동일 · 유사한 경우에만 적용하고, 후출원에 의한 선등록상표와 동일 · 유사한 경우에는 적용하지 않는다.

'타인'이란 법인격이 다른 주체를 의미하므로 동일한 기업그룹 내에 속한다 할지라도 권리주체가 다른 계열회사는 타인에 해당하는 것으로 본다. 또한, 인용표장의 권리자가 2인 이상일 경우에는 그 구성원의 전부가 일치하지 않는 한 타인에 해당하는 것으로 본다. 예를 들어, 삼성물산과 삼성전자가 동일한 기업그룹 내에 속할지라도 다른 계열회사이므로 타인에 해당한다.

95) 특허청, 상표심사기준, 50701면

(2) '지정상품이 동일· 유사'할 것

지정상품이 동일 · 유사한 경우에만 적용한다. 심사에서 상품의 동일 · 유사여부는 일반적으로 유사군코드를 통해 판단하나, 같은 유사군코드 내의 상품이라 하더라도 개별 · 구체적으로 심사하여 다르게 판단할 수 있다.

'COBRA' v. 'COBRA' '코브라' (특허법원 2021.1.29. 선고 2020허4808 판결)

출원상표 'COBRA'의 요부는 영문자 'COBRA'에 해당한다 할 것이고, 이 경우 출원상표는 선등록상표들과 외관과 칭호, 관념이 모두 동일하거나 유사하여 양 상표는 표장이 서로 유사하다. 이 출원상표의 지정상품은 나일론이나 플라스틱을 비롯한 비금속을 재질로 하여 '석고보드, 단열재 패널 등을 건축물의 벽체 등에 고정시키기 위해 사용하는 볼트'로서 건물내장공사 · 구조물공사에 많이 사용되고, "" 등과 같은 형상을 하고 있다. 선등록상표들의 지정상품인 '수도꼭지용 좌금'은…수도꼭지를 급수관에 연결할 때 잘 조이도록 그 사이에 넣어 사용하는 것으로, "" 등과 같은 형상을 하고 있다. (중략) '나일론제 · 비금속제 앵커볼트'과 '수도꼭지용 좌금'은 모두 조이볼트, 부광볼트 등과 같은 볼트생산업체에 의하여 생산되고, 인터넷쇼핑몰에서 '공구 · 체결용품' 또는 '볼트 · 너트'로 분류되어 판매되고 있다. 질과 형상은 차이가 있으나, 상품의 용도, 생산 부문 · 판매 부문 및 수요자의 범위가 서로 중첩되어 동일 또는 유사한 상표를 사용할 경우 동일 업체에 의하여 제조 또는 판매되는 상품으로 오인될 우려가 있으므로, 양자는 서로 유사한 상품이라고 할 것이다.

3. 주지상표와 동일 · 유사한 상표

상표법 제34조 제1항 제9호

타인의 상품을 표시하는 것이라고 수요자들에게 널리 인식되어 있는 상표(지리적 표시는 제외한다)와 동일 · 유사한 상표로서 그 타인의 상품과 동일 · 유사한 상품에 사용하는 상표.

관련 사이트 http://www.law.go.kr/

1) 제도의 취지

법 제34조 제1항 제9호는 특정인의 상품을 표시하는 것이라고 수요자들에게 널리 인식되어 있는 상표(이를 '주지상표'라고 한다.)와 동일 또는 유사한 표장을 동일 또는 유사한 상품에 등록받아 사용할 경우 수요자로 하여금 상품출처의 오인혼동을 일으키게 할 염려가 있어 이를 예방하고, 나아가 그 주지상표 사용자의 이익을 보호하려는데 그 취지가 있다. 따라서 이 규정은 선출원주의의 예외이자 사용주의 요소를 가진 규정이라고 할 수 있다.[96)]

2) 적용요건

(1) '타인의 상품을 표시하는 상표'일 것

주지상표의 주체는 구체적으로 누구인지 명확히 밝혀질 필요는 없으며 대체로 누군가 타인의 상표라는 사실이 당해 상품의 거래자 및 수요자에게 널리 인식되어 있는 상표의 주체이면 족하다. 이 규정은 주지상표권자와 출원인이 다른 경우에 적용하며, 출원인이 주지상표권자의 승락을 받아 출원한 경우에도 적용한다.

(2) 그 타인의 상표가 '수요자들에게 널리 인식'되어 있을 것(주지상표)

'수요자'란 최종소비자는 물론 중간 수요자, 즉 제품의 생산을 위한 원료, 기계, 부품 등 중간재의 소비자나, 판매를 위하여 그 상품을 구입하는 도매상 또는 소매상을 포함한다. '널리 인식되어 있는 상표'란 영어로 'well-known'에 해당되는 것으로 해당 상품의 거래자 및 수요자에게 누구의 상품을 표시하는 상표라고 널리 인식되어 있는 상표를 말한다.

주지상표는 원칙적으로 국내에 주지되어야 한다. 따라서, 외국에서 아무리 널리 알려져 있는 상표라고 할지라도 국내의 수요자들에게 널리 알려져 있지 않으면, 해당 규정이 적용될 수 없다. 널리 인식되기 위한 지역적 범위는 국내의 전국이든 일정한 지역이든 불문하며, 상품의 특성상 일정한 지역에서만 거래되는 경우에는 그 특성을 충분히 고려하여 주지성을 판단하여야 한다.

(3) '상표 및 상품이 동일 또는 유사'할 것

타인의 상품을 표시하는 것이라고 수요자들에게 널리 인식되어 있는 상표와 상표 및 지정상품이 동일 또는 유사한 경우에만 적용한다.

---

96) 특허청, 상표심사기준, 50901면

'SANYO' 'SANYO'(특허법원 2000.4.6. 선고 99허7186 판결)

선사용상표 'SANYO', 'SANYO'는 전기, 전자제품에 주로 부착되어 사용되는 상표로서 널리 알려진 주지상표라고 보아야 할 것이다.

3 그 외 거절사유

1. 저명상표와 혼동을 일으키거나 저명상표를 희석화할 염려가 있는 상표

상표법 제34조 제1항 제11호

수요자들에게 현저하게 인식되어 있는 타인의 상품이나 영업과 혼동을 일으키게 하거나 그 식별력 또는 명성을 손상시킬 염려가 있는 상표.

관련 사이트 http://www.law.go.kr/

1) 제도의 취지

법 제34조 제1항 제11호 '수요자들에게 현저하게 인식되어 타인의 상품이나 영업과의 혼동을 일으키게 하거나'는 해당 상표에 관한 거래자 및 수요자뿐만 아니라 이종상품이나 이종영업에 걸친 일반수요자 대부분에까지 알려진 상표(이를 "저명상표"라 한다.)와 혼동을 일으키게 할 염려가 있는 상표의 등록을 배제하여 출처의 오인·혼동으로부터 수요자를 보호하기 위한 공익적 성격이 강한 규정이다.

'그 식별력 또는 명성을 손상시킬 염려가 있는 상표'는 수요자의 출처의 오인·혼동 우려는 없다고 하더라도, 저명상표의 식별력이나 명성을 손상시킬 염려가 있는 경우 등록을 불허함으로써 상표의 재산적 가치를 보호하기 위한 사익적 성격이 강한 규정이다.[97]

2) 적용요건

(1) 인용상표가 '수요자들에게 현저하게 인식되어 있는 타인의 상품이나 영업'을 나타내는 것일 것(저명상표)

97) 특허청, 상표심사기준, 51101면

'수요자'란 최종소비자는 물론 중간 수요자, 즉 제품의 생산을 위한 원료, 기계, 부품 등 중간재의 소비자나, 판매를 위하여 그 상품을 구입하는 도매상 또는 소매상을 포함한다.

'현저하게 인식되어 있다'는 것은 해당 상품이나 영업에 관한 거래자 및 수요자뿐만 아니라 이종상품이나 이종영업에 걸친 일반수요자 대부분에까지 알려져 있는 것을 말한다. 저명한 상품이나 영업의 주체인 '타인'은 주지상표와 마찬가지로 특정 출처로서의 인식을 말하지만, 저명상표권자가 구체적으로 누구인지까지 알려질 필요는 없고 익명의 존재로서 추상적인 출처로 알려져 있으면 족하다.

(2) 저명상표와 '혼동을 일으키게 할 염려'가 있을 것

'혼동을 일으키게 할 염려가 있는 경우'란 그 타인의 상품 또는 영업으로 오인하거나, 그 상품이나 서비스의 수요자가 그 상품이나 서비스의 출처에 대하여 혼동할 우려가 있는 경우는 물론, 그 타인과 계열관계 또는 경제적, 법적 상관관계가 있는 자의 상품 또는 영업으로 오인하거나 출처를 혼동할 염려가 있는 경우를 포함한다.

혼동의 범위는 동일 또는 유사한 상품뿐만 아니라 상표의 저명도로 인하여 다른 계통의 상품 또는 영업과 관련성이 있는 것으로 오해를 유발할 우려가 있는 경우를 포함한다.

상표 자체로서는 저명상표와 유사하지 않더라도 양 상표 구성의 모티브, 아이디어 등을 비교하여 그 상표에서 타인의 저명상표가 용이하게 연상되거나, 타인의 상품이나 영업과 밀접한 관련성이 있는 것으로 인정되어 출처에 오인·혼동을 일으키게 할 염려가 있는 경우에도 해당하는 것으로 본다. 지역적 범위는 국내에서 저명한 경우에 적용하며, 전국적이든 일정한 지역이든 불문한다.

(3) (또는) 저명상표의 '식별력 또는 명성을 손상시킬 염려'가 있을 것

타인의 저명상표를 비유사한 상품 또는 영업 등에 사용함으로써 비록 혼동의 염려는 없다 하더라도 저명상표의 식별력 또는 명성을 손상시킬 염려가 있는 경우, 즉 저명상표를 희석화시킬 염려가 있는 경우에 적용한다.

'식별력의 손상'이란 타인의 저명상표를 혼동가능성이 없는 비유사한 상품에 사용함으로써 저명상표의 상품표지나 영업표지로서의 출처표시 기능을 손상시키는 것을 말하며, 여기에는 식별력을 약화시키는 경우도 포함하는 것으로 본다.

'명성의 손상'이란 어떤 좋은 이미지나 가치를 가진 저명상표를 부정적인 이미지를 가진 상품이나 영업에 사용함으로써 그 상표의 좋은 이미지나 가치를 훼손하는 것을 말한다.

유명한 방송프로그램 명칭, 영화나 노래 제목 등과 동일 또는 유사하거나, 유사하지는 않더라도 이들을 용이하게 연상시키는 상표를 출원하여 해당 방송프로그램 등과의 관계에서 영업상 혼동을 일으키게 하거나, 식별력이나 명성을 손상시킬 염려가 있는 경우에는 이에 해당하는 것으로 본다.

'KT 건설주식회사 KT Construction Co. ltd.'(특허법원 2008.9.25. 선고 2008허5212 판결)

지정서비스를 '건설엔지니어링업' 등으로 하는 "KT 건설주식회사 KT Construction Co. ltd."라는 등록상표는 '통신공사업' 등을 사용서비스로 하는 저명상표인 "KT"와의 관계에서 위 저명상표의 서비스와 혼동을 일으키게 할 염려가 있는 상표에 해당한다.

2. 포도주 또는 증류주의 산지에 관한 지리적 표시를 포함하는 상표

상표법 제34조 제1항 제16호

세계무역기구 회원국 내의 포도주 또는 증류주의 산지에 관한 지리적 표시로서 구성되거나 그 지리적 표시를 포함하는 상표로서 포도주 또는 증류주에 사용하려는 상표. 다만, 지리적 표시의 정당한 사용자가 해당 상품을 지정상품으로 하여 제36조 제5항에 따른 지리적 표시 단체표장등록출원을 한 경우에는 상표등록을 받을 수 있다.

관련 사이트 http://www.law.go.kr/

1) 제도의 취지

법 제34조 제1항 제16호는 WTO/TRIPs 협정에서 포도주 또는 증류주의 지리적 표시를 구성요소로 하는 상표는 일반공중의 혼동이 없는 경우라도 직권 또는 청구에 의하여 그 등록을 거절하거나, 설령 착오로 등록된 경우에도 그 등록을 무효로 하도록 규정하고 있어(제22조(2),(3)) 이를 반영하여 1997년 개정 상표법에서 도입한 규정이다.[98]

98) 특허청, 상표심사기준, 51601면

2) 적용요건

(1) 세계무역기구 회원국 내의 '포도주 또는 증류주의 산지에 관한 지리적 표시로서 구성되거나 동 표시를 포함'하는 상표일 것

포도주 또는 증류주의 산지를 그 지역의 문자로 표시한 것뿐만 아니라 한글뿐만이 아니라 그의 번역 및 음역을 모두 포함하며, 포도주 또는 증류주의 산지에 관한 지리적 표시가 상표의 요부일 필요는 없고, 상표의 구성 중에 단순히 부기적으로 포함된 경우에도 적용된다.

상표의 구성 중에 해당 지리적 표시가 "~종류(kind), ~유형(type), ~양식(style), ~풍(imitation)" 등과 같은 표현으로 수반된 경우에도 해당 규정을 적용하며, 포도주 또는 증류주가 아닌 상품에 사용할 경우에는 해당 규정이 적용되지 않는다.

(2) '포도주 · 증류주에 사용'하려는 상표일 것

이 규정은 포도주 · 증류주에 사용하려는 경우에 한하여 적용한다.

'LA CHABLISIENNE'(특허심판원 2006.7.21., 2005원7432 심결)

불어로 구성된 것으로서 그 중 앞 부분의 'LA'부분은 불어로 정관사를 지칭하는 데에 불과한 것이고, 뒷부분의 'IENNE'는 인터넷 '네이버'검색에 의하면 불어에서 동네나 지역이름 뒤에 붙여지는 경우 '(그) 동네사람이나 지역사람'을 뜻하는 어미에 지나지 않으나, 중간의 'CHABLIS'는 사전상 '프랑스 Chablis가 원산지인 샤블리 백포도주'를 의미하는 것임을 알 수 있는바, 그렇다면 이 사건 출원상표는 세계무역기구 회원국인 프랑스의 포도주의 산지에 관한 지리적 표시를 포함하는 상표로서 그 지정상품인 포도주에 사용하고자 하는 상표라고 할 것이므로, 이 사건 출원상표는 상표법 제34조 제1항 제16호에 해당한다 할 것이다.

3. 「식물신품종 보호법」에 따라 등록된 품종명칭과 동일 · 유사한 상표

상표법 제34조 제1항 제17호

「식물신품종 보호법」제109조에 따라 등록된 품종명칭과 동일 · 유사한 상표로서 그 품종명칭과 동일 · 유사한 상품에 대하여 사용하는 상표.

관련 사이트 http://www.law.go.kr/

1) 제도의 취지

법 제34조 제1항 제17호는「식물신품종 보호법」제116조에서 품종명칭을 도용하여 종자를 판매・보급・수출하거나 수입할 수 없도록 규정하고 있으므로, 상표법과「식물신품종 보호법」과의 저촉을 피하고 등록상표와 품종명칭의 중복으로 인한 오인・혼동을 방지하기 위해 2010년 개정 상표법에서 도입된 규정이다.[99]

2) 적용요건

(1)「식물신품종 보호법」제109조에 따라 등록된 '품종명칭과 동일하거나 유사'한 상표일 것

'식물신품종 보호법에 따라 등록된 품종명칭'이란「식물신품종 보호법」상의 품종명칭등록원부에 등록된 품종명칭을 말한다. 따라서,「식물신품종 보호법」에 따라 등록된 품종명칭과 동일하거나 유사한 상표에 대하여 적용한다.

(2) 그 품종명칭과 '동일 또는 이와 유사한 상품에 대하여 사용'하는 상표일 것

「식물신품종 보호법」상의 품종명칭은 해당 품종명칭이 사용되는 작물을 지정하여 등록받아야 하는데, 이 규정은 해당 품종명칭이 사용되는 작물과 동일 또는 유사한 상품에 출원한 경우에 한하여 적용한다. 따라서「식물신품종 보호법」에 따라 등록된 품종명칭과 동일・유사한 상표라 하더라도 해당 작물과 동일・유사한 상품이 아니라면 적용하지 아니한다.

품종명칭의 예

벼에는 '일품, 일미, 동진, 탐진', 사과에는 '홍옥, 국광, 후지, 스타킹', 포도에는 '거봉, 캠벨어리', 복숭아에는 '황도1호, 백도'

99) 특허청, 상표심사기준, 51701면

4. 「농수산물 품질관리법」에 따라 등록된 지리적 표시와 동일・유사한 상표

상표법 제34조 제1항 제18호

「농수산물 품질관리법」 32조에 따라 등록된 타인의 지리적 표시와 동일・유사한 상표로서 그 지리적 표시를 사용하는 상품과 동일하다고 인정되는 상품에 사용하는 상표.

관련 사이트 http://www.law.go.kr/

1) 제도의 취지

법 제34조 제1항 제18호는「농수산물 품질관리법」제32조에서는 상표법에 따라 먼저 출원되었거나 등록된 타인의 상표와 같거나 비슷한 지리적 표시, 국내에서 널리 알려진 타인의 상표 또는 지리적 표시와 같거나 비슷한 지리적 표시는 등록을 거절하도록 규정하고 있는 것에 반해,[100] 상표법에서도 이와 같이「농수산물 품질관리법」과의 관계를 명시적으로 정립하기 위해 해당 규정을 신설했다.

2) 적용요건

(1) 「농수산물 품질관리법」 제32조에 따라 등록된 '타인의 지리적 표시와 동일하거나 유사'한 상표일 것

농수산물 품질관리법에 따라 등록된 '타인'의 지리적 표시에 적용되므로 본인의 지리적 표시에는 적용되지 아니한다. 따라서 농수산물 품질관리법에 따라 등록된 지리적 표시권자가 해당 표장을 상표법상의 지리적 표시 단체표장이나 지리적 표시 증명표장으로 출원하는 경우에는 해당 규정을 적용하지 아니한다.

(2) 그 지리적 표시를 사용하는 상품과 '동일하다고 인정되는 상품에 사용'하는 상표일 것

'동일하다고 인정되는 상품'에 한하여 적용하며, 주요 원재료에서 가공방법 등의 차이가 있는 상품이나, 소비자가 상품의 출처를 같은 생산자에게서 생산된 것이라고 인정되는 상품을 말한다.

---

100) 특허청, 상표심사기준, 51801면

'김해진영단감'(특허심판원 2019.9.27., 2018원1947 심결)

이 지리적 표시 증명표장출원 "김해진영단감"은 그 표장의 구성 부분에 『농수산물 품질관리법』 제32조에 따라 지리적 표시로 등록된 "진영단감"을 포함하고 있어 그 표장이 유사하다. 또한 그 지정상품인 '신선한 단감의 원산지 증명, 신선한 단감의 비타민C 함량검사 등을 통한 품질의 우수성 증명'은 '단감'의 원산지 또는 품질 등을 증명 업무의 대상으로 하고 있고, 선등록 지리적 표시도 그 사용 상품을 '단감'으로 하고 있는 바, 증명업무의 대상이 되는 상품과 지리적 표시의 사용 상품간의 밀접한 관계가 있고 그 용도가 일치하며 유사한 표장을 사용할 경우 출처의 혼동을 초래할 우려가 있으므로 양 표장의 상품은 서로 동일하다고 인정되는 상품에 해당한다고 할 수 있다. 따라서, 이 지리적 표시 증명표장출원은 『농산물 품질관리법』 제32조에 따라 등록된 선등록 지리적 표시와 동일·유사한 상표로서 그 지리적 표시를 사용하는 상품과 동일하다고 인정되는 상품에 사용하는 상표에 해당하므로 상표법 제34조 제1항 제18호에 따라 그 등록을 받을 수 없다.

5. 자유무역협정에 따라 보호되는 지리적 표시와 동일·유사한 상표

상표법 제34조 제1항 제19호

대한민국이 외국과 양자간(兩者間) 또는 다자간(多者間)으로 체결하여 발효된 자유무역협정에 따라 보호하는 타인의 지리적 표시와 동일·유사한 상표 또는 그 지리적 표시로 구성되거나 그 지리적 표시를 포함하는 상표로서 지리적 표시를 사용하는 상품과 동일하다고 인정되는 상품에 사용하는 상표.

관련 사이트 http://www.law.go.kr/

1) 제도의 취지

법 제34조 제1항 제19호는 한-EU FTA에서 지리적 표시의 상호 보호대상 리스트(부속서)를 교환함으로서 자국의 지리적 표시를 상대국에서 일괄적으로 보호해 주기로 하고 있으므로, 직접적으로는 한-EU FTA에서 보호의무가 발생한 지리적 표시를 보호하고자 2011년 개정 상표법에서 도입된 것이며, 나아가서는 자유무역협정에 의하여 보호의무가 발생하는 다른 지리적 표시에도 적용할 수 있도록 한 규정이다.[101]

101) 특허청, 상표심사기준, 51901면

2) 적용요건

(1) 대한민국이 외국과 양자간(兩者間) 또는 다자간(多者間)으로 체결하여 발효된 '자유무역협정에 따라 보호하는 타인의 지리적 표시'일 것

이 규정에서 보호하는 지리적 표시는 한-EU FTA 체결 시 양국이 보호하기로 합의한 지리적 표시(협정문 부속서)와 향후 양국이 추가적으로 보호하기로 합의한 지리적 표시뿐만 아니라, 한-캐나다 FTA 등 자유무역협정에 따라 보호의무가 발생하는 다른 지리적 표시에도 적용한다.

해당 규정의 지리적 표시는 리스트에 기재된 사실만으로 보호가 가능한 것으로서 국내에서의 상표등록 여부와 상관없이 보호되고, 타인의 지리적 표시에 한하여 적용되므로 본인의 지리적 표시에는 적용하지 아니한다.

(2) 그 지리적 표시와 '동일하거나 유사한 상표 또는 그 지리적 표시로 구성되거나 그 지리적 표시를 포함하는 상표'로서 해당 지리적 표시를 사용하는 '상품과 동일하다고 인정되는 상품에 사용'하는 상표일 것

이 규정은 지리적 표시가 상표 구성에 표현되거나, 부기적으로 표시된 경우에도 적용한다. 지리적 표시가 상표의 구성에 표현되거나 부기적으로 구성된 경우라 함은 당해 지리적 표시를 한글 또는 영어로 번역한 것과, 한글, 영어, 로마자표기법으로 음역한 것을 포함한다. 상표 구성에서 당해 지리적 표시를 "~종류, ~유형, ~양식, ~모조품" 등과 같이 표현한 경우에도 해당하는 것으로 본다.

지리적 표시를 사용하는 상품의 보호 범위는 당해 상품과 동일하다고 인정되는 상품에 한정되므로 다른 유사상품까지는 적용되지 아니한다.

지리적 표시 음역 등 예시

- o 해남고구마, Haenam Sweet Potato(영어 번역), Haenam Goguma(로마자 음역),
- o Φέτα ("페따"의 그리스어 표기), Feta(로마자 음역), 페따(한글로 음역)

6. 신의칙에 반하여 출원한 상표

상표법 제34조 제1항 제20호

동업·고용 등 계약관계나 업무상 거래관계 또는 그 밖의 관계를 통하여 타인이 사용하거나 사용을 준비 중인 상표임을 알면서 그 상표와 동일·유사한 상표를 동일·유사한 상품에 등록출원한 상표.

관련 사이트 http://www.law.go.kr/

1) 제도의 취지

법 제34조 제1항 제20호는 타인과의 계약이나 거래관계 등 특정한 관계에 있던 자가 이를 통해 알게 된 타인의 상표를 자기가 출원하는 등 신의성실 원칙에 위반한 상표에 대하여 등록을 허용하지 않기 위한 규정이다.[102] 등록단계에서 모방상표와 상표브로커의 제도적인 악용 등에 적극 대처하여 공정하고 건전한 상거래 질서를 확립하고자 한 것이 해당 규정의 주된 취지이다.

2) 적용요건

(1) '동업·고용 등 계약관계나 업무상 거래관계 또는 그 밖의 관계'를 통한 것일 것

'동업·고용 등 계약관계나 업무상 거래관계'란 문서를 통해 정식으로 동업·고용·거래관계가 이루어진 경우뿐만 아니라, 기타 계약관계나 거래관계가 증명되는 경우에 해당한다.

'그 밖의 관계'란 동업·고용 등 계약관계나 업무상 거래관계에 준하는 일정한 신의성실관계를 말한다. 따라서 관련 없는 제3자의 영업활동이나 대중매체 등을 통하여 상표의 사용이나 사용 준비 중임을 인지하고 이를 출원하는 경우 등은 이에 해당하지 않는 것으로 본다.

(2) '타인이 사용하거나 사용 준비 중인 상표임을 알고' 있을 것

'타인'이란 출원인과의 관계에서 특정한 신의관계가 형성되어 있는 자로 국내외 자연인,

102) 특허청, 상표심사기준, 52001면

법인은 물론 법인격 없는 단체나 외국인도 포함한다.

'사용하거나 사용 준비 중인 상표'란 속지주의 원칙상 국내에서 사용 또는 사용 준비 중인 경우에 적용하며, 사용 또는 사용 준비 중인 상표이므로 상표로 기능하지 않는 드라마 제명이나 저작물에는 적용되지 않는다. 다만, 그 타인이 드라마 제명이나 저작물을 상표로 사용하거나 사용 준비 중인 경우에는 적용할 수 있다.

타인이 사용하거나 사용을 준비 중인 상표임을 알면서 출원한 경우에 적용되나, 계약관계나 업무상 거래관계 또는 그 밖의 관계가 있었다면 대부분 그러한 인식이 가능하므로, 계약관계 등이 입증되면 사용하거나 사용 준비 중인 사실을 알고 있는 것으로 본다.

(3) 그 상표와 '동일・유사한 상표를 동일・유사한 상품'에 출원한 것일 것

이 규정은 타인이 사용하거나 사용을 준비 중인 상표와 동일・유사한 상표를 동일・유사한 상품에 출원한 경우에 적용한다.

'신포가빈'(특허심판원 2020.10.22., 2019원3218 심결)

① 출원인은 2016.11.경 '신포가빈'이라는 상호로 사업자등록을 하고 영업점을 운영한 점, ② 출원인은 엄신영에게 2016. 12.~2017. 7. 동안 신한은행의 계좌에서 '엄○○' 등의 명목으로 6차례 송금한 사실이 있는 점, ③ 출원인의 처는 카카오톡 대화창에서 엄○○을 '엄본부장'이란 직함으로 호칭하였다는 점 등을 고려하면 출원인의 주장대로 출원인과 엄○○은 동업관계가 아닌 고용관계로 볼 수도 있다.

- 그러나, 위 ② 및 ③과 같이 은행계좌로 일정한 금액을 송금한다거나 '본부장'이란 직함의 호칭은 동업관계에서도 연령이나 선후배 관계에 따라 얼마든지 가능하다고 보이므로 이러한 사실만으로 출원인과 엄○○ 사이를 고용관계라고 단정짓기는 어려워 보인다. ④ 출원인과 엄○○이 2017. 5. 4. '(주)신포가빈'의 공동대표로 사업자등록증에 등재된 점, ⑤ 출원인이 일신상의 이유로 ㈜신포가빈의 대표이사직에서 사임한다는 확인서가 있는 점, ⑥ 엄○○은 출원인 사임후 2017.6.20.에 '㈜신포가빈' 법인의 대표를 '엄○○, 최○○'로 변경하여 다시 사업자등록을 한 점, ⑦ 2017. 5. 28.경 엄○○이 출원인에게 국민은행 계좌로 금 7,887,200원을 송금한 점 등의 사정을 종합하면, 위 ① 내지 ③에도 불구하고 출원인의 주장은 더욱 받아들이기 어렵다. 결국 이 출원상표는 출원인의 주장과는 달리 동업 등 계약관계나 업무상 거래관계 또는 그 밖에 관계에 있는 자가 거래대상이 되는 상품의 상표를 선점목적으로 출원한 경우에 해당한다고 봄이 상당하다.

7. 조약당사국에 등록된 상표와 동일 · 유사한 상표

상표법 제34조 제1항 제21호

조약당사국에 등록된 상표와 동일 · 유사한 상표로서 그 등록된 상표에 관한 권리를 가진 자와의 동업 · 고용 등 계약관계나 업무상 거래관계 또는 그 밖의 관계에 있거나 있었던 자가 그 상표에 관한 권리를 가진 자의 동의를 받지 아니하고 그 상표의 지정상품과 동일 · 유사한 상품을 지정상품으로 하여 등록출원한 상표.

관련 사이트 http://www.law.go.kr/

1) 제도의 취지

법 제34조 제1항 제21호는 조약당사국에 등록된 상표에 관한 권리를 가진 자와 계약이나 거래관계 등 특정한 관계에 있거나 있었던 자가 상표에 관한 권리를 가진 자의 동의를 받지 않고 동일 · 유사한 상표를 출원하는 경우에 등록을 허용하지 않기 위한 규정으로, 파리협약 제6조의 7을 반영하여 1980년 개정법에서 도입되었는데, 조약당사국의 정당한 권리자를 보호하기 위한 파리협약상의 규정을 준수하고 공정한 국제거래를 확립하기 위한 규정이라고 볼 수 있다.[103]

2) 적용요건

(1) '조약당사국에 등록된 상표와 동일 · 유사한 상표를 그 상표의 지정상품과 동일 · 유사한 상품'에 출원한 것일 것

'조약당사국'은 파리협약 당사국뿐만 아니라 WTO 회원국, 상표법조약 체약국을 포함하며, 그 밖에 다자간 또는 양자 조약의 당사국도 포함된다. 조약당사국에 등록된 상표의 지정상품과 동일 · 유사한 상품을 지정상품으로 한 경우에 적용된다.

(2) '상표에 관한 권리를 가진 자와 동업 · 고용 등 계약관계나 업무상 거래관계 또는 그 밖의 관계에 있거나 있었던 자'일 것

'동업 · 고용 등 계약관계나 업무상 거래관계'란 문서를 통해 정식으로 동업 · 고용 · 거

103) 특허청, 상표심사기준, 52101면

래관계가 이루어진 경우뿐만 아니라, 기타 계약관계나 거래관계가 증명되는 경우에 해당하는 것으로 본다.

'그 밖의 관계'란 동업·고용 등 계약관계나 업무상 거래관계에 준하는 일정한 신의성실관계를 말한다. 따라서, 관련 없는 제3자의 영업활동이나 대중매체 등을 통하여 인지한 상표를 출원하는 경우에는 이에 해당하지 않는 것으로 본다. 관계가 있거나 있었던 자가 해당되므로 이 규정의 판단시점인 '상표등록출원을 한 때'를 기준으로 계약관계 등이 반드시 유지되고 있을 필요는 없고, 과거에 계약관계 등이 있었던 자도 적용된다.

(3) '상표에 관한 권리를 가진 자의 동의를 받지 않았을' 것

그 상표에 관한 권리를 가진 자의 동의를 받은 경우에는 적용되지 아니한다.

'상표에 관한 권리를 가진 자'(특허법원 2008.6.4. 선고 2008허7027 판결)

'상표에 관한 권리를 가진 자'라 함은, 해당 규정에 해당하는 파리조약 제6조의 7에 표장의 소유자(Proprietor of a mark)라고 규정되어 있어 상표에 관하여 조약당사국의 상표법에 의하여 배타적 권리를 가지는 자를 의미한다고 할 것이다. 그런데 배타적 권리를 취득하는 근거로 선사용을 요구하는 국가도 있고, 선등록을 요구하는 국가도 있다. 이와 같이 법제(권리인정의 근거)를 달리하는 조약당사국간의 형평성, 파리조약 내지 해당 규정의 입법취지 등을 고려할 때, 상표에 관하여 권리를 가진 자에는 등록주의 국가의 등록된 상표권자와 사용주의 국가의 선사용권자가 모두 포함된다고 보아야 한다. 이 사건에 있어서 피고 보조참가인은 선사용주의 국가이자 파리조약의 조약당사국인 미국에서 선사용상표를 이 사건 출원상표의 출원일 이전에 상업적으로 사용함으로써 그 무렵 미국 내 선사용상표에 관한 배타적인 권리를 취득하였다 할 것이므로, 피고 보조참가인은 선사용상표에 기해 상표법 제34조 제1항 제21호 소정의 '상표에 관한 권리를 가진 자'에 해당한다.

따라하기 / 부등록상표에 대해 조사해보기

1. 인터넷 포털 사이트에서 '국기 상표' 키워드를 통해 실제 거절된 상표 사례를 찾아보자.

2. 아래 예시와 같이, 인터넷 포털 사이트에서 다양한 키워드 검색을 통해 해외에서 우리나라 저명상표가 등록된 상표 사례를 찾아보자.

예시) 키워드 검색: 저명상표

경인매일 2022.06.02.

LG생활건강 후, 中 '**저명상표**' 공식 인정

중국 '**저명상표**'는 일반적인 상표보다 저명한 상표를 더욱 보호하는 법적 장치로, **저명상표**로 인정받을 경우 해당 상표가 대중에게 널리 알려져 있고 높은 명성과 신...

3. 현재 회사명이 '하이브(HYBE)'로 바뀐 '빅히트 뮤직'은 2011년부터 '방탄소년단', 'BTS' 등을 상표로 출원하여 등록받았다. 출원인이자 등록권자가 된 '빅히트 뮤직'이 '방탄소년단', 'BTS' 등의 상표를 등록받을 수 있었던 이유를 생각해보자. 상표법 제34조 제1항 제6호 규정을 다시 한번 살펴보자.

확인학습

1. 상표법 제34조제1항 각 호 중 어느 규정에 해당하는지 구분해 보자.

저명한 '고인(故人)'으로서 사망한 자에 대해서만 적용	'현존(現存)'하는 자연인이나 법인에 적용

2. 상표법 제34조 제1항 제4호 적용요건에 대한 설명이다. 다음 문장을 완성해보자.

① □□□ □□은 전통적 가치 중 미풍양속 등 사회통념상 존중되고 있는 사회적 윤리 및 도덕질서는 물론 자유시민으로서 지켜야 할 공중도덕을 포함한다.

② □□□ □□라 함은 실정법상의 공법질서, 국제신뢰 또는 일반 사회질서는 물론 공정하고 신용있는 거래질서와 인간의 존엄과 가치, 평등권 보장 등 자유민주주의 기본질서도 포함한다.

3. 우리 상표법은 상표등록출원일의 선후(先後)로서 결정하는 이른바 □□□□□를 채택하고 있다.

참고자료

〈도 서〉

- 박종태(2022), 『제16판 리담상표법』, 한빛지적소유권센터, 2022
- 정진길, 복병준(2019), 『길 상표법 입문』, 한빛지적소유권센터, 2022

〈인터넷〉

- 특허청(2022), 상표심사기준, https://www.kipo.go.kr/ko/kpoContentView.do?menuCd=SCD0200155

05. 상표심판

출처: https://m.blog.naver.com/dowoninf/222122073361

이 모듈은 학습자가 상표권을 확보하거나 상표권에 관한 분쟁에 대응하기 위해 상표법에 규정된 특별행정심판제도로서의 상표심판제도와 그 절차에 대하여 이해하고 이를 상황에 맞게 활용할 수 있는 이론과 활동으로 구성되어 있다.

상표심판 단원의 내용 구성

교육목표

주로 활용되는 상표심판절차에 대하여 이해하고, 상표권을 확보하거나 상표권 분쟁에 대응하기 위해 상표심판절차를 활용할 수 있다.

선수학습

상표등록의 요건(식별력), 사용에 의한 식별력, 상표등록을 받을 수 없는 상표(부등록사유)

내용체계

학습	학습 내용	비고
1. 거절결정불복심판	1 거절결정불복심판이란 2 심판청구서의 작성 3 심판의 청구와 심리	
2. 상표등록무효심판	1 상표등록무효심판이란 2 무효심판 청구 사례 3 심판의 청구와 심리	
3. 상표등록취소심판 (불사용 및 부정사용)	1 상표등록취소심판이란 2 불사용취소심판 3 상표권자 부정사용취소심판 4 사용권자 부정사용취소심판	
4. 권리범위확인심판	1 권리범위확인심판이란 2 심판의 청구와 적법요건 3 본안심리	

핵심 용어

심판청구요건(적법요건), 이해관계인, 후발적 무효사유, 불사용, 부정사용, 통상사용권자, 확인대상표장, 확인의 이익, 상표적 사용, 상표권의 효력이 미치지 않는 범위

학습 1 거절결정불복심판

학습 목표
- 심사관의 거절이유에 대응하여 적절한 거절결정불복심판 청구전략을 세울 수 있다.

1 거절결정불복심판이란

1. 의의

거절결정불복심판은 상표등록 거절결정을 받은 출원인이 그 거절결정에 대하여 불복하는 경우에 청구하는 심판으로, 심사관의 처분이 적정하였는지를 다시 검토하여 출원인에게 권리구제의 기회를 부여하기 위한 것이다.

거절결정불복심판은 형식상 피청구인이 없고 청구인만 존재하는 결정계 심판에 속한다. 청구인은 등록이 거절결정된 상표를 출원한 자 또는 출원할 권리를 승계한 자이다.

결정계 심판, 당사자계 심판

결정계 심판이란 심사관의 처분(거절결정이나 각하결정)에 불복하기 위해 청구하는 심판으로 당사자가 대립구조를 취하지 않고 청구인만 존재하는 심판이다. 보정각하결정불복심판(상§115), 상표등록 거절결정불복심판(상§116) 등이 이에 속한다.
당사자계 심판이란 당사자로서 청구인과 피청구인이 대립하여 이들 당사자 간의 다툼 방식으로 진행되는 심판이다. 상표등록무효심판(상§117), 상표등록취소심판(상§119), 권리범위확인심판(상§121) 등이 있다.

2. 대표적인 거절결정의 이유

거절결정불복심판의 심판물은 상표등록출원 등에 대한 거절결정인데, 심사관이 출원상표 등에 대한 등록을 거절결정을 할 수 있는 사유는 상표법 제54조, 제87조 제1항 등에 구체적으로 규정되어 있다.

그러나 특허청의 실제 심사절차에서 심사관이 상표등록을 거절하는 대부분의 사유는 ① 상표법 제33조 제1항의 등록요건 (식별력 없는 상표에 해당하지 않을 것)에 관한 사항이거나 ② 제34조 제1항의 상표등록을 받을 수 없는 상표(이를 '부등록사유'이라고도 한다)에 속하는 것이다.

1) 제33조 제1항의 등록요건(식별력)

상표법 제33조 제1항에 규정된 상표등록요건이란 출원상표가 자타상품의 식별력을 갖출 것을 요구하는 것이다. 보통명칭상표(1호), 관용상표,(2호) 성질표시상표(3호), 현저한 지리적 명칭의 상표(4호), 흔한 성이나 명칭의 상표(5호), 간단하고 흔한 표장 상표(6호), 기타 식별력이 없는 상표(7호)로 판단되는 상표는 식별력이 없는 상표에 해당하여 등록받지 못한다.

그러나 같은 조 제2항은 "제1항 제3호부터 제6호까지에 해당하는 상표라도 상표등록출원 전부터 그 상표를 사용한 결과, 수요자 간에 특정인의 상품에 관한 출처를 표시하는 것으로 식별할 수 있게 된 경우에는 그 상표를 사용한 상품에 한정하여 상표등록을 받을 수 있다."라고 규정하여 원래 식별력이 없는 상표라도 상당한 기간 동안 독점적으로 사용한 결과 그 상표가 거래사회에서 출원인의 상표로 인식된 상표(이를 '사용에 의한 식별력'을 취득한 상표라고 한다)는 등록을 받을 수 있도록 허용하고 있다.

상표법 제33조(상표등록의 요건)

제33조(상표등록의 요건)

① 다음 각 호의 어느 하나에 해당하는 상표를 제외하고는 상표등록을 받을 수 있다.

1. 그 상품의 보통명칭을 보통으로 사용하는 방법으로 표시한 표장만으로 된 상표
2. 그 상품에 대하여 관용(慣用)하는 상표
3. 그 상품의 산지(産地)·품질·원재료·효능·용도·수량·형상·가격·생산방법·가공방법·사용방법 또는 시기를 보통으로 사용하는 방법으로 표시한 표장만으로 된 상표
4. 현저한 지리적 명칭이나 그 약어(略語) 또는 지도만으로 된 상표
5. 흔히 있는 성(姓) 또는 명칭을 보통으로 사용하는 방법으로 표시한 표장만으로 된 상표
6. 간단하고 흔히 있는 표장만으로 된 상표
7. 제1호부터 제6호까지에 해당하는 상표 외에 수요자가 누구의 업무에 관련된 상품을 표시하는 것인가를 식별할 수 없는 상표

② 제1항 제3호부터 제6호까지에 해당하는 상표라도 상표등록출원 전부터 그 상표를 사용한 결과 수요자 간에 특정인의 상품에 관한 출처를 표시하는 것으로 식별할 수 있게 된 경우에는 그 상표를 사용한 상품에 한정하여 상표등록을 받을 수 있다.

2) 제34조 제1항의 상표등록을 받을 수 없는 상표(부등록사유)

한편, 제34조 제1항은 제1호부터 제21호에 걸쳐 다양한 부등록사유를 규정하고 있다. 여기에 속하는 상표는 비록 식별력이 있다고 하더라도 상표등록을 받을 수 없다.

그런데 제34조 제1항의 부등록사유 중에서 실제로 가장 많이 적용되는 대표적인 거절이유는 제7호에 규정된 동일·유사한 타인의 선등록상표가 존재하는 경우이다.

상표법 제34조(상표등록을 받을 수 없는 상표) 제1항

제34조(상표등록을 받을 수 없는 상표) ① 제33조에도 불구하고 다음 각 호의 어느 하나에 해당하는 상표에 대해서는 상표등록을 받을 수 없다.

7. 선출원(先出願)에 의한 타인의 등록상표(등록된 지리적 표시 단체표장은 제외한다)와 동일·유사한 상표로서 그 지정상품과 동일·유사한 상품에 사용하는 상표.

3. 주요 심판청구 전략

상표등록출원이 심사관에 의해 일단 거절된 경우 상표권을 확보하기 위해서는 거절결정불복심판을 청구하는 방법 외에는 다른 방법이 없다. 하지만 거절결정불복심판을 청구하는 경우에도 심사관의 거절이유에 따라 이를 극복하는 방법이나 논리를 다양하게 구사할 수 있는데, 우선 이에 대해 생각해 보자.

1) '식별력 없음'을 이유로 거절된 경우(제33조 제1항)

상표법 제33조 제1항 각호의 식별력 없는 상표에 해당한다는 이유로 거절된 경우에는 ① 심판청구 후 30일 이내에 보정서를 제출하여 출원상표의 지정상품 목록 중에서 식별력 없다고 제시된 지정상품을 삭제하는 방법, ② 출원상표가 지정상품과 관련하여 식별력이 없다는 심사관의 판단이 잘못되었다고 주장하는 방법, ③ 출원상표가 식별력이 없거나 미약하지만 제2항에 규정된 사용에 의한 식별력을 취득하였다고 주장하는 방법이 있다.

2) '선등록상표'를 이유로 거절된 경우(제34조 제1항 제7호)

한편 출원상표가 타인의 선등록상표와 동일 또는 유사한 상표라는 이유로 거절된 경우에는 ① 타인의 선등록상표에 관한 권리를 양수받아 자신의 권리로 이전등록하는 방법(선등록상표권을 매입하는 것이다), ② 제34조 제1항 제7호의 규정에 따르면 상표가 유사하더라도 지정상품이 서로 다르면 유사한 상표라고 할 수 없으므로, 심판청구 후 30일 이내에 보정서를 제출하여 출원상표의 지정상품 목록 중에서 타인의 선등록상표의 지정상품과 동일 · 유사한 지정상품을 삭제하는 방법, ③ 출원상표가 타인의 선등록상표와 동일 · 유사하다는 심사관의 판단이 잘못되었다고 주장하는 방법(상표가 서로 유사하지 않다고 주장하는 것이다. 이를 '비유사 주장'이라 한다), ④ 거절결정불복심판의 청구와 함께 타인의 선등록상표에 대한 등록무효심판이나 취소심판을 청구하여 그 효력을 소멸시키는 전략 등이 있다.

〈거절결정불복심판의 주요 전략〉

거절이유	제33조 제1항(식별력)	제34조 제1항 제7호(선등록상표)
세부 전략	① 관련 지정상품의 삭제 ② 식별력이 있음을 주장 ③ 사용에 의한 식별력 취득 주장	① 선등록상표권 양수, 이전등록(매입) ② 유사한 지정상품의 삭제 ③ 상표의 비유사성 주장 ④ 선등록상표에 대한 등록무효심판 또는 등록취소심판 청구

출원공고결정 전의 보정

제40조(출원공고결정 전의 보정)

① 출원인은 다음 각 호의 구분에 따른 때까지는 최초의 상표등록출원의 요지를 변경하지 아니하는 범위에서 상표등록출원서의 기재사항, 상표등록출원에 관한 지정상품 및 상표를 보정할 수 있다.

3. 제116조에 따른 거절결정에 대한 심판을 청구하는 경우: 그 청구일부터 30일 이내
4. 제123조에 따라 거절결정에 대한 심판에서 심사규정이 준용되는 경우: 제55조 제1항 · 제3항 또는 제87조 제2항 · 제3항에 따른 의견서 제출기간

2 심판청구서의 작성

1. 심판청구서 기재사항

심판청구서에는 청구인, 대리인, 사건의 표시, 청구의 취지, 청구의 이유 등을 기재한다.

① 청구인 란에는 성명(국문 성명 또는 법인의 명칭)을 기재하고, 특허고객번호가 있는 경우 이를 기재한다.

② 대리인 란에는 대리인의 성명과 대리인번호를 적고, 대리인이 법인인 경우에는 법인의 명칭과 지정된 변리사의 성명을 모두 기재한다.

③ 사건의 표시 란에는 심판의 종류 및 상표출원번호를 기재한다.

④ 청구의 취지 란에는 해당 심판청구의 취지를 요약하여 간략하게 적되 필요에 따라 청구의 이유와 함께 별지를 사용할 수 있다. 대체로 "『원결정을 취소한다. 상표등록출원 제40-2022-0000000호는 등록할 것으로 한다.』라는 심결을 구함" 또는 "『원결정을 취소하고, 이 사건 출원을 특허청 심사국에 환송한다.』라는 심결을 구함"을 기재한다.

⑤ 청구의 이유 란은 청구의 이유를 별지를 이용하여 구체적으로 적는다. 주로 출원상표 에 관한 기본정보, 거절결정의 이유, 출원상표가 등록되어야 하는 구체적인 이유 등을 기재한다.

⑥ 증거방법 란에는 증거가 있을 경우 그 목록을 적고, 수수료 란에는 심판청구 시 납부하는 수수료의 금액을 기재한다.

〈심판청구서 작성 예시〉

심판청구서

【청구인】

【성명(명칭)】 ○○○

【특허고객번호】 1-2000-000000-0

【사건의 표시】

【심판의 종류】 거절결정불복심판

【출원번호】 40-2022-0000000

【거절등본수령일자】 2022. 00. 00

【청구의 취지】 “원결정을 취소하고 이 사건을 특허청 심사국에 환송한다”는 심결을 구함

【청구의 이유】 별지와 같음

【증거방법】 별지와 같음

위와 같이 특허심판원장에게 제출합니다.

청구인 ○○○ (서명 또는 인)

【수수료】

【심판청구료】 1개 240,000원

【첨부서류】

2. 청구의 이유 작성 방법

심판관이 심판청구가 이유가 있다고 판단하여 이를 받아들일지 아니면 이유가 없다고 판단하여 청구를 기각할지 여부는 청구의 이유가 얼마나 설득력 있는지 또는 그 주장이 적합한 증거에 의해 뒷받침되는지에 달려 있다. 따라서 청구의 이유와 증거방법은 심판청구서의 핵심적인 부분이다.

(1) 사용에 의한 식별력 취득을 주장하는 경우

아래는 출원상표가 식별력이 없다는 이유로 거절결정된 상황에서 거절결정불복심판을 청구하여 출원상표가 사용에 의한 식별력을 취득한 상표임을 인정받아 등록된 실제 사건의 심판청구서 내용 중 별지로 제출된 청구이유와 증거방법 작성예시이다.

〈사례 1 - 사용에 의한 식별력 주장(2019원2220)〉

【청구의 취지】

"원결정을 취소한다. 상표등록출원 제40-2018-000000호를 특허청 심사국에 환송한다"

라는 심결을 구합니다.

【청구의 이유】

1. 이 사건 심판청구의 경위(세부내용 생략)

가. 이 사건 출원상표는 "Q CELLS"과 같이 구성된 표장으로서, 상품류 구분 제9류의 "태양광 모듈"을 지정하여 2018. 00. 00. 출원번호 제40-2 018-000000호로 출원되었습니다.

나. 특허청에서는 이 사건 출원상표에 대하여 2018. 00. 00. 이 사건 출원상표는 식별력이 없어 상표법 제33조 제1항 제3호 및 제7호에 해당하는 거절이유를 통지하였고, 이에 청구인은 의견서를 제출하였으나, 특허청에서는 거절이유를 해소하지 못하였으므로 거절결정한다는 내용의 거절결정서를 통지하였습니다.

2. 이 사건 출원상표는 일종의 조어 내지 암시상표로서 타인의 상품과 구별되기에 족한 식별력을 지닌 표장이므로 상표법 제33조 제1항 제3호 및 제7호에 해당하지 않습니다.(세부내용 생략)

가. 이 사건 출원상표는 전체로서 아무런 의미, 관념이 없는 조어상표로, 분리관찰되지 않고 항상 전체로만 관찰 및 인식됩니다.

나. 이 사건 출원상표는 지정상품의 성질을 직접적으로 나타내지 않으며, 암시, 강조하는 것에 불과합니다.

(1) "CELLS"는 사전을 찾아보지 않는 한 '전지(들)'이라는 의미로 직감되지 않습니다.

(2) "CELLS"이 '전지(들)'이라는 의미로 인식된다 하더라도, 지정상품인 '태양광 모듈'의 성질을 강조, 암시하는 것일 뿐 직접적으로 표시한 것이라고 볼 수 없습니다.

다. 이 사건 출원상표는 공익상으로도 그 등록을 불허해야 할 아무런 이유가 없습니다.
라. 관련 심결례(세부내용 생략)
마. 해외 등록례
바. 타류 상품에의 제3자 등록례

3. 이 사건 출원상표는 청구인 고유의 출처표시로서 '태양광 모듈' 제품과 관련하여 대대적으로 사용되어 상표법 제33조 제2항의 사용에 의한 식별력을 취득하였습니다.(세부내용 생략)
가. 1999년부터 약 20여년간 표장의 동일성을 유지하며 일관되게 사용되어 오고 있습니다.
나. 2018년 국내 매출액이 ○○○○원으로 2012-2018년까지 총 ○○○○원의 국내 매출액을 기록하였습니다.
다. 2018년말 기준 국내 태양광 업계에서 셀부문 1위, 모듈부문 2위를 차지하였습니다.
라. 국내에서뿐만 아니라 독일, 영국, 일본, 미국 등 주요 국가에서 태양광 시장 점유율 1위를 차지하고 있습니다.
마. 제품 패키지 및 라벨, 데이터시트 및 제품사양서, 품질보증서, 설치 매뉴얼 등 제품 관련 모든 서류에 이 사건 출원상표가 일관되게 사용되고 있습니다.
바. 2018년 말 기준 누적 투자액이 ○○○○원에 달합니다.
사. 국내외 유수의 전시 박람회 참가 및 수상 실적을 보유하고 있으며, ○○○ 창단 및 ○○○ 후원 등 스포츠마케팅을 활발히 영위해 오고 있습니다.

이러한 점에 비추어 볼 때, 현재 국내에서 청구인의 상품 출처를 표시하는 것으로 식별 가능한만큼 인식되어 있는 표장이라 할 것입니다. 따라서, 설령 이 사건 출원상표가 상표법 제33조 제1항 제3호 및 제7호에 해당하더라도 지정상품 '태양광 모듈'에 관하여 사용에 의한 식별력을 획득하였다 할 것이므로, 이 사건 출원상표는 상표법 제33조 제2항에 의해 등록되어야 함이 마땅합니다.

【증거방법】
1. 갑 제1호증 내지 제26호증(가지번호 포함)

위 사례에서 청구인은, ① 'Q CELLS' 상표는 전체적으로 관찰하여야 하고, 이 경우 지정상품의 성질을 직접적으로 표시하는 상표나 누구나 사용하도록 허용해야 하는 상표에 해당한다고 볼 수 없으므로 제33조 제1항 제3호 및 제7호에 해당하지 않으며(식별력 구비 주장), ② 나아가 제33조 제2항에 규정된 '사용에 의한 식별력'을 구비하였다(사용에 의한 식별력 취득 주장)고 주장하였다.

그리고 이 출원상표가 사용에 의한 식별력을 취득하였다고 주장하면서 제10호증부터 제44호증의 증거자료를 제출했는데, 주로 ① 출원상표를 그 지정상품에 지속적이고 일관되게 사용해 온 사정, ② 출원상표를 사용해 온 방법(태양), ③ 매출액 내역, ④ 마케팅(광고·홍보) 비용 지출액 및 세부 광고 내역, ⑤수상내역, ⑥출원상표에 관한 언론보도 내역 등에 관한 것이다.

(2) 상표의 비유사를 주장하는 경우

아래는 출원상표가 선상표와 유사하여 상표법 제34조 제1항 제7호에 의해 등록될 수 없다는 이유로 거절결정되자 해당 출원상표는 선등록상표와 상표 및 지정상품이 모두 유사하지 않다는 주장을 하여 거절결정이 취소된 사건의 청구의 이유 요지이다.

〈사례 2 - 상표의 비유사 주장(2019원1940)〉

【청구의 취지】
"원결정을 취소한다. 상표출원 제40-2018-000000호는 등록결정 할 것으로 한다."
라는 심결을 구합니다.

【청구의 이유】
1. 이 사건 출원상표

- 표장: simplus
- 출원번호: 40 -2018-000000
- 출원일: 2018. 00. 00.
- 출원인: ○○○○○
- 상품류 및 지정상품: (제5류) 가정용 살충제, 곰팡이 제거제 등

2. 선등록상표(이하 '인용상표')
- 등록번호/출원일/등록일 : 상표등록 제000000호/2003. 00. 00./2004. 00. 00.
- 표 장 : BOSTON SIMPLUS
- 지정상품 : (제5류) 콘택트렌즈용 용액, 안과용 약제, 눈세척제 등
- 등록권리자 : ○○○○○

3. 이 사건 심판청구의 경위(세부내용 생략)

특허청은 2018. 11. 30. 의견제출통지서를 통해 이건 상표가 타인의 선등록상표와 표장 및 지정상품이 동일 또는 유사하여 상표법 제34조 제1항 제7호에 해당하여 등록을 받을 수 없다고 통지하였고, 이에 대해 출원인이 양 상표의 비유사를 주장하는 의견서를 제출하였으나, 특허청은 이를 받아들이지 않고 2019. 4. 8. 이건 상표등록을 거절결정하였습니다.(세부내용 생략)

4. 청구인과 이 사건 상표의 주지성에 대한 설명(세부내용 생략)

가. 청구인 '○○○○○'와 대형 할인점 '○○○'

나. 청구인의 PB 상품(private brand goods)에 대한 메인 브랜드 "simplus"

다. simplus상품은 현재까지 약 ○○만개 (매출액 ○○○억원)의 판매되었습니다.

라. simplus 상품은 매년 약 ○○○부의 전단지와 전국 약 730여개 홈플러스 매장을 통해 지속적으로 홍보되어 왔습니다.

마. simplus 상품은 SNS 등 온라인 상으로도 널리 홍보되어 왔습니다.

바. 이건 상표는 각종 언론보도를 통해서도 국내에 널리 알려졌습니다.

사. 수요자들이 블로그 등을 통해 simplus 상품을 소개 및 공유하고 있습니다.

이러한 사정을 고려할 때, 이건 상표는 국내에 널리 알려진 PB상품 브랜드임은 자명하다 사료되며, 국내수요자들이 이건 상표가 표시된 상품을 접하는 경우 해당 상품의 출처를 '홈플러스'로 인식하게 될 것임은 쉽게 추측할 수 있습니다.

5. 이건 상표의 지정상품은 인용상표의 지정상품과 비유사합니다.(세부내용 생략)

양 상표의 지정상품은 수요자 층이 일부 겹치는 것 외에는 형상, 품질, 용도, 효능, 사용방법 등 상품의 속성과 생산부문 및 판매부문 등거래실정이 전혀 달라 서로 명확히 구별됩니다. 이러한 사정을 종합하여 보면, 양 상표의 지정상품에 동일 또는 유사한 상표가 동시에 사용된다고 하더라도 수요자들이 양자를 충분히 구별할 수 있으므로 양 상표의 지정상품은 상호 비유사하다고 봄이 타당할 것입니다.

6. 이건 상표와 인용상표는 표장이 상호 비유사합니다.(세부내용 생략)

가. 인용상표는 SIMPLUS부분만으로 분리 인식되지 않고 표장 전체가 일체로 인식되는바 양 표장은 상호 비유사합니다.

나. 실 거래계에서 인용상표는 항상 표장 전체로만 호칭되고 있는 것으로 보이고, 인용상표 제품을 제조하는 바슈롬은 BOSTON을 하드렌즈 세척용액의 메인 브랜드로 활용하면서 시리즈 상표의 제품을 여럿 출시하고 있어 인용상표의 BOSTON 부분이 지리적 표시를 넘어 출처표시를 구성하는 일요소로 인식되고 있을 가능성이 상당합니다.

다. 이건 상표는 대형할인점 '○○○'의 PB상품 브랜드로 널리 알려져 있는바, 이건 상표의 상품이 인용상표 권리자의 것으로 그 출처가 혼동될 가능성은 극히 희박합니다.

【증거방법】

증 제1호증 내지 제33호증의 (가지번호 포함)

위 사건에서 청구 이유의 핵심요지는 ① 선등록상표는 전체적으로 관찰되어야 하는데, 출원상표와 상표(표장)의 외관, 호칭 및 관념이 모두 다르고(상표 비유사), ② 출원상표와 선등록상표의 지정상품도 속성과 생산부문 및 판매부문 등이 서로 다르다는 것이다(지정상품 비유사).

그 증거로 제출된 자료는 ① 출원상표의 사용 경위, ② 출원상표가 표시된 상품의 판매량 및 매출액, ③ 출원상표 상품의 홍보 내역, ④ 출원상표에 관한 언론 보도 내역, ⑤ 수요자들의 출원상표 상품 사용 정황, ⑥ 출원상표와 선등록상표의 지정상품('가정용 살충제 등' vs ' 콘택트렌즈용 용액 등')의 속성과 생산자, 판매처 및 주 소비자 등에 관한 사항, ⑦ 선등록상표가 실제 거래사회에서 전체로써 사용된 사정에 관한 것들이다.

이 사건 청구인의 주장은 특허심판원에서도 기각되었으나, 특허법원은 심결취소소송에서 ① 양 상표의 지정상품은 속성, 생산자, 판매처 및 주요 소비자 등이 서로 달라 동일·유사한 상표를 함께 사용하더라도 수요자들이 오인·혼동을 일으킬 우려가 없고(지정상품 비유사), ② 선등록상표는 실제 거래사회에서 'SIMPLUS' 부분만으로 사용되는 사례가 없다는 사정이 인정되므로 출원상표와 비유사하다(상표 비유사)고 판단하였다. 청구인 주장의 논리와 제출된 증거자료의 성격들을 눈여겨보자.

〈청구의 요지 기재 요령〉

요 지	사용에 의한 식별력 취득 주장	상표의 비유사 주장
주요 논리	① 출원 전부터 독점적·계속적으로 출원상표를 사용함 ② 수요자들이 출원상표를 청구인의 상표로 인식하게 되었음	① 출원상표와 선등록상표의 외관, 호칭, 관념이 모두 다름(상표 비유사) - 양 상표의 대비되는 부분이 식별력이 없거나 누구나 사용 가능함 - 출원상표와 선등록상표가 실제 거래사회에서 전체적으로만 사용됨 ② 출원상표와 선등록상표의 지정상품은 그 속성 및 생산자, 판매처, 수요자 등이 다름(지정상품 비유사)

3 심판의 청구와 심리

1. 청구인

심판청구인은 상표등록을 받을 권리를 가진 자(출원인)로서 거절결정을 받은 자 또는 그 승계인이다. 상표등록을 받을 권리가 공유(즉 공동출원)인 경우에는 공유자 전원이 공동으로 청구하여야 하며(상§124③), 이를 위반한 청구는 부적법한 것으로 심결각하된다.

2. 청구기간

거절결정불복심판은 결정의 등본을 송달받은 날부터 30일 이내에 청구하여야 한다(상§116). 다만, 특허청장은 당사자의 청구에 의하여 또는 직권으로 이 기간을 30일 이내에서 한 차례 연장할 수 있고, 도서・벽지 등 교통이 불편한 지역에 있는 자의 경우에는 그 횟수 및 기간을 추가로 연장할 수 있다(상§17①3).

3. 청구대상

개정전 상표법은 상표출원에 대한 일부 등록제도를 채택하고 있지 않았기 때문에 일부 지정상품에 거절이유가 존재하는 경우 해당 상표출원 전체에 대하여 등록을 거절하여야 했다(이를 '거절결정의 불가분성'이라 한다). 따라서 개정전 상표법상으로는 출원의 일부 지정상품에 대하여만 거절결정불복심판을 청구하거나 청구된 심판의 일부에 대한 취하가 인정되지 않았다.

그러나 2023. 2. 4.부터 시행되는 개정 상표법은 상표등록출원에 대한 부분거절제도를 도입함에 따라 일부 지정상품에 대하여만 거절이유가 있는 경우 심사관은 해당 지정상품에 대하여만 거절결정을 하여야 하고(개정법§54), 그에 대한 불복심판은 거절결정된 지정상품의 전부는 물론 일부에 관하여서도 청구할 수 있도록 하였으며(개정법§116), 심판청구의 취하 또한 지정상품별로 할 수 있도록 규정하였다(개정법§148).

부분거절제도의 도입과 거절결정불복심판

제54조(상표등록거절결정) 심사관은 상표등록출원이 다음 각 호의 어느 하나에 해당하는 경우에는 상표등록거절결정을 하여야 한다. 이 경우 상표등록출원의 지정상품 일부가 다음 각 호의 어느 하나에 해당하는 경우에는 그 지정상품에 대하여만 상표등록거절결정을 하여야 한다.

제116조(거절결정에 대한 심판) 제54조에 따른 상표등록거절결정, 지정상품추가등록 거절결정 또는 상품분류전환등록 거절결정을 받은 자가 불복하는 경우에는 그 거절결정의 등본을 송달받은 날부터 3개월 이내에 거절 결정된 지정상품의 전부 또는 일부에 관하여 심판을 청구할 수 있다.

제148조(심판청구의 취하) ② 둘 이상의 지정상품에 관하여 제116조에 따른 거절결정에 대한 심판이나 제117조 제1항, 제118조 제1항 또는 제214조 제1항에 따른 무효심판이 청구되었을 경우에는 지정상품마다 심판청구를 취하할 수 있다.

4. 심판청구 후의 보정

상표등록에 대한 거절결정불복심판을 청구하는 경우 그 청구일로부터 30일 이내에 상표등록출원서의 기재사항, 상표등록출원에 관한 지정상품 및 상표 보정이 가능하다. 실제 심판절차에서 거절결정의 이유가 된 지정상품을 목록에서 제거하는 보정을 함으로써 거절이유를 해소하는 수단으로 자주 활용된다.

5. 정보제공

거절결정에 대한 불복심판절차에서는 누구든지 그 출원이 등록될 수 없다는 취지의 정보를 제공할 수 있다. 심사절차에서 인정되는 이의신청이 인정되지 않으나, 제3자에 의한 정보제공은 가능하다(심판사무취급규정§38의2).

6. 심판절차에서의 거절이유통지

심판관은 거절결정불복심판의 대상이 된 상표출원에 대하여 새로운 거절이유가 발견된 경우에는 심사절차에서 적용되는 상표법 규정에 따라 이를 청구인에게 통지할 수 있다. 이 경우 청구인에게 기간을 정하여 의견제출의 기회를 부여하여야 한다(상§123).

의견제출기회 부여 의무

[특허법원 2015. 3. 20. 선고 2014허7493 거절결정(상)]

상표출원에 대한 심사 단계에서 거절결정을 하려면 그에 앞서 출원인에게 거절이유를 통지하여 의견제출의 기회를 주어야 하고, 거절결정에 대한 특허심판원의 심판절차에서 그와 다른 사유로 거절결정이 정당하다고 하려면 먼저 그 사유에 대해 의견제출의 기회를 주어야만 이를 심결의 이유로 할 수 있다(구 상표법 제23조, 제81조 참조). 위와 같은 절차적 권리를 보장하는 상표법의 규정은 강행규정이므로 의견제출의 기회를 부여한 바 없는 새로운 거절이유를 들어서 거절결정이 결과에 있어 정당하다는 이유로 거절결정불복심판청구를 기각한 심결은 위법하다(대법원 1999. 11. 12. 선고 98후300 판결, 대법원 2003. 12. 26. 선고 2001후2702 판결, 대법원 2013. 9. 26. 선고 2013후1054 판결 등 참조).

7. 심리의 대상

거절결정불복심판의 심리대상은 거절결정의 적부 자체가 아니라 출원에 대한 등록여부이다. 따라서 심판부는 거절결정불복심판의 청구를 인용하는 경우 해당 거절결정을 취소하고 사건을 심사국에 환송할 수도 있고, 직접 등록결정을 할 수도 있다.

실제 심판절차에서는 특별한 사정이 없다면, 사건을 심사국으로 돌려보내 다시 심사하도록 하고, 직접 상표등록결정을 하는 경우는 거의 없다.

한편 거절결정불복심판의 심리대상은 출원에 대한 등록여부이므로 거절결정불복심판의 판단기준시점은 '심결시'를 기준으로 하여야 한다.

거절결정불복심판에서의 판단기준시점

[대법원 2012. 4. 13. 선고 2011후1142 판결 거절결정(상)]

출원 상표나 서비스표가 상표법 제6조 제1항 각 호의 식별력 요건을 갖추고 있는지 여부에 관한 판단의 기준시점은 원칙적으로 상표나 서비스표에 대하여 등록 여부를 결정하는 결정시이고 거절결정에 대한 불복 심판에 의하여 등록 허부가 결정되는 경우에는 그 심결시라고 할 것이다.

[특허법원 2021. 7. 2. 선고 2021허2267 판결 거절결정(상)]

거절결정에 대한 불복심판에 의하여 등록 허부가 결정되는 경우 출원상표가 상표법 제34조 제1항 제7호에 해당하는지 여부에 관한 판단의 기준시점은 그 심결 시이다(상표법 제34조 제2항).

합의와 심결

합의란 3 ~ 5인으로 구성된 심판합의체가 심결의 내용을 확정하는 것을 말하며, 심결이란 심판합의체의 최종적인 의사표시를 말한다. 재판에서의 판결에 상응하는 것이다.

심결에는 부적법한 심판청구에 대하여 이를 각하하는 심결(상§128)과 본안심리를 거쳐 청구의 당부에 대해 기각 또는 인용하는 심결이 있다(상§149⑤).

심결은 서면으로 하여야 하며, 심결을 한 심판합의체의 심판관들은 그 서면에 기명날인하여야 한다(상§149②).

심판은 특별한 규정이 있는 경우를 제외하고는 심판합의체의 합의를 거쳐 심결을 함으로써 종결한다.

8. 심결 및 불복

거절결정불복심판의 청구가 이유 없다고 인정되는 때에는 해당 심판청구를 기각한다. 그리고 청구인의 주장이 인정되어 심판부가 거절결정을 취소하고 사건이 심사국에 환송되는 경우에 심사관은 심결의 기본 이유에 따라 다시 심사를 하여야 한다(상§156③).

사건이 심사국에 환송되어 출원공고된 후에도 이의신청이나 정보제공 등에 의해 새로운 거절이유가 발견되면 심사관은 이를 근거로 다시 새로운 거절결정을 할 수 있다.

한편 거절결정불복심판의 청구를 기각하는 심결에 불복하는 경우에는 그 등본을 송달받은 날부터 30일 이내에 특허법원에 심결취소를 구하는 소를 제기하여야 하며(상§162①③), 이 경우의 소는 특허청장을 피고로 하여 제기하여야 한다(상§163).

따라하기 / 사용에 의한 식별력 취득 주장하기

Q. 『생각해 보기』의 기사에서 소개된 출원상표 "**해운대암소갈비집**"은 심사관에 의해 등록이 거절되었으나 거절결정불복심판을 청구하여 '사용에 의한 식별력'을 취득하였음을 인정받아 상표법 제33조 제2항에 따라 등록되었다. 키프리스 사이트에서 실제 사건(2020원2576)의 심결문을 찾아보고 상표법 제33조 제2항의 규정 취지와 세부 판단기준(고려사항), 판단의 근거가 된 증거를 정리해 보자.

* 심결문 찾기 : 키프리스(www.kipris.or.kr) 〉 심판 〉 검색창에 '2020원2576' 입력 〉 우측 중간의 '심(판)결문' 클릭

1. 심결문에서 '상표법 제33조 제2항 해당 여부' 부분의 '판단기준'에서 규정의 취지와 세부 판단기준(고려사항)을 정리해 보자.

규정의 취지	*위 규정은 원래 식별력이 없거나 미약하여 등록을 받을 수 없는 상표여서 특정인에게 독점 사용하도록 하는 것이 적당하지 않은 상표에 대하여 특정인이 상당한 기간에 걸쳐 독점적, 계속적으로 그 상표를 사용한 결과 일반 수요자나 거래자에게 식별력을 취득한 경우 예외적으로 상표 등록을 인정하여 대세적 권리를 부여하는 것이다.*
세부 판단기준 (고려사항)	*상표가 수요자 간에 특정인의 상품에 관한 출처를 표시하는 것으로 식별할 수 있게 된 경우라고 인정하기 위해서는, 상표의 사용기간, 사용횟수 및 사용의 계속성, 그 상표가 부착된 상품의 생산 · 판매량 및 시장점유율, 광고 · 선전의 방법, 횟수, 내용, 기간 및 그 액수, 상품품질의 우수성, 상표사용자의 명성과 신용, 상표의 경합적 사용의 정도 및 태양 등을 종합적으로 고려할 때, 당해 상표가 사용된 상품에 대한 거래자 및 수요자에게 특정인의 상품을 표시하는 것으로 인식되기에 이르렀다는 점이 증거에 의하여 명확히 인정되어야 한다.*

2. 심결문에서 '인정사실'과 '구체적 판단' 부분을 보고, 청구인이 상표법 제33조 제2항의 사용에 의한 식별력 취득을 인정받기 위해 어떠한 종류의 증거자료를 제출했을지 생각해 보고, 그 목록을 5개 이상 구성해 보자.

확인학습

1. 특허청 심사관이 상표등록출원에 대하여 거절결정을 할 수 있는 이유는 상표법 제54조 및 제87조 제1항 등에 구체적으로 규정되어 있는데, 실제 특허청의 상표심사과정에서 가장 많이 적용되는 거절이유는 상표법 제33조 제1항의 등록요건 미구비(□□□ 없는 상표) 또는 제34조 제1항의 상표등록을 받을 수 없는 상표(□□□□□에 해당하는 것)에 해당하는 것이다.

2. □□□□□□□□□은 상표등록출원에 대하여 거절결정을 받은 출원인이 그 거절결정에 대하여 불복하는 경우에 청구하는 심판으로, 심사관의 처분이 적정하였는지를 다시 검토하여 출원인에게 □□□□의 기회를 부여하기 위한 것이다.

3. 상표등록출원이 상표법 제33조 제1항 각호의 식별력 없는 상표에 해당한다는 이유로 거절된 경우에는 ① 심판청구 후 30일 이내에 □□□를 제출하여 식별력 없다고 제시된 □□□□을 □□하는 방법, ② 출원상표가 지정상품과 관련하여 식별력이 없다는 심사관의 판단이 잘못되었다고 주장하는 방법, ③ 출원상표가 식별력이 없거나 미약하지만 제33조 제2항에 규정된 □□□ □□ □□□을 취득하였다고 주장하는 방법 등이 있다.

4. 출원상표가 타인의 선등록상표와 동일 또는 유사한 상표라는 이유로 거절된 경우에는 ① 타인의 선등록상표에 관한 □□를 □□하는 방법, ② 심판청구 후 30일 이내에 보정서를 제출하여 선등록상표의 지정상품과 동일·유사한 □□□□을 □□하는 방법, ③ 출원상표가 타인의 선등록상표와 동일·유사하다는 심사관의 판단이 잘못되었다고 주장하는 방법. ④ 거절결정불복심판의 청구와 함께 타인의 선등록상표에 대한 상표등록의 □□□□ 또는 □□□□을 청구하여 그 효력을 소멸시키는 방법 등이 있다.

5. 거절결정불복심판은 결정의 등본을 송달받은 날부터 □□일 이내에 청구하여야 한다. 다만, 특허청장은 당사자의 청구에 의하여 또는 직권으로 이 기간을 30일 이내에서 한 차례 연장할 수 있고, 도서·벽지 등 교통이 불편한 지역에 있는 자의 경우에는 그 횟수 및 기간을 추가로 연장할 수 있다.

학습 2 상표등록무효심판

학습 목표	• 무효심판의 청구요건을 숙지하고, 다양한 무효사유와 그 해당요건에 대하여 이해할 수 있다.

1 상표등록무효심판이란

1. 의의

상표등록무효심판은 거절이유가 있음에도 불구하고 등록된 상표권을 소급적으로 소멸시켜 제3자의 이익을 부당하게 침해하는 것을 방지하기 위한 심판이다.

상표등록무효심판은 등록상표의 존재로 인해 불이익을 받을 우려가 있는 자(청구인)가 등록상표의 권리자(피청구인)를 상대방으로 하여 청구하는 심판이므로 형식상 당사자계 심판에 속한다.

상표권의 무효와 취소

상표권의 무효란 등록될 수 없는 상표가 착오로 등록된 경우 심판을 통해 그 상표권의 효력을 처음부터 없었던 상태로 확정하는 것이다.

한편 상표권의 취소는 일단 유효하게 발생된 상표권을 등록 후에 일어난 사유(불사용, 부정사용 등)로 인해 심판을 통해 장래를 향하여 소멸시키는 것이다.

참고로, 심판을 통한 무효와 취소 외에 상표권이 소멸하는 경우는 포기(상표권자의 의사표시에 의한 장래 소멸) 및 존속기간만료(특정 사실 발생에 의한 장래 소멸)가 있다.

상표등록에 관한 무효심판은 상표등록 또는 지정상품추가등록의 무효심판(상§117), 존속기간갱신등록 무효심판(상§118), 그리고 상품분류전환등록 무효심판(상§214)이 있는데, 이 장에서는 가장 많이 활용되는 상표등록무효심판을 중심으로 공부해 보자.

상표등록무효심판을 청구할 때 특히 유의할 점은 ① 무효심판을 청구할 수 있는 자는 해당 등록상표의 존재 여부와 '이해관계가 있는 자'이어야 한다는 점(청구인 적격), ② 등록상표의 지정상품이 2개 이상인 경우에는 지정상품마다 무효심판을 청구할 수 있다는 점(일부 무효), ③ 무효사유는 상표등록의 거절이유와 일치하지는 않으며, 등록된 후에 발생된 사유를 이유로도 청구할 수 있다는 점(후발적 무효사유), ④ 어떤 무효사유는 심판을 청구할 수 있는 기간에 제한이 있다는 점(제척기간)이다.

2. 청구인 적격(이해관계인)

상표등록무효심판을 청구할 수 있는 자는 심사관 또는 이해관계인이다(상§117①). 심사관을 무효심판을 청구할 수 있도록 한 것은, 상표권은 일단 등록이 되면 그 효력이 모두에게 미치기 때문에 하자 있는 권리에 대하여는 심사관이 스스로 소멸시킬 수 있도록 한 것이다. 따라서 특허청 심사관이 아닌 자는 해당 등록상표와 이해관계가 있어야 만이 무효심판을 청구할 수 있다.

'이해관계인'이라 함은 등록상표와 동일 또는 유사한 상표를 사용한 바 있거나 현재 사용하고 있음으로써 등록상표의 소멸에 경제적 이해가 좌우되는 자를 말한다. 판례는 '이해관계인'의 범위를 해당 등록상표의 상표권자로부터 사용금지 또는 손해배상의 청구 등 권리대항을 받을 염려가 있다고 판단되는 경우는 물론 자신의 등록상표와 동일 또는 유사한 상표가 등록된 경우 등 다양한 경우에 대하여 폭넓게 인정하고 있다.

〈'이해관계인'에 해당한다고 본 사례〉

인 정 사 례	사건번호
· 등록상표와 동일 · 유사한 상표를 사용한 바 있거나 사용하고 있는 자	2002후1256
· 동일 또는 유사상표를 사용하리라고 추측이 가는 자	2005후3291
· 등록상표의 지정상품과 동종의 상품을 판매하는 자	95후1401
· 등록상표의 존재로 인해 상표등록출원에 대해 거절통지를 받은 자	88후158
· 등록상표와 동일 · 유사한 상표를 선등록한 자	97후1450
· 상표권자와 경업관계에 있는 회원으로 구성된 동업자단체	2008허5458

3. 등록된 후에 발생된 무효사유(후발적 무효사유)

상표등록의 무효사유는 거절사유와 대체로 일치하나 거절사유 중 제38조 제1항(1상표 1출원)은 무효사유에 해당하지 않는 한편, 제117조 제1항 제5호 내지 제7호(후발적 사유) 등은 거절사유에는 없으나 무효사유에 포함되어 있다.

특히 제117조 제1항 제6호는 "상표등록된 후 그 등록상표가 제33조 제1항(식별력)에 해당하게 된 경우"를 무효사유로 규정하고 있는데, 상표가 등록된 후에 식별력을 상실하는 경우에는 그 등록을 무효로 할 것을 청구할 수 있도록 한 것이다.

식별력의 상대성 · 유동성

[대법원 2014. 3. 20. 선고 2011후3698 권리범위확인(상)]

상표의 식별력은 그 상표가 가지고 있는 관념, 상품과의 관계, 당해 상품이 거래되는 시장의 성질, 거래 실태 및 거래 방법, 상품의 속성, 수요자의 구성, 상표 사용의 정도 등에 따라 달라질 수 있는 상대적 · 유동적인 것이므로, 이는 상표의 유사 여부와 동일한 시점을 기준으로 그 유무와 강약을 판단하여야 한다.

4. 제척기간

상표법은 제34조 제1항 제6호부터 제10호 및 제16호, 제35조 등에 해당하는 것을 사유로 하는 무효심판은 상표등록일부터 5년이 지난 후에는 청구할 수 없도록 규정하고 있다(상§122①). 이를 제척기간이라고 한다.

따라서 어떤 등록상표에 대하여 그보다 더 먼저 출원되어 등록된 타인의 동일 · 유사한 상표의 존재를 이유(제34조 제1항 제7호)로 하는 무효심판은 상표등록일로부터 5년이 경과되기 전에 청구되어야 한다.

제척기간

제척기간이란 어떤 권리를 행사할 수 있는 기간을 법률로 정하여 둔 것인데, 제122조에서 정한 무효심판이나 취소심판은 상표법이 정한 기간 내에 청구하여야 한다. 그 기간을 경과한 심판청구는 부적법한 것으로서 각하된다.

2 무효심판 청구 사례

아래는 등록무효심판이 활용되는 경우의 실제 사건의 예이다. ① 타인으로부터 상표권의 대항을 받은 경우, ② 자신의 등록상표와 유사한 상표가 등록된 경우 및 ③ 상표등록 후에 식별력이 없어진 경우 청구된 사건의 심결문 또는 판결문의 일부인데, 이를 통해 다양한 무효사유 및 심판청구요건을 알아보자.

1. '펌핑치약' 사건(2020당2299) - 상표사용(침해)금지 요구를 받은 경우

앞의 『생각해 보기』의 사례에서, LG생활건강은 애경산업을 상대로 자신의 등록상표권 대한 침해금지청구소송을 제기하였다.

그러나 애경산업은, LG생활건강의 'PUMPING' 상표는 사용방법을 나타내는 상표로서 식별력이 없으므로 상표법 제33조 제1항 제3호 및 제7호에 해당하고 사용에 의한 식별력을 취득하였다고 볼 수도 없으므로 그 등록이 무효로 되어야 한다고 주장하면서 등록무효심판을 청구한 것이다.

1. 청구인(애경산업)의 주장 요지

가. 이 사건 등록상표(PUM PING)는 지정상품인 '치약'과 관련하여 볼 때 '디스펜서 용기의 상단 캡을 눌러서(펌핑하여) 사용하는 치약'의 의미로 쉽게 인식할 수 있고, 이는 지정상품의 사용방법 등을 보통으로 사용하는 방법으로 표시한 것에 불과하므로 상표법 제33조 제1항 제3호에 해당하고, 특정인에게 독점적으로 사용할 수 있게 하는 것이 공익상 타당하지 않으므로 상표법 제33조 제1항 제7호에도 해당한다.

나. 피청구인이 실제 사용한 표장은 자신의 주지·저명한 상표인 'PERIOE(페리오)'와 함께 사용되었을 뿐만 아니라, 'PUMPING(펌핑)'은 피청구인 외에도 치약 업계에서 다수에 의해 사용되어 왔으므로, 이 사건 등록상표는 독자적으로 사용에 의한 식별력을 취득하였다고 볼 수 없다.

2. 피청구인(LG생활건강)의 주장 요지

이 사건 등록상표는 2013년 이후 100억 원 이상의 광고비 지출 및 1,100억 원 이상의 누적 매출액을 거두면서 지속적이고 비경합적으로 사용된 결과 일반 수요자들 사이에서 피청구인의 상표로 인식된 상표이므로 상표법 제33조 제2항에 따라 적법하게 등록된 것이다.

3. 심판부의 판단

가. 이해관계 여부

청구인은 치약 등을 생산・판매하는 자로 2018. 10. 19. 피청구인으로부터 이 사건 등록상표를 포함한 'PUMPING(펌핑)' 상표권에 기초하여 부정경쟁행위 및 상표권침해 금지 소송(2018가합573792)을 받은 사실이 인정되므로, 이 사건 등록상표의 존부에 대하여 직접적이고 현실적인 이해관계를 가진 자에 해당한다.

나. 상표법 제33조 제1항 제3호 및 제7호 해당 여부

(1) 갑 제3, 4호증 및 갑 제29호증의 각 기재에 의하면, 'PUMPING'은 '펌프 사용', '펌프 작용'의 사전적 뜻을 가진 단어로 지정상품인 '치약'과 관련하여 볼 때 '디스펜서 용기의 상단 캡을 눌러서(펌핑하여) 사용하는 치약' 정도로 쉽게 인식할 수 있고, 거래사회에서도 그와 같은 의미로 사용되고 있으며, 피청구인 또한 자신의 제품을 광고 또는 홍보함에 있어서 '눌러쓰는 펌핑치약'이라고 광고해 온 사정을 알 수 있다.

(2) 그렇다면 이 사건 등록상표는 그 지정상품인 '치약'과 관련하여 용기 상단의 펌프 부분을 눌러서 사용하는 형태의 치약 제품으로 그 사용방법 등을 보통으로 사용하는 방법으로 표시한 기술적 표장에 해당하고, 일반 수요자나 거래자들에 의해 자주 사용되는 단어이므로 공익상 특정인에게 이를 독점적으로 사용하게 하는 것은 적당하지 않다.

(3) 따라서 이 사건 등록상표는 상표법 제33조 제1항 제3호 및 제7호에 해당한다.

다. 상표법 제33조 제2항 해당 여부

(1) 위 인정사실에 의하면 피청구인은 2013년부터 펌프 작용이 적용된 용기를 사용하는 치약을 판매하면서 'PUMPING' 또는 '펌핑' 표장을 사용하였고, 유명 연예인들을 모델로 하여 광고 및 홍보를 하였으며, 이 사건 등록상표가 표시된 제품의 판매량이 상당한 규모에 이르는 사실은 인정된다.

(2) 그러나 갑 제6, 10, 11, 13, 15, 17호증 및 제29호증의 각 기재 등에 비추어 보면, 이 사건 등록상표가 피청구인의 기존 치약 상표인 '페리오' 또는 'PERIOE' 등과 별도로 독립하여 수요자 사이에서 사용에 의한 식별력을 취득하였다고 인정하기는 어렵다. 그 이유는 다음과 같다.

① 피청구인은 PUMPING' 단어를 단독으로 사용한 바는 없고 모두 'LG 생활건강' 또는 '페리오', 'PERIOE 46cm' 등 자신의 잘 알려진 브랜드를 함께 사용하여 왔다.

② 피청구인은 자신의 제품 홈페이지, 영상 광고는 물론 신문 홍보기사에서도 'LG 생활건강이 출시한 펌핑치약' 또는 '페리오에서 출시한 펌핑치약' 등과 같이 'LG 생활건강' 또는 '페리오' 부분을 강조하여 사용해 왔다.

③ 피청구인은 제품 광고 또는 홍보에서, 용기 상단에 형성된 펌프를 눌러서 치약 등을 뽑아낸다는 사용방법으로 '펌핑'이라는 용어를 사용하였으며, 피청구인의 국내 특허출원서에도 PUMPING' 또는 '펌핑' 용어를 치약 배출의 방법 내지는 치약 용기의 형태를 설명하는 용어로 사용하였다.
④ 피청구인이 제출한 설문조사결과는, 합리적인 이유 없이 만 20세 미만 및 만 60세 이상의 여성과 남성 수요자를 배제한 점에서 대표성이 부족하고, 설문 A2 항목에서는 이 사건 등록상표가 표시된 부분을 선택하도록 하는 유도성 질문을 포함하고 있어 그 객관적 타당성과 신뢰성을 인정하기 어렵다.

애경산업은 위 무효심판을 청구하면서, LG생활건강의 'PUMPING' 상표는 ① 지정상품인 '치약'의 사용방법을 직접적으로 나타내는 '성질표시 상표'에 해당할 뿐 아니라 특정인이 독점하는 것은 공익에 반하므로 상표법 제33조 제1항 제3호 및 제7호에 해당하고, ② 제33조 제2항의 '사용에 의한 식별력'을 취득하였다고 볼 수도 없다고 주장하였다.

심판부는 애경산업의 주장을 받아들여 LG생활건강의 'PUMPING' 상표의 등록은 최종 무효가 되었고, LG생활건강의 침해금지청구소송도 모두 패소하였다.

2. '테디베어' 사건(2015당4250) - 자신의 등록상표와 유사한 상표가 등록된 경우

상표등록무효심판이 종종 활용되는 경우 중의 하나가 자신의 등록상표와 동일 또는 유사한 상표가 나중에 출원되어 등록된 경우이다. 상표법 제34조 제1항 제7호를 이유로 하는 무효심판을 청구하는 경우인데, 제34조 제1항 제7호에 해당하는 것을 사유로 하는 무효심판청구에는 제척기간이 적용된다는 점을 유의해야 한다(상§122①).

1. 기초사실
가. 이 사건 등록서비스표
(1) 등록번호/출원일/등록일 : 서비스표등록 제117434호/2004. 1. 29./ 2005. 6. 13.
(2) 구 성 : **테디 베어**
(3) 지정서비스업 : 서비스업 구분 제41류의 휴일캠프오락서비스업, 온라인 게임 서비스업, 자동차경주장경영업, 레크레이션시설제공업 등
(4) 지정상품추가등록출원일/등록일 : 2012. 7. 3./2014. 2. 14.
(5) 추가등록 지정서비스업 : 서비스업 구분 제41류의 골프장경영업, 골프장예약업, 골프용품대여업, 골프학원경영업

나. 선등록상표

(1) 등록번호/출원일/등록일 : 상표등록 제676145호 분할이전번호 제1호 유사 제1호/2005. 9. 15./2006. 8. 29.

(2) 구 성 : **Teddy Bear kids**

(3) 지정상품 : 상품류 구분 제28류의 골프가방, 골프공, 골프장갑, 골프채 등

2. 당사자의 주장 및 답변

가. 청구인의 주장 요지

이 사건 등록서비스표의 지정서비스업 중 '골프장경영업, 골프장예약업, 골프

용품대여업, 골프학원경영업'은 청구인의 선등록상표와 표장 및 지정서비스업이 유사하여 상표법 제7조 제1항 제7호에 해당됨에도 불구하고 등록된 것이므로 상표법 제71조 제1항 제1호에 따라 그 등록이 즉시 무효가 되어야 한다.

나. 피청구인의 답변 요지

답변 없음3. 특허심판원의 판단

가. 이해관계 여부

청구인은 이 사건 등록서비스표의 표장 및 지정서비스업이 그 보다 먼저 출원하여 등록된 청구인의 선등록상표의 표장 및 징정상품과 유사하다고 주장하면서 이 사건 무효심판을 청구한 것이므로 적법한 이해관계인에 해당한다.

나. 표장의 유사 여부

선등록상표는 'Teddy Bear' 부분과 'kids' 부분이 분리하여 관찰하는 것이 거래상 자연스럽지 못하다고 여겨질 정도로 불가분하게 결합되어 있지 않고 'Teddy Bear' 부분은 그 지정상품인 '골프가방, 골프공, 골프채' 등과 관련하여 볼 때 식별력이 없거나 약하다고 할 수 없으므로 'Teddy Bear' 부분만으로 분리되어 인식될 수 있고 '테디 베어'로 호칭되고 관념된다 할 것이고(특허법원 2010. 6. 11. 선고 2010허1978 판결, 특허법원 2014. 4. 25. 선고 2013허9188 판결 등 참조), 이 경우 선등록상표와 이 사건 등록서비스표는 각각 그 호칭이 '테디 베어'로 동일하고 관념도 곰인형의 한 종류인 '테디 베어'로 서로 같다. 따라서 이 사건 등록서비스표는 선등록상표와 그 요부의 호칭 및 관념이 동일하므로 전체적으로 유사하다.

다. 지정서비스업의 유사 여부

그런데, 선등록상표의 지정상품인 골프용품들은 골프장 등 골프시설을 이용하거나 골프학습을 하는 데 사용되는 것들이고, 골프장이나 골프학원에서는 이러한 골프용품들을 판매하거나 때로는 이를 고객에게 대여하는 영업도 하고 있으며, 골프용품의 수요자는 골프장이나 골프학원 등 골프 관

련 시설이나 장비들에 대한 수요자로 그 수요자의 범위가 거의 일치한다 할 것이므로, 이 사건 등록서비스표의 지정서비스업 중 '골프장경영업, 골프장예약업, 골프용품대여업, 골프학원경영업'은 선등록상표의 지정상품인 '골프가방, 골프공, 골프장갑, 골프채 등'과 상호간에 밀접한 관계가 있는 유사한 지정서비스업 및 상품이다.

위 사례에서 청구인은 등록서비스표의 지정서비스업 중 '골프장경영업, 골프장예약업, 골프용품대여업, 골프학원경영업'에 대하여만 등록무효를 구하였는데, 이 지정서비스업들은 추가로 등록된 것이고 무효심판은 등록 후 5년이 지나지 않은 것이어서 제척기간을 규정한 상표법 제122조 제1항에 위배되지 않는 것이다.

이 심판에서 심판부는 청구인의 주장을 받아들여 ① 양 서비스표의 요부인 '테디베어' 및 'Teddy Bear'는 호칭 및 관념이 유사하므로 전체적으로 유사하고, ② 지정서비스업 역시 속성 및 제공자, 소비자 등 거래실정이 서로 유사하므로, 그 등록이 무효로 되어야 한다고 판단하였다.

3. '오케타니' 사건(2018허5785) - 상표등록 후에 식별력이 없어진 경우

식별력은 원래 없거나 미약하였다 하더라도 사용에 의하여 식별력을 취득할 수도 있고, 애초에는 식별력을 구비하고 있는 상표도 보통명칭상표나 관용상표가 되기도 하는데, 이러한 현상은 어떤 상표가 식별력을 인정받아 등록된 후에도 발생할 수 있다. 이러한 상표는 거래사회에서 누구나 사용할 수 있어야 하기 때문에 상표법은 그에 대하여 등록무효심판을 청구할 수 있도록 하였다.

1. 이 사건 등록서비스표

가. 등록번호/출원일/등록일 : 상표서비스표등록 제42553호/2011. 3. 4./2012. 12. 3.

나. 구 성 : **오케타니**

다. 지정상품/서비스업

- 상품류 구분 제10류의 물리요법장치, 유아노리개용 고무젖꼭지, 일회용젖병, 가정용 전기마사지기, 산모용 마사지기, 유방용 전기마사지기 등
- 서비스업류 구분 제35류의 모유수유용품판매알선업, 모조젖꼭지판매대행업, 모조젖꼭지판매알선업, 유방마사지실습장치판매대행업 등

2. 특허법원의 판결 요지

가. 이 사건 등록상표는 '오케타니'는 '오케타니 유방관리법'을 창안한 '오케타니 소토미(桶谷 そとみ, Oketani Sotomi)'라는 일본의 조산사(助産師)의 이름에서 비롯된 것이고, '오케타니 유방관리법'은 일본에서 시작된 유방관리법의 하나로서 수유부가 고통 없이 모유수유를 할 수 있도록 도와주는 유방관리 손기술을 말하며, 피고도 자신이 운영하는 '오케타니 몰' 홈페이지에서 '오케타니'가 일본의 '오케타니 유방관리법'에서 비롯된 용어임을 표시하고 있으므로, 이 사건 등록상표의 표장은 '일본의 조산사 오케타니 소토미에 의해 창안된 산모 건강관리 및 모유수유 관련 유방관리법'이라는 관념을 가지는 것 으로서 그 지정상품 및 지정서비스업인 유방 관리 및 마사지, 모유수유 등과 관련된 상품 및 서비스와의 관계에서 그 품질, 효능, 용도 등의 성질을 직접적으로 기술하는 것이라고 볼 수 있다.

나. 나아가 이 사건 등록상표의 등록일인 2012. 12. 3. 이후 이 사건 등록상표의 표장은 '일본의 조산사 오케타니 소토미에 의해 창안된 산모 건강관리 및 모유수유 관련 유방관리법'으로서 유방관리법의 일종을 의미하는 단어로 다수인에 의해 인식되어 사용되고 있는 것이 거래사회의 실정임을 알 수 있다.

다. 위와 같은 이 사건 등록상표의 관념, 지정상품/지정서비스업과의 관계 및 거래사회의 실정 등을 감안할 때, 이 사건 등록상표의 표장은 비록 그 등록결정시인 2012. 10. 2. 기준으로 국내에서 널리 인식되었다고 보기는 어렵다고 하더라도, 적어도 그 등록일인 2012. 12. 3. 이후로는 유방관리 및 마사지, 모유수유 등과 관련된 상품/서비스의 거래자나 수요자들이 이를 '일본의 조산사 오케타니 소토미에 의해 창안된 산모 건강관리 및 모유수유 관련 유방관리법'을 의미하는 유방관리법의 일종으로 인식할 수 있게 되었다고 할 것이고, 이 사건 등록상표가 그 지정상품/지정서비스업에 사용될 경우 그 품질, 효능, 용도 등의 성질을 의미하는 것으로 바로 인식할 것이므로, 이 사건 등록상표는 그 지정상품/지정서비스업의 성질을 보통으로 사용하는 방법으로 표시한 표장만으로 된 상표로서 구 상표법 제71조 제1항 제5호, 제6조 제1항 제3호의 등록무효사유에 해당한다.

라. 또한, 이 사건 등록상표는 이 사건 등록상표의 지정상품/서비스업과 같이 유방 관리 및 마사지, 모유수유 등과 관련된 상품/서비스를 취급하는 동종 거래업계의 종사자들에게 그 사용이 개방되어 거래사회에서 누구나 사용할 수 있어야 하는 것으로서 특정인에게 독점시키는 것은 공익상 바람직하지 않을 뿐만 아니라, 지정상품/지정서비스업의 성질을 표시하는 것으로서 자타 상품이 식별되도록 하는 표장으로 기능한다고 보기도 어려우므로, 이 사건 등록상표는 수요자가 누구의 업무에 관련된 상품을 표시하는 것인가를 식별할 수 없는 상표로서 구 상표법 제71조 제1항 제5호, 제6조 제1항 제7호의 등록무효사유에도 해당한다.

위 사례에서, 등록서비스표 '오케타니'는 그 등록결정시점인 2012. 10. 2.에는 식별력이 없다고 볼 수 없었으나 그 등록일인 2012. 12. 3. 이후에 유방관리법의 일종으로 알려지게 되어 심결시점에는 성질표시상표에 해당하게 되었고 특정인이 독점하도록 허용하는 것이 곤란하게 되었다고 판단되었다.

3 심판의 청구와 심리

1. 심판청구서의 작성

심판청구서의 기재사항은 청구인, 대리인, 피청구인, 사건의 표시, 청구의 취지, 청구의 이유 등을 기재하여야 하며, 그 요령은 거절결정불복심판에서와 같다. 다만, 사건의 표시란과 청구의 취지란은 아래와 같이 기재한다.

【사건의 표시】

【심판의 종류】 무효심판

【상표등록번호】 40-0000000-00-00

【청구의 취지】

"상표등록 제0000000호는 그 등록을 무효로 한다. 심판비용은 피청구인의 부담으로 한다."라는 심결을 구함

2. 당사자

상표등록무효심판의 청구인은 이해관계인 또는 심사관이다(상§117①). 한편 피청구인은 심판청구 당시의 권리자이다. 그리고 공유인 상표권에 대하여 심판을 청구할 경우에는 공유자 모두를 피청구인으로 하여야 한다(상§124②).

3. 심판청구 대상

상표등록무효심판의 청구대상은 상표등록된 권리이다(상§117①). 등록상표의 지정상품이 둘 이상인 경우에는 지정상품마다 무효심판을 청구할 수 있다(상§117①후문).

그리고 상표등록무효심판의 청구는 심결이 확정되기 전까지 취하할 수 있다. 둘 이상의 지정상품에 대한 청구는 지정상품마다 취하할 수 있다(상§148②). 다만, 상대방의 답변서가 제출된 경우에는 상대방의 동의를 받아야 한다(상§148①).

4. 무효심판의 청구시기

상표등록무효심판은 상표권이 소멸된 후에도 청구할 수 있다(상§117②). 상표권이 장래를 향하여 소멸한 경우에는 해당 권리 존속기간 중의 침해행위를 이유로 손해배상청구 등 분쟁이 발생할 수 있다. 따라서 그 상대방은 상표권이 포기, 존속기간만료, 취소로 소멸한 후에도 무효심판을 청구할 수 있도록 한 것이다.

5. 심결

1) 무효심판의 심결

심판청구가 이유 없는 경우에는 기각심결을, 심판청구가 이유 있는 경우에는 인용심결을 한다.

한편 지정상품 전부 또는 일부에 대하여 무효심판을 청구한 경우 그 지정상품의 일부에만 무효사유가 있는 경우 해당 지정상품에 대하여만 (일부)무효심결을 할 수 있다.

일부무효심결 가능 여부

[대법원 1994.5.24. 선고 92후2274 판결 등록무효(상)]

어느 상표가 2이상의 상품을 지정상품으로 하여 등록이 되어 있는 경우에 심판청구인이 상표등록 전부의 무효심판을 청구하는 경우라도 지정상품중 일부에만 무효원인이 있고 다른 지정상품에는 무효사유가 없음이 명백한 때에는 출원사정의 경우와는 달리 그 무효원인이 있는 지정상품에 한하여 등록무효의 심판을 하여 그 부분만 말소하게 함이 상당할 것이고, 이러한 해석은 구상표법 하에서도 같이 하여야 할 것이다(당원 1985.9.24. 선고 84후109 판결 참조). 이에 저촉되는 당원 1983.3.22. 선고 81후17 판결의 견해는 변경하기로 한다. 이와 같은 이치는 3이상의 상품을 지정상품으로 하여 등록된 경우 2이상의 지정상품에 관하여 무효심판을 청구하는 경우에도 같다고 할 것이다.

2) 무효심결의 주문 기재 예시

(1) 인용(전부무효 청구시)

1. 상표등록 제OOO호의 등록을 무효로 한다. 2. 심판비용은 피청구인이 부담한다.

(2) 일부인용(전부무효 청구시)

1. 상표등록 제OOO호의 지정상품 중 '××'의 등록을 무효로 하고, 나머지 부분에 대한 청구는 기각한다. 2. 심판비용중 0/0은 청구인이, 나머지는 피청구인이 각 부담한다.

(3) 인용(일부무효 청구시)

1. 상표등록 제OOO호의 지정상품 중 '××'의 등록을 무효로 한다. 2. 심판비용은 피청구인이 부담한다.

(4) 기각

1. 이 사건 심판청구를 기각한다. 2. 심판비용은 청구인이 부담한다.

(5) 일부각하, 일부인용

1. 상표등록 제OOO호의 지정상품 중 '××'에 대한 심판청구를 각하한다. 2. 상표등록 제OOO호의 지정상품 중 '××'의 등록을 무효로 하고, 나머지 부분에 대한 청구는 기각한다. 3. 심판비용 중 0/0은 청구인이 부담하고, 나머지는 피청구인이 부담한다.

6. 무효심결의 효과

1) 일반적 무효사유에 의한 경우

무효의 심결이 확정되면, 그 상표권은 처음부터 없었던 것으로 본다(상§117③). 따라서 손실보상청구권도 처음부터 발생하지 않은 것으로 보며(상§58⑥), 사용권 등 상표권에 부수한 권리도 당연히 소멸한다. 상표권 존속 시 침해행위가 있었더라도 무효심결이 확정되면 더 이상 침해행위에 해당하지 않는다.

2) 후발적 무효사유에 의한 경우

후발적 무효사유(제117조 제1항 제5호부터 제7호)에 따라 상표등록을 무효로 한다는 심결이 확정된 경우에는 상표권은 그에 해당하게 된 때부터 없었던 것으로 본다(상§117③ 단서).

이때 등록상표가 위 규정에 해당하게 된 때를 특정할 수 없는 경우에는 무효심판이 청구되어 그 청구내용이 등록원부에 공시(公示)된 때로 본다(상§117④).

3) 일사부재리 및 불복

상표등록을 무효로 하는 심결이 확정되었을 경우에는 그 사건에 대해서는 누구든지 같은 사실 및 같은 증거에 의하여 다시 심판을 청구할 수 없다. 다만, 확정된 심결이 각하심결인 경우에는 그러하지 아니하다(상§150).

한편 무효심결에 불복하는 경우에는 그 등본을 송달받은 날부터 30일 이내에 특허법원에 심결취소를 구하는 소를 제기하여야 하며(상§162①②), 이 경우의 소는 특허청장이 아니라 그 청구인 또는 피청구인을 피고로 하여 제기하여야 한다(상§163).

따라하기 / 상표등록 무효사유와 무효심판의 적법 요건 확인하기 청구

1. 앞의 본문 내용(②무효심판 청구 사례) 중 '펌핑치약' 사건(2020당2299)의 심결에서, LG생활건강의 등록상표 "PUMPING"가 그 등록당시 사용에 의한 식별력을 취득하였다고 인정하지 않은 핵심적인 이유가 무엇이었는지 확인해 보고, 그 이유가 아래의 사용에 의한 식별력 취득 요건 중 어느 것과 관련된 것인지 알아보자.

사용에 의한 식별력 불인정 핵심 사유	*피청구인의 기존 치약 상표인 '페리오' 또는 'PERIOE' 등과 별도로 독립하여 수요자 사이에서 사용에 의한 식별력을 취득하였다고 보기 어렵다(출원상표가 독자적으로 사용되지 않았다)*
사용에 의한 식별력 취득 요건(제33조 제2항)	① '상표등록출원 전부터' 상표를 '사용'하였을 것 ② 수요자간에 '그 상표'가 '특정인의 상품에 관한 출처를 표시'하는 것으로 식별하게 되었을 것 ③ '실제로 사용한 상표'를 '사용한 상품'에 출원한 것일 것 ④ 사용에 의한 식별력 취득을 입증할 수 있는 자료를 제출할 것

2. 앞의 본문 내용(②무효심판 청구 사례) 중 '테디베어' 사건(2015당4250)의 예에서, 등록서비스표 "테디 베어"에 대한 무효심판청구가 적법한 것이었는지를 아래의 청구 요건별로 간략히 정리해 보자.

무효심판 청구 요건 (적법요건)	주요 내용
① 이해관계 여부	*청구인은 등록서비스표와 동일·유사한 서비스표를 선등록한 자이다.*
② 일부 무효심판 청구 가능	*등록서비스표의 지정서비스업 중 '골프장경영업, 골프장예약업, 골프용품대여업, 골프학원경영업'에 대하여서만 무효를 구하였으나, 무효심판은 지정상품(서비스업)이 2 이상일 경우 지정상품별로 청구할 수 있다(상§117 ①후문)*
③ 제척기간	*등록무효를 구하는 지정서비스업인 '골프장경영업, 골프장예약업, 골프용품대여업, 골프학원경영업'은 2014. 2. 14. 추가로 등록되었는데 위 무효심판은 2015. 8. 13. 청구되었으므로 등록 후 5년이 지나지 않은 것이므로 제척기간 내에 청구된 것이다*

확인학습

1. 일반적인 상표등록무효심판은 상표출원이 거절이유를 가지고 있음에도 불구하고 등록된 경우 해당 상표권을 □□□으로 □□시켜 제3자의 이익을 부당하게 침해하는 것을 방지하기 위한 심판이다. 따라서 상표등록무효심판의 심결이 확정되면 해당 상표권은 처음부터 없었던 것으로 본다.

2. 상표등록무효심판을 청구할 수 있는 □□□□□이란 등록상표와 동일 또는 유사한 상표를 사용한 바 있거나 현재 사용하고 있음으로써 등록상표의 소멸에 경제적 이해가 좌우되는 자를 말하는데, 판례는 해당 등록상표의 상표권자로부터 사용금지 또는 손해배상의 청구 등 권리대항을 받을 염려가 있다고 판단되는 경우는 물론 자신의 등록상표와 동일 또는 유사한 상표가 등록된 경우 등 폭넓게 인정하고 있다.

3. 상표등록의 무효사유에는 상표출원에 대한 일반적인 거절사유 외에도 상표등록이 된 후 해당 상표가 상표법 제33조 제1항 각호에 해당(상표등록 후 식별력 상실)하게 된 경우 등과 같은 □□□ □□□□도 포함된다.

4. 상표법은 상표등록이 제34조 제1항 제7호에 해당함을 이유(어떤 등록상표가 그보다 더 먼저 출원되어 등록된 타인의 동일·유사한 상표가 있음에도 등록된 경우)로 하는 무효심판은 해당 상표의 등록일로부터 5년이 지난 후에는 청구할 수 없도록 규정하고 있는데 이를 □□□□이라고 한다.

5. 상표등록무효심판은 등록상표의 지정상품이 둘 이상인 경우에는 지정상품마다 청구할 수 있고(□□ 무효심판 청구 가능), 심결이 확정되기 전까지 지정상품마다 □□할 수 있다.

학습 3 상표등록취소심판

학습 목표 • 상표 불사용 및 부정사용에 따른 상표등록취소심판의 적용요건을 알 수 있다.

1 상표등록취소심판이란

상표등록취소심판은 상표등록이 일단 유효하게 성립한 후에 발생한 사유를 이유로 장래를 향하여 권리를 소멸시키는 심판이다. 상표등록취소심판은 상표등록 후 등록상표의 올바른 사용을 담보하기 위해 사후 감독적 차원에서 심판절차를 통해 상표권을 소멸시키는 제도이다.

상표등록의 취소사유는 여러 가지인데, 상표권자 또는 사용권자의 부정사용(상§119①,②), 등록상표의 불사용(상§119③), 상표권 이전(移轉) 요건 위반(상§119④), 유사상표 이전 후의 부정목적 사용(상§119⑤), 부정경쟁방지 및 영업비밀보호에 관한 법률 제2조 제1호 카목에 따른 부정경쟁행위에 해당하는 사용(상§119⑥), 단체표장, 지리적 표시 단체표장 및 증명표장의 부정사용(상§119⑦,⑧,⑨) 등이 있다.

여기서는 현실적으로 가장 많이 활용되는 불사용취소심판 및 부정사용취소심판에 대하여 알아본다.

2 불사용취소심판

1. 의의

불사용취소심판은 상표권자, 전용사용권자 또는 통상사용권자 중 어느 누구도 정당한 이유 없이 등록상표를 그 지정상품에 대하여 취소심판청구일 전까지 계속하여 3년 이상 국내에서 사용하고 있지 않은 경우에 청구하는 심판을 말한다(상§119①3).

사용되지 않는 상표를 보호하는 것은 그와 동일·유사한 상표를 사용하고자 하는 타인의 사용기회를 부당하게 제한하는 결과를 가져오기 때문에 사용되지 않는 상표를 정리하기 위한 것이다. 주로 제3자가 그 등록상표와 동일·유사한 상표를 출원하였다가 등록이 거절되는 경우에 활용된다.

2. 당사자

불사용으로 인한 취소심판은 누구든지 청구할 수 있다(상§119⑤). 피청구인은 심판청구 당시 상표등록원부에 등록된 상표권자이다.

3. 청구기간

상표권이 유효하게 존속 중인 경우에만 청구할 수 있고, 제척기간의 적용은 없다.

4. 청구대상

해당 상표권의 지정상품이 2개 이상인 경우에는 전부는 물론 일부에 대해서도 청구할 수 있다(상§119②). 이는 지정상품 중 어느 하나에라도 사용하면 전체 지정상품에 대해 취소를 면할 수 있게 되기 때문에 지정상품 각각에 대해서도 청구할 수 있도록 한 것이다.

그러나, 불사용취소심판은 일부 지정상품에 대해서도 청구할 수 있지만, 청구된 지정상품의 일부에 대하여만 취하하는 것은 인정되지 않는다. 제119조 제3항은 2개 이상의 지정상품을 대상으로 취소심판이 청구된 경우 그 중 어느 하나에 대하여만 사용사실을 입증하면 되도록 규정하고 있는데(입증책임 완화), 일부 취하를 인정하게 되면 사용사실이 입증된 지정상품을 계속하여 취하할 수 있게 되어 제119조 제3항의 취지에 반하기 때문이다.

5. 적용요건

1) 상표권자나 사용권자 중 누구도 등록상표를 사용하지 않았을 것

상표권자, 전용사용권자 또는 통상사용권자 중 어느 누구도 등록상표를 사용하지 않은 상태여야 한다. 상표권자나 사용권자는 자기 상품의 출처를 표시하기 위하여 등록상표를 사용하여야 한다. 타인의 상품에 대한 출처를 표시하기 위해 사용한 경우에는 불사용취소 심판에서의 사용행위로 인정되지 않는다.

전용사용권과 통상사용권

등록상표의 전용사용권이란 상표권자와 설정행위로 정한 범위 내에서 등록상표를 독점적으로 사용할 수 있는 권리이며(상§95①,③). 통상사용권은 상표권자 또는 전용사용권자와 설정행위로 정한 범위 내에서 등록상표를 비(非)독점적으로 사용할 수 있는 권리를 말한다(상§97①,②).

한편, 상표의 전용사용권과 통상사용권의 설정등록은 제3자에 대한 대항요건일 뿐(상§100①) 효력발생의 요건이 아니므로, 전용사용권과 통상사용권은 상표권자(또는 전용사용권자)와 사용자 사이의 합의만으로도 성립할 수 있다.

사용권의 성립 요건

[특허법원 2016. 7. 15. 선고 2016허2324 판결 등록취소(상)]

전용사용권자이든 통상사용권자이든 반드시 상표등록원부에 등록되어야 할 필요는 없고, 또 사용권의 성립에 관한 합의가 반드시 문서에 의하여 이루어져야 한다거나, 어떠한 형식을 갖추어야만 한다고 할 수도 없으며, 묵시적 행위에 의할 수도 있는 것이다.

상표법상의 '상표의 사용'이란

제2조(정의) ① 이 법에서 사용하는 용어의 뜻은 다음과 같다.

11. "상표의 사용"이란 다음 각 목의 어느 하나에 해당하는 행위를 말한다.
   가. 상품 또는 상품의 포장에 상표를 표시하는 행위
   나. 상품 또는 상품의 포장에 상표를 표시한 것을 양도 또는 인도하거나 양도 또는 인도할 목적으로 전시·수출 또는 수입하는 행위
   다. 상품에 관한 광고·정가표(定價表)·거래서류, 그 밖의 수단에 상표를 표시하고 전시하거나 널리 알리는 행위

'자기 상품'에 대한 출처표시일 것

[대법원 2013. 11. 28. 선고 2012후1071 판결 등록취소(상)]

상표법상 상표는 상품을 생산·가공 또는 판매하는 영업을 영위하는 자가 자기의 상품을 타인의 상품과 식별되도록 하기 위하여 사용하는 표장을 말하므로(구 상표법 제2조 제1항 제1호), 상표의 불사용을 이유로 한 상표등록 취소심판에서 상표의 사용이 인정되려면 상표권자 또는 그 사용권자가 상표를 자기 상품의 출처를 표시하기 위하여 사용하여야 하고, 타인의 상품의 출처를 표시하기 위하여 사용한 경우는 불사용을 이유로 한 상표등록의 취소를 면하기 위한 상표의 사용에 해당한다고 할 수 없다

2) 등록상표를 지정상품에 대하여 사용하지 않은 경우일 것

등록상표와 동일성이 인정되는 상표를 사용하여야 한다. 동일성이 인정되는 상표는 등록상표 그 자체는 물론 거래 사회통념상 등록상표와 동일하게 볼 수 있는 형태의 상표를 포함하지만, 유사상표는 포함하지 않는다(상표의 동일성). 그리고 상표를 사용한 상품도 지정상품과 동일성이 인정되는 상품이어야 한다(상품의 동일성).

'등록상표'의 사용(상표의 동일성)

[대법원 2007. 1. 25. 선고 2005후2854 판결 등록무효(상)]

상표법 제119조 제1항 제3호에서 규정하는 '등록상표의 사용'이라 함은 등록상표와 동일한 상표를 사용한 경우를 말하고, 동일한 상표라고 함은 등록상표 그 자체뿐만 아니라 거래 사회통념상 등록상표와 동일하게 볼 수 있는 형태의 상표를 포함하나, 유사상표를 사용한 경우는 포함하지 않으며, 등록상표가 결합상표이고 결합상표를 이루는 기호나 문자 또는 도형들이 각기 상표의 요부를 구성하고 있는 경우에는 그 중 어느 한 부분만을 상표로 사용하였다 하더라도 이를 들어 등록상표를 사용한 것이라고는 할 수 없다.

'지정상품과 동일한 상품'에의 사용(상품의 동일성)

[대법원 2008. 5. 29. 선고 2006후2967 판결 등록취소(상)]

등록상표를 그 지정상품에 사용하고 있지 아니한 경우라 함은 등록상표를 지정상품 그 자체 또는 거래사회의 통념상 이와 동일하게 볼 수 있는 상품에 현실로 사용하지 아니한 때를 말한다 할 것이고, 거래사회의 통념상 동일성 있는 상품이란 양 상품의 품질·용도·형상·사용방법·유통경로 및 공급자와 수요자 등 상품의 속성과 거래의 실정을 종합적으로 고려하여 객관적으로 판단하여야 한다.

〈상표의 동일성 불인정 사례〉

등록상표	실사용상표	이 유	사건번호
EG건설	EG건설 EG건설	주요 부분(도형) 생략	2021허2168
리 엔	ORIENTAL HAIR SCIENCE 리엔	새로운 외관을 형성	2012후2036

〈상품의 동일성 불인정 사례〉

지정상품	실사용상품	이 유	사건번호
장화, 편상화, 농구화, 축구화, 야구화	골프화, 단화	상품의 품질, 용도, 형상, 구체적 사용방법 및 수요자 등이 다르다.	2008후415
CD-ROM(빈 것)	RFID 미들웨어 프로그램이 저장된 CD-ROM	실사용상품은 실질적으로 프로그램이다.	2017허5405

3) 심판청구일 전 계속하여 3년 이상 국내에서 사용하지 않았을 것

심판청구일 전 3년의 기간 동안 불사용상태가 계속되어야 한다. 상표권의 이전이 있는 경우에도 새로운 권리자에게 이전등록된 때부터 3년의 기간이 시작되는 것이 아니라 전권

리자의 불사용기간도 이 3년에 포함된다.

한편 등록상표의 사용은 국내에서 사용된 것이어야 한다. 그러나 판례는 해외에서 이루어진 사용행위에 대해서도 국내에서 사용된 것으로 본 사례가 있다.

'국내'에서 사용

[특허법원 2011. 9. 22. 선고 2011허4868 판결 등록취소(상)]

원고가 비록 국내에 원고의 제품을 판매하기 위한 매장을 개장하고 있지는 않다 하더라도, 우리나라 소비자들이 국내에서 원고의 인터넷사이트를 통해 이 사건 등록상표가 부착된 '브래지어, 팬티' 등의 제품을 주문한 후 국내에 있는 자택에서 자신이 주문한 제품을 배송받은 것은 특별한 사정이 없는 한 상표법 제2조 제1항 제6호에 규정된 '상품에 상표를 표시한 것을 양도 또는 인도받은 행위'에 해당한다.

4) 상표를 사용하지 않은 것에 정당한 이유가 없을 것

상표 불사용에 대한 정당한 이유라 함은 질병 기타 천재 등의 불가항력에 의하여 영업을 할 수 없는 경우나, 법률에 의한 규제, 판매금지, 또는 국가의 수입제한조치 등에 의하여 부득이 등록상표의 지정상품이 국내에서 일반적, 정상적으로 거래될 수 없는 경우와 같이 상표권자의 귀책사유로 인하지 않은 경우 등이 해당한다.

불사용의 정당한 이유

[특허법원 2003. 8. 22. 선고 2003허2034 판결 등록취소(상)]

지정상품이 의약품인 경우 그 등록상표를 지정상품에 법률상 정당히 사용하기 위해서는 그 제조나 수입에 관하여 식품의약품안전청장의 품목허가를 받아야 하기는 하나, 원고의 주장과 같이 이 사건 등록상표가 이미 허가된 다른 의약품의 명칭과 동일하여 이 사건 등록상표를 제품명으로 사용한 지정상품이 약사법에 의한 품목허가를 받을 수 없다는 점에 관하여, 갑 제6호증의 기재만으로는 이를 인정하기에 부족하고, 달리 이를 인정할 증거가 없을 뿐만 아니라, 이 사건 등록상표가 이미 허가된 다른 의약품의 명칭과 동일하여 이 사건 등록상표를 제품명으로 사용한 지정상품이 약사법에 의한 품목허가를 받을 수 없다고 하더라도 위와 같은 사정만으로는 위에서 든 상표 불사용에 대하여 원고에게 아무런 귀책사유가 없는 정당한 이유가 있는 경우에 해당된다고 단정할 수도 없고 그 밖에 이를 인정할 만한 아무런 증거도 없다.

명목상 사용

[대법원 2013. 11. 28. 선고2012후1071 판결 등록취소(상)]

불사용으로 인한 상표등록취소심판 제도의 규정 내용과 취지에 비추어 볼 때, 등록상표가 광고 등에 표시되었다고 하더라도 상품의 출처표시로서 사용된 것이 아니거나, 그 지정상품이 국내에서 정상적으로 유통되고 있거나 유통될 것을 예정하고 있지 아니한 상태에서 단순히 등록상표에 대한 불사용취소를 면하기 위하여 명목상으로 등록상표에 대한 광고행위를 한 데에 그친 경우에는 등록상표를 정당하게 사용하였다고 할 수 없다.

6. 증명(입증)책임 등

상표권자(피청구인)가 등록상표의 사용 사실을 증명하여야 한다. 다만 2개 이상의 지정상품을 대상으로 하여 취소심판이 청구된 경우에는 그 중 하나의 상품에 대한 사용사실만 입증하면 된다(상§119③). 즉, 취소를 구하는 지정상품 중 1개 이상에 대하여만 사용사실이 인정되면 다른 상품에도 사용한 것으로 보아 그 심판청구는 기각된다.

7. 확정된 심결의 효력(소급효)

불사용으로 인한 취소심결이 확정된 때에는 그 상표권은 그 심판청구일로 소급하여 소멸한다(상§119⑥). 그리고 해당 상표권자 및 사용권자는 취소심결이 확정된 날로부터 3년 이내에는 소멸된 등록상표와 동일 또는 유사한 상표를 그 지정상품과 동일 또는 유사한 상품에 출원하지 못한다(상§34③).

3 상표권자의 부정사용취소심판

1. 의의

상표권자가 고의로 지정상품에 등록상표와 유사한 상표를 사용하거나 지정상품과 유사한 상품에 등록상표 또는 이와 유사한 상표를 사용함으로써 수요자로 하여금 상품의 품질의 오인 또는 타인의 업무에 관련된 상품과의 혼동을 생기게 한 경우에는 누구든지 그 등록의 취소심판을 청구할 수 있다(상§119①1).

상표권자라 하더라도 널리 알려진 타인의 상표에 편승하거나 모방하기 위하여 자기 등록상표를 변형하여 사용하는 것은 허용될 수 없으므로 이러한 경우 상표등록을 취소하도록 한 것이다.

2. 적용요건

1) 상표권자에 의한 사용일 것

상표권자에 의한 사용의 경우 적용된다. 사용권자의 부정사용에 의한 경우는 상표법 제119조 제1항 제2호 또는 제120조가 적용된다. 상표권이 이전된 경우 전권리자에 의한 부정사용이 있는 경우 양수인에게 그 책임이 승계된다.

상표권이 이전된 경우

[대법원 2000. 9. 8. 선고 98후3057 판결 등록취소(상)]

상표권 부여의 형성처분은 특정인의 속성과의 관련성보다는 상표라는 표장의 식별표식으로서 물(物)에 대한 처분이고 또 등록상표의 부정사용을 등록취소 사유로 한 구 상표법 제73조 제1항 제2호의 규정은 공익을 위한 제재적 성질을 가진 규정이라 할 것이므로 이에 해당되는 한서의 책임은 이 사건 등록상표에 대한 상표권을 승계취득한 원고에게도 미친다 할 것이다.

2) 고의에 의한 사용일 것

상표권자가 오인 · 혼동을 일으킬 만한 타인의 상표 존재를 알면서 그 상표와 동일 · 유사한 상표를 사용하는 한 부정사용의 고의가 있다 할 것이고, 특히 타인의 상표가 주지 · 저명 상표인 경우에는 특단의 사정이 없는 한 고의의 존재가 추정된다.

3) 지정상품에 등록상표와 유사한 상표를 사용하거나 지정상품과 유사한 상품에 등록상표 또는 이와 유사한 상표를 사용하였을 것

'자기의 등록상표와 유사한 상표를 사용한 것인지' 여부는 불사용취소심판에서의 동일성 판단기준과 관계없이, 모방대상상표와의 관계에서 등록상표를 그대로 사용한 경우보다 상품출처를 오인·혼동할 우려가 더 커지게 되었는지에 따라 판단하여야 한다.

지정상품에 등록상표와 유사한 상표를 사용한 경우

[대법원 2013. 12. 26. 선고 2012후1521 판결 등록취소(상)]

실제 사용된 상표(이하 '실사용상표'라 한다)가 등록상표를 타인의 상표(이하 '대상상표'라 한다)와 동일 또는 유사하게 보이도록 변형한 것이어서 그 사용으로 인하여 대상상표와의 관계에서 등록상표를 그대로 사용한 경우보다 수요자가 상품 출처를 오인·혼동할 우려가 더 커지게 되었다면 상표법 제73조 제1항 제2호에서 정한 부정사용을 이유로 한 상표등록취소심판에서는 그 실사용상표의 사용을 등록상표와 유사한 상표의 사용으로 볼 수 있다고 할 것이며, 이때 그 대상상표가 주지·저명한 것까지 요하지는 아니한다.

지정상품과 유사한 상품에 등록상표를 사용한 경우

[특허법원 2008. 3. 26. 선고 2007허10361 판결 등록취소(상)]

전체적으로 관찰할 때 실사용상표가 이 사건 등록상표와 동일성이 인정되는 범위를 벗어난 것으로 보기는 어렵다. 그러나 이 사건 등록상표의 지정상품이 "탄산수, 탄산수 제조제, 사이다, 셀처탄산수, 광천수, 맥주"인데 비하여, 실사용상표가 사용된 상품은 위 지정상품이 아닌, 그와 유사한 상품인 "맥아음료"이므로, 상표권자인 피고가 이 사건 등록상표의 지정상품과 유사한 상품에 등록상표를 사용한 경우에 해당한다. 따라서 피고의 실사용상표로부터 주지·저명한 원고의 대상상표가 쉽게 연상되고 그로 인하여 원고의 카스맥주와 피고의 맥아음료 간에 상품 출처에 관한 혼동을 생기게 할 염려가 있다.

4) 품질의 오인 또는 타인의 상품과의 혼동을 초래하였을 것

변형사용된 상표와 유사한 타인의 대상상표 간에 품질오인 또는 출처혼동이 발생하거나 그 염려가 있어야 한다. 여기서 타인의 상표(모방대상상표)에는 등록상표·미등록상표 모두를 포함하며, 특정인의 상표로 알려져 있어야 한다.

〈상표권자의 부정사용으로 인한 취소 사례〉

등록상표 (지정상품)	변형된 상표 (사용상품)	타인의 상표 (사용상품)	사건번호
K2SAF (신발 등)	K2SAF (신발)	K2 (아웃도어류)	2020허7418
DICOVERY (의류 등)	DICOVERY (의류)	Discovery EXPEDITION (의류)	2015허7940

3. 심판의 청구

1) 당사자

부정사용으로 인한 취소심판은 누구든지 청구할 수 있다(상§119⑤). 피청구인은 상표등록원부에 상표권자로 등록된 자이다.

2) 심판청구기간 및 제척기간

상표권이 존속중인 경우에만 청구할 수 있다. 그리고 변형상표를 사용한 날로부터 3년이 경과한 후에는 그 사실을 이유로 취소심판을 청구할 수 없다(상§122②).

3) 심판청구 후 취소사유가 소멸한 경우

취소심판 청구 후에 변형상표의l 사용을 중단한 경우에도 취소를 면하지 못한다(상§119④).

4) 확정된 심결의 효력

취소심결이 확정된 때에는 그 상표권은 그때부터 장래를 향하여 소멸한다(상§119⑥). 해당 상표권자 및 그 상표를 사용한 자는 취소심결이 확정된 날로부터 3년 이내에는 소멸된 등록상표와 동일 또는 유사한 상표를 그 지정상품과 동일 또는 유사한 상품에 출원하지 못한다(상§34③).

4 사용권자의 부정사용취소심판

1. 의의

전용사용권자 또는 통상사용권자가 지정상품 또는 이와 유사한 상품에 등록상표 또는 이와 유사한 상표를 사용함으로써 수요자로 하여금 상품의 품질의 오인 또는 타인의 업무에 관련된 상품과의 혼동을 생기게 한 경우에는 누구든지 상표등록의 취소를 구하는 심판을 청구할 수 있다(상§119①2).

사용권이 설정되면 상표권자와 사용권자 또는 사용권자 상호 간에 출처가 달라 수요자로 하여금 출처의 혼동이나 품질의 오인을 초래할 우려가 있으므로, 상표법은 사용권자에 대한 정당한 사용의무와 상표권자의 사용권자에 대한 감독의무를 분명히 하고, 이를 위반한 경우에는 등록을 취소하도록 하였다.

2. 적용요건

1) 사용권자에 의한 사용일 것

전용사용권자 또는 통상사용권자에 의한 사용의 경우 적용된다. 사용권자가 2인 이상인 경우, 그 중 1인에 의한 상표사용의 경우에도 적용된다.

2) 지정상품 또는 이와 유사한 상품에 등록상표 또는 이와 유사한 상표를 사용할 것

등록상표를 그 지정상품에 그대로 사용한 경우에도 적용될 수 있으며, 반드시 등록상표를 변형하여 사용해야 할 것을 요구하는 것은 아니다.

등록상표를 그 지정상품(동일범위 내)에 사용한 경우

[특허법원 2020. 6. 25. 선고 2019허5553 판결 등록취소(상)]

구 상표법 제73조 제1항 제8호는 '등록상표 또는 이와 유사한 상표를 사용'이라고 명시적으로 규정하고 있고, '타인의 업무에 관련된 상품과의 혼동'이라고만 규정하여 '타인'에 관하여 아무런 한정도 하고 있지 않은바, (중략) 사용권자가 지정상품에 등록상표와 동일한 상표를 사용함으로써 제3자와의 출처혼동의 우려가 발생할 경우에 위 조항이 적용되지 아니한다고 볼 만한 특별한 근거가 없으므로, 구 상표법 제73조 제1항 제8호는 통상사용권자가 등록상표의 지정상품과 동일한 상품에 등록상표와 동일한 상표를 사용함으로써 제3자와의 출처혼동이 발생한 경우에도 적용된다고 봄이 타당하다.

3) 상품의 품질 오인 또는 타인의 업무에 관련된 상품과의 혼동을 생기게 할 것

'상품의 품질 오인'에는 타인의 상품의 품질과의 오인, 그 지정상품의 본래 성질의 오인이 모두 포함된다.

타인에는 상표권자는 물론 다른 사용권자도 포함되며, 제119조 제1항 제1호의 규정과 달리 주관적 요건으로서 '고의'를 요하지 않는다.

4) 상표권자가 상당한 주의를 기울이지 않았을 것

상당한 주의란 오인・혼동행위를 하지 않도록 주의 · 경고하는 것만으로는 미흡하며, 정기적으로 상표의 사용상태에 대해 보고를 받거나 상품의 품질을 검사하는 등 실질적으로 사용권자의 상표 사용을 관리 · 통제한 경우를 말한다.

상당한 주의

[대법원 2010. 4. 15. 선고 2009후3329 판결 등록취소(상)]

통상사용권자들이 대상상표와 혼동을 초래하게 실사용상표를 사용한 이상 제품 라벨 등에 이 사건 등록상표와 동일한 표장을 부착하였다고 하여 대상상표와 혼동이 생길 염려가 없어졌다고 볼 것도 아니며, 통상사용권자들에게 브랜드 매뉴얼을 교부하고 그 준수 여부를 검사하여 시정을 요청하였다는 사정만으로는 상표사용에 관하여 그들을 실질적으로 지배하에 두고 감독하고 있었다고 보기는 어렵다고 할 것이다.

〈변형상표 사용으로 타인의 상품과 혼동을 일으킨 경우〉

등록상표 (지정상품)	변형된 상표 (사용상품)	타인의 상표 (사용상품)	사건번호
KUM KANG (양말 등)	KumKang 양말	Kumkang (신발)	2019허4871
ESPOIR (안경 등)	eSpoir (선글라스)	eSpoir (화장품)	2017허219
장수왕 (침대 등)	장수 (돌침대, 흙침대)	장 수 (가구류판매대행업)	2016허7312

3. 심판의 청구

당사자, 청구기간 및 제척기간, 확정심결의 효력 등 심판청구에 관한 사항은 제119조 제1항 제1호의 규정에 의한 취소심판에서와 같다.

따라하기 / 등록상표의 사용에 해당하는지 판단하기

Q. 다음의 각 사례에서 상표등록의 불사용취소를 면할 수 있을지 판단해 보자. 실제 사용한 상표가 등록상표와 동일하다고 인정될 수 있을 것인지(상표의 동일성), 그리고 실제 사용한 상표가 등록상표의 지정상품/서비스업과 동일하다고 인정될 수 있는 상품/서비스업에 사용된 것인지(상품의 동일성)를 그 이유와 함께 말해보자.

1. 상표의 동일성 판단

실사용상표	등록상표	참고(사건번호)
		2020당1620 (불인정) 2020허7135 (불인정)
		2017당659 (인정) 2018허8807 (인정)
		2017당2385 (불인정) 2018허6139 (인정)
		2011당684 (불인정) 2012허115 (불인정) 2012후2463 (인정)

2. 상품/서비스업의 동일성

실사용상품/서비스업	등록상표의 지정상품/서비스업	참고(사건번호)
휴대용 통신기계기구	오디오 및 비디오 수신기, 음향 또는 영상의 전송/재생용 장치, 음향 및 영상의 기록/전송/재생용 장치 등	2017당4050 (불인정) 2019허2424 (인정)
도소매업	판매대행업	2018당2453 (불인정) 2019허7801 (불인정)

확인학습

1. 상표등록취소심판은 일단 유효하게 성립한 상표등록 후에 발생한 사유를 이유로 □□를 향하여 권리를 소멸시키는 심판인데, 현실적으로 가장 많이 활용되는 취소심판은 등록상표의 □□□ 및 □□□□에 따른 취소심판이다.

2. 불사용취소심판은 상표권자, 전용사용권자 또는 □□□□□□ 중 어느 누구도 정당한 이유 없이 등록상표를 그 지정상품에 대하여 취소심판청구일 전까지 계속하여 □□ 이상 국내에서 사용하고 있지 않은 경우에 청구하는 심판으로, 상표권이 유효하게 존속 중인 경우에는 □□□□ 청구할 수 있고, 상표권의 지정상품이 2개 이상인 경우에는 전부는 물론 일부에 대해서도 청구할 수 있다.

3. 상표권자의 부정사용에 따른 취소심판은 상표권자가 □□로 지정상품에 등록상표와 유사한 상표를 사용하거나 지정상품과 유사한 상품에 등록상표 또는 이와 유사한 상표를 사용함으로써 수요자로 하여금 상품의 □□ □□ 또는 타인의 업무에 관련된 상품과의 □□을 생기게 한 경우 누구든지 청구할 수 있다.

4. □□□□의 부정사용에 따른 취소심판은 전용사용권자 또는 통상사용권자가 지정상품 또는 이와 유사한 상품에 등록상표 또는 이와 유사한 상표를 사용함으로써 수요자로 하여금 상품의 품질 오인 또는 타인의 업무에 관련된 상품과의 혼동을 생기게 한 경우 누구든지 청구할 수 있다.

5. 상표등록을 취소한다는 심결이 확정되었을 경우에는 그 상표권은 □□부터 소멸된다. 다만, 상표의 불사용을 이유로 취소되는 경우에는 그 □□□□□에 소멸하는 것으로 본다(상§119⑥).

학습 4 권리범위확인심판

학습 목표	• 권리범위확인심판의 청구요건 및 등록상표권의 효력이 미치지 않는 범위를 이해하고, 상표권 침해에 대응하거나 상표권에 대항하기 위해 심판전략을 세울 수 있다.

1 권리범위확인심판이란

1. 의의

상표법 제121조는 "상표권자, 전용사용권자 또는 이해관계인은 등록상표의 권리범위를 확인하기 위하여 상표권의 권리범위 확인심판을 청구할 수 있다. 이 경우 등록상표의 지정상품이 둘 이상 있는 경우에는 지정상품마다 청구할 수 있다."라고 규정하고 있다.

권리범위확인심판은 실제 사용하고 있거나 사용하려고 하는 상표(이를 '확인대상표장'이라 한다)가 등록상표권의 권리범위에 속하는지에 대한 확인을 구하려는 심판이다. 일반적으로 등록상표권자로부터 경고장을 통해 자신이 사용하는 상표에 대하여 사용금지청구를 받거나, 타인이 나의 등록상표와 유사한 상표를 사용하고 있는 경우에 자주 활용된다. 드물지만 자신이 사용하는 상표를 등록받기 위해 출원했는데, 선등록상표의 존재를 이유로 거절되는 경우에 선등록상표와의 비유사를 확인받기 위해 청구하기도 한다.

2. 종류

1) 적극적 권리범위확인심판

상표권자 또는 전용사용권자가 제3자가 사용하고 있는 상표(확인대상표장)가 등록상표권의 권리범리에 속한다는 확인을 구하는 심판이다.

2) 소극적 권리범위확인심판

어떤 상표를 사용하는 자(이해관계인)가 자신이 사용하고 있는 상표(확인대상표장)가 등록상표권의 권리범위에 속하지 않는다는 확인을 구하는 심판이다.

3. 침해소송과의 관계

권리범위확인심판은 현존하는 등록상표와 확인대상표장을 대비하여 상표권의 효력이 미치는 객관적 범위를 명확히 하는 것이고, 특정인이 확인대상표장을 사용하는 것이 상표권자의 상표권을 침해하였는지 여부를 직접적으로 판단하는 것을 대상으로 하는 것이 아니므로, 양 소송이 동시에 계속 중이라 하더라도 중복소송에 해당하지 않고, 어느 한 쪽의 결론이 다른 소송에서 기속력을 갖지 않는다.

따라서 침해소송이 계속 중에 권리범위확인심판의 심결취소소송이 제기된 경우에도 그 권리범위확인심판의 확인의 이익이 부정된다고 볼 수 없다.

2 심판의 청구

1. 당사자

권리범위확인심판의 청구인은 상표권자, 전용사용권자 또는 이해관계인이다. 종류별로 보면, 적극적 권리범위확인심판의 청구인은 상표권자 또는 전용사용권자이고, 소극적 권리범위확인심판의 청구인은 이해관계인이다.

'이해관계인'은 확인대상표장을 실제로 사용 중이거나 현재 사용하고 있지는 않으나 장래에 사용 예정인 자 등으로 상표권자 또는 전용사용권자로부터 권리의 대항을 받거나 받을 염려가 있는 자 등이다.

피청구인은 일반적으로 적극적 권리범위확인심판에서는 확인대상표장을 사용하고 있는 자이고, 소극적 권리범위확인심판에서는 상표권자이다.

2. 청구기간 및 대상

권리범위확인심판의 청구는 현존하는 상표권의 범위를 확정하는 것을 목적으로 하는 것이므로 상표권이 소멸된 후에는 그 확인의 이익이 없어 심판을 청구할 수 없다. 판례는 상표등록이 무효로 소멸되었는지(소급 무효), 취소로 소멸되었는지(장래 소멸)를 묻지 않고 그 확인의 이익을 부정한다. 심판청구 후 소멸된 경우에도 마찬가지이다.

한편 권리범위확인심판의 청구에는 무효심판이나 취소심판에서와 같은 제척기간의 적용은 없다.

3. 청구방식(확인대상표장 첨부)

청구취지는 적극적 권리범위확인심판의 경우 “확인대상표장은 상표등록 제000호의 권리범위에 속한다.”라는 취지로 기재하고, 소극적 권리범위확인심판의 경우 “확인대상표장은 상표등록 제000호의 권리범위에 속하지 않는다”와 같이 기재한다.

한편, 권리범위확인심판을 청구하고자 하는 자는 심판청구서에 반드시 등록상표와 대비할 수 있는 확인대상표장의 견본 및 그 사용상품 목록을 첨부하여야 한다(상§125③).

4. 확인대상표장의 특정

확인대상표장은 등록상표와 대비될 수 있을 만큼 특정되어야 하며, 그 사용상품 또한 등록상표의 지정상품과 대비할 수 있을 만큼 구체적으로 특정되어야 한다. 따라서 확인대상표장이 불명확하거나 사용상품의 범위가 명확하지 않으면 심판청구가 심결각하된다.

5. 확인의 이익

권리범위확인심판은 법률상 분쟁을 즉시 확정할 만한 구체적인 이익을 필요로 한다.

이와 관련하여, 확인대상표장은 실제 사용하는 표장과 동일한 것이어야 한다. 따라서 현재 사용하고 있거나 현재는 사용하지 않고 있지만, 장래 사용할 것이 객관적으로 예정되는 표장이어야 하며, 여기서 동일한 표장이란 거래통념상 실질적으로 동일하다고 인정될 수 있는 것을 말한다.

또한 소극적 권리범위확인심판의 경우 상표권자가 권리범위 속부에 관하여 다투지 않는 경우, 또는 확인대상표장의 사용이 등록상표권의 침해에 해당한다는 법원의 판결이 확정되어 더 이상 적법하게 사용할 수 없게 된 경우 등은 확인의 이익이 인정되지 않는다.

확인의 이익이 없는 청구는 부적법한 심판청구로서 심결각하된다.

확인대상표장의 사용 여부

[특허법원 2019. 7. 18. 선고 2018허9169 판결 (적극)권리범위확인(상)]

위 인정사실만으로는 피고가 확인대상상표를 사용하였거나 장차 확인대상상표를 사용할 가능성이 있다고 보기 어렵고, 갑 제5, 13, 15, 16, 17호증의 기재만으로는 피고가 확인대상상표를 사용한 것으로 인정하기 부족하며, 달리 이를 인정할 증거가 없으므로, 확인대상상표가 이 사건 등록상표의 권리범위에 포함된다는 확인을 구하는 이 사건 심판청구는 확인의 이익이 없다.

권리범위의 속부에 관하여 다툼이 없는 경우

[특허법원 2015. 11. 6.. 선고 2015허4521 판결 (소극)권리범위확인(상)]

그러나 원고는 이 사건 심판청구 이전부터 피고가 이 사건 확인대상표장을 사용하는 것과 관련하여서는 금지나 손해배상 청구를 하는 등 이의를 제기한 적이 전혀 없고, 피고로부터 이 사건 심판청구를 받았을 때도 이 사건 확인대상표장이 이 사건 등록서비스표의 권리범위에 속하지 않는다는 점을 인정하였다(다툼 없는 사실).

결국, 이 사건 확인대상표장이 이 사건 등록서비스표의 권리범위에 속하지 않는 점에 대해서는 당사자들 사이에 다툼이 없고 다툼이 생길 염려도 있다고 할 수 없으므로, 이 사건 심판청구는 확인의 이익이 없어 부적법하다.

3 본안심리

주요 본안심리 대상은 ① 확인대상표장이 상표적으로(자타상품의 출처표시로서) 사용되었는지 여부, ② 확인대상표장과 등록상표 사이의 표장 및 상품의 유사 여부, ③ 확인대상표장이 제90조의 상표권의 효력이 미치지 아니하는 범위에 있는지 여부 등이다.

1. 상표적 사용 여부

확인대상표장이 상표에 해당하지 아니한다면(출처표시기능을 하지 않는 것이라면), 등록된 상표권의 권리범위에 속하지 아니함은 당연한 것이므로 확인대상표장이 상표법상의 상표에 해당하는 것이어야 한다. 확인대상표장이 상표로 사용되는지 여부는 사용물품과의 관계, 표장의 사용태양(표시된 위치, 크기 등), 사용자의 의도와 사용경위 등을 종합하여 그 표장이 상품의 식별표지로서 사용되고 있는지 여부를 종합하여 판단하여야 한다.

상표로서의 사용 1

[특허법원 2020. 7. 10. 선고 2020허1625 판결 권리범위확인(상)]

피고는 확인대상표장( )을 단순히 '크기가 큰 핫도그'라는 정보를 제공하기 위해 표시한 것으로 보일 뿐 상품의 출처표시로 사용한 것이라고 인정되지 아니한다.

가. 'Big' 부분은 '핫도그' 등의 음식과 관련하여 사용될 경우 '크기가 크다'라는 의미로 인식될 것으로 보이며, 'Dog' 부분은 위 '핫도그'와 관련하여서는 그 제품인 '핫도그'를 의미하는 것이어서, 일반 수요자들은 확인대상표장을 '크기가 큰 핫도그'로 직감한다고 보는 것이 자연스럽다.

나. 핫도그 거래사회의 실정 등을 고려하여 보면, '빅도그'는 수요자들과 동종 업자들 사이에서 '크기가 큰 핫도그'라는 의미로 통용되어 왔던 것으로 보인다.

다. 위와 같이 '빅도그' 명칭은 비교적 크기가 큰 핫도그에 사용되고 있을 뿐 아니라, 피고의 경우 이를 따로 사용함이 없이 항상 원재료를 나타내는 '감베(감자+베이컨)', '옥베(옥수수+베이컨)'와 함께 사용하여 확인대상표장은 수요자들에게 '크기가 큰 핫도그'와 같이 직감될 것으로 보인다.

라. 피고가 사용한 실사용표장들은 간판이나 출입문 유리창 등에 사용된 'HODOGS' 또는 '호도그'에 비하여 메뉴판에 상대적으로 크기가 작게 표기되어 있고, 그것도 8개의 핫도그 제품 중 일부인 2개 제품에만 원재료 약칭과 함께 표기하고 있을 뿐이어서 수요자가 위 표시를 'HODOGS' 또는 '호도그'의 서브 브랜드(sub brand)나 피고 제품에 관한 별도의 출처표시로 인식할 것으로 보이지 않는다.

상표로서의 사용 2

[특허법원 2013. 4. 5. 선고 2012허10976 판결 권리범위확인(상)]

확인대상표장 '구이가벌집'이 등록서비스표 ' '의 권리범위에 속한다고 하려면 서비스표로 사용할 것이 전제되어야 할 것인 바, 위 인정사실을 통해 알 수 있는 다음과 같은 사정들, 즉 ① '구이가벌집'은 피고가 운영하는 인터넷 홈페이지에서 사용된 위치, 형태, 크기 등에 비추어 볼 때 피고가 제공하는 메뉴의 하나로 소개된 것이고, 위 인터넷 홈페이지의 메인 화면 및 '메뉴소개' 화면에는 각각 ' ', ' ', ' '와 같이 '구이가'를 요부로 하는 별도의 표지가 존재하여 피고가 제공하는 삼겹살전문 식당체인업 등 서비스의 출처표시기능을 하고 있는 점, ② 원고는 피고가 '벌집'을 키워드 광고에 사용하고 있다는 취지로 주장하나, 이를 인정할 만한 증거가 없는 점(갑 제7호증은 인터넷 포털사이트 '네이버'에서 '구이가'를 검색한 결과에 관한 것으로서 이에 의하더라도 '구이가벌집'이 불삼겹살 등 다른 메뉴와 함께 표시되어 있음을 알 수 있을 뿐이다), ③ 피고의 가맹점 내 벽면에 부착된 메뉴판이나 피고의 안내 책자에도 '구이가벌집'이 피고가 제공하는 메뉴의 하나로서 표시되어 있는 점 등을 종합하여 보면, 확인대상표장은 단순히 피고가 제공하는 메뉴를 설명하기 위해 사용된 것일 뿐, 서비스의 식별표지로서 사용된 것이라고 보기 어려우므로, 확인대상표장이 서비스표로 사용되고 있다고 할 수 없다.

2. 표장 및 상품의 유사 여부

상표권의 권리범위확인심판에서 등록상표와 확인대상표장의 유사 여부는 그 외관, 호칭 및 관념을 객관적, 전체적, 이격적으로 관찰하여 그 지정상품의 거래에서 일반 수요자들이 상표에 대하여 느끼는 직관적 인식을 기준으로 그 상품의 출처에 관하여 오인·혼동을 일으키게 할 우려가 있는지에 따라 판단하여야 한다.

그리고 이러한 판단은 표장의 주지 정도 및 당해 상품과의 관계, 표장에 대한 수요자들의 호칭 및 인식 등 당해 상품을 둘러싼 거래실정을 종합적·전체적으로 고려하여야 한다.

한편, 등록상표의 전부 또는 일부 구성이 등록결정 당시 식별력이 없거나 미약하다고 하더라도 심결 시점에 식별력을 가지게 된 경우에는 이를 기초로 상표의 유사 여부를 판단하여야 한다.

3. 상표권의 효력 제한 범위(상§90①②)

상표법 제90조는 아래와 같이 상표권의 효력이 미치지 않는 범위에 관하여 규정하고 있다. 따라서 확인대상표장이 등록상표와 동일 또는 유사하더라도 여기에 해당하면 등록상표의 권리범위에 속하지 않는다. 확인대상표장 중 분리인식될 수 있는 일부분이 여기에 해당하는 경우에도 그 부분에는 상표권의 효력은 미치지 않는다.

1) 상표권의 효력제한 범위(상§90①)

(가) 자기의 성명·명칭 또는 상호·초상·서명·인장 또는 저명한 아호·예명·필명과 이들의 저명한 약칭을 상거래 관행에 따라 사용하는 상표

(나) 등록상표의 지정상품과 동일·유사한 상품의 보통명칭·산지·품질·원재료·효능·용도·수량·형상·가격 또는 생산방법·가공방법·사용방법 및 시기를 보통으로 사용하는 방법으로 표시하는 상표

(다) 입체적 형상으로 된 등록상표의 경우에는 그 입체적 형상이 누구의 업무에 관련된 상품을 표시하는 것인지 식별할 수 없는 경우에 등록상표의 지정상품과 동일·유사한 상품에 사용하는 등록상표의 입체적 형상과 동일·유사한 형상으로 된 상표

(라) 등록상표의 지정상품과 동일·유사한 상품에 대하여 관용하는 상표와 현저한 지리

적 명칭 및 그 약어 또는 지도로 된 상표

(마) 등록상표의 지정상품 또는 그 지정상품 포장의 기능을 확보하는 데 불가결한 형상, 색채, 색채의 조합, 소리 또는 냄새로 된 상표

단, 위 (가)는 상표권의 설정등록이 있은 후에 부정경쟁의 목적으로 자기의 성명・명칭 또는 상호・초상・서명・인장 또는 저명한 아호・예명・필명과 이들의 저명한 약칭을 사용하는 경우에는 적용하지 아니한다(상§90③).

2) '상호(商號)'와 등록상표의 효력 범위

최근 실거래사회에서 상호에 대하여 상표권의 효력이 미치는지 여부가 자주 쟁점이 되므로 이에 관하여 좀 더 구체적으로 알아보자.

상호란 상인이 영업활동상 자기를 표시하는 명칭으로 인격적 성질을 가지는 것이다. 그런데 상호는 이러한 상호 자체의 기능(영업상 자기 표시)만 하는 경우도 있고 상표의 기능(상품의 출처표시)을 하는 경우도 있다. 그런데 상호가 상호 본연의 기능만을 하는 방법으로 사용되는 경우에는 상표권의 효력이 미치지 않도록 해야 하므로 상표법은 제90조 제1항 및 제3항에 이를 규정하였다. 즉, 상호가 '상거래 관행'에 따라 '부정경쟁의 목적'이 없이 사용될 때는 상표권의 효력이 미치지 않도록 한 것이다. 따라서 상호가 상호 본연의 기능만 하는 것인지 상표의 기능을 하는 것인지를 구별하는 것이 중요한다.

(1) 상거래 관행에 따라 사용

'상호를 상거래 관행에 따라 사용하는 방법'이란 독특한 글씨체나 색채, 도안화된 문자 등 특수한 태양의 표시 등으로 특별한 식별력을 갖도록 함이 없이 사용하는 것을 의미할 뿐만 아니라, 일반 수요자가 표장을 보고 상호를 인식할 수 있도록 표시하는 것을 전제로 한다. 따라서 표장 자체가 특별한 식별력을 갖도록 표시되었는지 이외에도 사용된 표장의 위치, 배열, 크기, 다른 문구와의 연결관계, 도형과 결합되어 사용되었는지 등 실제 사용 태양을 종합하여 거래통념상 자기의 상호를 상거래 관행에 따라 사용하는 방법으로 표시한 경우에 해당하는지를 판단해야 한다.

> **상호와 상표권의 효력 제한**
>
> [특허법원 2021. 5. 7. 선고 2021허1011 판결 권리범위확인(상)]
>
> 확인대상표장(
>
>) 중 원고 상호가 사용된 '(주)면누리' 부분을 본다. 위 표장부분 중 '(주)'는 '주식회사'를 의미하는 약칭 표현이고, 원고의 상호 '주식회사 면누리'를 검정색 글자 및 흰색 테두리로 표현하고 있는데, 이 부분의 글자체가 특별히 도안화되거나 독특한 것이라 보기 어렵고 글자의 색채 역시 거래통념이나 거래관행상 특별한 식별력이 있는 것이 아니다. 더욱이 그 글자 위에 검은색으로 '생면류제조전문'이라는 글자까지 부가되어 위 표기 부분은 일반 수요자가 상호임을 인식할 수 있도록 표시되어 있어, 일반 수요자라면 확인대상표장 중 위 한글 문자 부분을 원고의 상호로 인식할 것으로 봄이 상당하다. 따라서 확인대상표장 중 위 한글 문자 부분은 원고의 상호를 상거래 관행에 따라 사용한 경우에 해당한다고 할 것이다.

(2) 부정경쟁의 목적

상호가 상거래 관행에 따라 사용된 경우에도 등록상표의 명성이나 신용에 편승할 목적으로 사용된 경우에는 등록상표권의 효력이 그대로 미치도록 하였다.

여기서 '부정경쟁의 목적'이란 등록된 상표권자의 신용을 이용하여 부당한 이익을 얻을 목적을 말하고, 단지 등록된 상표라는 것을 알고 있었다는 사실만으로 그와 같은 목적이 있다고 보기에는 부족하며, 확인대상표장 사용자의 상표선정의 동기, 등록상표를 알고 있었는지 여부 등 주관적 사정과 상표의 유사성과 등록상표의 신용상태, 영업목적의 유사성 및 영업활동의 지역적 인접성, 확인대상표장 사용자의 현실의 사용상태 등의 객관적 사정을 고려하여 판단하여야 한다.

상호의 사용과 부정경쟁의 목적

[대법원 2011. 7. 28. 선고 2011후538 판결 권리범위확인(상)]

법리와 기록에 비추어 살펴보면, 이 사건 등록상표의 표장인 "메디팜"은 피고가 확인대상표장인 "미래메디팜 주식회사"로 상호를 변경할 당시 그 지정상품에 대하여는 주지성을 얻을 정도에 이르지 못하였다고 하더라도 국내 의약품 관련 업계에서 원고의 상호 또는 서비스표로서는 이미 널리 알려져 있었고, 피고도 의약품의 제조·판매업을 하는 자로서 이를 잘 알고 있었던 것으로 보이는 점, 그럼에도 피고는 이 사건 등록상표의 등록 이후에 원래 사용하던 '동호약품 주식회사'에서 이 사건 등록상표의 표장이 포함된 '미래메디팜 주식회사'로 상호를 변경한 점, 이 사건 등록상표와 확인대상표장은 조어로서 식별력이 있는 '메디팜' 부분만으로 호칭될 수 있어서 전체적으로 서로 유사한 점, 원고와 피고는 의약품의 제조·판매업을 하는 자로서 그 영업에 상당한 관련성이 있는 점 등을 종합할 때, 피고는 이 사건 등록상표의 설정등록이 있은 후에 그 상표권자인 원고의 신용 내지 명성을 이용하여 부당한 이익을 얻을 부정경쟁의 목적으로 확인대상표장을 사용하고 있다고 봄이 상당하다.

4. 확정 심결의 효력

권리범위확인심판의 심결이 확정되면 확인대상표장이 등록상표의 권리범위에 속하는지 여부가 공적으로 확인된다.

다만, 권리범위확인심판의 확정심결이 일반 법원 등을 기속하는 것은 아니므로, 권리범위확인심판의 심결이 확정되더라도 일반 민사·형사법원은 그 심결에 기속되지 않는다.

그리고 권리범위확인심판의 심결이 확정되면 그 사건에 대해서는 누구든지 같은 사실 및 같은 증거에 의하여 다시 심판을 청구할 수 없다(일사부재리). 확정된 심결이 각하심결인 경우에는 그러하지 아니하다(상§150).

따라하기 / 상호사용에 상표권의 효력이 미치는지 판단하기

Q. 다음의 각 확인대상표장은 상호를 사용한 경우이다. 각 사례에서 확인대상표장의 사용에 대하여 등록상표권의 효력이 미칠 것인지 판단해 보고 그 이유를 말해보자. 단 상표권의 효력이 미치는지 여부는 확인대상표장과 등록상표만을 비교하여 판단하기로 한다.

확인대상표장	등록상표	참고(사건번호)
 (상호 : 천년지기)	천년지기	2018당677 (인정)
 (상호 : 올통숯불직화구이)	올통	2021당1964 (불인정)
 (상호 : 위드U)		2021당3723 (불인정)
 (상호 : 다농마트)	다농 마트 Danong Mart	2017허387 (인정)
 (상호 : ㈜타워피엠씨)	PMC	2016허9110 (인정)
 (상호 : 오르비학원)	오르비	2016허1116 (불인정)

확인학습 /

1. 권리범위확인심판은 실제 사용하고 있거나 사용하려고 하는 상표(이를 '□□□□□□'이라 한다)가 등록상표권의 권리범위에 속하는지 확인을 구하는 심판으로, 일반적으로 등록상표권자로부터 경고장을 통해 자신이 사용하는 상표에 대하여 사용금지청구를 받거나, 타인이 나의 등록상표와 유사한 상표를 사용하고 있는 경우에 활용된다.

2. □□□ 권리범위확인심판은 상표권자 또는 전용사용권자가 제3자가 사용하고 있는 확인대상표장이 등록상표권의 권리범리에 속한다는 확인을 구하는 심판이며, □□□ 권리범위확인심판은어떤 상표를 사용하는 자가 자신이 사용하고 있는 확인대상표장이 등록상표권의 권리범위에 속하지 않는다는 확인을 구하는 심판이다.

3. 적극적 권리범위확인심판은 상표권자 또는 전용사용권자가 청구할 수 있고, 소극적 권리범위확인심판은 □□□□□이 청구할 수 있는데, □□□□□이란 확인대상표장을 실제로 사용 중이거나 현재 사용하고 있지는 않으나 장래에 사용 예정인 자 등으로 상표권자 또는 전용사용권자로부터 권리의 대항을 받거나 받을 염려가 있는 자 등이다.

4. 권리범위확인심판은 현존하는 상표권과 관련하여 법률상 분쟁을 즉시 확정할 만한 구체적인 이익 즉, □□□ □□을 필요로 하므로, 상표권이 소멸된 후 또는 확인대상표장을 현재 사용하고 있지 않거나 장래에도 그 사용이 객관적으로 예정되지 않는 경우, 상표권자가 권리범위 속부를 다툴 의사가 없는 경우 등의 심판청구는 □□된다.

5. 확인대상표장이 등록상표의 권리범위에 속하기 위해서는 □□□으로 사용(출처표시기능)된 것이어야 하며, 그 여부는 사용물품과의 관계, 표장의 사용태양(표시된 위치, 크기 등), 사용자의 의도와 사용경위 등을 종합하여 그 표장이 상품의 식별표지로서 사용되고 있는지 여부를 판단하여야 한다.

6. 상표법 제90조는 확인대상표장이 등록상표와 동일 또는 유사하더라도 등록상표권의 효력이 미치지 않는 경우를 규정하고 있는데, 자기의 상호를 □□□□의 목적 없이 □□□□□에 따라 사용하는 상표에 대하여는 등록상표권의 효력이 미치지 않는다.

참고자료

- 특허청 특허심판원(2022). 『지식재산 심판실무』
- 특허청 특허심판원(2021). 『심판편람 제13판』
- 특허청 특허심판원(2018). 『심판필수 매뉴얼』
- 특허법원 지적재산소송 실무연구회(2019). 『지식재산소송실무 제4판』, 박영사
- 서울대학교 기술과 법 센터(2018). 『상표법 주해 Ⅰ, Ⅱ』, 박영사

06. 상표 사용과 보호

출처 : Image by Peggy und Marco Lachmann-Anke from Pixabay

이 모듈은 상표권의 발생요건 및 그 효력을 이해하고, 등록원부를 통해 상표권의 내용을 확인할 수 있도록 하며, 상표권자의 입장에서 상표권의 행사를 위한 전략을 세워보고, 상표권의 대항을 받은 사용자의 입장에서 대응 전략을 세워보는 이론과 활동으로 구성되어 있다.

상표의 사용과 보호 단원의 내용 구성

교육목표

상표권의 발생/소멸 시기 및 그 효력을 이해하고, 상표권의 행사 및 상표권행사에 대한 대응 전략을 수립할 수 있다.

선수학습

상표의 정의, 상표의 사용, 상표출원, 상표등록요건, 상표의 동일·유사판단

내용체계

학습	학습 내용	비고
1. 상표권	[1] 상표권의 발생 및 소멸 [2] 상표권의 효력	
2. 상표권 침해 및 그 구제	[1] 상표권 침해에 대한 권리자의 대응방안 [2] 상표권 침해주장에 대한 사용자의 대응방안	

핵심 용어

상표권, 상표침해, 보호범위, 경고장, 상표권침해금지청구, 효력제한사유

학습 1 상표권

학습 목표	• 상표권의 발생 및 소멸에 대해 이해한다.

1 상표권의 발생 및 소멸

상표법 제82조 (상표권의 설정등록)

① 상표권은 설정등록에 의하여 발생한다.
② 특허청장은 다음 각 호의 어느 하나에 해당하는 경우에는 상표권을 설정하기 위한 등록을 하여야 한다.
  1. 제72조 제3항 또는 제74조에 따라 상표등록료를 납부한 경우
  2. 제76조 제2항에 따라 상표등록료를 보전하였을 경우
  3. 제77조 제1항에 따라 상표등록료를 내거나 보전하였을 경우
③ 특허청장은 제2항에 따라 등록한 경우에는 상표권자의 성명·주소 및 상표등록번호 등 대통령령으로 정하는 사항을 상표공보에 게재하여 등록공고를 하여야 한다.

관련 사이트 : http://www.law.go.kr/

1. 상표권의 발생

1) 등록주의에 따른 상표권의 발생

상표권은 설정등록에 의해 발생한다(상표법 제82조 제1항). 우리나라는 권리의 안정성 및 분쟁발생시 신속한 처리를 위해 사용여부와 무관하게 설정등록이라는 절차에 의해 권리를 발생시키는 등록주의를 취하고 있다.

등록주의는 상표의 사용유무에 관계없이 설정등록에 의하여 상표권이 발생하며, 상표권의 발생 후에도 사용사실과 무관하게 상표권의 존속기간 만료, 포기, 무효 또는 취소심결의 확정 등으로 소멸하기 전까지는 일응 유효한 권리로 존속한다.

등록주의와 사용주의

등록주의라 함은 상표의 사용여부에 관계없이 설정등록에 의해 상표권의 발생을 인정하는 입법주의로 영업발전조성기능(사용예정인 상표를 미리 등록받은 후 사후적으로 신용을 축적)에 그 근거를 두고 있다. 반면, 사용주의라 함은 사용이라는 사실에 의하여 상표권이 발생하는 입법주의로서, 사용에 의하여 형성된 상표사용자의 신용을 재산적 가치로 인정하여 권리를 부여하는 것이다. 한국, 일본, 중국, 유럽을 비롯한 대다수의 국가가 등록주의를 택하고 있고, 미국은 사용주의를 택하고 있다.

2) 등록주의의 장/단점

등록주의는 등록이라는 행정절차를 거쳐 권리를 부여함으로써 권리의 안정성이 보장되고, 공시된 객관적 사실로 권리의 내역을 명확히 알 수 있어 분쟁 등의 예측가능성이 높으며, 사용여부와 무관하게 등록이 가능하므로 사용사실의 입증 없이 용이하게 상표권 취득이 가능하다는 장점이 있다.

다만, 상표법은 상표 자체가 아닌 상표의 사용으로 인하여 발휘되는 기능 및 그에 화체된 신용을 보호하는 것을 목적으로 하는데, 사용과 무관하게 권리를 부여한다는 점에서 법적 타당성이 빈약하고, 사용할 의사 없이 등록을 취득한 방어상표가 증가하여 상표선택의 기회가 좁아지는 문제가 있으며, 상표선점을 위한 브로커가 난립하고 진정한 사용자가 보호 받지 못하는 경우가 생길 수 있다. 이러한 등록주의의 문제점을 보완하기 위해서 상표법에서는 사용주의를 가미한 규정을 두고 있다.

3) 사용주의가 가미된 규정

(1) 사용하지 않는 상표의 등록배제 및 정리

(가) 상표등록시 사용의사 확인 (상표법 제3조)

상표법은 '국내에서 상표를 사용하는 자 또는 사용하려는 자는 자기의 상표를 등록받을 수 있다'(상표법 제3조 제1항)고 규정하고, 이를 위반한 상표등록 출원은 등록을 거절하도록 하여(상표법 제54조 제1항 제3호) 사용의사가 전혀 없는 상표의 등록을 배제하고 있다.

(나) 불사용 상표의 정리 (상표법 제119조 제1항 제3호)

'상표권자·전용사용권자 또는 통상사용권자 중 어느 누구도 정당한 이유 없이 등록상표를 그 지정상품에 대하여 심판청구일 전 계속하여 3년 이상 국내에서 사용하고 있지 아니한 경우' 누구든지 등록을 취소해달라는 심판을 청구할 수 있다.

(2) 사용에 의해 형성된 사실 상태의 보호

(가) 선사용상표의 등록배제효 (상표법 제34조 제1항 제9호 내지 14호)

등록을 받지 않아 상표권이 발생하지는 않았어도 사용으로 인하여 수요자들에게 어느 정도 인식된 상표는 알려진 정도에 따라 그와 동일·유사한 범위의 상표 또는 혼동유발 우려가 있는 상표에 대한 타인의 상표등록을 배제시킬 수 있다.

(나) 선사용권 (상표법 제99조)

상표권 등록없이 사업을 운영하는 상표사용자가 예기치 못한 피해를 입는 것을 방지하고, 모방상표의 등록으로 인한 기대이익을 차단하기 위하여 '타인의 상표등록출원 전부터 사용하여 수요자간에 인식된 상표나 자신의 상호 등 인격의 동일성을 표시하는 수단을 상거래 관행에 따라 표시한 상표를 부정경쟁의 목적 없이 타인의 상표등록출원 전부터 국내에서 계속 사용하고 있었던 경우'에는 타인의 상표등록 후에도 계속하여 사용할 수 있도록 선사용권을 인정하고 있다.

(3) 기타 등록주의의 보완을 위한 상표법 규정

상표권의 존속기간을 10년으로 하고, 갱신을 통해 연장할 수 있도록 한 것(상표법 제83조), 박람회 출품 시 사용한 상표에 대해 출원일을 소급시켜 주는 것(상표법 제47조), 사용 중인 상표의 경우 우선심사를 청구할 수 있는 것(상표법 제53조)도 등록주의를 보완하여 사용주의의 요소를 가미한 것이라 할 수 있다.

(4) 부정경쟁방지법상 보완

등록을 받지 않아 상표권이 발생하지 않은 상표라도 사용에 의해 신용이 형성된 경우 이와 동일·유사하거나 혼동 가능한 상표를 사용하는 행위를 부정경쟁행위로 제재하고 있다.

4) 설정등록의 절차

상표등록출원에 대해 거절이유가 없으면 심사관이 등록결정을 하고(상표법 제68조), 그 후 출원인이 등록료를 납부하면(상표법 제72조), 특허청장은 직권으로 설정등록을 해야 한다(상표법 제82조). 상표권 설정등록을 한 경우에 특허청장은 상표권자에게 상표등록증을 발급해야하고(상표법 제81조), 대통령령이 정하는 사항(상표권자의 성명과 주소, 표장, 지정상품, 출원번호 및 출원일, 공고번호 및 공고일, 등록번호 및 등록일, 기타 우선권주장이나 상표에 대한 설명 등 상표에 대한 서지정보)을 상표공보에 게재하여 등록공고를 해야 한다.

〈상표등록증〉

상표등록증

CERTIFICATE OF TRADEMARK REGISTRATION

등 록
Registration Number

[등록번호]

출원번호
Application Number

[출원번호]

출원일
Filing Date

[출원일]

등록일
Registration Date

[등록일]

상표권자 Owner of the Trademark Right

[상표권자 성명 또는 명칭 및 주소]

상표를 사용할 상품 및 구분
List Of Goods

[지정상품]

[표장]

위의 표장은 「상표법」에 따라 상표등록원부에 등록되었음을 증명합니다.

This is to certify that, in accordance with the Trademark Act, a trademark has been registered at the Korean Intellectual Property Office.

QR코드로 현재기준 등록사항을 확인하세요

[등록일자]

특허청장

COMMISSIONER,
KOREAN INTELLECTUAL PROPERTY OFFICE

[특허청장 서명]

특허청
Korean Intellectual Property Office

※ 상표등록증은 특허청이 상표권자에게 발급하는 일종의 증서이다. 분실시 소정의 수수료를 납부하고 재발급 받을 수 있다.

상표등록증은 상표가 등록되었음을 증명하는 문서이다. 다만, 상표권은 무체재산권으로 '등록증'의 보유여부가 권리관계에 영향을 미치지는 않으며, 등록이후의 권리관계 및 변동사항은 '등록원부'의 기재사항에 따른다.

〈등록공고상표공보〉

상표등록공고 40-2022-0038589

(190) 대한민국특허청(KR)
등록공고상표공보

(112) 등록공고번호 40-2022-0038589
(450) 등록공고일자 2022년04월13일

(511)	상품분류	11판	43
(210)	출원번호		40-2019-0054765
(220)	출원일자		2019년04월09일
(260)	출원공고번호		40-2022-0000897
(442)	출원공고일자		2022년01월05일
(111)	등록번호		40-1855676
(151)	등록일자		2022년04월11일

(732) 상표권자

주식회사 해운대암소갈비집

부산광역시 해운대구 중동2로 10번길 32-10 (중동)

(740) 대리인

특허법인 광장리앤고

담당심사관 : 박용도

(511) 지정상품(업무)

제 43 류

한식점업.

상표견본

해운대암소갈비집

※ 상표의 등록공고는 특허청이 제공하는 특허정보검색서비스 KIPRIS(www.kipris.or.kr)에서 누구나 검색해볼 수 있다.

특허청은 상표권의 내용을 일반 공중이 확인할 수 있도록 공고하여 분쟁을 방지하고자 등록공고를 한다. 등록공고에는 등록당시의 권리내용만이 게재되는바, 등록 이후 권리의 내용(존속기간 만료, 갱신, 이전, 사용권 설정 등)을 확인하기 위해서는 등록원부를 확인하여야 한다.

〈등록원부〉

상표등록원부

상 표 등 록 번 호	제 1855676 호

[권 리 란]

표시번호	등 록 사 항		상 표	
1번	출원연월일	2019년 04월 09일	해운대암소갈비집	
	출원번호	2019-0064765		
	출원공고연월일	2022년 01월 06일		
	공고번호	2022-0000897		
	등록결정(심결)연월일	2022년 04월 04일		
	상품류구분수	1		
	상표권 설정등록일	2022년 04월 11일 등록	등록공고연월일	2022년 04월 13일
	존속기간(예정)만료일	2032년 04월 11일		
	지정상품	제43류 :한식점업		

[상 표 등 록 료 란]

전액납부 10년분 (2022.04.11 - 2032.04.11) 금 액 211,000 원 2022년 04월 11일 납입

[상 표 권 자 란]

순위번호	등 록 사 항
1번	(등록권리자) 주식회사 해운대암소갈비집(180111-*******) 부산광역시 2022년 04월 11일 등록

이하여백

※ 상표등록원부는 특허청 전자출원서비스 특허로(www.patent.go.kr)에서 누구든지 무료로 다운받을 수 있다.

상표등록원부는 부동산의 권리내용을 부동산 등기부등본에 기재하는 것과 마찬가지로 상표권의 권리내용(표장, 지정상품, 존속기간, 이전, 질권설정, 사용권설정 등)을 기재하는 공문서이다. 상표권침해를 주장할 경우 상표권의 내용을 입증하기 위한 증거자료로 제출하여야 하는 서류이다.

[권리란]에는 가장 중요한 상표표장, 지정상품을 비롯하여 출원일자/출원번호, 공고일자/공고번호, 등록일자/등록번호, 설정등록일, 존속기간 만료일이 기재된다. 위 등록원부는 등록 후 권리내용에 변동사항이 없는 상표에 대한 것이라 1번 기입사항만 있으나, 이후 갱신등록이나 심판청구 등이 있는 경우 2번, 3번 순으로 표시 후 추가내용이 기입된다.

[상표등록료란]에는 등록료납부 일자 및 액수가 표시된다.

[상표권자란]에는 상표권자의 성명·명칭 및 주소가 표시되고, 이후 권리자의 주소변경 등의 사정이 있거나 상표권 이전으로 권리자가 변경된 경우 2번, 3번 순으로 표시 후 내용이 기입된다.

2. 상표권의 소멸

1) 소멸의 의의 및 효과

설정등록에 의하여 발생한 상표권은 일정한 사유로 인하여 그 효력을 상실하게 되는데, 이를 상표권의 소멸이라고 한다.

상표권의 소멸에는 사유가 발생한 때로부터 권리가 소멸하는 경우(장래효를 갖는 소멸사유)와 소급하여 권리가 없었던 것으로 보는 경우(소급효를 갖는 소멸사유)가 있다.

2) 장래효를 갖는 소멸사유 및 각 소멸시기

(1) 존속기간의 만료

상표권은 등록일로부터 10년간 존속하고, 10년씩 갱신이 가능하므로, 갱신등록이 되지 않은 경우(갱신등록신청을 하지 않은 경우, 갱신등록료를 납부하지 않은 경우, 갱신등록이 무효로 된 경우) 존속기간이 만료되는 다음날 상표권이 소멸한다.

존속기간 갱신등록 신청

상표권의 존속기간은 존속기간 갱신등록신청에 의하여 10년씩 갱신할 수 있다(상표법 제83조 제2항). 상표는 창작물을 보호하는 것이 아니고 상표로서 선택된 표지가 사용에 의해 발휘되는 기능을 보호하는 것이므로 특정인이 장기간 독점사용 한다고 하여 산업발전에 역행하는 것이 아니며, 오히려 오래 사용할수록 상표사용자의 업무상 신용이 상표에 축적되고 상표를 매개체로 하여 거래하는 수요자의 이익도 보호되는바, 상표법의 목적을 고려하여 볼 때 존속기간의 영속성이 인정될 필요가 있다. 다만, 처음부터 영구적인 권리를 부여하지 않고 일정기간(우리나라는 10년이나 국가마다 그 기간은 상이하다)마다 갱신등록을 하도록 한 것은 불사용상표의 정리 등과 같이 실제 사용상태를 고려하기 위함이다.

(2) 상표등록료 분할 납부에 있어서 2회분의 미납

상표등록료를 분할하여 1회차 5년분의 등록료만을 납부한 자가 설정등록일 또는 갱신등록일로부터 5년이 경과하기 전에 2회차 등록료를 납부하지 않는 경우, 상표권의 설정등록일 또는 갱신등록일로부터 5년이 지나면 상표권이 소멸한다(상표법 제83조 제3항).

(3) 상표권의 포기

상표권자는 지정상품마다 상표권을 포기할 수 있고(상표법 제101조), 상표권을 포기하였을 경우에는 상표권은 그때부터 소멸된다(상표법 제103조). 다만, 상표권의 포기는 등록을 하지 않으면 그 효력이 발생하지 않는다(상표법 제96조 제1항 제1호).

(4) 상표권자의 사망 또는 법인의 청산 후 이전등록 불이행

상표권자가 사망하면 상표권은 상속의 대상이 된다. 상속으로 인한 상표권의 이전을 등록하지 않아도 효력이 발생하나, 권리관계를 공시할 필요가 있는 바, 상표권자의 사망일로부터 3년 이내에 상속인이 그 상표권의 이전등록을 하지 않으면 상표권자가 사망한 날부터 3년이 되는 날의 다음날에 상표권은 소멸하도록 규정하고 있다(상표법 제106조 제1항).

상표권자가 법인인 경우, 청산절차가 진행 중인 법인의 상표권은 법인의 청산종결등기일까지 그 상표권의 이전등록을 하지 아니한 경우에는 청산종결등기일의 다음날에 소멸하는 것으로 규정하고 있다(상표법 제106조 제2항).

(5) 상표등록의 취소

상표법 제119조 제1항 제3호(불사용)의 취소사유를 제외한 다른 사유로 인하여 상표등록을 취소한다는 심결이 확정된 경우 상표권은 그때부터 소멸한다(상표법 제119조 제6항).

3) 소급효를 갖는 소멸사유

(1) 상표등록의 무효

상표권의 설정등록, 지정상품의 추가등록, 존속기간갱신등록을 무효로 한다는 심결이

확정된 경우 그 등록은 처음부터 없었던 것으로 간주된다(상표법 제117조 제3항 및 같은 법 제118조 제3항).

다만, 후발적 무효사유에 의한 무효심결이 확정된 경우에는 그 사유에 해당하게 된때부터 없었던 것으로 간주되고(상표법 제117조 제3항 단서), 그 때를 특정할 수 없는 경우에는 무효심판이 청구되어 그 내용이 등록원부에 공시된 때부터 없었던 것으로 간주된다(상표법 제117조 제4항).

(2) 불사용을 이유로 한 상표등록의 취소

상표법 제119조 제1항 제3호를 이유로 한 취소심결이 확정된 경우에는 그 상표권은 그 심판청구일에 소멸된 것으로 본다(상표법 제119조 제6항 단서).

4) 상표권 소멸의 효과

(1) 상표권 및 부수적 권리의 소멸

상표권이 소멸되면 상표권 및 그에 부수하는 사용권 및 질권 등이 모두 소멸된다. 소멸된 상표권의 경우 그와 동일·유사한 범위의 상표를 사용하여도 더 이상 침해를 구성하지 않는다.

(2) 후등록 배제효의 상실

소멸한 상표는 상표법 제34조 제1항 제7호[104]의 인용상표가 되지 못한다. 본 규정은 상표등록여부 결정시를 기준으로 판단하므로 후 출원의 출원당시 상표등록이 존재하고 있었으나, 등록여부 결정시를 기준으로 소멸한 경우에도 인용상표가 될 수 없다.

또한 선출원 등록된 상표라도 후 출원상표의 등록여부결정시 이전에 무효심결확정, 취소심결확정 또는 포기 등으로 소멸한 경우 상표법 제35조 제1항의 인용상표의 지위인 선출원의 지위가 인정되지 않는다(상표법 제35조 제3항).

---

104) (상표법 제34조 제1항 제7호) 선출원에 의한 타인의 등록상표(등록된 지리적 표시 단체표장은 제외한다)와 동일·유사한 상표로서 그 지정상품과 동일·유사한 상표로서 그 지정상품과 동일·유사한 상품에 사용하는 상표는 상표등록을 받을 수 없다.

(3) 상표권자의 재출원 제한

상표권자 또는 그 상표권자의 상표를 사용하는 자는 제119조 제1항 제4호 외의 취소심판이 청구된 후 존속기간만료, 상표권포기 또는 취소심결이 확정되면 그 상표와 동일·유사한 상표를 동일·유사한 상품을 지정상품으로 하여 3년이 지난 후에 출원해야한 상표등록을 받을 수 있다(상표법 제34조 제3항).

(4) 손실보상권의 소멸

무효심결이 확정되어 상표권이 소급 소멸하면 손실보상청구권은 처음부터 발생하지 아니한 것으로 본다(상표법 제58조 제6항).

(5) 심판 및 소송절차의 종료

심판이나 소송절차의 계속 중에 그 대상 상표가 소멸한 경우 그 심판·소송은 대상물이 없어진 것으로서 부적법 각하심결(소송의 경우 소각하판결)이 내려질 것이다. 다만, 소급하여 소멸하는 효과가 있는 무효심판이나 불사용취소심판(상표법 제119조 제1항 제3호)의 계속 중에 상표권이 장래로 소멸한 경우에는 심리를 계속하여 진행한다.

(6) 기타

상표권의 존재를 전제로 한 침해소송 등에 대해서 판결의 기초가 된 행정처분 등이 바뀐 경우로(민사소송법 제451조 제1항 제8호) 재심사유가 발생하고, 권리관계의 명확화를 위해 등록원부에 기록되며(상표법 제96조 제1항 제1호), 등록상표의 표시가 금지된다(상표법 제224조).

2 상표권의 효력

상표법 제83조 (상표권의 존속기간)

① 상표권의 존속기간은 제82조 제1항에 따라 설정등록이 있는 날부터 10년으로 한다.
② 상표권의 존속기간은 존속기간갱신등록신청에 의하여 10년씩 갱신할 수 있다.
③ 제1항 및 제2항에도 불구하고 다음 각 호의 어느 하나에 해당하는 경우에는 상표권의 설정등록일 또는 존속기간 갱신등록일부터 5년이 지나면 상표권이 소멸한다.
  1. 제72조 제3항 또는 제74조에 따른 납부기간 내에 상표등록료를 내지 아니한 경우
  2. 제76조 제1항에 따라 상표등록료의 보전을 명한 경우로서 그 보전기간 내에 보전하지 아니한 경우
  3. 제77조 제1항에 해당하는 경우로서 그 해당 기간 내에 상표등록료를 내지 아니하거나 보전하지 아니한 경우

상표법 제89조 (상표권의 효력)

상표권자는 지정상품에 관하여 그 등록상표를 사용할 권리를 독점한다. 다만, 그 상표권에 관하여 전용사용권을 설정한 때에는 제95조 제3항에 따라 전용사용권자가 등록상표를 사용할 권리를 독점하는 범위에서는 그러하지 아니하다.

상표법 제91조 (등록상표 등의 보호범위)

① 등록상표의 보호범위는 상표등록출원서에 적인 상표 및 기재사항에 따라 정해진다.
② 지정상품의 보호범위는 상표등록출원서 또는 상품분류전환등록신청서에 기재된 상품에 따라 정해진다.

관련 사이트 : http://www.law.go.kr/

1. 효력의 범위

1) 시기적 범위(존속기간)

상표권의 존속기간은 설정등록일로부터 10년이고, 존속기간갱신등록신청을 통하여 10년씩 갱신할 수 있으므로(상표법 제83조), 반영구성을 가진다.

2) 지역적 범위(속지주의원칙)

상표권은 전국에 걸쳐 효력이 미친다. 다만, 속지주의 원칙에 따라 상표권은 각국별로 독립적으로 존속하므로 국내 상표권은 우리나라 영토 내에서만 그 효력이 미친다. 국외에서도 상표권을 확보하기 위해서는 각 국에 별도의 상표출원을 하거나 마드리드의정서에 따른 국제출원을 통해 상표등록을 받아야 한다.

3) 내용적 범위(보호범위)

상표권의 내용은 '등록상표'와 '지정상품'에 의하여 결정된다. 등록상표의 보호범위는 상표등록출원서에 적힌 상표 및 기재사항에 따라 정해지고, 지정상품의 보호범위는 상표등록출원서 또는 상품분류전환등록신청서에 기재된 상품에 따라 정해진다(상표법 제91조). 지정상품의 경우 지정상품추가등록출원을 통하여 추가할 수 있다(상표법 제86조).

2. 효력의 내용

상표권자는 지정상품에 관하여 그 등록상표를 사용할 권리를 독점한다(상표법 제89조 본문). 따라서 상표권은 상표권자 자신이 지정상품에 대하여 등록상표를 사용할 수 있는

〈상표권의 적극적 효력과 소극적 효력의 범위〉

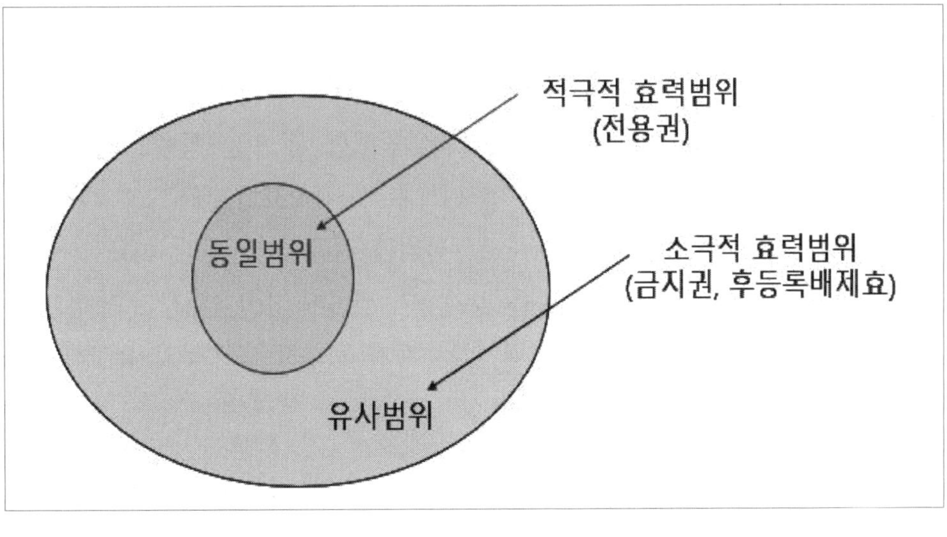

적극적 효력을 가짐과 동시에 타인이 등록상표와 동일 또는 유사한 상표를 그 지정상품과 동일 또는 유사한 상품에 사용하는 것을 금지할 수 있는 방어적 효력인 소극적 효력을 가진다.

1) 적극적효력

(1) 전용권

상표권자는 지정상품에 관하여 등록상표를 사용할 권리를 독점한다(상표법 제89조). 독점하여 사용할 수 있는 권리를 전용권이라고 하고, 전용권의 범위는 등록상표와 지정상품의 동일 범위에 한한다. 상표권자라도 유사범위에 사용하는 경우 타인의 상표권 침해가 성립할 수 있고, 부정사용(상표법 제119조 제1항 제1호) 또는 불사용(상표법 제119조 제1항 제3호)을 이유로 상표등록이 취소될 수 있다.

(2) 수익처분권

상표권은 재산권이므로 상표권자는 상표권을 양도하거나 사용권을 설정함으로써 수익을 얻을 수 있고, 질권을 설정함으로써 경제적 가치를 실현할 수도 있다. 또한 상표권의 전부 또는 일부를 포기할 수도 있다.

2) 소극적효력

(1) 사용금지권

상표권자 또는 전용사용권자는 자기의 권리를 침해한 자 또는 침해할 우려가 있는 자에 대하여 그 침해의 금지 또는 예방을 청구할 수 있다(상표법 제107조 제1항). 정당한 권원이 없는 타인의 사용을 금지할 수 있는 권리를 사용금지권이라 하고, 사용금지권의 범위는 상품출처에 관한 수요자의 혼동을 방지하기 위하여 유사범위까지 인정된다(상표법 제108조 제1항 제1호). 따라서 정당권원 없는 자가 등록상표와 동일·유사한 상표를 그 지정상품과 동일·유사한 상품에 사용하면 상표권 침해가 된다.[105]

---

105) 지리적표시 단체표장(지리적표시 증명표장 포함)의 경우 당해 상품에 관하여 지리적 출처로 인식된다는 지리적표시의 특성상 사용금지권의 효력이 미치는 범위를 동일하다고 인정되는 상품까지로 인정하고 있고(상표법 제108조 제2항 제1호), 등록배제효도 동일하다고 인식되어 있는 상품에

(2) 등록배제효

선등록 상표권자의 이익을 보호하고 수요자의 출처혼동을 방지하기 위하여 선등록상표와 동일·유사한 상표를 그 지정상품과 동일·유사한 상품에 대하여 출원한 경우 등록을 불허한다(상표법 제34조 제1항 제7호).

3. 효력의 제한

1) 전용권의 제한

(1) 전용사용권의 설정

전용사용권을 설정한 경우 설정계약의 범위 내에서는 전용사용권자가 등록상표를 사용할 권리를 독점하므로 상표권자라도 등록상표를 사용할 수 없다(상표법 제89조 단서).

사용권

사용권이란 상표권자 이외의 자가 등록상표를 사용할 수 있도록 하는 권리이고, 상표권자와의 계약을 통하거나 법률의 요건을 충족한 경우 발생한다.

상표권자와 계약을 통해 발생하는 사용권에는 그 계약 내용에 따라 사용권자가 사용할 권리를 독점하여 설정된 범위에서는 상표권자도 상표의 사용을 할 수 없는 전용사용권과, 비 독점적으로 사용할 권리를 갖는 통상사용권이 있다.

법률의 요건을 충족한 경우 발생하는 사용권은 비 독점적으로 사용할 권리인 통상사용권이고, (1) 상표등록출원일 전 또는 동일자에 출원되어 등록된 특허권·실용신안권·디자인권(이하 '특허권 등')이 상표권과 저촉되는 경우 그 특허권 등의 존속기간이 만료되는 때에는 부정경쟁의 목적이 아니라면 원 특허권 등의 범위 안에서 계속 사용할 권리(상표법 제98조), (2) 타인의 등록상표와 동일·유사한 상표 또는 자기의 성명 등 인격의 동일성을 표시하는 수단을 상표로 사용하는 자가 부정경쟁의 목적없이 타인의 상표등록출원 전부터 국내에서 계속 사용한 경우 계속 사용할 권리(상표법 제99조) 및 (3) 채권의 담보로 삼기 위해 상표권에 대해 질권이 설정된 후 그 상표권이 경매 등에 의하여 이전되는 때에는 질권 설정 전부터 그 등록상표를 사용한 경우 계속하여 사용할 권리(상표법 제104조의 2)가 있다.

한하여 미친다(상표법 제34조 제1항 제8호).

(2) 타권리와의 저촉

사용상태에 따라 상표등록출원일 전에 출원된 타인의 특허권·실용신안권·디자인권 또는 그 상표출원일 전에 발생한 타인의 저작권과 저촉되는 경우에는 지정상품 중 저촉되는 지정상품에 대한 상표의 사용은 특허권자·실용신안권자·디자인권자 또는 저작권자의 동의를 받지 아니하고는 그 등록상표를 사용할 수 없으며(상표법 제92조 제1항), 등록상표의 사용이 부정경쟁방지 및 영업비밀보호에 대한 법률 제2조 제1호 파목[106]에 따른 부정경쟁행위에 해당하는 경우에도 같은 목에 따른 타인의 동의를 받지 아니하고는 그 등록상표를 사용할 수 없다(상표법 제92조 제2항).

(3) 권리남용

판례는 상표의 등록이 자타상품식별목적이 아닌 널리 알려진 타인의 상표와의 혼동을 목적으로 한 경우에는 권리남용에 해당하여 적극적 효력이 제한되는 것으로 본다.[107]

2) 수익·처분권의 제한

상표권의 분할 이전 시 유사한 지정상품은 함께 이전해야하고(상표법 제93조 제1항단서), 상표권이 공유인 경우 각 공유자는 모든 공유자의 동의를 받지 않으면 그 지분을 양도하거나 지분을 목적으로 하는 질권을 설정하거나, 사용권을 설정할 수 없다(상표법 제93조 제2항 및 제3항).

3) 금지권의 제한

(1) 사용권의 설정

전용사용권이나 통상사용권을 설정한 경우 사용권자는 설정계약의 범위 내에서 상표를 사용할 정당 권원을 가지므로, 사용권자의 사용은 침해를 구성하지 않는다.

---

106) 그 밖에 타인의 상당한 투자나 노력으로 만들어진 성과 등을 공정한 상거래 관행이나 경쟁질서에 반하는 방법으로 자신의 영업을 위하여 무단으로 사용함으로써 타인의 경제적 이익을 침해하는 행위는 부정경쟁행위에 해당한다.

107) 대법원 1993. 1. 19. 선고 92도2054판결 (사임당가구사건)

(2) 법률에 의한 효력 제한

상표권은 부정한 목적 없이 사용하는 자기의 성명·명칭 또는 상호 등을 상거래 관행에 따라 사용하는 상표나, 보통명칭, 기술적표장, 기능을 가지는 입체표장, 관용표장, 현저한 지리적 명칭 및 그 약어 또는 지도로 된 상표 및 기능을 확보하는데 사용이 불가결한 상표에는 효력이 미치지 않고(상표법 제90조), 상표등록료의 추가납부로 효력이 회복된 경우에는 해당 납부기간이 지난 후 상표등록 출원 등이 회복되기 전에 그 상표와 동일·유사한 상표를 그 지정상품과 동일·유사한 상품에 사용한 행위에는 미치지 않으며(상표법 제77조 제3항), 상표등록무효심결 및 취소심결이 확정 된 후, 재심에 의하여 효력이 회복된 경우나 상표권의 권리범위에 속하지 않는다는 심결이 확정된 후 재심에 의해 그와 상반된 심결이 확정된 경우에는 그 심결확정 후 회복된 상표권의 등록 전에 선의로 한 행위에는 상표권의 효력이 미치지 아니한다(상표법 제160조). 나아가 법률에 정한 사유로 인해 발생한 법정사용권(상표법 제98조, 제99조, 제104조의 2)[108)]의 경우에도 사용권의 범위 내에서 사용권자의 사용은 침해를 구성하지 않는바, 이 범위에서도 금지권이 제한되는 효과가 있다.

(3) 권리남용

등록상표는 비록 무효사유가 있다고 하더라도 무효심판을 통해 그 상표를 무효로 한다는 심결이 확정되지 않는 한 대세적으로 무효로 되는 것은 아니다. 그러나 상표등록이 무효심판에 의하여 무효로 될 것임이 명백하여 법적으로 보호받을 만한 가치가 없음에도 형식적으로 상표등록이 되어있음을 기화로 그 상표를 사용하는 자를 상대로 침해금지 또는 손해배상 등을 청구할 수 있도록 하는 것은 상표권자에게 부당한 이익을 주고 그 상표를 사용하는 자에게는 불합리한 손해를 줄 뿐이므로 실질적 정의에 어긋난다. 따라서, 이러한 경우에는 그 상표권에 기초한 침해금지 또는 손해배상 등의 청구는 특별한 사정이 없는 한 권리남용에 해당하여 허용되지 아니한다.[109)]

또한 상표권자가 당해 상표를 출원·등록하게된 목적과 경위, 상표권을 행사하기에 이른 구체적·개별적 사정 등에 비추어 상표제도의 목적이나 기능을 일탈하여 공정한 경쟁질서

108) 상표법 제98조(특허권 등의 존속기간 만료 후 상표를 사용하는 권리), 제99조(선사용에 따른 상표를 계속 사용할 권리), 제104조의 2(질권행사 등으로 인한 상표권의 이전에 따른 통상사용권)
109) 대법원 2012. 10. 18. 선고 2010다10300 전원합의체판결 (하이우드사건)

와 상거래 질서를 어지럽히고 수요자 사이에 혼동을 초래하거나 상대방에 대한 관계에서 신의성실의 원칙에 위배되는 등 법적으로 보호받을 만한 가치가 없다고 인정되는 경우에는 그 상표권의 행사는 권리를 남용하는 것으로서 허용될 수 없다.[110]

110) 대법원 2007. 1. 25. 선고 2005당67223 판결 (진한커피사건)

따라하기 / 등록원부 읽어보기!

Q. 아래 등록원부를 보고, 상표등록 제1234567호의 효력에 대해 생각해보자.

〈등록원부〉

상표등록원부

상 표 등 록 번 호	제 1234567 호

[권 리 란]

표시번호	등 록 사 항		상 표
1번	출원연월일	2000년 03년 07일	
	출원번호	2000-0004567	
	출원공고연월일	2001년 05월 30일	
	공고번호	2001-0034567	
	등록결정(심결)연월일	2002년 07월 30일	
	상품류구분수	1	
	상표권 설정등록일	2002년 08년 18일 등록	
	존속기간(예정)만료일	2022년 08월 18일	
	지정상품	제25류 : 단화, 부츠, 바이킹슈우즈, 야구화, 농구화, 럭비화, 핸드볼화, 육상경기용화, 골프화, 복싱화, 등산화, 산악바이킹슈우즈, 정구화, 스케이트보오드슈우즈, 스노우보오드슈우즈, 스노우보오드부츠, 스키슈즈, 스키부츠, 런닝슈우즈, 배구화, 라켓볼화, 사이클링슈우즈, 스카이다이빙슈우즈, 에어로빅슈우즈, 축구화, 크로스-트레이닝슈즈, 하키화, 조깅화, 보울링화, 레슬링화	
2번	(상표권존속기간갱신등록) 출원 연월일 :2012년 07월 02일 　 출 원 번 호 :2012-0234567 등록결정연월일 :2012년 09월 27일 　 상품류구분수 :1 지 정 상 품 : 제25류 :단화, 부츠, 바이킹슈즈, 야구화, 농구화, 럭비화, 핸드볼화, 육상경기용화, 골프화, 복싱화, 등산화, 산악바이킹슈즈, 정구화, 스케이트보드슈즈, 스노우보드슈즈, 스노우보드부츠, 스키슈즈, 스키부츠, 런닝슈즈, 배구화, 라켓볼화, 사이클링슈즈, 스카이다이빙슈즈, 에어로빅슈즈, 축구화, 크로스-트레이닝슈즈, 하키화, 조깅화, 볼링화, 레슬링화 2012년 09월 28일 등록		

[상 표 등 록 료 란] 　 년 년 일

전액납부 10년분 (2002. 08. 13. ~ 2012. 08. 12.)	금 액 330,000 원	2002년 08월 18일 납입
전액납부 10년분 (2012. 08. 13. ~ 2022. 08. 18)	금 액 330,000 원	2012년 09월 28일 납입

[상 표 권 자 란]

(최종권리자) 나몰금 서울특별시 관악구 관악로 12	
순위번호	**등 록 사 항**
1번	(등록권리자) 김갑동 대전광역시 유성구 대학로 99
2번	(권리의 전부이전등록) 접수 연월일 :2004년 02월 03일 　 접 수 번 호 :2004-5020553 등록 의무자 :김갑동 대전광역시 유성구 대학로 99 등록 권리자 :나몰금 서울특별시 관악구 관악로 12 등 록 원 인 :양도 등록의 목적 :권리의 전부 이전 2004년 02월 03일 등록

[전 용 사 용 권 자 란]

순위번호	등 록 사 항
1번	(전용사용권의 설정등록) 접수 연월일 :2006년 02월 10일 접 수 번 호 :2006-0035888 전용사용권자 :류병은 대전광역시 서구 청사로 200 등 록 원 인 :허락 전용사용권의 범위 기 간 :2004년 12월 31일부터 2007년 08월 18일까지 지 역 :대한민국전역 지정상품 :전부 2006년 02월 10일 등록

이하여백

※ 본 등록원부는 연습을 위해 가상으로 만든 것이다.

1. 위 등록원부를 보고 아래 빈칸을 채우며, 상표등록 제1234567호의 내용을 알아보자.

상표권자는 누구인가? (상표권자 외에 이 상표를 쓸 수 있는 사람이 있는가?)	
언제 발생하여 언제 소멸예정인가? (등록일로부터 10년 이상 존속하는 이유는?)	
효력이 미치는 상품의 범위는?	
상표권의 효력이 제한되는 사항이 있는가? 제한의 내용은 무엇인가?	

2. 아래 세사람의 행위가 각각 상표등록 제1234567호의 효력범위 내의 행위인지 생각해 보자.

서상수	박정아	류병은
2022. 10. 1.부터 온라인 쇼핑몰에서 판매	2010. 1. 1.부터 오프라인 인테리어 소품샵에서 판매	2005. 1. 1.부터 2007.12.30.까지 서울의 백화점 팝업매장에서 판매

수행 tip *존속기간*	수행 tip *지정상품유사*	수행 tip *사용권자란*

수행 tip

- 상표권의 양도
- 시기적 범위
- 내용적 범위 (표장과 지정상품)
- 사용권설정시 효력의 제한

확인학습

1. 우리나라는 권리의 안정성 및 분쟁발생시 신속한 처리를 위해 사용여부와 무관하게 설정등록이라는 절차에 의해 권리를 발생시키는 □□□□를 취하고 있다. □□□□는 상표의 사용유무에 관계없이 설정등록에 의하여 상표권이 발생하며, 상표권의 발생 후에도 사용사실과 무관하게 상표권의 존속기간 만료, 포기, 무효 또는 취소심결의 확정 등으로 소멸하기 전까지는 일응 유효한 권리로 존속한다.

2. 상표등록출원에 대해 거절이유가 없으면 심사관이 □□□□을 하고(상표법 제68조), 그 후 출원인이 등록료를 납부하면(상표법 제72조), 특허청장은 직권으로 □□□□을 해야 한다(상표법 제82조). 상표권 설정등록을 한 경우에 특허청장은 상표권자에게 □□□□□을 발급해야하고(상표법 제81조), 대통령령이 정하는 사항(상표권자의 성명과 주소, 표장, 지정상품, 출원번호 및 출원일, 공고번호 및 공고일, 등록번호 및 등록일, 기타 우선권주장이나 상표에 대한 설명 등 상표에 대한 서지정보)을 상표공보에 게재하여 □□□□를 해야 한다.

3. 상표권의 존속기간은 □□□□□로부터 10년이고, □□□□□□□□신청을 통하여 10년씩 갱신할 수 있다(상표법 제83조),

4. 상표권자는 □□□□에 관하여 □□□□를 사용할 권리를 독점한다(상표법 제89조). 독점하여 사용할 수 있는 권리를 전용권이라고 하고, 전용권의 범위는 등록상표와 지정상품의 동일범위에 한한다.

5. 정당한 권원이 없는 타인의 사용을 금지할 수 있는 권리를 사용금지권이라 하고, 사용금지권의 범위는 상품출처에 관한 수요자의 혼동을 방지하기 위하여 □□범위까지 인정된다(상표법 제108조 제1항 제1호). 따라서 정당권원 없는 자가 등록상표와 □□·□□한 상표를 그 지정상품과 □□·□□한 상품에 사용하면 상표권 침해가 된다

6. □□□이란 상표권자 이외의 자가 등록상표를 사용할 수 있도록 하는 권리이고, 상표권자와의 계약을 통하거나 법률의 요건을 충족한 경우 발생한다. 상표권자와 계약을 통해 발생하는 사용권에는 그 계약 내용에 따라 사용권자가 사용할 권리를 독점하여 설정된 범위에서는 상표권자도 상표의 사용을 할 수 없는 □□□□□과, 비독점적으로 사용할 권리를 갖는 □□□□□이 있다.

학습 2 상표권의 침해 및 그 구제와 대응

학습 목표	• 상표권 침해의 의미 및 그 성립요건과 조각사유에 대해 이해하고, 상표권자 및 사용자의 입장에서 대응 전략을 구상해 본다.

1 상표권 침해에 대한 권리자의 대응방안

1. 상표권 침해 예방을 위한 조치

1) 상표등록 및 등록상표의 사용

상표권 침해를 주장하기 위해서는 상표권이 존재하여야 한다. 따라서 무엇보다도 미리 상표출원을 통해 등록을 받아 상표권을 취득해 두는 것이 중요하다. 이를 위해서는 상표를 사용하기 전 상표 선택 단계에서 미리 상표등록의 가능성을 검토한 후 등록가능성이 높은 상표를 선택하고 사용하기 전에 미리 상표출원을 하여 심사를 거쳐 출원공고결정이 난 후 사용을 개시하는 것이 바람직하다.

상표등록을 받았다면 등록받은 상표임을 표시하고 사용하는 것도 침해예방을 위한 방안이다. 타인에게 등록상표임을 고지하는 효과 및 침해소송에서 침해자의 고의를 입증하지 않아도 되는 효과를 누릴 수 있다[111]. 나아가 불사용을 이유로 한 취소심판이 청구될 우려도 감소시킬 수 있다.

111) 상표법 제112조 (고의의 추정) 제222조에 따라 등록상표임을 표시한 타인의 상표권 또는 전용사용권을 침해한 자는 그 침해행위에 대하여 그 상표가 이미 등록된 사실을 알았던 것으로 추정한다.

〈등록상표임의 표시〉

출처 : 스타벅스 코리아 홈페이지

- ® 표시는 “Registered Trademark“를 표시하는 기호로 등록된 상표라는 표시이다. 등록상표에 이 표시를 할지 여부는 상표권자의 자유이나 표시를 할 경우 소비자 혹은 동종업계 사람이 해당 상표가 등록된 것임을 쉽게 알 수 있어 불필요한 분쟁을 예방하는 효과가 있고, 타인의 상표침해시 고의추정(상표법 제112조)이 가능하다는 장점이 있다. 한편, 등록되지 않은 상표(출원 중인 상표 포함)에 이 표시를 사용하는 것은 허위표시가 되어 형사처벌을 받을 수 있다.

- TM표시는 “Trademark”를 의미하는 것으로 등록과 무관하게 상표로 사용되고 있다는 표시이다.

2. 상표권침해 사실 조기 발견을 위한 조치

상표권 침해의 특수성

상표권은 무체재산권으로 점유가 곤란하고 침해가 용이한 반면 침해여부의 발견과 판단이 쉽지 않고 침해로 인한 손해의 회복이 어려울 뿐 아니라 침해로 인한 피해가 일반 수요자들에게도 미친다는 특수성이 있다.

이에 상표법은 금지권의 범위를 유사범위까지 확대하고(상표법 제108조 제1항 제1호), 침해의 예비적 행위도 간접침해로 규정하고 있으며(상표법 제108조 제1항 제2호 내지 제4호), 상표권 침해를 비친고죄로 하여 신고 없이도 처벌이 가능하도록 하고(상표법 제230조), 손해액의 추정(상표법 제110조), 법정손해배상(상표법 제111조), 고의의 추정(상표법 제112조), 신용회복청구(상표법 제113조), 서류제출명령(상표법 제114조) 등의 규정을 두어 상표권을 실효적으로 보호하고 있다.

1) 시장조사 (모니터링)

상표권 침해죄는 비친고죄로 상표권자의 고소가 없이도 조사하여 처벌할 수 있고, 제3자의 신고나 특허청의 자체 조사에 의해 상표권 침해를 단속하는 경우도 있다. 그러나 상표권침해로 인한 피해를 최소화하기 위해서는 상표권자가 침해사실을 조기에 발견하여 신속히 조치를 취하는 것이 바람직하다.

친고죄, 비친고죄

상표권의 침해는 상품출처의 오인·혼동을 발생시켜 일반공중의 이익을 해하는 경우가 많기 때문에 특허권 등의 침해와 달리 비친고죄로 규정하고 있다. 비친고죄란 피해자의 고소가 없더라도 검사가 기소를 하여 처벌할 수 있는 죄를 말한다.
반면, 형사처벌을 위해 고소를 요건으로 하는 것을 친고죄라고 한다. 피해자의 고소에 의해 수사가 시작되고 검사가 공소를 제기하여 형사처벌이 이루어지는 죄를 말한다.

침해사실의 조기 발견을 위해서는 시장조사를 통해 자신의 등록상표와 유사한 상표가 사용되고 있는지 주기적으로 확인해 보는 것이 필요하다.

시장조사와 함께 특허청에서 제공하는 특허정보검색서비스 KIPRIS(www.kipris.or.kr)를 통해 자신의 등록상표와 유사한 상표가 출원되었는지도 확인해보는 것이 좋다. 유사한 상표가 출원된 경우 정보제공이나 이의신청을 통해 등록되는 것을 막고, 출원인 정보를 확인하여 실제 사용되고 있는지 및 그 사용이 자신의 상표권침해인지를 검토하여 추가 조치를 취해야 하다.

2) 세관에 의한 국경조치

상표권은 속지주의 원칙에 따라 등록을 받은 국가에서만 그 효력을 발휘한다. 국내에만 상표권을 보유하고 있는데, 위조품이 제조되어 해외로 수출된 후 유통되거나 다른 나라에서 제조된 위조품이 국내에 수입되는 경우들이 있다.

지식재산권을 국제적으로 보호하기 위하여 대부분의 국가들은 WTO/TRIPs 협정을 체결하고 있고, 본 협정에 의해 침해품의 국제거래를 엄격히 금지하고 있다. 이에 한국에서도 관세법을 통하여 상표권 등 지식재산권침해물품의 수출입을 제한하고 있다(관세법 제

235조). 관세청에서는 침해품의 경우 통관을 보류하는 한편, 세관 공무원이 침해사범을 조사하고 처벌도 하고 있다.

세관에 상표등록증, 위조품과 정품 대조표 등을 청부한 상표등록 신고서를 제출하면 심사를 통해 상표권의 정보가 세관에 등록되고, 세관에 등록된 상표권의 정보는 전자통관시스템을 통해 일선 세관과 공유되어 통관단계에서 상표권 침해품을 단속할 수 있게 된다. 따라서 세관에 상표등록을 해두면 국내에서 상표권 침해가 발생하는 것을 예방할 수 있다.

한편, 상표권이 세관에 등록되어 있지 않더라도 상표권을 침해하였음이 명백한 경우에는 직권으로 통관보류를 할 수 있도록 하여 침해품의 수입을 통관단계에서 저지할 수 있도록 하고 있다.

2. 상표권 침해사실 발견 시 사전조치

1) 침해여부의 판단

상표권침해정황을 발견하였을 경우 상표권 침해가 성립하는지의 검토가 선행되어야 한다. 상표권침해가 아닌데도 침해주장을 하며 경고장을 발송할 경우 영업방해로 인한 손해배상책임을 질 우려가 있고, 불필요한 분쟁의 야기로 비용과 시간을 낭비할 수 있기 때문이다.

상표권의 침해가 성립하기 위해서는 ① 유효한 상표권이 존재하여야하고, ② 그 상표권의 보호범위 내에서 ③ 상표로서 사용되어야 하며, ㉮ 사용한 사람에게 정당한 권원이 없어야 하고, ㉯ 상표권의 효력제한 사유에 해당하지 않아야 한다. ① 내지 ③의 요건은 상표권 침해를 주장하는 상표권자가 주장·입증해야하는 적극적 요건이고, ㉮ 및 ㉯의 요건은 권리의 대항을 받은 사용자가 주장·입증하여야 하는 소극적 요건이다.

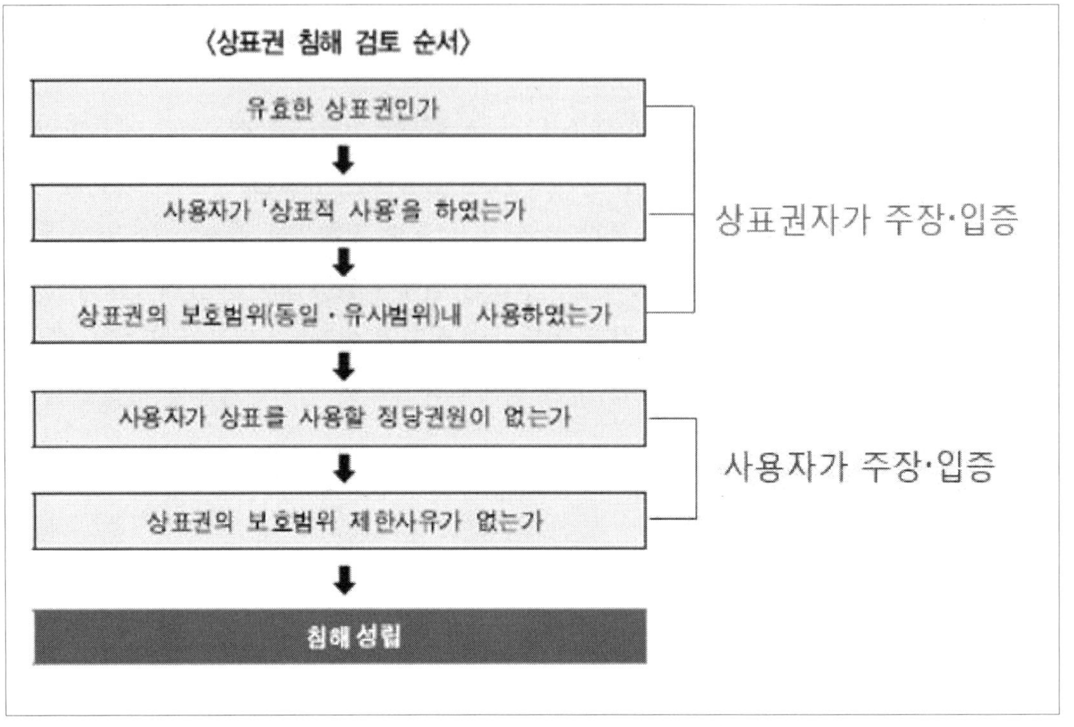

손실보상청구권

상표권은 상표등록출원 후 심사를 통과한 후 등록료를 납부하고 설정등록을 해야 발생하는 것이므로 상표등록출원을 한 것만으로는 권리 주장을 할 수 없음이 원칙이다. 다만, 상표 등록출원 후 타인이 출원상표와 동일·유사한 범위에서 상표사용을 한 경우 상표등록출원서의 사본을 제시한 경고장(출원공고된 경우 출원서 사본 제시 불요)을 발송하면 업무상 손실에 상당하는 보상금을 청구할 수 있다(상표법 제58조). 이 권리는 상표권이 설정등록된 후 행사가능하다.

간접침해

상표법은 상표권의 직접적인 침해라고 볼 수는 없으나 침해의 개연성이 높은 행위를 침해로 보아 상표권자 및 일반 수요자의 보호를 꾀하고자 (1) 타인의 등록상표와 동일·유사한 상표를 그 지정상품과 동일·유사한 상품에 사용하거나 사용하게 할 목적으로 교부·판매·위조·모조 또는 소지하는 행위[112], (2) 타인의 등록상표를 위조 또는 모조하거나 위조 또는 모조하게 할 목적으로 그 용구를 제작·교부·판매 또는 소지하는 행위, (3) 타인의 등록상표 또는 이와 유사한 상표가 표시된 지정상품과 동일·유사한 상품을 양도 또는 인도하기 위하여 소지하는 행위를 침해로 간주하는 규정을 두고 있다(상표법 제108조 제1항 제2호 내지 제4호).

112) '교부 또는 판매'의 대상은 상표 그 자체가 아니라 상표를 표시한 물건(표딱지, 라벨 등으로 '상품'

2) 증거수집

상표권 침해로 판단된 경우 상표의 사용자에게 직접적인 조치를 취하기 전에 미리 충분한 증거를 수집해두어야 한다. 상표권자가 권리행사를 할 것에 대비하여 사용자가 증거를 인멸할 경우 손해배상 및 형사처벌을 위한 손해액 및 고의 입증이 어려울 수 있기 때문이다. 상표침해사실을 객관적으로 입증할 수 있는(판매자, 표장 및 상품을 파악할 수 있는) 판매사이트 캡쳐, 침해품의 사진, 매장사진, 구매영수증, 광고자료 등이 증거가 될 수 있다.

3) 경고장 발송

경고장은 침해자에게 상표침해 사실을 알리고 시정하지 않을 경우 추가 법적 초치를 취할 수 있음을 알리는 서면이다. 이메일이나 우편발송 등 전달 방식에 정함이 없으나 이후 소송에서 증거로 활용하기 위해서는 내용증명[113]을 이용하는 것이 바람직하다.

경고장에는 근거가 되는 권리 및 침해행위를 명시하고, 요구사항(즉각 사용중지, 침해품 폐기, 손해 배상 등)과 시정되지 않을 경우 이후 취할 조치를 기재한다.

경고장 자체로는 강제성을 띄지 않지만 가장 간편한 절차로 분쟁을 조기 해결할 수 있고, 이후 소송 등에서 침해자의 고의 입증자료로 활용할 수 있다.

다만, 상표권침해가 확실하지 않은 상황에서 상대방의 거래처 등 제3자에게 경고장을 발송하는 경우, 업무방해죄 및 손해배상의 문제가 발생할 수 있으므로 경고장 발송전 충분한 검토가 필요하다.

과는 구별되는 개념)을 의미하므로 상표사용권자가 제3자에게 등록상표를 사용하게 한 행위는 이에 해당한다고 할 수 없다(대법원 2004. 9. 24. 선고 2002다58594판결)

113) 내용증명이란 발송인, 수신인, 발송날짜 및 그 내용을 등본에 의하여 증명하는 우편발송 방법이다. 같은 내용의 문서 3통을 준비하여 원본을 수신인에게 등기우편으로 보내고, 발신인이 한부를 보관하며, 나머지 한부는 우체국에서 보관하면서 그 내용과 날짜를 우체국이 증명하여 주는 것이다. 내용증명자체가 법적인 효력을 갖는 것은 아니고, 발송인이 수신인에게 해당 내용의 문서를 발송하였다는 사실을 증명하는 목적으로 사용된다.

〈경고장 예시〉

경 고 장

수신 : *** 주식회사

서울특별시 종로구 *****

대표이사 @@@

발신 : 나을금

서울특별시 관악구 ****

제목: <u>상표권침해금지 요청의 건</u>

1. 귀사의 무궁한 발전을 기원합니다.

2. 발신인은 상표등록 제1234567호의 상표권자로 귀사가 아래와 같은 상표를 사용하고 있음을 발견하여 본 경고장을 발송하게 되었습니다.

[사용 상태에 대한 자료] 사용자, 표장, 상품의 확인이 가능한 것

3. 귀사가 사용하고 있는 상표는 발신인의 상표와 그 표장 및 상품이 동일·유사하므로 귀사의 위와 같은 행위는 발신인의 상표권을 침해하는 것으로 7년 이하의 징역 또는 1억 원 이하의 벌금에 처해지고(상표법 제230조), 손해배상 등의 민사상 책임(상표법 제107조 내지 제114조)도 지게 됩니다.

4. 이에 발신인은 귀사의 상표권침해행위에 대해 가능한 법적절차를 통해 적극적으로 대응할 것임을 알려드립니다. 다만, 법적절차에 앞서 귀사의 자율적인 시정을 기대하는바, 먼저 다음 사항의 이행을 요구하는 바입니다.

(1) 침해품의 제조·판매를 즉각 중단하고 이미 유통된 제품도 회수 및 폐기 할 것.

(2) 위 시정조치가 완료되는 즉시 그 사실을 증빙자료와 함께 발신인에게 통보할 것.

5. 본 서신을 수령한 날로부터 7일 이내에 성의 있는 답변을 하지 않는 경우 발신인의 본인의 권리보호를 위하여 필요한 모든 법적 조치를 취할 준비가 되어 있다는 것을 양지하여 주시기 바랍니다.

YYYY.MM.DD

나을금

-첨부1: 상표등록원부(등록 제1234567호)

-첨주2: 침해품의 사진

4) 침해주장의 근거가 되는 권리에 대한 정비

사용자가 적극적인 방어활동의 일환으로 상표권에 대한 공격 (무효/취소심판 청구 등)을 해올 것을 대비하여 침해 주장의 근거 상표권에 하자가 있는지 검토하고 이에 대응할 자료를 수집해 놓아야 한다. 가장 빈번하게 사용되는 공격은 불사용을 이유로한 취소심판 인바, 권리 행사 전에 등록상표를 등록된 지정상품에 사용하고 있다는 증거자료를 미리 확보해 두는 것이 바람직하다.

5) 적극적권리범위확인심판

침해여부가 명확하지 않거나 사용자가 침해여부에 대해 다툴 가능성이 있는 경우 적극적 권리범위확인심판을 통해 사용상표가 등록상표의 권리범위에 속한다는 공적확인을 받을 수 있다.

권리범위확인심판에서 인용심결(사용상표가 등록상표의 권리범위에 속한다)을 받는 것만으로는 침해에 대한 직접적인 구제(침해행위의 중단, 손해배상 등)를 받을 수는 없으나 심판청구 사실 및 심판에 대응해야한다는 사실 자체가 사용자에게 심리적인 압박으로 작용하여 침해행위를 중단할 가능성이 있고, 이후 민·형사 소송에서 상표권침해가 맞다는 유력한 증거로 활용할 수 있다.

3. 민사상 조치

1) 침해금지청구 및 예방청구

> **상표법 제107조 (권리침해에 대한 금지청구권 등)**
>
> ① 상표권자 또는 전용 전용사용권자는 자기의 권리를 침해한 자 또는 침해할 우려가 있는 자에 대하여 그 침해의 금지 또는 예방을 청구할 수 있다.
> ② 상표권자 또는 전용사용권자가 제1항에 따른 청구를 할 경우에는 침해행위를 조성한 물건의 폐기, 침해행위에 제공된 설비의 제거나 그 밖에 필요한 조치를 청구할 수 있다.
> ③ 제1항에 따른 침해의 금지 또는 예방을 청구하는 소가 제기된 경우 법원은 원고 또는 고소인(이 법에 따른 공소가 제기된 경우만 해당한다)의 신청에 의하여 임시로 침해행위의 금지, 침해행위에 사용된 물건 등의 압류나 그 밖에 필요한 조치를 명할 수 있다. 이 경우 법원은 원고 또는 고소인에게 담보를 제공하게 할 수 있다.
>
> 관련 사이트 : http://www.law.go.kr/

상표권자 또는 전용사용권자는 자기의 권리를 침해한 자 또는 침해할 우려가 있는 자에 대하여 그 침해의 금지 또는 예방을 청구할 수 있으며(상표법 제107조 제1항), 이와 함께 침해행위를 조성한 물건의 폐기, 침해행위에 제공된 설비의 제거 기타 침해의 예방에 필요한 조치를 청구할 수 있다(상표법 제107조 제2항).

상표권은 무체재산권으로서 침해가 용이한 반면 침해의 발견 및 침해여부의 판단이 쉽지 않고 침해행위가 일어날 경우 상표권자뿐만 아니라 일반 수요자들에게도 피해를 줄 수 있으므로 침해의 우려가 있는 경우에도 예방청구를 할 수 있도록 규정하고 있고, 담보를 제공하면 임시로 침해행위의 금지, 침해행위에 사용된 물건 등의 압류나 그 밖에 필요한 조치를 신청할 수 있도록 하고 있다.

현실적인 침해가 있거나 침해의 우려가 객관적으로 인정되어야 하고, 금지청구의 청구취지(금지의 대상)가 분명하게 특정되어야 하나 침해자의 고의나 과실을 요하지는 않는다.

침해금지 또는 예방청구는 상대방에게 침해행위를 하지 말아달라는 부작위를 청구하는 것이나, 권리자는 이 부작위 청구에 더하여 침해행위를 조성한 물건의 폐기(예: 상표가 표시된 간판이나 라벨의 폐기 등), 침해행위에 제공된 설비의 폐기(예: 등록상표를 위조하는데 사용된 인쇄기구 등), 기타 침해의 예방에 필요한 청구(예: 담보의 제공) 등 적극적인 청구도 할 수 있다.

2) 손해배상청구

상표법 제109조 (손해배상의 청구)

상표권자 또는 전용사용권자는 자기의 상표권 또는 전용사용권을 고의 또는 과실로 침해한 자에 대하여 그 침해에 의하여 자기가 받은 손해의 배상을 청구할 수 있다.

관련 사이트 : http://www.law.go.kr/

상표권자 또는 전용사용권자는 자기의 상표권 또는 전용사용권을 고의 또는 과실로 침해한 자에 대하여 침해에 의하여 자기가 받은 손해의 배상을 청구할 수 있다(상표법 제109조).

손해배상청구가 인용되기 위해서는 ① 고의 또는 과실에 의한 ② 위법행위인 침해행위가 있어야 하고, ③ 그 침해로 인한 손해가 발생하여야 하며, ④ 침해와 손해 사이에 인과관계가 있어야 한다.

상표법은 무형의 재산인 상표권이 침해될 경우 그 손해의 입증이 곤란한 점을 고려하여 손해액의 추정, 고의의 추정 등의 규정을 두고 있다.

상표법 제110조 (손해액의 추정 등)

① 제109조에 따른 손해배상을 청구하는 경우 그 권리를 침해한 자가 그 침해행위를 하게 한 상품을 양도하였을 때에는 다음 각호에 해당하는 금액의 합계액을 상표권자 또는 전용사용권자가 입은 손해액으로 할 수 있다.

1. 그 상품의 양도수량(상표권자 또는 전용사용권자가 그 침해행위 외의 사유로 판매할 수 없었던 수량을 뺀 수량) 중 상표권자 또는 전용사용권자가 생산할 수 있었던 상품의 수량에서 실제 판매한 상품의 수량을 넘지 아니하는 수량에 상표권자 또는 전용사용권자가 그 침해행위가 없었다면 판매할 수 있었던 상품의 단위수량당 이익액을 곱한 금액
2. 그 상품의 양도수량 중 상표권자 또는 전용사용권자가 생산할 수 있었던 상품의 수량에서 실제 판매한 상품의 수량을 뺀 수량을 넘는 수량 또는 그 침해행위 외의 사유로 판매할 수

없었던 수량이 있는 경우 이들 수량(상표권자 또는 전용사용권자가 그 상표권자의 상표권에 대한 전용사용권의 설정, 통상사용권의 허락 또는 그 전용사용권자의 전용사용권에 대한 통상사용권의 허락을 할 수 있었다고 인정되지 아니하는 경우에는 해당 수량을 뺀 수량)에 대해서는 상표등록을 받은 상표의 사용에 대하여 합리적으로 받을 수 있는 금액

② 삭제〈2020. 12. 22.〉

③ 제109조에 따른 손해배상을 청구하는 경우 권리를 침해한 자가 그 침해행위에 의하여 이익을 받은 경우에는 그 이익액을 상표권자 또는 전용사용권자가 받은 손해액으로 추정한다.

④ 제109조에 따른 손해배상을 청구하는 경우 그 등록상표의 사용에 대하여 합리적으로 받을 수 있는 금액에 상당하는 금액을 상표권자 또는 전용사용권자가 받은 손해액으로 하여 그 손해배상을 청구할 수 있다.

⑤ 제4항에도 불구하고 손해액이 같은 항에 규정된 금액을 초과하는 경우에는 그 초과액에 대해서도 손해배상을 청구할 수 있다. 이 경우 상표권 또는 전용사용권을 침해한 자에게 고의 또는 중대한 과실이 없을 때에는 법원은 손해배상액을 산정할 때 그 사실을 고려할 수 있다.

⑥ 법원은 상표권 또는 전용사용권의 침해행위에 관한 소송에서 손해가 발생한 것은 인정되나 그 손해액을 증명하기 위하여 필요한 사실을 밝히는 것이 사실의 성질상 극히 곤란한 경우에는 제1항부터 제5항까지의 규정에도 불구하고 변론전체의 취지와 증거조사의 결과에 기초하여 상당한 손해액을 인정할 수 있다.

⑦ 법원은 고의적으로 상표권자 또는 전용사용권자의 등록상표와 동일·유사한 상표를 그 지정상품과 동일·유사한 상품에 사용하여 상표권 또는 전용사용권을 침해한 자에 대하여 제109조에도 불구하고 제1항부터 제6항까지의 규정에 따라 손해로 인정된 금액의 3배를 넘지 아니하는 범위에서 배상액을 정할 수 있다. 〈신설 2020. 10. 20.〉

⑧ 제7항에 다른 배상액을 판단할 때에는 다음 각 호의 사항을 고려하여야 한다.

1. 침해행위로 인하여 해당 상표의 식별력 또는 명성이 손상된 정도
2. 고의 또는 손해발생의 우려를 인식한 정도
3. 침해행위로 인하여 상표권자 또는 전용사용권자가 입은 피해규모
4. 침해행위로 인하여 침해한 자가 얻은 경제적 이익
5. 침해행위의 기간·횟수 등
6. 침해행위에 따른 벌금
7. 침해행위를 한 자의 재산상태
8. 침해행위를 한자의 피해구제 노력의 정도

상표법 제111조 (법정손해배상의 청구)

① 상표권자 또는 전용사용권자는 자기가 사용하고 있는 등록상표와 같거나 동일성이 있는 상표를 그 지정상품과 같거나 동일성이 있는 상품에 사용하여 자기의 상표권 또는 전용사용권을 고의나 과실로 침해한 자에 대하여 제109조에 따른 손해배상을 청구하는 대신 1억원(고의적으로 침해한 경우에는 3억원) 이하의 범위에서 상당한 금액을 손해액으로 하여 배상을 청구할 수 있다. 이 경우 법원은 변론전체의 취지와 증거조사의 결과를 고려하여 상당한 손해액을 인정할 수 있다.

② 제1항 전단에 해당하는 침해행위에 대하여 제109조에 따라 손해배상을 청구한 상표권자 또는 전용사용권자는 법원이 변론을 종결할 때까지 그 청구를 제1항에 다른 청구로 변경할 수 있다.

상표법 제112조 (고의의 추정)
제222조에 따라 등록상표임을 표시한 타인의 상표권 또는 전용사용권을 침해한 자는 그 침해행위에 대하여 그 상표가 이미 등록된 사실을 알았던 것으로 추정한다.

관련 사이트 : http://www.law.go.kr/

한편, 등록상표가 상표권자나 전용사용권자에 의해 사용되고 있고, 동일성의 범주에서 침해가 발생한 경우에는 제109조에 따른 손해배상을 청구하는 대신 1억 원 이하의 범위에서 상당한 금액을 손해액으로 하여 배상을 청구할 수 있고 법원은 변론전체의 취지와 증거조사의 결과를 고려하여 상당한 손해액을 인정 할 수 있는 법정손해배상청구제도를 두고 있다. 법정손해배상청구제도는 상표권자 및 전용사용권자의 권리보호를 강화하기 위해 실제 발생한 손해와 관계없이 침해여부만 입증되면 법률로 정한 범위에서 법원이 상당하다고 인정되는 금액을 재량으로 결정할 수 있도록 한 것으로 상표권자 및 전용사용권자는 109조의 손해배상청구(손해액 입증 필요)와 본 규정의 법정손해배상청구 중 하나를 선택적으로 청구할 수 있다.

<table>
<tr><th colspan="2"></th><th>손해배상의 청구</th><th>법정손해배상의 청구</th></tr>
<tr><td colspan="2">손해액</td><td>입증된 실제 손해액
(실손해배상원칙[114])</td><td>1억원 이하</td></tr>
<tr><td rowspan="3">인정요건</td><td>침해행위발생</td><td>동일·유사범위</td><td>동일성 범위</td></tr>
<tr><td>침해자의 고의·과실</td><td>입증필요
(상표법 제112조 고의추정)</td><td>입증필요
(상표법 제112조 고의추정)</td></tr>
<tr><td>손해발생 및 손해액 입증 등</td><td>입증필요
(손해발생, 손해액 및 손해와 침해사이의 인과관계를 입증해야함)</td><td>입증불필요
(다만, 상표권자 또는 전용사용권자가 사용하고 있을 것)</td></tr>
</table>

114) 우리법상의 손해배상제도는 실제로 발생한 손해를 전보하여 손해가 없었던 것과 같게 만들어 공평을 기하려는 제도이다(이른바 실손전보의 원칙). 따라서 손해배상의 범위는 실제손해의 범위로 함이 원칙이다. 실손해배상의 원칙의 예외로서 징벌적 손해배상제도(상표법 제110조 제7항) 및 법정손해배상제도(상표법 제111조)가 있다.

3) 신용회복청구

> **상표법 제113조 (상표권자 등의 신용회복)**
>
> 법원은 고의나 과실로 상표권 또는 전용사용권을 침해함으로써 상표권자 또는 전용사용권자의 업무상 신용을 떨어뜨린 자에 대해서는 상표권자 또는 전용사용권자의 청구에 의하여 손해배상을 갈음하거나 손해배상과 함께 상표권자 또는 전용사용권자의 업무상 신용회복을 위하여 필요한 조치를 명할 수 있다.
>
> 관련 사이트 : http://www.law.go.kr/

상표침해로 인해 업무상 신용이 손상된 경우에는 손해배상과 함께 또는 손해배상에 갈음하여 신용회복의 청구를 할 수 있다. 신용회복청구가 인정되기 위해서는 상표권 침해로 인하여 상표권자의 신용이 손상되었음이 인정되어야 한다.

4) 보전처분신청 (가압류, 가처분)

다툼이 있는 권리관계에 관하여 본안소송에 의해 확정될 때까지 기다리면 권리자에게 현저한 손해가 발생할 우려가 있는 경우 본안판단을 받기 전에 미리 처분을 명하여달라는 신청을 할 수 있다.

보전처분이 인용되기 위해서는 ① 피보전 권리가 존재해야 하고(침해금지 청구권/손해배상청구권이 있어야 하므로 상표권 침해가 성립하여야 함) ② 보전의 필요성(본안에서의 승소가능성, 기타 제반사정을 고려하여 결정)이 인정되어야 한다.

손해배상청구권을 피보전권리로 하는 '가압류'와 침해금지청구권을 피보전권리로 하는 '가처분'이 있다.

5) 부당이득반환청구

민법 제741조[115]에 의하여 침해자가 상표권의 침해로 얻은 이득을 법률상 원인 없는 부당이득으로 보아 그 반환을 청구할 수 있다. 고의 또는 과실을 요하지 않는다는 점에서 손해배상청구와 차이가 있다.

---

115) 민법 제741조(부당이득의 내용) 법률상 원인 없이 타인의 재산 또는 노무로 인하여 이익을 얻고 이로 인하여 타인에게 손해를 가한 자는 그 이익을 반환하여야 한다.

4. 형사상 조치

1) 상표권 침해죄

상표법 제230조 (침해죄)
상표권 또는 전용사용권의 침해행위를 한 자는 7년 이하의 징역 또는 1억원 이하의 벌금에 처한다.
관련 사이트 : http://www.law.go.kr/

상표권 또는 전용사용권의 침해행위를 한 자는 7년 이하의 징역 또는 1억원 이하의 벌금에 처한다(상표법 제230조). 침해죄가 성립되기 위해서는 침해자에게 고의가 있어야 하고 민사상의 침해금지 청구 및 손해배상청구와 달리 고의추정규정(상표법 제112조)은 적용되지 않는다.[116]

상표권 침해에서의 고의는 타인의 등록상표와 동일·유사한 범위에서의 사용이라는 의사만 있으면 인정되고 권리침해의 의사를 요하는 것은 아니다. 원칙적으로 권리자 등으로부터 권리침해의 경고장을 받은 경우 그 이후의 침해행위에는 고의가 있었다고 볼 수 있고, 상표권이 무효라고 확신하였거나, 변리사로부터 비침해감정을 받았거나, 자기의 행위가 침해가 아니라고 확신하였다는 점만으로는 고의가 없다고 볼 수 없다.

한편, 상표법에서는 그 침해가 용이한 반면 침해사실의 입증이 어렵고, 침해로 인한 손해가 크다는 상표권침해의 특성을 고려하여 침해의 개연성이 높은 행위를 상표권침해로 간주하는 규정(상표법 제108조)을 두고 있는 바, 이에 해당하는 경우에도 상표권 침해에 준하여 취급한다.

116) 고의추정규정은 어디까지나 상표권 침해를 원인으로 한 민사상 침해금지나 손해배상청구에서 권리자의 입증편의를 위해 마련된 것으로 형사소송에서 까지 고의를 추정할 경우 실체진실주의와 자유심증주의에 반할 뿐 아니라 무죄추정의 법리에도 어긋나기 때문이다.

상표법 제108조 (침해로 보는 행위)

① 다음 각 호의 어느 하나에 해당하는 행위는 상표권(지리적 표시 단체표장권은 제외한다) 또는 전용사용권을 침해한 것으로 본다.

1. 타인의 등록상표와 동일한 상표를 그 지정상품과 유사한 상품에 사용하거나 타인의 등록상표와 유사한 상표를 그 지정상품과 동일·유사한 상품에 사용하는 행위
2. 타인의 등록상표와 동일·유사한 상표를 그 지정상품과 동일·유사한 상품에 사용하거나 사용하게 할 목적으로 교부·판매·위조·모조 또는 소지하는 행위
3. 타인의 등록상표를 위조 또는 모조하거나 위조 또는 모조하게 할 목적으로 그 용구를 제작·교부·판매 또는 소지하는 행위
4. 타인의 등록상표 또는 이와 유사한 상표가 표시된 지정상품과 동일·유사한 상품을 양도 또는 인도하기 위하여 소지하는 행위

② 다음 각 호의 어느 하나에 해당하는 행위는 지리적 표시 단체표장권을 침해한 것으로 본다.

1. 타인의 지리적 표시 등록단체표장과 유사한 상표(동음이의어 지리적 표시는 제외한다. 이하 이 항에서 같다)를 그 지정상품과 동일하다고 인정되는 상품에 사용하는 행위
2. 타인의 지리적 표시 등록단체표장과 동일·유사한 상표를 그 지정상품과 동일하다고 인정되는 상품에 사용하거나 사용하게 할 목적으로 교부·판매·위조·모조 또는 소지하는 행위
3. 타인의 지리적 표시 등록단체표장을 위조 또는 모조하거나 위조 또는 모조하게 할 목적으로 그 용구를 제작·교부·판매 또는 소지하는 행위
4. 타인의 지리적 표시 등록단체표장과 동일·유사한 상표가 표시된 지정상품과 동일하다고 인정되는 상품을 양도 또는 인도하기 위하여 소지하는 행위

관련 사이트 : http://www.law.go.kr/

상표법 제236조 (몰수)

① 제230조에 따른 상표권 또는 전용사용권의 침해행위에 제공되거나 그 침해행위로 인하여 생긴 상표·포장 또는 상품(이하 이 항에서 '침해물'이라 한다)과 그 침해물 제작에 주로 사용하기 위하여 제공된 제작 용구 또는 재료는 몰수한다.
② 제1항에도 불구하고 상품이 그 기능 및 외관을 해치지 아니하고 상표 또는 포장과 쉽게 분리될수 있는 경우에는 그 상품은 몰수하지 아니할 수 있다.

관련 사이트 : http://www.law.go.kr/

상표법상 기타 벌칙규정

▣ 비밀유지명령 위반죄(상표법 제231조)

국내외에서 정당한 사유 없이 비밀유지명령을 위반한 자는 5년이하의 징역 또는 5천만원이하의 벌금에 처한다. 다만, 비밀유지명령위반죄는 친고죄로서 비밀유지명령을 신청한 자의 고소가 있어야 공소를 제기할 수 있다.

▣ 위증죄(상표법 제232조)

상표법에 따라 선서한 증인, 감정인 또는 통역인이 특허심판원에 대하여 거짓의 진술·감정 또는 통역을 하였을 경우에는 5년이하의 징역 또는 5천만원이하의 벌금에 처한다. 다만, 위증죄를 범한 자가 그 사건의 상표등록여부결정 또는 심결의 확정 전에 자수하였을 경우에는 그 형을 감경하거나 면제할 수 있다.

▣ 거짓표시의 죄(상표법 제233조)

상표법 제224조의 거짓표시의 금지 규정을 위반한 자는 3년이하의 징역 또는 3천만원 이하의 벌금에 처한다.

[상표법 제224조의 거짓표시행위]

1. 등록을 하지 아니한 상표 또는 상표등록출원을 하지 아니한 상표를 등록상표 또는 등록출원상표인 것같이 상품에 표시하는 행위

2. 등록을 하지 아니한 상표 또는 상표등록출원을 하지 아니한 상표를 등록상표 또는 등록출원상표인 것같이 영업용 광고, 간판, 표찰, 상품의 포장 또는 그 밖의 영업용 거래 서류 등에 표시하는 행위

3. 상품 외의 상품에 대하여 등록상표를 사용하는 경우에 그 상표에 상표등록 표시 또는 이와 혼동하기 쉬운 표시를 하는 행위

▣ 거짓행위의 죄(상표법 제234조)

거짓이나 그 밖의 부정한 행위를 하여 상표등록, 지정상품의 추가등록, 존속기간갱신등록, 상품분류전환등록 또는 심결을 받은 자는 3년이하의 징역 또는 3천만원 이하의 벌금에 처한다.

※ 다른 산업재산권법(특허법, 실용신안법 및 디자인보호법)들과 달리 상표는 '새롭게 발명/창작'된 결과물이 아니어서 비밀성을 갖지 않는다는 이유로 비밀누설죄에 관한 규정을 존재하지 않는다.

2) 상표권 침해신고 및 형사고소

특허청은 산업재산침해 및 부정경쟁행위 신고센터를 통해 위조상품(침해상품)의 신고를 받고 있으며, 신고된 내용이 침해행위로 판단되는 경우 상표 특별사법경찰이 수사하여 검

찰에 송치하고 있다. 또한 온라인상 위조상품 유통행위가 확인되면 방송통신심의위원회 또는 포털 사이트 운영자 등에게 게시물의 삭제 및 사이트 폐쇄요청 등의 조치도 취하고 있다.

위 신고센터에 상표권침해를 신고하는 것은 당사자(상표권자)가 아니라도 가능하므로 누구라도 상표권 침해의 정황을 발견하면 증거를 수집하여(판매자, 표장 및 상품의 확인이 가능한 침해품의 사진 등) 신고할 수 있다.

상표권자는 고의로 상표권을 침해한 자에 대하여 상표권 침해죄로 고소할 수 있다. 이때 침해 행위가 업무에 관해 발생한 것이라면 침해행위자(종업원 등)와 함께 그 업무와 관련하여 침해자를 관리·감독할 의무가 있는 법인, 사용자(사장 등)에게도 벌금형을 과하는 양벌규정이 적용된다.

상표법 제235조 (양벌규정)

법인의 대표자나 법인 또는 개인의 대리인, 사용인, 그 밖의 종업원이 그 법인 또는 개인의 업무에 관하여 제230조, 제233조 또는 제234조의 위반행위를 하면 그 행위자를 벌하는 외에 그 법인에는 다음 각 호의 구분에 따른 벌금형을 과하고, 그 개인에게는 해당 조문의 벌금형을 과한다. 다만, 법인 또는 개인이 그 위반행위를 방지하기 위하여 해당 업무에 관하여 상당한 주의와 감독을 게을리 하지 아니한 경우에는 그러하지 아니하다.

1. 제230조를 위반한 경우 : 3억원 이하의 벌금
2. 제233조 또는 제234조를 위반한 경우 : 6천만원 이하의 벌금

관련 사이트 : http://www.law.go.kr/

〈상표권과 관련한 소송의 흐름도〉

상표권과 관련된 소송에는 (1) 특허심판원의 심결에 불복하여 제기하는 심결취소소송(특허법원 관할), (2) 침해금지청구소송 및 손해배상청구소송 등 민사소송, (3) 형사소송, (4) 기타 특허청의 행정처분에 불복을 구하는 행정소송이 있다.

5. 기타 조치_화해 (분쟁조정)

상표권 침해에 꼭 법적 조치를 취할 필요는 없고, 상황에 따라 당사자 간 합의를 통해 원만한 해결도 가능하다. 분쟁의 당사자들이 의사를 일치 시켜 합의에 도달하기는 쉽지 않은 바, 이때 특허청의 산업재산권 분쟁조정제도를 이용할 수 있다.

산업재산권 분쟁조정제도란 산업재산권 분쟁으로 발생하는 경제적·시간적 부담을 줄이고, 분쟁의 신속하고 공정한 해결을 돕기 위하여 특허청에서 운영(발명진흥법 근거)하는 제도이다.

분쟁조정제도는 여러 개의 소송(민·형사)이나 심판을 한번의 절차에 의해서 해결할 수 있어 시간을 절약하며 분쟁을 한 번에 해결할 수 있고, 별도의 비용이 발생하지 않아 비용도 절감되며, 소송이나 심판과 달리 당사자 간 타협안을 도출할 수 있어 분쟁의 원만한 해결이 가능하다.

조정은 당사자가 신청하고, 상대방 당사자가 응답하는 경우 개시되고, 전문가로 구성된 조정위원들이 조정회의를 통해 당사자들의 합의를 도출하고, 조정조서를 작성하는 것으로 종료된다. 조정이 성립되어 조서가 작성되면 확정판결과 동일한 재판상화해의 효력이 발생한다.

출처 : 지식재산보호원 공식 블로그 https://blog.naver.com/kipracafe

2 상표권 침해주장에 대한 사용자의 대응방안

1. 상표권 침해 예방을 위한 조치

1) 상표등록 및 등록상표의 사용

상표권 침해 주장을 받는 것을 예방하기 위해서도 상표등록이 필요하다. 상표를 사용하기 전에 사용하려는 상표가 타인의 등록상표와 유사한지 점검해보고, 먼저 상표등록을 받은 후 사용하는 것이 바람직하다.

이미 사용을 한 후 상표권 침해 사실을 알게 될 경우(통상은 경고장을 받고 인지하게 된다.) 그 동안 열심히 홍보한 상표를 바꿔야 해 영업적 손실이 발생하고, 그 상표로 인해 얻은 이익에 상당하는 손해배상을 해주어야 하며, 형사처벌까지 받을 수 있기 때문이다. 유사한 등록상표가 있는지 몰랐다는 것은 사용금지 및 손해배상책임의 면책사유가 되지 않으므로 사용 전에 미리 타인의 유사한 등록상표가 있는지 검색이 필요하다.

타인의 유사한 등록상표가 없다면 나의 상표등록가능성이 높다는 의미이므로 상표등록을 위한 출원을 진행하는 것이 좋다. 상표등록을 받고 사용할 경우 타인의 사용을 배제하고 독점적으로 사용할 수 있을 뿐만 아니라 제3자가 모방하여 출원·등록을 받은 후 상표권 침해를 이유로 거액의 합의금을 요구하는 불상사도 막을 수 있다.

2) 사용에서의 주의

타인의 등록상표를 설명적 의미 등으로 꼭 사용해야할 경우가 있다(예: 다른 기종과 호환 가능한 부품 등의 경우 호환기종의 나열을 위한 사용, 상품의 특성을 암시하고 있는 식별력이 다소 낮은 상표와 유사한 성질 표시를 하기 위한 사용 등).

이러한 경우 다른 식별력이 강한 부분을 항상 함께 사용한다거나 등록상표와 글자체나 색상 등을 현저히 다르게 하는 등 해당 부분이 출처표시기능을 하지 않도록 하고 등록상표와 유사해 보이지 않도록 사용에 유의할 필요가 있다.

2. 상표권 침해가 맞는지 검토

1) 침해여부의 판단

상표권침해 주장을 받은 경우 먼저 침해가 맞는지 면밀히 검토할 필요가 있다. 상표권 침해여부는 상표의 유사여부 등 주관적인 판단에 기초하고, 앞서 살펴본 침해성립의 소극적 요건(사용자가 정당한 권원을 가지고 있는 등의 사정)에 대해서는 상표권자가 파악하기 어려운 경우도 많기 때문이다.

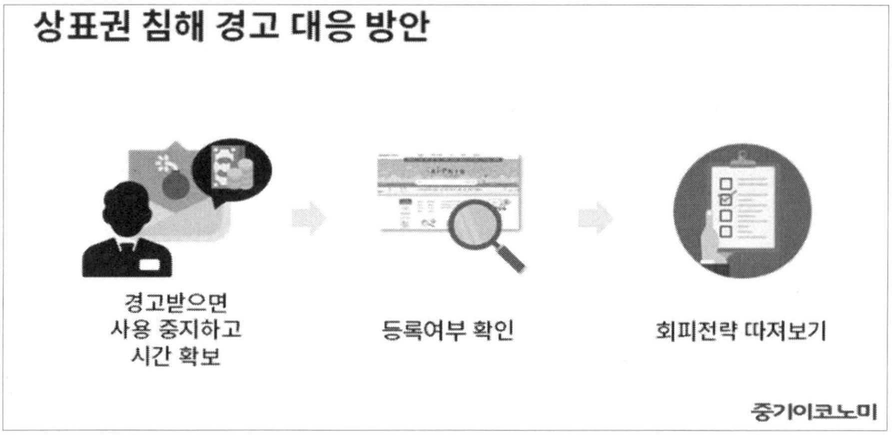

2) 침해가 아니라는 비침해 항변 사유 (회피전략)

(1) 상표권이 유효하지 않다는 주장

침해주장 시점에 상표권이 유효하게 존속하고 있어야 한다. 상표권에 무효사유[117]나 취소사유가 있다고 하더라도 무효/취소심결의 확정으로 상표권이 소멸하기 전에는 일응 유효한 상표권으로 볼 것이다.

(2) 상표로서 사용이 아니라는 주장

상표를 사용한 것이 상표의 본질적인 기능이라고 할 수 있는 출처표시를 위한 것이 아니어서 상표의 사용으로 인식될 수 없는 경우에는 상표권 침해가 아니다. 상표의 사용이란 형식적으로는 상표법 제2조 제1항 제11호에서 정의하는 사용에 해당하고, 실질적으로는 상품과의 관계에서 상표의 기능이 발휘되는 것을 의미한다.

상표법 제2조 제1항 제11호에서 정의하는 사용은 다음과 같다.

① (표시행위) 상품 또는 상품의 포장에 상표를 표시하는 행위를 의미한다. 상품의 양도·인도 전에 상표를 부착만 하여도 상표의 사용으로 취급된다.

② (유통행위) 상품 또는 상품의 포장에 상표를 표시한 것을 양도 또는 인도하거나, 그 목적으로 전시·수출 또는 수입하는 행위를 말하며, 양도나 인도행위는 유·무상을 불문한다.

③ (광고행위) 상품에 대한 광고·정가표·거래서류, 그 밖의 수다에 상표를 표시하고 전시하거나 널리 알리는 행위를 의미한다. 광고의 용도로 상표를 표시하고 널리 알리는 모든 행위를 포함한다.

거래서류로 인정되는 경우	거래서류로 인정되지 않는 경우
· 주문서, 납품서, 송장, 출하안내서, 물품영수증, 카달로그 등 · 명함의 이면, 거래명세서에 상표를 표시하고 상대방에게 교부한 경우 포함	· 세관에 제출하는 수입신고서는 거래당사자 간에 교부되는 거래서류로 보기 어려우므로 수입신고서에 싱표를 표시하였어도 상표의 사용이 아님

117) 판례는 무효사유가 명백한 상표권의 행사는 권리남용이라고 해석하고 있으나, 이는 상표권에 기한 침해금지 또는 손해배상 청구권 등의 권리를 행사하는 것이 권리 남용이라는 것으로 상표권 자체의 유효성을 부정하는 것은 아니다. 즉, 권리남용은 상표권의 유효성과는 무관한 사실로 권리남용에 대해서는 상표권의 침해대항을 받는 사용자가 주장·입증해야한다.

④ (특수상표의 사용행위) 입체상표, 소리상표, 냄새상표 등 특수한 상표의 경우 표장의 형상이나 소리 또는 냄새로 상표를 표시하는 행위도 상표의 사용이 된다.

⑤ (온라인 표시행위) 인터넷 홈페이지에서 상품을 거래하면서 상표를 표시하는 경우, 배너광고에 상표를 표시하는 경우, 이메일을 통한 광고에 상표를 표시하는 경우와 같이 전자적 수단에 의한 상표표시 행위를 상표의 표시행위에 포함하도록 하였다.

상표의 기능이 발휘되는지 여부는 상품과의 관계, 해당 표장의 사용태양(상품에 표시된 위치, 크기 등), 등록상표의 주지·저명성, 사용자의 의도와 사용경위 등을 종합하여 실제 거래계에서 그 표시된 표장이 상품의 식별표지로서 사용되고 있는지 여부를 종합하여 판단하여야 한다.

〈상표로서의 사용이 문제된 사례〉

▣ 선전 광고 및 판매촉진을 위한 무상양도 제품에 대한 사용(대법원 1999. 6. 25. 선고 98후58 판결, wink사건)

상표법상 상표의 사용이라고 함은 상품 또는 상품의 포장에 상표를 표시하는 행위 등을 의미하고, 여기에서 말하는 상품은 그 자체가 교환가치를 가지고 독립된 상거래의 목적물의 되는 물품을 의미한다.

상품의 선전광고나 판매촉진 또는 고객에 대한 서비스 제공 등의 목적으로 그 상품과 함께 또는 이와 별도로 고객에게 무상으로 배부되어 거래시장에서 유통될 가능성이 없는 이른바 '광고매체가 되는 물품'은 비록 그 물품에 상표가 표시되어 있다고 하더라도, 물품에 표시된 상표 이외의 다른 문자나 도형 등에 의하여 광고하고자 하는 상품의 출처표시로 사용된 것으로 인식할 수 있는 등의 특별한 사정이 없는 한, 그 자체가 교환가치를 가지고 독립된 상거래의 목적물이 되는 물품이라고 볼 수 없고, 따라서 이러한 물품에 상표를 표시한 것은 상표의 사용이라고 할 수 없다.

▣ 디자인적으로만 사용(대법원 1997. 2. 14. 선고 96도1424판결, 가필드 사건)

타인의 등록상표와 유사한 표장을 이용한 경우라고 하더라도 그것이 상표의 본질적인 기능이라고 할 수 있는 출처표시를 위한 것이 아니라 순전히 의장적[118]으로만 사용되는 등으로 상표의 사용으로 인식될 수 없는 경우에는 등록상표의 상표권을 침해한 행위로 볼 수 없다 할 것이다.

기록에 의하면, 피고인이 사용하였다는 이 사건 등록상표들(특허청 등록 제136547호, 제178331호, 제178332호, 제178333호)과 유사한 표장이라는 것은 동물의 머리 모습을 한 봉제완구들(이하 이 사건 완구라 한다)에 의장적으로 표현된 것임을 알 수 있어 그것이 출처표시를 위한 것이라고 단정하기 어려울 뿐만 아니라, 이 사건 완구가 출처표시의 기능을 가지고 있다고 하더라도 이 사건 완구와 이 사건 등록상표들을 대비하여 보면 양자의 전체적인 외관이나 관념에 차이가 있고, 이 사건 완구에 "GARFIELD"라는 문자부분이 기재되어 있기는 하나 이 사건 등록상표들이 "가필드"라는 호칭으로 인식될 수 있을 정도로 일반 수요자들에게 널리 알려져 있음을 인정할 증거가 부족하여 이 사건 완구와 이 사건 등록상표들이 그 칭호에 있어서 반드시 유사하다고 할 수도 없어 양자는 일반 수요자나 거래자로 하여금 상품의 출처에 오인, 혼동을 일으키게 할 염려가 있을 정도로 유사하다고 보이지 아니하므로 피고인이 이 사건 완구의 제작, 판매에 의하여 이 사건 등록상표들의 상표권을 침해하였다고 볼 수는 없다고 할 것이다.

▣ 기능이나 적용되는 기종을 밝히기 위한 사용(대법원 2005. 6. 10. 선고 2005도1937판결, 만능 eZ소니전용 사건)

피고인이 판매한 원격조정기(리모콘)의 내부에 조립되어 기능하는 부품의 일종으로서 원격조정기의 유통이나 통상적인 사용 혹은 유지행위에 있어서는 그 존재조차 알 수 없고, 오로지 위 원격조정기를 분해하여야만 거래자나 일반 수요자들이 인식할 수 있는 내부회로기판 위에 표기된 위 'SONY' 표장을 가리켜 이를 상표로서 사용된 상표라고 할 수 없을 것이며, 나아가 위와 같이 내부회로기판에 위 표장을 표기하였다는 사정에 더하여, 통상 원격조정기(리모콘)의 경우 하단 부위에 그 상표가 표시되는 경우가 많음에도 피고인이 판매한 제품에는 제조자의 표시가 분명하지 않았다는 사정과 제5860호 등록상표 "SONY"가 우리나라에서 널리 알려진 상표라는 사정이 있다고 하더라도, 피고인이 판매한 원격조정기의 표면에 '만능eZ 소니전용'이라는 표장을 표기한 것은'여러 가지 기기에 손쉽게 사용될 수 있는 원격조정기로서 소니에서 나온 기기에 사용하기에 적합한 것'이라는 정도의 의미로 받아들여질 수 있어 위 원격조정기의 용도를 표시하는 것으로 보일 수 있을 뿐, 제5860호 등록상표 "SONY"와 동일한 상표를 사용한 것으로 볼 수는 없을 것이므로, 원심판결에는 상표의 사용에 관한 법리를 오해함으로써 판결에 영향을 미친 위법이 있다.

(3) 상표권이 소진되었다는 주장_권리소진이론

권리소진이론이란 '상표권자가 국내에서 등록상표가 표시된 상품을 양도한 경우에는 해당 상품에 대한 상표권은 그 목적을 달성한 것으로서 소진되고, 그로써 상표권의 효력은 해당 상품을 사용·양도 또는 대여한 행위 등에는 미치지 않는다.'는 이론이다.

정당하게 양도된 물건에도 여전히 상표권의 효력이 미친다면 대형마트에서 각 상표가

118) 2005. 7. 1. 시행 개정법에 의해 '디자인'으로 변경되기 전에는 '의장'이라는 용어가 사용되었다.

부착된 물건들을 판매하는 행위, 개인이 물건을 구입한 후 중고로 판매하는 행위 등이 모두 상표권 침해가 되어 실제 거래사회의 이치와 모순되기 때문에 적용하는 이론이다.

권리소진이론이 적용되기 위해서는 ① 상표권자 등 정당권리를 갖는 자에 의해 ② 적법한 유통경로를 통해 양도가 되어야하고, ③ 해당 상품자체에 대해서만 권리가 소진되는 것이므로 동일성을 해할 정도의 수선·가공이 없어야 한다.

〈권리소진이론과 관련된 사례〉

▣ 상품의 동일성이 인정되지 않을 정도의 가공이 있는 경우에는 권리소진이론이 적용되지 않는다. (대법원 2003. 4. 11. 선고 2002도3445 판결 후지필름 사건)

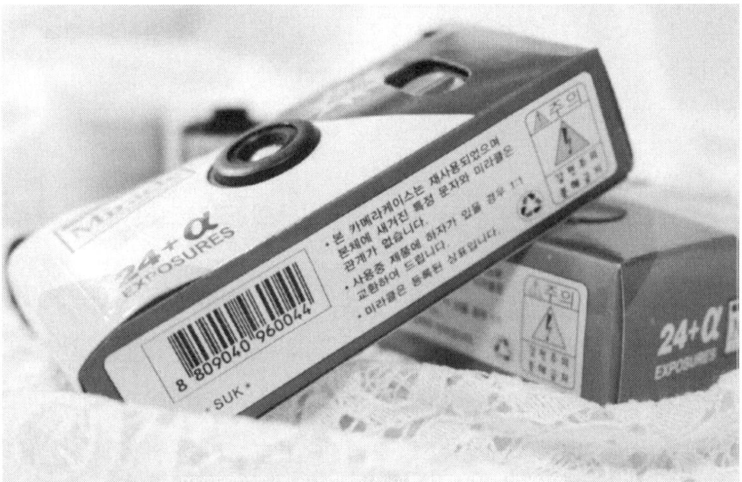

출처 : blog.naver.com/eunbee_kabee/222285507923

출처 : blog.naver.com/eunbee_kabee/222285507923

특별한 사정이 없는 한 상표권자 등이 국내에서 등록상표가 표시된 상품을 양도한 경우에는 당해 상품에 대한 상표권은 그 목적을 달성한 것으로서 소진되고, 그로써 상표권의 효력은 당해 상품을 사용, 양도 또는 대여한 행위 등에는 미치지 않는다고 할 것이나, 원래의 상품과의 동일성을 해할 정도의 가공이나 수선을 하는 경우에는 실질적으로 생산행위를 하는 것과 마찬가지이므로 이러한 경우에는 상표권자의 권리를 침해하는 것으로 보아야 할 것이고, 동일성을 해할 정도의 가공이나 수선으로서 생산행위에 해당하는가의 여부는 당해 상품의 객관적인 성질, 이용형태 및 상표법의 규정취지와 상표의 기능 등을 종합하여 판단하여야 한다.

후지필름이 제조한 1회용 카메라는 1회 사용을 전제로 하여 촬영이 끝난 후 현상소에 맡겨져 카메라의 봉인을 뜯고 이미 사용한 필름을 제거하여 이를 현상함으로써 그 수명을 다하게 되며, 이에 따라 그 카메라 포장지에도 현상 후 그 몸체는 반환되지 아니한다고 기재되어 있는 사실, 피고인이 이미 수명이 다하여 더 이상 상품으로서 아무런 가치가 남아 있지 아니한 카메라 몸체를 이용하여 1회용 카메라의 성능이나 품질면에서 중요하고도 본질적인 부분인 새로운 필름(후지필름이 아닌 타회사 제품) 등을 갈아 끼우고 새로운 포장을 한 사실을 인정할 수 있는바, 피고인의 이러한 행위는 단순한 가공이나 수리의 범위를 넘어 상품의 동일성을 해할 정도로 본래의 품질이나 형상에 변경을 가한 경우에 해당된다 할 것이고 이는 실질적으로 새로운 생산행위에 해당한다고 할 것이므로, 이 사건 등록상표의 상표권자인 후지필름은 여전히 상표권을 행사할 수 있다고 보아야 할 것이다.

(4) 진정상품병행수입이라는 주장_권리소진이론의 국제적적용

진정상품 병행수입이란 국내외에 동일한 상표권을 소유하고 있는 상표권자에 의해 어느 1국에서 적법하게 상표가 부착되어 유통된 상품(진정상품)을 권원 없는 제3자가 타국으로 그 국가의 상표권자 또는 전용사용권자의 허락 없이 수입하여 판매하는 행위를 말한다.

속지주의 원칙상 상표권의 효력은 각 국가의 영토 내에 한하며 상표권의 보호는 각국별로 독립적이다. 따라서 진정상품 병행수입은 위에서 검토한 권리소진이론에 의하더라도 타국의 상표권 침해를 구성하게 된다.

그러나 수입품이 진정상품인 경우 자유무역이 증가하고 있는 추세 및 소비자들의 가격선택권 보호를 고려하여 이를 허용할 필요성이 있는바, 일정 요건 충족 시 진정상품의 병행수입의 경우 상표권 침해가 아닌 것으로 취급하고 있다.

다만, 수입된 상품과 국내 유통 중인 상품의 출처 및 품질이 동일하여 상표의 기능인 출처표시기능 및 품질보증기능을 훼손하지 않을 것을 요건으로 한다. 구체적으로는 ① 국내외의 상표권자가 실질적으로 동일하고, ② 수입되는 상품이 외국에서 적법하게 유통된 진정상품이여야 하며, ③ 품질보증기능이 침해되지 않도록 병행수입품과 국내 유통품이 동일한 것 이어야한다.

<진정상품 병행 수입의 예시>

1. 속지주의 원칙에 의해 미국에서의 상표권과 한국에서의 상표권은 서로 독립된다.
2. 미국에서 합법적인 유통경로를 통해 운동화를 구입한 경우 해당 운동화에 대한 미국상표권은 소멸한다.
3. 위 운동화를 한국으로 수입해올 경우 한국상표권의 침해일까?

(5) 기타 사유

그 밖에도 표장 또는 지정상품이 비유사하다는 주장, 사용자에게 상표사용에 대한 정당한 권원이 있다는 주장, 상표권의 효력이 제한되는 범위에서의 사용이라는 주장 및 상표권의 행사 자체가 권리남용에 해당한다는 주장을 할 수 있다.

3) 침해가 맞다고 판단된 경우

검토 결과 침해가 맞다면 손해배상액의 증가를 막기 위해 즉각 사용을 중단하고 상표권자와 원만한 합의(계속사용을 위한 상표권양도나 사용권 설정 및/또는 손해배상액의 감면 등)를 위해 침해에 대해 사과하는 것이 바람직하다.

4) 침해가 아니라고 판단된 경우

(1) 경고장 회신

경고장은 말 그대로 사용상표와 동일·유사로 판단될 수 있는 등록상표가 존재한다는 사실에 대한 경고일 뿐 대응이 강제되는 절차는 아니다. 따라서 명백히 침해가 아니라고 판단된 경우, 회신을 하지 않는 것도 방법일 수 있다. 다만, 추가적인 분쟁이 야기되는 것을 방지하기 위해 다음과 같이 침해가 아니라는 사실에 대해 알리는 회신을 하는 것이 바람직하다.

〈경고 회신문 예시_침해가 아닌 경우〉

회 신 문

수신 : 나을금
서울특별시 관악구 ****

발신 : *** 주식회사
서울특별시 종로구 *****
대표이사 @@@

제목: 상표권침해금지 요청의 건에 대한 답변

1. 귀하가 발송한 YYYY.MM.DD.자 서신에 대하여, 다음과 같이 답변 드립니다.

2. 귀하는 상기 서신에서 당사의 제품이 귀하의 상표권을 침해한다고 주장하였습니다.

3. 그러나 [상표권 침해가 아닌 사유 – 상표(표장 또는 상품) 비유사, 효력제한, 상표적 사용이 아님 등]]인바, 당사는 귀하의 상표권을 침해하고 있지 않습니다.

[4. 이상이 귀하의 경고장에 대한 당사의 기본적 입장이나, 당사는 귀하와 동종업계에 종사하는 사업자로서 이 사건 상표를 둘러싼 불필요한 법적 분쟁에 연루되는 것을 원치 않으므로 이 제품을 단종하기로 결정하였으며, 이에 따라 현재 이 사건 상표의 사용은

모두 중단되었음을 알려드립니다.]

5. 이상과 같이 회신하며, 앞으로 이와 관련된 더 이상의 논의가 없기를 바랍니다.

YYYY.MM.DD　　***주식회사

대표이사 @@@

(2) 각 절차에서의 항변

검토결과 침해가 아닌 것으로 판단될 경우 상표권자가 개시한 각 절차(경고장, 권리범위확인심판, 민·형사 소송)에서 침해가 성립하지 않음을 항변할 수 있다.

(3) 소극적 권리범위 확인심판의 청구

침해경고를 받은 사용자는 소극적 권리범위확인심판을 통해 현재 사용하고 있거나 사용하고자 하는 상표가 등록상표의 권리범위에 속하지 않는다는 공적확인을 받을 수 있다.

권리범위확인심판은 문제가 된 사용상표가 등록상표의 효력범위에 속하는지 여부를 확인하는 것을 목적으로 하므로 사용상표가 상표적으로 사용되었는지 여부, 사용상표가 등록상표의 보호범위에 속하는지 여부(표장 및 상품의 동일·유사), 상표권의 효력제한 사유에 해당하는지 여부에 대해 판단하고, 상표권의 유효여부, 사용권이 있는지 여부, 상표권의 행사가 권리남용인지 여부 및 권리소진(진정상품 병행수입)여부 등은 판단하지 않는다.

(4) 적극적인 공격조치_무효/취소심판청구

침해주장의 근거가 되는 상표권에 하자(무효사유, 취소사유)가 있는 경우에는 적극적으로 무효심판 또는 취소심판을 청구하여 그 권리를 소멸시킬 수 있다. 불사용을 이유로 한 취소심판청구가 인용된 경우 취소심판 청구일 부터 권리가 소멸하고(상표법 제119조 제6항), 무효심판청구가 인용된 경우에는 처음부터(후발적 무효사유의 경우에는 사유 발생일 또는 심판청구공시일) 권리가 없었던 것으로 보기 때문에(상표법 제117조 제3항 및 제4항) 손해배상액수를 줄이거나 침해주장에서 벗어날 수 있다.

따라하기 / 상표권 침해여부 판단하고 이후 조치 생각해보기

등록상표

	(190) 대한민국특허청(KR) 등록공고상표공보	(112) 등록공고번호 (450) 등록공고일자	40-2021-0092933 2021년09월03일

(511) 상품분류	11판	18
(210) 출원번호		40-2019-0020672
(220) 출원일자		2019년02월11일
(260) 출원공고번호		40-2021-0053069
(442) 출원공고일자		2021년04월22일
(111) 등록번호		40-1770178
(151) 등록일자		2021년08월31일

(732) 상표권자

서울특별시

(740) 대리인

담당심사관 :

(511) 지정상품(업무)

제 18 류

양산, 우산, 우산 또는 양산용 살, 우산 및 그 부품, 우산손잡이, 우산커버, 접이식 우산,

상표견본

거꾸로

※ 위 등록공보는 실습문제 제출을 위해 가공한 것임

사용 상품

어썸피치 거꾸로 장우산 암막 튼튼한 장우산

29% ~~24,000원~~
16,900원
최대 845원 적립

무료배송

판매자: 어썸피치 판매자 상품 보러가기
택배사: CJ 대한통운

색상: 블루
레드 블랙 블루 오렌지

	권리자 입장	사용자 입장
상표권 침해일까? (이유는?)		
침해/비침해 주장시 가장 중점을 두어야할 사항은?		
이후 취할 수 있는 조치는?		

수행 tip

- 상표등록공보를 보고 상표권의 효력범위를 생각해 보자
- 상표권의 효력제한 사유를 생각해 보자
- 상표적 사용인지 생각해보자

확인학습

1. 상표권은 □□□□□으로 점유가 곤란하고 침해가 용이한 반면 침해여부의 발견과 판단이 쉽지 않고 침해로 인한 손해의 회복이 어려울 뿐 아니라 침해로 인한 피해가 일반 수요자들에게도 미친다는 특수성이 있다.

2. □표시는 "Registered Trademark"를 표시하는 기호로 등록된 상표라는 표시이다. 등록되지 않은 상표(출원 중인 상표 포함)에 이 표시를 사용하는 것은 허위표시가 되어 형사처벌을 받을 수 있다. 한편, □□표시는 "Trademark"를 의미하는 것으로 등록과 무관하게 상표로 사용되고 있다는 표시이다.

3. 상표권의 침해는 상품출처의 오인·혼동을 발생시켜 일반공중의 이익을 해하는 경우가 많기 때문에 특허권 등의 침해와 달리 □□□□로 규정하고 있다. □□□□란 피해자의 고소가 없더라도 검사가 기소를 하여 처벌할 수 있는 죄를 말한다. 반면, 형사처벌을 위해 고소를 요건으로 하는 것을 친고죄라고 한다. 피해자의 고소에 의해 수사가 시작되고 검사가 공소를 제기하여 형사처벌이 이루어지는 죄를 말한다.

4. 상표권의 침해가 성립하기 위해서는 ① 유효한 □□□이 존재하여야하고, ② 그 상표권의 □□□□ 내에서 ③ 상표로서 □□되어야 하며, ⅰ) 사용한 사람에게 □□□ □□이 없어야 하고, ⅱ) 상표권의 □□□□사유에 해당하지 않아야 한다.

5. □□□은 침해자에게 상표침해 사실을 알리고 시정하지 않을 경우 추가 법적 조치를 취할 수 있음을 알리는 서면이다. 이메일이나 우편발송 등 전달 방식에 정함이 없으나 이후 소송에서 증거로 활용하기 위해서는 내용증명을 이용하는 것이 바람직하다. □□□에는 근거가 되는 권리 및 침해행위를 명시하고, 요구사항(즉각 사용중지, 침해품 폐기, 손해배상 등)과 시정되지 않을 경우 이후 취할 조치를 기해한다.

6. 상표를 사용한 것이 상표의 본질적인 기능이라고 할 수 있는 □□□□를 위한 것이 아니어서 상표의 사용으로 인식될 수 없는 경우에는 상표권 침해가 아니다. 상표의 사용이란 형식적으로는 상표법 제2조 제1항 제11호에서 정의하는 사용에 해당하고, 실질적으로는 상품과의 관계에서 상표의 기능이 발휘되는 것을 의미한다.

참고자료

- 박종태, 『리담상표법 제14판』, ㈜한빛지적소유권센터, 2020
- 정진길·복병준, 『길 상표법 입문』, ㈜한빛지적소유권센터, 2019
- 특허법원 지적재산소송실무연구회. 『지적재산소송실무』, 박영사, 2019
- 정상조 외, 『특허법주해』, 박영사, 2018
- 최성우, 『상표법의 쟁점과 사례』, 신론사, 2012
- 특허법원 재적재산소송 실무연구회, 『재적재산소송실무』, 박영사, 2019

07. 상표사용과 부정경쟁

출처 : https://openclipart.org/image/800px/291086

이 모듈은 학습자가 상표사용과 관련된 부정경쟁행위에는 어떤 것이 있는지, 상표에 대한 권리를 부정경쟁방지법에 의하여 보호받을 수 있는 방법은 어떤 것이 있는지 이해할 수 있도록 구성되었다.

상표사용과 부정경쟁 단원의 내용 구성

교육목표

상표로 등록한 경우가 아니더라도 국내의 소비자들에게 널리 알려진 나의 상품 또는 영업표지가 침해받을 경우 어떻게 보호받을 수 있는지 이해하고, 침해행위에 대응할 수 있다.

내용체계

학습	학습 내용	비고
1. 부정경쟁법과 부정경쟁행위	[1] 부정경쟁방지법 [2] 부정경쟁행위	
2. 부정경쟁행위에 대한 구제수단	[1] 민사적 구제 [2] 형사적 구제 [3] 행정적 구제	

핵심 용어

부정경쟁행위, 상품주체 혼동, 영업주체 혼동, 원산지 오인, 생산지 오인, 품질·수량 오인, 형태모방, 금지청구, 예방청구, 손해배상, 신용 회복, 행정조사, 시정권고

학습 1 부정경쟁법과, 부정경쟁행위

학습 목표	• 부정경쟁행위가 무엇인지 사례를 들어 설명할 수 있다. • 상거래상의 나의 이익을 다른 사람이 무단으로 침해할 경우 부정경쟁방지법을 이용하여 대응책을 강구할 수 있다.

1 부정경쟁방지법

나의 상품이나 영업이 시장에서 성공하여 소비자 사이에서 인기를 끌고 신용이 쌓이게 되면 여기에 편승하려는 경쟁사업자가 나타나게 된다. 나의 상표를 그대로 베껴 사용하는 경우라면 상표법으로 보호를 받으면 되겠으나, 상표 그 자체는 유사하지 않은데 상표의 서체, 사용위치, 전체적인 디자인 등을 소비자들의 오인·혼동을 초래할 정도로 유사하게 사용하고 있다던가, 상호는 전혀 다른 것을 사용하고 있지만, 가게의 전체적인 인테리어나 서비스 형태 등을 매우 유사하게 사용하여 소비자들의 오인·혼동을 유발하고 있는 등 엄밀하게 상표권 침해는 아니나 결과적으로는 나의 신용에 편승하여 부당한 이익을 얻으려는 경쟁자가 있다면 부정경쟁방지법으로 나의 권리를 보호받을 필요가 있다.

부정경쟁방지법도 상표법과 마찬가지로 건전한 거래질서를 유지함으로써 자유롭고 효율적인 경쟁시장을 유지하는 것을 목적으로 한 법이다.[119] 효율적인 자유경쟁시장을 유지하기 위해서는 자유롭게 경쟁할 수 있는 영업상의 자유도 보장하여야 하지만, 한편으로 부당한 방법으로 경쟁에서 이익을 얻으려는 반칙 행위를 막아 주지 않으면 정당하게 경쟁하는 사업자들을 도태시키게 되어 효율적인 시장은 무너지게 된다.

역사적으로 보면 부정경쟁방지법은 영미법계에서 판례법으로 형성되었다. 시장에서 경쟁하는 과정에서 생기는 부당하게 보이는 여러 가지 행위들에 대한 소송이 법원에 제기되고, 그 결과 부당한 행위라고 판결이 내려진 다양한 판례들이 쌓이면서 부정경쟁방지법의 법리가 형성되었다고 할 수 있다. 부정경쟁행위 중에서 가장 대표적인 유형이 나의 상품

119) 부정경쟁방지법은 '부정경쟁방지및영업비밀보호에관한법률'의 약칭으로 1998년 이전에는 정식명칭도 '부정경쟁방지법'이었으나, 1999.1.1. 시행 개정 법률에서 정식명칭을 '부정경쟁방지및영업비밀보호에관한법률'로 개칭하였다. 이 장에서는 부정경쟁에 관한 부분을 주로 다룬다.

을 타인의 상품인 것처럼 속여서 파는 행위인데, 이러한 유형의 부정경쟁행위에 대한 법리가 상표법으로 분화한 것이다. 우리나라의 부정경쟁방지법도 그 목적을 "국내에 널리 알려진 타인의 상표·상호 등을 부정하게 사용하는 등의 부정경쟁행위…를 방지하여 건전한 거래질서를 유지"하는 것이라고 규정하고 있는 데서 알 수 있듯이 타인의 상표 등을 부정하게 사용하는 행위를 부정경쟁행위의 대표적인 사례로 인식하고 있다.[120] 즉, 상표에 관한 분쟁에 있어 상표법을 적용할 수 있는 영역에서는 상표법을 우선적으로 적용하되, 직접 상표법에 저촉되지는 않지만 그럼에도 불구하고 규제할 필요가 있는 부정한 행위에 대해서는 부정경쟁방지법을 적용할 수 있도록 하고 있다.[121]

2 부정경쟁행위

"부정경쟁행위"에 대하서는 법제2조 제1호 (가)목에서 (타)목에 이르기까지 총 12가지 부정경쟁행위를 나열한 다음 마지막으로 (파)목에서 "그 밖에 타인의 상당한 투자나 노력으로 만들어진 성과 등을 공정한 상거래 관행이나 경쟁질서에 반하는 방법으로 자신의 영업을 위하여 무단으로 사용함으로써 타인의 경제적 이익을 침해하는 행위"라고 규정하고 있다.[122] 부정경쟁행위에 해당하는 12가지 형태를 예시적으로 규정한 후, 이러한 12가지 유형에는 포함되지 않는 부정경쟁행위에 대해서도 법원의 판단에 따라 부정경쟁방지법을 적용할 수 있도록 일반적 보충규정을 두고 있는 것이다. 따라서 부정경쟁방지법에서 열거하고 있는 행위 유형에 정확히 포섭되지 않는 행위라 하더라도 내가 상당한 투자나 노력으로 만든 성과에 무단으로 편승하는 경쟁자의 행위로 손해를 보고 있다고 판단되면 부정경쟁방지법에 의한 보호를 검토해 볼 필요가 있다. 부정경쟁방지법 제2조 제1호에서 규정하고 있는 부정경쟁행위를 정리해 보면 다음과 같다.

1. 상품주체 및 영업주체에 대한 혼동초래행위(passing-off)

국내에 널리 인식된 타인의 상품 또는 영업표지와 동일 또는 유사한 표지를 사용하거

120) 부정경쟁방지 및 영업비밀보호에 관한 법률 제1조
121) 부정경쟁방지 및 영업비밀 보호에 관한 법률 제15조
122) 부정경쟁방지 및 영업비밀 보호에 관한 법률 제2조 제1호

나 이러한 표지를 사용한 상품을 유통시킴으로써 수요자로 하여금 타인의 상품 또는 영업과 혼동을 초래하게 하는 행위를 말한다.

부정경쟁방지법 제2조 제1호 (가)목과 (나)목이 이에 해당한다. 가목은 "국내에 널리 인식된 타인의 성명, 상호, 상표, 상품의 용기·포장, 그 밖에 타인의 상품임을 표시한 표지(標識)와 동일하거나 유사한 것을 사용하거나 이러한 것을 사용한 상품을 판매·반포(頒布) 또는 수입·수출하여 타인의 상품과 혼동하게 하는 행위"라고 규정하여 타인의 상품표지와 혼동을 초래하는 행위를 규정하고 있고, 나목은 "국내에 널리 인식된 타인의 성명, 상호, 표장(標章), 그 밖에 타인의 영업임을 표시하는 표지(상품 판매·서비스 제공방법 또는 간판·외관·실내장식 등 영업제공 장소의 전체적인 외관을 포함한다)와 동일하거나 유사한 것을 사용하여 타인의 영업상의 시설 또는 활동과 혼동하게 하는 행위"라 하여 타인의 영업표지와 혼동을 초래하는 행위를 규정하고 있다.

이때 상품 또는 영업 표지라 함은 등록된 상표에만 한정되지 않는다. 성명, 상호, 상표, 상품의 용기·포장, 표장(標章), 상품 판매·서비스 제공방법 또는 간판·외관·실내장식 등 영업제공 장소의 전체적인 외관 등 타인의 상품이나 영업의 출처를 표시하는 것이면 무엇이든 표지가 될 수 있다. 그러나 등록된 상표라 하더라도 국내에 널리 알려진 것이 아니면 이 조항의 적용을 받을 수 없다.

이 사례에서 눈여겨 볼 부분은 상표 그 자체로는 비유사 하더라도, 상표 사용 양태를 종합적으로 보아 소비자들의 오인·혼동의 우려가 있다면 부정경쟁 행위에 해당할 수 있다는 점이다. 실제로 피고들의 "cash"상표는 원고의 상표와 다르다 하여 특허청에 등록까지 되었으나, 실제로 사용할 때는 법원에서 지적하는 여러 가지 장치를 통하여 "cass"와 혼동이 야기되도록 사용하였기 때문에 부정경쟁행위로 판단된 것이다. 즉, 상표 그 자체로는 비유사하여 상표권 침해가 성립하지 않는 경우에도, 그 상표의 실사용 양태를 종합적으로 보았을 때, 나의 상표와 혼동을 일으켜 나의 신용에 편승하려고 하는 의도가 의심되는 경우에는 부정경쟁방지법으로 저지할 수 있다. 다만, 이 규정을 적용받으려면 나의 상표가 주지 상표이어야 한다.

<사례: 대법원 2005. 1. 27 선고 2004도7824 판결>

<table>
<tr><td>비교대상
표지</td><td>
</td><td>
</td></tr>
<tr><td colspan="3">ㅇ 사실관계
- 피고인들은 오비맥주 주식회사가 한국특허청에 등록하여 국내에 널리 인식된 상표인 “Cass”와 유사한 “Cash”상표가 부착된 캔맥아음료 시가 857,340,000원 상당을 수입함으로써 위 “Cass”상품과 혼동을 하게 하였음

ㅇ (법원판단요지) 양 상표가 그 호칭이나 관념이 동일.유사하고 보기는 어려우나, 동일한 서체, 동일한 색채를 사용하고 있는 점, 마지막 “h”자를 “s”와 비슷하게 보이도록 변형한 점, 캔의 형상, 색채, 모양이 동일하고, 상표가 위치한 곳도 동일한 점 등을 볼 때 부정경쟁행위에 해당함</td></tr>
</table>

<사례: 서울중앙지방법원 2010. 8. 11. 2010가합2843 판결>

<table>
<tr><td>비교대상
표지</td><td>현대자동차
현대모비스</td><td>현대유비스</td></tr>
<tr><td colspan="3">ㅇ 사실관계
- 피고는 2000. 1. 26.경 ‘테크노전자산업 주식회사’라는 상호로 설립되어 전기, 전자제품 제조 및 판매업 등을 영위하여 왔는데 2007. 9. 5. 상호를 ‘주식회사 현대유비스’로 변경하고 그 상호변경등기를 마쳤다.
- 피고는 2005. 5.경부터 내비게이션을 제조·판매하고 있는데, 자신이 제조·판매하는 내비게이션에 ‘HDUBIS’, ‘HYUNDAI’, ‘CRUWAY’, ‘NAVIOKE’라는 표장을 사용하고 있고, 그 제품 뒷면과 포장용상자에 ‘제조원 (주)현대유비스’라고 표기하고 있다.
- 피고는 인터넷 쇼핑몰에서 내비게이션을 광고·판매하면서 ‘믿을 수 있는 기업 현대’, ‘현대 정품’, ‘Drive your way HYUNDAI’, ‘현대내비게이션’이라는 문구를 사용하고 있다.

ㅇ (법원판단요지) 피고가 ‘현대유비스’라는 상호를 사용함으로써 국내에서 널리 알려진 ‘현대자동차’ 및 ‘현대모비스’의 영업과 오인·혼동을 초래했고 이는 부정경쟁방지법 제2조 제1호 (나)목에 해당함.</td></tr>
</table>

이 사건에서 눈여겨 볼 부분은 피고가 사용한 상표는 ‘HDUBIS’, ‘HYUNDAI’, ‘CRUWAY’, ‘NAVIOKE’ 등으로, ‘HYUNDAI’를 제외하고는 상표의 유사를 논한 필요가 없을 정도로 원고들의 상표와 유사하지 않다. 그러므로 상표법으로 이러한 사용행위를

막는 것은 한계가 있다.

그러나 제품 뒷면과 포장상자에 '제조원 ㈜현대유비스'라고 표기하고 인터넷 쇼핑몰에서 '믿을 수 있는 기업 현대', '현대 정품', 'Drive your way HYUNDAI', '현대내비게이션'이라는 문구를 사용하여 광고·선전을 한 행위 등을 종합적으로 판단하면, 직접적으로 동일·유사한 상표를 사용한 것은 아니더라도 소비자들이 이 내비게이션이 현대자동차 또는 현대모비스에서 제조한 것으로 오인하게 하거나, 적어도 현대유비스가 현대모비스 및 현대자동차와 자본, 조직 등에 밀접한 관계가 있는 회사라고 오인하도록 했다는 것이다.

이와 같이 타인이 상표는 나의 상표와 유사하지 않은 것을 사용하면서, 상호를 유사한 것을 사용하거나 광고·선전 등에서 나의 상품인 것처럼 오인하게 만드는 문구를 사용함으로써 나의 상표권을 침해하고 있는 경우에는 부정경쟁방지법을 통하여 나의 상표권을 보호받을 수 있다.

2. 저명상표희석행위(dilution)

저명상표 희석행위(dilution)란 국내에 널리 인식된 타인의 상품 또는 영업표지를 정당한 사유 없이 사용하거나 사용한 상품을 유통하여, 타인표지의 식별력이나 명성 등을 손상시키는 행위를 말한다.[123] 이 조항은 주지의 단계를 넘어 저명의 단계에 이른 표지에 대해서만 적용된다는 점과, 직접 경쟁관계에 있지 않은 이종 상품 간에도 적용된다는 점에서 앞의 혼동초래행위와 구별된다.

이 사건에서 눈여겨 볼 부분은 두 가지가 있다. 첫 번째로 주목할 부분은 법원이 원고와 피고의 영업이 동일·유사하지 않음에도 피고의 표지사용을 부정경쟁행위로 판단하였다는 것이고, 두 번째로 눈여겨 보아야 할 부분은 이 규정을 적용하기 위해서는 원고의 표지가 '주지의 정도를 넘어 저명 정도에 이른 것'이어야 한다고 판시한 것이다.

---

123) 부정경쟁방지법 제2조 제1항 다목은 "가목 또는 나목의 혼동하게 하는 행위 외에 비상업적 사용 등 대통령령으로 정하는 정당한 사유 없이 국내에 널리 인식된 타인의 성명, 상호, 상표, 상품의 용기·포장, 그 밖에 타인의 상품 또는 영업임을 표시한 표지(타인의 영업임을 표시하는 표지에 관하여는 상품 판매·서비스 제공방법 또는 간판 · 외관 · 실내장식 등 영업제공 장소의 전체적인 외관을 포함한다)와 동일하거나 유사한 것을 사용하거나 이러한 것을 사용한 상품을 판매 · 반포 또는 수입 · 수출하여 타인의 표지의 식별력이나 명성을 손상하는 행위"라고 규정하고 있다.

〈사례: 대전고등법원 2010. 8. 18. 선고 2010나819 판결〉

비교대상 표지	BURBERRY 버버리	버버리노래방
ㅇ 사실관계 - 원고는 저명성을 획득한 'BURBURRY'상표의 상표권자이다. - 피고는 2003. 11.경부터 천안시 지상 건물 네 곳에 '버버리 노래'라고 표기한 외부 간판을 설치하고 '버버리 노래'라는 상호의 노래방영업을 하였다. ㅇ (법원판결요지) 원·피고의 영업이 동일·유사하지는 않다고 하더라도, 피고는 저명한 원고의 등록상표를 영업표지로 사용한 결과 원고의 등록상표의 상품표지로서의 출처표시 기능이 손상되었고, 원고의 등록상표를 중소도시에서 다수인이 비교적 저렴한 가격에 이용할 수 있는 노래방업소의 상호에 이용함으로서 국내에서도 널리 고급패션 이미지로 알려진 원고의 등록상표의 명성을 손상하였음.		

1) 이종 상품 및 이종 영업에 적용

원고는 주로 의류, 가방 등 패션 관련 제품을 제조·판매하는 회사이고, 피고는 노래방 영업을 하는 개인사업자이므로 서로 영업하는 분야가 전혀 달라 출처에 관한 소비자들의 오인·혼동의 가능성은 크지 않다고 할 수 있다. 즉, 소비자들이 피고의 노래방을 보고 '영국의 버버리社가 천안에서 노래방 영업을 하고 있구나'라고 오인·혼동할 가능성은 크지 않다는 것이다. 그럼에도 불구하고, 피고가 노래방 간판에 '버버리 노래'라는 표지를 사용함으로써 원고의 저명한 상표인 '버버리'의 식별력을 손상하였고, 또 중소도시에서 다수인이 비교적 저렴한 가격에 이용할 수 있는 노래방업소의 상호에 이용함으로서 국내에서도 널리 고급패션 이미지로 알려진 원고의 등록상표의 명성을 손상하였다고 판단하였다.

2) 저명성을 획득한 표지에만 적용

두 번째로 눈 여겨 보아야 할 부분은 이 규정을 적용하기 위해서는 원고의 표지가 '주지의 정도를 넘어 저명 정도에 이른 것'이어야 한다고 판시한 것이다. 즉, 당해 상품이나 영업의 거래계 내의 소비자들에게만 널리 알려진 것으로는 부족하고, 일반 소비대중의 압도적 다수에까지 널리 알려져 있을 뿐만 아니라 그 표지를 사용하는 제품은 프리미엄 제품이라는 양질감을 느끼게 할 정도로 저명해진 표지에 대해서만 적용한다는 것이다.

3. 원산지·생산지 또는 제품의 질·양 등의 오인유발행위

오인유발행위란 상품이나 그 상품의 광고 등에 거짓의 원산지나 생산지를 표시하거나 타인의 상품을 사칭하거나 상품의 품질, 내용, 제조방법, 용도 또는 수량 등을 오인하게 하는 행위를 말한다.[124)]

〈사례: 대법원 2006. 1. 26. 선고 2004도5124 판결〉

비교대상 표지	초당두부	정남초당두부
o (사실관계) - ‘초당’이라는 명칭은 다른 지방에서 생산되는 두부와는 달리 바닷물을 직접 간수로 사용하여 특별한 맛을 지닌 두부를 생산하는 강릉시 초당마을을 나타내는 지리적 명칭으로서 널리 알려져 있음. - 피고는 경기도 화성시 소재 공장에서 두부제품을 생산하면서 그 상표에 “정남초당두부” 등의 표지를 사용하였음. o (판결요지) ‘초당’이 바닷물을 직접 간수로 사용하여 특별한 맛을 지닌 두부를 생산하는 지역의 명칭에 해당한다고 보고 ‘초당’ 이외의 지역에서 생산하는 두부제품에 ‘초당’을 사용하는 행위는 생잔지에 대한 오인을 유발하는 부정경쟁행위에 해당함.		

이 사건에서 생각해 볼 필요가 있는 부분은 만약 원고가 ‘초당두부’를 상표로 출원하였다면 등록을 받을 수 있었을 것인가이다. 왜냐하면 피고가 ‘초당두부’라는 표지를 사용하는 것이 생산지를 오인하게 하는 행위에 해당한다면 ‘초당’이라는 표지는 생산지를 표시하는 표장이 될 것이고, 그렇다면 상표법 제33조 제1항 제3호에서 규정하는 “지정상품의 산지를 보통으로 사용하는 방법으로 표시한 표장만으로 된 상표”에 해당하여 등록받을 수

124) 부정경쟁방지법 제2조 제1호 (라)목은 “상품이나 그 광고에 의하여 또는 공중이 알 수 있는 방법으로 거래상의 서류 또는 통신에 거짓의 원산지의 표지를 하거나 이러한 표지를 한 상품을 판매 · 반포 또는 수입 · 수출하여 원산지를 오인(誤認)하게 하는 행위”를, (마)목은 “상품이나 그 광고에 의하여 또는 공중이 알 수 있는 방법으로 거래상의 서류 또는 통신에 그 상품이 생산 · 제조 또는 가공된 지역 외의 곳에서 생산 또는 가공된 듯이 오인하게 하는 표지를 하거나 이러한 표지를 한 상품을 판매 · 반포 또는 수입 · 수출하는 행위”를, (바)목은 “타인의 상품을 사칭(詐稱)하거나 상품 또는 그 광고에 상품의 품질, 내용, 제조방법, 용도 또는 수량을 오인하게 하는 선전 또는 표지를 하거나 이러한 방법이나 표지로써 상품을 판매 · 반포 또는 수입 · 수출하는 행위”를 각각 부정경쟁행위의 하나로 규정하고 있다.

없을 것 아닌가?

실제로 이 사건의 원고는 1988년에 '초당두부'를 특허청에 상표로 출원하여 이듬해인 1989년에 등록을 받았다. 그 후 피고가 '초당두부'를 표지로 사용하자 피고에게 자신의 상표권을 침해하지 말하는 경고장을 보냈다. 피고는 '초당두부'라는 원고의 상표가 산지를 보통으로 사용하는 방법으로 표시한 기술적 표장이라는 이유로 무효라는 심판을 청구하였다. 그 후 오랫동안의 법적 다툼 끝에 1999년에 특허법원에서 원고의 상표가 무효라는 최종 판결을 받게 되었다.125) 즉, 원고는 상표법에 의해서는 상표권을 주장할 수도 피고가 '초당두부'라는 표지를 사용하는 것도 막을 수 없게 된 것이다.

이에 원고는 2002년에 전략을 바꾸어서 수원지방법원에 부정경쟁방지법 위반으로 제소하였다. 이 사건은 최종적으로 2006년에 대법원에서 결론이 나게 되었는데, 피고가 경기도 화성시에서 생산한 두부에 '초당두부'라는 표지를 사용한 행위는 부정경쟁방지법 제2조 제1호 (마)목에서 정한 산지를 오인케 하는 부정경쟁행위에 해당한다고 판단하게 된 것이다.

이 사건에서 우리가 기억해야 할 것은 경쟁사업자의 행위가 정면으로 상표법을 위반하고 있지는 않지만 무언가 부당해 보이는 방법으로 나의 이익을 해치고 있다고 생각하면 부정경쟁방지법에 의하여 나의 권리를 보호할 필요가 있다는 것이다. 이 사건에서처럼 원산지나 생산지를 속이는 경우는 물론, 그 외에도 제품의 품질이나 내용, 제조방법, 용도 또는 수량 등을 오인하게 하는 부당한 방법으로 수요자를 유인하고 있는 것을 알게 되었다면 부정경쟁방지법을 활용하여 이를 중지시킬 수 있다. 경쟁자의 이러한 행위를 방치한다면 부당하게 나의 잠재적 고객을 뺏길 수도 있고, 내가 속해 있는 시장에 대한 소비자들의 신뢰를 손상함으로써 결과적으로 나의 영업에도 손해가 미칠 수 있다. 이런 경우에는 부정경쟁방지법의 이 조항을 활용하여 나의 권리를 보호할 필요가 있다.

4. 사이버스쿼팅(cybersquatting)

인터넷 상거래가 활성화되고 인터넷을 통한 광고의 비중이 커지면서 사이버 공간에서 다른 사람의 신용에 편승하려는 시도가 많아졌다. 대표적인 예가 다른 사람의 상표표지 또는 영업표지와 동일·유사한 도메인이름을 미리 등록해 놓은 다음 본래의 상표권자에게

125) 특허법원 1999.8.12. 선고 99허3603 판결

비싼 값에 팔려고 시도하는 소위 사이버스쿼팅(cybersquatting)이다. 부정경쟁방지법은 "정당한 권원이 없는 자가 다음의 어느 하나의 목적으로 국내에 널리 인식된 타인의 성명, 상호, 상표, 그 밖의 표지와 동일하거나 유사한 도메인이름을 등록·보유·이전 또는 사용하는 행위"를 부정경쟁행위의 하나로 규정하고 있다. 즉, 도메인이름을 자신이 정상적으로 사용할 목적이 아니라, "① 상표 등 표지에 대하여 정당한 권원이 있는 자 또는 제3자에게 판매하거나 대여할 목적, ② 정당한 권원이 있는 자의 도메인이름의 등록 및 사용을 방해할 목적, ③ 그 밖에 상업적 이익을 얻을 목적"으로 등록한 경우에는 그 등록을 말소할 수 있게 한 것이다.[126] 인터넷주소자원법에도 "누구든지 정당한 권원이 있는 자의 도메인이름 등의 등록을 방해하거나 정당한 권원이 있는 자로부터 부당한 이득을 얻는 등 부정한 목적으로 도메인이름 등을 등록·보유 또는 사용하여서는 아니 된다."고 규정하고, 이 경우 정당한 권원이 있는 자는 그 도메인이름의 등록말소 또는 등록이전을 청구할 수 있도록 하고 있다.[127]

〈사례: 대법원 2013. 4. 26. 선고 2011다64836 판결〉[128]

비교대상 표지	k2.co.kr	K2
o (사실관계) - 원고는 피고의'K2'상표를 포함하는 도메인이름(k2.co.kr)을 등록·보유하고 있음. - 피고는 등산용품의 수요자에게 널리 알려진 'K2'상표의 상표권자임. - 원고는 피고에게 이 도메인이름의 이전등록을 청구할 권리가 없음을 확인해 달라는 소를 제기함. o (판결요지) 피고는 1972년경부터 'K2'상표를 사용하여 2004년 무렵에는 주지성을 획득하였고 원고도 이를 알고 있었을 것으로 판단됨. 원고는 이 도메인이름으로 개설한 웹사이트를 제대로 운영하지 않았음. 이에 비추어 볼 때 원고가 이 도메인이름을 등록·보유하는데 자신에게는 별다른 이익이 없는 반면 정당한 권원이 있는 피고의 도메인이름 등록을 방해하는 등의 부정한 목적이 있다고 판단하고 피고에게 이 도메인이름의 이전등록청구권이 있음을 확인하였음.		

이 사건에서 보듯이 다른 사람이 나의 상표와 동일·유사한 인터넷이름을 등록하여 나의 신용에 편승하거나 부당한 이득을 얻으려는 시도를 하고 있다면, 부정경쟁방지법이나 인터넷주소자원법에 의하여 그 도메인이름의 등록을 말소하거나 이전을 받는 것을 검토

126) 부정경쟁방지법 제4조 제2항 제3호
127) 인터넷주소자원에 관한 법률 제12조
128) 이 사건은 인터넷주소자원법 제12조가 적용된 사건이나, 판례에서도 밝히고 있듯이 부정경쟁방지법 제2조제1호(아)목이 적용될 수 있는 사안이고 이해가 편한 사건이어서 인용하였음.

해 볼 필요가 있다.

그러나 더 바람직한 것은 상표를 선정할 때 내가 사용할 도메인이름도 같이 확보해 놓는 것이 나중에 법적 분쟁을 겪어야 하는 위험을 피하고 이 과정에서 지출해야 하는 불필요한 비용과 에너지 낭비를 방지할 수 있다. 도메인이름의 등록은 한국인터넷진흥원(KISA; Korea Internet & Security Agency)이 관리하는 "한국인터넷정보센터(Korea Network Information Center)"에 접속하여 간단하게 등록할 수 있다.[129)]

5. 상품형태 모방

상품형태의 모방이란 타인이 개발·제작한 상품형태를 모방하여 자기의 상품으로 시장에 제공하는 행위를 말한다. 부정경쟁방지법은 "타인이 제작한 상품의 형태(형상·모양·색채·광택 또는 이들을 결합한 것을 말하며, 시제품 또는 상품소개서상의 형태를 포함한다. 이하 같다)를 모방한 상품을 양도·대여 또는 이를 위한 전시를 하거나 수입·수출하는 행위"를 부정경쟁행위의 하나로 규정하고 있다.

아래 사건은 특허청이 부정경쟁방지법에 의하여 형태모방행위에 대한 조사 및 시정권고 권한이 부여된 후 첫 번째로 조사 및 시정권고를 한 건으로 주목을 받은 건이다. 스타트업 기업인 ㈜이그니스가 16년 9월 '랩노쉬'라는 식사대용으로 마실 수 있는 간편식을 출시했다. 이 제품이 인기를 끌자 ㈜ 엄마사랑은 17년 8월부터 '식사에 반하다'라는 간편식을 생산하여 판매하기 시작하였다.

이 사건에서 눈여겨 볼 부분은 문제가 된 제품의 상표는 각각 '랩노쉬'와 '식사에 반하다'로 전혀 유사하지 않다. 즉, 상표법으로 상표권의 침해는 주장하는 것은 불가능하다. 그럼에도 불구하고 상표가 다른 것을 제외하고는 포장용기의 크기와 모양, 상표 라벨의 크기와 색상, 용기의 색상과 그라데이션 등 상품의 외관이 매우 유사하여 소비자들의 오인·혼동을 초래할 수 있음은 거의 자명해 보인다. 특허청에서도 이 사건을 조사한 후, 부정경쟁방지법상의 '형태모방'에 해당한다고 판단하고 해당 기업과 이를 납품받아 판매하던 대형마트에 생산·판매를 중지하라는 시정권고를 하였다.

2017년 부정경쟁방지법 개정을 통하여 같은해 7월부터 이런 형태모방에 의한 부정경

129) 도메인이름 등록
(https://www.nic.or.kr/jsp/business/management/domain/registrationInfo.jsp)

<사례: 특허청 >130)

<table>
<tr><th>비교대상
표지</th><th>렙노쉬</th><th>밥상에 반하다</th></tr>
<tr><td colspan="3">

특허청은 ㈜**이그니스**가 먼저 개발한 상품을 모방해 제작·판매한 ㈜**엄마사랑**에게 해당상품의 생산·판매를 중지할 것을 시정권고 조치했다. 또한 해당상품을 매입해 판매한 홈플러스에게 판매 중지를 시정 권고했다.

이그니스는 16년 9월 '랩노쉬'라는 식사 대용식 상품을 판매했다. 엄마사랑은 17년 8월부터 이그니스의 상품형태를 모방한 '식사에 반하다'라는 제품을 생산 판매했다.

</td></tr>
</table>

쟁행위에 대해서도 특허청에 조사 및 시정권고 권한이 부여됨에 따라 형태모방에 의한 부정경쟁행위에 대한 조사를 적극적으로 실시하고 있다. 만약 경쟁업체의 부정경쟁행위로 피해를 입고 있다고 생각되는 경우에는 이 제도를 적극 활용할 필요가 있다.

이 제도의 장점은 특허청에서 비용을 받지 않고 조사를 진행하고 조사기간도 비교적 단기간이므로 신속·저렴하게 구제를 받을 수 있는 방법이라는 것이다. 신고는 특허청의 신업재산침해·부정경쟁행위 신고센터(ippolice.go.kr)에 게시된 신고서를 다운받아 작성 후 제출하면 된다.

6. 기타 성과도용행위

이 규정은 부정경쟁행위에 관한 보충적 일반조항으로 2013년 도입된 규정이다.[131] 즉 부정경쟁방지법 제2조 제1호 (가)목에서 (타)목까지에 걸쳐 열거한 부정경쟁행위에 정확

130) 특허청 보도자료(특허청 > 소식알림 > 보도자료 > 보도자료 (kipo.go.kr))
131) 2013. 7. 30. 법률 제11963호로 개정된 부정경쟁방지법(부칙에 따라 2014. 1. 31. 시행)

히 해당하지는 않더라도 부정경쟁방지법의 취지에 비추어 부정경쟁행위로 판단할 수 있는 새로운 유형의 부정경쟁행위에 대해서도 규율할 수 있도록 한 것이다.

이 조항이 도입되기 전까지는 부정경쟁방지법에서 부정경쟁행위에 해당하는 경우를 하나하나 열거하는 방식으로 규정해 두고 여기에 해당하는 행위만을 규제하였다. 그러다가 새로운 부정경쟁행위가 나타나면 이를 추가하는 방식으로 대응하여 왔다. 그러나 최근 기술의 발달 등으로 새롭고 다양한 유형의 부정경쟁행위가 계속해서 발생하고 있는데, 이러한 새로운 유형의 부정경쟁행위를 추가하는 입법이 있기 전까지는 부정경쟁행위가 있어도 피해자를 보호할 수 없는 상황이 종종 나타나게 되었다. 이러한 상황에 대응하기 위하여 부정경쟁방지법에 열거된 부정경쟁행위에 딱 맞아 떨어지지 않더라도 부정경쟁방지법의 취지에 비추어 부정경쟁행위에 해당한다면 법원에서 부정경쟁행위로 판단할 수 있도록 이 규정을 도입한 것이다. 즉, '타인의 상당한 투자나 노력으로 만들어진 성과 등을 공정한 상거래 관행이나 경쟁질서에 반하는 방법으로 자신의 영업을 위하여 무단으로 사용함으로써 타인의 경제적 이익을 침해하는 행위'라면 무엇이든 법원의 판단에 따라 부정경쟁행위로 규율할 수 있게 한 것이다.

이 사건은 부정경쟁방지법 제2조 제1호 (파)목이 왜 필요하고 어떤 역할을 하는지를 잘 보여 준다. 먼저, 이 사건에서 상표권 침해가 문제가 될 여지는 전혀 없었다. 원고의 상표는 '에르메스(HERMES)'이고 피고의 상표는 '플레이노모어'로 완전히 다르고 법원에서 다투어지지도 않았다. 즉, 상표를 도용한 '짝퉁상품'이라고 주장할 여지는 없었다는 것이다.

〈사례: 대법원 2020. 7. 9. 선고 2017다217847 판결〉

<table>
<tr><th>비교대상
표지</th><th>원고의
켈리백과 버킨백의 형태</th><th>피고의
가방의 형태</th></tr>
<tr><td colspan="3">ㅇ (사실관계)

- 원고는 '켈리백'과 '버킨백'으로 세계적으로 널리 알려진 독특한 디자인의 백을 생산·판매해 오고 있음.
- 피고는 자신이 디자인한 '눈알'모양의 도안을 원고의 백과 유사한 모양의 백의 전면에 커다랗게 부착한 소위 '눈알가방'을 제조·판매하였음.

ㅇ (판결요지) 피고들이 이 사건 상품표지를 무단으로 사용하는 행위는 원고들이 상당한 투자나 노력으로 만든 성과 등을 공정한 상거래 관행이나 경쟁질서에 반하는 방법으로 자신의 영업을 위하여 무단으로 사용함으로써 타인의 경제적 이익을 침해하는 행위라고 판단됨.

사진출처: 머니투데이 https://news.mt.co.kr/mtview.php?no=2020070920434579694</td></tr>
</table>

다음으로 원고는 자신의 국내에 널리 인식된 자신의 켈리백과 버킨백의 형태와 비슷한 형태의 가방을 생산·판매한 피고의 행위는 상품 출처를 오인·혼동케 한 행위로 부정경쟁방지법 제2조 제1호의 (가)목에 해당한다고 주장하였다. 법원은 원고의 가방의 형태의 차

별적 특징이 상품 출처로서의 식별력과 주지성을 획득했다는 점은 인정하였으나, 두 제품은 품질, 가격, 판매장소·방법, 주 고객층이 확연히 다르고, 또 눈알모양의 도안이 전면에 크게 부착되어 있는 점 등을 들어 오인·혼동의 가능성이 낮다고 판단하였다.

원고는 또 피고의 행위가 자신의 제품의 식별력이나 명성을 손상하는 행위로 부정경쟁방지법 제2호 제1호의 (다)목에 해당한다고 주장하였다. 그러나 법원은 원고 상품의 수요층이 극히 제한되어 있고 판매량도 소량이므로 원고 핸드백 형태의 차별적 특징이 핸드백 구매층을 넘어 일반 대충에게까지 널리 알려졌다고 보기는 어렵다는 이유로 저명성을 획득했다고 보기는 어렵다고 판단하였다. 즉, 원고의 가방 형태의 차별적 특징이 핸드백 구매층에게는 잘 알려져 있다고 하더라도 일반소비자들이 알 정도로 널리 알려져 있지는 않다고 판단하여 이 규정을 적용할 수 없다고 판단하였다.

다음으로 원고가 주장하지는 않았지만, 피고의 행위가 상품의 형태모방에 해당하지 않을까 생각해 볼 수 있다. 그러나 이 사건에서는 이 가방의 형태가 갖추어진 날로부터 3년이 훨씬 경과하여 적용할 여지가 없다.

이상에서 살펴본 바와 같이 이 사건과 같은 경우에는 상표법상의 상표권 침해나 부정경쟁방지법에서 열거하고 있는 부정경쟁행위 어디에도 해당하지 않는다. 그럼에도 불구하고 법원에서 제반 사정을 종합적으로 판단하여, 원고가 상당한 투자나 노력을 들여 이룩한 성과인 켈리백과 버킨백의 형태를 공정한 상거래 관행이나 경쟁질서에 반하는 방법으로 자신의 영업을 위하여 무단으로 사용함으로써 원고들의 경제적 이익을 침해한 부정경쟁행위로 판단하였다.

이와 같이 기존에는 없었던 새로운 형태의 부정경쟁행위가 나타나 부당하게 경쟁상의 불이익을 보고 있다고 판단되면 이 조항에 의한 보호를 검토해 볼 필요가 있다.

따라하기 / 부정경쟁방지법상의 보호 방안 찾아보기

(매장 A)

(매장 B)

사진출처 : 한겨레 https://www.hani.co.kr/arti/society/society_general/766924.html

○ 매장A가 여러분이 운영하는 가게라 가정해 보자. 매장A를 개점하여 다년간 운영한 결과, 1일평균 7,000개 이상이 판매되는 등 소비자들 사이에 인기를 끌게 되었다.

○ 어느 날 멀지 않은 거리에 매장B를 발견하게 되었다. 자세히 조사해 보니 이 매장의 주인은 얼마전 여러분의 가게를 퇴사한 C씨가 운영하는 가게로 다음과 같은 점에서 유사하다는 것을 알게 되었다.

- **(간판)** 검은색 바탕에 흰색 글씨로 '상호명','단팥빵' 및 '천연발효종'이라는 문자를 나란히 배치하고 마지막에 붉은색 낙관을 배치한 점
- **(매장 배치 및 디자인)** 매장의 전면 상단에 간판을 좌우 폭 전체에 걸쳐 배치하고, 가운데는 개방하며, 하부에는 매대를 배치하고 매대의 한쪽 끝에는 계산대를, 나머지 매대의 좌우 폭 전체에 투명 진열장을 설치하며, 진열장 뒤에 즉석 조리대가 위치하고, 매장의 전면 한쪽에는 대형 단팥빵 전광판을 배치한 점.
- **(매장 분위기 및 판매·홍보방법)** 위와 같은 간판을 선택하여 전체적으로 차분하고 깔끔하면서도 고급스러운 독특한 매장 분위기를 연출하고, 위와 같은 형상을 각종 홍보물, 포장용기 등에 통일적으로 적용함으로써 고급 단팥빵을 주력 상품으로 하고 있음을 소비자들에게 알리며, 제조과정을 고객에게 전면 공개하는 개방형 매장 배치를 채택하여 반죽과정부터 발효, 오븐에 굽는 전 과정을 볼 수 있도록 함으로써, 신선하고 건강한 단팥빵의 이미지를 부각시키는 점

Q. 이러한 경우에 부정경쟁방지법의 어떠한 조문을 적용하여 보호를 받는 것이 좋을지 부정경쟁방지법의 관련규정*을 보고 검토해 보자.

* 관련규정 : 부정경쟁방지법 제2조 제1호

확인학습 /

Q. 다음의 행위는 부정경쟁방지법 제2조제1호 각목에서 규정하는 부정경쟁행위 중 어디에 해당하는지 말해 보자.

1. "맥주"를 지정상품으로 하여 "Cash"를 상표등록하고, 실제로는 "

"와 같이 사용하였다.

2. 네비게이션을 제조·판매하는 A社는 2000년부터 '테크노전자산업 주식회사'라는 상호로 전자제품 제조·판매해 왔는데 2007년 상호를 '주식회사 현대유비스'로 변경하고 그 상호변경등기를 마쳤다. A社는 자신이 제조·판매하는 내비게이션에 'HDUBIS', 'HYUNDAI', 'CRUWAY', 'NAVIOKE'라는 표장을 사용하고 있고, 그 제품 뒷면과 포장용상자에 '제조원 (주)현대유비스'라고 표기하고 있으며, 인터넷 쇼핑몰에서 내비게이션을 광고·판매하면서 '믿을 수 있는 기업 현대', '현대 정품', 'Drive your way HYUNDAI', '현대내비게이션'이라는 문구를 사용하고 있다.

3. B씨는 2003년부터 천안시 지상 건물 네 곳에 '버버리 노래'라고 표기한 외부 간판을 설치하고 '버버리 노래'라는 상호의 노래방영업을 하였다.

4. C씨는 아래 그림처럼 '버킨백' 및 '켈리백'으로 널리 알려진 에르메스社의 핸드백의 외관과 비슷한 핸드백에 커다란 눈알 모양의 디자인을 가미한 소위 눈알가방을 제조하여 판매하였다.

학습 2 부정경쟁행위에 대한 구제수단

학습 목표	• 부정경쟁행위로 이익을 침해받고 있을 때 법적으로 보호받을 수 있는 수단에는 어떤 것이 있는지 설명할 수 있다. • 이러한 구제수단들 중에서 가장 효과적인 구제수단들을 적절히 조합하여 구사할 수 있다.

1 개요

부정경쟁방지법에 규정된 부정경쟁행위로 나의 이익을 침해받고 있을 때 어떻게 보호를 받아야 할까? 부정경쟁방지법에서 민사적, 형사적, 행정적인 다양한 구제방법을 규정하고 있다. 먼저 민사법원에 상대방의 부정경쟁행위를 금지시켜 달라는 청구를 할 수도 있고, 그 부정경쟁행위로 인하여 발생한 손해를 배상하게 해달라는 청구를 할 수도 있다. 또 부정경쟁행위로 영업상의 신용이 실추된 경우에는 영업상의 신용을 회복하는데 필요한 조치를 명해 달라는 청구를 할 수도 있으며, 형사법원에 부정경쟁행위를 처벌을 해 달라는 고소를 할 수도 있다. 마지막으로 특허청장이나 각급 자치단체장에게 부정경쟁행위에 대하여 조사하고 시정조치를 해 달라는 청구를 할 수도 있다. 각각에 대하여 살펴보자.

2 민사적 구제

1. 침해금지청구(injunction)

부정경쟁행위로 자신의 영업상의 이익이 침해되거나 침해될 우려가 있는 사람은 부정경쟁행위를 하거나 하려는 자에 대하여 법원에 그 행위의 금지 또는 예방을 청구할 수 있다.[132] 이와 동시에 부정경쟁행위를 조성한 물건의 폐기, 부정경쟁행위에 제공된 설비의

132) 부정경쟁방지법 제4조 제1항

제거, 부정경쟁해위의 대상이 된 도메인이름의 등록말소, 그 밖에 부정경쟁행위의 금지 또는 예방을 위하여 필요한 조치를 함께 청구할 수 있다.133) 이와 같이 부정경쟁행위에 관련된 물건이나 설비의 폐기를 포함하여 부정경쟁행위의 금지 또는 예방을 위하여 필요한 조치를 함께 청구할 수 있도록 한 것은 법원의 명령에 따라 부정경쟁행위를 일시 중단하더라도 침해에 관련된 물건이나 설비를 가지고 있는 한 언제든지 다시 부정경쟁행위를 재개할 수 있고, 그때마다 다시 소를 제기하는 것은 현실적으로 어렵기 때문에 판결의 실효성을 높이기 위한 것이다.134)

법원에서 금지청구가 받아들여지면 상대방의 부정경쟁행위를 즉시 정지시킬 수 있고, 장래의 부정경쟁행위도 예방할 수 있다. 앞에서 살펴 본 상품주체 혼동초래행위에 관련 사건의 판결주문을 보면 다음과 같다.

〈사례: 서울중앙지방법원 2010. 8. 11. 2010가합2843 판결〉

비교대상 표지	현대자동차 현대모비스	현대유비스
〈판결주문〉 1. 피고는 '현대유비스'라는 문구를 피고의 상호로 사용하여서는 아니 된다. 2. 피고는 원고들에게, 수원지방법원 이천등기소가 비치, 관리하는 법인등기부(등기번호 제001626호)의 상호 '주식회사 현대유비스' 중 '현대유비스' 부분에 관한 말소등기절차를 이행하라. 3. 피고는 '현대유비스'라는 상호를 포장지, 포장용기, 홈페이지, 홈쇼핑 등 광고선전물에 사용하여 내비게이션을 광고하거나 '현대유비스'라는 상호를 사용하여 내비게이션을 제조, 판매, 수출, 전시 또는 반포하여서는 아니 된다. 4. 피고는 자신의 공장, 창고, 영업소, 매장 기타 이와 유사한 장소에 보관하고 있는 '현대유비스'라는 상호를 사용한 내비게이션의 완제품, 반제품 및 그 포장지, 포장용기, 인터넷에 게재된 광고물 기타 광고선전물 중 '현대유비스' 부분을 말소하라. (이하생략)		

먼저 법원은 '현대유비스'라는 문구를 상호로 사용하는 것을 금지하는 동시에, 상호에서 '현대유비스'부분을 등기에서 말소하라는 명령을 하였다. 이 사건의 경우에 제품에 사용된 상표가 아니라 제품의 뒷면과 포장용상자에 표시한'제조원 ㈜현대유비스'라는 상호

133) 부정경쟁방지법 제4조 제2항

134) 최정열·이규호, 부정경쟁방지법, 진원사. 381쪽

표기 때문에 수요자들이 이와 유사한 '현대모비스'에서 제조·판매하는 제품으로 오인할 가능성이 크다고 보았기 때문에 이 상호의 사용을 중지하도록 하였고 상호등기도 말소하도록 한 것이다.

법원은 또 "피고는 '현대유비스'라는 상호를 포장지, 포장용기, 홈페이지, 홈쇼핑 등 광고 선전물에 사용하여 내비게이션을 광고하거나 '현대유비스'라는 상호를 사용하여 내비게이션을 제조, 판매, 수출, 전시 또는 반포하여서는 아니 된다."고 하여 금지되는 행위를 구체적으로 적시하였다. 이와 같이 금지되는 행위는 향후에도 이러한 행위를 반복하지 말라는 의미이므로 구체적으로 특정되어야 한다. 그러므로 소를 제기할 때 청구의 내용을 구체적으로 적시하여야 하며, "…한 행위를 포함한 일체의 부정행위를 해서는 아니 된다."와 같은 추상적 청구는 할 수 없다.[135]

다음으로, 법원은 "피고는 자신의 공장, 창고, 영업소, 매장 기타 이와 유사한 장소에 보관하고 있는 '현대유비스'라는 상호를 사용한 내비게이션의 완제품, 반제품 및 그 포장지, 포장용기, 인터넷에 게재된 광고물 기타 광고선전물 중 '현대유비스' 부분을 말소하라."라고 하여, 부정경쟁행위를 조성한 물건에서 '현대유비스'라고 표시된 부분을 지우도록 하였다. 필요한 경우에 부정경쟁행위를 조성하는 물건이나 설비의 폐기도 명할 수 있다.

2. 손해배상(damage)

상대방의 부정경쟁행위로 손해를 보았다면 소송을 통하여 그 손해를 배상받을 수 있다. 부정경쟁방지법은 고의 또는 과실에 의한 부정경쟁행위로 타인의 영업상 이익을 침해하여 손해를 입힌 자는 그 손해를 배상할 책임을 진다고 규정하고 있다.[136] 앞에서 살펴본 금지청구의 경우에는 '고의 또는 과실'이라는 규정이 없어 상대방의 고의·과실이 없더라도 청구가 가능하지만 손해배상을 청구하려면 상대방이 고의나 과실로 부정경쟁행위를 한 경우라야 한다는 것을 알 수 있다. 상대방에게 '고의'가 있다는 것은 상대방이 나의 주지·저명한 상표의 존재를 알면서도 또 이와 비슷한 표지를 사용하면 혼동가능성이 있음을 알면서도 그 상품표지를 사용했다는 것을 의미하고, 상대방에게 '과실'이 있다는 것은 거래상 요구되는 주의 의무를 다하였다면 이러한 사실을 알 수 있었음에도 충분한 주의를 기울이지 않아 이러한 사실을 모르고 부정경쟁행위를 한 경우를 말한다.[137]

---

135) 최정열·이규호, 부정경쟁방지법, 진원사. 381~382쪽

136) 부정경쟁방지법 제5조

손해액은 원칙적으로 부정경쟁행위로 인한 모든 손해를 배상하는 것이 원칙이나 실제로 그 손해액을 산정하는 것은 매우 어렵기 때문에 부정경쟁방지법은 손해배상 산정방식에 대하여 다양한 특칙을 규정하고 있다.[138]

1) 침해자의 양도수량 x 피해자의 단위 수량당 이익액[139]

부정경쟁방지법 제14조의 2 제1항 제1호에서 규정하고 있는 원칙인데 굉장히 복잡하게 표현되어 있지만 요약하면 다음과 같다. 즉, 다른 사람이 부정경쟁행위를 하면서 물건을 팔았다면 그가 판매한 수량만큼 나의 판매량이 줄었을 것이라는 가정에 기반을 두고 있다. 즉, 침해자가 판매한 수량만큼 피해자의 판매량이 줄었을 것이라고 보고, 이 수량에 피해자의 개당 이익액을 곱한 금액으로 손해액을 산출한다는 것이다. 여기에 두 가지 제한 사항을 두고 있는데, 그 하나는 침해자의 부정경쟁행위가 아닌 다른 사유로 피해자가 판매할 수 없었던 사정이 있다면 이 수량을 제외해야 한다는 것이다. 침해자가 천재지변이나 파업 등 자신의 부정경쟁행위가 아닌 다른 사유로 판매량이 줄었다는 것을 입증하면 그만큼을 손해액 산정에서 차감해 주는 것이다.

나머지 하나는 피해자의 생산능력의 한계로 인하여 피해자의 판매 감소량이 침해자의 판매량보다 적을 경우에는 피해자의 판매 감소량의 범위 내에서만 손해액을 인정해 준다는 것이다. 예를 들어, 피해자의 최대 생산능력이 1,000개이고 실제 판매량이 600개인데, 침해자가 판매한 수량이 700개라고 하자. 그러면 피해자가 받은 피해는 최대한으로 계산해도 피해자의 생산능력을 최대한 가동했을 때의 생산량인 1,000개에서 실제 판매한 600개를 뺀 400개라는 것이다. 그 결과 비록 침해자가 700개를 팔았더라도 피해액으로 인정해 주는 금액은 피해자의 판매감소량 400개에 해당하는 금액만큼만 인정해 준다는 것이다.

그런데 이와 같이 침해자의 판매수량이 피해자의 생산능력을 초과하는 경우에는 침해자가 그 초과수량만큼의 이익을 부당하게 취하게 되어 부정경쟁행위를 부추기는 결과가

---

137) 최정열·이규호, 부정경쟁방지법, 진원사. 388쪽

138) 부정경쟁방지법 제14조의 2.

139) 부정경쟁방지법 제14조의 2 제1항 제1호는 "그 물건의 양도수량(영업상의 이익을 침해당한 자가 그 부정경쟁행위등침해행위 외의 사유로 판매할 수 없었던 사정이 있는 경우에는 그 부정경쟁행위등침해행위 외의 사유로 판매할 수 없었던 수량을 뺀 수량) 중 영업상의 이익을 침해당한 자가 생산할 수 있었던 물건의 수량에서 실제 판매한 물건의 수량을 뺀 수량을 넘지 아니하는 수량에 영업상의 이익을 침해당한 자가 그 부정경쟁행위등침해행위가 없었다면 판매할 수 있었던 물건의 단위 수량당 이익액을 곱한 금액"이라고 규정하고 있다.

될 수 있다. 그래서 2020년에 법 개정을 통해서 그 초과수량에 대해서는 부정경쟁행위가 없었으면 받을 수 있었던 합리적인 금액을 합산하게 하는 규정을 추가하였다.140)

2) 침해자의 이익141)

부정경쟁행위로 얻은 침해자의 이익을 피해자의 손해로 보는 것이다. 일반적으로 부정경쟁행위로 인한 매출액에서 비용을 공제한 금액을 이익으로 보고, 이 이익만큼을 손해액으로 추정하는 것이다. 이는 추정 규정이므로 침해자가 자신의 부정경쟁행위로 인한 손해발생이 없었다거나 그 손해가 자신의 이익보다 적었다는 것을 입증하면 그만큼 손해배상액을 감액할 수 있을 것이다.

3) 통상사용료 상당금액142)

이는 피해자의 상품표지나 영업표지 등을 제3자에게 사용할 수 있도록 라이센스 계약(licensing)을 맺을 때 통상적으로 받을 수 있는 사용료(royalty)를 손해액으로 청구할 수 있도록 하는 것이다.

이렇게 산정한 금액이 피해자의 손해액보다도 작은 경우에는 그 초과액에 대해서도 손해배상을 청구할 수 있도록 하고 있다. 다만, 이 경우 침해자에게 고의나 중과실이 없을 경우에는 손해배상액을 산정할 때 이를 고려하도록 하고 있다.143)

140) 부정경쟁방지법 제14조의2 제1항 제2호

141) 부정경쟁방지법 제14조의 2 제2항은 "부정경쟁행위(…)로 영업상의 이익을 침해당한 자가 (…) 손해배상을 청구하는 경우 영업상의 이익을 침해한 자가 그 침해행위에 의하여 이익을 받은 것이 있으면 그 이익액을 영업상의 이익을 침해당한 자의 손해액으로 추정한다"라고 규정하고 있다.

142) 부정경쟁방지법 제14조의 2 제3항은 "부정경쟁행위(…)로 영업상의 이익을 침해당한 자는 (…) 손해배상을 청구하는 경우 부정경쟁행위(…)의 대상이 된 상품 등에 사용된 상표 등 표지의 사용(…)에 대하여 통상 받을 수 있는 금액에 상당하는 금액을 자기의 손해액으로 하여 손해배상을 청구할 수 있다."고 규정하고 있다.

143) 부정경쟁방지법 제14조의2 제4항은 "부정경쟁행위(…)로 인한 손해액이 제3항에 따른 금액을 초과하면 그 초과액에 대하여도 손해배상을 청구할 수 있다. 이 경우 그 영업상의 이익을 침해한 자에게 고의 또는 중대한 과실이 없으면 법원은 손해배상 금액을 산정할 때 이를 고려할 수 있다."고 규정하고 있다.

4) 상당한 손해액[144]

부정경쟁행위로 인하여 손해가 발생된 것은 인정되지만 실제로 그 손해액을 입증하는 것이 곤란한 경우가 많다. 이런 경우를 대비하여 부정경쟁방지법은 법원이 변론 전체의 취지와 증거조사 결과에 기초하여 합당하다고 판단되는 금액을 손해액으로 판결할 수 있도록 하고 있다.

〈사례: 서울중앙지방법원 2010. 8. 11. 2010가합2843 판결〉

<table>
<tr><th>비교대상
표지</th><th>현대자동차
현대모비스</th><th>현대유비스</th></tr>
<tr><td colspan="3">〈판결주문〉
1. ~4. (생략)
5. 피고는 원고들에게 2억 원 및 이에 대하여 2010. 6. 17.부터 2010. 8. 11.까지는 연 5%의, 그 다음 날부터 다 갚는 날까지는 연 20%의 각 비율에 의한 금원을 지급하라.
(이하생략)</td></tr>
</table>

이 사건에서 법원이 2억원이라는 손해액을 산정에 관하여 설명한 부분을 보면, 피고의 매출액은 증거자료에 의하여 약 1,600억원 정도인 것으로 확인되었으나, '현대유비스' 상호를 사용한 제품과 그렇지 않은 제품의 매출액이 구분되어 있지도 않고, 수량당 이익액도 확인되지 않아서 법원이 "변론 전체의 취지와 증거조사 결과에 의하여 손해액을 산정"하여 상당액으로 정하였다고 설명하고 있다.

3. 신용회복 청구

상대방이 나의 상품표지와 유사한 표지를 사용하면서 아주 조악한 물건을 판다든지 서비스를 엉망으로 한다든지 하여 나의 영업상의 신용까지 실추시켰다면, 손해배상에 갈음

144) 부정경쟁방지법 제14조의2 제5항은 "법원은 부정경쟁행위(…)에 관한 소송에서 손해가 발생된 것은 인정되나 그 손해액을 입증하기 위하여 필요한 사실을 입증하는 것이 해당 사실의 성질상 극히 곤란한 경우에는 제1항부터 제4항까지의 규정에도 불구하고 변론 전체의 취지와 증거조사의 결과에 기초하여 상당한 손해액을 인정할 수 있다."고 규정하고 있다.

하거나 손해배상과 함께 신용회복에 필요한 조치를 청구할 수 있다.[145] 신용회복 청구는 상대방의 고의나 과실에 의한 부정경쟁행위로 영업상의 신용이 실추된 경우에 청구할 수 있다. 신용회복을 위한 조치는 과거에는 주로 사과광고를 명하는 것이 주를 이루었으나 이것이 양심의 자유에 반한다는 헌법재판의 결정 이후에는 부정경쟁행위 소송에서 패소 판결을 받았다는 사실을 광고하도록 하는 것이 일반적이다.[146]

2 형사적 구제

다른 사람의 부정경쟁행위로 손해를 보고 있다면 이를 멈추기 위하여 형사법원에 그 부정경쟁행위를 처벌해 달라는 고소를 할 수도 있다. 처벌의 대상이 되는 부정경쟁행위에는 위에서 설명한 ① 상품주체 또는 영업주체 혼동초래행위,[147] ② 저명상표 희석행위,[148] ③ 원산지·생산지 또는 제품의 질·양 등의 오인유발행위,[149] ④ 대리권자 등의 부정행위,[150] ⑤ 형태모방행위[151] 등이다. 이에 해당하는 부정경쟁행위를 한 사람은 3년 이하의 징역 또는 3천만원 이하의 벌금에 처해 질 수 있다.[152]

돈을 벌기 위하여 형사처벌까지 감수하는 사람은 많지 않으므로 상대방의 부정경쟁행위에 대하여 형사 고소를 하는 것은 부정경쟁행위에 대한 강력한 방지책이 될 수 있다. 반대로 영업상 내가 하고 있는 행위가 부정경쟁행위로 인정되면 형사처벌을 받을 수도 있으므로 부정경쟁방지법의 내용을 잘 숙지하고 영업 전략을 수립할 필요가 있다.

다른 사람의 상표와 오인·혼동을 불러일으킬 수 있는 상품표지를 부착한 상품을 판 행위를 가지고 실제로 감옥까지 보낼까 생각하는 사람도 있겠지만 위 사례에서 보듯이 실제로 징역형이 선고되기도 하고, 벌금형이 선고되기도 한다. 이 사건의 경우 피고인이 원심의 형량이 무겁다는 이유로 항소를 했는데, 항소심에서도 "피고인이 '루이비똥사'의 상표권을 침해한 범죄로 벌금 1,500만원으로 처벌받은 후에도 다시 '루이비똥사'의 상표권을

145) 부정경쟁방지법 제6조
146) 최정열·이규호, 부정경쟁방지법, 진원사. 422~423쪽
147) 부정경쟁방지법 제2조 제1호 (가)목 및 (나)목
148) 부정경쟁방지법 제2조 제1호 (다)목
149) 부정경쟁방지법 제2조 제1호 (라)목 내지 (바)목
150) 부정경쟁방지법 제2조 제1호 (사)목
151) 부정경쟁방지법 제2조 제1호 (자)목
152) 부정경쟁방지법 제18조 제3항 제1호

〈사례: 서울서부지방법원 2010. 3. 31. 2010고단45 판결〉

비교대상 표지	(루이비똥 도형상표)	(루이비똥 도형상표)

ㅇ (판결주문)
- 피고인을 징역 1년 6월에 처한다. 다만, 이 판결 확정일로부터 3년간 위 형의 집행을 유예한다.
- 압수된 증 제1, 2호를 몰수한다.

ㅇ (범죄사실)
- 피고는 저명한 '루이비똥(LOUIS VUTTON)의 도형 상표가 부착된 가방 600여개를 750만원에 판매하고, 지갑 80여개를 100만원에 판매하고, 가방 880여개, 지갑 170여개(판매시가 1,300만원 상당)를 판매 목적으로 보관하여 피해자의 상표권을 침해하였음
- 피고는 루이비똥의 도형상표와 유사한 도형상표를 이용한 가방과 지갑을 제조 판매하여 루이비똥의 상품과 혼동하게 하거나 루이비똥 상표의 식별력이나 명성을 손상하는 행위를 하였음.

침해하여 징역 8월에 집행유예 2년의 형사처벌 받은 전력이 있는 점, 그럼에도 다시 '루이비똥사'의 상표권을 침해하는 등 계속하여 동종범죄를 저지른 점, 그 밖에 피고인의 나이, 성행, 환경, 이 사건 범행의 동기와 내용 등 이 사건 양형조건이 되는 제반사정을 종합하여 보면, 원심의 형이 무거워 부당하다고 보기는 어렵다."고 하여 원심의 형량을 그대로 유지하였다.[153]

3 행정적 구제

위에서 설명한 민사법원이나 형사법원에 소송을 제기하는 것이 가장 확실한 구제방법이 되겠지만 실제로 소송을 제기하기 위해서는 많은 시간과 비용이 들어가게 되어 많은 경우 피해들 당하고도 그냥 넘어가는 경우가 많다.[154]

이러한 상황을 타개하기 위하여 특허청에서는 부정경쟁행위의 피해자로부터 신고를 받

153) 서울서부지방법원 2010. 11. 4. 선고 2010노368 판결
154) 파이낸셜뉴스 (2021. 9. 7, https://www.fnnews.com/news/202109070832046035)

아 부정경쟁행위에 대한 행정조사를 하고 필요한 경우 시정권고 조치를 하고 있다. 행정조사의 대상이 되는 부정경쟁행위는 위에서 설명한 ① 상품주체 또는 영업주체 혼동초래행위,[155] ② 저명상표 희석행위,[156] ③ 원산지·생산지 또는 제품의 질·양 등의 오인유발행위,[157] ④ 대리권자 등의 부정행위,[158] ⑤ 형태모방행위[159] 등이다.

특허청에 부정경쟁행위에 대한 행정조사를 신청하려고 하는 경우에는 특허청의 산업재산 침해 및 부정경쟁행위 신고센터[160]에 게시된 신고서 양식을 내려 받아 작성한 후, 특허청 부정경쟁조사팀 또는 한국지식재산보호원 부정경쟁조사팀에 제출하면 된다.

특허청의 행정조사는 신고만 하면 무료로 진행되고 조사 기간도 소송에 비하여 단기간에 종결되기 때문에 신속·간편하게 이용할 수 있는 제도이다. 특허청에서 부정경쟁행위에 해당한다고 판단하는 경우에는 침해자에게 30일 이내의 기간을 정하여 부정경쟁행위를 중지하거나 표지 제거 또는 폐기 등을 권고하는 조치를 하게 된다. 다만, 이것은 말 그대로 권고이므로 침해자가 이 권고를 따르지 않을 수도 있다. 이 경우에는 피해자가 다시 민사적·형사적 구제를 법원에 청구할 수 있다.

---

155) 부정경쟁방지법 제2조 제1호 (가)목 및 (나)목
156) 부정경쟁방지법 제2조 제1호 (다)목
157) 부정경쟁방지법 제2조 제1호 (라)목 내지 (바)목
158) 부정경쟁방지법 제2조 제1호 (사)목
159) 부정경쟁방지법 제2조 제1호 (자)목
160) 산업재산권 침해 및 부정경쟁행위신고센터(www.ippolice.go.kr)

따라하기 / 부정경쟁행위 신고서 만들어 보기

1. 특허청 홈페이지에서 특허청에 형태모방행위에 대한 조사 및 시정권고 권한이 부여된 후 처음으로 시정권고를 하였던 '랩노쉬'사건에 대한 특허청의 보도자료*를 찾아보자. 이 자료를 참고하여 본인이 '랩노쉬'를 개발하여 판매하고 있는 스타트업 기업의 대표라고 생각하고 특허청에 제출할 신고서*를 작성해 보자.
   * 보도자료명 : 특허청, 중소·벤쳐·스타트업 아이디어 무임승차행위 철퇴
   * 신고서 양식 : 부정경쟁행위 방지에 관한 업무처리규정 [별제 제1호서식]

확인학습 /

1. 부정경쟁행위에 대한 구제방법에는 크게 세 가지가 있다. 민사적 구제, □□적 구제, □□적 구제가 그것이다.

2. 민사적 구제에는 부정경쟁행위의 금지 및 예방을 청구하는 □□□□청구(injunction)소송을 제기하는 방법과, 부정경쟁행위로 인하여 입은 손해에 대하여 □□□□청구(damage)소송을 제기하는 방법이 있다. 이와 동시에 상대방의 부정행위로 인하여 자신의 신용이 훼손된 경우에는 □□□□을 함께 청구할 수 있다.

3. 부정경쟁행위에 대하여 법원에 소를 제기하는 것은 비용이 많이 들고 결과가 나오기까지 시간이 많이 걸린다는 단점이 있다. 이러한 어려움을 덜어주기 위하여 특허청에서는 부정경쟁행위에 의하여 피해를 받은 사람이 신고를 하면 부정경쟁행위를 조사하여 필요한 경우 □□□□를 하고 있는데 이것이 대표적인 행정적 구제라 할 수 있다.

참고자료

〈도 서〉

- 최정열 외, 『부정경쟁방지법』, 진원사. 2022
- 정상조 외, 『부정경쟁방지법주해』, 박영사, 2020
- 김동훈, 『부정경쟁 방지법 사례연구』, 박영사, 2016
- 윤태식, 『부정경쟁방지법』, 박영사, 2021
- 박종태, 『이지 상표법』, 한빛지적소유권센터, 2020
- 정진길 외, 『길 상표법 입문』, 한빛지적소유권센터, 2019
- 특허법원 지적재산소송실무연구회, 『지적재산소송실무』, 박영사, 2019
- 최성우, 『상표법의 쟁점과 사례』, 신론사, 2012

〈인터넷〉

- 특허청, 보도자료(특허청, 중소·벤처·스타트업 아이디어 무임승차행위 철퇴), https://www.kipo.go.kr/ko/kpoBultnDetail.do?menuCd=SCD0200618&parntMenuCd2=SCD0200052&aprchId=BUT0000029&pgmSeq=16623&ntatcSeq=16623
- 특허청, 산업재산권 침해 및 부정경쟁행위신고센터, www.ippolice.go.kr
- 파이낸셜뉴스 (2021.9.7), https://www.fnnews.com/news/202109070832046035

08. 디자인 보호제도의 이해

출처 : https://commons.wikimedia.org/wiki/File:Pencil-typography-black-design.jpg

이 모듈은 학습자가 지식재산제도가 무엇인지, 지식재산제도가 왜 필요한지, 지식재산이 어떻게 기업의 가치를 지키고 더 높일 수 있는지 이해할 수 있도록 구성되어 있다.

디자인 보호제도의 이해 단원의 내용 구성

교육목표

디자인 보호제도가 왜 필요하며 디자인 보호가 경제활동에서 어떤 역할을 하는지 이해하고, 디자인을 전략적으로 창출하고 보호하기 위한 전략을 수립할 수 있다.

내용체계

학 습	학 습 내 용	비 고
1. 디자인 보호제도의 필요성	[1] 기업경영에 있어 디자인의 중요성 [2] 디자인 보호제도의 목적 및 필요성 [3] 디자인보호법상의 디자인	
2. 디자인권으로 보호될 수 있는 것	[1] 디자인의 성립요건 [2] 디자인의 등록요건 [3] 디자인으로 등록될 수 없는 것	
3. 디자인권의 특징과 전략적 활용	[1] 디자인의 다양한 활용과 중복적 보호 [2] 디자인의 권리 범위 해석과 디자인 특유의 제도 [3] 유행성이 강한 디자인과 일부 심사 등록제도	

핵심 용어

디자인, 디자인권, 디자인권제도의 목적, 디자인의 성립요건, 디자인의 등록요건, 디자인의 가치, 디자인의 전략적 활용

학습 1 디자인 보호제도의 필요성

학습 목표	• 디자인의 정의와 의미를 설명할 수 있다. • 디자인 제도의 필요성에 대해 발표할 수 있다.

1 기업경영에 있어 디자인의 중요성

1. 디자인의 기능과 역할

어떤 제품이 다른 경쟁제품보다 먼저 소비자의 눈길을 끌고 구매 욕구를 불러일으킨다면 그 원인은 무엇일까? 제품의 뛰어난 성능, 합리적인 가격, 브랜드의 인지도와 신뢰도, 매력적인 디자인 등 다양한 요인들을 들 수 있을 것이다.

디자인은 소비자의 구매 욕구를 불러일으키는 다양한 요소들과 함께, 그 제품의 형태나 포장 등 외관을 매력적으로 만들어 제품의 경쟁력을 높이는 역할을 한다. 특히 제품이 개발되고 일정 시간이 지나 기술적 성숙도가 높아진 시장에서는 디자인이 어느 다른 요인보다도 큰 역할을 한다. 예컨대 여러분이 휴대폰을 구매하면서 어떤 브랜드의 어떤 모델을 살까 고민할 때 무엇을 고려하는지 생각해 보자. 가격, 성능, 브랜드, 다자인, 애프터서비스(AS)를 포함한 서비스 수준, 친구들의 반응 등 온갖 것들이 여러분의 선택에 영향을 미칠 것이다.

한국디자인진흥원에서 조사한 바에 따르면 제품 판매에 영향을 미치는 요소 중 가장 큰 영향을 미치는 것은 제품의 디자인(26.22%)이라고 한다. 다음으로는 마케팅(23.52%), 고객서비스(22.78%)가 그 뒤를 잇고 있다. 즉, 소비자의 구매 결정에 가장 많은 영향을 미치는 요소는 디자인, 마케팅, 고객서비스 등 고객의 소비자 경험과 관련된 요소들이 큰 비중을 차지하고 있고, 성능은 판매에 영향을 미치는 요소 중 네 번째 항목(15.56%)으로 고려된다는 것이다.

제품 판매에 영향을 미치는 요소 비중

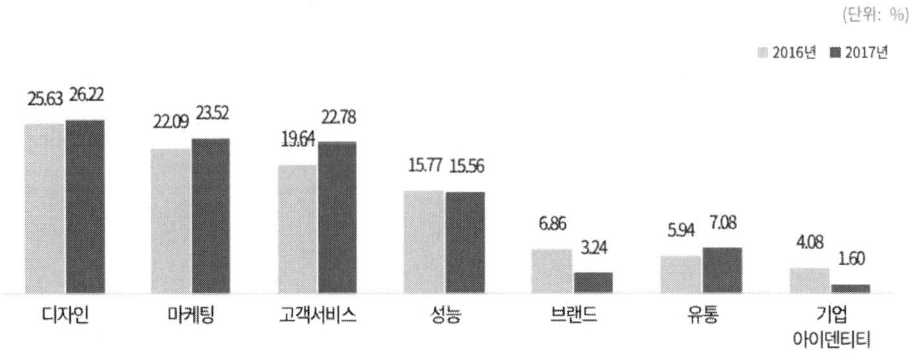

이미지 출처: 한국디자인진흥원, 2018 산업디자인 통계조사 44쪽

이 조사결과는 구매 결정에서 제품의 성능과 가격이 가장 중요한 역할을 할 것이라는 전통적인 생각을 뒤집는 것이다. 그러나 실제 본인의 구매 경험을 돌이켜 보면 이 조사결과가 더 본인의 경험에 부합한다는 것을 알 수 있을 것이다. 휴대폰 가게에 가서 전시된 모델 중에서 가장 저렴한 모델을 선택하기를 주저했다면 그 이유가 무엇이었는가? 통화가 잘 터지지 않으면 어쩌나, 통화 음질이 좋지 않으면 어쩌나 하는 등 성능에 대한 우려로 구매를 망설인 경우가 있는가? 아니면 디자인이나 제품의 전체적인 이미지 또는 이 제품을 사용할 때 타인의 평가 등 다른 이유가 컸던 것인가?

2. 기술적 성숙과 디자인의 역할

이런 현상이 나타나게 된 원인에 대해서 David Norman 교수는 "Invisible Computer"라는 책에서 다음과 같이 설명하고 있다.

어떤 제품이 새로 개발되어 시판되면, 초기에는 일반적인 소비자들이 원하는 수준의 성능을 만족시키지 못하는 상태에서 시판이 이루어진다. 예를 들어, 스마트폰이 처음으로 출시되었을 때는 배터리의 지속시간이 한나절에도 미치지 못하여 불편하다든지, 데이터의 전송시간이 너무 길어서 불편하다는 등 소비자들이 일반적으로 요구하는 수준의 성능에 미치지 못하는 경우가 많다. 이 단계에서는 소비자들이 더 나은 기술 내지는 성능을 갖춘 제품을 원하게 되는데, 혁신적인 기술과 개선된 제품을 개발 개발하는 능력을 가진 경쟁력 있는 기업이 해당 시장을 지배하게 되는 것이다.

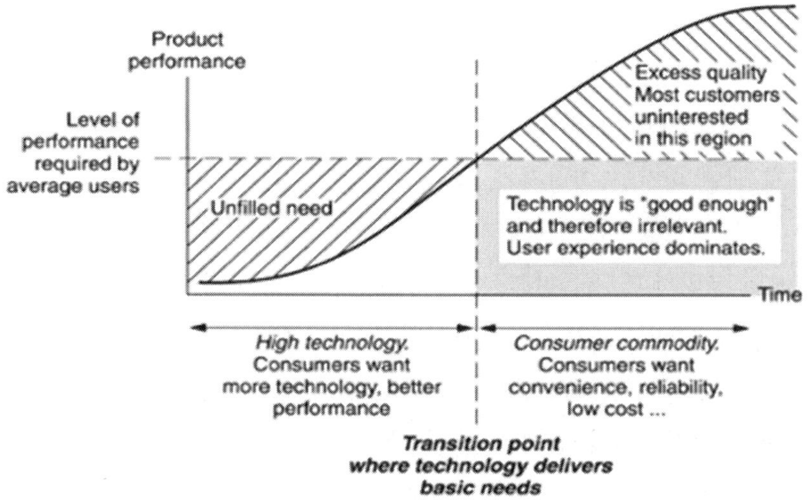

출처: Norman, D. (1998) The Invisible Computer, the MIT Press

스마트폰 제조사들이 경쟁적으로 기술을 개발하면서, 점차 시중에 시판되는 휴대폰의 대부분이 소비자들이 일반적으로 요구하는 성능 수준을 만족하는 단계에 이르게 된다. Norman 교수는 이러한 단계를 "기술이 기본적 욕구를 충족시키는 변환점"이라고 하였다. 이 단계를 지나면 소비자들은 더 이상 기술개발이나 성능 개선에 대하여 관심을 두지 않게 된다. 성능에 대하여 충분히 만족한 소비자들은 성능보다는 사용자 경험에 대한 관심을 갖게 되는 것이다. 즉, 이들은 해당 제품이 사용하기에 얼마나 편하게 디자인되어 있는지, 얼마나 믿고 쓸 만한지, 가성비가 좋은지 등을 먼저 살펴보게 된다. 이 단계에 이르면 소비자들은 제품과 관련된 기술 내지는 성능은 당연한 것으로 여기고, 편의성, 가격, 유명도 등을 고려하기 시작한다. 제품의 성능이나 가격에서 큰 차이를 만들어 낼 수 없는 성숙단계에 이른 시장에서는 완성도 높은 고품격의 디자인과 결합한 브랜드 이미지가 제품의 경쟁력을 좌우하는 요인이 되는 것이다.

2 디자인 보호 제도의 목적 및 필요성

디자이너가 새롭고 매력적인 디자인을 완성하기까지는 많은 시간과 노력이 소요된다. 그러나 이것을 모방하는 것은 너무 쉽다. 특허는 경우에 따라 제품을 보고도 파악하기 어려운 기술이 있을 수 있지만, 디자인은 제품의 외형에 표현되기 때문에 제품의 출시와 동시에 모두 공개될 수밖에 없다. 디자인은 상대적으로 모방하기 쉬운 대상이기 때문에 법적으로 보호해 주지 않으면 좋은 디자인의 제품이 출시되자마자 시장에 모방품이 범람하게 된다. 이렇게 되면 디자인 창작자가 좋은 디자인을 창작하기 위하여 들인 노력과 비용을 회수할 수 없게 되므로, 누구도 디자인을 창작하기 위하여 노력하지 않게 될 것이다. 그 결과 시장에는 조악하고 저급한 디자인의 제품만 범람하게 되는 것이다.

이러한 취지에서 디자인보호법은 "디자인의 보호와 이용을 도모함으로써 디자인의 창작을 장려하여 산업발전에 이바지함을 목적으로 한다."라고 규정하고 있다.[161] 디자인을 창작한 사람에게 디자인권이라고 하는 독점 배타적 권리를 부여함으로써 디자인 창작을 유도하고 이를 통하여 산업발전 나아가 경제발전을 이루려는 것이다. 세계지식재산권기구(WIPO; World Intellectual Property Organization)는 디자인을 보호해야 하는 이유를 다음과 같이 설명하고 있다.[162]

- 디자인권은 해당 권리자에게 당사자의 허락을 받지 않는 타인의 무분별한 복제나 모방을 배제할 수 있는 권리를 부여함으로써 그 권리자의 경쟁력을 높이고 그 디자인제품에 대한 창작 및 마케팅 비용을 정당하게 회수할 수 있도록 해준다.
- 디자인은 제품의 마케팅 가치를 높여 준다. 디자인은 소비자에게 제품을 더욱더 매력적이고 멋진 것으로 보이게 하며, 경우에 따라서는 디자인이 그 제품의 거의 유일한 세일즈 포인트가 되는 경우도 있다.
- 디자인권은 회사와 제품의 영업적 가치를 높여주는 자산이 된다. 디자인이 훌륭할수록 그 회사가 갖게 되는 디자인의 가치는 더 커진다.
- 디자인권은 다른 사람에게 대가를 받고 빌려주거나 팔 수 있다.

제품 판매에 있어 디자인의 중요성이 커지면서 제품을 설계할 때 디자인을 먼저 하고, 이 디자인을 실현하기 위한 기술개발이 뒤따라가는 디자인 퍼스트 전략(Design First Approach)을 구사하는 기업이 늘어나고 있다. 더 나아가 디자인 경영(Management of Design)을 표방하는 회사도 많아지고 있다. 이렇게 기업경영과 제품 판매에서 비중이 커지고 있는 디자인을 적절히 보호하는 것은 산업발전과 경제발전에 매우 중요하다.

---

161) 디자인보호법 제1조.
162) WIPO, Looking Good An Introduction to Industrial Design for Small and Medium-sized Enterprises, 9쪽.

3 디자인보호법상의 디자인

디자인이라는 말은 일상생활에서는 매우 다양한 의미로 쓰이는 용어이다. '의상을 디자인한다, 신제품을 디자인한다, 인테리어를 디자인을 한다, 건축물을 디자인한다, 공간을 디자인한다, 도시를 디자인한다'는 말뿐 아니라 더 나아가 정책을 디자인한다든지 생활을 디자인한다는 말까지 다양하게 사용된다. 한국디자인진흥원은 이렇게 다양하게 활용되고 있는 디자인이라는 용어를 최종 결과물의 유형에 따라 제품디자인, 시각/정보디자인, 공간/환경 디자인, 패션/텍스타일 디자인, 서비스/경험 디자인. 디자인 일반, 디지털미디어/콘텐츠 디자인, 산업공예 디자인, 융합 디자인 등으로 분류하고 있다.[163]

디자인은 다양한 맥락에서 사용되기 때문에 이 장에서 말하는 디자인이 무엇인지를 먼저 정리해 둘 필요가 있다. 이 장에서 말하는 디자인은 디자인 보호법상의 디자인을 말한다. 디자인 보호법에서는 디자인을 "물품(물품의 부분, 글자체 및 화상(畵像)을 포함한다. 이하 같다)의 형상 · 모양 · 색채 또는 이들을 결합한 것으로서 시각을 통하여 미감(美感)을 일으키게 하는 것"이라고 정의하고 있다. 디자인 중에서 이 개념에 포함되는 디자인과 제외되는 디자인은 어떤 것인지 간단한 예를 들어 설명해 보자.

1. 장식성과 기능성

와인 병마개를 생각해 보자. 과거에는 주로 코르크 마개를 썼다. 그런데 코르크 마개는 와인 병에 깊숙이 삽입되어 이를 빼기 위해서는 와인 오프너를 사용해야 했고 그 과정에서 부서지는 경우도 많았기 때문에 불편했다. 이러한 문제점을 해결하기 위하여 아래 [그림 1]과 같이 신축성이 있는 소재로 원뿔 모양의 몸통에 둥근 고리모양의 손잡이가 달린 와인 병마개를 새로 디자인했다. 또 이 병마개를 좀 더 세련되고 아름답게 만들기 위하여 손잡이 부분을 아래 그림과 같이 변형하여 [그림2]와 같은 디자인을 하였다.

여기서 창작의 초점이 와인 병을 쉽게 열고 닫을 수 있도록 하면서도, 열고 닫는 과정에서 마개가 손상이 되지 않도록 하고, 보관하는 동안 완전하게 밀폐하여 와인이 변질되지 않게 하는 등의 기능에 초점이 맞추어져 있다면 이것은 기능적 관점에서 설계에 해당

163) 한국디자인진흥원, 2019년 디자인 분류체계 재정립 연구 보고서

한다. 이러한 디자인 기능적 요소를 다른 사람들이 모방하는 것을 방지하고 싶다면 이것은 특허법이나 실용신안법의 영역에서 다룰 문제이다.

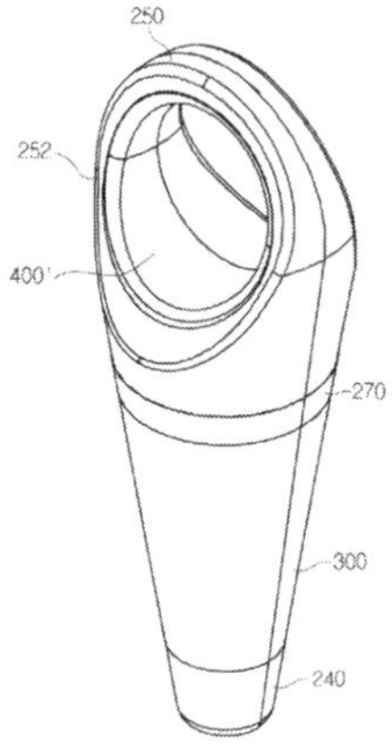

[그림1] 와인 병마개 디자인

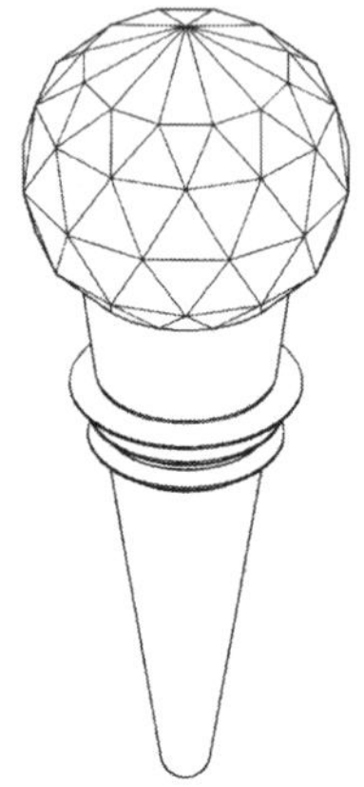
[그림2] 와인 병마개의 다른 디자인

이러한 기능적 측면에 초점을 맞춘다면 아래 [그림 3]에 있는 디자인들은 모두 같은 기능을 하는 디자인이라고 할 수 있다. 이들 병마개가 하는 기능은 병에 담긴 내용물이 변질되지 않도록 밀폐해 주고, 손쉽게 열고 닫을 수 있게 해준다. 이 디자인은 이러한 병마개의 기능을 잘 수행하면서도 쉽게 손상되지 않도록 기능적 측면을 고려해서 디자인된 것이고, 그 기능을 확보하기 위한 수단도 밑으로 갈수록 점점 좁아지는 원통형의 몸체와 중간에 신축성 있는 고리를 두어 병의 밀폐가 가능하도록 했다는 점에서 그 기술적 사상은 동일한 것이다. 그러므로 [그림 3]에 있는 디자인들은 특허나 실용신안권으로 출원한다면 가장 먼저 출원된 하나의 출원만이 등록되고 나머지는 거절되게 될 것이다.

이제 디자인의 초점이 병마개의 형태가 보여주는 심미감에 있다고 생각해 보자. [그림 3]에 있는 디자인들은 각자 독자적인 심미감을 가진 다른 디자인이라 할 수 있다. 비록 기능적 관점에서는 모두가 같은 디자인이라 하더라도 심미적 관점에서는 서로 다른 디자인이므로 각각 독립적인 디자인으로 등록될 수 있다.

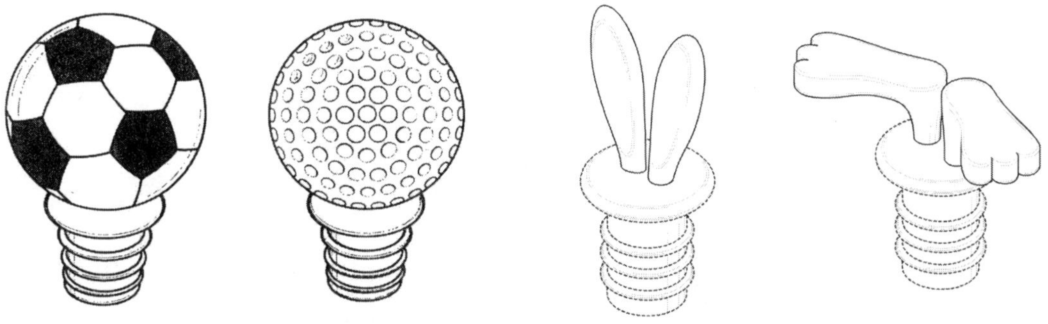

디자인제300237952호 디자인제300237953호 디자인제300661965호 디자인제300661966호

[그림3] 병마개의 다양한 디자인

디자이너가 제품을 디자인할 때는 기능적 측면과 장식적 측면을 모두 고려하여 디자인하는 것이 일반적이다. 디자인의 기능적 측면을 중심으로 보호를 받고자 한다면 특허나 실용신안으로 등록을 하는 것이 좋고, 디자인의 형태가 주는 심미감을 보호받고자 하는 경우에는 디자인권으로 등록을 하는 것이 효율적이다.

이러한 의미에서 디자인 보호법은 디자인의 정의에 "시각을 통하여 미감을 일으키게 하는 것"이라는 말을 사용하였다. 이 말이 뜻하는 것은 제품의 형태를 구성하는 여러 가지 특징 중에서 기능적 목적으로 설계된 것은 제외하고 장식적 목적에서 설계된 특징만을 디자인권의 대상으로 하겠다는 의미이다. 이것을 장식적/기능적 이분법(Ornamental/Functional Dichotomy)이라 하는데, 제품 설계의 특징을 기능적 측면과 장식적인 측면으로 나눈 다음, 기능적인 것은 특허법의 대상으로 하고 장식적인 것은 디자인보호법의 대상으로 삼겠다는 입장이다.[164)]

2. 디자인과 저작물

디자이너가 예술작품으로 아래 Ⓐ와 같은 조형물을 창작했다고 하자. 예술작품으로서의 디자인은 보통 단품으로 제작되고 일정한 공간에 전시되어 관람되는 형태로 사용된다. 이와 같이 어떤 물품과 결합하지 않고 독립적으로 존재하는 디자인은 디자인 보호법에서 보호하려는 디자인이 아니라 저작권법의 보호 대상이다. 디자인 보호법은 공업적 방법으로

---

164) WIPO, Looking Good - An Introduction to Industrial Design for Small and Medium-sized Enterprises, 7쪽.

대량으로 생산되어 반복적으로 상거래의 대상이 될 수 있는 산업디자인을 보호하는데 초점을 두고 있다.

Ⓐ

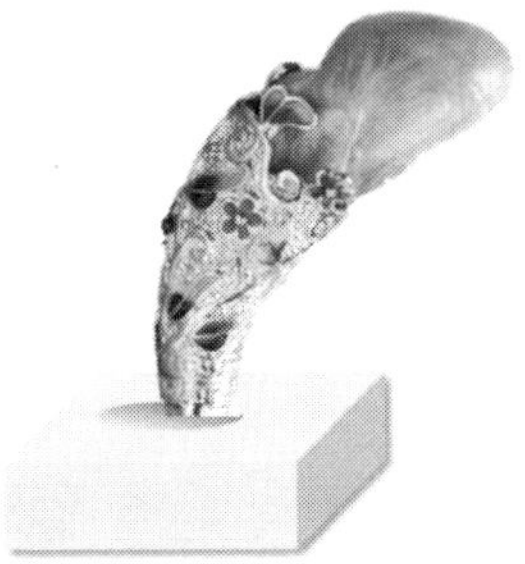

〈예술작품으로서의 조형물〉

Ⓑ

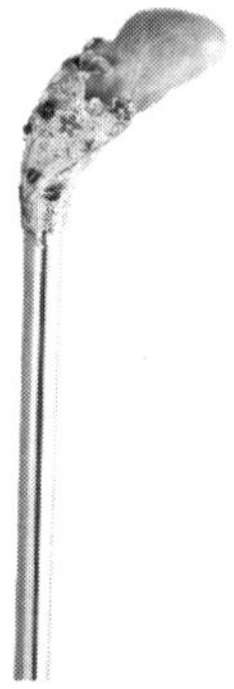

〈물품과 결합한 디자인(비녀)〉

이런 의미에서 디자인보호법은 디자인을 정의하면서 "물품의 형상·모양·색채 또는 이들을 결합한 것"이라는 표현을 사용하였다. 형상은 그 물품이 공간을 점하고 있는 형태를 말하며, 모양은 물품의 표면에 표현된 무늬나 패턴을 말하며, 색채는 그 물품의 색깔을 말한다. 모든 디자인은 형상·모양·색채 또는 이들을 결합한 것으로 이루어져 있다.

여기서 주목해야 하는 말은 "물품"이라는 말이다. 위의 Ⓐ 디자인과 같이 형상·모양·색채 또는 이들의 결합 그 자체가 창작의 목적이 되고 전시·관람 등의 방법으로 사용되는 것이라면 저작권법에서 보호하는 저작물이 되는 것이고, Ⓑ와 같이 어떤 물품과 결합하여 그 상품의 형태로 표현되고 그 상품의 구매력을 높이는 용도로 사용된다면 디자인보호법에서 보호하는 디자인이 되는 것이다. 여기서 물품이라는 것은 일상적 용어로는 제품 또는 상품이라고 할 수 있는 것으로 공업적 방법으로 대량으로 생산할 수 있으며, 반복적으로 상거래의 목적이 될 수 있는 것들을 의미한다.

반대로 제품이나 상품에 체화되지 않은 디자인, 즉 물품과 결합되지 않은 디자인은 포함하지 않는다는 뜻이다. 예컨대 순수한 미술작품이나 서예작품, 건축물의 디자인, 애니메이션 작품 속의 캐릭터 등이 이에 해당한다. 이러한 작품들은 저작물로서 저작권법에서 다룬다.

3. 디자인 보호 대상의 확대

산업이 발전하면서 디자인의 경제적 가치는 빠르게 증가하고 있으며 정보화의 진전으로 과거에는 문제가 되지 않았던 화상디자인과 같은 새로운 형태의 디자인이 등장하고 커다란 경제적 가치를 가지게 되었다. 이러한 디자인을 하나씩 포섭하면서 디자인권의 보호 대상이 확대되고 있다. 예컨대, 전자기기의 액정에 표시되는 아이콘 등과 같은 화상디자인이나 글자체 디자인 등 물품과 결합되지 않았지만, 디자인권의 보호 대상에서 제외하기에는 경제적 가치 내지는 보호 가치가 커지게 된 각종 디자인도 디자인권의 대상에 포함되었다. 반대로, 응용미술 저작물과 같이 물품 분리가 가능하고 동일한 형상으로 복제될 수 있는 넥타이 도안과 같은 저작물도 여전히 저작권의 보호 대상으로 포함하고 있는 등[165] 저작권의 보호 대상과 그 경계가 모호해지고 있다.

그럼에도 불구하고 디자인보호법의 보호 대상과 특허법 및 저작권법의 보호 대상을 구별하는 기본 원리를 아는 것은 이 책에서 다루는 디자인의 범위를 이해하는 데 도움이 된다.

165) 저작권법 제2조 제15호.

따라하기 /

1. 중소기업을 운영하시는 사장님이 제품을 판매할 목적으로 아래와 같은 방역마스크를 개발하였다. 사장님이 이 제품을 지식재산권으로 보호받고자 여러분에게 상담을 의뢰해 왔는데, 각 방역마스크마다 보호받고자 하는 목적을 다음과 같이 설명하였다. 여러분은 특허권(실용신안권), 디자인권, 저작권 중에서 어떤 보호방법을 추천할지에 대해서 상담을 가정하여 그 이유를 설명해 보도록 하자.

연번	디자인	보호 받고자 하는 요소	상담내용 (추천하는 권리와 이유)
1	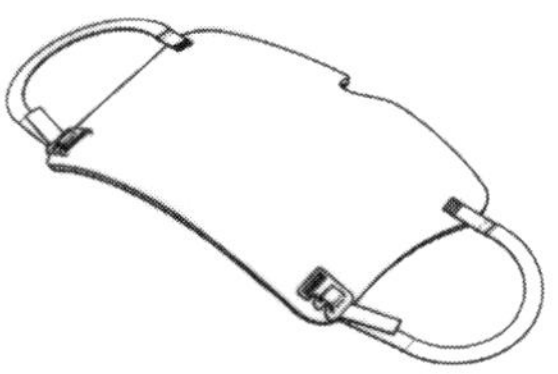	끈에 길이 조절 장치가 붙어 있어서 얼굴 크기에 맞추어 조절할 수 있다.	
2	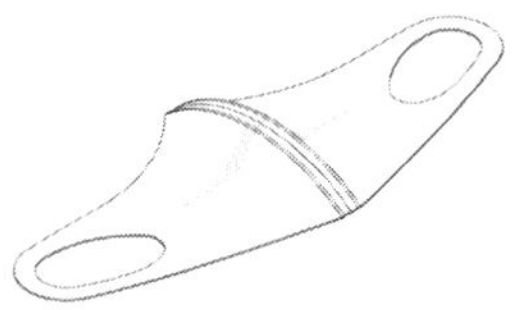	마스크의 얼굴을 가리는 부분과 끈이 분리되지 않아서 제조 공정이 단순화될 수 있고 생산비용을 낮출 수 있다.	
3	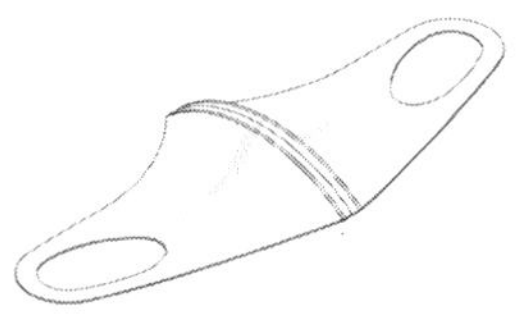	마스크의 얼굴을 가리는 부분과 끈이 분리되지 않은 단순한 디자인이 세련된 느낌을 준다	
4		문양을 디자인하였으나, 어느 상품에 적용할지 결정하지 못하였다. 마스크에 새길 수도 있고, 손수건이나 넥타이에 적용할 수도 있다.	

확인학습

1. 제품을 디자인한다는 말은 주로 두 가지 의미로 쓰인다. 하나는 기능적으로 더 잘 작동하도록 설계한다고 하는 의미이고, 다른 하나는 그 제품의 외관이 더 매력적으로 보일 수 있도록 설계를 한다는 의미이다. 이 중 앞의 것(기능적 목적의 디자인)은 □□권의 대상이 되고, 뒤의 것(장식적 목적의 디자인)은 □□□권의 대상이 된다.

2. 디자인 작품 중 상품과 결합하여 상품에 표현된 디자인은 □□□권의 대상이 되는 반면, 상품과 결합하지 않은 예술작품과 같이 디자인 그 자체로 전시되고 감상되는 것이 목적인 디자인 작품은 □□권의 대상이 된다.

3. 새로운 제품이 처음 시장에 나왔을 때는 기술적 우수성이나 성능의 우수성이 구매력을 좌우하는 요소가 되나, 기술적 성숙도가 높아져서 그 제품의 성능이 충분히 소비자의 기대 수준을 충족하고 있는 제품의 경우에는 소비자가 구매결정에 있어 □□□의 비중이 점차 커지게 된다.

학습 2 디자인권으로 보호될 수 있는 것

학습 목표	• 디자인권으로 보호될 수 있는 디자인과 그렇지 않은 디자인을 구별할 수 있다. • 디자인권으로 등록되기 위한 요건을 예를 들어 설명할 수 있다.

디자인보호법은 우리가 일상생활에서 흔히 디자인이라고 하는 모든 것을 보호하는 것은 아니다. 디자인 보호를 통하여 산업발전 내지는 경제발전을 이루겠다는 디자인보호법의 목적에 부합되는 대상을 제한적으로 선정하여, 보호의 필요성이 요구되는 수준만큼만 보호하는 것이 원칙이다.

디자인보호법에 의하여 보호를 받는 디자인이 되기 위해서는 일정한 조건을 충족해야 하는데, 중요한 것을 추려 보면 다음과 같다. 첫째, 디자인보호법에서 정하고 있는 디자인의 개념에 맞는 디자인이어야 한다(디자인의 성립성). 둘째, 디자인의 공업적으로 생산할 수 있는 새롭고 창작성이 있는 디자인이어야 한다(등록요건). 셋째, 디자인으로 등록받을 수 없는 사유가 없어야 한다(부등록 사유). 아래에서 각 조건들을 구체적으로 살펴보자.

1 디자인의 성립요건

디자인보호법에 의하여 보호받는 디자인이 되기 위해서는 우선 이 법이 정하고 있는 디자인의 개념에 맞는 디자인이어야 한다. 이 법은 디자인을 "물품(물품의 부분, 글자체 및 화상(畫像)을 포함한다. 이하 같다)의 형상·모양·색채 또는 이들을 결합한 것으로서 시각을 통하여 미감(美感)을 일으키게 하는 것"이라고 정의하고 하고 있다. 이 규정으로부터 디자인으로 성립할 수 있는 네 가지 요건을 도출할 수 있는데, 물품성, 형태성, 시각성, 심미성이 그것이다.

1. 물품성

디자인보호법의 대상이 되는 디자인으로 성립하기 위해서는 추상적 모티브만으로는 부족하고, 물품에 창작내용이 포함되어 있어야 한다. 디자인보호법상 물품은 독립적 거래대상이 되어야 하고, 부품인 경우에도 독립된 교환가치 및 호환 가능성이 있어야 한다.

이 원칙은 정보화의 진전 등 거래 현실을 반영하여 점차 완화되었는데, 물품에 화체되지 않은 디자인 중에서도 글자체 디자인과 화상디자인을 물품으로 포함해 주었고, 권리자가 편리하게 보호받을 수 있도록 독립적 거래대상이 되지 않는 물품의 부분도 물품으로 인정해 주고 있다.

2. 형태성

디자인이 물품에 화체되어 형태를 가지고 있어야 한다는 것이다. 이 법에서는 형태를 "형상 · 모양 · 색채"라는 말로 표현하고 있는데, "형상(shape)"이란 물품이 공간을 점하고 있는 윤곽을 말하고, "모양(pattern)"이란 물품의 외관에 나타나는 무늬를 말하며, "색채(color)"는 물품의 색상이라고 이해하면 된다.

디자인은 이 세 가지 요소가 결합되는 형태로 표현되는데, 이 중 형상은 반드시 포함하고 있어야 한다. 즉, 형상이 없는 모양만 또는 색채만 있는 디자인이나 모양과 색채만으로 된 디자인은 인정되지 않는다.

3. 시각성

디자인이 "시각을 통하여"란 육안으로 식별할 수 있어야 하며, 눈에 보이지 않는 것은 인정하지 않는다는 것이다. 현미경을 통하여 보지 않으면 보이지 않는 아주 작은 물체의 디자인이나 그 물건을 분해하거나 표면을 뜯어내지 않으면 보이지 않는 내부의 구조 같은 것은 디자인의 대상이 될 수 없다.

4. 심미성

"미감을 일으키게 하는 것"은 심미적 목적에 의해 설계된 것이어야 한다는 요건이다. 즉, 기능개선을 위해 설계된 형태가 아니라, 해당 물품이 더 매력적으로 보일 수 있도록 의도한 설계가 구현된 형태일 것을 요구한다는 것이다. 실무에서 심미감의 결여로 거절되는 경우는 거의 없다. 여기서 기억해야 할 것은 기능적 목적의 설계가 아니라 장식적 목적의 설계를 디자인보호법에서 다루는 대상으로 한다는 점이다.

2 디자인의 등록요건

어떤 디자인이 디자인권으로 인정받고 등록되기 위해서는 그 디자인이 공업적 방법으로 양산이 가능한 것이어야 하고, 기존에 이미 공개된 것이 아니어야 하며, 이미 공개된 디자인을 기반으로 쉽게 창작할 수 있는 디자인이 아니어야 한다. 이를 디자인의 등록요건이라 한다.[166]

1. 공업상 이용 가능성

어떤 디자인이 디자인권으로 인정받아 등록되기 위해서는 그 디자인이 공업적 생산방법에 의하여 동일한 물품을 양산할 수 있는 디자인이어야 한다는 것이다. 공업적 방법으로 동일한 물품을 양산할 수 없는 디자인은 디자인권으로 보호받더라도 제품의 양산을 통하여 산업발전에 이바지한다는 디자인보호법의 목적에 부합하지 않기 때문이다. 공업적 생산방법에 의하여 양산이 가능한 것으로 볼 수 없는 디자인의 사례들은 다음과 같다.

① 자연물이 디자인의 구성 주체로 사용된 것으로서, 대량 생산할 수 없는 동물박제, 꽃꽂이, 수석 등이 해당된다.

② 순수미술의 분야에 속하는 저작물로서 그림, 유리공예작품, 도자기작품, 설치 미술작품 등이 해당된다.

③ 물품을 상업적으로 취급하는 과정에서 만들어지는 서비스디자인으로 상품진열이나 배치 형태 등이 해당된다.[167]

---

166) 디자인보호법 제33조.
167) 특허청, 디자인심사기준, 64쪽.

2. 신규성

디자인보호법의 목적은 새로운 디자인을 창작한 사람에게 디자인권이라는 독점 배타권을 인센티브로 제공함으로써 더 많은 디자인을 창작하도록 장려하려는데 있다. 이미 존재하는 디자인, 이미 일반 대중이 누구나 알 수 있도록 공개되어 있는 디자인에 대하여 특정인에게 독점 배타적 권리를 부여하는 것은 디자인 창작을 장려하는 효과는 없으면서 독점에 따른 폐해만 낳게 될 것이다. 그러므로 이미 공지된 디자인에 대해서는 디자인권을 부여하지 않는 것을 원칙으로 하고 있다. 디자인보호법에서는 다음 세 가지의 경우에 신규성이 없다고 판단하도록 하고 있다.[168]

1) 출원 전에 국내 또는 국외에서 공지(公知)되었거나 공연(公然)히 실시된 디자인

"공지된 디자인"이란 누구나 알 수 있는 상태에 놓인 디자인을 말한다. 대표적인 예로 디자인권으로 등록되어 공고가 된 디자인은 누구나 볼 수 있는 상태가 되기 때문에 공지된 디자인이 된다. 그 외에도 어떤 형태로든 불특정 다수인이 인식할 수 있는 상태에 놓인 디자인은 다 공지된 디자인이라 할 수 있다. "공연히 실시된 디자인"이란 누구나 알 수 있는 상태에서 사용된 디자인을 말한다. 대표적인 경우는 그 디자인이 제품화되어 이미 시장에서 판매되고 있는 경우라 할 수 있다.

2) 출원 전에 국내 또는 국외에서 반포된 간행물에 게재되었거나 전기 통신회선을 통하여 공중이 이용할 수 있게 된 디자인

공보, 서적, 잡지, 신문, 카탈로그, 팸플릿, 사용설명서, CD-ROM 등의 간행물에 그 디자인이 게재되어 누구나 볼 수 있는 상태로 반포가 되었다면, 그 디자인은 공지된 디자인이 된다. 전기 통신회선을 통하여 공중이 이용 가능하게 된 디자인도 공지된 디자인으로 본다. 이는 인터넷, 유튜브 등에 게재되어 누구나 볼 수 있는 상태가 된 디자인을 말한다.

3) 공지된 디자인과 유사한 디자인

공지된 디자인과 완전히 동일한 것뿐만 아니라 공지된 디자인과 유사한 디자인도 신규

168) 디자인보호법 제33조 제1항.

성을 인정하지 않는다. 공지된 디자인과 미세한 차이가 있기는 하지만 전체적으로 보아 창작의 모티브가 거의 같고 그 디자인이 주는 심미적 인상이 거의 같아서 일반 수요자들이 보기에 서로 혼동할 가능성이 있을 정도로 유사한 디자인이라면 새로운 디자인을 창작했다고 보기 어렵다고 보고, 공지된 디자인과 같이 취급한다.

3. 창작 비용이성

디자인의 신규성이 인정되는 경우에도 그 디자인이 속하는 분야에서 통상의 지식을 가진 사람이 공지된 디자인을 바탕으로 쉽게 창작할 수 있는 수준의 디자인이라면 디자인권으로 등록해주지 않는다는 원칙이다.[169] 그 이유는 창작성이 없는 디자인에 대해 권리를 부여하는 것은 디자인의 창작을 장려하여 산업발전에 이바지하고자 하는 디자인 보호제도의 취지에 어긋나기 때문이다.[170] 그뿐만 아니라 창작성이 낮은 디자인에 대한 등록이 허용되면 이런 창작성이 낮은 디자인의 출원과 등록이 범람하게 되어 불필요한 분쟁이 다수 발생할 우려가 있기 때문이다.[171]

다음과 같은 디자인은 그 디자인이 속하는 분야에서 통상의 지식을 가진 사람이라면 쉽게 창작할 수 있는 디자인으로 보아 등록을 허락하지 않는다.

(1) 공지 디자인 등의 형상·모양·색채 또는 이들의 결합에 의하여 쉽게 창작할 수 있는 디자인

공지 디자인 등의 형상·모양·색채 또는 이들의 결합을 거의 그대로 모방 또는 전용한 디자인이나 이를 부분적으로 변형하였다 하더라도 전체적으로 볼 때 다른 미감적 가치가 인정되지 않는 상업적·기능적 변형에 불과한 디자인 또는 그 디자인 분야에서 흔한 창작수법이나 표현방법에 의해 이를 변경·조합하거나 전용하였음에 불과한 디자인이 이에 해당한다.[172]

169) 디자인보호법 제33조 제2항.
170) 특허청, 디자인심사기준, 102쪽.
171) 정상조 외, 디자인 보호법 주해, 302쪽.
172) 특허청, 디자인 심사기준, 104쪽~106쪽.

(2) 국내 또는 국외에서 널리 알려진 형상 등에 의하여 쉽게 창작할 수 있는 디자인

널리 알려진 형상이나 모양 등을 거의 그대로 이용하거나 전용한 것 등과 같은 단순 모방 디자인 또는 주지의 형상 등을 물품에 이용 또는 전용하였음에 불과한 디자인은 이에 해당한다. 비행기, 자동차 등 흔히 볼 수 있는 물품의 전형적인 형상이나, 봉황무늬, 바둑판무늬, 물방울무늬와 같은 흔하게 보는 모양(pattern), 새, 물고기, 나무, 돌 등 자연물이나 석가탑, 남대문같이 널리 알려진 조형물 등 우리가 익히 아는 형상이나 모양을 그대로 모방한 정도에 불과한 디자인이 그 예에 해당한다.

(3) 공지 디자인 등을 주지의 형상 · 모양 등과 결합하여 쉽게 창작할 수 있는 디자인

위의 (1)과 (2)의 디자인을 결합하여 쉽게 창작할 수 있는 디자인도 창작성이 낮아서 등록을 해줄 수 없는 디자인이다.

3 디자인으로 등록받을 수 없는 것

1. 국기, 국장(國章), 군기(軍旗), 훈장, 포장, 기장(記章), 그 밖의 공공기관 등의 표장과 외국의 국기, 국장 또는 국제기관 등의 문자나 표지와 동일하거나 유사한 디자인

국가나 공공기관을 상징하는 디자인을 특정 개인이 자신의 디자인권으로 등록하여 이를 독점 배타적으로 사용할 수 있도록 허용하는 것은 공공의 이익에도 부합하지 않다는 점에서 당연한 규정이라 할 수 있다.

〈 국기·국장·군기·훈장·포장의 예시 〉

국기	국장	군기	보국훈장	건국포장
			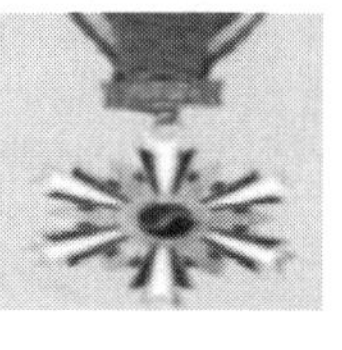	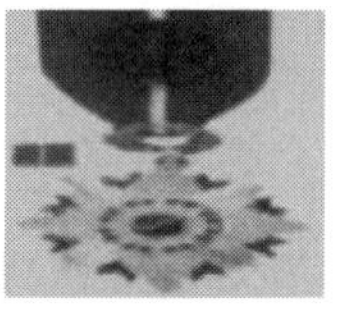

출처 : 특허청, 디자인심사기준, 140쪽.

그러나 디자인의 대상이 되는 물품에 국기(외국의 국기를 포함한다) 등이 포함되어 있지만 원형을 변화한 것이라면, 이를 등록해주더라도 국가나 공공기관의 상징으로서의 식별력을 해칠 우려가 없으므로, 디자인으로 등록받지 못하는 경우에 해당되지 않는다.

(예) 태극기를 모티브로 창작한 디자인

2. 일반인의 도덕 관념이나 선량한 풍속에 어긋나거나 공공질서를 해칠 우려가 있는 디자인

인륜, 사회정의 또는 국민감정에 반하는 디자인, 특정 국가나 그 국민을 모욕하는 디자인, 저속·혐오 또는 외설스러운 디자인, 국가원수의 초상 및 이에 준하는 디자인, 저명한 타인의 초상을 그 사람의 승낙을 받지 않고 사용하는 디자인은 그 자체로 사회질서를 해칠 우려가 있기 때문에 국가에서 디자인권이라는 독점 배타권을 부여하는 인센티브를 주면서까지 그 창작을 장려할 필요가 없다는 점에서 당연한 규정이라 할 수 있다.

3. 타인의 업무와 관련된 물품과 혼동을 가져올 우려가 있는 디자인

타인의 저명한 상표 등과 유사한 디자인의 등록을 허용하면 어떻게 될까? 그 디자인을 상품에 적용하여 사용하게 되면 소비자들은 그 상품이 디자인권자의 상품인지 아니면 저명한 타인의 상품인지 혼동하게 된다. 의도적으로 저명한 상표와 유사한 디자인을 등록해 놓고 정당한 디자인권의 사용이라고 주장하면서 저명한 타인의 명성과 신용에 편승하여 이익을 얻으려는 시도를 하게 될 것이다. 이를 방지하기 위하여 타인의 저명한 상표나 상표처럼 기능할 수 있을 정도로 잘 알려진 타인의 저명한 디자인 등과 유사한 디자인은 등록할 수 없도록 하고 있는 것이다.

출원 디자인　　　　　　　　　　타인의 저명한 상표

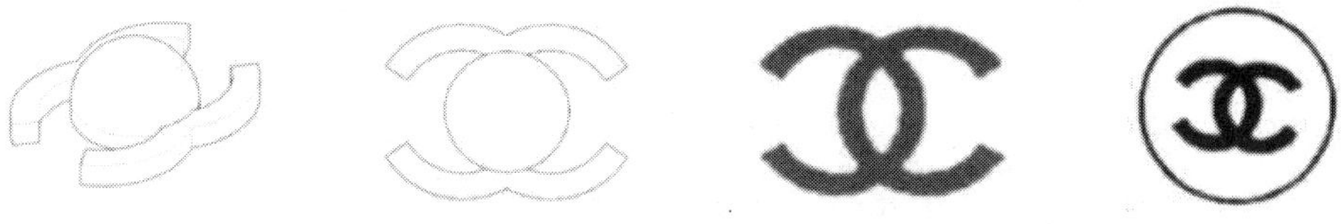

(예) 타인의 저명한 상표와 유사한 디자인

4. 물품의 기능을 확보하는 데에 불가결한 형상만으로 된 디자인

이 규정은 특허법과 디자인보호법의 분업을 위한 규정이다. 즉 기능적 목적의 설계에 관한 것은 특허법에서 다루고, 장식적 목적의 설계에 관한 것은 디자인보호법에서 다룬다는 원칙에 따른 것이다. 또한 물품의 기능을 확보하는데 불가결한 형상은 그 물품을 제조 · 판매하는 모든 사람이 써야 하는 형상이므로, 특정 개인에게 독점시키는 것이 불합리하다.

그 형상이 기능적인지 장식적인지 판단하는 중요한 기준은 그 기능을 확보할 수 있는 대체적인 형상이 존재하는지 여부이다. 즉, 그 기능을 수행할 수 있는 다른 형상이 존재한다면 그 형상은 장식적인 형상이라 볼 수 있고, 대체할 수 있는 다른 형상이 없다면 그 형상은 기능적이라 판단하는 것이다.

출원디자인　　　　　　　　　　대체적 형상

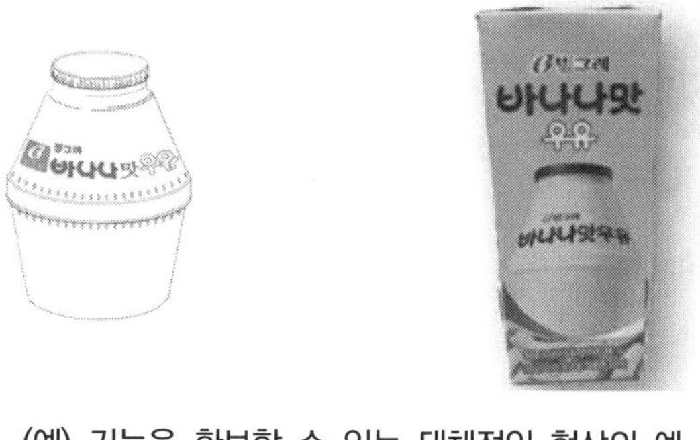

(예) 기능을 확보할 수 있는 대체적인 형상의 예

따라하기 /

1. 디자인으로 등록받기 위해서는 공업상 이용할 수 있는 디자인이어야 한다. 다음 각각의 디자인이 공업상 이용할 수 있는 디자인인지 판단해 보고 그렇게 생각하는 이유를 설명해 보자.

연번	디자인	공업상 이용가능성 충족 여부 판단	이유
1	 꽃꽂이		
2	 그림 작품		
3	 판매대에 진열하기 위하여 변형한 “스카프”		
4	 실루엣으로 표현한 주전자		

확인학습 /

1. 디자인보호법에 의하여 보호받는 디자인이 되기 위해서는 우선 이 법이 정하고 있는 디자인의 개념에 맞는 디자인이어야 한다. 디자인보호법은 디자인을 "물품[물품의 부분, 글자체 및 화상(畫像)을 포함한다. 이하 같다]의 형상·모양·색채 또는 이들을 결합한 것으로서 시각을 통하여 미감(美感)을 일으키게 하는 것"이라고 정의하고 하고 있다. 이 규정에 맞는 디자인이 되기 위해서는 다음 네 가지의 요건을 충족해야 하는데, 이를 디자인의 성립요건이라 한다. 디자인의 성립요건을 말해 보자.
   ① □□성, ② □□성, ③ □□성, ④ □□성

2. 어떤 디자인이 디자인권으로 등록되기 위해서는 디자인권으로 등록받기 위해서는 다음 세 가지의 요건을 충족해야 하는데 이를 디자인의 등록요건이라 한다. 디자인의 등록요건은 무엇인가?
   ① (□□□ □□ □□성) 그 디자인이 공업적 생산방법에 의하여 동일한 물품을 양산할 수 있는 디자인이어야 한다.
   ② (□□성) 이미 공개된 공지 디자인이 아니라 새롭게 창작된 디자인이어야 한다.
   ③ (□□ □□□□성) 새롭게 창작된 디자인이라 하더라도 그 디자인이 속하는 분야에서 통상의 지식을 가진 사람이 공지된 디자인을 바탕으로 쉽게 창작할 수 있는 수준의 디자인이어서는 안 된다.

3. 디자인의 성립요건과 등록요건을 모두 갖춘 디자인이라 하더라도 등록을 받지 못하는 경우가 있다. 이를 부등록 사유라고 하는데, 부등록 사유에는 어떤 것이 있는지 말해 보자.
   ① □□, □□(國章), 군기(軍旗), 훈장, 포장, 기장(記章), 그 밖의 공공기관 등의 표장과 외국의 국기, 국장 또는 국제기관 등의 문자나 표지와 동일하거나 유사한 디자인
   ② 디자인이 주는 의미나 내용 등이 일반인의 통상적인 도덕관념이나 □□한 □□에 어긋나거나 □□□□를 해칠 우려가 있는 디자인
   ③ 타인의 업무와 관련된 물품과 □□을 가져올 우려가 있는 디자인
   ④ 물품의 기능을 확보하는 데에 □□□한 □□만으로 된 디자인

학습 3 디자인권의 특징과 디자인 경영

학습 목표	• 지식재산권 중에서 디자인권만의 특징을 예를 들어 설명할 수 있다. • 디자권의 특징을 이해하고 그에 따라 효율적인 보호 전략을 수립할 수 있다.

1 디자인의 다양한 활용과 중첩적 보호

기업경영에서 디자인의 중요성은 날이 갈수록 증가하고 있다. 성공적인 기업은 소비자들에게 가치 있는 제품이나 서비스를 제공함으로써 우리 사회가 필요로 하는 기업이라는 신뢰를 획득하고, 나아가 소비자들로부터 해당 기업이 공급하는 제품이나 디자인은 믿을 수 있으며 세련되고 멋진 것이라는 이미지를 구축하고 있다. 이렇게 구축된 브랜드 이미지는 그 기업의 가장 소중한 자산이 되며, 성공적인 기업경영 지속하게 해주는 토대가 된다.

오늘날 대부분의 기업들은 적극적으로 이러한 긍정적인 브랜드 이미지를 구축하기 위하여 브랜드 명칭, 로고(logo), 색상, 상품의 디자인, 상품 포장의 디자인, 광고 이미지, 서비스의 전달방법과 장소 등 소비자가 제품을 구매하고 사용하는 과정에서 겪게 되는 전체적인 소비자 경험을 통하여 긍정적인 브랜드 이미지를 형성하고 다시 찾을 수 있도록 기업 활동 전반에 걸쳐 통일된 브랜드 정체성(Brand Identity)을 구축하기 위한 디자인 작업에 힘을 쓰고 있다.

이러한 기업 활동에 관련된 다양한 디자인은 각각 창작 포인트나 사용 목적, 용도에 따라 가장 효과적으로 보호할 수 있는 지식재산권이 다를 수 있으며, 같은 디자인이더라도 보호하고자 하는 요소가 여러 가지일 경우에는 중복적으로 보호받을 수도 있다. 따라서 디자인보호법 외에도 특허법, 상표법, 부정경쟁방지법, 저작권법 등을 적절히 활용하면 나의 디자인을 더욱 효과적으로 보호할 수 있다.

1. 상표법에 의한 보호

기업의 브랜드명이나 브랜드 로고 또는 캐릭터의 디자인은 상표법으로 보호받을 수 있다. 이러한 디자인은 특허청에 상표로 등록함으로써 보호받을 수 있고, 등록받지 않았더라도 사용을 통하여 소비자들에게 널리 알려저 주지·저명성을 획득하였다면 관련 규정에 따라 보호를 받을 수 있다.

KR 40-0962704 KR 40-0891809 KR 40-0891810

출처 : 특허청, 디자인 보호 가이드북, 14쪽.

2. 저작권법에 의한 보호

물품과 구분되어 '분리'가 가능하고, 동일한 형상으로 복제될 수 있는 디자인은 '응용미술 저작물'로서 저작권법으로 보호받을 수 있다.[173] 예를 들어 넥타이나 냉장고, 벨트 버클은 물품 자체로 디자인보호법의 보호 대상이 되지만, 넥타이와 냉장고의 그래픽 디자인 또는 벨트 버클의 미적인 요소 부분이 물품과 구분되어 분리될 수 있고 창작성을 갖췄다면 저작권법으로 중복 보호할 수 있다.

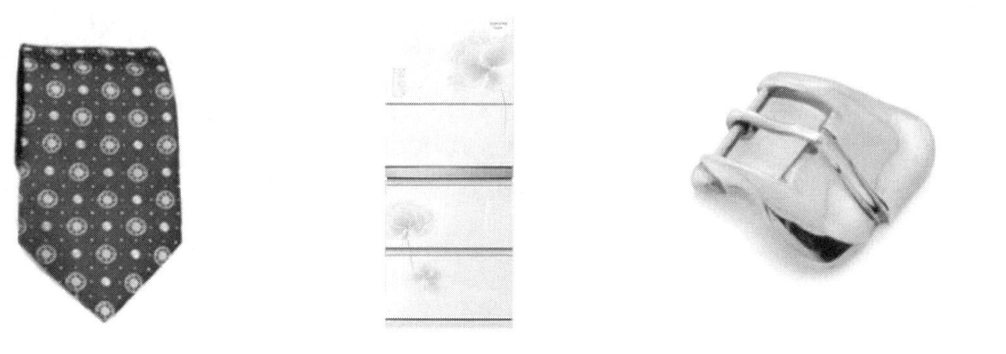

히딩크 넥타이의 도안 삼성전자 김치냉장고의 도안 Kieselstein-Cord의 벨트 버클

이미지 출처: 특허청, 디자인 보호 가이드북, 16쪽.

173) 저작권법 제2조 제15호.

저작권은 별도의 등록 없이도 창작을 완성한 때 권리가 발생한다는 점에서 디자인권과 차이가 있다. 또 등록 디자인과 동일·유사한 디자인을 사용하면 사용자가 등록 디자인의 존재를 알고 있었는지 여부에 관계없이 침해가 되지만, 저작권법에서는 모방자가 그 디자인의 존재를 모르고 독립적으로 창작한 경우에는 침해가 성립되지 않는다. 그러므로 향후 분쟁 가능성을 고려한다면 디자인권으로 등록을 받아 두는 것이 바람직하나, 미처 등록하지 못한 디자인을 타인이 사용하는 것을 나중에 알게 되었다면 저작권법상의 응용미술 저작물에 대한 저작권을 주장하여 그 사용을 저지하는 전략을 구사해 볼 수 있다.

3. 특허법/실용신안법에 의한 보호

물품의 형상이 디자인으로서의 미감을 주기도 하는 동시에 그 물품의 기능적 목적도 수행하고 있다면 디자인권으로도 등록을 받고, 동시에 특허권이나 실용신안권으로도 등록을 받아 놓을 수 있다.

(예) 특허권과 디자인권 중복 보호의 사례

젖병 살균기 HOBI TREE

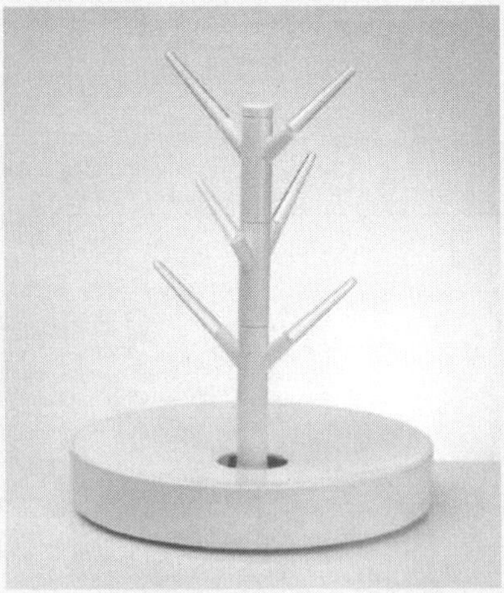

디자이너 이진영이 디자인한 젖병 살균기 HOBI TREE는 젖병 형태의 특성상 깊숙한 곳까지 살균할 수 있는 자외선 봉이 있으면 좋겠다는 아이디어로 시작해 디자인되었다. 자외선 봉이라는 기능을 디자인적으로 풀다 보니 최종적으로 나무형상인 HOBI TREE가 탄생하였다. HOBI TREE는 디자인권뿐만 아니라 받침부와 수납 구조에 대해서도 보호받기 위해 한국은 물론 미국, 중국, 베트남, 인도에도 특허등록을 받았거나 등록절차가 진행 중이다.

특허권 KR 10-1171508
디자인권 KR 30-0637847

이미지 출처 : www.i-cluedesign.com (특허청, 디자인 보호 가이드북에서 재인용)

위의 사례에서 젖병 살균기의 나무 모양의 형상이 젖병의 깊숙한 곳까지 효과적으로 살균할 수 있는 기능을 수행하기 위한 형태라는 측면에서 보면 기능적 설계에 해당하므로 특허권의 대상이 될 수 있고, 나무 모양의 형상이 주는 장식적 미감을 표현했다는 측면에서 보면 디자인권의 대상이 될 수도 있는 것이다.

4. 부정경쟁방지법에서의 보호

부정경쟁방지법은 타인이 제작한 상품의 형태를 모방한 상품을 유통하는 것을 부정경쟁행위의 하나로 규정하고 있다. 그 상품의 형태가 디자인으로 등록되지 않았더라도 그 상품의 형태가 갖추어진 날로부터 3년이 지나지 않은 디자인은 부정경쟁방지법으로 보호를 받을 수 있다.

(예) 상품형태모방이 인정된 사례

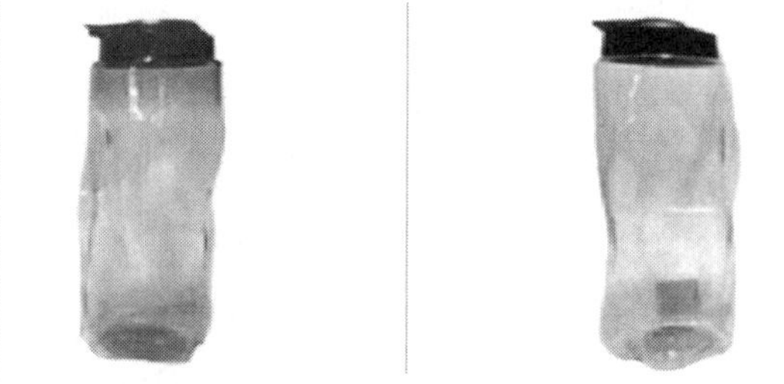

물병 (서울중앙지법 2012가합529007 판결)

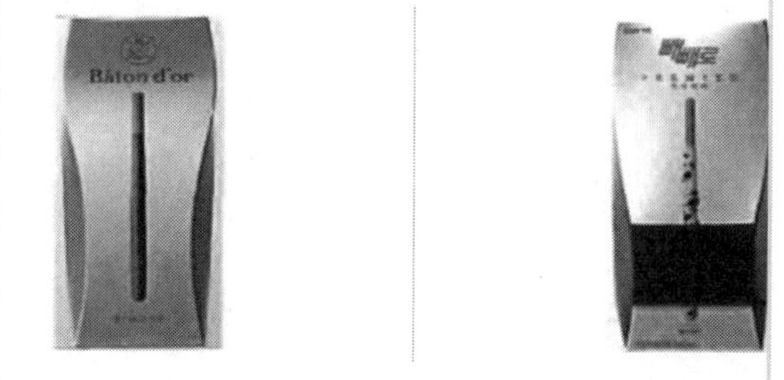

초코과자 (서울중앙지법 2014가합581498 판결)

이미지 출처 : 특허청, 디자인보호가이드북, 17쪽.

위의 사례와 같이 미처 등록받지 못한 나의 상품 또는 상품의 포장 용기의 디자인을 타인이 무단으로 사용하고 있다면, 그리고 이 디자인이 완성된 날로부터 아직 3년이 지나지 않았다면 부정경쟁방지법으로 보호를 강구해 볼 필요가 있다. 다만, 3년이 지난 후에는 이 규정에 의하여 보호받을 수 없으므로 미리 디자인권으로 등록해 두는 것이 바람직하다.

5. 통합적 보호의 필요성

지금까지 살펴본 바와 같이 모티브를 같이 하는 디자인이라도 그 쓰임에 따라 다양한 방법으로 보호할 수 있으므로 종합적인 관점에서 보호 전략을 구사할 필요가 있다.

롯데제과 ID 껌

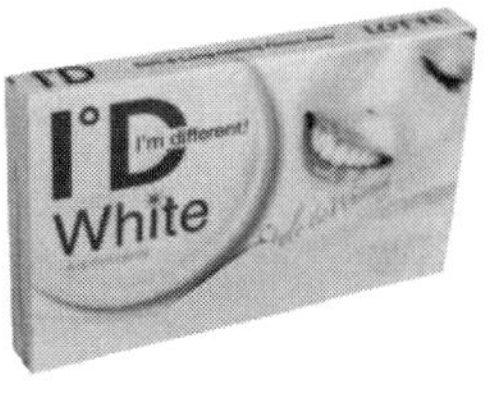

디자인권
KR 30-0569524

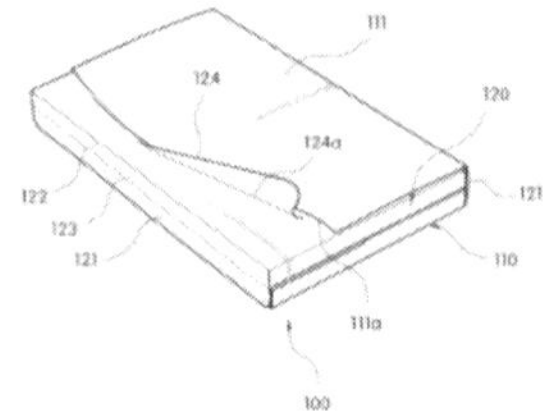

실용신안권
KR 20-0461674

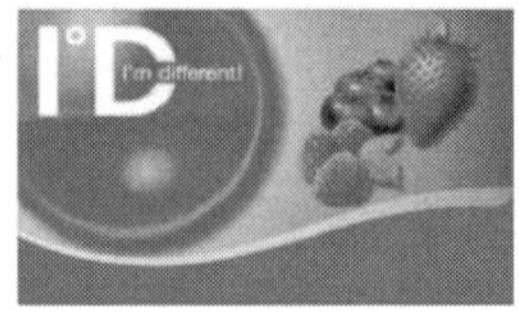

상표권
KR 40-0831678

위의 예시와 같이 디자인권, 실용신안권(특허권), 상표권 등으로 각각 등록 가능한 경우에는 모두 등록을 받아 놓는 것이 좋다. 디자인권과 실용신안권(특허권) 및 상표권은 주목하는 대상이 다를 뿐만 아니라, 권리 범위를 인정해 주는 범위도 다르고 권리 범위를 해석하는 방법도 다르기 때문에 특허권 침해소송, 디자인권 침해소송 및 상표권 침해소송에서 얼마든지 다른 결과가 나올 수 있으며, 실제로도 다른 결과가 나오는 경우가 종종 있다. 위와 같이 세 가지 권리를 동시에 등록해 두면 나중에 분쟁이 발생했을 경우, 이 세 가지 소송 중 어느 한쪽에서만 승소해도 타인의 침해를 막을 수 있다는 점에서 유용하다. 또한 미처 등록하지 못한 부분이 침해되고 있다고 판단되면 상황에 따라 부정경쟁방지법 또는 저작권법으로 보호할 수 있는 방법을 찾는 것도 필요하다.

2 디자인의 권리 범위 해석과 디자인 특유의 제도들

1. 디자인의 권리 범위 해석

등록 디자인의 권리 범위는 특허청에 제출한 출원서에 기재된 사항, 그중에서도 특히 도면에 따라 정하여지는 것이 원칙이다.[174] 그러나 등록된 디자인권의 도면에 표시된 모든 것이 다 나의 권리가 되는 것이라고 단순하게 생각해서는 안 된다. 특허권의 경우에는 특허권의 권리 범위가 등록서류의 '청구범위'란에 말로써 자세하게 기재되어 있을 뿐만 아니라 '명세서'부분에서 종래의 기술이 어떤 것이 있었는데, 내가 개량한 기술은 이것이

174) 디자인보호법 제93조.

고, 이런 부분이 개선된 것이라는 내용이 자세히 기재되어 있다. 그러나 디자인의 경우는 대체로 도면과 도면에 대한 간단한 설명이 붙어 있을 뿐, 권리 범위에 대한 기재가 없어서 실제 분쟁이 발생하면 어디까지가 보호받을 수 있는 영역인지 알기가 어렵다.

완전히 동일한 디자인이라면 나의 디자인권의 권리 범위에 속하는 것은 너무나 당연해서 분쟁이 생기는 경우는 드물다. 항상 문제는 유사한 디자인을 둘러싸고 생기게 되고 유사판단을 어떻게 하느냐에 따라 승패가 갈린다. 그런데 특허와는 달리 권리 범위가 서류에 기재되어 있지 않기 때문에, 권리 범위를 판단하는 것이 좀 더 모호한 측면이 있다.

디자인의 권리 범위를 정하는 것은 권리 범위에 속하는지가 문제가 된 두 디자인이 유사한지에 대한 여부를 정한다는 것과 같은 말이다. 디자인의 유사 여부는 두 디자인을 전체적으로 관찰하여 종합적으로 판단하는 것이 원칙이다. 그러나 그 디자인에 포함된 모든 요소를 동일한 비중으로 보는 것이 아니라 그 분야에서 공통적으로 많이 쓰이는 요소는 비중을 낮게 보고 새롭게 창작한 요소에는 높은 비중을 두어 판단한다.[175] 그러므로 그 디자인 분야에서 지금까지 사용되었거나 등록되었던 디자인들을 확인하고 그 추세 속에서 디자인권의 효력이 미치는 범위를 해석해야 하는 것이다. 이렇게 암묵적으로 정해진 나의 디자인의 권리 범위를 염두에 두고 심사관도 나의 디자인을 등록해 주어야 할지 여부를 판단하고 분쟁이 발생하게 되면 심판이나 소송과정에서도 동일하게 고려하게 될 것이다.

디자인권 침해 소송에서 특허법원이 내린 판결을 보면 이런 권리범위 해석과 유사여부 또는 침해여부판단을 둘러싼 역동적인 관계를 잘 알 수 있다.[176] 이 사건은 아래 그림의 왼쪽에 보이는 등록디자인의 권리자가 자신의 등록디자인과 유사한 칸막이를 제조·판매하고 있는 자를 피고로 해서 침해금지 및 손해배상을 청구한 소송이다.[177]

등록디자인	침해금지대상디자인
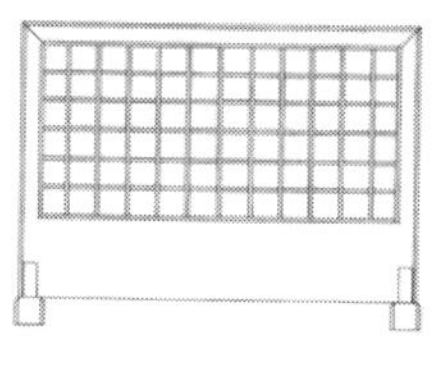	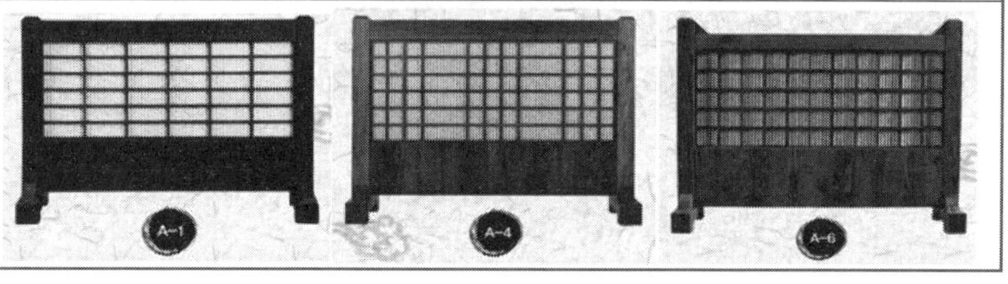

175) 특허청, 디자인심사기준, 175쪽.
176) 특허법원 2017.12.1. 선고 2017나1155판결
177) 피고들이 제조·판매한 칸막이는 8종이나 여기서는 비슷한 것들을 제외하고 세 가지만 표시하였다.

이 사건에서 특허법원은 등록디자인과 침해금지대상디자인의 유사여부에 대하여 다음과 같이 판단하였다. 먼저, 양 디자인의 공통점으로 ① 전체적으로는 직사각형 형상으로 되어 있는 점, ② 중앙에 전통 창틀 모양의 격자가 형성되어 있는 점, ③ 아래 부분이 목재판으로 형성되어 있는 점, ④ 좌측 및 우측 하단에 2개의 받침대가 형성되어 있는 점 등을 들고 있다. 차이점으로 ① 격자의 기본형태가 정사각형인지 직사각형인지, ② 격자 내에 무늬가 있는지 없는지,[178] ③ 격자의 같은 모양으로만 되어 있는지 변화가 있는지 등을 들고 있다.

여기까지만 보면 여러분은 격자의 형태가 다소 다른 것을 제외하고는 양 디자인이 공통된 디자인적 요소를 많이 가지고 있어 법원이 유사한 디자인으로 판단했을 것이라고 생각할 것이다. 그러나 법원은 위 그림 가장 오른쪽에 표시된 'A-6'디자인을 제외하고는 모두 비유사한 디자인으로 판단하였다. 법원은 왜 이런 판단을 하였을까? 이 판단에 가장 큰 영향을 미친 것은 이 사건 등록디자인 출원되기 전에 이미 다음 그림과 같은 디자인이 시장에서 판매되고 있었다는 것을 피고가 증명했기 때문이다.[179]

공지 디자인

이 공지디자인들을 보면 법원이 등록디자인과 침해금지대상디자인의 공통적 특징으로 보았던 네 가지 특징(① 전체적으로는 직사각형 형상으로 되어 있는 점, ② 중앙에 전통 창틀 모양의 격자가 형성되어 있는 점, ③ 아래 부분이 목재판으로 형성되어 있는 점, ④ 좌측 및 우측 하단에 2개의 받침대가 형성되어 있는 점)이 모두 나타나 있다. 그렇다면, 이 네 가지 디자인적 요소들은 등록디자인이 출원되기 전부터 존재하던 것들로 이 등록디

178) 여기서 무늬는 세로로 쓰여진 글자를 말한다. 그림에서 잘 보이지는 않지만 침해금지대상디자인들의 격자를 보면 위에서 아래로 검게 줄을 그은 것처럼 보이는데 그것이 세로로 쓰여진 한자이다.
179) 이를 공지디자인이라 한다.

자인의 권리자에게 속하는 권리가 아니라는 것을 알 수 있다. 따라서 법원이 이러한 디자인적 요소가 등록디자인과 침해금지대상디자인에 공통적으로 나타나고 있어도 이 것 때문에 양 디자인이 유사하다고 할 수는 없다고 판단하고, 격자 부분의 형태적 차이에 주목하여 양 디자인이 유사하지 않은 것으로 판단하였다.

위에서 살펴 본 것처럼 나의 디자인권의 효력이 미치는 범위가 이렇게 해석에 맡겨진 부분이 있다 보니 심사, 심판 또는 소송과정에서 나의 의도나 믿음과는 다르게 해석될 여지가 있다. 나의 디자인권의 권리 범위를 불확실한 해석에 맡겨두기에는 너무나 중요한 디자인이라면 이러한 불확실성을 내가 적극적으로 제거할 수 있는 방법이 있는데, 부분디자인 제도를 활용하는 방법과 관련 디자인 제도를 활용하는 것이다. 이 두 가지 제도는 나의 디자인을 제대로 보호받고 모방품의 출시를 확실하게 저지하기 위해서 반드시 이해하고 활용할 수 있어야 하는 제도이다.

2. 부분디자인 제도

부분디자인 제도는 내가 보호 받고자 하는 디자인의 특징적인 일부분을 특정하여 출원할 수 있는 제도이다. 내가 보호받고자 하는 부분을 특정하는 방법은 주로 실선과 점선으로 특정하고자 하는 부분을 구분하는 것이다. 아래 크록스 신발의 예를 보면, 두 디자인 모두 발등 부분의 디자인은 실선으로 표시하고 신발 밑창 등 나머지 부분은 점선으로 표시한 것을 볼 수 있다. 오른쪽 디자인(KR30-0435513호)의 경우에는 발등 부분 외에도 발걸이 부분도 실선으로 표시하고 있는 것을 볼 수 있다.

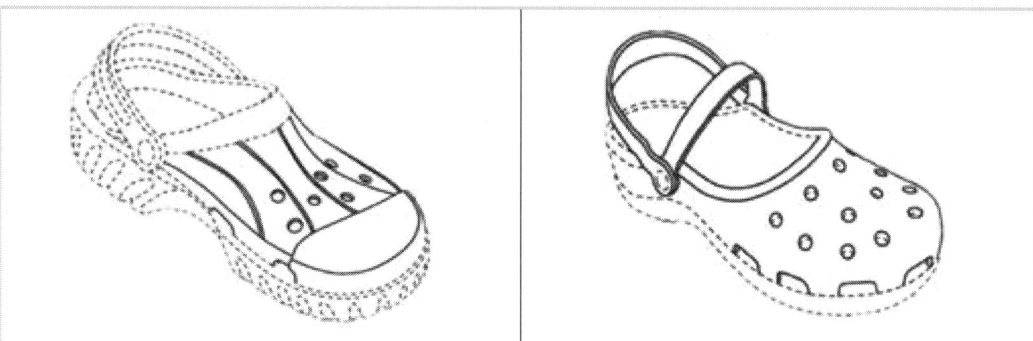

KR 30-0435515 | KR 30-0435515

이미지출처: 특허청, 디자인 보호 가이드북, 45쪽에서 편집.

이 도면의 의미는 "나는 실선으로 표시한 부분에 대해서는 확실하게 보호받고 싶고 점선으로 표시된 부분은 권리 범위에서 제외하겠다는 의사를 확실하게 밝히는 것"이다. 여기서 유의할 점은 실선 부분이 많을수록 권리 범위가 넓어지는 것이라고 생각할 수 있는데, 사실은 반대이다.

디자인의 유사 여부를 판단할 때 두 디자인이 실선 부분만 유사하다면 점선 부분은 아무리 달라져도 유사한 디자인으로 판단한다. 만약 디자인 전체가 실선으로 표시되어 있다면, 두 디자인 전체가 유사해야 유사로 판단되고, 일부만 달라도 비유사로 판단될 가능성이 있는 반면, 부분디자인의 경우에는 실선으로 처리한 부분만 같다면 다른 부분은 어떻게 바뀌더라도 나의 권리 범위에 속하게 되므로 나의 권리 범위는 더욱 넓어지는 효과가 있다.

3. 관련 디자인 제도

관련 디자인 제도는 원래 '유사디자인 제도'라고 부르던 제도인데, 요지는 내가 이미 출원한 디자인과 유사한 디자인을 또 출원할 수 있게 허용해 주는 제도라는데 있다. 2014년 법을 개정하면서 '관련 디자인 제도'로 개편하였다. 아래 그림처럼 기본디자인이 출원 또는 등록되어있는 상황에서 이와 유사한 디자인을 관련 디자인으로 출원하면 관련 디자인으로 등록을 해주는 제도인 것이다.

이미지 출처: 특허청, 2015 디자인 보호 가이드북, 46쪽.

원래 법리대로라면 내가 이미 등록한 디자인과 유사한 디자인을 또 출원했을 때, 심사관은 신규성 위반으로 거절하여야 할 것이다. 내가 이미 등록한 디자인의 권리 범위는 유사한 디자인에까지 미치기 때문에 굳이 다시 유사디자인을 등록해 줄 이유도 없고, 사실상 권리 범위가 같은 유사디자인을 중복적으로 등록하여 관리하는데 따른 행정력 낭비와 복잡해진 권리관계를 둘러싼 불필요한 분쟁 가능성도 크기 때문이다.

그럼에도 불구하고 관련 디자인 제도를 두어 이를 허용하도록 하는 것은 앞에서 말한 디자인권의 권리 범위의 해석과 이에 따른 불확실성을 적극적으로 해소할 수 있는 수단을 디자인 창작자에게 주고자 하는 데 있다.

따라서 내가 종사하는 분야의 디자인 트렌드를 감안할 때 다른 사람들이 나의 디자인을 조금씩 변형하면서 모방할 우려가 있고 이렇게 변형한 디자인이 나의 디자인의 권리 범위에 속한다고 판단해 줄지 모호하다고 생각되면 그 변형된 디자인을 관련 디자인으로 출원해 놓는 것이 안전하다. 관련 디자인으로 출원하여 등록되면 그 관련 디자인의 권리 범위는 관련 디자인과 유사한 디자인에까지 미치므로 권리 범위가 확장되는 효과가 있다.

3 유행성이 강한 디자인과 일부 심사등록제도

디자인 중에는 고급 자동차의 로고나 그릴의 디자인처럼 오랫동안 지속적으로 사용하는 것도 있지만, 패션의류나 문구류 등 유행성 강하고 디자인의 라이프사이클이 짧은 분야의 디자인은 디자인으로 출원하여 등록받는 동안 유행이 지나가 버려서 등록되었을 때는 이미 디자인으로서의 의미가 없어져 버리는 경우가 많다.

이런 분야의 디자인 출원에 대해서는 심사관이 기존의 디자인을 모두 검색해서 비교하는 실체심사를 생략하고 디자인 출원으로서의 형식적 요건을 다 갖추고 있는지만 검토하여 빠르게 등록을 해주도록 하고 있는데 이 제도가 일부 심사등록제도이다.[180]

일부 심사 출원은 내가 원한다고 할 수 무엇이든 할 수 있는 것이 아니고, 법에서 정하고 있는 물품류[181]에 속하는 디자인에 대해서만 할 수 있으며, 또 이 분류에 속하는 물품에 대해서는 일부 심사 출원으로만 출원하도록 하고 있어 사실상 일부 심사 출원이 강제

180) 실체심사를 거치는 일반적인 디자인출원의 심사기간이 1년 정도라면, 일부심사디자인출원은 통상 3개월 이내에 결과를 받아볼 수 있다.

181) 디자인보호법 시행규칙 제38조 제3항.

되고 있기도 하다.[182]

이 제도와 관련하여 우리가 반드시 알아야 할 것은 이 분야의 등록 디자인은 실체심사를 거치지 않고 형식적 요건만을 갖추었으면 바로 등록을 해 주었기 때문에 언제든지 무효가 될 가능성이 있다는 점을 기억해야 한다. 나의 디자인과 유사한 디자인을 사용하는 사람에게 내가 디자인권을 행사하려고 할 때, 상대방이 나의 디자인보다 앞서는 동일·유사한 디자인이 있다는 것을 입증하면 나의 디자인이 무효가 되어 버리는 것이다. 따라서 일부 심사등록 디자인은 권리행사 전에 반드시 선행 디자인을 확인할 필요가 있다.

182) 디자인보호법 제37조 제4항.

따라하기 /

Q. 아래 제품들은 특허청에 부분디자인으로 등록된 예이다. 전체를 디자인등록받는 것이 아니라 각 특징이 있는 부분만을 선택하여 도면에서 디자인으로 표현하고 있다. 각 사례마다 보호받고자 하는 부분을 적고 보호 목적에 대해 생각하여 설명해 보자.

구분	등록디자인	보호부분과 목적
1.빵 성형틀 183)	 파선을 제외한 실선으로 표시된 부분이 부분디자인으로 디자인등록 받고자 하는 부분임	〈보호받고자 하는 부분〉 〈보호목적〉
2.티셔츠 184)	 파선을 제외한 실선으로 표시된 부분이 부분디자인으로 디자인등록 받고자 하는 부분임	〈보호받고자 하는 부분〉 〈보호목적〉
3.청바지 185)	 노란색으로 착색된 부분은 보호범위에서 제외함	〈보호받고자 하는 부분〉 〈보호목적〉
4.신발 186)	 회색으로 표현된 부분이 부분디자인으로서 디자인등록을 받고자 하는 부분임	〈보호받고자 하는 부분〉 〈보호목적〉

183) 특허청 디자인등록 30-1171528호
184) 특허청 디자인등록 30-1178143호
185) 특허청 디자인등록 30-1169021호
186) 특허청 디자인등록 30-1174690호

확인학습 /

1. 디자인은 디자인보호법 외에도 다양한 법률에 의하여 보호받을 수 있다. 기업의 브랜드 로고 또는 캐릭터의 디자인은 □□법으로, 물품과 구분되어 '분리'가 가능하고 동일한 형상으로 복제될 수 있는 디자인은 '응용미술 저작물'로서 □□□법으로, 물품의 형상이 디자인으로서의 미감을 주기도 하는 동시에 그 물품의 기능적 목적도 수행하고 있다면 □□권이나 □□□□권으로, 타인이 내가 디자인한 상품의 형태를 모방한 상품을 유통하는 경우에는 □□□□ □□법으로 보호받을 수 있다.

2. 등록 디자인의 권리 범위는 특허청에 제출한 출원서에 기재된 사항, 그중에서도 특히 도면에 따라 정하여지는 것이 원칙이다. 그러나 도면에 표시된 디자인의 모든 부분에 전부 권리가 미치는 것이 아니라, 선행 디자인과 비교하여 권리자가 새롭게 창작한 부분에 대해서만 권리가 미친다. 그러므로 분쟁이 발생했을 때 어디까지 권리가 인정될지 확실히 알 수 없다. 이러한 불확실성을 줄이기 위하여 보호받고자 하는 디자인의 요소를 특정하여 출원할 수 있는 제도가 있는데 이것이 □□디자인 제도이다.

3. 다른 사람들이 나의 디자인을 조금씩 변형하면서 모방할 우려가 있고 이렇게 변형한 디자인이 나의 디자인의 권리 범위에 속한다고 판단해 줄지 불확실해 보일 때, 이러한 불확실성을 줄일 수 있는 또 하나의 방법은 그 유사한 디자인을 □□ 디자인으로 출원하여 등록을 받아 놓는 것이다.

4. 디자인의 라이프사이클이 짧은 분야의 디자인은 디자인으로 출원하여 등록받는 동안 유행이 지나가 버려서 등록되었을 때는 이미 디자인으로서의 의미가 없어져 버리는 경우가 많다. 이런 분야의 디자인에 대해서는 심사관이 기존의 디자인을 모두 검색해서 비교하는 실체심사를 생략하고 그 출원이 형식적 요건을 갖추고 있는지만 검토하여 빠르게 등록을 해주도록 하고 있는데, 이를 □□ □□등록제도라 한다.

참고자료

〈도 서〉

- 노태정 외, 『디자인보호법』, 세창출판사. 2009
- 정상조 외, 『디자인보호법주해』, 박영사, 2015
- 특허청, 『디자인보호 가이드북』, 2018

〈인터넷〉

- 특허청, 디자인 심사기준,
  https://www.kipo.go.kr/ko/kpoContentView.do?menuCd=SCD0200157
- WIPO, Looking Good An Introduction to Industrial Design for Small and Medium-sized Enterprises,
  https://www.wipo.int/publications/en/details.jsp?id=113
- 한국디자인진흥원, 2019년 디자인 분류체계 재정립 연구 보고서,
  https://kidp.or.kr/?menuno=1212&bbsno=15335&siteno=16&act=view&ztag=rO0ABXQAMzxjYWxsIHR5cGU9ImJvYXJkIiBubz0iNjIyIiBza2luPSJraWRwX2JicyI%2BPC9jYWxsPg%3D%3D

09. 디자인출원

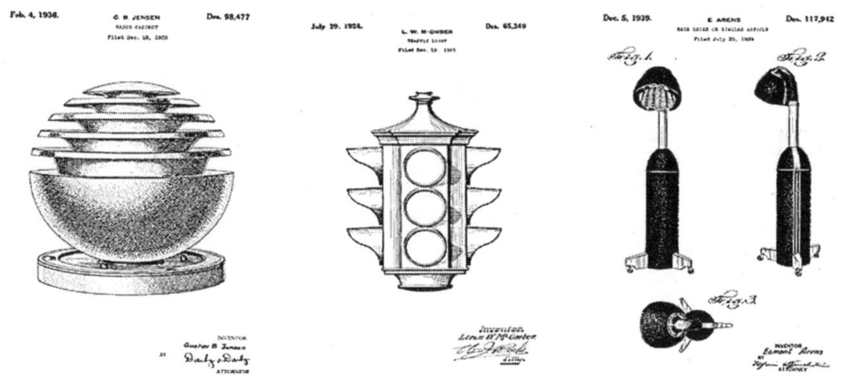

출처 : https://designobserver.com/media/images/40415-patents4.png

이 모듈은 학습자 스스로 출원인의 관점에서 디자인출원절차와 출원서의 작성 방법을 숙지함으로써, 실제 도면작성을 통해 사전에 디자인을 출원할 때 발생할 수 있는 하자에 대해 검토하고 대응할 수 있도록 각 장이 구성되어 있다.

디자인출원 단원의 내용 구성

교육목표

디자인출원에서 출원인의 자격 및 출원절차에 대해 이해하고 실제로 디자인출원을 위한 디자인 검색 및 출원서 작성요령에 따라 디자인의 특징을 잘 표현할 수 있는 도면작성 방법을 수행할 수 있도록 한다.

선수학습

디자인의 등록요건 이해, 도면의 이해, 디자인출원서식 이해

내용체계

학습	학습 내용	비고
1. 디자인출원 절차	1 디자인출원인 2 디자인출원의 종류 및 절차 3 국제디자인출원	
2. 디자인검색	1 키프리스 검색 2 디자인맵 검색	
3. 디자인출원서 작성	1 출원서 작성 2 도면의 작성	

핵심 용어

창작자, 출원인, 디자인출원, 출원의 보정, 분할, 보정각하, 국제출원, 디자인검색, 디자인도면

학습 1 디자인출원 절차

학습 목표	• 디자인출원을 위한 출원인의 자격과 절차를 이해하며 아울러 국제디자인출원방법을 숙지한다.

1 디자인출원인

1. 권리능력을 가진 자

권리능력은 법률상으로 권리와 의무를 공유할 수 있는 자격 또는 지위를 말하는 것으로 모든 자연인과 법인은 평등하게 디자인등록을 받을 수 있는 자격을 가질 수 있다.[187)] 이러한 권리능력을 가질 수 있는 자에는 자연인, 법인, 외국인 등이 있다.

1) 자연인

우리나라 국적을 가지고 출생일로 부터 사망일까지 권리능력을 가진 사람을 말한다.

2) 법인

우리나라 법률에 의해 법인격을 인정받은 법인을 말한다. 예) (주)삼성물산

3) 외국인

대한민국 국적이 없으나 국내에 주소 또는 영업소를 가진 외국인을 말한다.

187) 노태정, 김병진(2009).『디자인보호법』세창출판사, 154-155쪽

2. 디자인등록을 받을 수 있는 권리를 가진 사람

1) 디자인창작자

디자인창작행위를 한 사람으로서, 디자인 전체의 심미감에 영향을 미치는 주요 부분의 아이디어를 착상하고 디자인으로 구체화시켜 창작에 대한 기여도가 높은 사람을 말한다.

창작자는 디자인출원의 자격을 가질 수 있는데, 전문디자이너 뿐만 아니라 개인설계자라 할지라도 창작자가 될 수 있다. 산업제품의 경우 제조업자 또는 전문지식을 지닌 기술자에 의해 창작되는 것이 일반적이기 때문에 이 사람도 역시 디자이너와 마찬가지로 법적으로는 창작자의 자격을 가질 수 있다. 디자인보호법에서 말하는 창작자는 디자인등록을 받을 수 있는 자격을 가진 사람으로서 전문디자이너보다 넓은 개념의 '물품의 디자인에 기여하여 창작한 사람'이라는 의미로 이해할 수 있다.

2) 공동창작자

공동창작은 여러 명의 창작자가 디자인창작에 실질적으로 기여하거나 협력하여 완성시킨 디자인을 말한다. 이때 2인 이상의 공동창작자는 디자인등록을 받을 수 있는 권리를 공유하고 공동창작자 전원이 공동으로 디자인을 출원해야 한다.

3) 승계인

디자인등록을 받을 수 있는 권리는 산업재산권의 일종이므로 자유롭게 다른 사람이나 법인에게 이전할 수 있다. 이때 권리능력이 있는 자는 누구나 일정 계약관계에 의해 다른 사람의 디자인등록을 받을 수 있는 권리를 승계하여 디자인등록권자가 될 수 있다.

3. 직무디자인

직무발명(디자인)은 종업원, 법인의 임원, 공무원이 그 직무에 관하여 발명(디자인)하였을 때 성질상 사용자·법인 또는 국가나 지방자치단체의 업무 범위에 속하고 그 발명(디자인)행위가 종업원 등의 현재 또는 과거의 직무에 속하는 발명(디자인)을 말한다.[188)]

188) 발명진흥법 제2조 2항

1) 대상자

연구원, 디자이너, 공무원, 국공립학교 교직원 등

2) 직무디자인의 판단

(1) 사용자의 업무범위에 속하는 디자인인가?
(2) 종업원의 직무범위에 속하는 디자인으로서 직무수행의 결과로 나온 디자인인가?
(3) 현재와 과거의 직무에 해당하는 디자인인가?

3) 직무디자인의 인정절차

(1) 직원은 디자인을 완성하였을 때 소속회사, 단체에 곧바로 알려야 한다. (디자인완성사실의 통지의무)
(2) 회사 또는 단체는 4개월 이내에 디자인등록을 받을 수 있는 권리 승계여부를 통지해야 한다.

4) 창작자의 권리 및 의무

(1) 직원은 디자인등록을 받을 수 있는 권리를 가진다.
(2) 회사 또는 단체는 무상으로 통상실시권, 전용실시권, 디자인등록을 받을 수 있는 권리 등을 직원으로부터 승계 및 양도의사에 따라 받을 수 있다.
(3) 직무디자인의 디자인출원 때까지 비밀유지의 의무를 가진다.

5) 보상형태

직원이 받을 수 있는 보상에는 금전적 보상과 비금전적 보상이 있다.

A. 금전적 보상

B. 비금전적 보상

1. Fellow제 , 경력관리, 안식년, 학위과정지원, 희망직무선택권
2. 회사가 얻는 이익과 디자인에 대한 종업원의 공헌도를 고려하여 결정합니다.

〈직무디자인의 보상형태〉

2 디자인출원의 종류 및 절차

1. 디자인출원의 종류

디자인출원이란 디자인등록을 받고자 하는 사람이 소정의 방식에 의하여 디자인출원서를 특허청장에게 제출하는 행위를 말한다. 디자인출원서의 제출은 자신이 창작한 디자인에 대해 법적요건을 갖추었는지를 심사하여 디자인등록에 관한 행정행위를 요구하는 것을 목적으로 한다.

1) 출원의 종류

(1) 단독의 디자인출원

1개의 디자인에 대해서 디자인등록을 위한 심사를 요구하는 출원을 말한다.

(2) 관련디자인출원

자기의 등록디자인 또는 이미 출원한 디자인에 대해서 유사한 디자인은 신규성에 의해 거절되지 않는다. 따라서 자기의 기본디자인에 대해 관련디자인으로 등록을 받을 수 있도록 한 출원을 말한다.

(3) 전체 디자인출원

부분디자인출원에 대비되어 디자인의 전체 형상·모양·색채를 보호범위로 하여 출원하는 것을 말한다.

(4) 부분디자인출원

디자인의 전체 중 일부분의 형상·모양·색채를 보호범위로 하여 디자인등록을 받고자 하는 출원을 말한다.

(5) 복수디자인출원

출원의 편의를 돕기 위해 같은 류에 속하는 여러 개의 디자인을 1개의 출원서에서 100개까지 동시에 출원할 수 있도록 한 것을 말한다.

(6) 분할출원

2이상의 디자인을 포함하는 출원에 있어서 그 중 일부를 새롭게 구성하여 나누어 출원하는 것을 말한다.

(7) 디자인심사출원

디자인등록요건의 전부에 대해 실체심사가 진행되는 심사대상으로 지정된 물품에 대해하는 출원을 말한다.

(8) 디자인일부심사출원

디자인등록요건중 신규성 등의 일부요건을 제외하고 심사가 진행되는 미리 지정된 물품에 대해서 하는 출원을 말한다.

2. 디자인 출원절차

1) 사용자등록 (특허고객번호 신청)

특허청에 디자인출원을 하려면 우선 특허고객번호를 신청하여 자신의 고유번호를 받아야 한다. 특허고객번호는 디자인출원의 모든 절차에서 사용되는 것으로서 온라인 또는 서면으로 신청할 수 있다.

2) 출원서식 작성

디자인출원서는 출원서 및 디자인도면의 작성예시(별지 제4호 서식)를 참고하여 작성해야 하며, 온라인출원을 할 때에는 우선 전자출원소프트웨어를 설치해야 한다.

3) 제출서류준비

출원서(도면 포함), 수수료 감면대상인 경우 해당 증명서류 등

4) 접수 및 출원번호통지서 수령

(1) 서면 접수는 특허청 특허고객지원실(서울, 대전)에 직접 방문하여 제출한다.
(2) 우편 접수는 소정의 수수료를 통상환으로 교환한 후 출원서를 동봉하여 특허청에 제출한다.
(3) 온라인 접수는 특허로(www.patent.go.kr)를 통해 접수 및 출원관리를 할 수 있다.

5) 수수료 납부

특허청에서 발급하는 납부자 번호 및 금액이 기재된 납입고지서를 이용하여 우체국, 금융기관에 납부한다.

6) 심사

제출된 디자인출원에 대해서 심사관은 출원순서에 따라 심사를 진행하고 거절이유가 있을 경우 의견제출서를 보내고, 등록이 가능하면 디자인등록결정서를 보낸다.

7) 등록료 납부

디자인등록결정서를 받은 경우 납입고지서를 이용하여 우체국, 금융기관에 등록료를 납부하여 설정등록절차를 밟아야 한다.

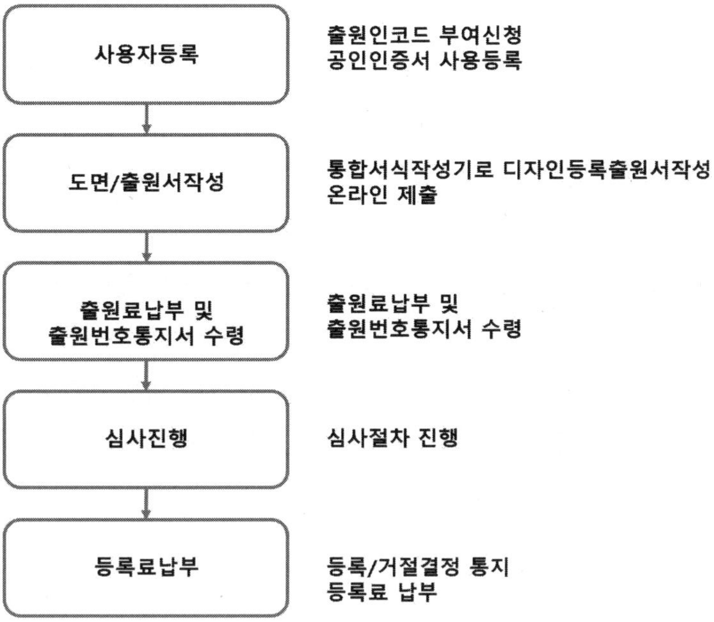

〈디자인출원 절차〉

특허청 출원수수료

구분/권리		특허★	실용신안★	디자인★		상표
				심사	일부심사	
전자출원(온라인)	기본료	국 어 46,000원 외국어 73,000원	국 어 20,000원 외국어 32,000원	1디자인마다 94,000원	1디자인마다 45,000원	1상품류구분마다 62,000원 + 지정상품 가산금 ※ 특허청에서 고시하는 상품명칭만을 사용하여 출원하는 경우 1상품류구분마다 56,000원 + 지정상품 가산금
서면출원	기본료	국 어 66,000원 외국어 93,000원	국 어 30,000원 외국어 42,000원	1디자인 마다 104,000원	1디자인 마다 55,000원	1상품류구분마다 72,000원 + 지정상품 가산금 ※ 특허청에서 고시하는 상품명칭만을 사용하여 출원하는 경우 1상품류마다 66,000원 + 지정상품 가산금
	가산료	명세서·도면·요약서의 합이 20면을 초과하는 1면마다 1,000원 가산	명세서·도면·요약서의 합이 20면을 초과하는 1면마다 1,000원 가산	없음	없음	없음

3 국제디자인출원

1. 헤이그 국제디자인출원

세계지식재산기구(WIPO)에 제출한 하나의 출원서를 통해 헤이그협정에 가입한 여러 국가에 디자인을 출원한 것과 같은 효과를 가지는 국제출원제도이다. 상표의 마드리드제도와 특허의 PCT제도와 같은 개념의 국제출원을 말한다. 헤이그협정은 시기에 따라서 1960년 협정과 1999년 협정이 있으며, 우리나라는 2014년 7월1일 1999년 협정에 가입하면서 헤이그 국제디자인출원이 가능해 졌다.

헤이그국제출원과 직접출원의 비교[189]

개별국 직접출원	헤이그 국제출원
• 다수의 국가에 출원서	• 하나의 출원서 (DM/1 서식)
• 다수의 언어	• 하나의 언어 (영어)
• 다수의 통화(수수료)	• 하나의 통화 (CHF)
• 다수의 등록	• 하나의 국제등록 (국제등록부)
• 다수의 갱신절차	• 하나의 갱신절차 (WIPO 갱신료)
• 다수의 변경등록 절차	• 하나의 변경등록 절차 (WIPO) 이전, 성명주소변경, 감축, 포기 등
• 다수의 대리인(출원시)	• 대리인 선임 불필요 다만, 거절이유에 대한 대응시 필요

2. 국제디자인출원 절차

국제디자인출원을 하는 방법은 대한민국특허청에 출원하는 방법과 세계지식재산기구 사무국에 직접 출원하는 방법이 있다.

189) 특허청(2022). 『헤이그 국제출원안내 리플렛』

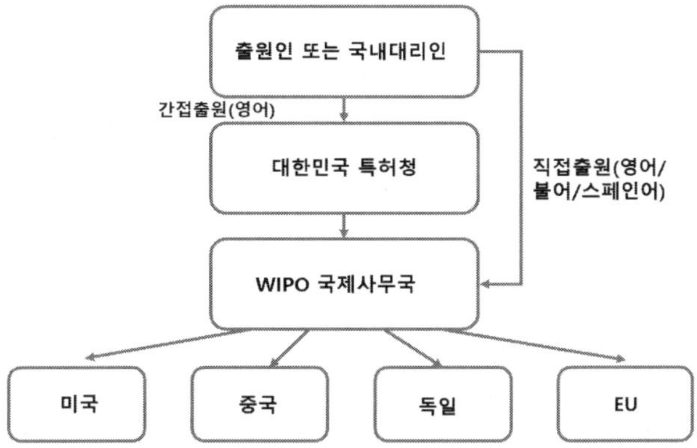

〈국제디자인출원 방법〉

3. 국제디자인출원 심사절차

출원인이 세계지식재산기구 사무국에 출원서를 제출하면, 먼저 국제디자인등록부에 디자인이 공개된다. 이후 출원이 지정한 국가마다 심사가 진행된 후에 디자인의 등록여부가 결정된다. 디자인이 등록되면 지정한 국가마다 디자인등록권이 발생하여 해당 나라에서 디자인보호를 받을 수 있다.

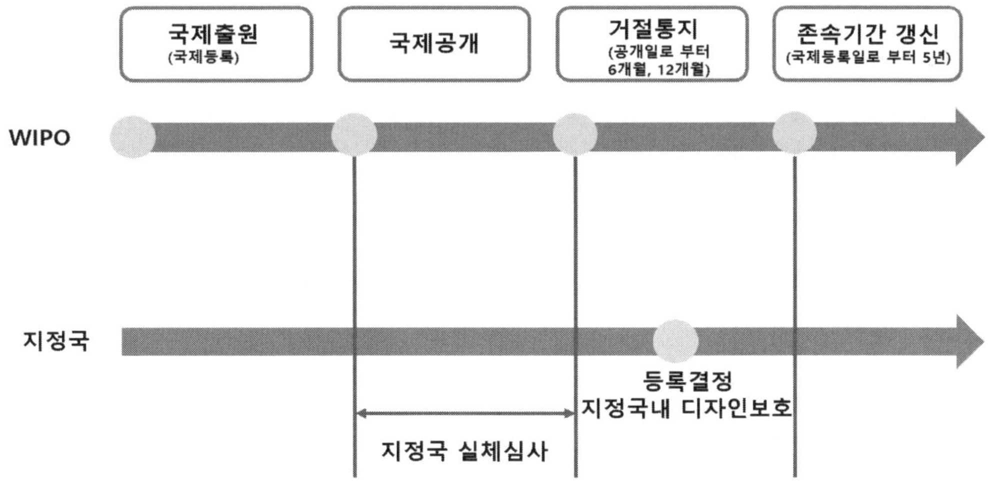

〈세계지식재산기구 사무국의 진행절차〉

4. 특허청 국제디자인출원 절차

특허청을 통해 국제디자인을 출원하는 경우에는 우선 국제출원서 양식에 따라 작성하고 도면과 위임장 등과 함께 특허청에 제출한다. 수수료는 특허청수수료와 국제출원수수료를 별도로 납부해야 한다.

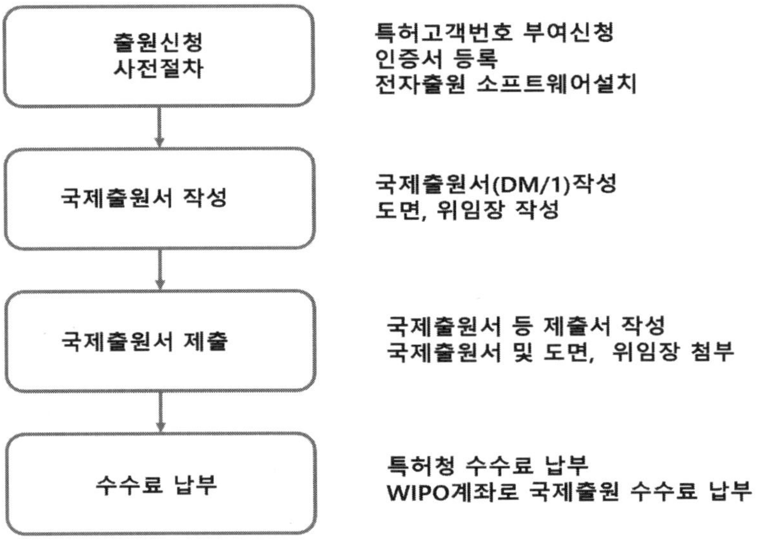

〈특허청 국제디자인출원 절차〉

따라하기

Q. 세계지식재산기구(WIPO)의 홈페이지(http://www.wipo.int)를 통해 현재 헤이그(Hague) 국제 디자인출원이 가능한 국가 및 기관을 조사해 보자.

예)

아프리카지식재산기구 (African Intellectual Property Organization (OAPI))

러시아(Russian Federation)

우크라이나(Ukraine)

확인학습 /

Q. 다음 문장 중 빈칸을 완성해 보자

1. 디자인창작자는 디자인창작행위를 한 사람으로서, 디자인 전체의 □□□에 영향을 미치는 주요 부분의 아이디어를 착상하고 디자인으로 구체화시켜 창작에 대한 기여도가 높은 사람을 말한다.

2. □□□□□은 종업원, 법인의 임원, 공무원이 그 직무에 관하여 디자인하였을 때 성질상 사용자·법인 또는 국가나 지방자치단체의 업무 범위에 속하고 그 디자인행위가 종업원 등의 현재 또는 과거의 직무에 속하는 디자인을 말한다.

3. 특허청에 디자인출원을 하려면 우선 □□□□□□를 신청하여 자신의 고유번호를 받아야 한다. 특허고객번호는 디자인출원의 모든 절차에서 사용되는 것으로서 온라인 또는 서면으로 신청할 수 있다.

4. □□□ □□□□□□□은 하나의 출원서로 세계지식재산기구(WIPO)에 제출함으로써 헤이그협정에 가입한 여러 국가에 디자인을 출원한 것과 같은 효과를 가지는 국제출원 제도이다.

5. 디자인등록을 받을 수 있는 권리는 산업재산권의 일종이므로 자유롭게 다른 사람이나 법인에게 이전할 수 있는가?
   ① 있다　　② 없다

6. 다음 중 국제디자인출원을 할 수 있는 기관이 아닌 것은? (다항선택)
   ① 대한민국 특허청　　② 대한민국 법무부　　③ 세계지식재산기구　　④ 세계무역기구

학습 2 디자인 검색

학습 목표	• 디자인검색 사이트를 통해 검색방법을 숙지하여 출원과 관련된 선행디자인을 검색하여 디자인보호전략을 창출할 수 있다.

[1] 키프리스 검색

특허정보검색서비스 키프리스(www.kipris.or.kr)는 특허, 상표, 디자인, 심판, 해외디자인 등을 검색할 수 있어 디자인출원 및 지식전략개발에 유용하게 활용할 수 있다.

1. 디자인검색방법

1) 분류코드 검색

디자인 스마트 검색창을 열어 상세한 여러 검색옵션을 살펴보고 적당한 방법으로 검색할 수 있다. '분류정보 도우미'에서는 자신이 찾고자 하는 물품의 분류코드 검색할 수 있고, 로카르노분류, 한국분류, 형태분류 등 디자인분류형식에 따라 출원에 필요한 디자인 등록정보를 찾을 수 있다.

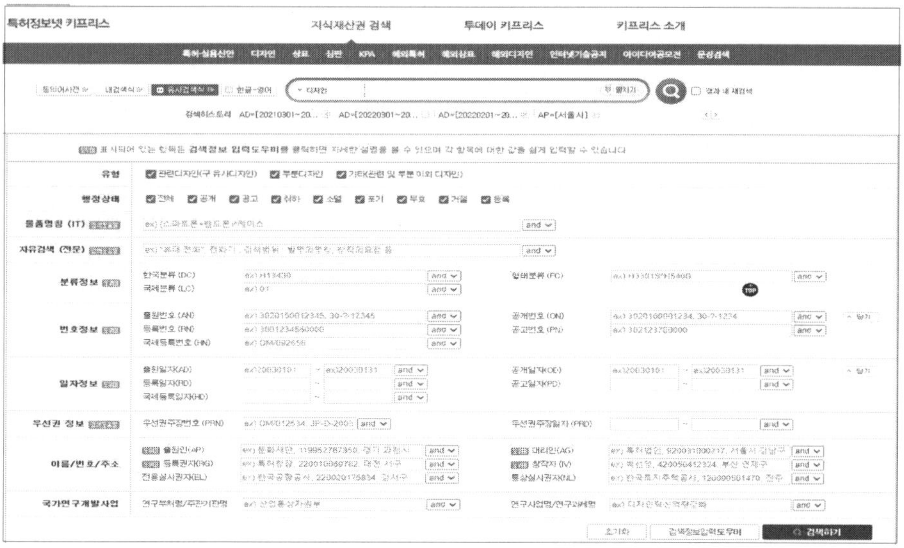

〈키프리스 검색화면〉

2) 명칭검색

대략적으로만 물품 명칭만 알 때에는 여러 개의 물품명칭을 조합하여 검색할 수 있다.

〈명칭검색 (자전거+안장) 예〉

3) 출원/등록번호 검색

사전에 출원번호나 등록번호를 알고 있을 때에는 직접 번호를 입력하여 검색할 수 있다.

4) 출원인의 정보검색

사전에 출원인의 이름이나 회사, 창작자 이름을 아는 경우에는 이름을 입력하여 정보를 검색할 수 있다. 디자인분쟁이 벌어진 경우, 이런 방법으로 상대방의 디자인등록여부를 사전에 파악하여 대응할 수 있다.

5) 출원일자 정보검색

출원일자 또는 등록일자의 대략적인 기간을 지정해서 디자인을 검색할 수 있다.

예) 2020년부터 2년간 출원된 휴대폰의 디자인등록출원건수

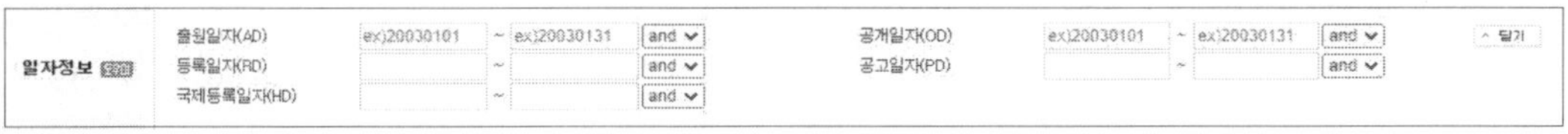

〈출원일자 검색 예〉

2. 해외디자인 검색

해외에서 등록된 디자인 경향을 알고자 할 때에는 해외디자인 스마트검색메뉴에서 물품명칭, 분류코드, 출원인 정보 등을 입력하여 검색할 수 있다.

〈해외 GUI디자인 검색 예〉

헤이그국제디자인출원 공보검색

헤이그국제디자인은 출원시 공개되어 국제디자인공보에 게재되기 때문에 검색을 통해 정보를 얻는다.

https://www.wipo.int/haguebulletin/?locale=en

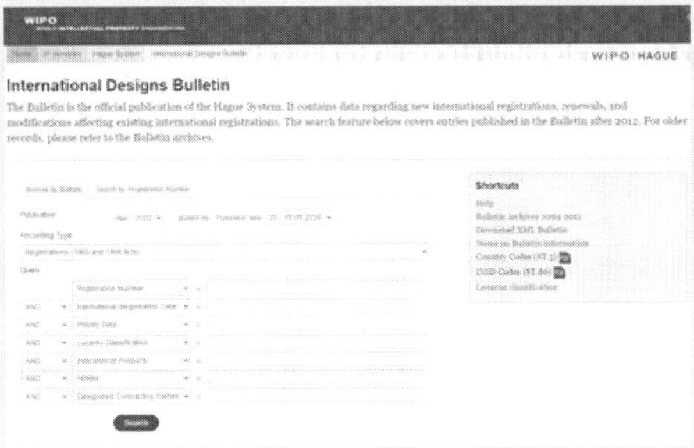

2 디자인맵 검색

1. 디자인맵

특허청에서 운영하는 디자인맵(designmap.or.kr)은 일상생활과 밀접한 100여개 물품에 대해 주요 6개국에 등록된 디자인DB를 제공하고 있다. 디자인형태별로 검색이 가능하며, 지식재산권 전략을 수립하는데 활용할 수 있는 각종 전문 디자인정보를 제공하고 있다.

2. 디자인권 검색

디자인권 검색에서는 형태별로 분류된 주요 물품에 대한 등록디자인을 검색할 수 있고, 얻어진 정보를 통해 출원물품의 디자인경향 및 출원정보를 사전에 파악할 수 있다.

〈디자인맵 화면〉

3. 물품별 부분명칭사전

디자인맵에서는 주요 물품별로 주요 특징 및 부품 명칭이 정리되어 있다. 출원 시 디자인의 특징기재나 물품의 명칭 기재 시 참고하여 작성할 수 있다.

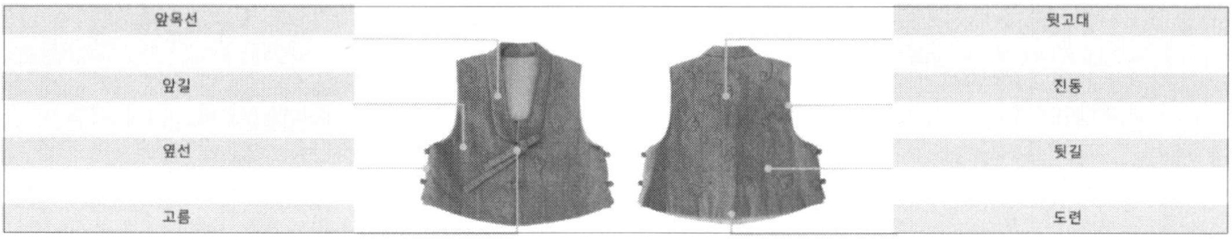

〈물품별 부분명칭 화면〉

따라하기

키프리스(www.kipris.or.kr)에 접속하여 디자인검색을 통해 다음 내용에 대해 찾아보자.

1. 2018년 5월1일부터 2022년 1월말까지 ㈜코웨이의 공기청정기 디자인등록건수 및 대표 등록건

2. 2020년부터 2년간 출원된 휴대용 선풍기의 디자인등록건수 및 대표 등록건

확인학습

Q. 다음 문장중 빈칸을 완성해 보자

1. 특허정보검색서비스 □□□□는 특허, 상표, 디자인, 심판, 해외디자인 등을 검색할 수 있어 디자인출원 및 지식전략개발에 유용하게 활용할 수 있다.

2. 특허청에서 운영하는 □□□□은 일상생활과 밀접한 100여개 물품에 대해 주요 6개국에 등록된 디자인DB를 제공하고 있다. 디자인형태별로 검색이 가능하며, 지식재산권 전략을 수립하는데 활용할 수 있는 각종 전문 디자인정보를 제공하고 있다.

3. 다음 중 디자인검색 중 필요없는 검색어는?

① 디자인등록번호 ② 출원인이름 ③ 디자인의 특징 ④ 디자인물품명칭

정답 키프리스, 디자인맵, ③

학습 3 디자인출원서 작성

학습 목표	• 디자인출원서의 작성방법을 이해하고, 실제 디자인출원 상황을 가정하여 출원서 및 도면작성능력을 키우도록 한다.

1 출원서 작성

1. 출원서 작성

1) 출원 구분

출원구분에서 디자인심사등록출원과 디자인일부심사등록출원을 구분하여 선택한다. 출원하는 물품에 따라 심사등록과 일부심사등록이 정해져 있으므로 사전에 유의해야 한다.

2) 출원인

특허고객번호신청서에 적었던 한글 성명 또는 법인 명칭을 기재한다.

3) 창작자

특허고객번호신청서에 적은 한글 성명과 특허고객번호를 기재한다. 출원인과 창작자가 같은 경우에도 출원인의 특허고객번호를 기재해야 한다.

4) 단독디자인/관련디자인 여부

출원디자인이 단독디자인인지 자신의 기본디자인에 관한 관련디자인인지 여부를 기재한다. 기본디자인의 표시에서는 기본디자인의 출원번호, 등록번호, 참조번호 중 하나를 적어야 하고 복수디자인의 경우에는 기본디자인의 일련번호를 적는다.

예) 【기본디자인의 표시】

【디자인의 일련번호】 M001

5) 복수디자인 여부

출원디자인의 수가 1개인지 또는 2개 이상의 복수디자인인지를 구분하여야 한다. 복수디자인은 디자인의 수를 최대 100개까지 출원할 수 있다.

6) 물품류

출원하는 디자인의 물품에 대해 미리 정해진 한국분류에 따라 '류'를 기재해야 한다. 출원서를 작성할 때 물품을 검색하면 해당하는 '물품류'를 알 수 있다.

예) 【물품류】제1류

7) 디자인의 대상이 되는 물품

출원디자인의 물품 명칭을 기재해야 하며, 특허청에서는 고시한 물품목록을 참고하여 작성할 수 있다. 만약 적당한 물품명칭을 찾지 못했을 경우에는 상거래상 일반적으로 사용되는 명칭을 기재하면 된다.

8) 부분디자인 여부

출원디자인이 부분디자인으로 출원하는 경우에 기재한다.

예) 【부분디자인 여부】 "부분디자인"

9) 우선권주장의 경우

해외우선권주장을 하면서 디자인출원하는 경우에는 주장국가, 출원일자, 서류 등을 첨부하여 제출한다.

예) 【우선권 주장】
【출원국명】 US
【출원번호】 21-123456
【출원일】 2021. 07. 01.
【증명서류】 첨부
【접근코드】 4321

10) 신규성상실의 예외 주장을 하는 경우

디자인출원을 하면서 신규성상실예외주장을 하는 경우에는 공개일자, 공개형태를 기재하고 신규성을 증명하는 서류를 첨부한다.

예) 【신규성 상실의 예외 주장】

【공개형태】 유튜브공개

【공개일】 2020. 07. 01.

2. 출원의 보정

출원의 보정은 디자인출원의 내용과 형식에 문제가 발생하는 경우 일정한 범위 내에서 출원내용을 정정하는 것을 말한다. 이러한 보정을 허용하는 이유는 출원할 때에 출원서의 내용과 도면이 완전하지 못하더라도 출원의 보정을 통해 선출원의 이익을 보장해 주기 위해서이다.[190]

1) 보정의 유형

(1) 명령에 의한 보정

특허청의 보정명령에 대응하여 이루어지는 보정을 말한다. 의견제출통지, 우선권불인정 예고통지 등 특허청에서 요구하는 사항에 대해 출원인이 제출하는 보정을 말한다.

(2) 자진보정

특허청의 보정명령이 없이도 출원인이 자발적으로 하는 보정을 말한다. 출원 이후에 잘못된 기재사항이나 도면문제 등을 바로 잡기 위해 스스로 제출하는 보정을 말한다.

190) 특허청(2021).『디자인심사기준』187쪽

2) 보정의 범위 및 시기

(1) 보정의 범위

보정은 출원서를 제출할 때 생긴 잘못된 기재나 도면을 정정하고 내용을 보충하여 제출하는 것으로서 최초 출원할 때의 디자인 요지를 변경하지 않는 범위 내에서만 할 수 있다.

(2) 보정할 수 있는 시기

보정은 출원일로부터 디자인등록여부 결정전까지, 재심사청구시, 불복심판청구시 3개월 이내에 할 수 있다.

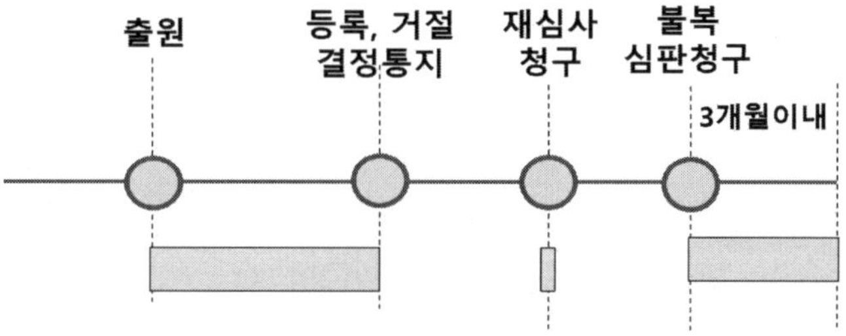

〈출원보정의 시기〉

3) 보정의 효과

출원이후에 보정서를 제출했더라도 보정의 요건을 충족할 경우에는 출원일자에 보정서를 제출한 것으로 인정된다. 즉 출원일자의 소급을 통해서 출원일자, 신규성의 인정일자 등을 인정받는 효과가 있다.

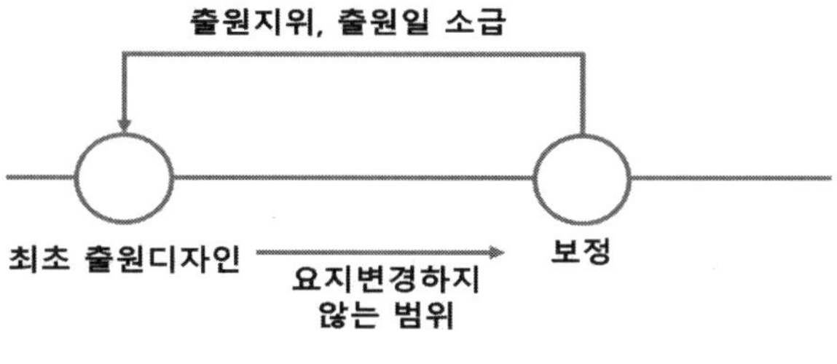

〈보정의 효과〉

3. 보정각하

디자인출원의 주된 내용인 도면과 디자인의 설명, 물품명칭 등은 최초 출원한 상태 그대로 동일하게 유지되어야 한다. 이러한 상태를 넘어서는 보정은 '요지변경'이라 하고, 출원절차에서는 이 보정에 대해 인정하지 않게 되므로 이를 '보정각하'라고 한다.

1) 보정각하의 효과

보정각하를 하게 되면 출원인이 제출한 보정서는 무효가 되어 애초에 보정사실이 없던 것이 된다. 따라서 출원인이 추가로 보정하지 않으면 보정하지 않은 상태 그대로 남아 있거나 의견제출통지에 대해 거절이유가 해소되지 않은 상태로 남아 최종적으로 거절결정이 될 수도 있다.

2) 요지변경의 판단

(1) 기본 판단

출원서에 적혀 있는 디자인의 대상이 되는 물품, 디자인의 설명, 도면 등을 종합적으로 판단하여 출원된 디자인과 보정된 디자인이 동일하지 않으면 요지변경으로 판단한다.

(2) 도면의 판단

최초 도면에 표현된 형상이나 모양, 색채에 새로운 부분이 추가되거나 기존 부분이 삭제 또는 변경되는 경우에는 디자인에 영향을 미칠 수 있기 때문에 이때 요지변경으로 판단한다. 예외적으로 보정 후에도 디자인에 거의 영향을 미치지 않는 경미한 보정은 요지변경이 아니다.

(3) 요지변경의 예

(가) 제출한 도면의 형식을 사진, 렌더링, 3D모델링도면 등으로 보정하면서 처음과 디자인이 달라진 경우

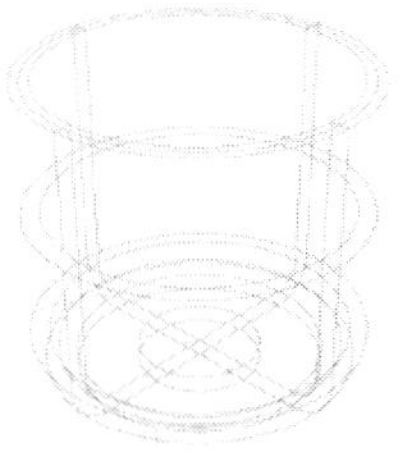

보정 전 도면

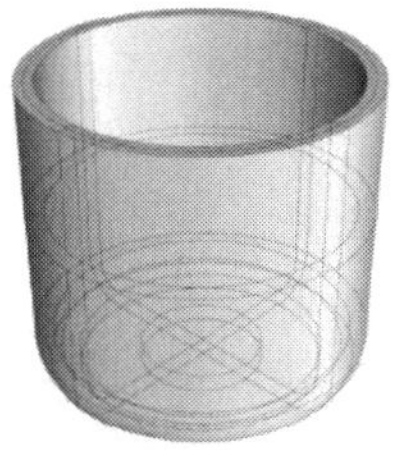

보정 후 도면

〈요지변경의 예[191]〉

(나) 일부분의 형태를 보호받는 부분디자인에서 물품과 부분디자인으로 등록받으려는 부분의 기능과 용도, 부분디자인이 차지하는 위치나 크기, 범위 등을 비교하였을 때 처음과 부분디자인의 범위가 달라진 경우

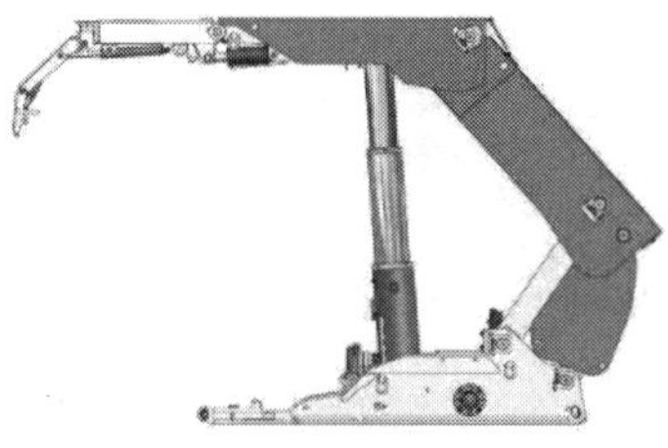

보정 전 도면[192]

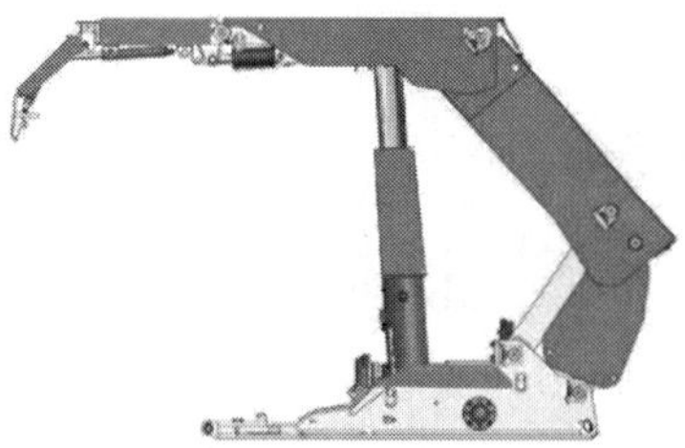

보정 후 도면

〈부분디자인의 요지변경 예〉

부분디자인

부분디자인제도는 출원하고자 하는 디자인의 특징 일부만을 출원인이 선택하여 출원할 수 있도록 한 제도이다. 부분디자인의 도면은 실선과 파선, 또는 색상, 음영 등으로 보호범위와 비보호범위를 구분하여 표현할 수 있다. 전체를 보호범위를 하는 출원보다는 보호범위를 적게 표현하는 부분디자인이 권리보호측면에서 유리할 수 있다.

(다) 우선권주장서류에서 우리나라에 출원한 도면의 디자인이 외국의 출원디자인 도면과 다른 경우

191) 특허청(2021). 『디자인심사기준』 196쪽
192) 일본의장등록 제5293000-002호

제1국 출원디자인　　　　우리나라 출원디자인

〈우선권주장에서의 요지변경 예[193]〉

4. 출원의 분할

디자인출원은 1개의 디자인에 대해서 1개의 출원이 원칙이다. 그러나 2개 이상의 디자인이 1개의 출원서로 제출되었을 때에는 이를 새로운 출원으로 나눌 수 있다. 출원의 분할은 이러한 새로운 출원에 대해 최초 출원일자로 적용하여 인정하는 절차를 말한다.

1) 분할출원의 예

(1) 2개 이상의 디자인을 1개의 출원서로 제출한 경우

(가) 2개 이상의 물품명칭을 기재한 경우
　예) 가구 겸용 텔레비전, 자전거 그리고 자동차 등
(나) 1개의 도면에 2개 이상의 디자인을 표현한 경우
(다) 1개의 출원서에 2개 이상의 디자인을 출원한 경우

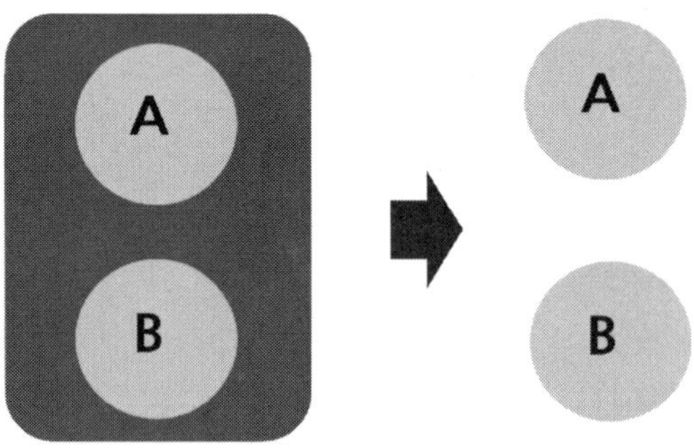

〈일반적인 분할출원〉

193) 특허청(2021). 『디자인심사기준』 195쪽

(2) 복수디자인출원의 경우

(가) 복수디자인출원 1개의 일련번호에 2개 이상의 디자인을 표현한 경우

(나) 복수디자인출원에 물품류가 다른 물품이 포함된 경우

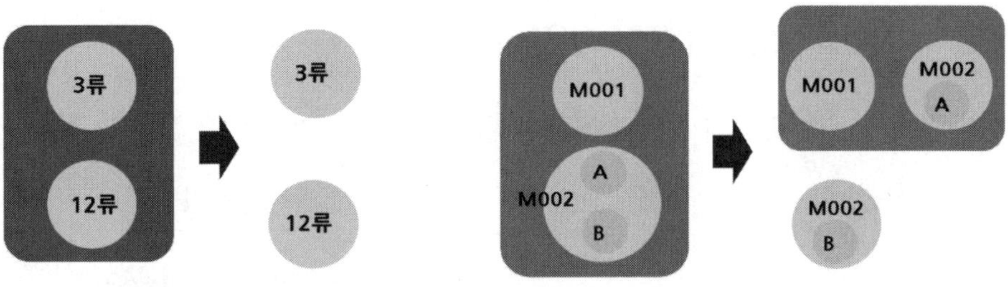

〈복수디자인의 분할출원〉

복수디자인출원

복수디자인출원은 1개의 출원서에 100개까지 물품류가 같은 디자인을 한꺼번에 출원할 수 있도록 한 제도이다. 디자인 각각 다른 출원서로 제출해야 하는 번거로움을 줄이고, 심사절차가 독립적으로 진행되기 때문에 출원인의 편의성을 높일 수 있다.

(3) 한 벌 물품 디자인을 인정받지 못한 경우

한 벌의 물품을 이루는 구성품의 일부가 성격이 달라 세트로 인정되지 않는 경우

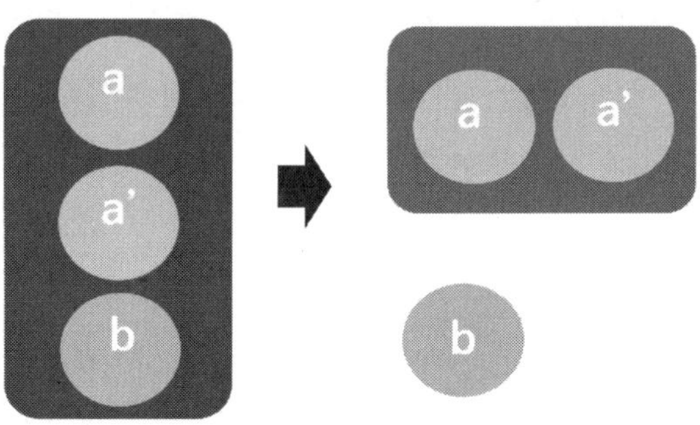

〈한 벌 물품 디자인의 분할출원〉

한 벌 물품의 디자인

찻잔세트와 같은 물품은 디자인에 통일성이 있고 보통 같이 사용되는 물품이다. 이러한 디자인을 보호하기 위해 각각을 따로 출원하지 않고 1개의 출원으로 세트 디자인을 보호할 수 있도록 한 제도이다.

(4) 동적디자인을 인정받지 못한 경우

동적디자인에서 변화과정의 일정성과 형태적 관련성이 없어서 인정받지 못한 경우

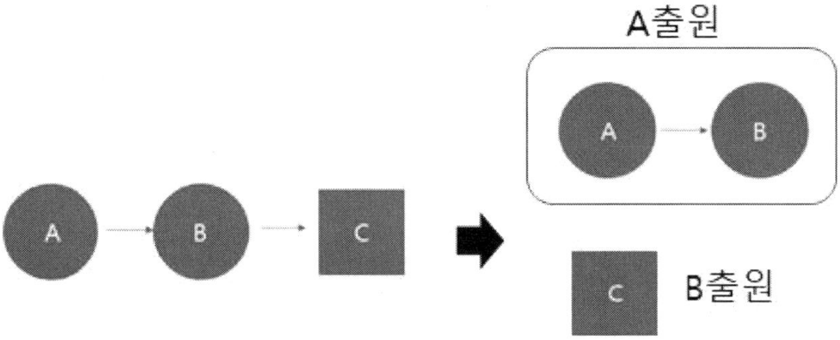

〈동적디자인의 분할출원〉

동적디자인

변신로봇이나 접이식 의자와 같이 형태변화가 있는 디자인을 동적디자인으로 보호하고 있다. 도면에서는 변화전후의 모습 전체가 표현되어야 하고, 변화과정의 일정성과 형태적 통일성이 있어야 동적디자인으로서 인정받을 수 있다.

2) 분할출원의 시기

앞서 출원을 보정할 수 있는 시기와 마찬가지로 분할출원은 출원일로부터 디자인등록 여부 결정전까지, 재심사청구 시, 불복심판청구 시 30일 이내에 할 수 있다.

3) 분할출원의 효과

분할출원을 인정받게 되면 새로운 출원에 대해서도 최초 출원 일자로 당겨서 출원일자를 인정받게 된다. 따라서, 최초 출원일자와 분할출원일자 사이에 다른 사람의 디자인출

원이나 공개된 디자인이 있더라도 신규성 등으로 디자인출원이 거절되지 않는다.

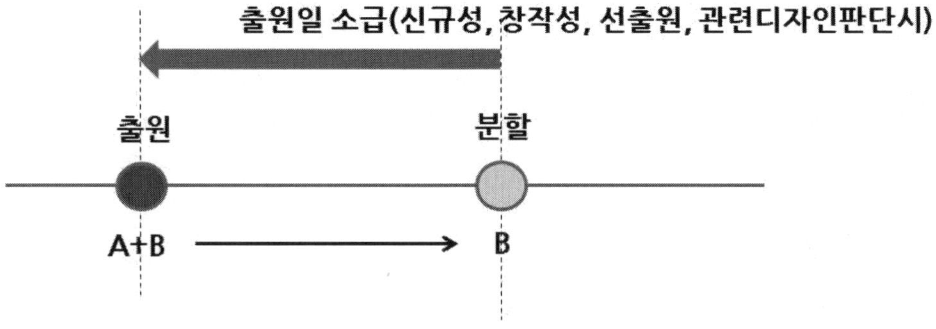

〈분할출원의 효과〉

필요 지식

1 도면의 작성

1. 도면표현 형식

1) 선도면

라인드로잉(Line drawing)으로 흑백으로 표현한 도면으로서 색상이 표현되지 않고 형상과 모양만을 표현할 수 있는 가장 기본적인 도면표현 형식이다.

2) 컴퓨터그래픽 도면

컴퓨터를 이용하여 표현한 도면으로서 그래픽프로그램을 이용한 2D도면과 CAD프로그램을 이용하여 렌더링으로 표현한 3D도면이 있다.

3) 사진

제품 등 실물을 여러 방향에서 촬영하여 표현한 도면을 말한다.

4) 3D모델링파일

CAD프로그램 등으로 작성한 도면을 파일 그대로 제출할 수 있는 도면형식이다. 현재 3DS, DWG, DWF, IGES, 3DM 파일제출이 가능하다.

5) 동영상파일

동적화상디자인을 표현하기 위해 동영상형태로 제작된 파일을 말한다. 현재 참고도면으로서 SWF, MPEG, WMV, Animated GIF, AVI파일을 제출할 수 있다.

선도면[194]

컴퓨터그래픽[195]

사진[196]

3D모델링파일[197]

〈도면표현의 종류〉

2. 도면의 종류

1) 기본도면과 참고도면

(1) 기본도면

디자인의 전체형태와 창작내용을 표현하는 도면으로 디자인 보호범위를 정하는 데 필수적인 도면을 의미한다. 기본도면에는 전체형태를 나타내는 도면 외에 확대도, 단면도, 분해도, 전개도 등을 추가로 제출할 수 있다.

(2) 참고도면

디자인의 전반적 특징이나 사용에 대한 이해를 돕기 위한 부차적 도면으로서 디자인 보호범위를 정하는데 비필수적인 도면을 의미한다. 참고도면에는 사용상태도, 조립도, 부품구성도, 명칭도 등이 제출될 수 있다.

---

194) 특허청 디자인등록 30-1099409호.
195) 특허청 디자인등록 30-1165912호.
196) 특허청 디자인등록 30-1025874호.
197) 특허청 디자인등록 30-990003호.

〈도면의 종류〉

기본도면	- 입체물품: 사시도, 6면도 - 평면물품: 표면도, 이면도 - 확대도, 단면도, 분해도, 전개도 등
참고도면	- 사용상태도, 명칭도, 조립도, 부품구성도 등

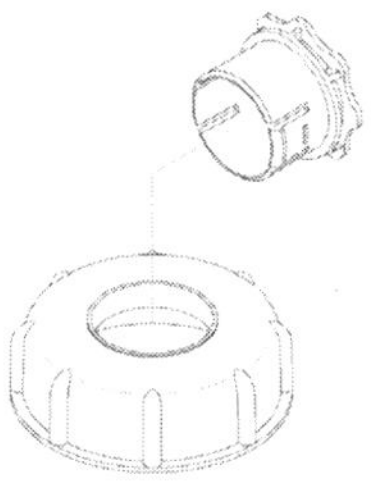

분해도198)

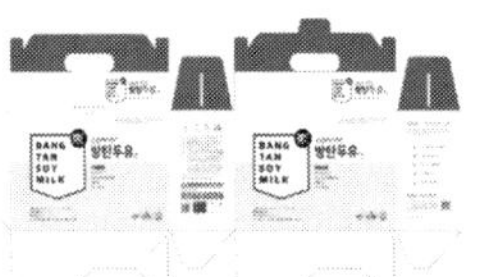

전개도199)

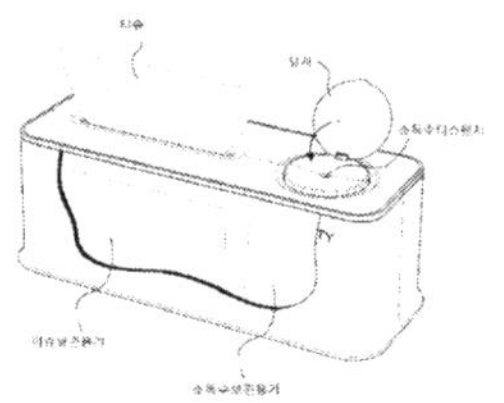

부품명칭도200)

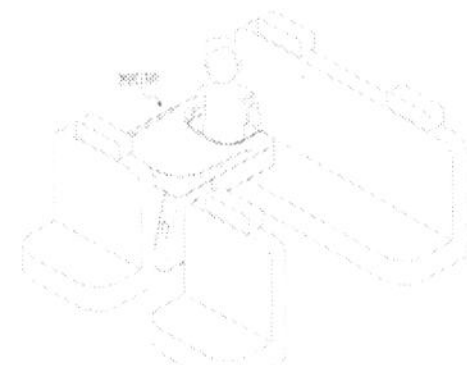

사용상태도201)

〈도면의 예〉

3. 도면작성방법

1) 기본작성

(1) 도면은 디자인의 창작내용과 전체 형태를 가장 잘 표현한 도면 순서대로 [도면 1.1], [도면 1.2], ...으로 제출해야 한다.

(2) [디자인의 설명]란에서 도면에 대한 설명을 예시와 같이 기재해야 한다.

예) 도면 1.1은 디자인의 전체적인 형태를 표현하는 도면이고, 도면 1.2는 디자인의 정면을 표현하는 도면이며, 도면 1.3은 디자인의 뒷면을, 도면 1.4는 디자인의 왼쪽면을, 도면 1.5는 디자인의 오른쪽면을, 도면 1.6은 디자인의 윗부분을, 도면 1.7은 디자인의 아랫부분을 표현하는 도면임, 참고도면1.1은 사용상태도임.

198) 특허청 디자인등록 30-1153104호.
199) 특허청 디자인등록 30-1121391호.
200) 특허청 디자인등록 30-981423호.
201) 특허청 디자인등록 30-990003호.

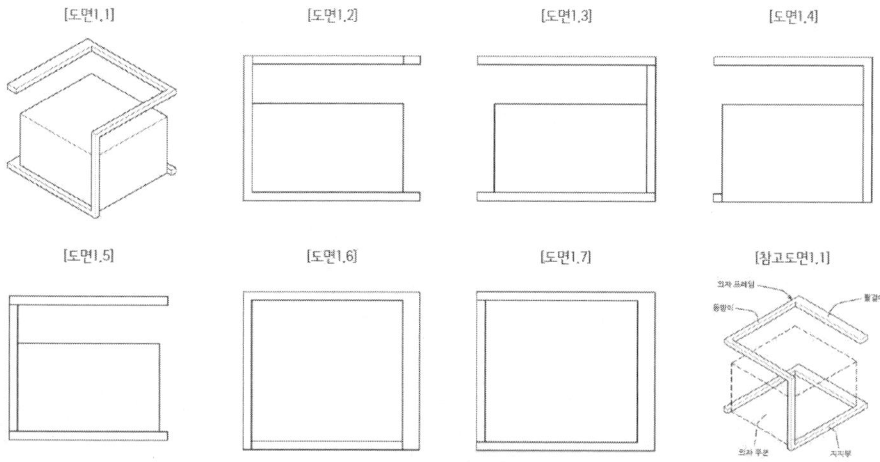

〈도면작성 예202)〉

도면작성시 체크포인트

1. 도면간에 형상선이 일치하는지 확인
2. 도면간에 색상이 일치하는지 확인
3. 도면의 선명도 확인
4. 도면에 디자인 외에 배경, 다른 사물이 표현되었는지 확인
5. 도면내 불필요한 문자, 선 등이 표현되었는지 확인

2) 평면디자인

(1) 도면

직물지, 포장지, 스티커와 같은 평면디자인은 앞면과 뒷면에 디자인의 특징이 있는 경우에는 앞면과 뒷면을 표현하는 도면을 모두 제출해야 한다. 뒷면 모양이 없는 경우에는 생략 가능하며 앞면의 도면만 제출할 수 있다.

(2) 디자인의 설명

모양이 연속 또는 반복하는 디자인은 도면이 그 연속상태를 알 수 있도록 단위모양이

---

202) 특허청 디자인등록 30-762245호

1.5회 이상 반복되도록 도시하고 [디자인의 설명]란에 설명 기재해야 한다.

예) 디자인의 모양은 상하좌우 연속반복임

라벨203)

포장지204)

직물지205)

〈평면디자인의 도면작성 예〉

3) 부분디자인

(1) 파선으로 도시하는 경우

부분디자인을 도면에 도시하는 경우 물품의 전체디자인 중 부분디자인으로 디자인등록을 받으려는 부분은 실선으로 표현하고 그 외의 부분은 파선으로 표현하여 특정할 수 있다.

(2) 채색으로 도시하는 경우

디자인등록을 받고자 하는 부분 이외에 부분은 '무채색', '유채색'으로 구분하여 표현한다.

예) 파란색으로 표현된 부분을 제외한 부분이 부분디자인으로서 등록받고자 하는 부분임

---

203) 특허청 디자인등록 30-802613호.
204) 특허청 디자인등록 30-1172062호.
205) 특허청 디자인등록 30-745754호.

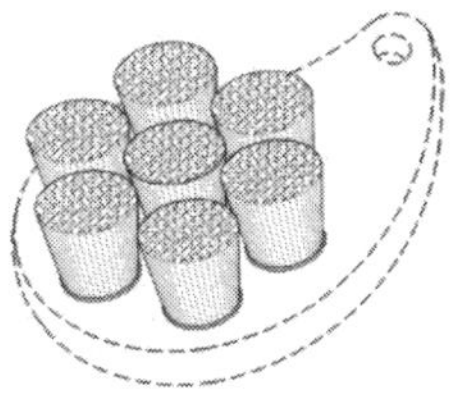

바디클렌징 기구[206]

신발[207]

휴대폰 케이스[208]

〈부분디자인의 도면작성 예〉

4) 동적디자인

(1) 도면

형태가 변하는 동적디자인의 경우 변화 전·후 과정의 형상을 모두 포함하여 순서대로 도면A, 도면B,...로 표현해야 한다.

(2) 디자인의 설명

[디자인의 설명]란에 도면에 대한 설명을 다음 예시와 같이 기재한다.

예) 도면A 1.1부터 도면A 1.7까지는 열린 상태를 나타내는 도면이고, 도면B 1.1부터 도면B 1.7은 닫힌 상태를 나타내는 도면임

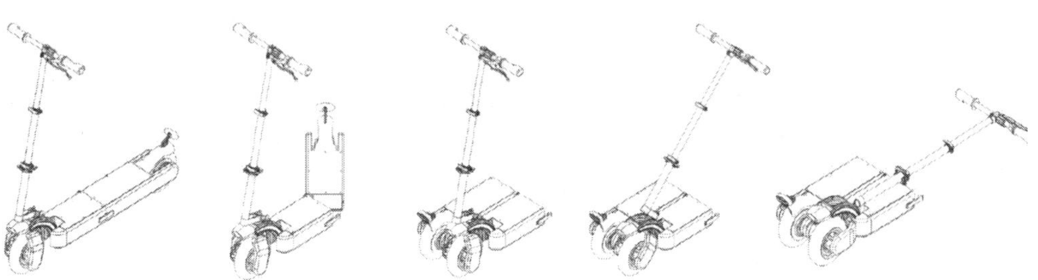

〈동적디자인의 도면작성 예[209]〉

206) 특허청 디자인등록 30-670734호.
207) 특허청 디자인등록 30-1164197호.
208) 특허청 디자인등록 30-1164915호.

5) 구성물이 있는 디자인

조립완구나 카드와 같이 여러 구성물이 있는 디자인의 경우 전체 모습 또는 결합된 상태의 도면과 함께 각 구성물의 도면을 추가하여 도면A, 도면B,....로 표현해야 한다.

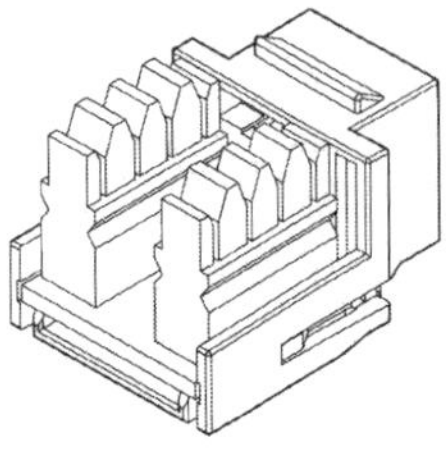
[도면A1.1]

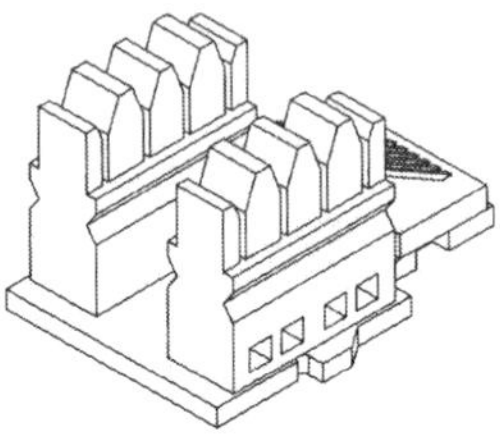
[도면B 1.1]

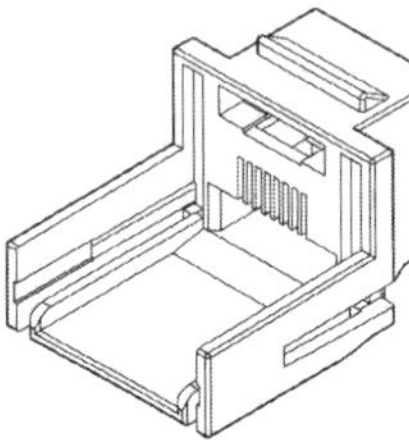
[도면C 1.1]

〈구성물이 있는 디자인의 도면작성 예[210]〉

6) 한 벌의 물품의 디자인

(1) 도면

한 벌 물품 전체가 조합된 상태와 각 구성물품을 도면A, 도면B,...으로 표현해야 한다.

(2) 디자인의 설명

[디자인의 설명]란에 도면에 대한 설명을 다음 예와 같이 적는다.

예) 도면A 1.1부터 도면A 1.7은 아령세트이고, 도면B 1.1부터 도면B 1.7까지는 아령이며, 도면C 1.1부터 도면C 1.7까지는 받침대임.

[도면A1.1]

[도면B 1.1]

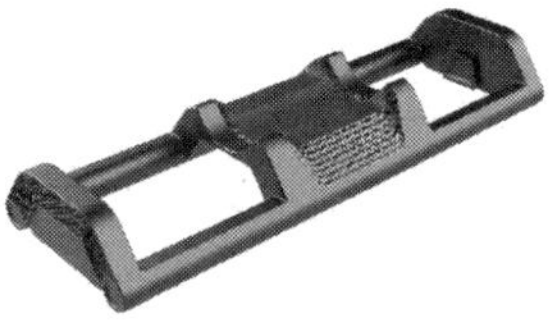
[도면C 1.1]

〈한 벌의 물품 디자인의 도면작성 예[211]〉

209) 특허청 디자인등록 30-804679호.
210) 특허청 디자인등록 30-292812호.
211) 특허청 디자인등록 30-1165754호.

7) 화상디자인

> **화면디자인과 화상디자인**
>
> **1. 물품의 부분에 표현된 화면디자인**
> 물품의 부분에 표현된 화면디자인은 2003년부터 물품중심으로 액정화면 등 표시부에 일시적 발광현상으로 표시되는 화면디자인을 보호한다.
>
> **2. 화상디자인**
> 화상디자인은 국제적 보호추세와 뉴미디어 디자인보호에 대응하기 위해 2021년 개정된 디자인보호법에 의해 물품과 상관없이 기능조작과 기능발휘를 목적으로 하는 독립적인 화상디자인을 보호한다.

(1) 화면디자인

정면을 기준으로 물품 형상(파선)과 함께 화면디자인을 전체와 부분으로 보호영역을 정하여 표현할 수 있다. 부분디자인으로 디자인등록을 받고자 하는 부분은 실선으로 표시하고, 물품형상은 파선으로 표현하여 부분디자인으로 등록받고자 하는 부분을 명확히 특정해야 한다.

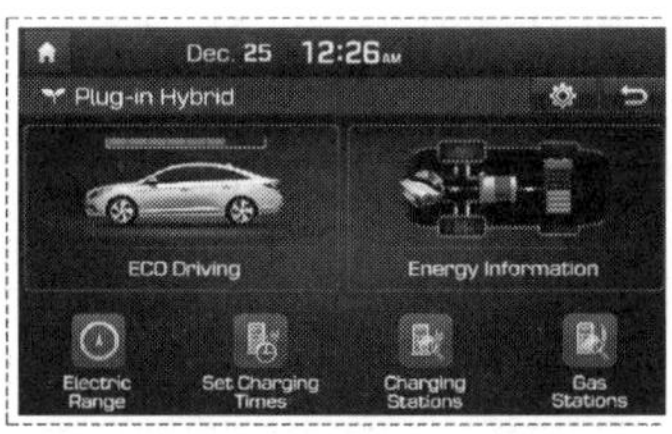

사례1[212)]

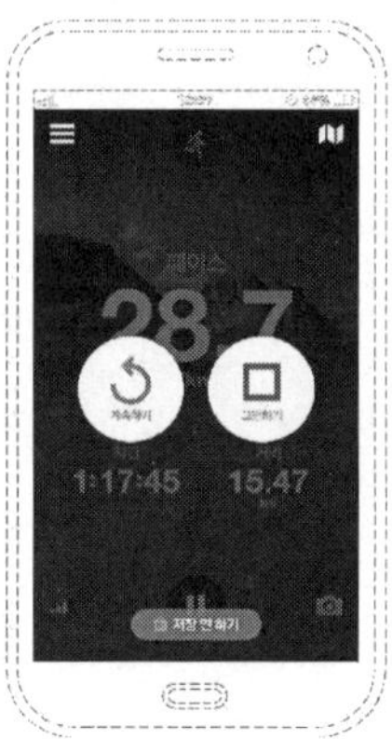

사례2[213)]

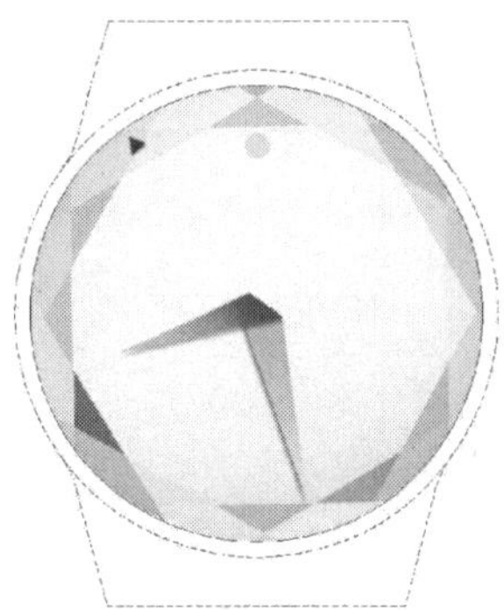

사례3[214)]

〈화상디자인의 도면작성 예〉

---

212) 특허청 디자인등록 30-833816호.
213) 특허청 디자인등록 30-734405호.
214) 특허청 디자인등록 30-729268호.

(2) 화상디자인

물품 형상을 별도로 도시할 필요없이 화상디자인을 전체디자인과 부분디자인으로 선택하여 표현할 수 있다.

(3) 동적화상디자인

화상디자인이 변화하는 순서대로 스냅샷 형태로 표현해야 하며 동영상파일을 참고도면으로 제출할 수 있다.

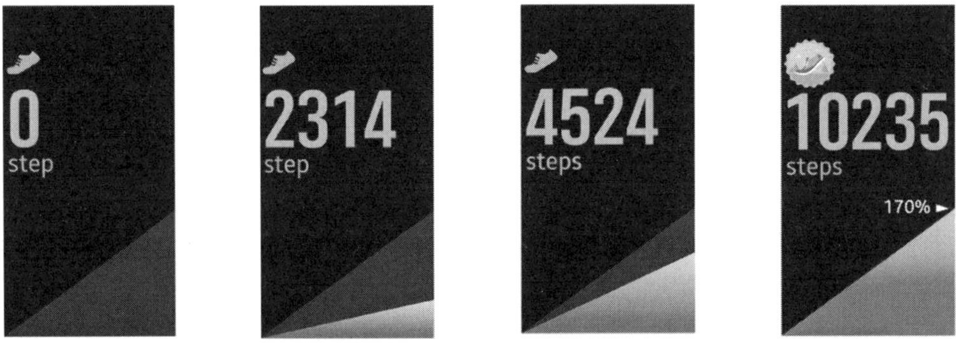

〈동적화상디자인의 도면작성 예[215]〉

215) 특허청 디자인등록 30-0882730호.

따라하기 /

Q. 주변에서 접할 수 있는 일상적인 상품 1개를 선정하고 이에 대한 가상의 디자인출원서를 작성해 보자. 디자인출원서식에 따라 물품명칭, 디자인의 설명, 디자인창작내용의 요점을 작성해 보고, 도면을 직접 도면형식에 맞게 표현해 보도록 한다.

〈해결방법〉

우리 주변에서 흔한 상품 - 문방구, 소형가전, 청소기 등을 출원물품으로 선정한다. 그리고 출원서식을 출력하여 가상의 출원인이 되어 디자인의 특징 등을 채우도록 한다.
도면은 상품을 직접 휴대폰을 이용하여 여러 방향에서 촬영하여 아래 작성방법을 참고하여 작성해 보도록 한다.

<table>
<tr><th colspan="6">| 디자인 도면작성 방법 |</th></tr>
<tr><td>
【도면1.1】</td><td colspan="5" rowspan="2">1. 도면을 작성시 도면은 디자인의 창작내용을 가장 잘 표현한 도면 순으로 도면의 식별항목을 [도면 1.1], [도면 1.2], ... 순으로 제출하여야 합니다.
2. 또한 디자인의 창작내용과 전체적인 형태를 명확히 파악할 수 있도록 1개 이상의 도면을 제출하여야 합니다. (만약 제출된 1개의 도면으로 전체적인 형태파악이 충분하지 않을 경우 2개 이상의 도면을 제출)
3. 아울러 디자인의 설명에서 도면에 대한 설명을 예시와 같이 기재하시기 바랍니다. (예시: 도면 1.1은 디자인의 전체적인 형태를 표현하는 도면이고, 도면1.2는 디자인의 정면을 표현하는 도면이며, 도면 1.3은 디자인의 뒷면을, 도면 1.4는 디자인의 왼쪽면을, 도면 1.5는 디자인의 오른쪽면을, 도면 1.6은 디자인의 윗부분을, 도면 1.7은 디자인의 아랫부분을 표현하는 도면임)</td></tr>
<tr><td>물품의 전체적 특징</td></tr>
<tr><td>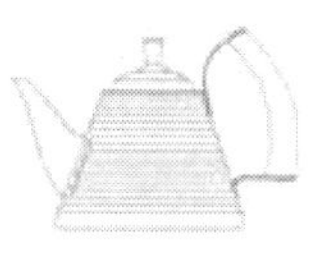
【도면1.2】</td><td>
【도면1.3】</td><td>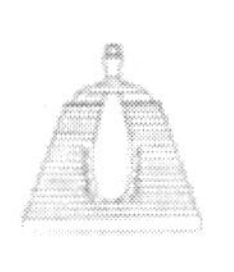
【도면1.4】</td><td>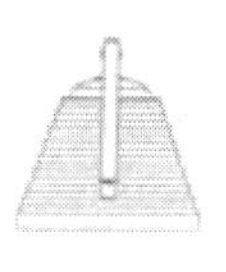
【도면1.5】</td><td>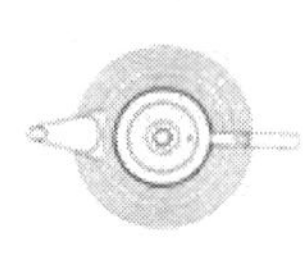
【도면1.6】</td><td>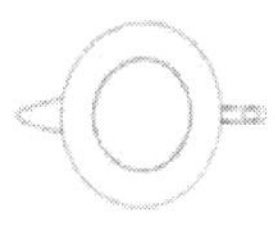
【도면1.7】</td></tr>
<tr><td>물품의 정면</td><td>물품의 뒷면</td><td>정면기준
왼쪽면</td><td>오른쪽면</td><td>물품의 윗부분</td><td>물품의
아랫부분</td></tr>
</table>

확인학습 /

Q. 다음 문장 중 빈칸을 완성해 보자

1. 디자인출원의 주된 내용인 도면과 디자인의 설명, 물품명칭 등은 최초 출원한 상태 그대로 동일하게 유지되어야 한다. 이러한 상태를 넘어서는 보정은 □□□□이라 하고, 출원절차에서는 이 보정에 대해 인정하지 않게 되므로 이를 '보정각하'라고 한다.

2. 조립완구나 카드와 같이 여러 구성물이 있는 디자인의 경우 전체 모습 또는 결합된 상태의 도면과 함께 각 구성물의 도면을 추가하여 도면□, 도면□,...으로 표현해야 한다.

3. 다음 중 디자인출원의 분할이 가능한 경우가 아닌 것은?
   ① 2개 이상의 디자인을 1개의 출원서로 제출한 경우
   ② 움직이는 동적화상디자인을 인정받은 경우
   ③ 한 벌물품 디자인을 인정받지 못한 경우
   ④ 동적디자인을 인정받지 못한 경우

4. 다음 중 부분디자인을 표현하는 도면방법으로 적합하지 않은 것은?
   ① 실선과 파선　　② 문자와 설명　　③ 유채색과 무채색

5. 다음중 디자인의 도면 중 기본도면에 해당하지 않는 도면은?
   ① 사용상태도　　② 부분확대도　　③ 정면도　　④ 단면도

참고자료

- 노태정, 김병진(2009). 『디자인보호법 』 세창출판사
- 진선태(2010). 『디자인과 디자인보호분야 사이의 통념차이』, 디자인학연구 vol.24 No.3
- 특허청(2021). 『디자인심사기준』
- 특허청(2022). 『헤이그 국제출원안내 리플렛』
- 특허청(2010). 『직무디자인과 업무상디자인저작물 가이드 리플렛』
- 특허청(2018). 『디자인보호가이드북』
- 특허청(2001). 『해외디자인도면 가이드북』
- 특허청(2019). 『나홀로출원을 위한 디자인도면 작성 가이드북』

10. 디자인 심사

이 모듈은 학습자 스스로가 디자인심사단계와 심사서류에 대해 이해하고 디자인의 등록요건 및 유사판단 방법을 숙지하여 디자인출원 시 등록가능성을 높이기 위한 방법과 전략을 능동적으로 숙지하고 창출할 수 있도록 각 장이 구성되어 있다.

디자인 심사 단원의 내용 구성

교육목표

디자인심사단계를 이해하고 각 디자인등록요건에 대한 이해 및 판단사례를 통해 디자인권의 획득전략 및 방법을 수행할 수 있도록 한다.

선수학습

디자인권의 이해, 디자인출원서식

내용체계

학습	학습 내용	비고
1. 디자인 심사절차	[1] 심사절차 [2] 심사서류의 종류	
2. 디자인의 등록요건	[1] 공업상이용가능성 [2] 신규성 [3] 창작비용이성 [4] 선출원 및 확대된 선출원 [5] 관련디자인 [6] 1디자인1출원 [7] 부등록사유	
3. 디자인의 유사판단	[1] 물품의 유사판단 [2] 디자인의 유사판단 [3] 특수한 디자인의 유사판단	

핵심 용어

심사절차, 유사판단, 공업상이용가능성, 신규성, 창작비용이성, 선출원, 우선권주장, 부등록사유

학습 1 디자인 심사절차

학습 목표	• 심사와 일부심사로 구분되는 디자인출원부터 등록까지의 디자인심사의 흐름을 이해하고 출원서류를 통해 실무능력을 키울 수 있다.

1 심사절차

1. 방식심사

심사관이 진행하는 실체심사 전에 디자인출원이 디자인보호법시행규칙에서 정하는 방식에 맞게 출원되었는지의 여부를 심사하는 것을 말한다.

1) 서류의 반려

출원서류의 반려는 디자인출원서 등이 절차에 의해 정상적으로 수리되지 않고 돌려보내는 행정처분을 말한다.

(가) 출원서류 등의 종류가 불명확한 경우
(나) 출원인의 성명, 서명, 주소 등의 정보가 정상적으로 기재되지 않은 경우
(다) 도면이 제출되지 않은 경우
(라) 법령이 정한 기간 내에 서류가 제출되지 않은 경우
(마) 디자인의 대상이 되는 물품명칭이 기재되지 않은 경우 등

2) 보정명령

출원서가 정상적으로 접수되더라도 절차적으로 미흡한 경우에는 보정명령을 통해 출원인에게 서류상 잘못된 점을 바로잡도록 요구하는 것을 말한다.

(가) 행위능력이 없는 사람이나 대리권이 없는 사람에 의해 서류가 제출된 경우
(나) 법령이 정한 방식절차에 위반되는 경우

(다) 수수료가 납부되지 않은 경우

3) 절차의 무효

특허청장이 한 보정명령에 대해서 지정기간 내에 보정을 하지 않았을 때에 그 절차에 대해서 무효로 하여 디자인출원이 처음부터 없던 것으로 보는 것을 말한다. 이 경우에 출원인은 행정심판을 청구하여 그 무효처분에 대해 불복할 수 있다.

2. 실체심사

디자인심사등록이란 디자인등록출원이 디자인등록요건을 모두 갖추고 있는지를 심사하여 등록하는 것을 말한다.[216] 디자인은 심사등록과 일부심사등록을 구분하여 심사가 진행되며, 그 기준은 물품구분에 따라 정해진다. 방식심사를 거친 디자인출원은 심사관에게 이관되어 출원서에 기재된 내용 및 도면을 대상으로 심사출원과 일부심사출원으로 구분하여 심사절차가 진행된다.

1) 심사의 종류

(1) 심사

디자인출원에 대해 공업상이용가능성, 신규성, 창작성 등 디자인법이 정한 등록요건에 따라 모든 요건을 심사하는 일반적인 심사를 말한다.

(2) 일부심사

유행성이 강한 디자인은 제품출시와 함께 모방이 되는 경우가 많아 일부심사제도를 통해 신속한 권리화를 통해 보호를 기대할 수 있다.[217] 따라서 이러한 물품의 디자인출원에 대해 신속한 심사를 진행하는 디자인일부심사등록제도를 두고 있다. 디자인일부심사출원은 디자인 등록요건 중 신규성, 공지디자인에 의한 용이창작, 확대된 선출원, 관련디자인,

216) 디자인보호법 제2조 제5항
217) 손승우(2016). 『지식재산권법의 이해』, 동방문화사, 305쪽

선출원은 적용하지 않고 일부 등록요건만을 심사하여 신속히 권리를 부여할 수 있다.

물품류별 일부심사물품(고시 제2021-18호)

제1류(식품)
제2류(의류 및 패션잡화용품)
제3류(다른 류에 명기되지 않는 여행용품, 케이스, 파라솔 및 신변용품)
제5류(섬유제품, 인조 및 천연 시트직물류)
제9류(물품운송 · 처리용 포장 및 용기)
제11류(장식용품)
제19류(문방구, 사무용품, 미술재료, 교재)

2) 심사절차

(1) 등록요건 검토

(가) 출원디자인의 등록요건 기준일 확인

출원일자 및 우선권주장의 경우 제1국의 출원일자, 분할출원 및 출원보정의 경우 원출원의 출원일자를 확인해야 한다.

(나) 등록요건상 참증자료의 확인

디자인등록요건을 판단하기 위해서는 선행디자인의 공지일자 및 먼저 출원한 디자인의 출원일자 등을 확인해야 한다.

(다) 출원디자인과 선행디자인이 유사한 지 여부의 판단(신규성, 선출원 등)

(라) 출원디자인이 창작비용이성에 해당하는지 여부의 판단

(2) 거절이유 통지

디자인심사에서 등록요건상 거절이유가 있는 경우에는 출원인에게 거절이유를 통지한다. 이때 출원인에게 보정을 할 수 있는 기간을 지정하여 의견서나 보정서를 제출할 기회를 준다.

(3) 의견서 및 보정서 검토

(가) 출원인이 제출한 의견서나 보정서에 대해 디자인의 요지를 변경된 경우에는 보정서를 각하한다.

(나) 보정서의 내용이 디자인의 요지를 변경하지 않은 경우에는 보정 후의 출원서 및 도면을 반영하여 심사한다.

(다) 의견서 또는 보정서의 제출로 거절이유가 해소되었으나 다른 거절이유가 발생한 경우에는 새로운 거절이유를 통지한다.

(4) 등록여부 결정

(가) 디자인등록결정

출원디자인에 대하여 애초에 거절이유를 없는 경우에는 바로 등록결정을 하고, 의견서나 보정서를 제출하여 거절이유가 해소된 경우에는 등록결정을 한다.

(나) 디자인거절결정

의견서 및 보정서에 의해 거절이유가 해소되지 않은 경우에는 구체적인 거절이유를 기재하여 거절 결정한다.

심사이후 이의신청 및 불복심판

이의신청

일부심사등록의 경우 등록요건 중 신규성 등을 제외하고 등록여부를 결정하기 때문에 이를 보완하기 위하여 이의신청제도를 운영하고 있다. 일부심사등록이 되는 경우 제3자에게 예상치 못한 피해가 발생할 수 있기 때문에 이를 구제하기 위해 누구든지 디자인 등록공고후 3개월 이내에 특허청에 이의신청을 하여 디자인권의 무효를 주장할 수 있다.

재심사제도

출원인인 거절결정서를 받은 후 3개월 내에 거절이유에 대한 보정의 기회를 주기 위해 도면 등 보정서를 첨부하여 심사를 청구할 수 있는 제도이다. 별도로 심판을 청구하지 않더라도 치유할 수 있는 거절결정에 대해서 다시 보정할 기회를 주는 제도이다.

거절결정에 대한 심판제도

최종적으로 거절결정되었을 때에 3개월 내에 그 결정에 대해 출원인에게 불복할 수 있는 기회를 보장하는 제도이다. 1심 특허심판원, 2심 특허법원, 3심 대법원같은 독립 기관에서 행정행위인 심사결과에 항소할 수 있다.

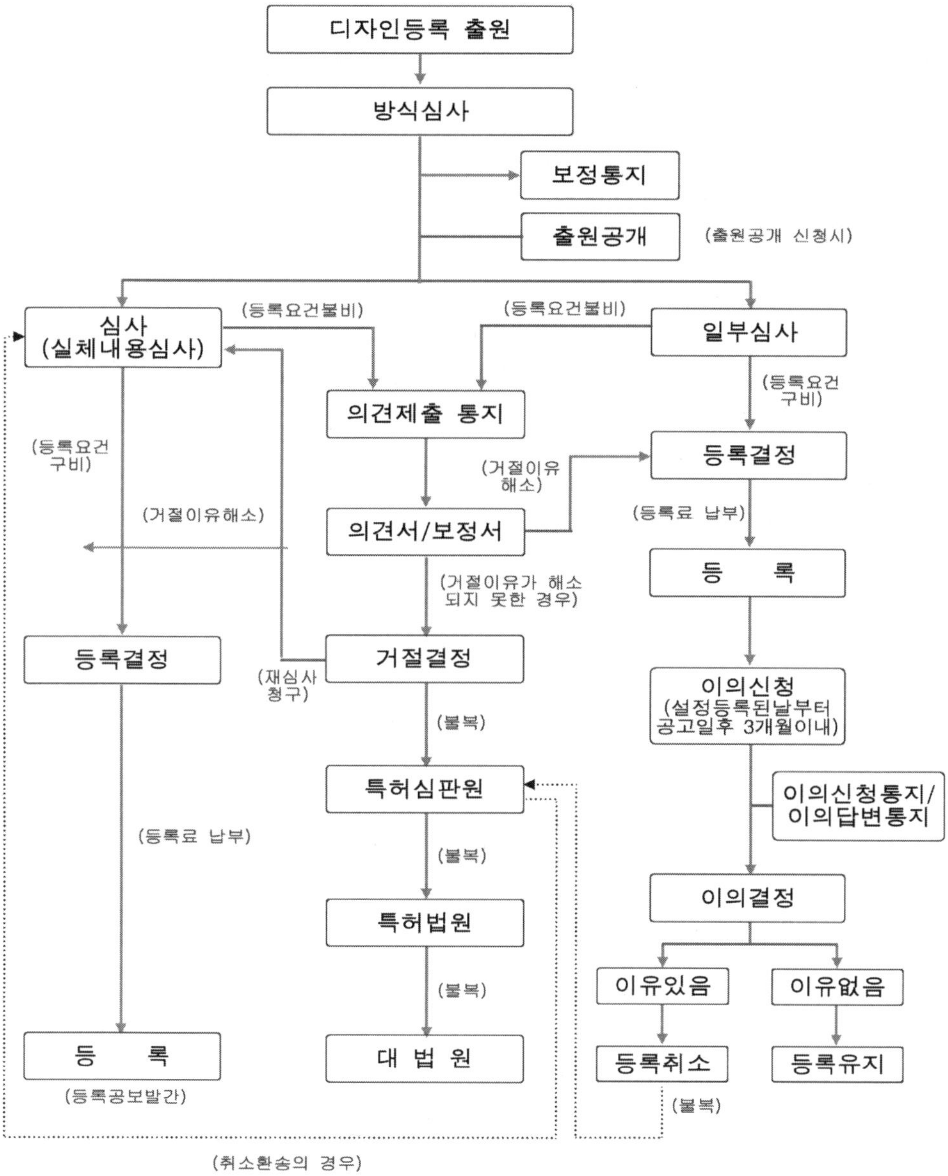

〈디자인심사절차〉

2 심사서류의 종류

1. 심사서류

1) 심사관이 통지하는 서류

(1) 의견제출통지서

심사관이 등록요건에 있어 거절이유가 있는 경우 출원인에게 거절조항과 이유 등을 통지한다.

(2) 협의(선택)통지서

등록요건에 있어서 선출원규정에 관한 거절이유가 있는 경우 관련 출원인에게 협의 또는 선택을 통해 거절이유를 해소하도록 통지한다.

(3) 디자인등록결정서

출원에 있어 거절이유가 없거나 보정을 통해 해소되어 등록요건을 갖춘 경우 이 사실을 통지한다.

(4) 거절결정서

디자인출원에 있어서 거절이유에 대해 보정이 이루어지지 않은 경우에는 최종적으로 거절사실을 통지한다.

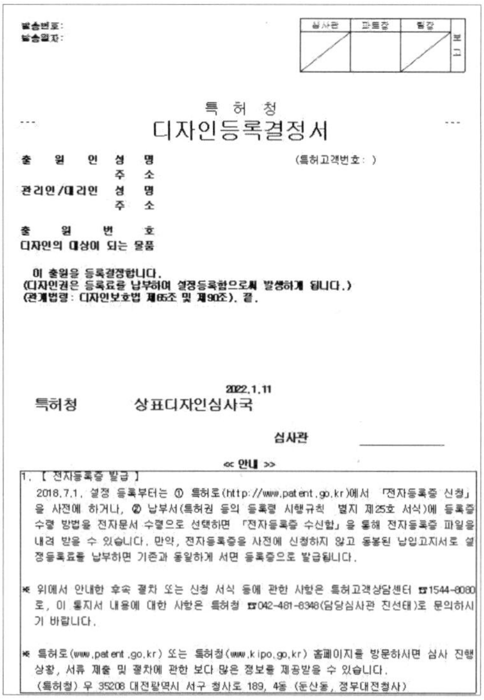

발송번호:
발송일자:

심사관	파트장	팀장	보고

특 허 청

디자인등록결정서

출원인 성명 (특허고객번호:)
주소
관리인/대리인 성명
주소

출원번호
디자인의 대상이 되는 물품

이 출원을 등록결정합니다.
(디자인권은 등록료를 납부하여 설정등록함으로써 발생하게 됩니다.)
(관계법령: 디자인보호법 제65조 및 제90조). 끝.

2022.1.11

특허청 상표디자인심사국

심사관

≪ 안내 ≫

1. 【 전자등록증 발급 】
2018.7.1. 설정 등록부터는 ① 특허로(http://www.patent.go.kr)에서 「전자등록증 신청」을 사전에 하거나, ② 납부서(특허권 등의 등록령 시행규칙 별지 제25호 서식)에 등록증 수령 방법을 전자문서 수령으로 선택하면 「전자등록증 수신함」을 통해 전자등록증 파일을 내려 받을 수 있습니다. 만약, 전자등록증을 사전에 신청하지 않고 동봉된 납입고지서로 설정등록료를 납부하면 기존과 동일하게 서면 등록증으로 발급됩니다.

※ 위에서 안내한 후속 절차 또는 신청 서식 등에 관한 사항은 특허고객상담센터 ☎1544-8080로, 이 통지서 내용에 대한 사항은 특허청 ☎042-481-8348(담당심사관 진선태)로 문의하시기 바랍니다.

※ 특허로(www.patent.go.kr) 또는 특허청(www.kipo.go.kr) 홈페이지를 방문하시면 심사 진행상황, 서류 제출 및 절차에 관한 보다 많은 정보를 제공받을 수 있습니다.
(특허청) 우 35208 대전광역시 서구 청사로 189, 4동 (둔산동, 정부대전청사)

〈디자인등록결정서 예〉

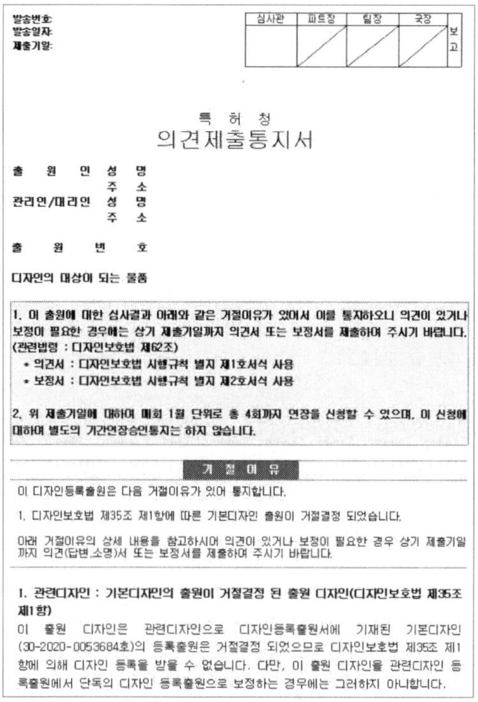

발송번호:
발송일자:
제출기일:

심사관	파트장	팀장	국장	보고

특 허 청

의견제출통지서

출원인 성명
주소
관리인/대리인 성명
주소

출원번호

디자인의 대상이 되는 물품

1. 이 출원에 대한 심사결과 아래와 같은 거절이유가 있어서 이를 통지하오니 의견이 있거나 보정이 필요한 경우에는 상기 제출기일까지 의견서 또는 보정서를 제출하여 주시기 바랍니다.
(관련법령 : 디자인보호법 제62조)
* 의견서 : 디자인보호법 시행규칙 별지 제1호서식 사용
* 보정서 : 디자인보호법 시행규칙 별지 제2호서식 사용

2. 위 제출기일에 대하여 매회 1월 단위로 총 4회까지 연장을 신청할 수 있으며, 이 신청에 대하여 별도의 기간연장승인통지는 하지 않습니다.

거 절 이 유

이 디자인등록출원은 다음 거절이유가 있어 통지합니다.

1. 디자인보호법 제35조 제1항에 따른 기본디자인 출원이 거절결정 되었습니다.

아래 거절이유의 상세 내용을 참고하시어 의견이 있거나 보정이 필요한 경우 상기 제출기일까지 의견(답변,소명)서 또는 보정서를 제출하여 주시기 바랍니다.

1. 관련디자인 : 기본디자인의 출원이 거절결정 된 출원 디자인(디자인보호법 제35조 제1항)
이 출원 디자인은 관련디자인으로 디자인등록출원서에 기재된 기본디자인(30-2020-0053684호)의 등록출원은 거절결정 되었으므로 디자인보호법 제35조 제1항에 의해 디자인 등록을 받을 수 없습니다. 다만, 이 출원 디자인을 관련디자인 등록출원에서 단독의 디자인 등록출원으로 보정하는 경우에는 그러하지 아니합니다.

〈의견제출통지서 예〉

2) 출원인이 제출하는 서류

(1) 출원 등 보정서

출원서에 기재된 서지사항 등의 보정할 내용이 있을 때 이 양식을 통해 제출한다.

(2) 도면 등 보정(절차보완)서

심사관이 통지한 거절이유에 대해 기재사항과 도면 등 하자 등을 보정하기 위해 제출한다.

(3) 거절이유 등 통지에 따른 의견서

심사관이 통지한 신규성, 창작성 등 거절이유에 대해 소명의견이 있을 경우 이 양식을 통해 제출한다.

2. 기타 서류

1) 보정관련

심사관은 출원인이 제출한 보정서류에 대해 인정되지 않을 경우 '보정각하결정서'를 통지한다.

2) 분할관련

출원인이 분할출원을 하였을 때 불인정될 이유가 있으면 심사관은 '분할출원불인정 예고통지서'를 통지한다. 불인정이유가 해소되지 않으면 최종적으로 '분할출원불인정통지서'를 통지한다.

3) 우선권주장관련

출원인이 해외우선권주장서류를 제출하였을 때 인정되지 않으면 심사관은 '우선권주장불인정 예고통지서'를 보낸다. 불인정이유가 해소되지 않으면 최종적으로 '우선권주장불인정 통지서'를 통지한다.

4) 신규성의제관련

출원인이 신규성상실의 예외주장을 할 때 미흡한 경우 심사관은 '신규성의제불인정 예고통지서'를 보내고 최종적으로 불인정되면 '신규성의제불인정통지서'를 통지한다.

5) 우선심사관련

출원인이 우선심사를 신청했을 때 요건에 맞지 않으면 심사관은 '우선심사각하결정서'를 보내거나 서류보완이 필요한 경우 '우선심사보완요구서'를 통지한다. 최종적으로 우선심사가 결정되면 '우선심사결정서'를 통지한다.

6) 심사처리보류관련

심사과정에서 출원디자인이 다른 출원디자인과 경합하거나 등록상황에 영향을 받아서 심사결정이 미루어지는 경우에는 심사관은 '출원심사처리보류(연기)통지서'를 통지한다.

따라하기

Q. 다음 일부심사물품에 대해서 키프리스(kipris.or.kr)에서 각 물품류에 해당하는 물품 명칭의 예를 2-3개씩 찾아보도록 한다.

〈해결방법〉

키프리스의 스마트검색에서 국제분류에 해당류를 넣어 검색할 수 있다..

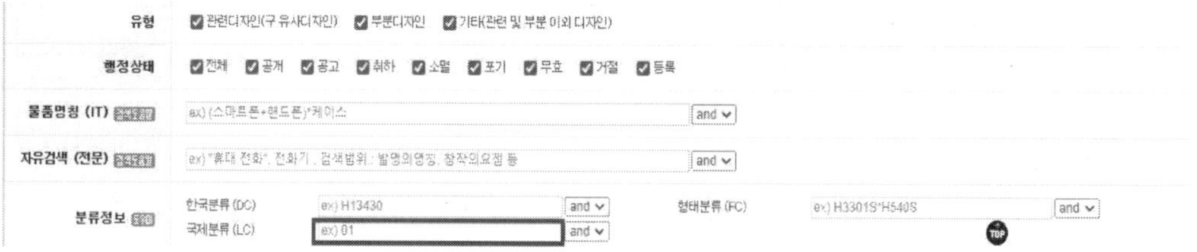

제1류(식품)

제2류(의류 및 패션잡화용품)

제3류(다른 류에 명기되지 않는 여행용품, 케이스, 파라솔 및 신변용품)

제5류(섬유제품, 인조 및 천연 시트직물류)

제9류(물품운송 · 처리용 포장 및 용기)

제11류(장식용품)

제19류(문방구, 사무용품, 미술재료, 교재)

확인학습

Q. 다음 문장 중 빈칸을 완성해 보자

1. 방식심사를 거친 디자인출원은 심사관에게 이관되어 출원서에 기재된 내용 및 도면을 대상으로 심사출원과 □□□□□□으로 구분하여 심사절차가 진행된다.

2. 출원인이 해외우선권주장서류를 제출하였을 때 인정되지 않으면 심사관은 '우선권주장불인정 예고통지서'를 보낸다. 불인정이유가 해소되지 않으면 최종적으로 '□□□□□□□□통지서'를 통지한다.

3. 다음 중 디자인 방식심사에 있어서 보정을 명령하는 이유가 아닌 것은?
   ① 서류제출절차가 행위능력이 없는 사람이나 대리권이 없는 사람에 의해 제출된 경우
   ② 신규성에 위반되어 거절 통지하는 경우
   ③ 절차가 법령이 정한 방식에 위반되는 경우
   ④ 납부할 수수료가 납부되지 않은 경우

4. 디자인의 실체심사 중 등록요건에 대한 검토사항이 아닌 것은?
   ① 출원인의 주소 등 기재사항이 정확한 지 확인
   ② 등록요건상 참증자료의 확인
   ③ 출원디자인과 선행디자인의 유사한 지 여부의 판단
   ④ 출원디자인이 창작비용이성에 해당하는지 여부의 판단

5. 디자인심사 중 출원인이 특허청에 제출할 수 있는 서류가 아닌 것은?
   ① 출원 등 보정서
   ② 도면 등 보정(절차보완)서
   ③ 거절이유 등 통지에 따른 의견서
   ④ 협의(선택)통지서

학습 2 디자인의 등록요건

학습 목표	• 디자인등록요건의 각 조항별 거절이유를 이해하고 출원서 및 보정서를 통해 대응할 수 있는 능력을 키운다.

1 공업상이용가능성

1. 공업상이용가능성 요건

디자인은 산업발전에 이바지하기 위해 공업적 생산방법에 의하여 동일한 물품을 양산할 수 있는 디자인 형태를 갖추어야 한다. 공업상 이용할 수 있는 디자인에 부합하기 위해서는 일정한 수준으로 디자인이 구체적으로 표현되어야 한다. 공업상이용가능성은 디자인산업에서 양산성과 같은 의미로서 실제로 제품제조가 가능하도록 요구되는 사항에 관한 것이다. 산업현장에서 금형, 생산설비, 재료, 설치, 작동, 폐기 등의 요건을 고려하는 것처럼 디자인보호법에서는 산업적으로 출원디자인이 이용가능한지 여부를 법률적 요건으로 정의한 것이다.[218]

2. 양산가능성

1) 공업적 생산방법

원자재에 물리적 또는 화학적 변화를 가하여 물품을 제조해 내는 것을 말한다. 기계적 생산뿐만 아니라 수공업적 생산도 포함한다. '양산'은 이러한 공업적 생산방법에 의해 같은 물품으로 보여질 수 있는 수준의 동일성 있는 물품을 반복적으로 생산하는 것을 의미한다.

218) 진선태(2011).『디자인과 디자인보호분야 사이의 통념차이, 디자인학연구』 Vol.24 No.3, 58쪽

2) 양산가능성이 없는 디자인

(1) 자연물을 주로 이용한 디자인

예) 수석, 나무, 나무새총, 박제 등

(2) 판매, 전시 등 상업적 과정에서 임시적으로 사용되는 서비스디자인

예) 풍선장식, 꽃장식, 물건 진열형태 등

(3) 순수미술 저작물

예) 미술회화, 유리공예, 도자기작품, 설치미술 등

수석[219)]

꽃장식[220)]

행복한 눈물[221)]

〈양산가능성이 없는 디자인 예〉

3. 디자인의 구체성

1) 구체성이 없는 디자인

출원서의 기재사항 및 도면 등을 디자인지식으로 합리적으로 판단할 때 디자인에 관한 물품의 사용목적·사용방법·사용상태·재질 또는 크기 등이 불명확하여 디자인의 요지를 파악할 수 없는 때에 '구체성이 없는 디자인'이라 말한다.

219) http://www.interviewm.com/news/photo/201905/767_1837_512.jpg
220) http://eppflower.com/web/product/big/201901/e3aa66b6646ac4bd4050d4222d12f5cd.jpg
221) By 로이 릭턴스타인, 공정 이용, https://ko.wikipedia.org/w/index.php?curid=2517863

2) 도면상 하자

(1) 도면이 선명하지 않거나 제출한 도면 간 형상이 불일치하는 경우에는 디자인의 요지를 파악하는 것이 어렵다. 이때 디자인을 양산할 수 없을 정도로 표현이 구체적이지 않은 경우에 해당한다.

예) 디자인에서 투명한 부분이 파악되지 않는 경우, 사진도면에 물품의 배경, 음영 등이 찍혀서 디자인을 정확히 알 수 없는 경우 등

(2) 3D 모델링도면에서 물품의 전체 형태가 명확하게 도시되지 않거나 물품을 파악하기 어려운 경우

(3) 도면 내의 디자인과 무관한 중심선, 기선 또는 내용설명을 하기 위한 지시선·부호 또는 문자가 있어 혼동을 일으키는 경우

(4) 부분디자인으로 등록받으려는 부분의 범위가 명확하게 특정되지 않거나 디자인의 설명에서 명확하게 기재되지 않은 경우,

(5) 디자인의 설명에서 형상, 모양, 색채를 추상적으로 설명하여 디자인의 요지파악이 불가능할 경우

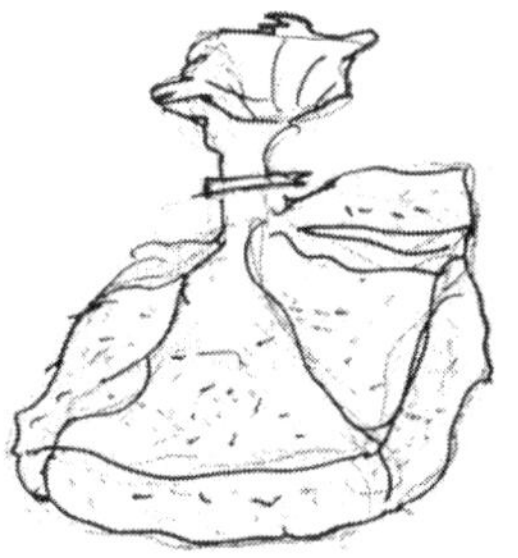

도면 불명확222)

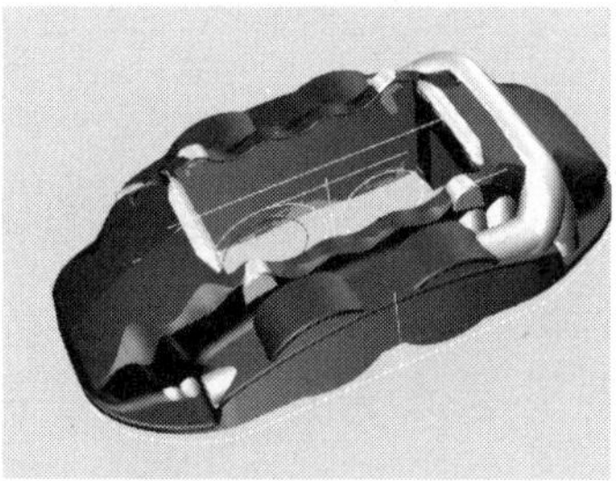

3D모델링 불명확223)

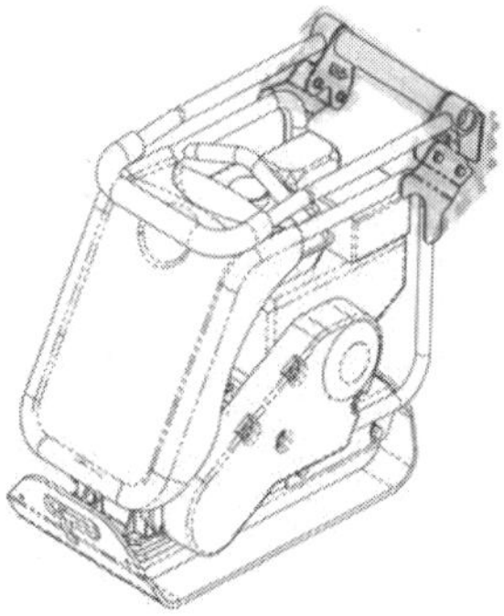

부분디자인 불명확224)

〈구체성이 없는 디자인 예〉

222) 유럽공동체디자인등록 51560-0001호
223) 디자인공개번호 30-2015-0000004호
224) 유럽공동체디자인등록 132659-0001호

2 신규성

1. 신규성 요건

신규성이란 디자인권리의 판별에 있어서 객관적으로 출원일자를 기준으로 이전에 공개된 디자인과 동일 또는 유사한 디자인은 디자인등록에서 배제하는 것을 말한다.

2. 신규성을 적용하는 유형

1) 국내외에서 공지되거나 공연히 실시된 디자인

불특정 다수인에게 공연히 알려질 수 있는 상태에 놓이거나 이 상태에서 공연히 실시된 디자인과 동일하거나 유사한 디자인

예) 전시, 박람회, 제품시연회, 제품공개, 판매 등에 의한 알려진 디자인

2) 국내외에서 반포된 간행물에 게재된 디자인

불특정 다수인이 볼 수 있는 상태로 간행물에 게재된 디자인과 동일하거나 유사한 디자인

예) 서적, 신문, 매거진, 카탈로그, 팸플릿, 제품매뉴얼 등에 게재된 디자인

3) 국내외에서 전기통신회선을 통해 공중이 이용할 수 있게 된 디자인

불특정인이 인터넷 등을 통해 디자인에 접근할 수 있는 상태에서 알려진 디자인과 동일하거나 유사한 디자인

예) 인터넷, 유튜브, 인스타그램, 트위터 등에 공개된 디자인

3. 신규성의 대비대상

신규성은 출원디자인과 공지디자인이 서로 대비가 가능할 때에 적용할 수 있다. 즉, 공지디자인의 전체 또는 일부와 동일하거나 유사한 출원디자인은 신규성을 인정받지 못하게 된다.

예) 자동차가 먼저 공개되고 나서, 동일하거나 유사한 자동차, 또는 부품인 자동차 바퀴를 출원한 경우

예) 휴대폰이 먼저 공개되고 나서 동일하거나 유사한 휴대폰 또는 휴대폰의 버튼부분만 출원한 경우

예) 도자기세트가 먼저 공개되고 나서 일부가 동일하거나 유사한 찻잔만 출원한 경우

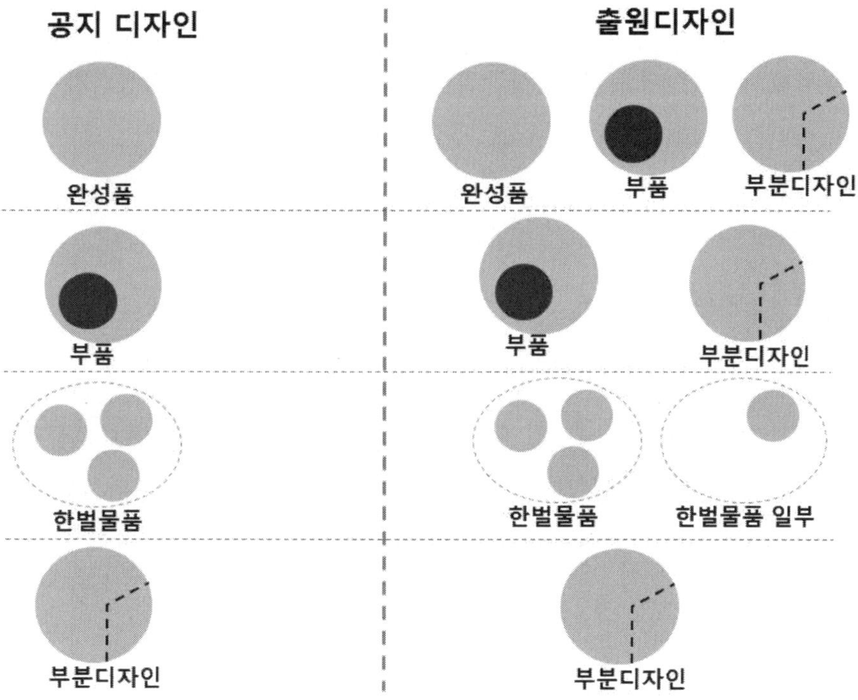

〈신규성의 대비대상〉

4. 신규성상실의 예외주장

디자인출원전에 공지된 디자인과 동일하거나 유사한 디자인 또는 이로부터 용이하게 창작할 수 있는 디자인은 신규성과 용이창작에 의해 디자인등록을 받을 수 없다. 그러나 디자인의 경우 출원하기 전에 시제품을 전시하거나 판매하는 등의 사정으로 인해 부득이하게 신규성이 상실되는 경우가 있다. 따라서 제3자의 이익을 해치지 않으면서 디자인창작자에게 불이익을 주지 않기 위해 1년 이내에 공지된 디자인에 대해서 예외적으로 신규성을 인정해 주는 제도이다.

1) 신규성상실예외를 주장할 수 있는 자

디자인이 공지될 당시에 디자인등록을 받을 수 있는 권리를 가지는 자 또는 승계한 자

2) 신규성상실예외주장의 시기 및 방법

디자인출원서를 제출할 때 또는 보정할 때 등 디자인등록여부가 결정되기 전까지 공지주체, 공지일자, 공지형태에 관한 서류를 제출한다.

3) 인정의 효과

신규성상실예외주장이 인정되면 디자인심사에서 신규성과 용이창작에 관한 등록요건에서는 공지된 디자인을 제외하고 판단한다.

예) 창작자 A가 2020년 11월 21일 전시회에 디자인을 공개한 후 2021년 9월 1일 신규성상실예외주장을 하면서 디자인출원을 한 경우에는 공지로부터 1년 이내이므로 신규성에 의해 거절되지 않는다.

3 창작비용이성

1. 창작비용이성 요건

창작비용이성은 이미 널리 알려진 디자인이나 기존에 있는 선행디자인으로부터 디자이너의 수준에서 용이하게 창작할 수 있는 디자인에 대해 디자인등록을 배제하는 것을 말한다.

디자인 분야의 창작성

창조성과 마찬가지로 신기성(Newness)과 유용함(usefulness)을 가지고 차별화된 새로운 조형과 개념을 만들어 내는 능력을 말하며, 디자인창작성은 디자이너에게 요구되는 가장 중요한 능력이다.

2. 창작비용이성의 유형

1) 국내외에서 널리 알려진 형상 · 모양 · 색채 또는 이들의 결합

주지의 형상·모양, 디자인, 자연물, 저작물, 유명경치, 조형물 등을 거의 그대로 표현하거나 변화가 미미하게 이루어진 디자인에 적용된다. 사람들에게 잘 알려진 디자인이나 형태는 널리 인지되어 누구나 사용할 수 있는 디자인모티프이므로 이것을 그대로 표현한 디자인은 창작성을 인정받기 어렵다.

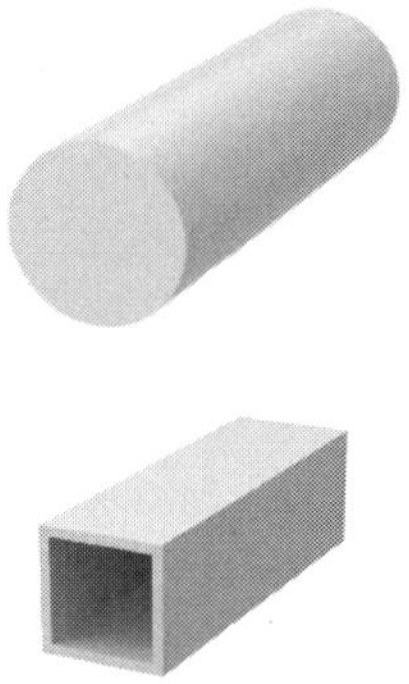

주지의 형상[225)]

저명한 미술저작물[226)]

BMW MINI[227)] © Mini.co.kr

〈주지의 디자인〉

225) 특허청(2021). 『디자인심사기준』 107-108쪽
226) By 자작, CC BY 2.5, https://commons.wikimedia.org/w/index.php?curid=1638110
227) https://www.mini.co.kr/ko_KR/home/offers/special-offers/202211-new/jcr:content/main/par/imageresourceselecto_252658362/damImage.narrow.620w.j_1666925172211.jpg

2) 국내외에서 공지된 디자인 등의 형상 · 모양 · 색채 또는 이들의 결합

이미 공개된 디자인 또는 이들을 결합하여 디자이너가 통상의 지식을 가지고 쉽게 창작할 수 있는 디자인은 창작성을 인정받기 어렵다.

3. 용이창작의 원리

용이창작은 주지/공지의 형상·모양·색채 또는 이들을 결합하여 디자인과정에서 용이한 변형을 통해 창작성이 없는 디자인이 만들어지는 과정으로 이해할 수 있다.

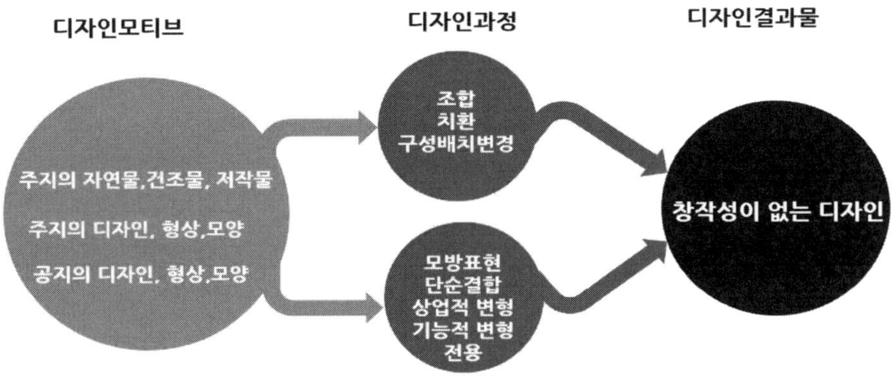

〈용이창작의 원리〉

4. 용이창작의 유형

1) 조합

2개 이상의 디자인을 조합하여 1개의 디자인을 구성하는 경우이다. 2개가 조합되는 경우 에는 조화롭게 디자인하기 위해서는 고도의 창작기법이 요구되기 때문에 새로운 창작이 이루어질 개연성이 적다.

2) 치환

공지디자인의 구성요소 일부분을 다른 것으로 변경하여 구성하는 경우이다.

3) 구성배치 변경

공지디자인의 일부 구성요소에서 배치나 배열을 변경하여 창작하는 경우이다.

4) 구성단위 증감

주요한 형태를 반복하거나 삭제하는 등의 방법으로 용이하게 창작하는 경우이다. 배열 형태가 특이하지 않으면 창작성을 인정받기 어렵다.

5) 전용

용도와 기능이 전혀 다른 이종 물품을 전용하는 것이 그 분야의 관행으로 되어 있는 경우에 해당한다.

예) 실물자동차를 장난감 자동차로 전용하는 경우

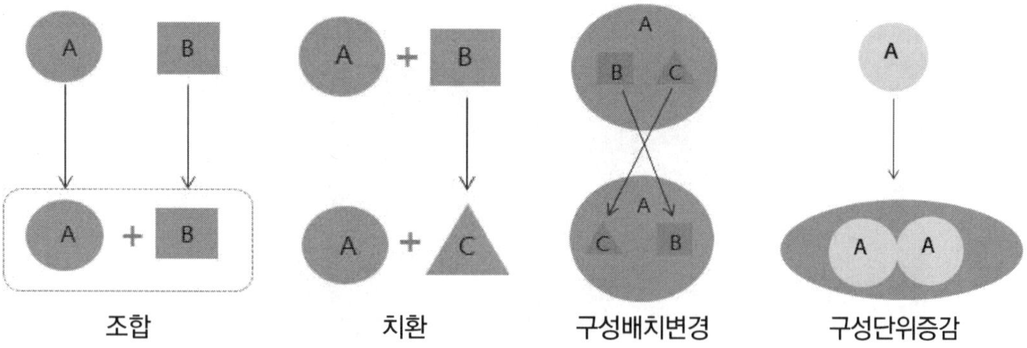

〈용이창작의 유형〉

6) 상업적 변형

디자인 업계에서 통상의 지식을 가진 사람이 물품에 맞게 상업적으로 변형할 수 있는 정도의 디자인을 말한다.

주지의 캐릭터(캐로로중사)

출원디자인(인형)

출원디자인(인형)

〈상업적변형의 예228)〉

7) 창작성 인정 예

저명한 미술저작물을 토대로 픽셀아트에 의해 재구성한 창작물은 모티프만 차용됐을 뿐 전혀 다른 구성과 표현방식이므로 창작성이 인정될 수 있다.

저명한 미술저작물229)

픽셀아트230)

〈창작성 판단 예〉

---

228) 특허청(2021). 『디자인심사기준』 103쪽

229) By 빈센트 반 고흐 - bgEuwDxel93-Pg at Google Arts & Culture, 퍼블릭 도메인, https://commons.wikimedia.org/w/index.php?curid=25498286

230) https://www.dhresource.com/0x0/f2/albu/g19/M00/F2/AF/rBVapmEMpK6ATF0VAANIoqbh2tk564.jpg

4 선출원 및 확대된 선출원

1. 선출원 요건

디자인권의 중복발생을 배제하기 위한 수단으로서 우리나라는 선출원주의를 채택하고 있다. 선출원주의는 동일 또는 유사한 디자인에 대해 2개 이상의 출원이 경합할 때 먼저 출원한 출원에 대해서만 디자인등록을 허여하는 원칙을 말한다.

1) 선출원의 적용유형

(1) 둘 이상의 동일하거나 유사한 디자인을 다른 날짜에 타인이 출원한 경우

먼저 출원한 디자인이 등록되는 경우 뒤에 출원한 타인의 출원은 등록될 수 없다.

(2) 둘 이상의 동일하거나 유사한 디자인을 다른 날짜에 동일인이 출원한 경우

동일한 디자인이 출원되면 먼저 출원한 디자인만 등록받을 수 있고, 유사한 디자인이 출원되면 서로 1년 이내 출원된 경우에만 기본디자인과 관련디자인으로 등록받을 수 있다.

(3) 둘 이상의 동일하거나 유사한 디자인을 같은 날짜에 동일인이 출원한 경우

동일한 디자인이 같은 날짜에 출원되면 둘 중 하나만 등록받을 수 있고, 유사한 디자인이 출원되면 각각 기본디자인과 관련디자인으로 등록받을 수 있다.

2) 선출원의 적용대상

선출원을 판단하는 대상은 다음과 같이 서로 같은 성격의 물품에만 적용할 수 있다.

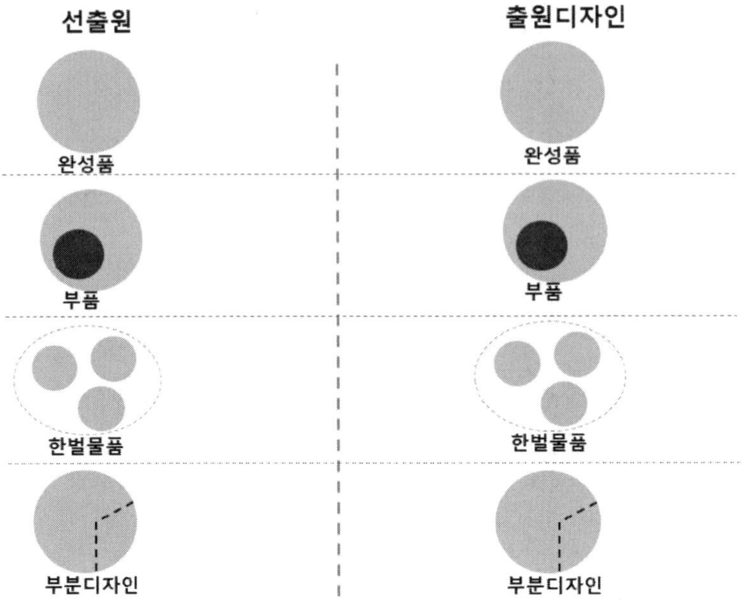

〈선출원의 적용대상〉

2. 확대된 선출원요건

확대된 선출원은 타인이 먼저 출원한 디자인과 전체가 아닌 일부와 동일하거나 유사한 출원에 대해서 디자인등록을 배제하기 위한 요건이다.

1) 확대된 선출원의 적용요건

먼저 출원한 디자인의 일부와 상당 부분 기능과 용도에 공통성이 있고 형상·모양·색채 또는 이들의 결합이 동일하거나 유사한 경우에 적용한다. 다만 동일인이 출원한 디자인 간에는 확대된 선출원이 적용되지 않는다.

예) 라디오가 먼저 출원되어 등록되고, 이와 동일하거나 유사한 라디오의 스피커부품이 뒤에 출원된 경우

예) 한복세트가 먼저 출원되어 등록되고, 이와 동일하거나 유사한 바지저고리가 뒤에 출원된 경우

2) 확대된 선출원 적용대상

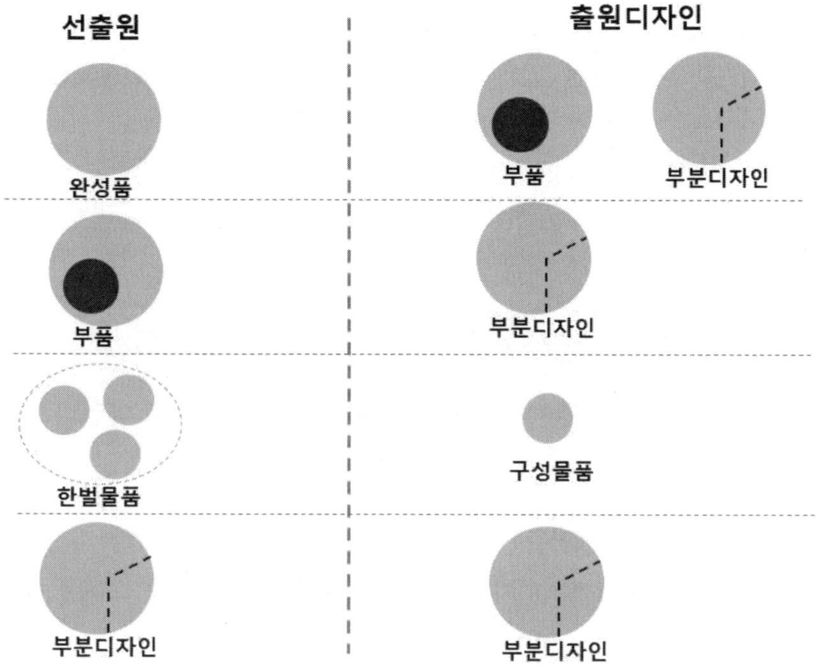

〈확대된 선출원의 적용대상〉

5 관련디자인

1. 관련디자인 요건

디자인권자는 업으로서 등록디자인 또는 이와 유사한 디자인을 실시할 권리를 독점한다.[231] 이때 유사한 디자인의 범위가 추상적이며 명확하지 않기 때문에 별도로 관련디자인제도를 두어 출원인이 자신의 디자인을 계속 개량 발전시켜 시리즈 디자인으로 관리할 수 있도록 한 제도이다.

231) 디자인보호법 제92조

마이너체인지

시장에서 소비자에게 소구할 수 있는 다양한 모델을 만들기 위해 기존 디자인에 형상, 색상, 재질, 표면처리, 모양 등의 변화를 통해 기존 디자인과 유사한 스타일을 유지하면서 유사한 상품을 개발하는 것을 말한다. 디자인개발 과정중 동일한 모티프를 가지고 다양한 변형을 할 수 있는 마이너체인지형태의 디자인이 창작되는데, 선제적으로 보호범위를 확장하기 위해 디자인권리를 확보할 필요가 있다.

1) 관련디자인의 요건

(1) 자기의 등록되거나 출원한 디자인에만 유사하고 선행하는 타인의 디자인과는 유사하지 않은 디자인에 대해서만 관련디자인등록이 가능하다.

(2) 디자인권자 또는 디자인출원인은 자기의 등록되거나 출원한 디자인과만 유사한 디자인은 그 디자인(기본디자인)의 디자인출원일부터 1년 이내에 출원된 경우에 관련디자인등록이 가능하다.

(3) 기본디자인의 권리에 전용실시권이 설정된 경우에는 그 기본디자인에 대해서 관련디자인등록이 불가능하다.

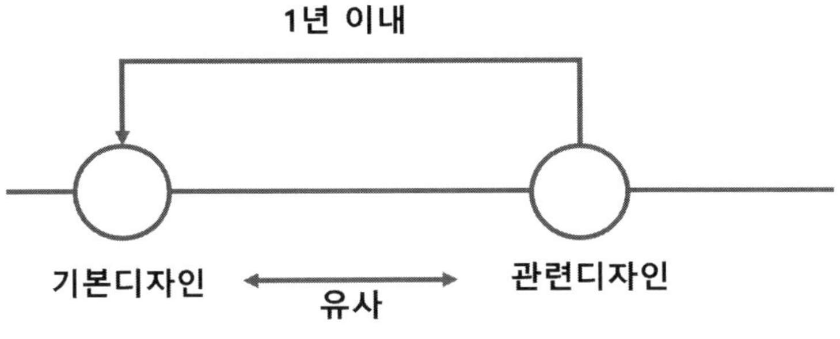

〈관련디자인의 요건〉

2) 관련디자인 보호의 효과

(1) 기본디자인권의 보호범위와 마찬가지로 관련디자인만의 보호범위가 성립되어 유사한 디자인까지 독립적인 디자인보호의 효력이 미친다.

(2) 관련디자인권의 보호기간은 설정등록 후 기본디자인권의 보호기간 만료일까지 디자인보호의 효력이 발생한다.

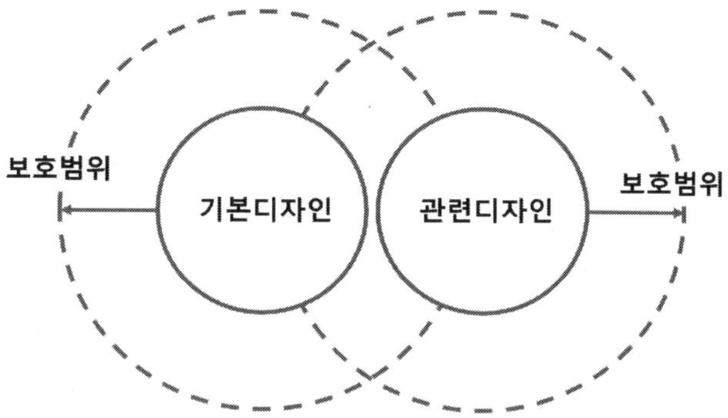

〈관련디자인의 효과〉

3) 관련디자인의 유사판단

동일인이 출원한 디자인의 전체 형상·모양·색채를 비교하여 유사여부를 판단한다.

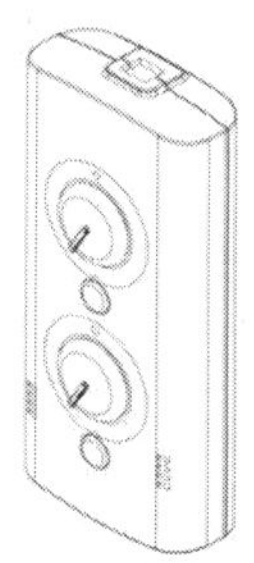

기본디자인232)

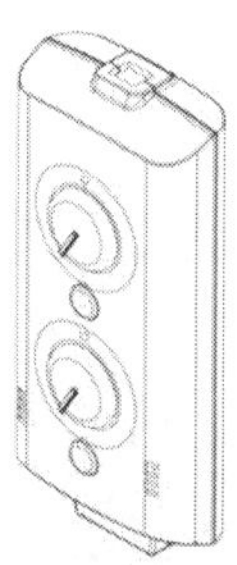

관련디자인233)

기본디자인234)

관련디자인235)

〈관련디자인의 등록 예〉

232) 디자인등록 30-0867313호
233) 디자인등록 30-0880006호
234) 디자인등록 30-0839287호
235) 디자인등록 30-0839288호

6 1디자인 1출원

1. 1디자인 1출원 요건

디자인은 1개의 디자인마다 1개의 디자인출원을 원칙으로 한다. 이러한 전제를 원칙으로 하여 디자인출원절차에서 출원이 이 원칙에 적합한지 여부를 판단하는 요건을 말한다.

1) 1디자인 1출원의 예외

(1) 복수디자인출원

예외적으로 로카르노분류에 따라 동일한 물품류에 속하는 디자인은 100개까지 1개의 출원서로 제출할 수 있도록 하고 있다.

(2) 여러 구성물이 결합되는 물품

여러 구성물로 분리되거나 결합될 수 있는 물품인 경우에 1개의 물품으로 거래되는 것이 일반적이라 판단되면 1디자인으로 출원할 수 있다.

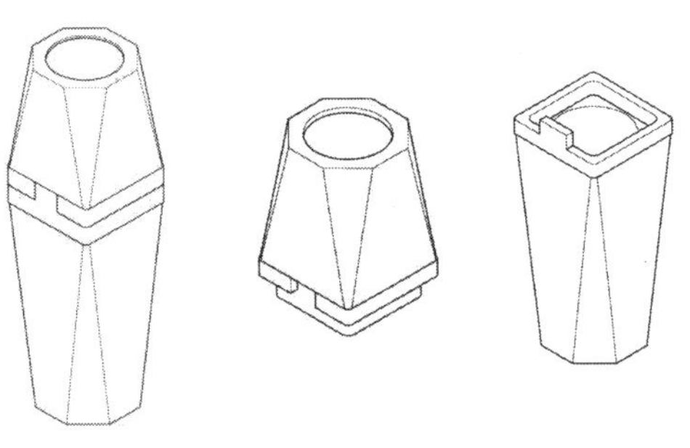

화장품케이스[236)]

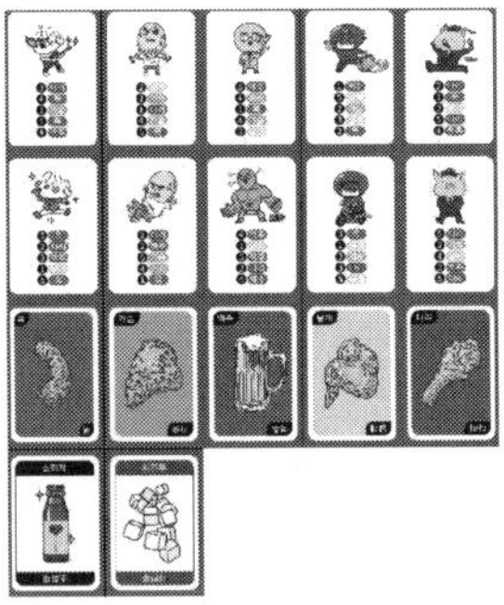

게임용 카드[237)]

〈여러 구성물이 있는 물품 예〉

236) 디자인등록 30-0396801호
237) 디자인등록 제30-1144813호

(3) 형태가 변화하는 동적디자인

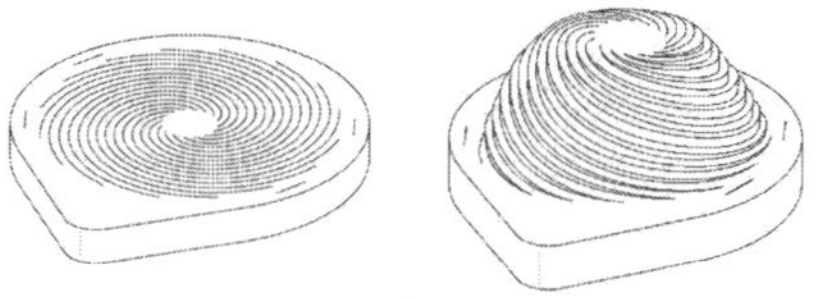

머리보호구238)

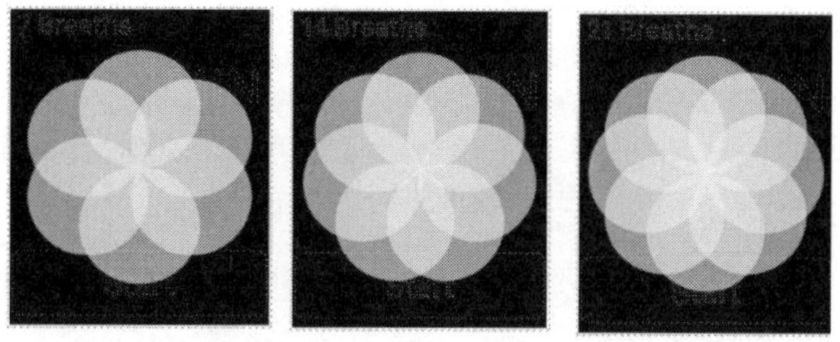

그래픽사용자인터페이스가 표시된 디스플레이패널239)

〈동적디자인의 예〉

(4) 부분디자인

부분디자인의 보호범위가 분리되어 있어도 기능적으로나 형태적으로 일체성이 있거나 창작적 공통성이 있으면 1디자인으로 출원할 수 있다.

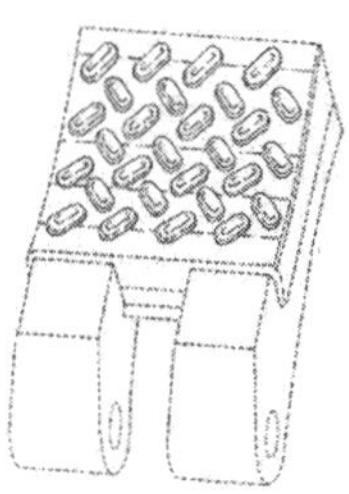

햄머부품240)

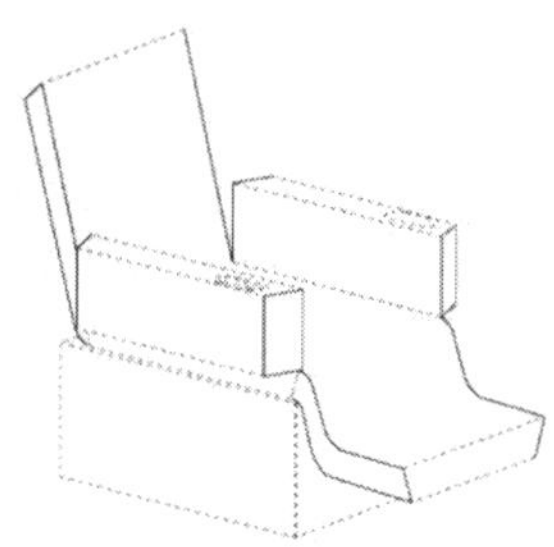

의자241)

〈부분디자인의 예〉

(5) 한벌물품의 디자인출원

둘이상의 물품으로 구성된 한벌물품의 디자인은 전체가 동시에 사용되거나 통일성이 있는 디자인이면 1디자인으로 출원할 수 있다.

---

238) 디자인등록 제30-0970614호
239) 디자인등록 제30-0906062호
240) 미국디자인등록 D684,200 S
241) 일본의장등록 1378284호

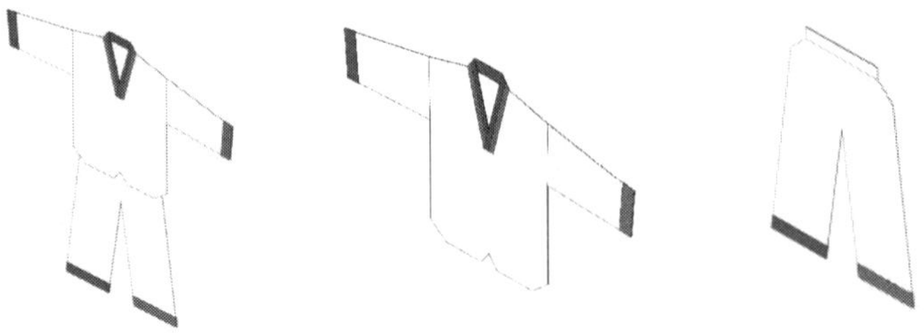

〈한 벌의 태권도복 세트[242]〉

거절결정 (출처 : 국가법령정보센터)

대법원 2013.02.15.선고 2012후3343 판결
이 사건 출원디자인은 물리적으로 떨어져 있더라도 이를 보는 사람이 토끼 귀로, 토끼 꼬리로 각각 인식할 수 있어서 그들 사이에 형태적으로 일체성이 인정되고, 그로 인하여 이를 보는 사람으로 하여금 그 전체가 '토끼 형상'과 유사한 일체로서 시각을 통한 미감을 일으키게 하므로, 이 사건 출원디자인은 디자인보호법 제11조 제1항에서 규정한 '1디자인'에 해당한다고 할 것이다.

7 부등록사유

1. 부등록사유 요건

디자인등록요건에 부합하였더라도 공익적 목적 또는 타인의 상표 등 사익을 해칠 우려가 있는 디자인에 대해서 별도로 등록받을 수 없는 이유를 규정한 요건이다.

1) 국기, 국장, 군기, 훈장, 공공기관 등의 표장, 외국의 국기, 국장, 국제기관의 문자나 표지와 동일하거나 유사한 디자인

242) 디자인등록 30-1103620호

국제기관의 표장이나 한나라의 국기, 지방자치단체 및 공공기관의 표장 등이 디자인에 표현되는 경우 해당 국가나 기관의 존엄과 관련된 이미지와 혼동을 주거나 훼손할 수 있으므로 이때 적용한다.

태극기(국기)　　유니세프(국제기관) 표장　　서울시(지자체) 상징　　코레일(공공기관)

2) 일반인의 통상적 도덕관념이나 선량한 풍속에 어긋나거나 공공질서를 해칠 우려가 있는 디자인

인륜, 사회정의 또는 국민감정에 반하는 표현, 특정 국가 및 국민을 모욕하는 표현, 저속·혐오 또는 외설적인 표현, 국가원수의 초상 등의 표현, 저명한 타인의 초상 등의 표현에 적용한다.

욱일승천기　　나치상징　　국가원수 패러디[243]　　연예인 초상[244] (c)time.com

243) https://www.chosun.com/international/2020/11/17/URIPMRZBTBBYBKZDC7EN3GIBTI/?utm_ source=naver&utm_medium=original&utm_campaign=news

244) https://api.time.com/wp-content/uploads/2022/03/TIM220411-Hybe-Cover.FINAL_.jpg?quality =85&w=800

3) 타인의 업무와 관련된 물품과 혼동을 가져올 우려가 있는 디자인

타인의 저명한 상표, 비영리법인의 표장, 타인의 저명한 디자인을 디자인의 일부 구성요소로 표현한 경우에 적용한다.

LOUIS VUITTON

루이비통 상표[245]

KFC

KFC 상표[246]

저명한 캐릭터[247]

사회복지법인 함께하는마음재단

비영리법인 표장[248]

4) 물품의 기능을 확보하는 데에 불가결한 형상만으로 된 디자인

물품의 기능, 기술에 필수적인 형상으로만 이루어진 디자인은 이미 정해진 물품의 규격 등에 해당하여 이 규정을 적용한다.

245) 상표등록 40-125038호
246) 상표등록 40-273172호
247) 상표등록 40-0846034호
248) http://www.withmind.or.kr/

따라하기

Q. 다음 물품의 디자인에 대해서 디자인등록요건중 창작비용이성에 대한 의견을 작성해 보도록 한다.

〈해결방법〉
우선 기존 물품을 검색을 통해 디자인경향과 형태동향을 파악해서 적어보도록 한다.
출원디자인이 기존 디자인과 차별화되는 점과 비슷한 점 등을 살펴보고 창작적으로 나온 디자인인지, 그렇다면 어떤 점이 그러한지를 형태위주로 자세히 적어보도록 한다.

〈출원디자인〉 라디오

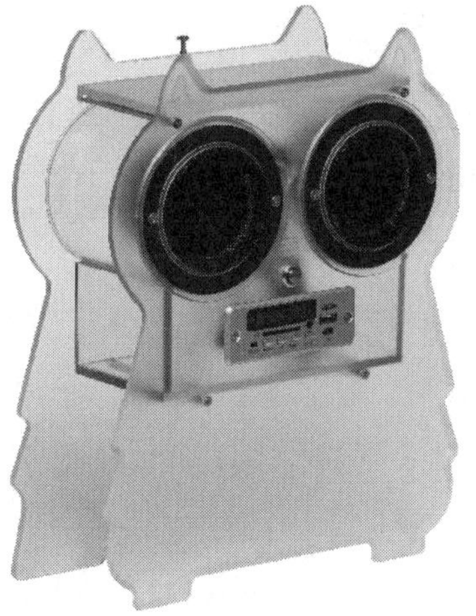

〈창작비용이성에 대한 판단의견〉

확인학습

Q. 다음 문장 중 빈칸을 완성해 보자

1. □□□□□□□은 이미 널리 알려진 디자인이나 기존에 있는 선행디자인으로부터 디자이너의 수준에서 용이하게 창작할 수 있는 디자인에 대해 디자인등록을 배제하는 것을 말한다.

2. □□□ □□□은 타인이 먼저 출원한 디자인과 전체가 아닌 일부와 동일하거나 유사한 출원에 대해서 디자인등록을 배제하기 위한 요건이다.

3. 복수디자인출원은 로카르노분류에 따라 동일한 물품류에 속하는 디자인은 □□□개까지 1개의 출원서로 제출할 수 있도록 하고 있다.

4. 다음 디자인등록요건 중 양산가능성이 있는 디자인은?
   ① 자갈을 깐 발받침
   ② 공장에서 생산되는 소시지
   ③ 결혼식을 위한 풍선장식
   ④ 판화 미술작품

5. 다음 디자인등록요건 중 신규성을 적용할 수 있는 공지디자인에 해당하지 않는 것은?
   ① 이메일로 업체사장에게 비밀을 유지하여 보낸 디자인
   ② 국내 엑스포행사에서 전시한 디자인
   ③ 해외 잡지에 게재된 디자인
   ④ 인터넷 블로그에 올린 디자인

6. 다음 중 타인 업무와 관련된 물품과 혼동할 우려가 있는 디자인에 해당하지 않는 것은?
   ① 타인의 저명한 상표
   ② 비영리법인의 표장
   ③ 연예인 초상
   ④ 타인의 저명한 디자인

학습 3 디자인의 유사판단

학습 목표	• 디자인의 유사판단에 관한 심사기준 및 방법을 이해하여 디자인침해예방에 대처할 수 있다.

1 물품의 유사판단

1. 물품의 유사판단

물품의 유사여부는 물품의 용도, 기능 등에 비추어 거래통념상 유사한 물품으로 볼 수 있는지에 따라 판단한다.

1) 용도(use)

이동, 기록, 청소와 같이 소비자가 물품을 통해 얻으려는 사용의 목적을 말한다.

2) 기능(function)

'바퀴가 굴러간다', '글씨가 새겨진다'와 같이 물품 자체적으로 용도를 실현할 수 있는 구조적, 형태적 특징에 의한 작용을 말한다.

3) 동일물품

용도와 기능이 동일한 물품을 말한다. 날개형 선풍기와 날개없는 선풍기는 동일한 용도와 기능을 수행하는 동일물품이다.

4) 유사물품

용도가 동일하고 기능이 다른 물품을 말한다. 캠코더와 디지털카메라는 '화상기록'이라는 용도는 같으나, 기능적으로는 동영상촬영과 사진촬영이라는 기능이 다르다.

5) 비유사물품

용도와 기능이 상이한 물품을 말한다. 휴대폰과 청소기는 전화통화와, 청소정리라는 용도뿐만 아니라 기능이 다른 물품이다.

6) 혼용

용도가 상이하지만 기능이 같아 용도를 바꿔 사용하는 관계를 말한다. 화분과 유리용기는 용도가 상이한 물품이지만, '담는다'라는 기능이 같아 가끔 유리용기에 화초를 키운다.

7) 디자인대상 간 유사관계

물품에서 완성품과 부품은 비유사한 관계이고, 원칙적으로 보호범위에 있어서 전체와 부분은 비유사 관계로 본다.

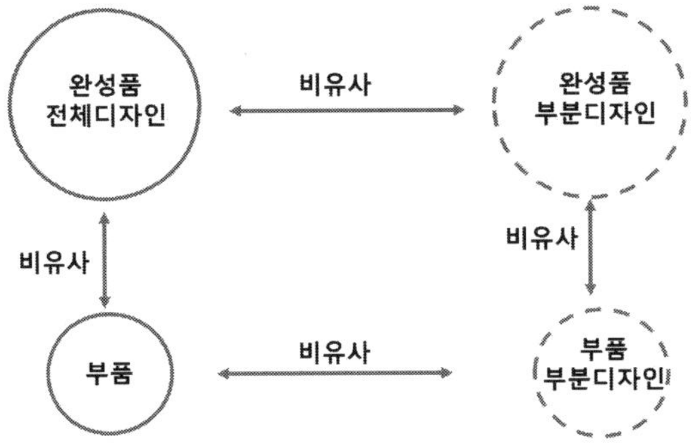

〈디자인대상 간 유사관계〉

2. 물품과 디자인에 따른 유사판단

물품의 유사여부와 디자인의 유사여부에 따라 디자인은 동일 또는 유사하거나 비유사한 디자인으로 판단된다.

구분	동일물품	유사물품	비유사물품
형상·모양·색채 동일	동일디자인	유사디자인	비유사디자인
형상·모양·색채 유사	유사디자인	유사디자인	비유사디자인
형상·모양·색채 비유사	비유사디자인	비유사디자인	비유사디자인

〈물품과 디자인에 따른 유사판단〉

디자인등록 무효 (출처 : 국가법령정보센터)

대법원 1999.12.28. 선고 98후492 판결

디자인은 물품을 떠나서는 존재할 수 없고 물품과 일체불가분의 관계에 있으므로 디자인이 동일 · 유사하다고 하려면 디자인이 표현된 물품과 디자인의 형태가 동일 · 유사하여야 할 것인바, 물품의 동일성 여부는 물품의 용도, 기능 등에 비추어 거래 통념상 동일 종류의 물품으로 인정할 수 있는지 여부에 따라 결정하여야 한다.

2. 디자인의 유사판단

1) 디자인의 유사판단

디자인의 유사판단은 신규성, 선출원, 관련디자인 등의 등록요건을 판단하기 위한 전 과정이다. 즉, 다른 디자인과 유사한지 여부가 가려져야 해당 등록요건에 대한 판단이 가능하기 때문이다.

2) 유사판단의 일반원칙

(1) 관점

디자인의 유사판단은 디자인의 물품이 유통되는 과정에서 수요자 관점으로 다른 디자인과 혼동할 우려가 있는 경우에는 유사한 디자인으로 판단한다. 또한 디자인분야에서 그 형태적 흐름이나 창작적 공통점이 유사하게 느껴지는 디자인은 유사한 디자인으로 판단한다.

(2) 판단방법

① 육안관찰

인간의 눈을 통해 외형상 보이는 양 디자인을 관찰하여 판단한다. 다만, 물품의 통상 거래상 눈으로 볼 수 없는 경우에는 확대하거나 절단한 단면형상을 관찰할 수 있다.

예) 헤드마운트디스플레이(HMD)를 통해서 보이는 화상디자인은 눈을 밀착하여 확대하여야만 보이므로 관찰 시 이 특성을 감안해야 한다.

② 전체관찰

디자인은 전체적인 대비를 통해 판단해야 한다. 디자인의 각 요소를 분리해서 따로 판단하는 것이 아니라 디자인 외관 전체에서 느껴지는 심미감을 기준으로 주요 특징이 유사한 경우에 유사한 디자인으로 판단한다.

권리범위 확인 (출처 : 국가법령정보센터)

대법원 1999.10.08.선고 1997후3586 판결
디자인의 유사 여부는 이를 구성하는 각 요소를 분리하여 개별적으로 대비할 것이 아니라 그 외관을 전체적으로 대비 관찰하여 보는 사람으로 하여금 상이한 심미감을 느끼게 하는지의 여부에 따라 판단하여야 하므로, 그 지배적인 특징이 유사하다면 세부적인 점에 다소 차이가 있을지라도 유사하다고 보아야 하고, 한편 대비되는 디자인 의 대상 물품이 그 기능 내지 속성상 사용에 의하여 당연히 형태의 변화가 일어나는 경우에는, 그와 같은 형태의 변화도 참작하여 그 유사 여부를 전체적으로 판단하여야 한다.

3. 유사판단의 범위

디자인 유사판단의 범위는 참신한 디자인일수록 유사의 폭을 넓게 보고, 같은 디자인이 이미 많이 나올수록 유사의 폭을 좁게 본다.

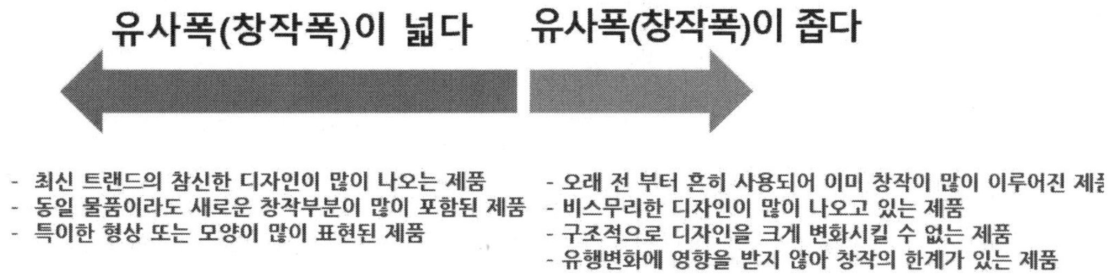

〈유사판단의 범위〉

4. 유사판단의 세부원칙

1) 재질

재질은 그 자체가 모양이나 색상으로 표현되는 경우에만 고려한다. 디자인 형상이 동일하거나 유사한 경우에는 재질에 변화를 주는 것은 상업적 변형이나 시리즈 디자인일 경우가 많아 유사판단에서 고려하지 않는다. 다만 표면 재질에 모양이 형성되어 미감이 특이한 경우에만 양 디자인을 다르게 볼 수 있다.

2) 기구적 특징

디자인적 특징이 아닌 기구적, 구조적 특징은 기술적 내용에 속하기 때문에 유사판단에서는 고려하지 않는다. 물품의 엔지니어링 특징은 외관으로 쉽게 표현되는 속성이 아니기 때문에 디자인의 유사판단에서는 중요하게 생각하지 않는다.

3) 색상

색상은 대부분 유사판단에서 주요한 부분이 아니다. 디자인에서 컬러변화는 동일한 디자인에 색상변화만 준 것이므로 미감에 영향을 미치지 않는 경우가 많다. 다만 베네통의 컬러플한 옷처럼 여러 색이 조합된 경우에는 미감을 달리 볼 수도 있다.

4) 요부

소비자들이 물품을 보았을 때 가장 잘 보이는 면을 요부라 하는데 양 디자인의 이 부분을 중심으로 판단한다. 물품의 정면뿐만 아니라 뒷면에 디자인창작의 중요한 부분이 존재할 때에는 이 부분을 요부로 보고 판단할 수 있다.

5) 창작부

물품에서 기존에 존재하는 형태보다는 새롭게 창작된 형태에 비중을 두고 판단한다. 예를 들어 노트북컴퓨터의 USB단자는 기존에 있는 형태이므로 비중을 적게 두고, 노트북의 다른 창작된 형태부분에 비중을 두고 판단한다.

6) 모양

형상과 달리 모양은 미감에 큰 영향을 주지 못하는 경향이 있다. 물품에 따라서는 포장지처럼 겉 표면의 모양이 형상보다 중요한 경우도 있다. 디자인의 형상이 동일하거나 유사해도 모양이 형상과 다른 미감이 형성되는 경우에는 비유사한 디자인으로 볼 수 있다.

〈유사판단과 창작성판단 비교[249]〉

유사판단과 용이창작 판단 비교

	유사 판단	용이창작 판단
목적	- 물품의 외관에 배타적으로 부여되는 법적 권리 명확화 - 동일·유사한 디자인간 권리충돌방지 및 명확화	- 디자인창작에 대한 보호 및 장려
물품구분	물품의 동일·유사여부고려	물품의 동일·유사미고려
관찰방법	- 전체관찰	- 창작기법판단 - 디자인의 차별화된 미감 판단
관점	- 수요자	- 당업자, 디자이너

249) 진선태(2013). 『디자인의 유사성 및 창작성판단에 관한 프레임워크 연구』, 지식재산연구 제8권제1호. 62쪽

3 특수한 디자인의 유사판단

1. 동적디자인의 유사판단

1) 동적디자인의 유사판단

동적디자인은 동적 변화가 있는 디자인 특징 때문에 일반적인 디자인과 다른 유사판단이 적용된다. 동적디자인의 유사판단은 동적 변화가 일어나는 변화과정을 서로 비교해서 전체적으로 유사한지를 판단한다.

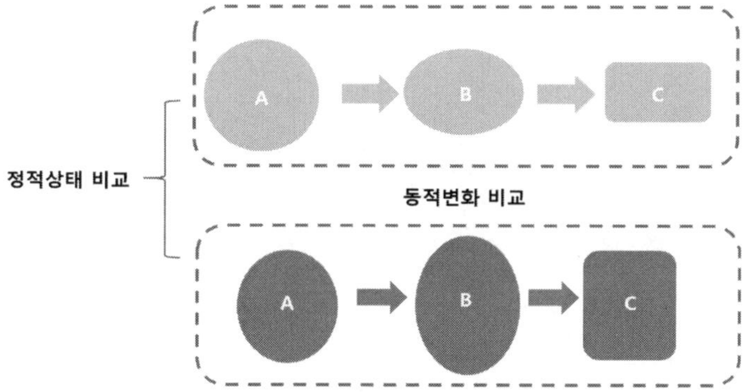

〈동적디자인의 유사판단〉

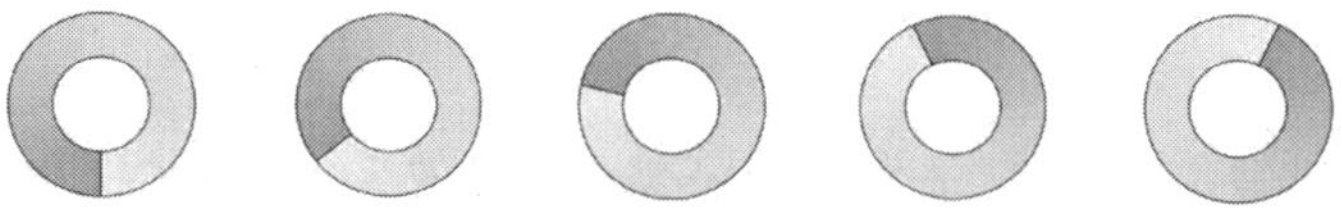

사례1[250]

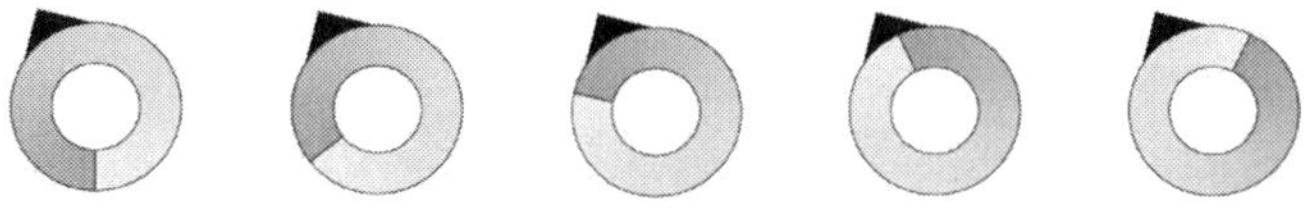

사례1[251]

〈동적디자인의 유사판단 예〉

250) 디자인등록 제30-0767699호
251) 디자인등록 제30-0767699호

2) 구성물이 있는 디자인의 유사판단

조립완구나 카드와 같이 여러 구성물이 있는 디자인은 완성 또는 조합상태를 기준으로 전체형상을 비교하여 유사한지를 판단한다.

3) 부분디자인의 유사판단

부분디자인은 다음과 같은 요소를 종합적으로 고려하여 판단한다.

(1) 디자인의 물품과 부분디자인으로 디자인등록을 받으려는 부분의 기능과 용도
(2) 물품에서 부분디자인의 부분이 차지하는 위치나 크기, 범위
(3) 부분디자인의 형상·모양·색채 또는 이들의 결합이 가지는 미감

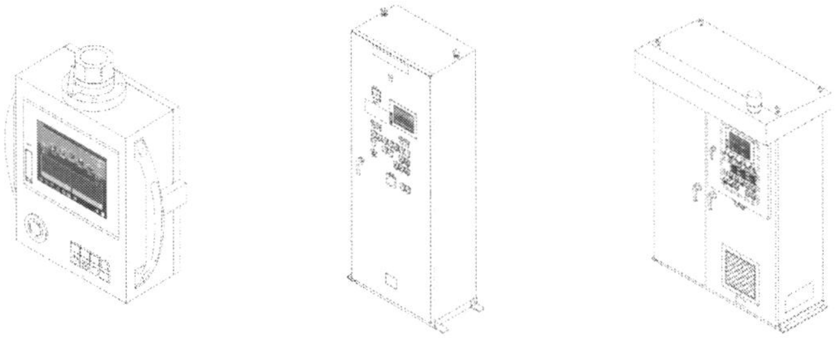

사례1[252] 사례2[253] 사례3[254]

〈부분디자인의 유사판단 예〉

4) 한 벌의 물품 디자인의 유사판단

한 벌물품의 디자인은 전체를 구성하는 구성물품을 모두 비교하여 판단한다. 이 때 1개의 구성물품이라도 유사하지 않으면 서로 유사하지 않은 디자인으로 판단한다.

5) 화상디자인

화상디자인은 휴대폰, 컴퓨터 등 여러 물품에 사용되므로 물품간의 유사여부가 크게 작

252) 디자인등록 30-0911731-00-01호
253) 디자인등록 30-0911731-00-03호
254) 디자인등록 30-0911731-00-10호

용하지 않는다. 따라서 화상디자인의 날씨정보, 메시지보내기 같은 세부기능에 따른 유사판단이 이루어져야 한다. 디자인의 유사판단에서는 도안, 색상, 그래픽효과, 배치, 주변요소를 양 디자인 간 비교해서 유사한지를 판단한다.

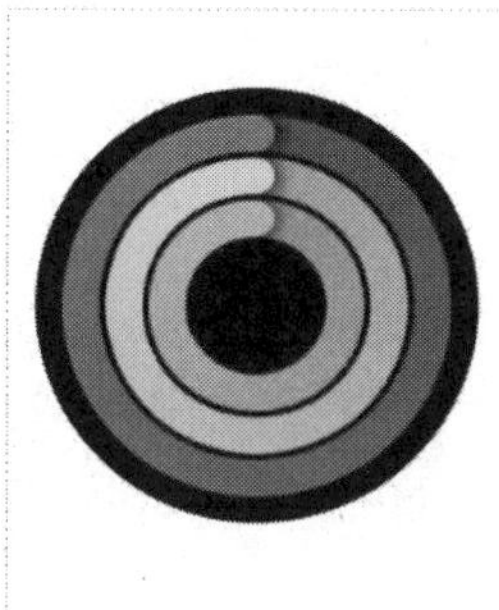

사례1[255)]

사례2[256)]

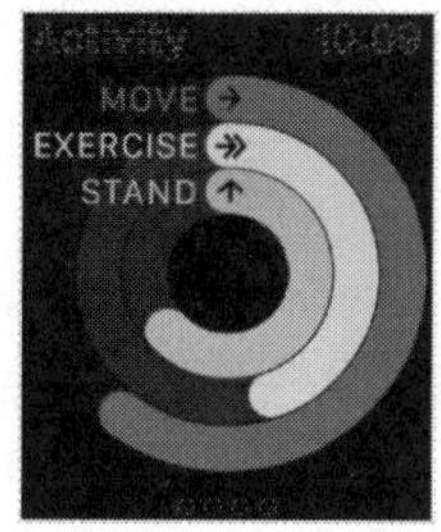

사례3[257)]

〈화상디자인의 유사판단 예〉

255) 디자인등록 30-0906056호
256) 디자인등록 30-0799308호
257) 디자인등록 30-0826911호

따라하기 /

Q. 인터넷쇼핑몰에서 임의로 상품 1개 (예: 전기면도기, 스니커즈 등)를 선정하고, 키프리스(KIPRIS) 디자인검색을 통해 해당 상품의 등록디자인을 검색해 본다. 위 검색결과 비교디자인(2-3개)을 정하고 유사판단에 대한 의견을 작성해 보도록 한다.

〈해결방법〉
디자인 유사판단에서는 양 디자인의 특징을 먼저 기술하도록 한다. 이때 그림보다는 글로 형태를 표현하도록 노력해 본다. 비교디자인과 서로를 대비하여 전체적인 특징과 심미감에서 공통적인 부분과 다른 부분의 차이를 기술하도록 한다. 그리고 최종적으로 종합하여 서로 유사한 디자인인지를 판단해 보도록 하자.

<table>
<tr><th colspan="2">출원디자인</th></tr>
<tr><td>[도면]</td><td>〈물품의 명칭〉

〈디자인의 특징〉</td></tr>
<tr><th colspan="2">비교디자인1</th></tr>
<tr><td>[도면]</td><td>〈디자인의 특징〉

〈유사판단〉</td></tr>
<tr><th colspan="2">비교디자인2</th></tr>
<tr><td>[도면]</td><td>〈디자인의 특징〉

〈유사판단〉</td></tr>
</table>

확인학습

Q. 다음 문장 중 빈칸을 완성해 보자

1. □□□□은 용도가 동일하고 기능이 다른 물품을 말한다. 캠코더와 디지털카메라는 '화상기록'이라는 용도는 같으나, 기능적으로는 동영상촬영과 사진촬영이라는 기능이 다르다.

2. 디자인의 유사판단은 디자인의 물품이 유통되는 과정에서 □□□관점으로 다른 디자인과 혼동할 우려가 있는 경우에는 유사한 디자인으로 판단한다.

3. 소비자들이 물품을 보았을 때 가장 잘 보이는 면을 □□라 하는데 양 디자인의 이 부분을 중심으로 판단한다.

4. 동적디자인의 유사판단은 동적 변화가 일어나는 □□□□를 서로 비교해서 전체적으로 유사한지를 판단한다.

5. 다음 중 부분디자인의 유사판단에 있어서 고려되지 않는 요소는?
   ① 디자인의 물품과 부분디자인으로 디자인등록을 받으려는 부분의 기능과 용도
   ② 물품에서 부분디자인의 부분이 차지하는 위치나 크기, 범위
   ③ 부분디자인의 형상·모양·색채 또는 이들의 결합이 가지는 미감
   ④ 부분디자인에서 제외된 형상·모양·색채가 가지는 디자인특징

참고자료

- 김웅(2022). 『디자인보호법 기본과 이론』, 에듀비
- 손승우(2016). 『지식재산권법의 이해』, 동방문화사
- 조국현(2002). 『의장법』, 법경사
- 정상조 외(2015). 『디자인보호법 주해』, 박영사
- 안원모(2022). 『신규성 상실사유로서의 공지디자인에 대한 검토』, 지식재산연구 제17권 제2호
- 차세대 콘텐츠재산학회 한국디자인법연구회(2017) .『디자인과 법』, 채움북스
- 진선태(2013). 『디자인의 유사성 및 창작성판단에 관한 프레임워크 연구』, 지식재산연구 제8권제1호
- 진선태(2011). 『디자인과 디자인보호분야 사이의 통념차이, 디자인학연구』 Vol.24 No.3
- 진선태(2021). 『화상디자인보호에 있어서 조형의 유사판단에 관한 사례연구』, 한국색채조형학회집 제24권제1호
- 진선태(2017). 『그래픽사용자인터페이스디자인 보호에 관한 실무적 고찰 - 디자인법을 중심으로-』, 창작과 권리, 봄호(제86호)
- 특허청(2021). 『디자인심사기준』

11. 디자인 심판

이 모듈은 특허청의 결정과 디자인 분쟁에 대하여 특허심판원에서 이루어지는 심판의 종류와 그 절차를 이해하기 위한 이론과 활동으로 구성되어 있다.

디자인 심판 단원의 내용 구성

교육목표

특허청의 결정에 대한 불복 또는 디자인 분쟁에 대한 심판의 종류와 그 내용을 설명할 수 있다.

선수학습

산업재산권의 이해, 디자인보호제도, 디자인출원, 디자인심사, 디자인권의 동일·유사 판단, 디자인 발생과 효력, 디자인권의 침해와 그 대응

내용체계

학습	학습 내용	비고
1. 특허청 판단에 대한 결정계 심판	1 거절결정불복심판 2 보정각하결정불복심판 3 취소결정불복심판	
2. 디자인 분쟁 당사자에 대한 심판	1 무효심판 2 권리범위 확인심판 3 통상실시권 허락심판	

핵심 용어

심판, 결정계, 당사자계, 거절결정불복, 보정각하, 취소결정, 무효, 권리범위확인, 통상실시권

학습 1 특허청 판단에 대한 결정계 심판

학습 목표	• 특허청 심사관에 의하여 거절 결정된 판단에 대하여 불복하고자 하는 심판의 특징을 이해하여 설명할 수 있다. • 특허청 심사관에 의하여 보정각하 결정된 판단에 대하여 불복하고자 하는 심판의 특징을 이해하여 설명할 수 있다. • 특허청 심사관에 의하여 디자인등록취소결정된 판단에 대하여 불복하고자 하는 심판의 특징을 이해하여 설명할 수 있다.

1 거절결정불복심판

디자인권은 특허청 심사관의 판단에 의하여 등록결정 또는 거절결정된다. 이러한 판단에 따라 하자가 있는 것이 등록결정이 되기도 하고, 등록되어야 할 것이 거절결정 되기도 한다. 이를 방치하게 되면 선의의 출원인의 권리 및 이익을 해치는 문제가 발생하게 되고 결국 산업발전에도 부정적인 영향을 미치게 된다.

디자인 심판은 전심절차로서 행정심판에 해당하며, 법률로 정하는 사법절차를 준용하여야 한다. 행정 심판에 대한 심결에 대하여 불복이 있는 경우에는 특허법원에 소송을 제기할 수 있다.

디자인 심판은 특허청 심사관 결정에 대한 심판(결정계 심판)과 디자인 침해분쟁으로 인해 양 당사자에 대한 심판(당사자계 심판)으로 크게 구분할 수 있다.

〈디자인 심판의 종류〉

결정계 심판	당사자계 심판
·거절결정불복심판 ·보정각하결정 불복심판 ·취소결정 불복심판	·무효 심판 ·권리범위확인심판 ·통상실시권 허락심판

행정심판이란[258)]?

위법·부당한 행정작용으로 인하여 권익을 침해당한 자가 행정기관에 대하여 그 시정을 구하는 행정쟁송절차로서 행정기관이 재결 청이 되는 행정쟁송을 총칭한다. 일반법원에 의한 쟁송 외에 이를 인정하는 것은 행정청의 자기통제 및 행정감독의 의미와 사법기능의 보충이라는 의미를 가지고 있기 때문이다.

사법기능을 보충한다는 것은 행정심판은 행정행위에 대한 법률문제 이외에 합목적성의 문제까지 재단할 수 있는 점, 간이·신속한 권리구제를 가능하게 한다는 점 및 기술적으로 복잡화·전문화되어 가는 행정에 있어 일차적 사실 확정의 단계에서는 전문적 지식을 가진 행정기관에 의한 판단이 오히려 합리적일 수 있다는 점 등을 의미한다.

1. 거절결정불복심판의 의의

디자인등록거절결정을 받은 자가 불복할 때에는 그 결정등본을 송달받은 날부터 3개월 이내에 심판을 청구할 수 있다(제120조). 이 심판은 심사에서 이루어진 절차대로 심리를 속개하고, 새로운 자료를 보충하여 심사관의 결정이 적절한지를 심리하는 것이다.

2. 거절결정불복심판의 청구 방식

1) 당사자

심판청구인은 거절결정을 받은 자(승계인 포함)이며, 디자인등록을 받을 수 있는 권리의 공유자가 그 공유인 권리에 관하여 심판을 청구할 때에는 공유자 모두가 공동으로 청구하여야 한다(제125조제1항).

2) 청구기간

거절결정에 대한 심판청구기간은 그 결정등본을 송달받은 날로부터 3개월이나, 심판청구인의 청구에 따라 또는 심판관 직권으로 거절결정에 대한 심판청구기간을 30일 이내에서 한 차례만 연장할 수 있다. 다만, 교통이 불편한 지역에 있는 자의 경우에는 산업통상

258) 한국법제연구원(2022). www.klri.re.kr, 법령용어검색.

자원부령으로 정하는 바에 따라 그 횟수 및 기간을 추가로 연장할 수 있다(제17조 제1항).

3) 청구방식

거절결정불복심판을 청구하는 자는 법에서 정한 방식요건에 맞게 심판청구를 제출하여야 한다(제127조). 디자인등록거절결정에 대한 심판을 청구하는 경우 그 청구일로부터 30일 이내에 디자인등록출원서의 기재사항, 디자인등록출원서에 첨부한 도면, 도면의 기재사항이나 사진 또는 견본 보정이 가능하다(제48조 제4항). 다만, 심판청구 후의 보정이 출원서의 기재사항, 출원서에 첨부된 도면, 도면의 기재사항 및 사진이나 견본에 대해 행해진 보정이 그것의 요지를 변경하는 것인 때에는 결정으로 해당 보정을 각하한다(제124조, 제49조제1항).

청구의 취지에는 청구인이 어떠한 내용의 심결을 구하는 것인가를 기재하고, 청구의 대상으로서 디자인등록출원이 특정되어야 한다. 일반적으로 청구의 취지는 '원결정을 취소한다. 2022년 디자인등록출원 제000호는 디자인등록결정한다. 라는 심결을 구한다.'라고 표기한다.

거절결정불복심판, 보정각하결정심판, 취소결정불복심판에 대한 심판청구 방식

1. 청구인의 성명 및 주소(법인인 경우에는 그 명칭 및 영업소의 소재지)
2. 대리인이 있는 경우에는 그 대리인의 성명 및 주소나 영업소의 소재지(대리인이 특허법인 · 특허법인(유한)인 경우에는 그 명칭, 사무소의 소재지 및 지정된 변리사의 성명)
3. 출원일과 출원번호(디자인등록취소결정에 대하여 불복하는 경우에는 디자인등록일과 등록번호)
4. 디자인의 대상이 되는 물품 및 물품류
5. 디자인등록거절결정일, 보정각하결정일 또는 디자인등록취소결정일
6. 심판사건의 표시
7. 청구의 취지 및 그 이유

청구의 이유에는 청구의 취지에 적합하게 거절결정을 취소할 이유를 서술한다. 청구의 이유에는 거절결정까지의 경과 및 거절결정의 이유를 정리하여 기재하고, 거절결정을 취소할 이유를 구체적으로 기재한다. 거절결정불복심판의 청구대상은 '거절결정'된 것이며

(제120조), 거절결정의 이유로는 다음과 같다(제62조).

〈 디자인심사등록출원 〉

1. 제3조제1항(특허청 또는 특허심판원 직원은 상속 또는 유증(遺贈)의 경우를 제외하고는 재직 중 디자인등록을 받을 수 없다) 본문에 따른 디자인등록을 받을 수 있는 권리를 가지지 아니하거나 같은 항 단서에 따라 디자인등록을 받을 수 없는 경우
2. 제27조(외국인의 권리능력), 제33조에서 제35조까지(디자인등록의 요건, 디자인등록을 받을 수 없는 디자인, 유사디자인), 제37조제4항, 제39조부터 제42조까지(공동출원, 1디자인 1출원, 복수디자인 등록출원, 한벌물품디자인) 및 제46조제1항 · 제2항(선출원, 동일자 출원)에 따라 디자인등록을 받을 수 없는 경우
3. 조약에 위반된 경우

〈 디자인일부심사등록출원 〉

1. 제3조제1항 본문에 따른 디자인등록을 받을 수 있는 권리를 가지지 아니하거나 같은 항 단서에 따라 디자인등록을 받을 수 없는 경우
2. 제27조, 제33조(제1항 각 호 외의 부분 및 제2항제2호만 해당한다), 제34조, 제37조제4항 및 제39조부터 제42조까지의 규정에 따라 디자인등록을 받을 수 없는 경우
3. 조약에 위반된 경우

〈 디자인일부심사등록출원, 제35조에 따르는 관련디자인등록출원 〉

1. 디자인등록을 받은 관련디자인 또는 디자인등록출원된 관련디자인을 기본디자인으로 표시한 경우
2. 기본디자인의 디자인권이 소멸된 경우
3. 기본디자인의 디자인등록출원이 무효 · 취하 · 포기되거나 디자인등록거절결정이 확정된 경우
4. 관련디자인의 디자인등록출원인이 기본디자인의 디자인권자 또는 기본디자인의 디자인등록출원인과 다른 경우
5. 기본디자인과 유사하지 아니한 경우
6. 기본디자인의 디자인등록출원일부터 1년이 지난 후에 디자인등록출원된 경우
7. 제35조제3항에 따라 디자인등록을 받을 수 없는 경우
8. 심사관은 디자인일부심사등록출원에 관하여 제55조에 따른 정보 및 증거가 제공된 경우에는 제2항에도 불구하고 그 정보 및 증거에 근거하여 디자인등록거절결정을 할 수 있다.
9. 복수디자인등록출원에 대하여 제1항부터 제3항까지의 규정에 따라 디자인등록거절결정을 할 경우 일부 디자인에만 거절이유가 있으면 그 일부 디자인에 대하여만 디자인등록거절결정을 할 수 있다.

3. 거절결정불복심판의 심리

1) 방식 심리

방식 심리란 심판청구서 등이 법령에 정한 방식에 적합한지 여부를 심판장이 심리하는 것이다. 심판청구서가 심판청구방식에 위반된 경우, 행위능력 위반인 경우, 대리권 범위의 흠이 있는 경우, 수수료 미납의 경우, 법이 정하는 방식에 위반된 경우에는 심판장이 기간을 정하여 보정을 명하여야 하고, 지정된 기간 내에 그 흠결을 보정하지 아니한 경우에는 심판청구서를 결정으로 각하하여야 한다(제128조 제2항).

2) 적법성 심리

적법성 심리란 심판합의체가 심판청구 자체의 적법성 여부를 심리하는 것으로 심판청구가 적법해지기 위해 갖추어야 할 심판청구요건 내지 적법요건에 대한 심리를 말한다. 만약 부적법한 심판청구로서 그 흠을 보정할 수 없을 때에는 피청구인에게 답변서 제출의 기회를 주지 아니하고 심결로써 각하할 수 있다(제129조).

행위능력[259)]

단독으로 유효하고 확정적인 법률행위를 할 수 있는 능력을 말한다. 자연인과 법인은 모두 권리능력을 가진다고 하나 반드시 행위능력도 가진다고 할 수는 없다. 자연인 중 의사능력이 없는 자는 전혀 행위능력이 없으며, 그 행위는 무효이다. 민법상의 능력규정은 재산법상의 행위에 관한 것으로 친족법·상속법상의 행위(신분행위)에 관하여는 적용이 없고, 신분행위에 관하여는 명문이 있는 경우 외에는 의사능력이 있으면 족하다고 하는 것이 통설이다. 또 법인은 그 목적의 범위 내에 있어서 행위능력을 가진다.

3) 본안 심리

심판은 3~5명의 심판관이 합의체를 구성하여 심리를 진행하며, 합의는 과반수에 의하여 결정한다. 심리방식은 구술심리 또는 서면심리를 할 수 있으며, 디자인 출원에 관해 등록할 것인가 아닌가의 여부에 대하여 심리한다.

---

259) 한국법제연구원(2022). www.klri.re.kr, 법령용어검색.

(1) 심판단계에서의 거절이유 통지

심리의 범위는 해당 거절결정의 당부에만 한정되지 아니하고 다른 거절결정이유는 물론이고, 해당 디자인등록출원의 등록 여부까지 심리의 범위가 된다. 따라서 심결은 원결정을 취소하고 해당 출원을 특허청 심사관에게 보내어 다시 심사하라는 심결을 할 수 있을 뿐만 아니라 심판부의 자판으로 등록심결 또는 원거절결정 이유와 다른 거절이유로 기각심결을 할 수도 있다.

다만, 원결정의 거절이유와 다른 거절이유를 발견한 경우 해당 이유를 통지하고 상당한 기간을 정하여 의견서를 제출할 수 있는 기회를 부여하여야 한다(제124조).

〈방식심리와 적법성 심리 비교〉[260)]

구분	방식심리	적법성 심리
의의	심판청구서가 법령에 정한 방식에 적합한지 여부 심리하는 것으로 심판장 단독명의로 처리	심판합의체가 심판청구 자체의 적법성 여부를 심리하는 것
주체	심판장	심판협의체
대상	1. 심판청구서 기재방식 위반 - 당사자 성명 및 주소 기재방식 위반 - 특허고객번호 미기재 또는 오기재 - 대리인 미기재 또는 오기재 - 심판사건 오기재 - 청구이유 미기재 - 권리범위 확인심판 청구 시 설명서 및 필요한 도면 미첨부 - 정정심판에서 명세서 또는 도면 미첨부 - 기타 절차 하자 사항 2. 심판에 관한 절차 위반 ① 행위능력 위반 ② 대리권 흠 ③ 수수료 미납 ④ 이 법에서 정한 방식 위반	부적법한 심판청구로서 흠을 보정할 수 없는 경우 1. 특허심판사항이 아닌 심판청구 2. 실존하지 않는 자를 당사자로 하는 심판청구 3. 당사자능력이 없는 자의 심판청구 4. 당사자적격이 없는 자의 심판청구, 즉 공유자 중의 일부만을 심판의 당사자로 하거나 이해관계 없는 자가 한 심판청구 5. 일사부재리에 위반된 경우 6. 특허심판원에 이미 계속 중인 사건에 대한 동일한 심판청구(민소법§259준용) 7. 심판청구시에는 적법한 심판청구였으나 심판청구 후 대상출원이 취하·포기되어 심판대상물이 소멸한 경우 8. 심판청구기간 경과 후의 심판청구

260) 특허청(2021). 심판편람.

		9. 심결확정 전에 재심청구되거나, 재심사유가 아닌 사유로 재심청구한 경우 ※ 재심사유의 적부를 심리하여 재심사유에 해당하지 않는 것은 기각함 10. 제척·기피 결정에 대한 불복 11. 기타 부적법한 심판청구로 그 흠을 보정할 수 없는 경우
절차	보정기회 부여	피청구인에 답변서 제출기회 부여하지 않고 심결각하 가능. 단, 보정 가능한 것이라면 보정기회 부여해야 함
효과	심판청구서 각하결정	심판청구 심결각하
불복	- 각하결정등본을 송달받은 날로부터 30일 이내에 특허법원에 소 제기 - 특허청장이 피고	- 각하심결등본을 송달받은 날로부터 30일 이내에 특허법원에 소 제기 - 결정계 심판은 특허청장, 당사자계 심판은 원심판의 피청구인이 피고

(2) 심판단계에서의 보정각하 결정

출원서의 기재사항, 첨부된 도면, 도면의 기재사항 및 사진이나 견본에 대해 행해진 보정이 그것의 요지를 변경하는 것인 때에는 결정으로 해당 보정을 각하한다(제124조, 제49조 제1항).

또한, 보정을 각하한 때는 보정각하결정등본의 송달이 있었던 날로부터 30일을 경과한 때까지는 심결을 하여서는 아니 된다. 그리고, 심판청구인이 보정각하결정에 대해 결정의 취소를 구하는 소를 제기한 때에는 해당 소송이 확정될 때까지 심리를 중지하여야 한다(제124조).

4. 거절결정불복심판의 심결

거절결정불복심판의 청구의 이유가 없다고 인정되는 때에는 해당 심판청구를 기각한다. 심판의 청구가 이유 있다고 인정한 때에는 거절결정을 취소하고 특허청 심사관에게 보내어 다시 심사에 부칠 것을 심결할 수 있다(제157조).

이 심결에 불복이 있으면 심결의 등본을 송달받은 날로부터 30일 이내에 심결취소소송을 특허법원에 제기할 수 있다(제166조).

재심사청구 제도

· 2009. 7. 1. 이후 출원된 디자인의 경우 거절결정등본을 송달받은 후 3개월 이내에 출원서의 기재사항, 도면, 도면의 기재사항이나 사진 또는 견본을 보정하는 경우 다시 심사를 요청할 수 있도록 재심사 청구제도를 도입하였다.

〈규정〉

· 제64조(재심사의 청구) ① 디자인등록출원인은 그 디자인등록출원에 관하여 디자인등록거절결정(재심사에 따른 디자인등록거절결정은 제외한다) 등본을 송달받은 날부터 3개월(제17조제1항에 따라 제120조에 따른 기간이 연장된 경우에는 그 연장된 기간을 말한다) 이내에 제48조제1항부터 제3항까지의 규정에 따른 보정을 하여 디자인등록출원에 대하여 재심사를 청구할 수 있다. 다만, 제120조에 따른 심판청구가 있는 경우에는 그러하지 아니하다.

② 디자인등록출원인은 제1항에 따른 재심사의 청구와 함께 의견서를 제출할 수 있다.

③ 제1항 본문에 따른 요건을 갖추어 재심사가 청구된 경우 그 디자인등록출원에 대하여 종전에 이루어진 디자인등록거절결정은 취소된 것으로 본다.

④ 제1항에 따른 재심사의 청구는 취하할 수 없다.

읽어 보기 / 거절결정불복심판 사례

□ 사건 #1

이 사건 출원디자인	선행디자인 1	선행디자인 2	선행디자인 3
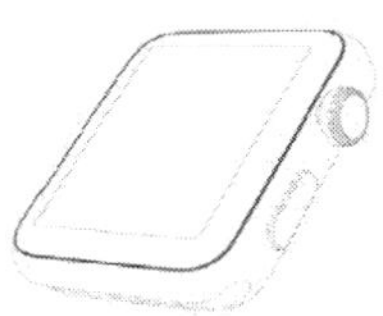		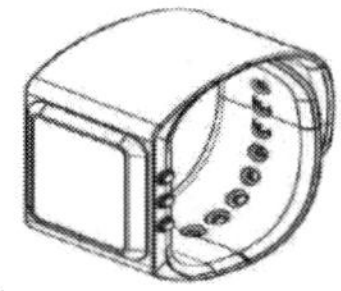	

① 특허심판원 심결 : 2016원285 청구기각

⇒ (심결요지) 이 사건 출원디자인은 선행디자인 2 또는 선행디자인 1, 2의 결합으로부터 용이하게 창작할 수 있다.

② 특허법원 판결 : 2017허2154(거절결정불북, 심결취소)

⇒ (판결요지) 이 사건 출원디자인은 관찰자로 하여금 표시부가 몸체부와 연속적으로 매끄럽게 이어지는 듯한 심미감을 주는 반면, 선행디자인 1은 그런 심미감을 준다고 보기 어려워 창작성이 부정되지 않으며, 선행디자인 2, 3(배젤 有)도 그런 심미감을 준다고 보기 어려워 선행디자인 2, 3에 선행디자인 1을 결합하더라도 용이하게 창작하기 어렵다.

③ 대법원 판결 : 2017후2338(멀티미디어단말기), 상고기각

□ 사건 #2

이 사건 출원디자인	선행디자인 1	선행디자인 2
	 (확대사진)	

① 특허심판원 심결 : 2016원286, 청구기각

⇒ (심결요지) 이 사건 출원디자인은 비교대상디자인 1과 2의 결합으로부터 용이하게 창작할 수 있다.

② 특허법원 판결 : 2017허2413(거절결정불북, 청구기각)

⇒ (판결요지) 이 사건 출원디자인은 선행디자인 1에 주지형태 및 공지형태 또는 선행디자인 2를 단순히 결합하거나 이를 참작하여 상업적·기능적 변형을 가하거나 흔한 창작수법·표현방법에 의하여 변경함으로써 용이하게 창작할 수 있는 디자인에 해당한다.

③ 대법원 판결 : 2017후2468(멀티미디어단말기), 상고기각

읽어 보기 / 거절결정불복심판 사례

□ 사건 #3

이 사건 디자인		
지정글자 도면	보기문장 도면	대표글자 도면
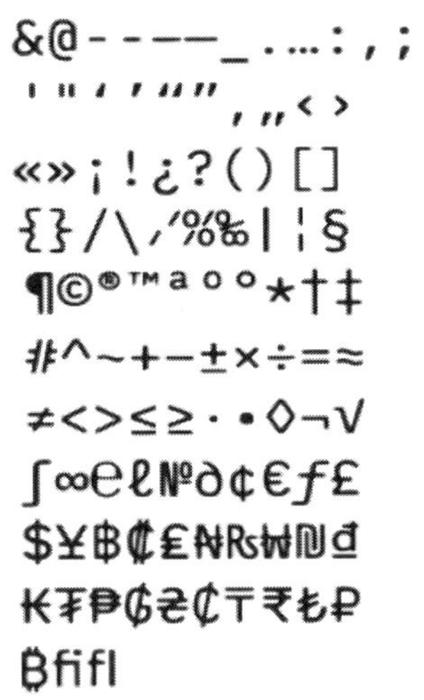	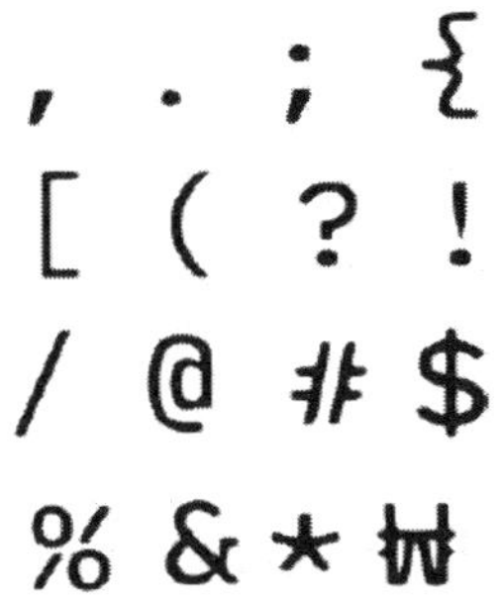	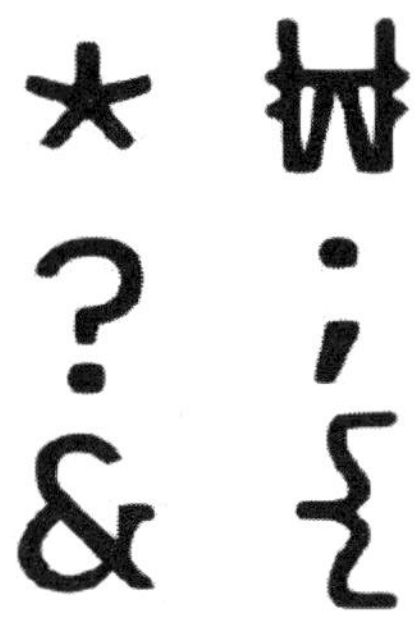

① 특허청

⇒ 원결정 : 거절결정제33조 제1항 본문의 공업상 이용가능성을 갖추지 못한 디자인에 해당

② 특허심판원 심결 : 2018원2732, 청구기각

⇒ (심결요지) 출원디자인은 이 사건 시행규칙 제35조 제3항에 따른 [별표 1]에 정해진 글자체 일부를 누락하여 글자체 디자인의 표현이 구체적으로 파악될 수 없는 것으로 디자인보호법 제33조 제1항 본문의 공업상 이용가능성을 갖추지 못한 디자인에 해당한다.

② 특허법원 판결 : 2019허6273거절결정불복, 청구인용, 심결취소

⇒ (판결요지) 이 사건 거절결정은 이 사건 시행규칙 제35조 제3항에 따른 [별표1]을 대외적 구속력을 가지는 디자인등록 요건에 관한 규정으로 보아 이 사건 시행규칙 제35조 제3항에 따른 [별표 1]의 도면과 일치하여야만 글자체 디자인이 공업상 이용가능성이 있다고 전제하고, 출원디자인이 위 [별표 1]에 준하여 작성되지 않고 누락된 글자가 있다는 이유만으로, 출원디자인이 공업상 이용가능한 디자인인지 여부에 대하여 심리하지 아니한 채 출원을 거절한 위법이 있고, 이와 결론을 같이한 이 사건 심결 또한 위법하다.

2 보정각하결정불복심판

1. 보정각하결정불복심판의 의의

디자인등록출원인은 최초의 디자인등록출원의 요지를 변경하지 아니하는 범위에서 디자인등록출원서의 기재사항, 디자인등록출원서에 첨부한 도면, 도면의 기재사항이나 사진 또는 견본을 보정할 수 있다(제48조).

그러나, 그 보정이 디자인등록출원의 요지를 변경하는 것일 때에는 결정으로 그 보정을 각하하여야 한다(제49조 제1항). 이때, 보정각하결정을 받은 자가 그 결정에 불복할 때에는 그 결정등본을 송달받은 날부터 3개월 이내에 심판을 청구할 수 있는데, 이를 보정각하결정에 대한 불복심판이라 한다(제119조). 이 제도는 출원인에게 보정각하결정에 대한 불복의 기회를 보장하고, 특허청에는 보정각하결정에 대한 시정의 기회를 제공하여 심사의 공정성과 완전성을 기하기 위해서이다.

요지변경 정의와 사례[261]

① 정의 : 출원서에 적힌 디자인의 대상이 되는 물품, 출원서에 첨부된 도면(3D 모델링 도면 및 견본 포함) 및 도면의 기재사항 등을 종합적으로 판단하여 최초에 출원된 디자인과 보정된 디자인 간에 동일성이 유지되지 않는 것을 말한다.

② 사례

〈도면의 보정〉

㉮ 최초의 도면 등에 표현된 형상·모양이나 색채상의 부가, 삭감, 변경 등으로 인하여 물품의 외관에 영향을 미치는 경우. 다만, 그 부가, 삭감, 변경 등이 외관에 거의 영향을 미치지 않는 경미한 정도의 것은 예외로 한다.

㉯ 도면 중 불일치한 일면을 중심으로 하여 다른 도면을 정정함으로써 최초에 제출한 도면으로부터 상기되는 것과 다른 디자인이 되는 경우

㉰ 도면에는 형상만이 그려지고 「디자인의 설명」란에 색구분 또는 색흐림이 있다고 설명되어진 것을 그 설명과 같이 도면을 보정한 것이 통상 그 물품으로서 실시되는 정도의 상식적인 표현이 아닌 경우(이하 생략)

1) 당사자

심판청구인은 보정각하결정을 받은 자이며, 디자인등록을 받을 수 있는 권리의 공유자가 그 공유인 권리에 관하여 심판을 청구할 때에는 공유자 모두가 공동으로 청구하여야 한다(제125조 제1항).

2) 청구기간

보정각하결정을 받은 자가 그 결정에 불복할 때에는 그 결정등본을 송달받은 날부터 3개월 이내에 심판을 청구할 수 있다(제119조). 심판청구인의 청구에 따라 또는 심판관 직권으로 거절결정에 대한 심판청구기간을 30일 이내에서 한 차례만 연장할 수 있다. 다만, 교통이 불편한 지역에 있는 자의 경우에는 산업통상자원부령으로 정하는 바에 따라 그 횟수 및 기간을 추가로 연장할 수 있다(제17조 제1항).

보정, 각하, 직권[262)]

① 보정 : 원래 모자라는 것을 보충하여 바로 고친다는 의미로서, 어떠한 행위의 방식에 대하여 결함이 있는 때에 정당한 방식으로 수정하여 행위를 적법한 것으로 하고 기타 결함이 있는 행위를 보완한다는 의미로 널리 사용된다.

② 각하 : 국가기관에 대한 행정상 또는 사법상의 신청을 배척하는 처분을 말한다.

③ 직권 : 법원이나 행정기관이 당사자나 상대방 또는 이해관계인으로부터 그 권한을 발동하도록 신청하는 것을 기다리지 아니하고 스스로 그 재량에 따라 적극적으로 일정한 처분을 하는 경우도 직권에 의한다고 한다.

2. 보정각하결정불복심판 청구방식

보정각하결정불복심판을 청구하는 자는 법에서 정한 방식요건에 맞게 심판청구를 제출하여야 한다(제127조). 심사관은 보정각하결정을 한 경우에는 보정각하결정에 대한 심판

261) 특허청(2021). 디자인심사기준.
262) 한국법제연구원(2022). www.klri.re.kr, 법령용어검색.

청구기간이 지나기 전까지 그 디자인등록출원(복수디자인등록출원된 일부 디자인에 대하여 각하결정을 한 경우에는 그 일부 디자인을 말한다)에 대한 디자인등록여부결정을 하여서는 아니 된다.

또한, 심사관은 디자인등록출원인이 각하결정에 대하여 심판을 청구한 경우에는 그 심결이 확정될 때까지 그 디자인등록출원(복수디자인등록출원된 일부 디자인에 대한 각하결정에 대하여 심판을 청구한 경우에는 그 일부 디자인을 말한다)의 심사를 중지하여야 한다.

3. 보정각하결정불복심판의 심리[263)]

보정각하결정불복심판도 거절결정불복심판과 같이 동일한 방식 심리, 적법성 심리 및 본안 심리를 거치게 된다.

다만, 보정각하결정불복심판은 보정각하결정이 타당한지 여부를 심리하는 것으로 심판청구인은 심사관의 결정을 반박할 수 있는 새로운 이유나 증거 방법을 추가로 제출할 수 있으며, 심판관은 당해 출원의 등록 여부에 대해서는 심리하지 않는다.

4. 보정각하결정불복심판의 심결

심리결과, 보정이 요지의 변경이라고 인정될 때에는 심판청구는 성립되지 않는다는 취지의 심결이 이루어지고, 확정될 때까지 중지되어 있던 심사가 재개된다(제49조 제3항). 그리고 보정이 요지의 변경이 아니라고 인정될 때에는 원 결정을 취소한다는 취지의 심결이 이루어지고 심사관은 이에 보정이 이루어진 내용에 의거 심사를 하게 된다.

출원인은 보정각하결정 이후에도 디자인등록여부결정의 통지서가 발송되기 전까지 재차 보정이 가능하고, 그 후 재심사청구 시, 또는 거절결정에 대한 불복심판의 청구일로부터 30일 이내에도 보정이 가능하며, 보정각하결정에 대한 불복심판의 심결확정 이후에도 재차 심사를 받을 수 있으므로 등록까지 상당한 기간이 소요되는 점 등을 감안하면, 앞의 거절결정불복심판에서 보정각하결정에 대한 정당성을 함께 심리하도록 하는 방안도 고려할 필요가 있다.

263) 김웅(2018). 디자인보호법.

읽어 보기 / 보정각하결정불복심판 사례

□ 사건 #1 : 요지변경이 아니다.

- 디자인의 대상이 되는 물품 : 목걸이

보정 전의 도면	보정 후의 도면	
[도면 1.1] 	[도면 1.1] 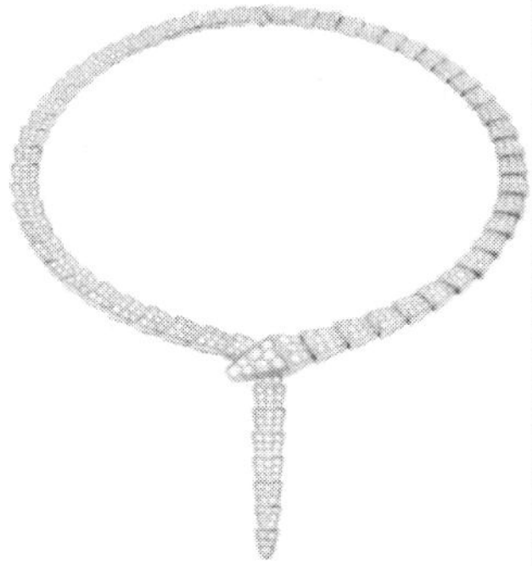	[도면 1.2] 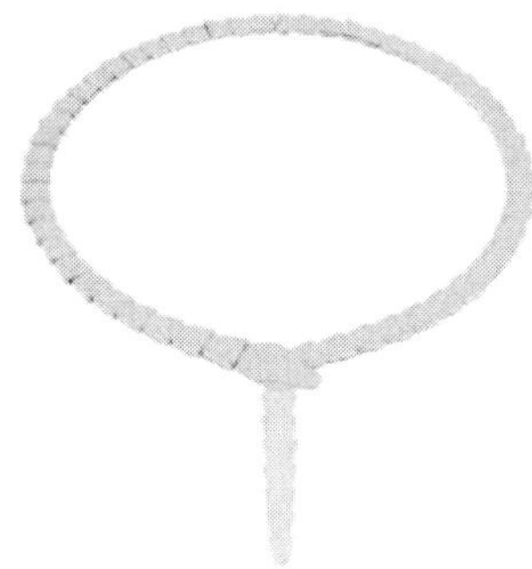

① 특허청

⇒ 원결정 : 이 사건 출원디자인의 보정된 도면은 최초 출원서에 기재되어 있지 않은 도면을 포함하고 있어 최초 출원서에 기재된 디자인과 동일성이 있다고 볼 수 없으므로 디자인보호법 제18조 제1항 소정의 요지변경에 해당한다.

② 특허심판원 심결 : 2013보13, 취소환송

⇒ (관련규정) 디자인등록출원인은 최초의 디자인등록출원의 요지를 변경하지 아니하는 범위 안에서 디자인등록출원서의 기재사항, 디자인등록출원서에 첨부한 도면, 도면의 기재사항 및 사진이나 견본을 보정할 수 있다(제48조 제1항)

⇒ (판단내용) [도면 1.2]의 추가로 인해 이 사건 출원디자인이 최초 출원서에 기재된 것과 다른 디자인으로 변경되거나 디자인의 동일성을 훼손하였는지 여부

⇒ (심결요지) 특허청 디자인심사기준에 '필수도면이 부족한 경우에 그것을 보충하기 위한 도면이 이미 제출된 도면으로부터 당연히 상기될 수 있는 디자인과의 동일성이 상실되지 않는 정도의 것으로 보정하는 경우에는 요지변경으로 보지 않는다'고 규정(동 기준 제17조 참조)하고 있는 점을 환기할 필요가 있다. 결국 이 사건 출원디자인에 대한 도면 보정이 디자인보호법 제18조 제1항 소정의 요지변경에 해당한다는 이유로 그 보정을 각하한 원결정은 적법하지 아니하고, 이 점을 다투는 청구인의 주장은 이유 있다.

읽어 보기 / 보정각하결정불복심판 사례

□ 사건 #2 : 요지를 변경하였다.

- 디자인의 대상이 되는 물품 : 화상디자인이 표시된 휴대용 단말기

	이 사건 출원디자인(별지1)	**이 사건 보정디자인**(별지2)
정면도	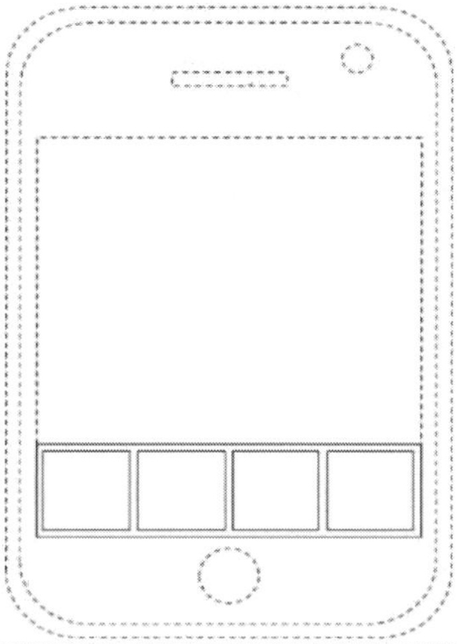	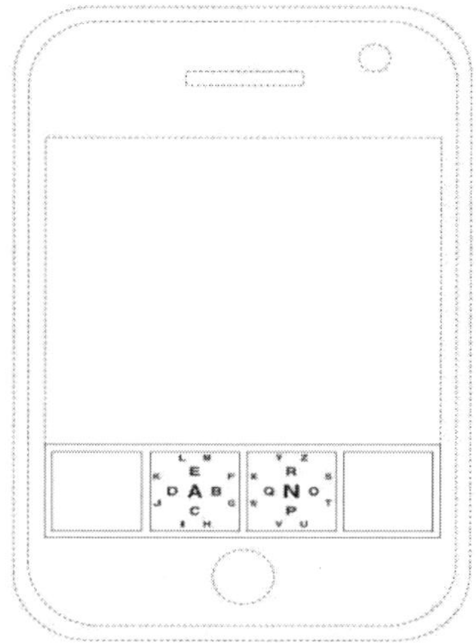

① 특허청

⇒ 원결정 : 이 사건 보정디자인은 최초출원서에 기재된 도면 등에 표현된 디자인의 형상·모양이나 색채상의 부가, 삭감, 변경 등(문자의 배치는 디자인의 중요한 요소)으로 인하여 디자인의 외관에 영향을 미치므로 요지변경에 해당하여 디자인보호법 제49조의 규정에 의하여 보정을 각하한다.

② 특허심판원 심결 : 2015보9, 청구기각

⇒ (관련규정) 디자인등록출원인은 최초의 디자인등록출원의 요지를 변경하지 아니하는 범위 안에서 디자인등록출원서의 기재사항, 디자인등록출원서에 첨부한 도면, 도면의 기재사항 및 사진이나 견본을 보정할 수 있다(제48조)

⇒ (판단내용) 이 사건 출원디자인은 디자인등록을 받고자 하는 버튼표시부가 4개의 정사각형으로 ' 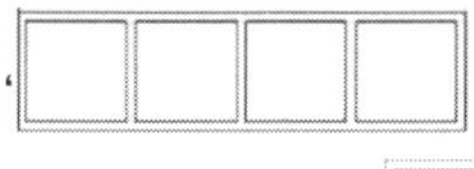 '와 같이 실선으로 표시, 이 사건 보정디자인은 위 4개의 정사각형 중 가운데 2개에 ' 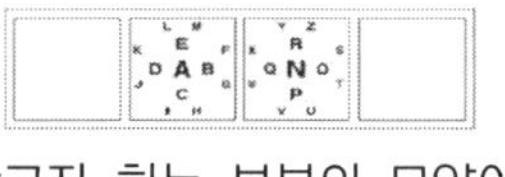 '와 같이 영문자들이 특이한 모양으로 부가되어서 디자인등록을 받고자 하는 부분의 모양이 변경되었는데, 이것이 요지변경에 해당하는지 여부

⇒ (심결요지) 이 사건 보정디자인은 이 사건 출원디자인에 영문자가 특이하게 배열된 새로운 모양이 부가되어 궁극적으로 권리범위가 변경된 것이므로 청구인의 위 주장은 받아들이지 않는다.

3 취소결정불복심판

1. 취소결정불복심판의 의의

심판관은 디자인등록취소결정 불복심판이 청구된 경우에 그 청구가 이유 있다고 인정할 때에는 심결로써 디자인등록취소결정을 취소하여야 한다(제157조). 또한 심판에서 디자인등록취소결정을 취소할 경우에는 심사에 부칠 것이라는 심결을 할 수 있다.

1) 당사자

심판청구인은 등록취소결정에 대한 심판은 이의신청에 의하여 등록취소결정을 받은 권리자이며, 디자인등록을 받을 수 있는 권리의 공유자가 그 공유인 권리에 관하여 심판을 청구할 때에는 공유자 모두가 공동으로 청구하여야 한다(제125조 제1항).

2) 청구기간

등록디자인등록취소결정을 받은 자가 불복할 때에는 그 결정등본을 송달받은 날부터 3개월 이내에 심판을 청구할 수 있으며(제120조), 기간의 연장 및 절차 등에 관한 사항은 앞의 두 결정계 심판과 동일하다.

이의신청의 이유(등록취소 사유)

누구든지 디자인일부심사등록출원에 따라 디자인권이 설정등록된 날부터 디자인일부심사등록 공고일 후 3개월이 되는 날까지 그 디자인일부심사등록이 다음 각 호의 어느 하나에 해당하는 것을 이유로 특허청장에게 디자인일부심사등록 이의신청을 할 수 있다(제68조).

1. 제3조제1항(특허청 또는 특허심판원 직원은 상속 또는 유증(遺贈)의 경우를 제외하고는 재직 중 디자인등록을 받을 수 없다) 본문에 따른 디자인등록을 받을 수 있는 권리를 가지지 아니하거나 같은 항 단서에 따라 디자인등록을 받을 수 없는 경우
2. 제27조(외국인의 권리능력), 제33조(디자인등록의 요건), 제34조(디자인등록을 받을 수 없는 디자인), 제35조제2항·제3항(관련디자인), 제39조(공동출원) 및 제46조제1항 · 제2항(선출원, 동일자 출원)에 따라 디자인등록을 받을 수 없는 경우
3. 조약에 위반된 경우

2. 취소결정불복심판 청구방식

취소결정불복심판을 청구하는 자는 법에서 정한 방식요건에 맞게 심판청구를 제출하여야 한다(제127조). 심판원장은 취소결정에 대한 심판이 청구된 경우에는 그 취지를 이의신청인에게 통보하여야 한다. 이하 청구방식 내용은 앞의 두 결정계 심판과 동일하다.

3. 취소결정불복심판의 심리[264)]

취소결정불복심판은 심사관의 처분에 대한 당부(옳고 그름)를 심리의 대상으로 한다. 앞서 살펴본 바와 같이 동일한 방식 심리, 적법성 심리 및 본안 심리를 거치게 된다.

4. 취소결정불복심판의 심결

심판관은 그 청구가 이유 있다고 인정할 때에는 심결로써 보정각하결정, 디자인등록거절결정 또는 디자인등록취소결정을 취소하여야 한다(제157조 제1항). 또한, 심판에서 디자인등록취소결정을 취소할 경우에는 심사에 부칠 것이라는 심결을 할 수 있다.

또한, 심판관은 심판청구이유가 타당하지 않다고 인정한 때에는 심판청구가 성립될 수 없다는 취지의 기각심결을 한다.

기각심결이 나면, 디자인등록의 취소가 결정됨으로 디자인권은 소급적으로 소멸하고, 보상금청구권도 처음부터 발생하지 않은 것으로 보고(제53조 제6항), 디자인등록료를 반환받을 수 있고(제87조 제1항), 일정기간(30일) 이내에 정당권리자의 출원이 가능한 경우가 있다(제45조).

264) 김웅(2018). 디자인보호법.

읽어 보기 / 취소결정불복심판 사례

□ 사건 #1

- 디자인의 대상이 되는 물품 : 직물지

이 사건 등록디자인	비교대상상표 1	비교대상상표 2
	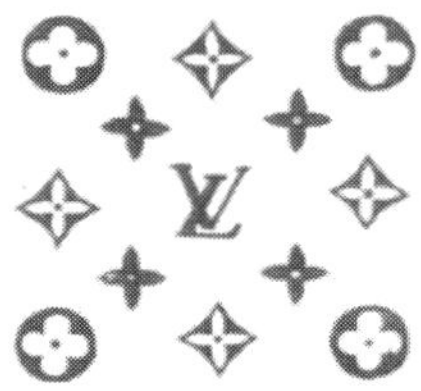	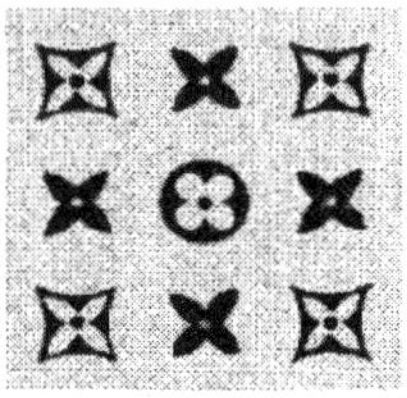

① 특허청

⇒ 원결정(이의결정 제30-2019-141호에 의함) : 이 사건 등록디자인은 디자인보호법 제34조 제3호의 규정에 해당하여 그 등록이 취소되어야 한다는 이의신청인의 주장은 이유 있다.

② 특허심판원 심결 : 2020취2, 청구기각

⇒ (관련규정) '타인의 업무에 관계되는 물품과 혼동을 가져올 염려가 있는 디자인'은 등록을 받을 수 없다고 규정하고 있는 바, 디자인보호법이 이와 같은 규정을 두고 있는 취지는 디자인은 그 자체로는 상품의 식별표지는 아니지만, 물품의 외관을 구성하는 결과 일반 수요자들이 상품을 선택함에 있어서 그 출처를 판단하는 기준이 될 수도 있고, 그와 같은 경우에는 일반 수요자가 그 디자인을 사용한 물품을 타인의 업무에 관계되는 상품으로 그 출처를 오인하거나 혼동할 염려가 있고, 특히 그 타인의 업무와 관계되는 상품 및 이에 사용된 디자인이나 상표가 주지·저명한 것인 경우에는 타인의 업무상의 신용에 무임승차하는 결과가 될 것이기 때문에, 이와 같은 경우에 등록된 디자인을 사용함으로써 발생하는 영업상의 부정경쟁행위를 방지하여 건전한 유통질서를 확립하고, 수요자의 이익을 보호하기 위한 것이라 할 것이다(제34조 제3호).

⇒ (판단내용) 이 사건 등록디자인이 타인의 업무에 관계되는 물품과 혼동을 가져올 염려가 있는 디자인인지 여부

⇒ (심결요지) 이 사건 등록디자인은 특정인의 상표라고 인식될 수 있을 정도로 현저하게 알려져 있는 비교대상상표들과 유사하여 타인의 업무에 관계되는 물품과 혼동을 가져올 염려가 있는 디자인에 해당하므로 디자인보호법 제34조 제3호에 의하여 그 등록이 무효로 되어야 한다.

읽어 보기 / 취소결정불복심판 사례

□ 사건 #2

- 디자인의 대상이 되는 물품 : 화장용 입술패치 팩 포장

구 분	사시도	평면도	정면도
이 사건 등록디자인		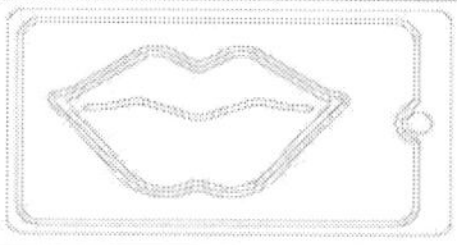	
비교대상 디자인		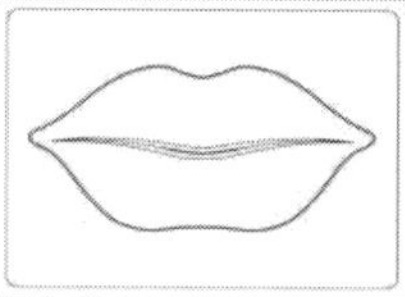	

① 특허청

⇒ 원결정(이의결정 제30-2014-564호에 의함) : 이 사건 등록디자인은 구 디자인보호법(전부개정 법률 제11848호가 2014. 7. 1. 시행되기 이전의 법을 말한다. 이하 '구 디자인보호법'이라 한다) 제5조 제1항 제3호에 해당한다는 이유로 같은 법 제29조의7 제3항의 규정에 의하여 그 등록이 취소되어야 한다.

② 특허심판원 심결 : 2015취1, 취소환송

⇒ (판단기준) 디자인의 등록요건 판단에 있어 그 유사 여부는 이를 구성하는 각 요소를 분리하여 개별적으로 대비할 것이 아니라 그 외관을 전체적으로 대비 관찰하여 보는 사람으로 하여금 상이한 심미감을 느끼게 하는지의 여부에 따라 판단하여야 하므로 그 지배적인 특징이 유사하다면 세부적인 점에 다소 차이가 있을지라도 유사하다고 보아야 한다(대법원 2013. 4. 11. 선고 2012후4186 판결 등 참조). 한편, 양 디자인의 공통되는 부분이 그 물품으로서 당연히 있어야 할 부분 내지 디자인의 기본적 또는 기능적 형태인 경우에는 그 중요도를 낮게 평가하여야 하므로, 이러한 부분들이 유사하다는 사정만으로는 곧바로 양 디자인이 서로 유사하다고 할 수는 없다.
(대법원2013. 4. 11. 선고 2012후3794 판결 등 참조)

⇒ (심결요지) 양 디자인의 공통점 ① 내지 ③은 입술패치 팩 포장케이스의 기본적 또는 기능적 형태에 해당하여 그 중요도를 낮게 평가하여야 한다. 한편, 입술패치 팩 포장케이스의 경우 구조적으로 그 디자인에 큰 변화를 주기 어려우므로 디자인의 유사범위를 좁게 보아야 하는 점을 고려하면, 이 사건 등록디자인은 직사각형 형상 내부에 2개의 테두리와 통공의 형상이 있고, 일반적인 입술의 형상을 약간 단순화, 추상화 시킨 형상으로 인하여 주지의 직사각형 형상 내부에 일반적인 입술 모양에 가까운 입술의 형상만을 포함하고 있는 비교대상디자인과는 전체적인 심미감이 다르게 느껴진다. 그러므로 원결정을 취소하고, 이 사건 등록디자인을 다시 심사에 부치기로 하여 주문과 같이 심결한다.

확인 학습

1. 디자인권과 관련된 심판에는 무엇이 있는지 구분해 보자.

결정계 심판	당사자계 심판

2. 다음 중 심판이 청구된 경우, 심판원장이 이의신청인에게 심판 청구취지를 통보해야 하는 심판은?

① 거절결정불복심판, ② 보정각하불복심판, ③ 취소결정불복심판

3. □□심리란, 심판장이 심판청구서 등이 법령에 정한 방식에 적합한지 여부를 심리하는 것으로 말하며, □□□ 심리란 심판합의체가 심판청구 자체의 적법성 여부를 심리하는 것으로 심판청구가 적법해지기 위해 갖추어야 할 심판청구요건 내지 적법요건에 대한 심리를 말한다.

4. 특허청 심사국으로부터 거절결정등본을 송달받은 후 3개월 이내에 디자인의 경우 출원서의 기재사항, 도면, 도면의 기재사항이나 사진 또는 견본을 보정하는 경우 다시 심사를 요청할 수 있도록 제도는 무엇인가?

학습 2 디자인 분쟁 당사자에 대한 심판

학습 목표	• 디자인 분쟁에서 발생할 수 있는 무효심판의 특징을 이해하여 설명할 수 있다. • 디자인 분쟁에서 발생할 수 있는 권리범위 확인심판의 특징을 이해하여 설명할 수 있다. • 디자인 분쟁에서 발생할 수 있는 통상실시권 허락심판의 특징을 이해하여 설명할 수 있다.

1 무효심판

디자인 심판은 특허청 심사관 판단에 대하여 불복하여 출원인이 청구인으로 존재하는 결정계 심판과 이미 설정된 디자인권에 대하여 분쟁이 발생함으로써 권리권자와 그 권리를 침해하고 있다는 짐작되는 실시권자 또는 침해자가 서로 대립하는 구조를 가지는 당사자계 심판으로 구분할 수 있다. 디자인권의 당사계 심판으로는 다시 무효 심판, 권리범위 확인심판 그리고 통상실시권 허락심판이 있다.

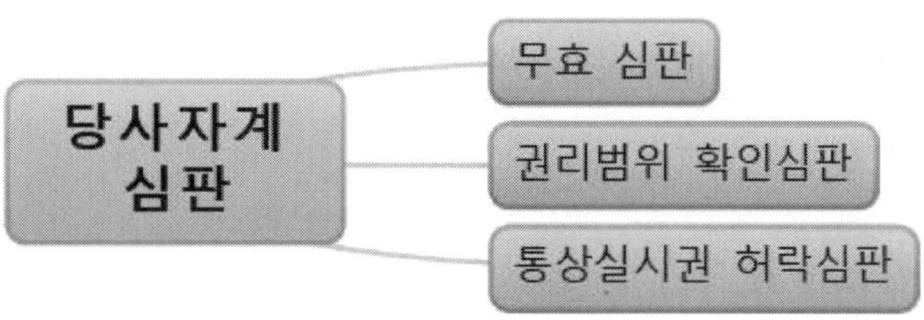

〈디자인권 당사자계 심판〉

1. 무효심판의 의의

디자인권에 무효원인이 있는 권리의 경우에는 이해관계인 또는 심사관이 이를 무효로 청구할 수 있도록 함으로써, 하자있는 권리의 존속으로 인한 폐해를 방지할 수 있도록 무효심판제도를 마련하고 있다(제121조).

디자인권을 무효로 할 수 있는 사유로는 다음과 같으며, 그 이외의 것으로 이유로 하여 무효심판을 청구할 수 없다.

〈디자인권을 무효로 할 수 있는 사유〉

가. 제3조 제1항 본문의 규정에 의한 디자인등록을 받을 수 있는 권리를 가지지 아니하거나 동조동항 단서의 규정에 의하여 디자인등록을 받을 수 없는 경우 나. 제27조(외국인의 권리능력), 제33조(디자인등록요건), 제34조(부등록사유), 제35조 제2항 · 제3항(관련디자인), 제39조(공동출원) 및 제46조 제1항 · 제2항(선출원)의 규정에 위반된 경우 다. 조약에 위반된 경우 라. 디자인등록된 후 그 디자인권자가 제27조에 따라 디자인권을 누릴 수 없는 자로 되거나 그 디자인등록이 조약에 위반된 경우

디자인권의 무효 사유를 존부를 판단하는 기준 시점은 디자인등록출원에 관한 등록요건의 판단시점(통상 출원 시)을 기준으로 한다. 무효심판의 청구를 대상이 되는 디자인권은 기본디자인(관련 디자인)이 되며, 복수디자인 등록에 대해서는 각 디자인마다 심판 청구할 수 있다.

2. 무효심판의 청구

1) 당사자

(1) 청구인

이해관계인 또는 심사관만이 청구인이 될 수 있고(제121조 제1항), 이해관계가 없는 자의 심판청구는 부적법한 청구가 되기 때문에 직권으로 조사하여 심리를 판단하여야 하고, 이해관계에 대한 유·무 판단은 심판청구시가 아닌 심결시를 기준으로 한다.

심판청구 당시에는 이해관계가 있었다 하더라도 심결시에 이해관계가 소멸되면 그 심판청구는 부적법한 것이 되고, 심판청구시에는 이해관계가 성립되지 아니하였다 하더라도 심결시에 이해관계가 성립되면 그 심판청구는 적법한 것이 된다. 이해관계가 없을 경우에는 그 청구는 부적법한 것으로서 각하된다.

한편, 동일한 디자인권에 관하여 청구하는 자가 2인 이상 있을 때에는 각자 또는 모두가 공동으로 심판을 청구할 수 있다(제125조).

(2) 피청구인

피청구인은 ① 진정한 디자인권자일 것, ② 신탁법에 의하여 신탁재산에 속하는 디자인권이 신탁의 등록이 된 경우의 수탁자일 것, ③ 권리가 공유인 경우는 공유자 전원일 것(제125조 제3항), ④ 소멸된 디자인권자일 것으로 구분된다(제121조 제2항).

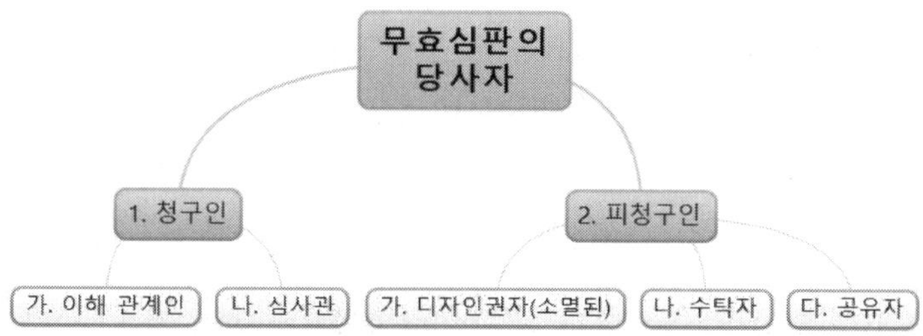

〈디자인권 무효심판의 당사자〉

이해관계인

이해관계인이란 당해 특허발명의 권리존속으로 인하여 법률상 어떠한 불이익을 받거나 받을 우려가 있어 그 소멸에 관하여 직접적이고도 현실적인 이해관계를 가진 사람을 말하고, 이에는 당해 특허발명과 같은 종류의 물품을 제조·판매하거나 제조·판매할 사람도 포함된다. 이러한 법리에 의하면 특별한 사정이 없는 한 특허권의 실시권자가 특허권자로부터 권리의 대항을 받거나 받을 염려가 없다는 이유만으로 무효심판을 청구할 수 있는 이해관계가 소멸되었다고 볼 수 없다.

특허권의 실시권자에게는 실시료 지급이나 실시 범위 등 여러 제한 사항이 부가되는 것이 일반적이므로, 실시권자는 무효심판을 통해 특허에 대한 무효심결을 받음으로써 이러한 제약에서 벗어날 수 있다.

그리고 특허에 무효사유가 존재하더라도 그에 대한 무효심결이 확정되기까지는 그 특허권은 유효하게 존속하고 함부로 그 존재를 부정할 수 없으며, 무효심판을 청구하더라도 무효심결이 확정되기까지는 상당한 시간과 비용이 소요된다. 이러한 이유로 특허권에 대한 실시권을 설정받지 않고 실시하고 싶은 사람이라도 우선 특허권자로부터 실시권을 설정받아 특허발명을 실시하고 그 무효여부에 대한 다툼을 추후로 미루어둘 수 있으므로, 실시권을 설정받았다는 이유로 특허의 무효여부를 다투지 않겠다는 의사를 표시하였다고 단정할 수도 없다.

이와 달리 실시권자라는 이유만으로 무효심판을 청구할 수 있는 이해관계인에 해당하지 않는다는 취지로 판시한 대법원 1977. 3. 22. 선고 76후7 판결, 대법원 1983. 12. 27. 선고 82후58 판결을 비롯한 같은 취지의 판결들은 이 판결의 견해에 배치되는 범위 내에서 이를 모두 변경하기로 한다(대법원 2019. 2. 21. 선고 2017후2819 전원합의체 판결).

2) 청구기간

디자인권의 설정등록 후라면 디자인권이 소멸된 후에도 무효심판을 청구할 수 있다(제121조②항). 다만, 심결에 의하여 디자인권이 무효로 된 때는 그러하지 아니하다(디§121③). 이 경우라도 특례로서 디자인이 디자인보호법 제121조 ①항 4호에 해당되어 무효가 되었을 때 이전의 것에 대해서는 청구할 수 있다.

이것은 디자인권의 존속기간만료에 의한 소멸 후 해당 디자인권의 존속기간 중의 침해행위에 대한 손해배상의 청구가 된 경우, 그 청구를 당한 상대방은 그 디자인권의 소멸 후에도 그 청구에 대항하는 수단으로서 해당 디자인을 무효로 하는 심판을 청구할 수 있다는 뜻을 규정한 것이다.

디자인등록출원일 후 20년이 경과하고, 그 시점에서 해당 디자인권에 대한 손해배상청구권이나 고소권 등이 모두 시효에 의해 소멸된 경우, 또는 심판사건이 계속되고 있지 아니한 경우에는 해당 디자인권에 대한 무효심판의 청구는 그 청구의 이익이 없다고 하는 주된 이유로 각하할 수 있다.

무효심결 확정 외에 디자인권이 소멸하는 예는 존속기간의 만료(제91조), 상속인이 없는 경우(제111조), 포기(제105조, 제80조), 등록료 불납(제82조 ③항)에 의한 경우이다.

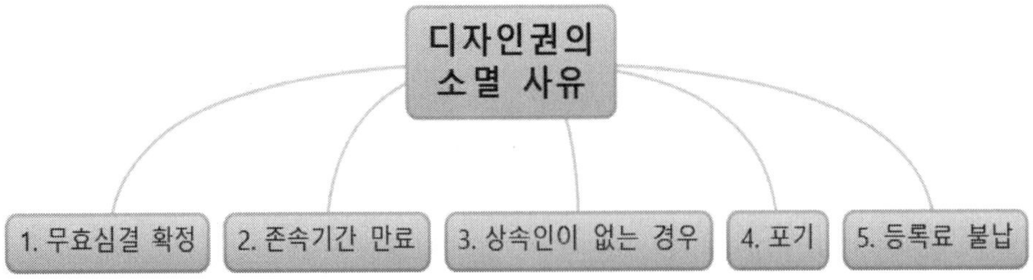

〈디자인권의 소멸 사유〉

3) 청구방식

(1) 청구서 제출

무효심판을 청구하려는 자는 심판청구서를 특허심판원장에게 제출하도록 규정하고(제126조), 그 방식 요건에 대하여서는 디자인보호법 시행규칙 제71조에서 특허법 시행규칙 별지 31호 서식에 따른 청구서를 제출토록 하고 있다.

(2) 청구 취지

청구인이 어떠한 심결을 구하는가의 요구이며 청구의 대상인 디자인이 특정되어 있어야 하는 것으로 통상은 『"디자인등록 제○○호의 등록을 무효로 한다. 심판비용은 피청구인이 부담한다."는 심결을 구한다.』라는 뜻이 표시 된다.

(3) 청구 이유

청구의 취지에 대응하여 법률에 규정되어 있는 무효원인 및 사실을 표시 한다. 통상은 사건의 개요, 경위에 대한 설명, 이해관계에 대한 기재, 무효사유로 되는 조항(제46조 제1항과 그것에 대응하는 증거방법, 무효로 되어야 하는 설명 등이 기재된다) 등이 그 주요 내용이다.

청구의 이유의 보정은 청구취지의 보정과 달리 그 요지를 변경하는 것도 가능하다(제126조 제2항). 따라서 심판절차의 계속 중에 최초의 심판청구서에 포함되지 아니한 새로운 무효사유를 추가하거나 기존의 무효사유를 모두 철회하고 무효사유를 전부 새로운 것으로 대체할 수 있다.

3. 무효심판의 심리

1) 방식 심리

심판장은 무효심판청구서가 ① 심판청구서의 기재방식을 위반한 경우(제128조 제1항), ② 제4조 제1항(행위능력) 또는 제7조(대리권의 범위)의 규정에 위반된 경우, ③ 수수료를 내지 않은 경우, ④ 디자인보호법 또는 디자인보호법에 따른 명령으로 정하는 방식을 위반한 경우에는 기간을 정하여 보정을 명하여야 한다(제128조 제1항).

2) 적법성 심리

앞의 결정계 심판의 적법성 심리와 동일한 심리를 거친다.

3) 본안 심리

(1) 답변서와 의견서

피청구인은 청구서의 부본이 송달된 때에는 지정기간 내에 답변서를 제출할 수 있다(제134조 제1항).

청구인으로부터 의견서가 제출된 경우에 심판관은 구술심리, 의견서 등에 의해 피청구인에게 반론할 기회를 준다.

그러나 피청구인에게 반론, 신청서 제출의 기회를 부여할 필요가 없을 때는 심리를 종결할 수 있다.

무효심판에 있어서 일방의 당사자의 주장을 적어도 1회씩은 다른 당사자에게 알리고 반론의 기회를 주는 것이라고 해석할 수 있으므로 서면심리로 하는 경우에 있어서도 청구인에 대해서 피청구인에게서 제출된 답변서에 대한 반론의 기회를 주는 것으로 한다.

(2) 심리 착수순서

심리의 착수 순서는 청구일 순으로 하는 것이 원칙이며, 심판장은 심판에서 필요한 경우 그 심판사건과 관련되는 디자인일부심사등록 이의신청에 대한 결정 또는 해당 심판사건과 관련되는 다른 심판의 심결이 확정되거나 소송절차가 완결될 때까지 그 절차를 중지할 수 있다(제152조 제1항).

■ 디자인보호법 시행규칙 [별지 제1호서식] <개정 2017. 9. 22.>

특허로(www.patent.go.kr)에서 온라인으로 제출할 수 있습니다.

의견(답변, 소명)서

(앞쪽)

【서류 구분】 □ 거절이유 등 통지에 따른 의견 □ 직권보정에 대한 의견

□ 재심사청구에 따른 의견 □ 심판사건 답변 □ 심판사건 의견

□ 디자인일부심사등록 이의답변

□ 디자인일부심사등록 이의신청의견

□ 디자인일부심사등록 이의신청 재답변

□ 반려이유통지에 따른 소명

【제출인】

【성명(명칭)】

【특허고객번호】

【사건과의 관계】

【대리인】

【성명(명칭)】

【대리인번호】

(【포괄위임등록번호】)

【사건의 표시】

(【출원번호(등록번호, 국제등록번호, 특허청참조번호, 이의신청번호)】)

(【디자인의 일련번호】)

(【심판번호】)

(【직권보정에 대한 의견】 □ 전부 불수용 □ 일부 불수용)

(【일부 불수용의 표시】 직권보정 사항 중 ( )번 사항)

(【제출원인이 된 서류의 발송번호】)

【의견(답변, 소명)내용】

(【증거방법】)

위와 같이 특허청장(특허심판원장, 심판장)에게 제출합니다.

제출인(대리인) (서명 또는 인)

【첨부서류】 법령에서 정한 서류 각 1통 (기재방법 제8호 참조)

210㎜×297㎜(백상지 80g/㎡)

〈의견서, 답변서 양식〉

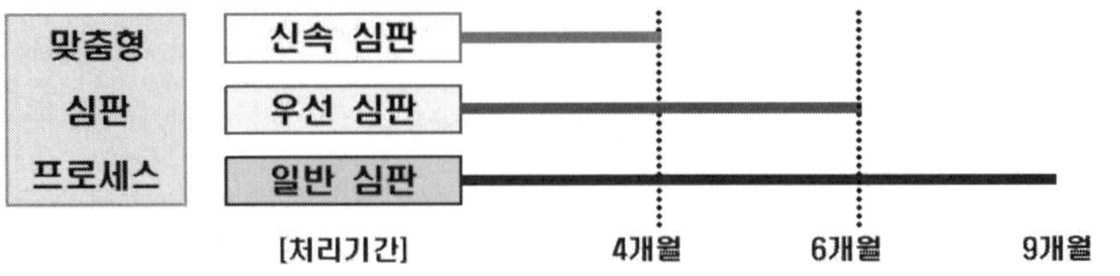

〈심판 유형별 처리 기간〉

우선심판의 필요가 있다고 인정되는 사건에 대해서는 다른 일반 심판 사건보다 우선하여 심판할 수 있다(심판사무취급규정 제31조 제1항). 또한 신속심판의 필요가 있다고 인정되는 사건에 대해서는 우선심판 보다 먼저 심판할 수 있다(심판사무취급규정 제31조 2의 제1항).

(3) 심리 방식

무효심판은 심판관 3인 또는 5인이 합의체를 구성하여 심리하며, 심리는 구술심리 또는 서면심리로 할 수 있다. 다음과 같은 경우에는 서면심리에 의하여 할 수 있다.

① 심판청구 또는 심판청구에 관한 절차를 각하해야 할 경우
② 심판청구의 이유·증거 및 답변이 명확하여 서면심리가 적당하다고 판단되는 경우
③ 구술심리를 거친 이후 서면심리가 적절하다고 판단되는 경우
④ 심사기준·심판의 운용기준 등이 쟁점이 되고 있는 경우로서 서면심리가 적당하다고 판단되는 경우

그러나 서면심리만으로 결정할 수 있다고 인정되는 경우 외에는 구술심리를 해야 한다(제142조 제1항).

심판은 직권심리주의가 채택되어 있다. 이것은 심판이 당사자만이 아니고 널리 제3자의 이해에 관한 문제의 해결을 목적으로 하는 것이기 때문이다. 따라서 사안에 대하여 청구인이 신청한 청구취지 내에서 당사자 등이 주장하지 아니한 이유에 대하여도 심리할 수 있고(제147조 제1항) 직권으로 사실조사 및 증거조사나 증거보전을 할 수 있으며, 또 필요한 때에는 절차의 중지(제152조 제1항)나 심리종결을 통지한 후에도 직권으로 심리를 재개 할 수 있다(제150조 제4항).

그러나 직권심리의 범위는 심판에서 청구인이 신청하지 아니한 청구의 취지까지 심리할 수 있는 것은 아니다(제147조 제2항).

4. 무효심판의 심결

심판장은 사건이 심결을 할 정도로 성숙하였을 때에는 심리의 종결을 당사자와 참가인에게 알려야 한다(제150조 제3항). 또한 심결은 심리종결통지를 한 날부터 20일 이내에 하여야 한다(제150조 제5항).

심결은 심판사건에 대한 심판부의 종국적인 의사표시로서 심판은 원칙적으로 심결로써 종료한다(제150조 제1항). 심리결과 부적법한 심판청구로서 그 흠을 보정할 수 없는 경우에는 피청구인에게 답변서 제출의 기회를 주지 않고 심결로써 각하할 수 있고(제129조), 심판 청구가 이유 없는 경우에는 기각심결을, 심판청구가 이유 있는 경우에는 인용심결을 한다.

한편, 심판의 당사자는 심판장으로부터 심결등본을 송달받은 날로부터 30일 이내에 특허법원에 심결취소소송을 제기할 수 있다(제166조).

1. 디자인등록 제00호의 등록을 무효로 한다. 2. 심판비용은 피청구인이 부담한다.	1. 이 사건 심판청구를 기각한다. 2. 심판비용은 청구인이 부담한다.

〈인용과 기각의 주문 기재〉

5. 무효심판의 심결 효력

무효의 심결이 확정되면 그 디자인권은 처음부터 없었던 것으로 본다(디자인보호법 제121조 제3항).

권리가 소멸된 디지인등록원부의 취급

디자인권의 소멸(무효에 의한 경우를 포함한다)은 특허청장의 직권으로 이루어진다(특등령 제14조 제1항 제2호). 디자인권의 소멸등록을 한 경우에는 그 등록을 말소한다(특허권 등의 등록령 시행규칙 제41조). 말소등록을 할 때에는 그 원인 및 등록을 말소하는 취지를 기록한 후 말소할 등록사항을 음영으로 말소하여야 한다. 다만, 직권으로 말소등록을 할 때에는 그 원인의 발생 연월일도 함께 기록하여야 한다(특허권 등의 등록령 시행규칙(제21조 제1항). 말소 대상 권리를 목적으로 하는 제3자의 권리가 등록되어 있을 때에는 등록원부 중 해당 부분의 등록사항란에 그 권리의 등록을 말소함으로써 제3자의 권리에 관한 등록이 말소된다는 취지를 기록한 후 그 등록사항을 음영으로 말소 하여야 한다(특허권 등의 등록령 시행규칙(제21조 제2항). 디자인등록원부를 폐쇄하고자 할 경우에는 디자인등록원부에 그 폐쇄의 원인 · 취지 및 연월일을 기록하여야 한다(특허권 등의 등록령 시행규칙 제10조).

읽어 보기 / 무효심판 사례

□ 사건 개요 (인용 사례, 무효로 한다)

1. 심판번호 : 2020당1441

2. 사건표시 : 디자인등록 제990027호 무효

3. 당사자의 주장

가. 청구인의 주장 : 이 사건 등록디자인은 그 출원일(2018. 11. 16.) 전인 2015년 9월 30일 무렵부터 인터넷 쇼핑몰 등을 통해 청구인에 의해 판매된 '유아용 머리보호대'의 디자인(비교대상디자인)과 동일·유사하여 디자인보호법 제33조 제1항 각 호에 해당하며, 또한 이 사건 등록디자인은 그 출원 전에 공지된 비교대상디자인과 동일·유사하고, 외형상 미세한 차이가 있다 하더라도 이는 이 사건 등록디자인이 속하는 분야에서 통상의 지식을 가진 사람이 쉽게 창작할 수 있는 것에 불과하여 같은 조 제2항 제1호에 해당하므로, 이 사건 등록디자인은 디자인보호법 제121조 제1항 제2호에 의하여 그 등록이 무효로 되어야 한다.

나. 피청구인의 주장 : 이 사건 등록디자인과 비교대상디자인은 아래와 같은 차이점과 함께 '유아용 머리보호대'의 디자인 분야에서 '꿀벌'의 형태를 모티브로 한 것이 청구인에 의해 최초로 개발된 것이 아니므로 디자인의 유사 범위나 창작의 폭을 비교적 좁게 보아야 할 것인 점 등을 고려할 때, 두 디자인은 그 형상에 있어서 큰 차이가 있어 심미감이 전혀 달라 디자인이 유사하지 않고, 또한 비교대상디자인으로부터 쉽게 창작할 수 없는 것이라 할 것이므로, 이 사건 등록디자인은 디자인보호법 제33조 제1항 각 호 및 같은 조 제2항에 해당하지 않는다.

4. 이 사건 심판청구의 적법성 여부

가. 이해 관계 여부 : 청구인은 이 사건 등록디자인의 출원일(2018. 11. 16.) 전인 2015년 9월 30일 무렵부터 이 사건 등록디자인과 동일·유사하다고 주장하는 비교대상디자인의 '유아용 머리보호대'를 인터넷 쇼핑몰인 '제로투세븐, 신세계몰, 현대홈쇼핑, 보리보리, 아가드, 네이버 쇼핑몰, 11번가' 등을 통해 판매하고 있다(갑 제3호증부터 제12호증의 인터넷쇼핑몰출력물). 따라서 청구인은 이 사건 등록디자인의 존속으로 인하여 디자인권자로부터 디자인권의 대항을 받아 그 등록디자인과 동일 또는 유사한 디자인을 사용할 수 없게 됨으로써 피해를 받을 염려가 있어 그 소멸에 직접적이고 현실적인 이해관계가 있으므로, 이 사건 무효심판은 이해관계인에 의한 적법한 청구라 할 것이다.

5. 특허심판원 판단

가. 이 사건 등록디자인이 비교대상디자인과 유사한지 여부

1) 디자인의 유사 여부는 이를 구성하는 각 요소를 분리하여 개별적으로 대비할 것이 아니라 그 외관을 전체적으로 대비 관찰하여 보는 사람으로 하여금 상이한 심미감을 느끼게 하는지 여부에 따라 판단하여야 하므로 그 지배적인 특징이 유사하다면 세부적인 점에 다

소 차이가 있을지라도 유사하다고 보아야 하고, 그 구성요소 중 공지의 형상 부분 또는 물품의 기능을 확보하는 데 필요한 형상이 있다고 하여도 그것이 특별한 심미감을 불러 일으키는 요소가 되지 못하는 것이 아닌 한 이것까지 포함하여 전체로서 관찰하여 느껴지는 심미감에 따라 판단해야 한다(대법원 2006. 7. 28. 선고 2005후2915 판결, 2009. 1. 30. 선고 2007후4830 판결 등 참조).

2) 등록디자인과 대비 대상이 되는 디자인은 그 디자인이 속한 분야에서 통상의 지식을 가진 자가 그것을 보고 용이하게 디자인을 창작할 수 있을 정도로 표현되어 있으면 충분하고 반드시 육면도나 참고사시도 등으로 그 형상과 모양의 모든 것이 공개되어 있어야 하는 것은 아니고, 자료의 표현이 부족하더라도 이를 경험칙에 의하여 보충하여 그 디자인의 요지 파악이 가능하다면 그 대비판단의 대상이 될 수 있다(대법원 2006. 7. 28. 선고 2003후1956 판결 등 참조).

나. 구체적 판단

구분	이 사건 등록디자인	비교대상디자인
정면도		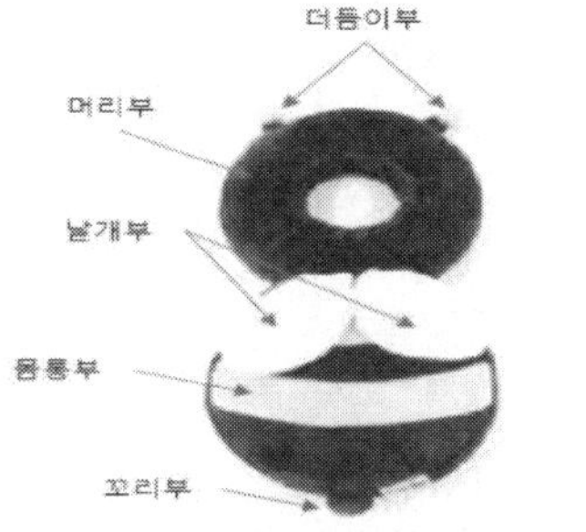
배면도		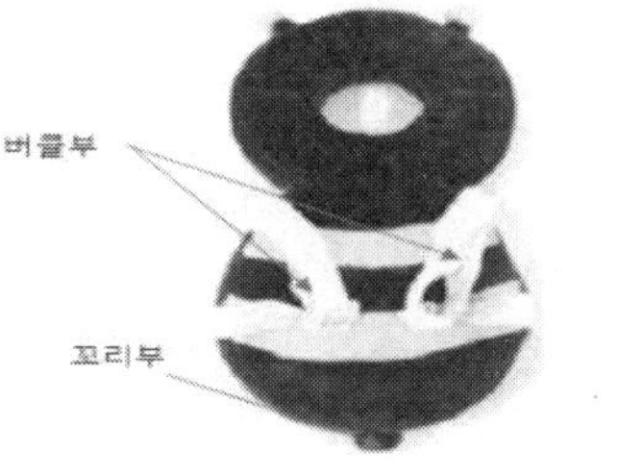

1) 공통점

가) 전체적인 형상에 있어서 꿀벌의 형태를 모티브로 하여 형성된 점,

나) 머리부의 형상에 있어서 중앙에 원형 구멍을 형성한 점,

다) 몸통부의 형상 및 모양에 있어서 아래쪽으로 갈수록 좌우로 약간 불룩하게 나오는 타원형과 같은 형상으로 형성되고, 그 정면에 가로 방향으로 굵은 두 줄의 노란색 줄무늬 모양을 형성한 점,

라) 더듬이부의 형상에 있어서 머리부의 위쪽 좌우측에 대칭으로 두 개의 더듬이가 형성되어 있고, 더듬이의 끝에 작은 원형 형상을 형성한 점,

마) 날개부의 형상에 있어서 날개가 좌우 대칭으로 형성된 점

2) 차이점

가) 머리부의 배면의 형상 및 모양에 있어서 이 사건 등록디자인은 메쉬(그물망) 형상으로 형성된 것인 반면, 비교대상디자인은 머리부의 정면과 배면의 재질이 같고, 메쉬(그물망) 형상으로 형성되지 않은 것인 점,

나) 날개의 펼침 여부에 있어서 이 사건 등록디자인은 두 쌍의 날개가 좌우 두 측면 방향으로 펼쳐져 있는 형상으로 형성된 것인 반면, 비교대상디자인은 한 쌍의 날개가 몸통부의 정면 하단 방향으로 접혀 있는 형상으로 형성된 것인 점,

다) 꼬리부에 있어서 이 사건 등록디자인은 몸통부에 꼬리부를 형성하지 않은 것인 반면, 비교대상디자인은 작은 반원형과 같은 형상의 꼬리부를 형성한 것인 점

3) 대비 판단 : 이 사건 등록디자인과 비교대상디자인의 공통점 ①부터 ⑤는 두 디자인의 전체적인 형상 및 머리부, 몸통부, 날개부, 더듬이부 등 각 구성 부분들의 구체적인 형상 및 모양에 관한 것으로서, 이는 두 디자인의 형상 및 모양의 대부분을 차지하고 있고, 보는 사람의 주의를 가장 끌기 쉬운 부분들이며, 특히 두 디자인은 그 전체적인 형상 및 머리부와 몸통부의 상대적 크기, 몸통부의 불룩하게 나온 정도, 두 줄의 줄무늬 모양 등이 유사한 것인 반면에,

차이점 ①은 머리부의 배면의 재질에 관한 것으로서, '유아용 머리보호대' 디자인 분야에서 통상의 디자이너가 재질을 변경함으로써 쉽게 변경할 수 있는 상업적·기능적 변형에 불과하고(재질은 그 자체가 모양이나 색채로서 표현되는 경우에만 유사여부 판단의 요소로 참작할 수 있다),

차이점 ②는 날개의 펼침 여부에 관한 것으로서, 새나 곤충의 날개를 펼치거나 접는 것은 '유아용 머리보호대' 디자인 분야에서 통상의 디자이너가 쉽게 취할 수 있는 상업적·기능적 변형에 불과하다고 보아야 할 것이며,

차이점 ③은 꼬리부의 형성 유무에 관한 것으로서, 이는 그 부착 위치, 크기 등의 특성에 비추어 볼 때 자세히 보아야만 알 수 있는 미세한 차이라 할 것이다.

그렇다면 이 사건 등록디자인과 비교대상디자인의 차이점 ①부터 ③은 공통점 ①부터 ⑤에 의하여 형성되는 공통된 지배적 특징에 따른 유사한 미감을 넘어서는 새로운 미감을 주는 미적 창작에 이르는 정도라고 볼 수는 없으므로, 이 사건 등록디자인은 비교대상디자인과 그 외관을 전체적으로 대비 관찰할 때 그 지배적인 특징이 유사하므로 세부적인 점에서 다소 차이가 있지만 보는 사람들에게 유사한 심미감을 느끼게 한다고 보아야 한다. 따라서 이 사건 등록디자인은 비교대상디자인과 다른 미감적 가치가 인정되지 않는 유사한 디자인이라 할 것이다.

다. 소결 : 이 사건 등록디자인은 그 출원 전에 전기통신회선을 통하여 공중이 이용할 수 있게 된 비교대상디자인과 그 외관을 전체적으로 대비 관찰하여 볼 때 보는 사람들에게 유사한 심미감을 느끼게 하므로 디자인이 유사하여 디자인보호법 제33조 제1항 제3호에 해당한다.

2 권리범위 확인심판

1. 권리범위 확인심판의 의의

디자인권은 무체재산권이기 때문에 물권·채권 등 다른 종류의 권리에 비하여 권리내용이 매우 추상적이므로, 구체적인 분쟁에서는 먼저 그 권리범위 내지 보호범위를 확정지을 필요가 있고, 그 이후 문제가 되는 구체적인 실시형태(확인대상디자인)가 그 권리범위에 속하는지를 판단하여야 하는데, 디자인권의 권리범위 확인심판은 이와 같이 어느 실시형태가 등록디자인의 권리범위에 속하는지 여부에 대하여 확인을 구하는 심판이다.

디자인권자는 디자인권이 유효하게 존속하는 기간 중에 행해진 제3자의 디자인침해 행위에 대해 디자인침해금지를 청구할 수 있고 디자인권의 존속기간 만료로 디자인권이 소멸된 뒤에도 손해배상청구를 할 수 있다.

권리범위 확인심판의 심결은 디자인침해 여부를 결정하는 디자인적인 논거를 제시하므로, 디자인분쟁의 발생을 억제하고, 소송전 당사자간 분쟁을 조기 해결하거나 소제기 여부를 결정하는 판단자료로 활용되며, 동일한 사안을 전제로 하는 디자인침해 소송에도 디자인적 판단 기준을 제공하므로, 권리범위 확인심판제도는 여러모로 매우 유용한 제도라 할 수 있다.

디자인권자 · 전용실시권자 또는 이해관계인은 등록디자인의 보호범위를 확인하기 위하여 디자인권의 권리범위 확인심판을 청구할 수 있다고 규정하고 있고(제122조), 복수디자인등록은 그 디자인별로 권리범위 확인심판을 청구할 수 있다고 규정하고 있을 뿐, 권리범위 확인심판에 있어서 구체적인 심리 대상물의 범위나 판단 기준에 관해서는 규정을 두고 있지 않다.

권리범위 확인심판이란?

등록된 디자인을 중심으로 어떤 미등록디자인이 적극적으로 등록디자인의 권리범위에 속한다거나 소극적으로는 속하지 아니함을 확인하는 것으로 등록디자인권의 효력이 미치는 범위를 구체적인 사실에 대한 관계에 있어서 확인하는데 불과하여, 그 디자인 자체의 내용범위의 확정이라는 내재적 요건의 존부를 확정하는 것이 아니며(대법원 1976. 10. 12. 선고 76후14 판결 참조), 등록디자인의 효력이 미치는 범위를 그 대상물과의 관계에서 구체적으로 확정하는 것이다(대법원 1987. 7. 7. 선고 86후107 판결 참조).

2. 권리범위 확인심판의 유형

권리범위 확인심판은 반드시 심판 대상물과의 관계에 있어서 그것이 구체적인 디자인권의 권리범위에 속하는가의 여부에 대하여 판단을 구하는 것이며, 그 청구의 취지에 따라서 적극적 권리범위 확인심판과 소극적 권리범위 확인심판으로 구분된다.

〈적극적 권리범위 확인심판과 소극적 권리범위 확인심판 비교〉

구분	적극적 권리범위 확인심판	소극적 권리범위 확인심판
청구인	디자인권자, 전용실시권자	이해관계인
피청구인	확인대상디자인을 실시하고 있는 자	디자인권자
확인대상 디자인	현재 실시하고 있는 또는 과거에 실시한 적인 있는 디자인	자신이 실시하였거나, 현재 실시하고 있는 또는 장래 실시하고자 하는 디자인

1) 청구 내용에 따라

(1) 적극적 권리범위 확인심판

적극적 권리범위 확인심판은 디자인권자·전용실시권자가 청구하는 것으로, 제3자(이해관계인)의 실시디자인, 즉 확인대상디자인의 도면에 기재된 디자인이 자신의 등록디자인의 권리범위에 속한다는 심결을 구하는 심판이다.

(2) 소극적 권리범위 확인심판

소극적 권리범위 확인심판은 디자인권에 대항을 받거나 받을 염려가 있는 제3자가 디자인권자를 상대로 청구하는 것으로, 자신의 실시디자인 또는 실시 예정인 디자인, 즉 확인대상디자인의 도면에 기재된 디자인이 상대방의 등록디자인의 권리범위에 속하지 아니한다는 심결을 구하는 심판이다.

2) 청구 대상에 따라

(1) 권리 대 비권리의 적극적 권리범위 확인심판

권리범위 확인심판의 일반적인 유형으로서, 유효하게 권리가 존속하는 디자인권에 대하여 디자인권이 없는 확인대상디자인을 대상으로 권리범위 확인심판을 청구하는 유형이다.

(2) 권리 대 권리의 소극적 권리범위 확인심판

후등록 권리가 선등록 권리의 권리범위에 속하지 아니한다라는 소극적 권리범위 확인심판 청구에 대해서는 후등록 디자인권자 스스로가 자신의 등록된 권리의 효력이 부인되는 위험을 감수하면서 타인의 등록된 권리의 범위에 속하는지 여부에 대한 판단을 구하는 것이어서 적법한 심판청구로 인정하여 본안에 들어가 심리를 한다. 이 경우에도 청구인이 선등록 권리의 효력을 부인하는 주장은 할 수 없다고 보아야 한다.

권리 대 권리의 적극적 권리범위 확인심판의 경우, 선등록 디자인권자가 후등록 디자인권자를 상대로 제기하는 적극적 권리범위 확인심판은 등록무효절차 이외에서 등록된 권리의 효력을 부인하는 결과가 되어 부적법하다는 것이 판례의 입장이다(대법원 2007. 10. 11. 선고 2007후2766 판결).

선 등록디자인과 후 디자인이 이용관계에 있는 경우에는 후 디자인은 선 등록디자인의 권리범위에 속하게 되는바, 후 디자인이 선 등록디자인을 이용하는 관계라고 함은 후 디자인이 전체로서는 타인의 선 등록디자인과 유사하지 않지만, 선 등록디자인의 요지를 전부 포함하고 선 등록디자인의 본질적 특징을 손상시키지 않은 채 그대로 자신의 디자인 내에 도입하고 있어, 후 디자인을 실시하면 필연적으로 선 등록디자인을 실시하는 관계에 있는 경우를 말한다(대법원 1999. 8. 24. 선고 99후888 판결).

(3) 비권리 대 권리의 소극적 권리범위 확인심판

제3자가 디자인권자를 상대로 청구하는 것으로, 자신의 실시디자인 또는 실시 예정인 디자인은 선등록 디자인의 권리가 발생하기 이전에 국내, 국외에서 이미 공지되었거나, 공지된 선행 디자인들의 결합으로 인하여 용이하게 창작할 수 있는 자유실시디자인임을 주장하여 선등록 디자인의 권리범위에 속하지 않음을 주장하는 것이다.

〈청구대상에 따른 권리범위 확인심판의 유형〉

구분	권리 ⇔ 권리	권리 ⇔ 비권리
적극적 권리범위 확인심판	부적합, 무효심판에서만 (단, 이용관계는 제외)	가능
소극적 권리범위 확인심판	가능	부적합, 비권리 ⇒ 권리만 가능

3. 권리범위 확인심판의 청구

1) 당사자

(1) 청구인

권리범위 확인심판의 청구인은 디자인권자, 전용실시권자 또는 이해관계인이다. 이해관계인은 디자인권의 권리범위가 확인됨에 따라 이익을 얻거나 손해를 면하는 자를 말한다.

청구인을 심판의 종류별로 구분하면, 적극적 권리범위 확인심판의 청구인은 디자인권자 또는 전용실시권자이고(통상실시권자는 청구인이 될 수 없다고 본다), 소극적 권리범위 확인심판의 청구인은 이해관계인이다. 이해관계인은 디자인권자 또는 전용실시권자로부터 권리의 대항을 받거나 받을 염려가 있는 자로서 해당 디자인을 실시하거나 실시를 준비 중인 자 등이 될 수 있다.

이해관계인에 해당하는지 여부에 대해서는 개개 심판 사건마다 직권으로 조사하여 판단한다. 청구인 적격이 없는 심판청구는 부적법한 것이므로 심결로써 각하한다.

(2) 피청구인

권리범위 확인심판의 피청구인은 심판청구의 유형에 따라 정해진다. 일반적으로 적극적 권리범위 확인심판에서의 피청구인은 디자인을 무단히 실시하고 있는 자이고, 소극적 권리범위 확인심판에서의 피청구인은 디자인권자이다.

2) 청구기간

권리범위확인심판의 청구기간에 대하여 특별한 규정을 두고 있지 않기 때문에 이론적으로는 청구의 이익이 있는 한 언제든지 청구할 수 있다고 볼 수 있다. 그러나 대법원 판례는 현존하는 디자인권의 범위를 확정하는 것을 목적으로 하는 것이므로 그 권리가 소멸된 후에는 그 확인의 이익이 없다고 하여 존속기간 중에만 가능하다는 입장을 취한 바 있다. 따라서 디자인권 소멸 후에는 이를 청구할 수 없으며, 존속기간 중에 청구된 경우라 하더라도 심판의 계속 중에 권리가 소멸된 때에는 해당 청구는 심결로서 각하된다.

다만, 디자인권 자체는 소멸되었다고 하더라도 디자인권 존속 중의 권리·의무관계를 확정해야 할 필요가 있는 경우나, 소멸 전의 침해로 인해 금지청구 또는 손해배상청구권 등 권리의 대항을 받을 염려가 있는 경우에는 권리 소멸이후에도 권리범위 확인의 이익은 존재한다고 볼 수 있다.

3) 청구방식

(1) 청구서 제출

권리범위 확인심판을 청구하고자 하는 자는 심판청구서에 당사자 및 대리인의 성명과 주소, 심판사건, 청구취지 및 청구이유를 기재하고(제126조 제1항), 등록디자인과 대비될 수 있는 도면(설명서 포함)을 첨부하여야 한다(제126조 제3항).

(2) 청구 취지

청구취지는 적극적 권리범위 확인심판의 경우 "확인대상디자인의 도면에 기재된 '○○○(물품의 명칭)' 디자인은 디자인등록 제○○호의 권리범위에 속한다"라는 취지로 기재하고, 소극적 권리범위 확인심판의 경우 "확인대상디자인의 도면에 기재된 '○○○(물품의 명칭)' 디자인은 디자인등록 제○○호의 권리범위에 속하는 않는다"와 같이 기재한다.

(3) 확인대상디자인 첨부

확인대상디자인은 청구 취지의 일부를 이루는 것이므로 심판청구서에 반드시 첨부되어야 한다. 확인대상디자인은 별지 서류에 그 도면 및 설명서를 기재하여 심판청구서에 첨부할 수 있고, 또한 심판청구서의 [별지 내역]에서 [청구의 취지] 및 [청구의 이유]와는 별도의 항목으로 명확히 구분하여 [등록디자인과 대비될 수 있는 도면 및 설명서]를 기재한 경우도 심판청구서에 첨부된 것으로 본다.

심판청구서에 확인대상디자인을 첨부하지 아니한 경우 심판장은 기간을 정하여 그 흠결을 보정할 것을 명하고, 지정된 기간 이내에 보정을 하지 아니한 경우 결정으로 심판청구서를 각하하여야 한다(제128조).

만일 심판청구서 내용 중에 확인대상디자인의 도면 및 설명서를 기재하여 청구의 취지 및 청구의 이유와 명확히 구분되지 않는 경우에도 위와 같다. 청구서에 첨부하는 확인대상디자인은 어느 정도 특정되어야 하는가에 관해 대법원은 등록디자인과 대비될 수 있을 정도면 족하다고 하고 있다.

4. 권리범위 확인심판의 심리

1) 심리방식

권리범위 확인심판의 심리방식은 서면심리를 원칙으로 하되, 당사자의 신청 또는 심판부의 직권에 의해 구술심리를 병행할 수 있다. 권리범위 확인심판은 직권심리주의를 취하고 있기는 하나, 민사소송과 논리적 구조를 같이하여 당사자가 심결의 기초가 되는 사실과 증거의 수집을 책임지도록 하고 있으므로, 가급적 구술심리를 개최하여 당사자의 주장을 정리하고 쟁점을 부각시킬 필요가 있다.

심판부는 ① 당사자 적격, ② 심판 청구의 적법 여부, ③ 디자인권의 존속 등과 같은 절차의 적법성 여부에 대한 적법성 심리와 ④ 확인대상디자인의 특정 및 실시, ⑤ 등록디자인의 요지 파악, ⑥ 양 디자인의 대비 등 확인대상디자인이 등록디자인의 권리범위에 속하는지의 여부에 대한 본안 심리로 나누어진다.

본안심리는 확인대상디자인이 이 사건 등록디자인에 속하는지에 관한 판단으로 ㉠ 확인대상디자인이 이 사건 등록디자인의 권리범위에 속하는지 여부, ㉡ 확인대상디자인이 자유실시디자인에 해당하는지 여부, ㉢ 이 사건 등록디자인이 신규성을 상실하여 무효의 원인이 있는지 여부에 관한 판단 등으로 이루어진다.

㉠의 경우에는 이 사건 등록디자인과 확인대상디자인의 요부를 중심으로 유사여부를 판단한다. 이때 전체적으로는 유사하다 하더라도 공지된 부분이 있다면 그 부분에 대한 중요도를 낮게 보아야 한다.

㉡의 경우에는 확인대상디자인이 선공지디자인인 비교대상디자인에 의하여 신규성이 상실되었는지를 판단하여 확인대상디자인이 자유실시디자인인지를 판단한다. 이는 자유

실시디자인의 항변을 인정하기 때문이다.

㉢의 경우에는 이 사건 등록디자인이 비교대상디자인에 의하여 신규성이 상실되었는지를 판단한다. 만약에 이 사건 등록디자인이 그 디자인이 속하는 분야에서 통상의 지식을 가진 디자이너가 용이하게 창작할 수 있는 디자인이라고 주장하는 경우에는 이는 무효로 다투는 사항이지 권리범위 확인심판에서는 다툴 수 없다.

2) 확인대상디자인의 특정

확인대상디자인이라 함은 권리범위 확인심판에 있어서 등록디자인과 대비되는 디자인을 말한다. 일반적으로 적극적 권리범위 확인심판에서 피청구인은 자신이 실제로 실시하는 디자인은 청구인이 제출한 확인대상디자인과는 다르다고 주장하는 경우가 있는데, 이를 실시주장디자인이라 한다.

확인대상디자인은 청구인이 대상물을 주관적으로 가공하여 도면의 기재 형식을 빌어 기재한 것이므로, 확인대상디자인이 등록디자인과 대비될 수 있을 정도로 구체적으로 기재되었는지에 관한 특정 문제는 심판의 대상물을 확정하기 위한 심판부의 직권조사 사항이며, 심판 청구의 적법성을 충족하기 위한 매우 중요한 전제 요건이다.

3) 확인대상디자인의 실시 여부

적극적 권리범위 확인심판은 확인대상디자인을 피심판청구인이 실시하고 있는 경우 또는 과거에 실시한 적이 있고 앞으로 실시할 가능성이 없다고 단정지을만한 사정이 없을 때를, 소극적 권리범위 확인심판에서는 청구인이 실제로 실시하고 있는 디자인 뿐만 아니라 현재 실시하고 있지 않으나 장래에 실시예정인 디자인을 확인대상디자인으로 특정하여 청구한 경우에도 확인의 이익이 있다고 보아 적법한 청구로 인정된다.

5. 권리범위 확인심판의 심결

심판장은 권리범위 확인심판의 유형에 따라 다음과 같은 인용 및 기각의 심결 주문을 할 수 있다.

〈권리범위 확인심판의 심결 예시〉

구분	적극적 권리범위 확인심판	소극적 권리범위 확인심판
인용	~속한다.	~속하지 아니한다.
	① 이 사건 등록디자인과 확인대상디자인이 유사한 경우 ② 이 사건 등록디자인이 신규성을 상실한 디자인이 아니고, 확인대상디자인이 이 사건 등록디자인과 유사한 경우 ③ 확인대상디자인이 자유실시디자인이 아니고, 이 사건 등록디자인과 유사한 경우	① 이 사건 등록디자인과 확인대상디자인이 비유사한 경우 ② 이 사건 등록디자인이 신규성을 상실한 경우 ③ 확인대상디자인이 자유실시디자인인 경우
	1. 확인대상디자인의 도면에 기재된 '000(물품의 명칭)' 디자인은 디자인 등록 제000호의 권리범위에 속한다. 2. 심판비용은 피청구인이 부담한다.	1. 확인대상디자인의 도면에 기재된 '000(물품의 명칭)' 디자인은 디자인 등록 제000호의 권리범위에 속하지 아니한다. 2. 심판비용은 피청구인이 부담한다.
기각	~속하지 아니한다.	~속한다.
	① 이 사건 등록디자인과 확인대상디자인이 비유사한 경우 ② 이 사건 등록디자인이 신규성을 상실한 경우 ③ 확인대상디자인이 자유실시디자인인 경우	① 이 사건 등록디자인과 확인대상디자인이 유사한 경우 ② 이 사건 등록디자인이 신규성을 상실한 디자인이 아니고, 확인대상디자인이 이 사건 등록디자인과 유사한 경우 ③ 확인대상디자인이 자유실시디자인이 아니고, 이 사건 등록디자인과 유사한 경우
	1. 이 사건 심판청구를 기각한다. 2. 심판비용은 청구인이 부담한다.	1. 이 사건 심판청구를 기각한다. 2. 심판비용은 청구인이 부담한다.

1) 심결 효력

권리범위 확인심판의 법적 효력에 대해 이를 긍정하는 견해와 특허침해소송 등에서 사법적 판단을 받기 위한 보조적 수단으로서 단순한 감정적(鑑定的) 성질을 가지는 것으로 보아 부정하는 견해가 있다.

그러나 등록디자인의 권리범위에 관한 심판관의 심결은 ① 그 위법여부에 대해 사법적 판단을 받을 수 있는 불복절차가 마련되어 있고(제166조), ② 심결에 대하여 일사부재리의 원칙이 적용되는 점(제151조), ③ 심결의 기속력이 특허침해소송의 법원에도 미친다는 명문화된 규정은 없으나, 관련 사건에 대한 심결과 판결의 결론이 모순되는 것을 방지하기 위해서 특허심판원과 법원은 어느 한쪽의 절차를 중지할 수 있는 규정을 두고 있는 점(제152조), ④ 권리범위에 속하지 아니하다는 심결이 확정된 후 재심에 의해 이에 상반되는 심결이 확정되면 디자인권의 효력이 제한되는 점(제161조) 등을 고려할 때, 권리범위확인심판의 심결의 효력은 감정적(鑑定的) 성질을 갖는데 그치는 것이 아니고 당사자 등에 대하여 법적 구속력을 갖는다고 볼 수 있다.

또한, 침해소송 항소심에 관하여 특허법원이 전속 관할하게 됨에 따라, 피고의 제품이 특허권을 침해하는지 여부를 묻는 침해소송의 내용과 피청구인의 제품이 특허권의 권리범위에 속하는지 여부를 묻는 적극적 권리범위확인심판의 내용이 유사하고 그 유사한 내용이 하나의 법원(특허법원)에서 다루어지게 되었다. 결과적으로 권리범위확인심판 심결에 대한 심결취소소송의 역할은 특허법원으로의 관할 집중 이전보다 더욱 중요해졌음은 물론이고, 그 전 단계인 권리범위확인심판의 역할 또한 중요해졌다고 볼 수 있다.[266]

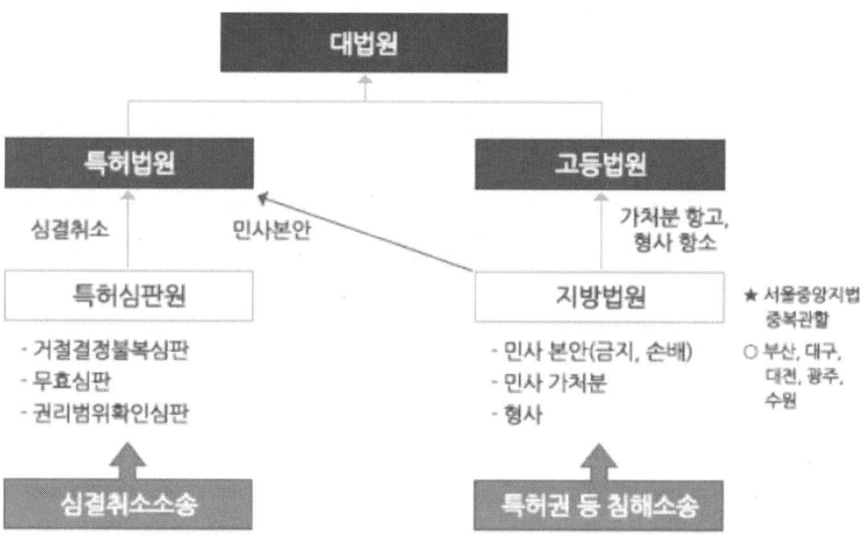

〈특허소송의 구조[265]〉

265) 특허법원(2022). https://patent.scourt.go.kr/.
266) 정차호·이혜라(2015). 특허 권리범위확인심판 유용론, 산업재산권 제47호, 한국지식재산학회.

읽어 보기 / 소극적 권리범위 확인심판 사례

□ 사건 개요 (인용 사례, 권리범위에 속하지 아니한다)

1. 심판번호 : 2021당1143

2. 사건표시 : 디자인등록 제985691호 권리범위확인(소극)

3. 당사자의 주장

가. 청구인의 주장 : 확인대상디자인은 이 사건 등록디자인의 출원 전에 공지된 비교대상디자인으로부터 용이하게 실시할 수 있는 자유실시디자인이므로, 확인대상디자인은 이 사건 등록디자인의 권리범위에 속하지 않는다.

나. 피청구인의 주장 : 확인대상디자인은 이 사건 등록디자인과 대비할 때 전체적인 심미감이 유사하여 확인대상디자인은 이 사건 등록디자인의 권리범위에 속한다.

4. 이 사건 심판청구의 적법성 여부

가. 이해 관계 여부 : 이 사건 심판의 청구인은 이 사건 등록디자인의 대상물품과 동종 물품을 업으로 영위하는 자(갑 제6호증)로서, 이 사건 등록디자인의 권리자로부터 디자인권 침해죄로 고소된 사실이 피청구인이 신속심판청구서를 통하여 확인되는바, 청구인은 이 사건 등록디자인의 권리범위에 속하는지 여부를 확인할 현실적이고도 직접적인 이해관계가 있다(이 점에 관하여 당사자 사이에 다툼이 없다).

나. 확인대상디자인의 특정 여부 : 청구인은 이 사건 심판청구시 화병이 포함되지 않은 장식구를 확인대상디자인으로 특정하였고, 이에 피청구인은 청구인의 실시디자인을 이 사건 등록디자인과 대비한바, 당 심판부에서 심문서를 보내 확인대상디자인을 명확히 특정할 것을 요구하였다. 청구인은 이에 피청구인이 특정한 실시디자인으로 확인대상디자인을 보정하였고, 보정 도면을 통하여 확인대상디자인의 전체형상을 파악할 수 있도록 제출한바, 이는 적법한 보정에 해당한다고 할 것이다. 따라서, 확인대상디자인이 구체적으로 특정되었다고 할 것이다.

5. 특허심판원 판단

가. 판단기준

1) 확인대상디자인이 그 등록된 디자인의 출원 전에 공지된 비교대상디자인과 동일·유사하거나 공지디자인의 결합에 의하여 용이하게 창작할 수 있는 디자인인 경우에도 마찬가지로, 이 사건 등록디자인과 대비할 것도 없이 자유실시디자인으로서 이 사건 등록디자인의 권리범위에 속하지 않는다고 할 것이다(특허법원 2008. 5.29. 선고 2007허8672 등 참조).

2) 등록디자인과 대비 대상이 되는 디자인은 그 디자인이 속한 분야에서 통상의 지식을 가진 자가 그것을 보고 용이하게 디자인을 창작할 수 있을 정도로 표현되어 있으면 충분하고 반드시 육면도나 참고사시도 등으로 그 형상과 모양의 모든 것이 공개되어 있어야 하는 것은 아니고, 자료의 표현이 부족하더라도 이를 경험칙에 의하여 보충하여 그 디자인의 요지 파악이 가능하다면 그 대비판단의 대상이 될 수 있다(대법원 2006. 7. 28. 선고 2003후1956 판결 등 참조).

나. 구체적 판단

1) 공통점

가) 전체적으로 직사각통의 형상으로 형성되고, 내부에 "  ,  "와 같이 직사각의 통공이 형성된 점,

나) 양측면의 형상에 있어서 " 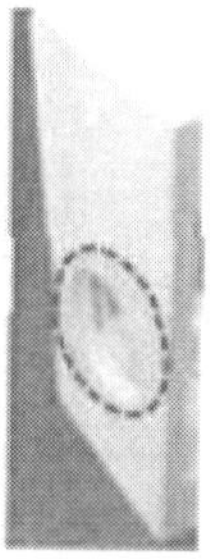 , 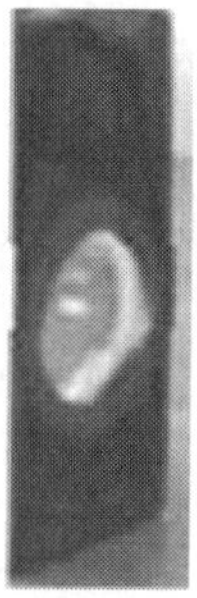 "와 같이 원형의 통공이 형성된 점,

다) 직사각형 내부에 "  ,  "와 같이 구형의 유리병(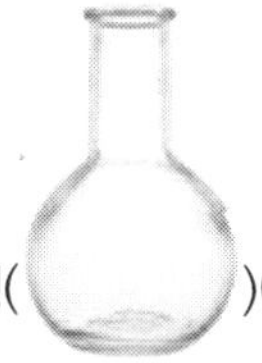)이 부설되어 있는 점,

라) 평면에서 보았을 때 유리병 입구가 "  ,  "와 같이 일부 돌출되게 형성된 점

2) 차이점

가) 사각통의 결합에 있어서 확인대상디자인은 "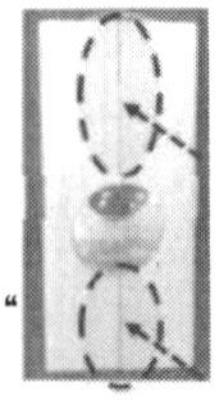"와 같이 좌우측의 중심부가 분리되도록 형성된 반면에 비교대상디자인은 ""와 같이 정면부와 배면부의 중심부가 분리되도록 형성된 것으로 보이는 점,

나) 색상에 있어서 확인대상디자인은 밝은 황토색에 가까우나 비교대상디자인은 흑밤색에 가깝게 형성된 점

3) 대비 판단 : 확인대상디자인과 비교대상디자인의 공통점 ① 내지 ④인 직사각통의 형상에 직사각의 통공이 형성되고, 좌우측면에 원형의 통공이 형성된 점, 직사각통 내부에 몸체가 구형이고 긴 주둥이가 있는 유리병이 형성되고, 병 입이 일부 밖으로 돌출되게 형성된 점은 대상물품인 장식용 화병과 관련하여 일반 수요자의 눈에 잘 보이며, 디자인의 심미적인 특징을 잘 나타내는 부분이고, 이는 보는 사람으로 하여금 가장 주의를 끌 수 있는 요부에 해당하므로, 위의 공통점으로 인하여 양 디자인은 주된 창작적 모티브를 같이 한다고 할 것이며, 전체적으로 관찰할 때 환기되는 심미감은 거의 동일하다. 반면에 차이점 ①은 결합되어 있을시 눈에 잘 보이지 않거나 전체적인 심미감에서 차지하는 비중이 크다고 볼 수 없고, 차이점 ②인 색상의 차이 또한 특별한 심미감을 형성한다고 볼 수 없어, 이런 차이점만으로 양 디자인에서 도출되는 심미감이 상이하다고 할 수는 없다.

다. 소결 : 그렇다면 확인대상디자인은 비교대상디자인으로부터 용이하게 실시할 수 있는 자유실시디자인에 해당하므로, 이 사건 등록디자인이 확인대상디자인과 유사한지 여부 등의 다른 이유는 나아가 살펴볼 필요 없이, 확인대상디자인은 이 사건 등록디자인의 권리범위에 속하지 않는다.

3 통상실시권 허락심판

1. 통상실시권 허락심판의 의의

디자인권자·전용실시권자 또는 통상실시권자는 해당 등록디자인 또는 등록디자인과 유사한 디자인이 제95조 제1항 또는 제2항에 해당하여 실시의 허락을 받으려는 경우에 그 타인이 정당한 이유 없이 허락하지 아니하거나 그 타인의 허락을 받을 수 없을 때에는 자기의 등록디자인 또는 등록디자인과 유사한 디자인의 실시에 필요한 범위에서 통상실시권 허락의 심판을 청구할 수 있다.

한편, 통상실시권을 허락받은 자는 특허권자·실용신안권자·디자인권자 또는 그 전용실시권자에게 대가를 지급하여야 한다. 통상실시권자는 그 대가를 지급하지 아니하거나 공탁을 하지 아니하면 그 특허발명·등록실용신안 또는 등록디자인이나 이와 유사한 디자인을 실시할 수 없다(제123조).

2. 통상실시권 허락심판의 요건

통상실시권 허락심판을 받기 위해서는 ① 청구인의 후출원 권리가 피청구인의 선출원 권리를 이용·저촉하는 관계에 있어야 하며(제95조 제1항, 제2항), ② 정당한 이유 없이 실시허락을 하지 않거나 실시허락을 받을 수 없을 것에(제123조 제1항) 해당하는 경우에 해당하여야 한다.

통상실시권의 허락을 받고자 하는 자는 통상실시권 허락심판의 청구 전에 먼저 선원의 디자인권자 등과 협의를 하여야 하며, 당사자 간에 협의가 성립되지 않는 경우에 한하여 심판을 청구할 수 있다. 협의절차를 거치지 않은 심판청구는 부적법 각하된다.

여기에서 '정당한 이유'란 제3자가 납득할 수 있을 정도의 객관적 이유를 말하며, '실시허락을 받을 수 없을 때'란 권리자의 주소 또는 영업소가 불명하여 실시허락을 받을 수 없는 경우 또는 부당한 조건을 제시하거나 선원권리가 공유인데 모든 공유자의 동의를 받기 어려운 경우 등을 말한다.

3. 통상실시권 허락심판의 청구

통상실시권 허락의 심판청구인은 이용·저촉 관계에 있는 후출원 디자인권자·전용실시권자 또는 통상실시권자이고, 피청구인은 선출원 권리자(선출원 특허권자, 실용신용권자, 또는 디자인권자)이다.

심리방식은 앞서 살펴본 무효심판, 권리범위 확인심판과 같이 방식심리, 적절성 심리 및 서면(구술) 심리의 과정을 거친다.

통상실시권 허락의 심판은 현존하는 권리 간의 실시상의 조정을 위해 설치된 제도이므로 권리존속 중에만 청구할 수 있다.

4. 통상실시권 허락심판의 심결과 심결의 효력

1) 심결

심결은 다음과 같이 인용과 기각 주문을 기재한다.

인용	기각
1. 청구인은 그의 소유인 특허 제○○호의 발명을 실시하기 위하여 피청구인의 소유인 특허 제○○호의 발명을 실시할 수 있다. 2. 청구인은 실시보상금으로서 그 실시제품의 공장도가의 %에 상당하는 금액을 피청구인에게 지불할 것으로 한다.	1. 이 사건 심판청구를 기각한다.

〈인용과 기각의 주문 기재〉

2) 심결의 효력

통상실시권을 허락하는 심결이 확정되면 강제적 통상실시권이 발생한다. 그러므로 통상실시권자는 심결에 의하여 정해진 범위 및 기간 내에서 자기의 특허발명을 업으로서 실시할 수 있다.

확인 학습

1. 디자인보호법 제121조에는 무효심판을 청구할 수 있는 사유들이 제시되어 있다. 그 사유들을 찾아 적어보자.

2. 다음 중 무효심판의 당사자 중 청구인에 해당하는 것은?
   ① 디자인권자, ② 이해 관계인, ③ 수탁자, ④ 공유자

3. 적극적 권리범위 확인심판에서 청구인의 주장에 반대되는 피청구인의 답변 요지로서 적절하지 않은 것은?
   ① 확인대상디자인은 이 사건 등록디자인과 동일·유사하지 않다.
   ② 확인대상디자인은 용이창작하여 자유실시디자인이다.
   ③ 확인대상디자인은 신규성, 창작성을 인정받은 등록된 디자인이다.
   ④ 확인대상디자인은 이 사건 등록디자인의 권리 범위에 속한다.
   ⑤ 확인대상디자인은 이 사건 등록디자인의 출원 전에 공지된 디자인이다.
   ⑥ 이 사건 등록디자인은 비교대상디자인들에 의하여 신규성이 상실되었다.

참고자료

〈도 서〉

- 김웅(2018). 디자인보호법.
- 정차호·이혜라(2015). 특허 권리범위확인심판 유용론, 산업재산권 제47호, 한국지식재산학회.
- 특허청(2021). 디자인심사기준.
- 특허청(2021). 심판편람.

〈인터넷〉

- 뉴스1(2022.6.28.) https://www.news1.kr/articles/?4724958
- 한국법제연구원(2022). www.klri.re.kr, 법령용어검색.
- 아시아경제(2022.8.18.) https://view.asiae.co.kr/article/2022081808373621852
- 특허법원(2022). https://patent.scourt.go.kr/.

12. 디자인권의 발생과 효력

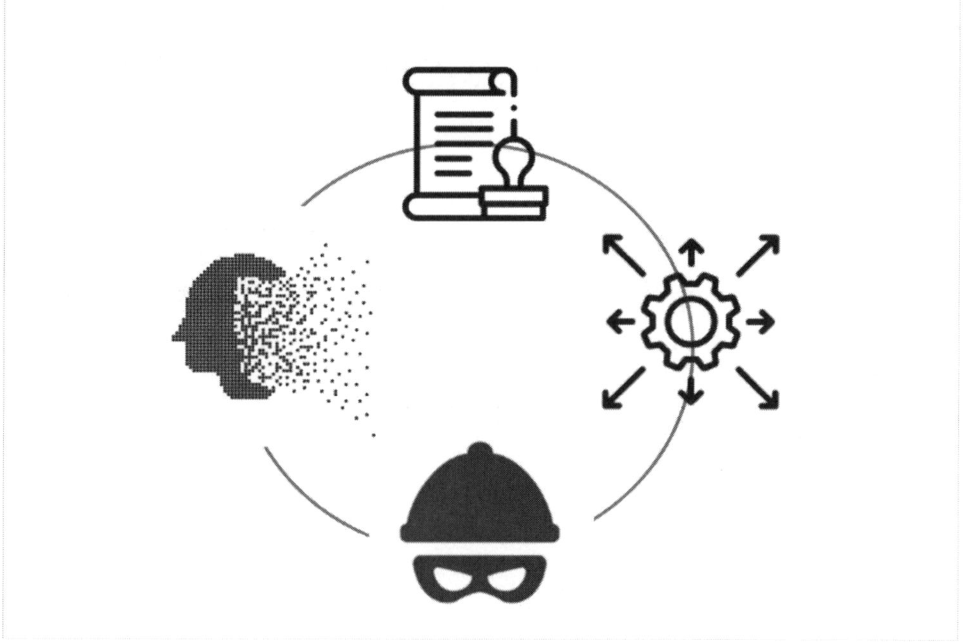

이 모듈은 디자인권의 발생 과정부터 효력 범위, 그리고 효력의 제한과 자신의 디자인을 디자인보호법 이외에 다른 법률에서도 보호받을 수 있는 방법을 습득하기 위한 이론과 활동으로 구성되어 있다.

디자인권의 발생과 효력 단원의 내용 구성

교육목표

디자인은 어떠한 절차를 거쳐서 권리화되는지 살펴보고, 효력이 미치는 범위와 제한을 이해하며, 디자인을 보호할 수 있는 여러 법률의 특성을 설명할 수 있다.

선수학습

산업재산권의 이해, 디자인보호제도, 디자인출원, 디자인심사, 디자인권의 동일·유사 판단

내용체계

학습	학습 내용	비고
1. 디자인권의 발생	[1] 디자인의 권리화	
2. 디자인권의 효력과 제한	[1] 디자인권의 효력 범위 [2] 적극적 효력의 내용과 제한 [3] 소극적 효력의 내용과 제한	
3. 디자인권과 타 권리와의 관계	[1] 디자인 창작물에 대한 보호제도	

핵심 용어

디자인권, 권리화, 효력 범위, 이용과 저촉, 적극적 효력, 소극적 효력, 제한, 창작물

학습 1 디자인권의 발생

학습 목표	• 디자인은 어떠한 과정을 거쳐 실제 권리로 확정되는지 설명할 수 있다.

1 디자인의 권리화

1. 디자인권의 발생 과정

출원인이 디자인등록출원을 하게 되면, 특허청 심사관은 심사를 하게 되고, 특별한 거절이유가 없을 경우에는 디자인등록결정을 하며, 최종적으로 출원인이 등록료를 납부하게 되면, 디자인권으로 설정등록이 된다.

1) 디자인등록결정

심사관은 디자인등록출원에 대하여 거절이유를 발견할 수 없을 때에는 디자인등록결정을 하여야 한다(제65조).

2) 등록료 납부

디자인권의 설정등록을 받으려는 자는 설정등록을 받으려는 날부터 3년분의 디자인등록료(이하 "등록료"라 한다)를 지불해야 하며, 디자인권자는 그 다음 해부터의 등록료를 그 권리의 설정등록일에 해당하는 날을 기준으로 매년 1년분씩 내거나(제79조 제1항), 그 다음 해부터의 등록료는 그 납부연도 순서에 따라 수년분 또는 모든 연도분을 함께 낼 수 있다(제79조 제2항).

3) 디자인권의 설정등록

디자인권은 설정등록에 의해 발생하는 것으로(제90조 제1항), 출원인이 등록료를 납부한 것이 확인되면, 특허청장은 디자인권을 설정하기 위한 등록을 하여야 하고(제90조 제2항), 디자인권자의 성명·주소 및 디자인등록번호 등 대통령령으로 정하는 사항을 디자인공보에 게재하여 등록공고를 하여야 한다(제90조 제3항).

타인이 디자인을 모방해도 **방어가 곤란**	권리화 부실에 따른 **독점권 부정**	타인 선출원 디자인에 의한 **피소**	타인의 모방 출원에 대응하기 위한 **시간 및 비용 낭비**

〈디자인을 권리화하지 못하면 당하게 될 불이익〉

2. 디자인권의 특성

1) 디자인권은 무체재산권이다.

디자인권은 무체재산권으로 보호대상이 관념적이고 추상적이며, 권리의 객체가 물리적으로 존재하지 않아 점유가 불가능하며, 소유권과는 다르게 권리범위를 명확하게 파악하기 어렵다.

2) 디자인권은 모방이 쉽다.

디자인권은 여러 사람이 어느 곳에서나 동시에 똑같이 사용하는 것이 가능하고, 다른 사람들이 쉽게 모방할 수 있으며, 침해 행위를 발견하기 어렵고, 다른 국가의 국민들에 의한 침해 가능성도 매우 높다.

3) 디자인권은 공공적 제한이 있다.

디자인권은 존속기간이 20년으로 정해져 있고, 그 기간이 지나면 누구나 사용할 수 있는 공유재산으로 되며, 산업정책상 일정한 사유로 효력이 제한될 수 있다.

무체재산권　　　모방이 용이　　　공공적 제한

〈디자인권의 특성〉

그럼에도 불구하고, 디자인등록출원인은 디자인출원을 공개한 이후, 그 디자인등록출원된 디자인 또는 이와 유사한 디자인을 업(業)으로서 실시한 자에게 디자인등록출원된 디자인임을 서면으로 경고할 수 있다(제53조 제1항).

또한 자신의 디자인권이 설정등록된 이후에는 출원공개된 디자인임을 알고 그 디자인등록출원된 디자인 또는 이와 유사한 디자인을 업으로서 실시한 자에게 그 경고를 받거나, 출원공개된 디자인임을 안 때부터 디자인권의 설정등록 시까지의 기간 동안 그 등록디자인 또는 이와 유사한 디자인의 실시에 대하여 합리적으로 받을 수 있는 금액에 상당하는 보상금의 지급을 청구할 수 있다(제53조 제2항). 즉 자신의 등록디자인 또는 이와 유사한 디자인에 대한 독점적인 권리를 가지게 된다.

무체재산권이란[267]?

지적 재산권 또는 지식재산권이라고도 한다. 무체재산권은 산업재산권(産業財産權)과 저작권(著作權)으로 구분할 수 있다. 무체재산권은 무체물(無體物)을 대상으로 한다는 점에서 물권(物權)이 유체물(有體物)을 대상으로 하는 것에 대응한다. 그러나 무체재산권도 배타적 이익을 향유할 수 있는 권리라는 점에서 물권에 준하며, 성질이 허용하는 범위 내에서 물권의 규정이 유추 적용될 수 있다. 무체재산권은 특허협력조약 등에 의하여 국제적으로 보호되는 경향에 있으나, 1국에서 성립된 권리는 그 나라에만 효력이 미친다고 하는 속지주의원칙(屬地主義原則)이 채택되고 있다.

267) 두산백과 두피디아(2022). http://www.doopedia.co.kr

3. 디자인권의 소멸

디자인권의 소멸이라 함은 설정등록에 의해 발생한 디자인권이 일정한 소멸 원인에 의하여 그 효력이 상실되는 것을 말한다. 디자인권은 독점배타권으로 대세적인 효력을 가지기 때문에 무제한으로 존속을 인정하는 것은 산업정책상 타당하지 않다. 또한 하자가 있는 권리가 존재하는 것은 공익보호의 관점에서 허용될 수 없다.
디자인권의 소멸 원인으로는 소급적 소멸과 비소급적 소멸 원인으로 구분할 수 있다.

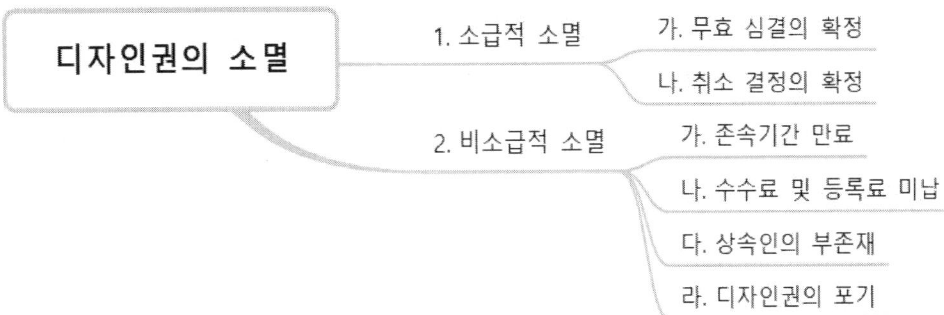

〈디자인권의 소멸〉

무효심판에 의한 무효심결이 확정된 디자인인권이나, 이의신청에 의하여 취소결정이 확정된 일부심사등록디자인권은 소급적으로 소멸된다.

비소급적 소멸의 원인으로는 ① 디자인권의 존속기간이 만료된 경우, ② 추가납부 또는 보전기간 이내에 수수료를 납부하지 아니 하면, 디자인등록출원은 포기된 것으로 보며, 등록료를 납부할 기간이 최종적으로 경과된 경우, ③ 디자인권은 상속이 개시된 때 상속인이 없는 경우, ④ 디자인권자는 디자인권을 포기할 수 있고, 디자인권의 포기가 있는 때에는 그 때부터 디자인권은 소멸될 것으로 본다.

확인 학습

1. 다음 중 디자인은 최종적으로 어떠한 과정을 거쳐 권리로 보호받는가?
   ① 심사관에 의한 디자인 등록결정
   ② 디자인등록출원자의 등록료 납부
   ③ 특허청장에 의한 디자인권의 설정등록

2. 디자인을 권리화하지 못하면 당하게 되는 불이익으로는 무엇이 있는지, 마인드맵으로 그려보자.

3. 지식재산권이란, □□재산권 또는 무체재산권이라고도 하다.

4. 무체재산권은 특허협력조약 등에 의하여 국제적으로 보호되는 경향에 있으나, 1국에서 성립된 권리는 그 나라에만 효력이 미친다고 하는 □□주의원칙이 채택되고 있다.

5. 다음 중 소급적 소멸에 해당하는 것은?
   ① 무효심결의 확정, ② 존속기간 만료, ③ 등록료 미납,
   ④ 상속인의 부존재, ⑤ 디자인권의 포기

학습 2 디자인권의 효력과 제한

학습 목표	• 디자인권은 내용, 시간, 지역에 따라 어떠한 범위가 있는지 설명할 수 있다. • 디자인권의 적극적 효력의 내용과 제한을 이해하여 설명할 수 있다. • 디자인권의 소극적 효력의 내용과 제한을 이해하여 설명할 수 있다.

1 디자인권의 효력 범위

디자인권자는 업으로서 등록디자인 또는 이와 유사한 디자인을 실시할 권리를 독점한다(제92조). 디자인보호법에서 디자인권의 효력을 등록디자인만이 아니고, 이와 유사한 디자인에까지 미치는 것으로 한 것은 발명 또는 고안과 같은 기술적 사상과는 달리, 디자인은 모방이 용이하여 동일한 디자인에게만 효력을 미칠 수 있게 하면, 그 보호대상이 협소하여 실질적인 디자인보호가 어려워 디자인의 보호와 이용을 도모함으로써 디자인의 창작을 장려하여 산업발전에 이바지하게 한다는 법의 목적을 달성할 수 없기 때문이다.

디자인권은 등록디자인이 무엇이냐에 따라, 존속기간이 어느 정도인지에 따라, 그리고 영토에 따라 효력의 범위가 달라진다.

1. 내용적 범위

디자인권의 효력범위는 디자인등록출원서의 기재사항 및 그 출원서에 첨부된 도면·사진 또는 견본과 도면에 적힌 디자인의 설명에 따라 표현된 디자인에 의하여 정하여진다.

1) 디자인의 대상되는 물품

디자인의 대상이 되는 물품은 보호범위를 정하는 기준이 되므로 특허청장이 고시한 물품의 명칭을 적는다. 물품류 및 물품의 구분은 로카르노 협정에 따른 물품류에 근거하여 용도와 기능 등을 기준으로 특허청장이 정하여 고시한 「디자인 물품류별 물품목록」에 따라 기재한다.

부분디자인을 출원하는 경우에도【디자인의 대상이 되는 물품】란에는 특허청장이 고시한 물품의 명칭 중 한 개의 물품명(예: 커피잔)을 적으며, 물품의 부분의 명칭(예: 커피잔의 손잡이)을 적어서는 안 된다.

KR 30-0991750, 커피드립용 주전자

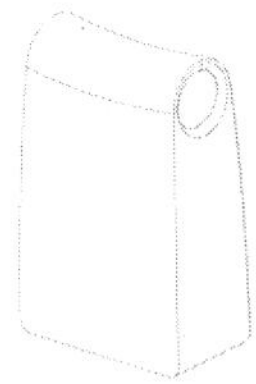

KR 30-0765140, 공기청정기

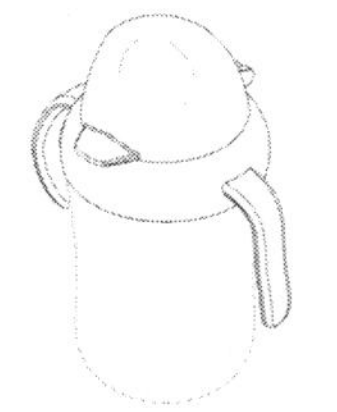

KR 30-0718833, 유아용 음료병

〈부분디자인〉

디자인 물품류 예시

[로카르노 분류코드 검색하기]

- 특허로(www.patent.go.kr) 〉 화면 우측 〉 관련서비스 〉 분류코드검색 〉 디자인분류코드
- 키프리스(www.kipris.or.kr) 〉 디자인 〉 스마트 검색 〉 분류정보 도우미 〉 국제분류

디자인 심사등록물품류
디자인 일부심사등록물품류

1류	2류	3류	4류
식품 빵, 과자류, 과일, 육류, 유제품, 동물용 사료 …	의류 및 잡화 속옷, 의복, 모자류, 신발류, 넥타이, 네커치프 …	다른 류에 명기되지 아니하는 여행용품, 케이스, 파라솔 및 신변품 핸드백, 여행가방, 지갑, 우산, 지팡이, 부채 …	브러시 제품 청소용 · 욕실용 · 의류용 · 조리용 · 미술용 솔…

5류	6류	7류	8류
섬유제품, 인조 및 천연 시트직물류 실류, 레이스, 자수, 리본, 장식용 수술, 직물, …	가구 및 침구류 의자, 침대, 테이블, 커튼, 수납가구, 옷걸이, 담요 …	다른 류에 명기되지 아니하는 가정용품 도자기, 유리제품, 조리용기기, 나이프, 포크 …	공구 및 철물류 드릴, 스크류드라이버, 기타의 도구 및 기구 …

중략

25류	26류	27류	28류
건축유닛 및 건설자재	조명기기	담배 및 흡연용품	의약품 및 화장품, 화장 · 미용용품 및 기기
건축재료, 가옥, 창고, 계단 사다리 및 비계 …	촛대, 손전등, 조명기기, 차량용 조명기기 …	담배, 시가, 담배 파이프 재떨이, 성냥, 라이터 …	의약품, 화장품, 화장용품 및 미용기구 …

29류	30류	31류	32류
소방, 사고방지 및 구조용 장치 및 장비	동물 보호 및 사육용품	다른 류에 명기되지 아니하는 음식 또는 음료조리용 기계 및 기기	그래픽 심벌, 로고, 표면 문양 및 장식
소방장치 및 기구, 사고방지 및 구조용 용품 …	동물용 의류, 동물 우리, 개집, 사료, 물 공급기 …	다른류에 명기되지 아니하는 음식 또는 음료조리용 기계…	그래픽 디자인, 로고, 장식, 장식문양, 표면문양 …

※ 그래픽 심벌, 로고, 표면 패턴 및 장식 자체는
유럽연합에서 보호 가능하지만,
한국에서는 디자인보호대상에 포함되지 않음

2) 도면, 사진 또는 견본268)

디자인의 도면은 등록받으려는 디자인의 창작내용과 전체적인 형태를 명확하고 충분하게 표현할 수 있도록 한 개 이상의 도면을 도시하고, 필요한 경우에는 각 도면에 대한 설명을 [디자인의 설명]란에 다음 예와 같이 적으며, 도면을 3차원 모델링(Modeling)파일 형식으로 제출할 경우에는 디자인의 창작내용을 가장 잘 표현하는 화면을 정지화면으로 하여 제출한다.

268) 디자인보호법 시행규칙, [별지 제4호 서식] 디자인 도면

디자인 도면

(【디자인의 일련번호】) 【물품류】 【디자인의 대상이 되는 물품】 【디자인의 설명】 【디자인의 창작내용의 요점】 【도면 1.1】 【도면 1.2】 【도면 1.3】 【도면 1.4】 【도면 1.5】 【도면 1.6】 【도면 1.7】	【물품류】란과【디자인의 대상이 되는 물품】에는 디자인등록출원서에 적은 것과 같이 디자인의 대상이 되는 물품이 속하는 물품류와 물품명을 기재, 【디자인의 설명】란은 「디자인보호법 시행규칙」 별표 2(디자인의 설명란의 기재사항)에 따라 기재, 【디자인의 창작내용의 요점】란은 「디자인보호법 시행규칙」 별표 3(창작내용의 요점란의 기재방법)에 따라 기재. (예시) 도면 1.1은 디자인의 전체적인 형태를 표현하는 도면이고, 도면 1.2는 디자인의 앞면을 표현하는 도면이며, 도면 1.3은 디자인의 뒷면을, 도면 1.4는 디자인의 왼쪽면을, 도면 1.5는 디자인의 오른쪽면을, 도면 1.6은 디자인의 윗면을, 도면 1.7은 디자인의 아랫면을 표현하는 도면임.

(1) 부분디자인

부분디자인을 도면에 도시하는 경우에는 해당 디자인의 대상이 되는 물품의 전체디자인 중 부분디자인으로 디자인등록을 받으려는 부분은 실선으로 표현하거나 이와 상응하는 방법으로 표현하고, 그 외의 부분은 파선(破線)으로 표현하거나 이와 상응하는 방법으로 표현하여 부분디자인으로 등록받으려는 부분을 명확히 특정해야 한다.

부분디자인을 견본으로 출원하는 경우에는 해당 디자인의 대상이 되는 물품의 전체디자인 중 부분디자인으로 디자인등록을 받으려는 부분 외의 부분에 대해서는 검정색 등 무채색으로 칠하여 부분디자인으로 등록받으려는 부분을 명확히 특정한다.

그리고, 부분디자인을 사진으로 출원하는 경우에는 해당 디자인의 대상이 되는 물품의 전체디자인 중 부분디자인으로 디자인등록을 받으려는 부분 외의 부분에 대해서는 검정색 등 무채색으로 칠하여 부분디자인으로 등록받으려는 부분을 명확히 특정한 다음 이를 촬영한 사진을 출원한다.

(2) 화상디자인

화상디자인이 평면적인 경우에는 디자인등록을 받으려는 평면적인 화상을 나타내는 도면을 제출해야 하고, 입체적인 경우에는 등록을 받으려는 입체적인 화상을 나타내는 도면을 제출해야 한다.

화상디자인 전체가 아닌 부분에 대하여 디자인등록을 받으려는 경우에는 전체에서 등록을 받으려는 부분의 위치, 크기, 범위 등을 명확하게 나타내야 하고, 등록을 받으려는 부분과 그 외의 부분의 경계를 명확하게 나타낸다.

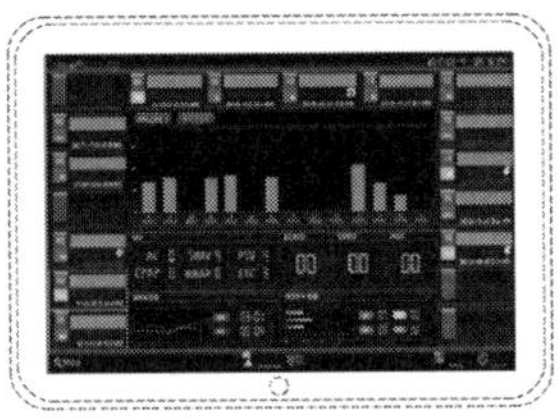

KR 30-0656445,
화상디자인이 표시된
멀티미디어단말기

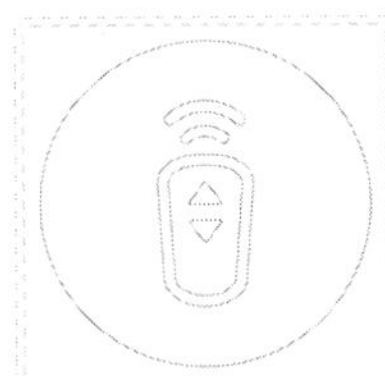

KR 30-0761168,
화상디자인이 표시된
디스플레이 패널

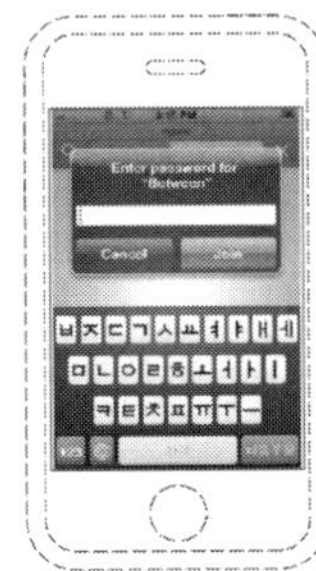

KR 30-0538673,
화상디자인이 표시된
이동통신기기

〈화상디자인〉

(3) 사진 또는 견본인

도면 대신에 서면으로 사진 또는 견본을 제출하는 경우에는 다음의 요건을 갖추어야 합니다.

① 쉽게 파손되거나 변경·변질되지 않을 것, ② 취급 및 보존이 쉬울 것, ③ 용지에 붙이는 경우 떨어질 우려가 없을 것, ④ 견본을 제출하는 경우 견본 한 개와 견본의 사진(등록받으려는 디자인의 창작내용과 전체적인 형태가 명확히 표현된 사진 각 1통)을 각각이 서식에 첨부할 것

3) 디자인의 설명[269)]

도면만으로 디자인의 내용을 충분히 파악하기 어려운 경우에는 【디자인의 설명】란에 ① 물품의 사용목적, 사용방법, 재질 및 크기 등에 대한 설명, ② 도면에 대한 설명, ③

269) 디자인보호법 시행규칙, [별표 2] 디자인의 설명란의 기재사항(제35조제4항 관련)

도면에서 길이 표시 생략에 대한 설명, ④ 도면의 색채에 대한 설명, ⑤ 투명한 물품의 전부 또는 일부에 대한 설명, ⑥ 부분디자인에 대한 설명, ⑦ 화상디자인에 대한 설명, ⑧ 물품의 부분에 표현된 화면디자인에 대한 설명 등이 기재될 수 있다.

디자인 설명 예시

KR 30-0539868, 마우스

디자인의 대상이 되는 물품

마우스

디자인의 설명

1. 재질은 합성수지 또는 금속 등임.
2. 실선으로 표현된 부분이 부분디자인으로서 디자인등록을 받고자 하는 부분임.

디자인 창작 내용의 요점

"마우스"의 형상과 모양의 결합을 디자인창작 내용의 요점으로 함.

사시도

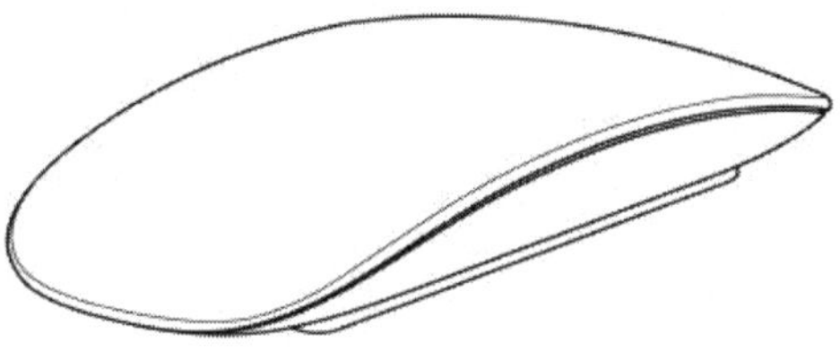

정면도

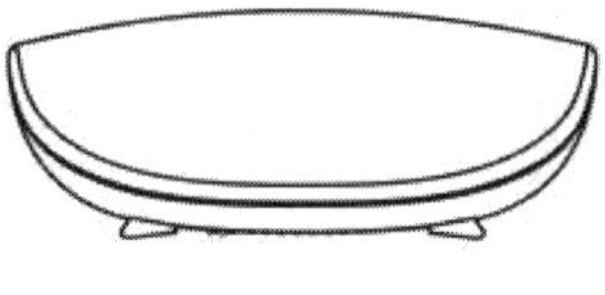

등록디자인 예시 1. (KR 30-0751204)

입체디자인도면

디자인의 대상이 되는 물품

인형

디자인의 설명

1. 재질은 직물재, 플라스틱(PVC)마블, 우레탄, 면, 고무 또는 합성수지재임.
2. 놀이용으로 사용하거나, 장식용 또는 쿠션용으로 사용할 수 있음.

디자인 창작 내용의 요점

본원 디자인은 "인형"의 형상, 모양 및 색채의 결합을 디자인 창작내용의 요점으로 함.

<table>
<tr><th>사시도</th><th>정면도</th><th>좌측면도</th><th>평면도</th></tr>
<tr><td rowspan="3"></td><td></td><td>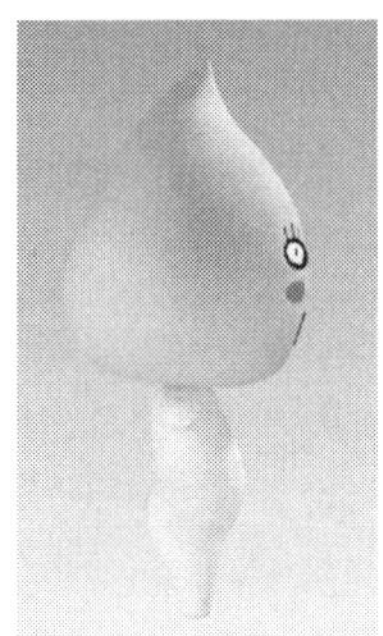</td><td>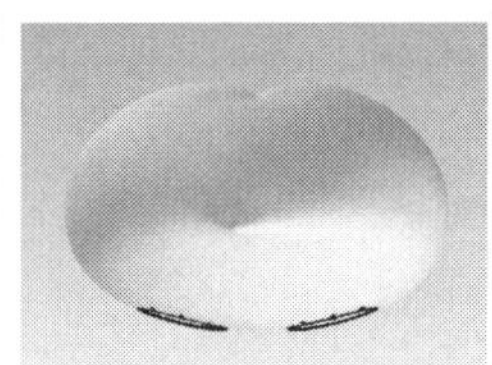</td></tr>
<tr><th>배면도</th><th>우측면도</th><th>저면도</th></tr>
<tr><td>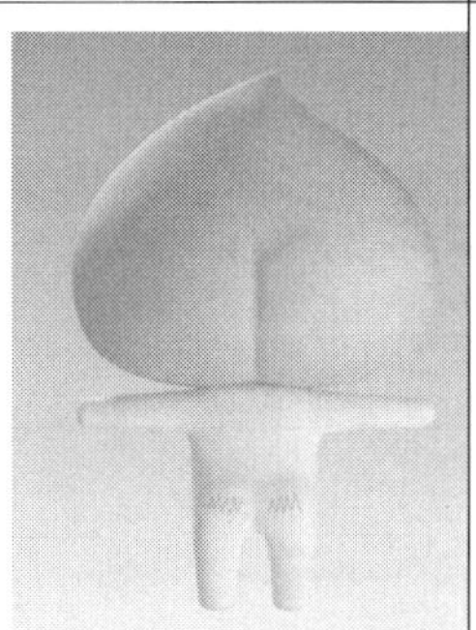</td><td>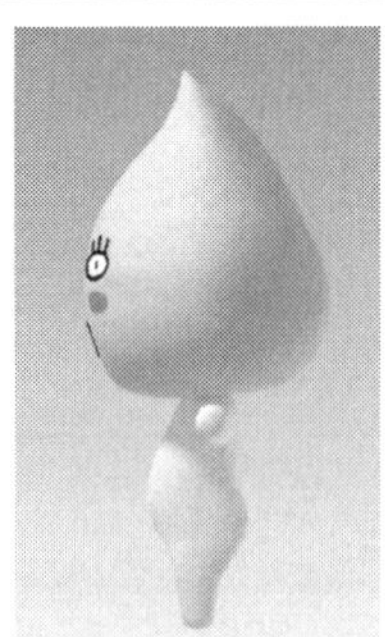</td><td>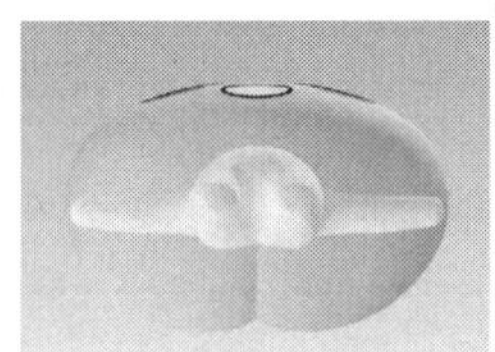</td></tr>
</table>

등록디자인 예시 2. (KR 30-0682649)

입체디자인도면

디자인의 대상이 되는 물품

휴대용 가스버너

디자인의 설명

1. 재질은 금속제임.

2. 본 디자인의 휴대용 가스버너는 등산이나 야외활동 시 휴대할 수 있는 가스버너임.

3. 참고도1과 같이, 측면 3개의 지지대를 접어서 보관하고 사용 시에는 펼 수 있으며, 부탄가스통이 연결되는 노즐이 구비된 공급튜브를 연결하여 사용할 수 있음.

디자인 창작 내용의 요점

"휴대용 가스버너"의 형상과 모양의 결합을 디자인 창작내용의 요점으로 함.

사시도	정면도	좌측면도	평면도
	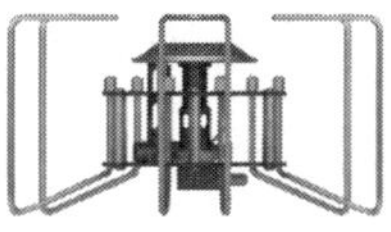	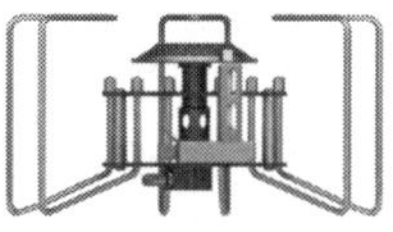	
참고도1	배면도	우측면도	저면도
	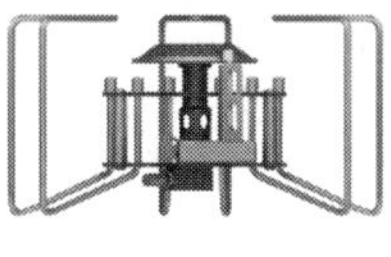	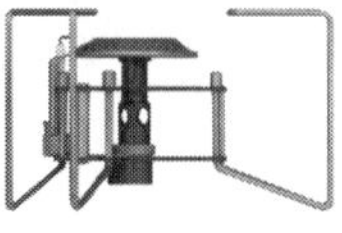	

2. 시간적 범위

디자인권은 제90조 제1항에 따라 설정등록한 날부터 발생하여 디자인등록출원일 후 20년이 되는 날까지 존속한다(제91조). 다만, 제35조(관련디자인)에 따라 관련 디자인으로 등록된 디자인권의 존속기간 만료일은 그 기본디자인의 디자인권 존속기간 만료일로 한다.

관련디자인

디자인은 한 번 창작되면 변형된 디자인들이 계속적으로 창작되는 특성이 있다. 이때, 처음 출원한 디자인(기본디자인)에서 일부 변형된 디자인을 '관련디자인'으로 출원하면 나의 기본디자인의 권리범위(유사범위)를 확장해주는 효과가 있다. 관련디자인은 기본디자인과 별도의 권리를 갖지만, 관련디자인의 보호기간은 기본디자인의 보호기간 만료일과 동일하며, 관련디자인으로 출원하려면 기본디자인의 출원일로부터 1년 이내 출원해야 한다.

3. 지역적 범위

디자인보호법을 포함한 산업재산권은 속지주의 원칙에 따라 우리나라에서만 효력을 발휘하며, 그 성립, 이전, 소멸 등은 우리나라 디자인보호법이 정한 바에 따른다.

따라서, 미국, 일본 등을 포함한 국외에서 당해 디자인의 권리범위를 인정받기 위해서는 해당 국가에 별도로 출원을 해서 등록받아야 한다.

속지주의

한 나라에서 획득한 권리는 해당 국가에서만 독점적이고 배타적으로 행사할 수 있다. 이러한 원칙에 따라 우리나라에 디자인을 출원하여 등록되었다고 해도 외국에서도 보호를 받을 수 없다. 따라서 외국에서 디자인권을 획득하고 행사하기를 원하는 사람은 해당 국가에 디자인 출원을 하고 디자인 등록을 받아 권리를 행사하는 것이 원칙이다.

2 적극적 효력의 내용과 제한

디자인권은 디자인권자가 등록디자인 또는 이와 유사한 디자인을 업으로서 독점적으로 실시할 수 있는 적극적 효력과 타인의 실시나 이용을 금지하는 소극적 효력을 갖는다.

1. 적극적 효력의 이해

디자인권자는 업으로서 등록디자인 또는 이와 유사한 디자인을 실시할 권리를 독점한다(제92조).

'업으로서'의 해석은 반드시 영리의 목적에 국한되지 않고, 반복, 계속적하여 이루어진 것을 요구한다. 다만, 개인적, 가정적 실시와 같은 비사업적 실시는 공정한 경업 질서를 해치지 아니하므로 업으로서의 실시에 해당하지 않는다.270)

'등록디자인'이란 디자인등록을 받은 디자인을 말하며(제2조제3호), '유사한 디자인'이란 디자인을 구성하는 물품의 형태가 공통적인 동질성을 가지고 있어서 외관상 유사한 미감을 일으키는 디자인을 말한다.

'실시'란 디자인의 대상이 물품(화상은 제외한다)인 경우 그 물품을 생산·사용·양도·대여·수출 또는 수입하거나 그 물품을 양도 또는 대여하기 위하여 청약(양도나 대여를 위한 전시를 포함한다. 이하 같다)하는 행위를 말하며. 또한, 디자인의 대상이 화상인 경우 그 화상을 생산·사용 또는 전기통신회선을 통한 방법으로 제공하거나 그 화상을 전기통신회선을 통한 방법으로 제공하기 위하여 청약(전기통신회선을 통한 방법으로 제공하기 위한 전시를 포함한다. 이하 같다)하는 행위 또는 그 화상을 저장한 매체를 양도·대여·수출·수입하거나 그 화상을 저장한 매체를 양도·대여하기 위하여 청약(양도나 대여를 위한 전시를 포함한다. 이하 같다)하는 행위를 말한다(제2조제7호).

'실시할 권리를 독점'한다는 의미는 스스로 실시할 수 있는 법률상 인정되는 능력을 가짐과 동시에 제3자의 정당한 법률적 근거 없이 실시하는 것을 배제하는 것을 의미한다.

그러나, 이러한 적극적 효력도 전용실시권을 설정한 경우(제92조), 이용·저촉관계가 성립하는 경우(제95조), 디자인권이 공유인 경우(제96조), 디자인권 포기를 제한하는 경우

270) 김인배(2017). 디자인보호법.

(제106조)에는 디자인권의 적극적인 효력이 제한될 수 있다[271].

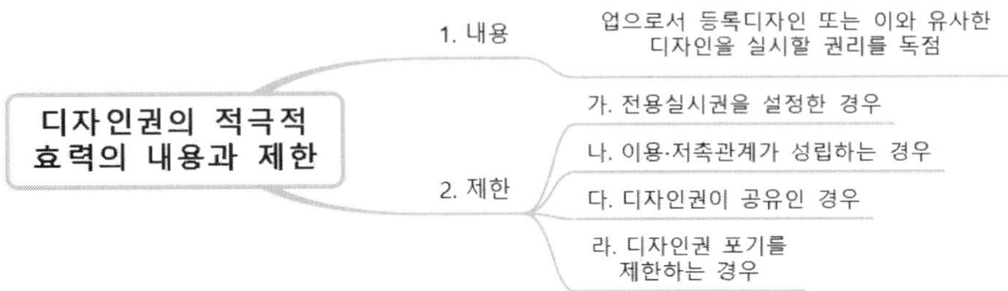

〈디자인권의 적극적 효력의 내용과 제한〉

1) 전용실시권을 설정한 경우

디자인권에 관하여 전용실시권을 설정하였을 경우, 전용실시권자는 그 설정행위로 정한 범위에서 그 등록디자인 또는 이와 유사한 디자인을 업으로서 실시할 권리를 독점한다(제97조제2항). 전용실시권은 디자인권자 등이 제3자와의 계약에 의하여 내용, 지역, 기간을 정하여 그 범위 내에서 그 등록디자인 또는 이와 유사한 디자인을 업으로서 독점적으로 실시(사용)할 수 있는 권리를 말한다.

전용실시권은 특허권자 등과 계약에 의하여 발생되는 허락 실시(사용)권으로 디자인은 설정등록을 하지 않으면 그 효력이 발생하지 않는다. 실시권의 종류와 전용실시권과 통상실시권의 차이점은 다음과 같다.[272]

용익물권과 채권

제한물권은 일정한 제한된 범위의 목적을 위해서만 물건을 지배할 수 있는 권리로 '용역물권'과 '담보물권'으로 나뉘어지는데, 용역물건은 다시 타인이 소유하는 부동산을 사용, 수익하는 것을 내용으로 하는 물권으로 지상권, 지역권, 전세권으로 구분된다. 따라서 전용실시권은 타인의 디자인권을 마치 전세처럼 물건을 직접 지배하는 용역물건적 성질을 가지고 있다.

반면에 채권은 배타성이 없으므로 모든 사람에게 권리보호를 주장할 수 있는 물권적 청구원을 인정할 수 없고, 특정인에 대해서만 급부를 청구할 수 있는 권리이다. 채권은 법률이 규정하고 있는 것 이외에도 당사자의 계약에 의하여 얼마든지 정할 수 있는 점이 물권과 다르다.

271) 김웅(2018). 디자인보호법 쟁점과 사례.
272) 특허청(2022). www.kipo.go.kr

〈전용실시권과 통상실시권의 차이점〉

구분	전용실시권	통상실시권
성질	용익물권적 권리	채권적 권리
독점배타성의 유무	유	무
범위의 확정	의사표시 및 설정등록	의사표시
발생	설정등록일	허락일
효력발생요건 또는 제3자 대항요건의 구비	설정등록일(등록이 효력발생요건, 다만 상표권은 등록이 제3자 대항요건)	설정등록일
법정실시권의 유무	무	유
금지청구권의 유무	유	무
손해배상청구권의 유무	유	무
신용회복 조치의 유무	유	무

2) 이용 및 저촉 관계가 성립하는 경우

디자인권자·전용실시권자 또는 통상실시권자는 그 등록디자인 또는 그 등록된 디자인과 유사한 디자인이 ① 그 디자인등록출원일 전에 출원된 타인의 등록디자인 또는 이와 유사한 디자인·특허발명·등록실용신안 또는 등록상표를 이용하거나 ② 디자인권과 그 디자인권의 등록디자인과 유사한 디자인이 디자인등록출원일 전에 출원된 타인의 디자인권·특허권·실용신안권 또는 상표권과 저촉되는 경우에는 그 디자인권자·특허권자·실용신안권자 또는 상표권자의 허락을 받지 아니하거나 제123조(통상실시권 허락의 심판)에 따르지 아니하고는 자기의 등록디자인과 유사한 디자인을 업으로서 실시할 수 없다(제95조). 이 제한은 선출원 권리자를 보호하기 위한 것이다.

디자인의 이용관계[273)]

후 디자인이 전체로서는 타인의 선 등록디자인과 유사하지 않지만, 선 등록디자인의 요지를 전부 포함하고 선 등록디자인의 본질적 특징을 손상시키지 않은 채 그대로 자신의 디자인 내에 도입하고 있어, 후 디자인을 실시하면 필연적으로 선 등록디자인을 실시하는 관계에 있는 경우를 말한다. 선 등록디자인과 '이용관계'가 성립하게 되면, 후 디자인의 경우 디자인권리가 있다하더라도 선 등록디자인권자의 허락을 얻거나(디자인보호법 제95조), 통상실시권 허락의 심판(디자인보호법 제123조)에 의한 경우에만 실시가 가능하다. 그러므로 디자인을 실시하기 전에 선등록디자인과의 '이용관계'가 성립하는지를 잘 살펴보아야 한다.

〈이용과 저촉 관계의 성립 요건〉

<table>
<tr><th>구분</th><th>이용 관계</th><th>저촉 관계</th></tr>
<tr><td>공통점</td><td colspan="2">· 후 출원디자인이 적법한 등록디자인일 것
· 선원 권리가 타인의 권리일 것
· 타인의 선원 권리가 선출원하여 등록된 특허발명, 실용신안, 등록상표, 등록디자인 또는 선 발생된 저작물일 것</td></tr>
<tr><td>차이점</td><td>· 후 출원디자인이 선원 권리의 보호범위를 그대로 포함해야 함
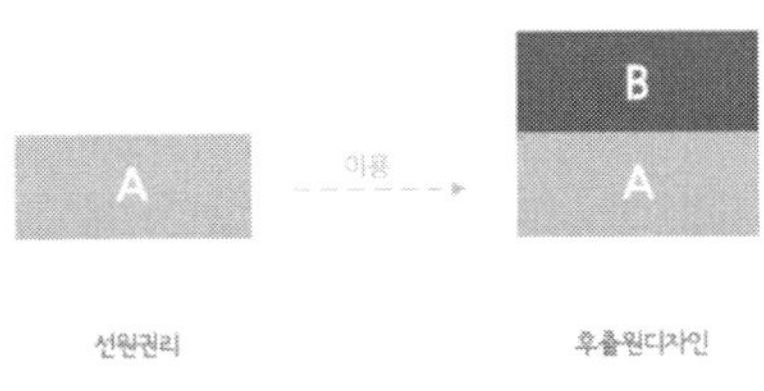
</td><td>· 후 출원디자인과 선원 권리의 보호범위가 중첩되어야 함

</td></tr>
</table>

3) 디자인권이 공유인 경우

디자인권이 공유인 경우에 각 공유자는 다른 공유자의 동의를 받지 아니하면 그 지분을 이전하거나 그 지분을 목적으로 하는 질권을 설정할 수 없다. 또한, 각 공유자는 다른 공유자의 동의를 받지 아니하면 그 디자인권에 대하여 전용실시권을 설정하거나 통상실시권을 허락할 수 없다.

다만, 디자인권이 공유인 경우에는 각 공유자는 계약으로 특별히 약정한 경우를 제외하

273) 디자인맵(2015). www.designmap.or.kr, 디자인 이용관계의 판단기준.

고는 다른 공유자의 동의를 받지 아니하고 그 등록디자인 또는 이와 유사한 디자인을 단독으로 실시할 수 있다(제96조).

4) 디자인권 포기를 제한하는 경우

디자인권자는 전용실시권자·질권자 및 디자인권의 공유(제97조 제4항)·통상실시권(제99조 제1항) 또는 「발명진흥법」 제10조 제1항에 따른 통상실시권자의 동의를 받지 아니하면 디자인권을 포기할 수 없다(제106조). 이것은 디자인권 존재 여부에 상당한 이해관계에 있는 자를 보호하기 위함이다.

3 소극적 효력의 내용과 제한

1. 소극적 효력의 이해

디자인권자 이외의 제3자가 정당한 권원 없이 업으로서 등록디자인 또는 이와 유사한 디자인을 실시하거나(제92조), 등록디자인이나 이와 유사한 디자인에 관한 물품의 생산에만 사용하는 물품을 업으로서 생산·양도·대여·수출 또는 수입하거나 업으로서 그 물품의 양도 또는 대여의 청약을 하는 행위는 그 디자인권 또는 전용실시권을 침해한 것으로 본다(제114조). 이를 경우, 디자인권자는 제3자에게 침해금지 등 법적 조치[274)]를 가할 수 있다.

〈디자인 침해에 따른 민·형사상 조치〉

구분	민사상 조치	형사상 조치
내용	· 침해금지 및 예방청구권(제113조) · 손해배상청구권(민법 제750조) · 신용회복청구권(제117조) · 부당이익반환청구권(민법 제741조) · 가처분(가압류 포함)	· 침해죄(제220조) · 몰수규정(제228조) · 양벌규정(제227조)

274) 김웅(2017). 디자인보호법 쟁점과 사례.

그러나 소극적 효력도 디자인권의 효력이 미치지 아니하는 경우(제94조), 전용 및 통상 실시권이 존재하는 경우(제97제2항, 제99조제2항), 등록료 추가납부에 의하여 회복된 디자인권에 대한 효력 제한기간(제84조제4항), 재심에 의해 회복된 디자인권의 효력제한(제161조), 대법원 판례에 따라 인정되는 비침해 항변 사유(권리남용의 항변, 무효의 항변, 자유실시디자인의 항변)에 해당하는 경우 등에는 디자인권의 효력이 제한될 수 있다.

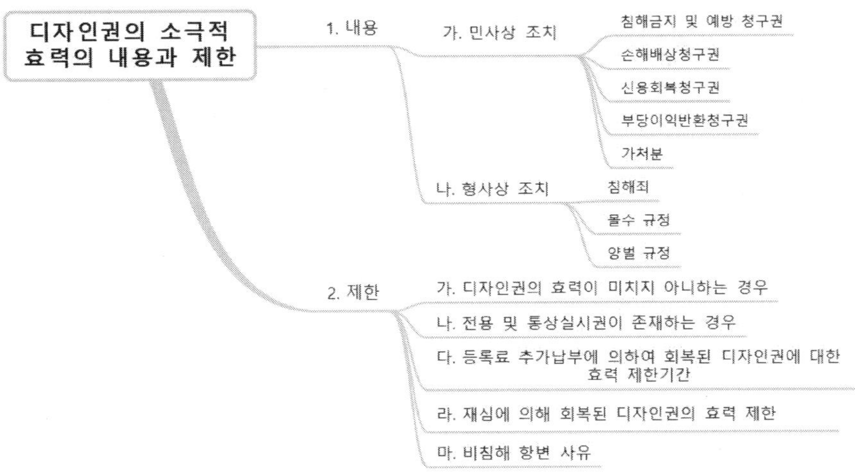

〈디자인권의 적극적 효력의 내용과 제한〉

법률가가 싸우는 법, '부인'과 '항변'[275)]

로스쿨에서 부인과 항변의 차이를 가르치면서 소개했던 드라마 '도깨비'의 두 장면이다. 여주인공은 원래 태어나기 전 엄마의 뱃속에서 교통사고로 죽을 운명이었으나, 도깨비의 도움으로 저승사자를 피해 살아간다. 저승사자는 10년쯤 후 여주인공을 만나게 되자 그녀를 저승으로 데려가려고 한다. 여주인공은 '조실부모'하고 '사고무탁'하다면서 자비를 베풀 것을 간청했으나, 저승사자는 매정하게 거절한다. 그때 삼신할머니가 나타나 저승사자에게 저승명부에 여주인공의 이름이 있냐고 묻는다. 원래 태중에 죽을 운명이었던 여주인공은 명부에 '무명씨'라고 적혀 있을 뿐이어서 저승사자는 그냥 물러가고 만다.

10여년 후 저승사자는 이제 명부에 이름이 등재되었다면서 여주인공을 데려가려고 한다. 여주인공은 또 조실부모와 사고무탁을 주문처럼 외친다. 그때 여주인공을 사랑하게 된 도깨비가 저승사자라도 도깨비 신부를 데려갈 수는 없다면서 여주인공을 자신의 신부라고 선언한다. 저승사자는 이번에도 여주인공을 데려가지 못한다.

---

275) 법률신문(2020.2.27.) https://m.lawtimes.co.kr/Content/Opinion?serial=159735

이 상황을 법적으로 해석해 보자. 첫 번째 조우에서 삼신할머니는 저승의 법에는 '명부에 이름이 있을 것'이 망자를 저승으로 데려가는 법률요건임을 알고 있어서 저승사자의 주장에 대해 '부인(否認)'을 하였고, 저승사자는 그 증명에 실패해서 여주인공을 데려가지 못했다. 두 번째 조우에서 저승사자는 법률요건을 증명하였으나, 도깨비가 '도깨비 신부는 저승사자라도 데려갈 수 없다'는 저승의 법을 이용해 여주인공이 자신의 신부라고 '항변(抗辯)'을 하였고 이를 증명하여 저승사자의 시도를 저지하였다. 안타깝게도 여주인공의 주장인 조실부모와 사고무탁은 저승의 법과 무관하여 아무 소용이 없는 것이었다.

법률을 잘 모르는 일반인은 법적 문제에 닥쳤을 때 드라마의 여주인공처럼 조실부모와 사고무탁을 외칠 수밖에 없을지도 모른다. 관련된 법률과 제도를 잘 알고 있는 법률가는 정밀하게 상대방의 주장을 살펴서 법률요건의 흠결을 지적하면서 부인하거나, 다른 법률규정에 따라 상대방의 권리행사를 저지할 항변을 해줄 수 있을 것이다. 일반인이 법률가를 찾는 이유이고 법률가가 법을 공부하는 이유이다.

1) 디자인권의 효력이 미치는 아니하는 범위

디자인권의 효력은 ① 연구 또는 시험을 하기 위한 등록디자인 또는 이와 유사한 디자인의 실시, ② 국내를 통과하는 데에 불과한 선박·항공기·차량 또는 이에 사용되는 기계·기구·장치, 그 밖의 물건, ③ 디자인등록출원 시부터 국내에 있던 물건의 경우에는 디자인권의 효력이 미치지 아니한다(제94조 제1항).

그리고 타자·조판 또는 인쇄 등의 통상적인 과정에서 글자체를 사용하는 경우, 그 글자체의 사용으로 생산된 결과물인 경우에는 디자인권의 효력이 미치지 아니한다(제94조 제2항). 이것은 글자체의 법적인 보호가 출판, 인쇄업계 및 일반 사용자에게 미치는 영향이 큰 점을 고려하여, 글자체에 대한 디자인권의 효력은 글자체의 생산 및 생산된 글자체의 유통행위에만 미치도록 하고, 통상적인 과정에서의 글자체 사용에는 디자인권의 효력이 미치지 않도록 하여 등록된 글자체라 하여도 디자인권자의 허락 없이 자유롭게 글자체를 사용할 수 있도록 하기 위한 것이다.[276)]

2) 실시권이 존재하는 경우

디자인권의 효력은 디자인권자의 의사에 의하여 전용 및 통상실시권이 존재하는 경우(제97제2항, 제99조제2항), 디자인권자의 의사와는 관계없이 당연히 발생하는 법정실시권(제83조(등록료의 보전), 제100조(선사용에 따른 통상실시권), 제101조(선출원에 따른

276) 노태정(2016). 디자인보호법 개설

통상실시권), 제102조(무효심판청구 등록 전의 실시에 의한 통상실시권), 제103조(디자인권 등의 존속기간 만료 후의 통상실시권), 제110조(질권행사 등으로 인한 디자인권의 이전에 따른 통상실시권))이 존재하는 경우, 통상실시권 허락의 심판을 청구한 경우(제123조)에 제한을 받는다.

3) 등록료 추가납부에 의하여 회복된 디자인권에 대한 효력 제한기간

디자인등록출원 또는 디자인권의 효력은 등록료 추가납부기간이 지난 날부터 등록료를 내거나 보전한 날까지의 기간(이하 "효력제한기간"이라 한다) 중에 다른 사람이 그 디자인 또는 이와 유사한 디자인을 실시한 행위에 대하여는 효력이 미치지 아니한다(제84조 제4항). 효력제한기간 중 국내에서 선의로 디자인등록출원된 디자인, 등록디자인 또는 유사한 디자인을 업으로 실시하거나 이를 준비하고 있는 자는 그 실시하거나 준비하고 있는 디자인 및 사업목적의 범위에서 그 디자인권에 대하여 통상실시권을 가진다.

설정등록료 납부기간(특허, 실용신안, 디자인)

→ 정상 납부기간 : 등록결정 또는 등록심결의 등본을 받은 날로부터 3월 이내

4년차 연차 등록료 납부기간(특허, 실용신안, 디자인)

→ 정상 납부기간 : 설정등록일로부터 4년차가 시작하기 전날까지

〈특허, 실용신안, 디자인의 설정등록료 및 연차등록료 납부기간[277]〉

4) 재심에 의해 회복된 디자인권의 효력제한

디자인권의 효력은 ① 무효가 된 디자인권(디자인등록취소결정에 대한 심판에 의하여 취소가 확정된 디자인권을 포함한다)이 재심에 의하여 회복된 경우, ② 디자인권의 권리범위에 속하지 아니한다는 심결이 확정된 후 재심에 의하여 그 심결과 상반되는 심결이 확정된 경우, ③ 거절한다는 취지의 심결이 있었던 디자인등록출원에 대하여 재심에 의하여 디자인권이 설정등록된 경우에는 해당 심결이 확정된 후 재심청구 등록 전에 선의로 수입 또는 국내에서 생산하거나 취득한 물품에는 미치지 아니한다. 선의의 제3자를 보호하기 위한 것이다.

5) 질권자와의 특약에 의한 제한

디자인권 · 전용실시권 또는 통상실시권을 목적으로 하는 질권을 설정하였을 때에는 질권자는 계약으로 특별히 정한 경우를 제외하고는 해당 등록디자인을 실시할 수 없다(제108조).

질권[278]

담보 물건을 채무의 변제가 있을 때까지 유치함으로써 채무의 변제를 간접적으로 강제하는 동시에, 변제가 없는 때에는 그 질물로부터 우선적으로 변제를 받는다. 질권은 저당권과 함께 약정담보물권으로서 금융을 얻는 수단으로 이용된다. 질권을 설정할 수 있는 것은 동산과 양도할 수 있는 권리(채권·주식·특허권 등)이다.

6) 대법원 판례에 따라 인정되는 비침해 항변 사유

(1) 권리남용의 항변

특허의 무효심결이 확정되기 전이라도 특허발명이 무효로 될 것이 명백한 경우, 신규성은 없으나 진보성이 없는 경우까지 법원이 특허권 침해소송에서 권리범위를 부정할 수 있다(2010다95390).

---

277) 특허청(2022). 지식재산권의 손쉬운 이용.
278) 두산백과 두피디아(2022). www.doopedia.co.kr

(2) 무효의 항변

등록된 디자인이 디자인등록출원 전에 그 디자인이 속하는 분야에서 통상의 지식을 가진 자가 국내에서 널리 알려진 형상, 모향, 색채 또는 이들의 결합에 의하여 용이하게 창작할 수 있는 디자인에 해당하는 경우에는 그 등록이 무효로 되기 전에는 등록디자인의 권리 범위를 부인할 수 없다(2002후2037). 등록된 디자인이 그 출원 전에 그 디자인이 속하는 분야에서 통상의 지식을 가진 사람이 기존의 공지 등이 된 디자인들의 결합에 의하여 용이하게 창작할 수 있다고 하더라도 이러한 사정만으로는 등록된 디자인의 권리범위가 부정된다고 할 수 없다(2005후2922).

(3) 자유실시디자인의 항변

디자인권의 범위는 그 출원 당시 공지 공용의 부분에 미치지 않고, 확인대상디자인이 등록디자인의 출원 전에 자유실시디자인에 해당하면 등록디자인과 대비할 필요도 없이 그 권리범위에 속하지 않는다(2015허3054).

확인 학습

1. 출원인과 창작자 중 디자인권자는 누구인가?

2. 디자인권은 다음과 같은 사항에 따라 효력의 범위가 달라진다. 각각의 내용을 설명해 보자.

   ① 내용적 범위 :

   ② 시간적 범위 :

   ③ 지역적 범위 :

3. □□하는 관계라고 함은, ① 후 디자인이 전체로서는 타인의 선 등록디자인과 유사하지 않지만, ②) 선 등록디자인의 요지를 전부 포함하고 있고 ③ 선 등록디자인의 본질적 특징을 손상시키지 않은 채 그대로 자신의 권리내용으로 도입하고 있고, ④ 후 디자인을 실시하면 필연적으로 선 등록디자인을 실시하는 관계에 있는 경우를 말한다(대법원 2011. 7. 28. 선고 2010후3349 판결, 대법원 2011. 4. 28. 선고 2009후2968 판결 등 참조).

4. 디자인권의 효력을 제한하는 내용들을 마인드 맵으로 그려보자.

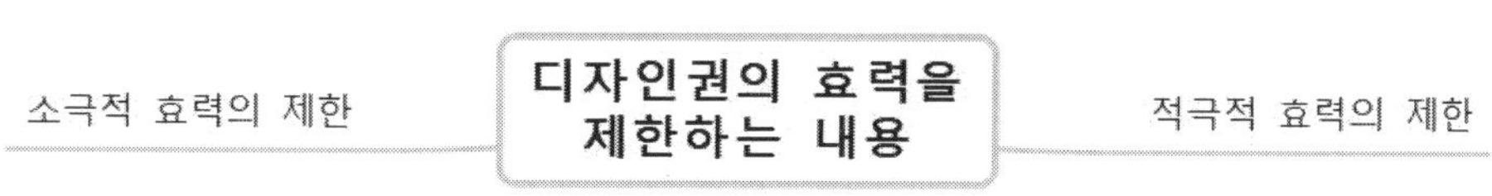

학습 3 디자인권과 타 권리와의 관계

학습 목표	• 디자인의 창작 관점에 따라 디자인을 보호할 수 있는 방법을 이해하여 설명할 수 있다.

[1] 디자인 창작물에 대한 보호제도

1. 디자인 창작물의 보호

디자인의 창작결과물에 대한 보호는 다양한 법에 의하여 의해 선택적 또는 중복적으로 보호받을 수 있다. 그 중에서 디자인을 보호하기 위한 가장 직접적인 법률은 디자인보호법이라 할 수 있다. 이외에도 상표법, 부정경쟁방지법, 또는 저작권법에 의해서도 일정한 경우 디자인을 보호할 수 있으며 디자인보호법만으로는 그 보호가 충분하지 않은 디자인 영역을 이러한 법률들이 상호 보완적으로 보호하고 있다.

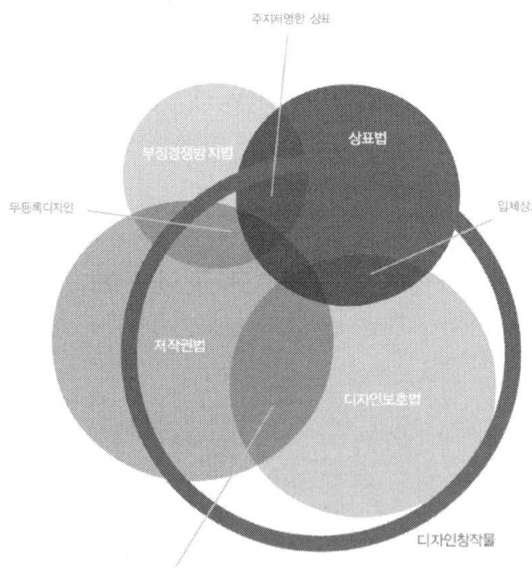

〈디자인 창작물 보호 제도[279]〉

279) 지식경제부 · 한국디자인진흥원(2010). 디자인권리보호 가이드북.

따라서 디자인을 적절히 보호하기 위해서는 특허권, 실용신안권, 상표권, 또는 디자인권 확보에 우선 고려해야 하고, 더 나아가 저작권 또는 부정경쟁방지법에 의한 보호도 추가 고려하는 것이 바람직하다.

〈디자인 창작물과 관련된 법률에 의한 보호 범위〉

디자인보호법	특허/실용신안법	상표법	부정경쟁방지법	저작권법
심미성 보호	기능성 보호	식별성 보호	선의경쟁 유도	창작노력 보호

1) 상표법

상표법은 기호, 문자, 도형, 입체적 형상, 색채, 홀로그램, 동작 또는 이들이 결합한 것으로 그 표장을 보호하며, 지정상품에 대하여 그 등록상표를 사용할 권리를 독점하고, 타인의 동일 또는 유사한 상표를 사용하는 경우, 그 사용을 금지할 수 있다. 등록된 상표는 반영구적으로 권리를 유지할 수 있지만, 일정기간 상표를 사용하지 않거나 다르게 사용할 경우 상표권이 취소될 수 있다.

〈상표의 사용[280]〉

캐릭터 형상이나 이름도 상표권으로 보호받을 수 있으나, 침해자가 내 캐릭터를 상표로써 사용한 것이 아니라 단순히 디자인적으로만 사용했다면 상표권 침해가 성립되지 않을 수 있다.

2) 저작권법

예술적 감상을 목적으로 창작된 순수 예술적 디자인은 저작권의 보호 영역이다. 캐릭터

280) 지식경제부 · 한국디자인진흥원(2010). 디자인권리보호 가이드북.

의 변형이 있거나 다양한 제품에 캐릭터를 사용할 예정이라면 저작권 등록을 받는 것이 가장 효과적이다.

일반 제품디자인의 경우, 저작권법으로 보호받기 위해서는 응용미술저작물(물품에 동일한 형상으로 복제될 수 있는 미술저작물)로서 그 이용된 물품과 구분되어 독자성을 인정할 수 있는 디자인 등을 포함한다.

〈캐릭터 보호〉

3) 부정경쟁방지법

이미 알려진 저명한 물품의 형상이 부정하게 사용되지 않도록 하여 건전한 거래질서를 유지토록 하는 것이 부정경쟁방지법이다. 부정경쟁방지법으로 보호받기 위해서는 제품이 시제품 제작 등 상품의 형태가 갖추어진 날부터 3년이 지나지 않았고, 이미 기존에 존재하던 통상적인 제품디자인의 형태가 아니어야 부정경쟁행위를 근거로 금지청구권을 행사할 수 있다.

빙그레 바나나맛 우유
vs 해태 생생과즙 바나나맛 우유

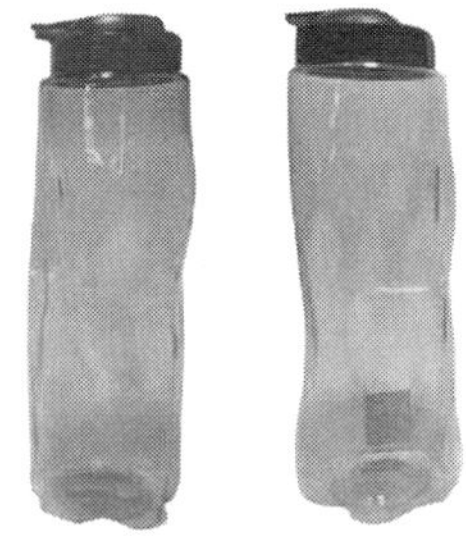

코맥스의 물병 디자인 vs
락랜락 물병 디자인

〈부정경쟁행위 사례〉[281][282]

281) 지식경제부 · 한국디자인진흥원(2010). 디자인권리보호 가이드북.
282) 특허청(2020). 디자인보호 가이드북.

일반 소송에서는 디자인에 대해 디자인보호법에 의한 주장하는 것 못지않게 저작권법, 상표법, 부정경쟁방지법에 의한 보호를 주장하는 경우가 많다. 따라서 각각의 법에서 요구하는 요건들을 잘 이해하고 선택할 필요가 있다.

〈디자인 보호 주요 법의 특징〉[283)]

구분	디자인보호법	저작권법	상표법	부정경쟁방지법
등록여부	○	×	○	×
보호요건	공업상 이용가능성, 신규성, 창작비용이성	창작성, 분리가능성	식별력	동종의 상품이 통상적으로 갖는 형태가 아닌 것
보호기간	출원일부터 20년	저작자 생존 중 + 사후 70년	등록일로부터 10년 + 갱신등록을 통한 영구독점	상품의 시제품 제작 등 상품의 형태가 갖추어진 날부터 3년

283) 김원오(2017). 디자인보호법제간 경합 현황과 경합의 처리를 둘러싼 제 문제. 디자인과 법, 33-63.

읽어 보기 / 디자인보호법과 저작권법에서의 유사성 판단

디자인 무효사건(2017허6972, 2018.5.18.) vs. 저작권 위반 사건(2019도17068, 21.6.30.)

□ 무효사건 판결요지

이 사건 등록디자인은 토끼의 형태를 비눗방울 총에 적용한 점에서 선행디자인과 주된 창작적 모티브를 같이 하고 있는바, 그와 같은 창작적 모티브에서 기인하는 이 사건 등록디자인과 선행디자인의 지배적인 특징, 즉 ① 이 사건 등록디자인과 선행디자인은 모두 토끼의 형상 및 모양에 비눗물 통 및 권총의 방아쇠와 손잡이를 부분적으로 결합한 것으로, 손잡이 부분 위에 토끼가 네 발로 낮게 엎드려 있는 듯한 자세를 하고 있는 점, ② 토끼의 머리는 동그랗고, 비눗방울 분사구가 크게 벌린 토끼의 입안에 노즐형태로 형성되어 있으며, 토끼의 귀는 길쭉하고, 토끼의 네 발은 짧으며, 토끼의 꼬리는 동그랗고 뭉툭한 점에서 매우 유사하므로, 디자인을 보는 사람으로 하여금 전체적으로 유사한 심미감을 갖도록 한다.

구분	사시도	정면도	우측면도
선행디자인 (레몬 총) 2013.3.14. 공지	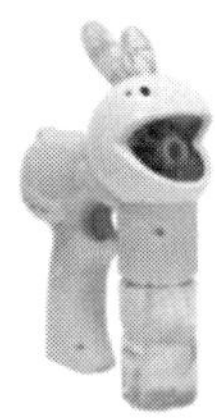	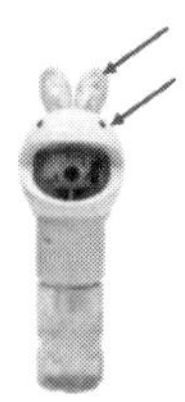	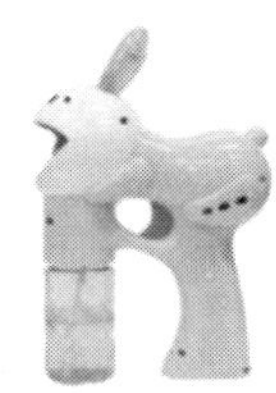
등록디자인 (당근 총) 15.1.23. 출원/ 15.7.27./ 등록		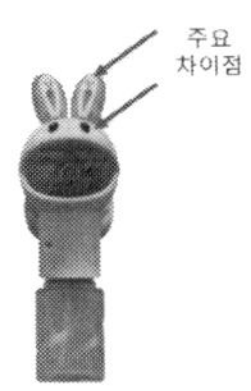	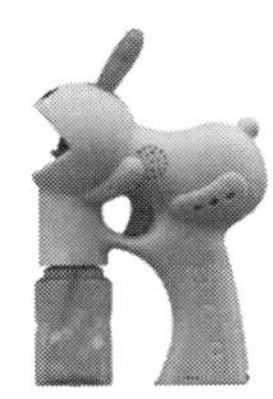

반면 차이점 ㉠, ㉡(앞장 빨간색 화살표)은 선행디자인에서 토끼 눈의 모양 및 위치와 토끼 귀의 과일 모양을 변경한 정도의 단순한 변형에 불과하고, 차이점 ㉢은 당해 물품을 자세히 볼 때에만 비로소 인식할 수 있는 세부적인 구성의 미세한 차이에 불과하거나 선행디자인에서 토끼 눈 밑에 작은 타원형 모양을 추가한 정도의 단순한 변형에 불과하며, 이와 같은 변형은 흔히 취할 수 있는 변형에 해당하여 새로운 미감적 가치를 창출한 부분이라고 할 수 없으므로, 그로 인하여 앞서 본 바와 같은 지배적인 특징으로부터 기인하는 공통적인 미감을 능가하는 다른 미감을 초래한다고 보기 어렵다. 또한 차이점 ㉣, ㉤, ㉥은 당해 물품을 자세히 볼 때에만 비로소 인식할 수 있는 세부적인 구성의 미세한 차이이거나 전체 디자인에서 차지하는 비중이 상당히 낮은 부분에 불과하여 전체적인 심미감에 큰 영향을 미친다고 보기 어렵다.

따라서 이 사건 등록디자인은 그 디자인등록출원 전에 공지된 선행디자인과 유사한 디자인에 해당하여 디자인보호법 제33조 제1항 제3호, 제121조 제1항에 의하여 그 등록이 무효로 되어야 한다.

디자인 무효사건(2017허6972, 2018.5.18.) vs. 저작권 위반 사건(2019도17068, 21.6.30.)

□ 저작권 위반 판결요지

ㅇ 1심 : 인천지방법원부천지원, 2018고정296(19.2.20.), '저작권 침해 인정'

⇒ 디자인 등록 무효사건에서 유사 판단기준을 제시하여 을이 제작, 판매한 '당근 총'은 갑에게 저작권이 있는 '레몬 총'의 디자인을 복제한 것이어서 을은 갑의 저작권을 침해하였다고 인정

ㅇ 2심 : 인천지방법원, 2019노836(19.10.31.), '저작권 침해 부정'

⇒ 두 저작물 사이에 실질적 유사상이 있는가의 여부를 판단함에는 창작적인 표현형식에 해당하는 것만을 가지고 대비해야 한다는 법리를 제시

⇒ 이 사건의 경우 ① 피해자의 캐릭터와 같이 실제 존재하는 동물인 토끼를 전제로 하는 저작물의 경우 둥근 얼굴과 그 위쪽으로 쫑긋하게 솟은 기다란 귀, 짧은 팔다리 등 토끼의 특성상 필연적으로 유사하게 표현될 수밖에 없는 측면이 있어 창작형식이 상대적으로 제한되는 점, ② 따라서 '레몬 총'과 '당근 총'에서 공통적으로 표현된 토끼의 특징적인 형태적 유사성 즉, 동그란 머리와 길고 동그란 귀, 손잡이 부분 위에 네발로 엎드려 있는 듯한 토끼의 자세와 짧은 팔다리, 동그랗고 뭉툭한 꼬리 부분 등은 토끼라는 동물 캐릭터를 단순화하여 귀여운 이미지로 표현하는 데에 흔히 사용되는 것으로서 양자의 실질적 유사성이 있는지 여부에 관하여 판단함에 있어서는 고려할 요소라고 보기 어려운 점, ③ '레몬 총'과 '당근 총'이 공통적으로 보이는 표현방식 즉, 캐릭터의 입 부분에서 비눗방울이 분사되도록 한 것이나 캐릭터 머리 아래에 비눗물을 넣은 플라스틱 병을 끼울 수 있도록 하고 몸체 아래에는 이를 잡을 수 있는 손잡이와 방아쇠를 배치한 것 또한 乙이 甲과 캐릭터 상품화 계약을 체결하기 이전인 2010년 무렵부터 호랑이, 고래 등 다양한 동물 캐릭터 형상의 제품을 생산하면서 공통적으로 적용하여 온 형태인 점, ④ 한편 '레몬 총'에서 창조적 개성이 가장 잘 드러나는 부분은 '기다란 귀에 나타난 수박이나 키위, 레몬 등 과일 단면의 문양'인데, '당근 총'은 '귀 부분에 흰색을 바탕으로 줄기와 잎이 있는 당근 전체의 모양'이 그려져있어 양자가 구별되고, 그 밖에 '레몬 총'과 '당근 총'은 눈 사이의 간격, 눈의 크기와 모양, 볼터치의 유무, 벌린 입의 각도 등 토끼 얼굴 내 이목구비의 표현이 서로 다르며, 단순화된 캐릭터일수록 이와 같은 미세한 표현과 배치의 차이만으로 전체적 심미감이 확연하게 달라지는 속성이 있는 점 등을 종합적으로 고려하면, <u>창작적인 표현방식에 해당하는 것만을 기초로 대비하여 볼 때 양자가 실질적으로 유사하다고 보기는 어렵다.</u>

ㅇ 3심 : 대법원, 2019도17068(21.6.30.), '저작권 침해 부정'

⇒ 저작권법이 보호하는 것은 인간의 사상 또는 감정을 말 · 문자 · 음 · 색 등에 의하여 구체적으로 외부에 표현하는 창작적인 표현형식이므로, 복제권의 침해 여부를 가리기 위하여 두 저작물 사이에 실질적 유사성이 있는가의 여부를 판단함에 있어서는 <u>창작적인 표현형식에 해당하는 것만을 가지고 대비</u>하여야 한다.

⇒ 甲의 이 사건 과일토끼 자동버블건(이하 '피해자 저작물', '레몬 총')의 창작적인 표현형식에 해당하는 기다란 귀에 나타난 과일 단면의 문양, 토끼 얼굴 내 이목구비의 표현 등을 가지고 乙의 이 사건 바니 자동버블건(이하 '피고인 제품', '당근 총')과 대비하여 보면, 그 표현이 서로 달라 피해자 저작물과 피고인 제품이 실질적으로 유사하다고 보기 어렵다.

⇒ 乙 제품의 등록디자인이 그 출원 전에 공지된 甲의 저작물의 디자인과 유사하여 등록이 무효라는 취지의 특허법원 판결은, 디자인 등록요건을 판단할 때의 관련 법리에 따라 공지된 부분까지 포함한 외관을 전체로서 관찰하여 디자인의 유사 여부를 판단한 사안이어서, <u>저작물의 실질적 유사성 여부를 판단하기 위해 창작적인 표현형식에 해당하는 것만을 가지고 대비하여야 하는 이 사건에 원용할 수 없다.</u>

확인 학습

1. 디자인 창작물과 관련된 법률과 그 보호범위를 서로 연결해 보자.

가. 디자인 보호법 : ⓐ 선의경쟁 유도
나. 특허법 : ⓑ 기능성 보호
다. 상표법 : ⓒ 식별성 보호
라. 부정경쟁방지법 : ⓓ 창작노력 보호
마. 저작권법 : ⓔ 심미성 보호

2. 다음 중 기호, 문자, 도형, 입체적 형상, 동작 또는 이들이 결합한 것으로 그 표장을 보호하는 법은?

① 특허권, ② 디자인권, ③ 상표권, ④ 저작권, ⑤ 실용신안권

3. 다음 중 이미 알려진 저명한 물품의 형상이 부정하게 사용되지 않도록 하여 건전한 거래질서를 유지토록 하는 법은?

① 특허권, ② 디자인권, ③ 부정경쟁방지법, ④ 저작권, ⑤ 상표법

4. 다음 중 반영구적으로 사용할 수 있는 권리는 어느 것인가?

① 특허권, ② 디자인권, ③ 상표권, ④ 저작권, ⑤ 실용신안권

5. 다음 중 등록이 필요하지 않아도 보호를 받을 수 있는 법은?

① 특허권, ② 디자인권, ③ 상표권, ④ 저작권, ⑤ 실용신안권

6. 일반 제품디자인의 경우, 저작권법으로 보호받기 위해서는 □□□□저작물(물품에 동일한 형상으로 복제될 수 있는 미술저작물)로서 그 이용된 물품과 구분되어 독자성을 인정할 수 있는 것을 말하며, 디자인 등을 포함한다.

참고자료

〈도 서〉

- 김웅(2018). 디자인보호법 쟁점과 사례.
- 김원오 외(2017). 디자인과 법.
- 김인배(2017). 디자인보호법.
- 노태정(2016). 디자인보호법 개설.
- 지식경제부·한국디자인진흥원(2010). 디자인권리보호 가이드북.
- 특허청(2020). 디자인보호 가이드북.
- 특허청(2022). 디자인보호법 시행규칙.
- 특허청(2022). 지식재산권의 손쉬운 이용.

〈인터넷〉

- 경향신문(2012.11.22.) https://m.khan.co.kr/it/mobile/article/201211111401281#c2b
- 디자인맵(2015). www.designmap.or.kr, 디자인 이용관계의 판단기준
- 법률신문(2020.2.27.) https://m.lawtimes.co.kr/Content/Opinion?serial=159735
- 이데일리(2022.8.2.) https://www.edaily.co.kr/news/read?newsId=03903206632423384& mediaCodeNo=257&OutLnkChk=Y
- 중기이코노미(2018.02.02.) https://www.junggi.co.kr/article/articleView.html?no=20876
- 특허청(2022). www.kipo.go.kr

13. 디자인권의 침해와 구제

출처 : 한국경제 TV(2017.2.1.).https://www.wowtv.co.kr/NewsCenter/News/Read?articleId=A201702010224&resource=

이 모듈은 자신의 디자인권을 다른 사람이 침해하였다고 판단하였을 경우, 증거자료를 수집하거나 경고장을 발송할 경우의 고려 사항과 조치 방법, 그리고 다른 사람이 자신이 디자인권을 내가 침해하였다는 경고장을 받았을 경우에 취할 수 있는 대응 방법을 습득하기 위한 이론과 활동으로 구성되어 있다.

디자인권의 침해와 구제 단원의 내용 구성

교육목표

자신의 디자인권을 다른 사람이 침해하는 경우, 또는 다른 사람으로부터 디자인권 침해를 주장하는 경고장을 받았을 경우, 각각의 조치 및 대응 방안을 설명할 수 있다.

선수학습

산업재산권의 이해, 디자인보호제도, 디자인출원, 디자인심사, 디자인권의 동일·유사 판단, 특유 디자인

내용체계

학습	학습 내용	비고
1. 디자인권 침해의 이해	1 디자인권 침해의 특성	
2. 디자인권 침해의 예방적 조치	1 침해 예방 방법	
3. 권리권자의 구제 조치와 그 대응	1 침해에 대한 구제 조치 2 침해 경고에 대한 대응	

핵심 용어

디자인권, 침해, 권리범위, 구제 조치, 침해 예방, 경고장, 구제 대응

학습 1 디자인권의 침해의 이해

학습 목표	• 디자인권 침해의 종류에 따른 요건과 특수성을 이해하여 설명할 수 있다.

1 디자인권 침해의 특성

1. 디자인권 침해의 종류와 요건

디자인권이란 디자인의 설정등록에 의하여 발생하는 것으로서, 디자인권자는 업으로서 등록디자인 또는 이와 유사한 디자인을 실시할 권리를 독점한다(제92조). 이러한 디자인권에 대한 직접 침해란 디자인권자 이외의 자가 정당한 권한 없이 업으로서 등록디자인 또는 이와 유사한 디자인을 실시하는 것을 말한다.

우리 디자인보호법에서는 이러한 직접 침해 외에 등록디자인이나 이와 유사한 디자인에 관한 물품의 생산에만 사용하는 물품을 업으로서 생산·양도·대여·수출 또는 수입하거나 업으로서 그 물품의 양도 또는 대여의 청약을 하는 행위는 그 디자인권 또는 전용실시권을 간접 침해한 것으로 본다(제114조). 위에서 열거한 디자인 침해의 요건을 정리하면, 다음과 같다.

〈디자인 침해의 종류와 요건〉

구분	직접 침해	간접 침해
공통점	유효하게 존재하는 디자인일 것 업으로 실시할 것 등록디자인의 보호범위 내에 있을 것 정당한 권한이 없는 제3자가 실시할 것 등록디자인 또는 이와 유사한 디자인을 실시할 것	공통
차이점	-	물품의 생산에만 사용하는 물품을 실시할 것

물품의 생산에만 사용하는 물품[284)]

등록디자인이나 이와 유사한 디자인에 관계되는 물품의 생산에만 사용하는 물품이란 부품, 재료, 형, 장치, 공작기계 기타의 설비 등을 말한다.

권리 침해와 권리 구제의 의미[285)]

① 권리 침해 : 권리의 객체를 멸실, 훼손하거나 권리의 행사를 방해하여 권리의 존재나 작용을 해하는 것을 이른다. 권리침해는 불법행위요건의 하나가 된다.

② 권리 구제 : 위법 또는 부당한 처분을 받거나 필요한 처분을 받지 못함으로써 권리 또는 이익의 침해를 받은 자가 일정한 법적 절차를 통하여 원상회복 또는 그에 대한 보상을 받는 것을 말한다.

2. 디자인권 침해의 특수성

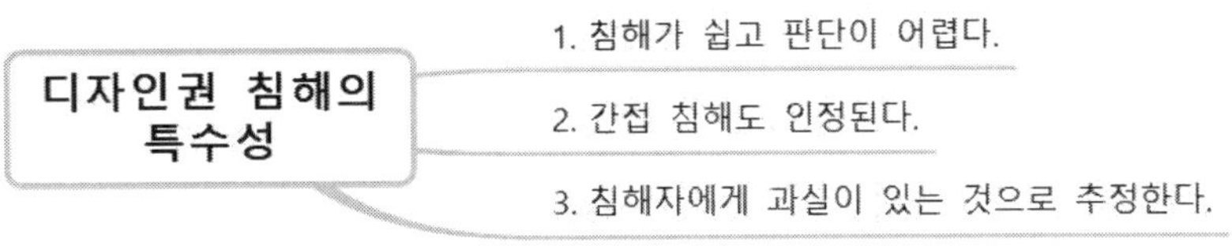

〈디자인권 침해의 특수성〉

1) 침해 판단이 어렵다.

디자인이란 물품(물품의 부분, 글자체 및 화상을 포함한다.)의 형상·모양·색채 또는 이들을 결합한 것으로서 시각을 통하여 미감(美感)을 일으키게 하는 것을 말한다(제2조의 제1호).

따라서, 디자인의 구성하는 물품의 형상, 모양, 색채를 전부, 일부를 변형하는 등 모방이 용이하고 여러 곳에서 실시될 수 있어 침해가 쉬운 편이며, 그러한 모방이 침해가 성립되지는 여부를 판단하는데 어려움이 발생한다.

284) 김택주(2008). 디자인권의 침해와 손해배상책임, 법학연구, 49(1), 151~81.
285) 한국법제연구원.(2022). www.klri.re.kr, 법령용어검색.

2) 간접 침해도 인정된다.

디자인권에 대한 직접적인 침해뿐만 아니라 등록디자인이나 이와 유사한 디자인에 관한 물품의 생산에만 사용하는 물품을 업으로서 생산·양도·대여·수출 또는 수입하거나 업으로서 그 물품의 양도 또는 대여의 청약을 하는 행위는 그 디자인권 또는 전용실시권을 침해한 것으로 본다(제114조).

3) 침해자에게 과실이 있는 것으로 추정한다.

민사상 불법행위로 인한 손해배상청구권을 행사하는 경우에 피해자는 가해자의 과실 및 손해액을 증명하여야 한다,

그러나 디자인권은 피해자가 상대방의 침해행위에 대하여 과실이 있음을 증명하기가 쉽지 않기 때문에 침해행위가 있는 경우, 타인의 디자인권 또는 전용실시권을 침해한 자는 그 침해행위에 대하여 과실이 있는 것으로 추정한다(제116조 제1항).

또한 손해배상청구에 있어서 피해자가 손해액을 증명해야 하는데, 디자인보호법에서는 증명의 어려움을 덜어 주기 위해 손해액의 추정에 관한 규정을 두고 있다(제115조).

디자인권 침해의 입증 책임

디자인권 침해의 경우에 손해배상책임을 묻는데 있어서 가장 큰 문제점은 디자인권이 무체의 권리로서 그 침해의 가능성이 큰데 비해서 손해배상청구를 함에 있어서 과실이나 손해액 등 그 요건의 증명에 많은 어려움이 있다는 것이다.

이를 반영하여 우리나라 디자인보호법에서는 디자인권자를 보호하고자 과실 및 손해액의 추정에 관한 규정을 두고 있다. 구체적으로 손해액의 산정방식에 대해서 ① 침해자의 양도수량에 의한 산정방법 ② 침해자가 받은 이익에 의한 산정 ③ 실시료상당액에 의한 산정 ④ 법원의 판단에 의한 산정의 방식을 규정하고 있다. 이를 통하여 민사상 손해배상청구를 함에 있어서 발생하는 여러 어려움은 어느 정도 덜어주게 되었다.

3. 디자인권 침해의 판단 방법

1) 물품이 동일 또는 유사해야 한다.

제3자가 실시하는 디자인이 등록디자인의 디자인권을 침해하였다고 인정되려면, 그 디자인은 등록디자인의 권리범위에 속해야 한다. 즉, 양 디자인이 나타내는 물품은 동일하거나 유사해야 한다.

우리나라는 디자인 등록출원을 하고자 하는 자는 산업통상자원부령이 정하는 물품의 구분에 따라야 한다고 규정하고 있고, 이 규정에 따라 물품의 동일 또는 유사를 판단기준으로 삼고 있다(제40조).

2) 디자인이 동일 또는 유사해야 한다.

디자인의 유사 여부를 판단하기 위해서는 ① 디자인을 구성하는 각 요소를 분리하여 개별적으로 대비할 것이 아니라 그 외관을 전체적으로 대비 관찰하여 보는 사람으로 하여금 상이한 심미감을 느끼게 하는지의 여부에 따라 판단하여야 한다. ② 이 경우 디자인을 보는 사람의 주의를 가장 끌기 쉬운 부분을 요부로서 파악하고 이것을 관찰하여 심미감에 차이가 생기게 하는지 여부의 관점에서 그 유사 여부를 결정하여야 한다. ③ 그리고 그 의장이 표현된 물품의 사용시 뿐만 아니라 거래시의 외관에 의한 심미감도 함께 고려하여야 한다(특허법원 2019. 9. 6. 선고 2018허9275 판결).

디자인 물품에서 일부 요소가 심미감을 가질 경우, 요부 관찰할 필요가 있는데, 비교요부는 별도로 요부를 비교 관찰하는 것이 아니라, 그 둘을 전체적인 심미감의 여부에서 살펴보는 것이다. 이때, 일반 수요자 주체에서 느끼는 심미감 차이가 있는지를 판단하여 해당 물품이 디자인권을 침해하는지 여부를 판단한다. 따라서 우리나라의 디자인권 침해 판단의 관찰방법은 전체관찰을 원칙으로 하되 요부관찰을 병행한다.

전체 관찰 vs. 요부 관찰[286)]

디자인이 유사한지의 여부는 전체로서 유사한가의 문제이므로 부분적으로 분석하여 유사한 점이 있다 하더라도 전체적으로 상이한 느낌을 주게 되면 유사하지 않은 디자인으로 판단되고 반대로 부분적으로 상이한 점이 있다 하더라도 전체적으로 비슷한 경우에는 유사한 디자인이 된다. 즉, 디자인의 유사여부 판단은 개개의 요소에 국한되지 않고, 개개의 요소를 결합하여 전체로서 판단하며, 이것을 디자인의 전체 관찰이라고 한다.

디자인의 지배적인 특징 또는 요부란 디자인의 본질적인 특징을 표출하는 창작성이 있는 곳을 말하며, 흔한 형상이 아니어서 보는 사람의 주의를 가장 끌기 쉬운 부분 또는 물품의 사용 상태와 용도를 고려할 때, 수요자에게 잘 보이는 부분 내지 디자인의 구조적 특징을 가장 잘 나타내는 부분을 말하는 것으로, 이러한 부분을 파악하고, 평가하는 것을 요부 관찰이라고 한다.

그리고 용도와 기능이 같거나 유사한 물품이라면, 디자인의 유사 판단은 다음과 같은 기준에 의해 일반적으로 판단한다. 독창적인 새로운 형상이라면 유사 범위를 비교적 넓게 보고, 기존에 많이 나와 있는 형상이라면 그 부분은 유사 범위를 비교적 좁게 보고 판단한다.

〈디자인 유사 범위의 판단 비교〉[287)]

유사 범위를 넓게 보는 경우	유사 범위를 좁게 보는 경우
· 새로운 물품 · 같은 종류의 물품 중 새로운 부분을 포함한 것 · 특이한 형상 또는 모양	· 시중에 많이 나와 있는 것 · 옛날부터 사용되어 온 것 · 구조적으로 크게 변화시킬 수 없는 것 · 유행의 변화에 한계가 있는 것
	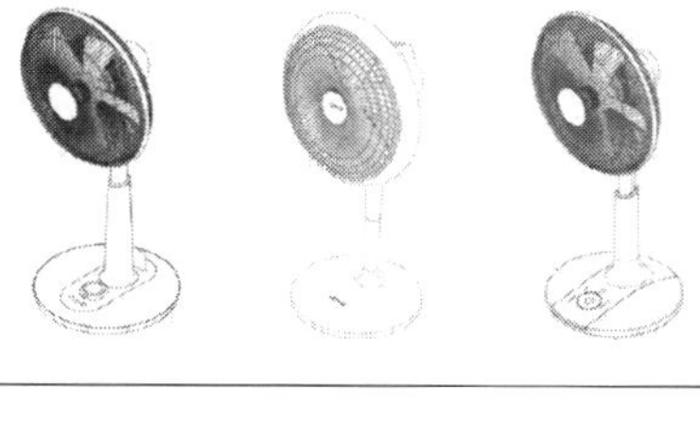

286) 노태정(2016). 디자인보호법 개설.
287) 특허청(2020). 디자인보호 가이드북.

표절? 유사성?…미투상품 논란 휩싸인 제품들 살펴보니288)

특허 기존 오리지널 제품과 복제품의 기묘한 동거가 끊임없이 이어지고 있다. 예전부터 미투상품 논란은 연이어 반복되는 등 어제오늘 일이 아니지만, 트렌드와 더불어 영감·패러디·오마주란 이유로 일명 '베끼기 문화'가 업계 전반에 만연해진 상황이다.

아이디어·디자인을 도용한 가해업체와 지식재산(IP)을 피해본 피해업체간의 구분이 사실상 어려워지면서 시장에서는 카피제품이 판을 치고 있는 형국이다. 또한 허술한 법과 사각지대를 이용한 교묘한 카피가 날이 갈수록 진화하면서 업계의 고민은 더욱 깊어지고 있다.

현재 KFC를 비롯해 경남제약, 카카오커머스 등 다양한 업계에서 미투상품 논란이 연이어 제기되고 있다. 이에 전문가들은 현 상황에 대해 "오리지널 제품이 복제품에 밀려 설 자리를 점점 잃고 있다"며 한목소리를 내는 상황이다. 이렇듯 미투상품 문제는 해결되지 않는 오랜 과제로 남아있다.

이렇듯 투데이신문은 아직도 끊이지 않는 미투상품 논란의 현주소를 재조명하고, 다양한 업계 기업들의 상생방안과 미래 방향성은 무엇인지 살펴보고자 한다.

	커넬골드문버거	인크레더블버거
치킨패티	닭다리살 치킨패티 0	통다리살 치킨패티 0
햄	슬라이스 햄 0	프리미엄 더블햄 0
계란	계란 반숙 0	에그프라이 0
양상추	0	0
피클	0	0
생양파	0	0
치즈	0	X
소스	머스타드·렐리쉬 소스	소스

KFC의 커넬골드문버거(왼쪽) 맘스터치의 레더블버거(오른쪽) ©KFC,맘스터치

커넬골드문 vs 인크레더블버거, 차이점은 오직 '치즈 한장?'

최근 KFC가 새롭게 선보인 '커넬골드문버거'가 맘스터치의 기존 '인크레더블버거'와 유사하다는 논란이 불거지면서 소비자들의 혼란을 야기하고 있다. 두 제품 모두 비슷한 구성과 맛으로 표절의혹 논란이 커지고 있는 것.

12일 관련 업계에 따르면 KFC는 지난 11월에 커넬골드문

288) 투데이신문(2021.1.12.). http://www.ntoday.co.kr/news/articleView.html?idxno=76771

버거를 출시했다. 맘스터치의 인크레더블버거가 출시된 지 정확히 2년만이다. 해당 제품은 영화 '신세계'에서 언급되는 소재의 이름과 동일한 점을 응용했다. 앞서 KFC의 자사 유튜브 채널인 '방구석 시식회'와 패러디 티저 영상을 통해 공개되면서 신제품 출시와 관련해 많은 기대를 모은 바 있다. 버거의 경우 골드문을 연상시키는 계란반숙을 비롯해 통다리살 치킨패티, 슬라이스햄과 치즈, 양파와 양상추 등의 재료로 구성됐다.

그러나 최근 소비자들 사이에서 KFC의 커넬골드문버거가 맘스터치 제품과 굉장히 유사하다는 지적이 일고 있다. 실제 계란의 형태(반숙·프라이)와 치즈의 유무를 제외한 모든 재료의 구성이 동일했다. 열량과 1회제공량 역시 치즈를 감안하면 비슷한 수준이다.

KFC 관계자는 "두 곳 모두 치킨버거 베이스의 브랜드라 재료를 조합하다보면 비슷한 경우가 발생할 수 있다"며 "커넬골드문버거의 경우, 이전에 사용했던 소비자들이 선호하는 재료 위주로 조합하다보니 우연히 맘스터치 제품과 비슷하게 만들어졌다"고 해명했다. 그러면서 "해당제품에 대해 이의를 제기하는 소비자는 눈에 띄지 않는다"며 미투 논란에 선을 그었다.

하지만 고객들의 입장은 KFC 측의 설명과 달랐다.

한 소비자는 "이미 검증된 맛이기에 맛은 있었지만 인크레더블버거와 맛의 차이를 전혀 못 느꼈다"며 "조립 순서 외에는 거의 비슷해 육안으로 쉽게 구별하기 힘들다"고 말했다. 이어 "맘스터치의 제품 콘셉트를 벤치마킹 한 것 아니냐"는 의견도 함께 전했다.

패스트푸드 관련 블로그를 운영하는 또 다른 소비자는 "인크레더블버거와 비교했을 때 커넬골드문버거의 단품·세트 메뉴의 가격이 1600원 가량 비싸다"며 "광고에서 언급한 '버거의 신세계'는 어디에서도 찾아볼 수 없었다"고 아쉬워했다. 또한 "사이드 메뉴의 경우에도 기존 맘스터치의 케이준 감자, 내슈빌 치킨 등 비슷한 스타일의 제품들을 많이 찾아볼 수 있다"고 설명했다.

식품·외식업계에서의 미투 논란은 지난해에도 끊이지 않았다. '덮죽 사건'을 포함해 '파리바게트 감자빵 사건' 등 다수의 미투 논란이 발생해 관련 업계의 공식적인 사과가 이어졌지만, 이와 비슷한 사례는 아직도 반복되고 있다.

경남제약 마케팅 파워에 답답한 스타트업

제약업계에서도 미투상품 논란이 끊임없이 이어지고 있다. 과거 광동제약의 '비타500', '옥수수수염차'와 같은 미투브랜드 사건에 뒤이어 경남제약 역시 미투상품 논란의 중심에 섰다.

지난해 12월 경남제약은 결콜라겐&뮤신을 출시하자마자 스타트업 A사의 퓨리카뮤신(먹sms 콜라겐) 제품 모델을 모방했다는 의혹에 휩싸였다. 경남제약 측이 '뮤신'이란 핵심 원료를 키워드로 한 제품 아이디어를 카피했다는 것이다.

A스타트업의 퓨리카뮤신(왼쪽) 경남제약의 결콜라겐&뮤신 ©A스타트업, 경남제약

A사 관계자는 "경남제약과 한 달 이상 해당제품에 대한 ODM(주문자 개발생산)논의가 있었지만, 제품 정보 공유가 끝난 후 갑자기 프로젝트가 무산됐다"며 "중소기업의 파트너십을 가볍게 여기는 경남제약의 모습을 이해할 수 없다"며 답답함을 토로했다.

한 투자사 관계자는 "A스타트업이 2018년도 11월 크라우드 펀딩을 시작할 때부터 '뮤신'이란 키워드를 갖고 제품개발을 위해 노력한 점을 알고 있다"며 "파트너십 논의 중에 실리만 챙기고 업무협약 프로젝트를 무산시키는 경남제약의 사례는 근절돼야 한다"고 주장했다.

하지만 경남제약 측은 이번 논란과 관련해 문제가 없다고 선을 그었다.

경남제약 관계자는 "자칫 외관상 비슷해 보일 수 있지만 달팽이 원료와 콜라겐 원료 등 타사 제품과 차이점이 확연히 존재한다"며 "중도에 업무제휴를 중단한 것은 제품 원료 이외에 마케팅·광고 등 복합적인 문제가 원인"이라고 설명했다.(이하생략...)

최근 식품업계에서 유사 제품디자인이 유통되어 소비자들에게 혼동을 주는 사례가 다수 나타나고 있다. 그 사례를 인터넷을 통하여 찾아보고, 어느 부분이 유사하고, 차이가 나는지 토론해 보자.

제품명	A 회사	B 회사

확인 학습

1. 다음 중 간접 침해에만 해당하는 요건은?

   ① 유효하게 존재하는 디자인일 것
   ② 등록디자인의 보호범위 내에 있을 것
   ③ 정당한 권한이 없는 제3자가 실시할 것
   ④ 등록디자인 또는 이와 유사한 디자인을 실시할 것
   ⑤ 물품의 생산에만 사용하는 물품을 실시할 것

2. 디자인 침해의 3가지 특수성을 설명해 보자.

   ①
   ②
   ③

3. 다음 중 디자인 유사범위를 좁게 판단하는 방법으로 적절하지 않은 것은?

   ① 유행의 변화에 한계가 있는 것
   ② 구조적으로 크게 변화시킬 수 없는 것
   ③ 옛날부터 사용되어 온 것
   ④ 시중에 많이 나와 있는 것
   ⑤ 특이한 형상 또는 모양이 있는 것

4. 디자인권의 침해를 판단하기 위해서는 먼저, □□이 동일 또는 유사한지를 살펴야 하며, 이후 □□□이 동일 또는 유사한지를 살펴야 한다.

5. 우리나라의 디자인권 침해판단의 관찰 방법은 □□관찰을 원칙으로 하되, □□관찰을 병행한다.

학습 2 디자인권 침해의 예방적 조치

학습 목표	• 디자인권자가 디자인권 침해를 방지할 수 있는 예방적 조치에는 어떠한 것들이 있는지 조사하여 설명할 수 있다.

1 침해 예방 방법

1. 디자인등록출원 단계에서의 디자인 침해 예방 조치

디자인등록을 위한 출원 단계에서 디자인 침해를 예방할 수 있는 조치로는 ① 디자인공지증명제도, ② 출원공개 신청제도, ③ 부분디자인 제도, ④ 관련디자인 제도, ⑤ 한 벌 물품 디자인 제도, ⑥ 복수디자인 제도, ⑦ 비밀디자인 제도를 활용할 수 있다.

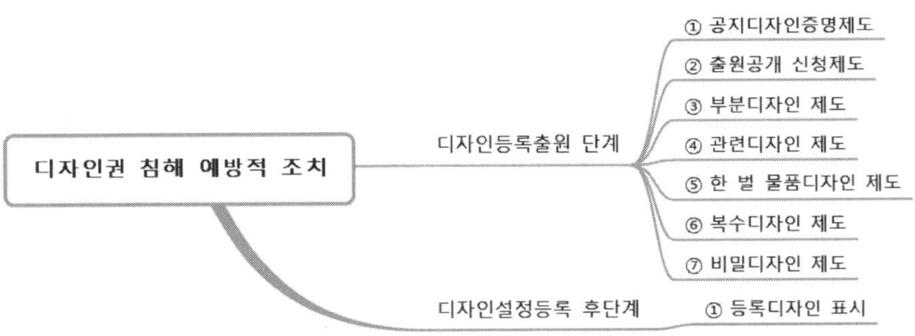

〈디자인권 침해 예방적 조치〉

1) 디자인공지증명제도[289] 활용

권리화 되지 않은 디자인이라도 간단한 신청절차와 저렴한 비용으로 디자인 창작물을 공지하여 타인에 의한 디자인권 무단 등록을 방지하고 불필요한 분쟁에 효과적으로 대응

289) 한국디자인진흥원(2022). https://drights.kidp.or.kr/.

할 수 있도록 마련된 디자인 보호 방법이다.

디자인 창작물에 대한 창작 사실(창작자, 시기)을 증명해 주는 제도로 디자인 권리보호 웹사이트(https://drights.kidp.or.kr/10_Menu/main.asp)를 통해 신청할 수 있다.

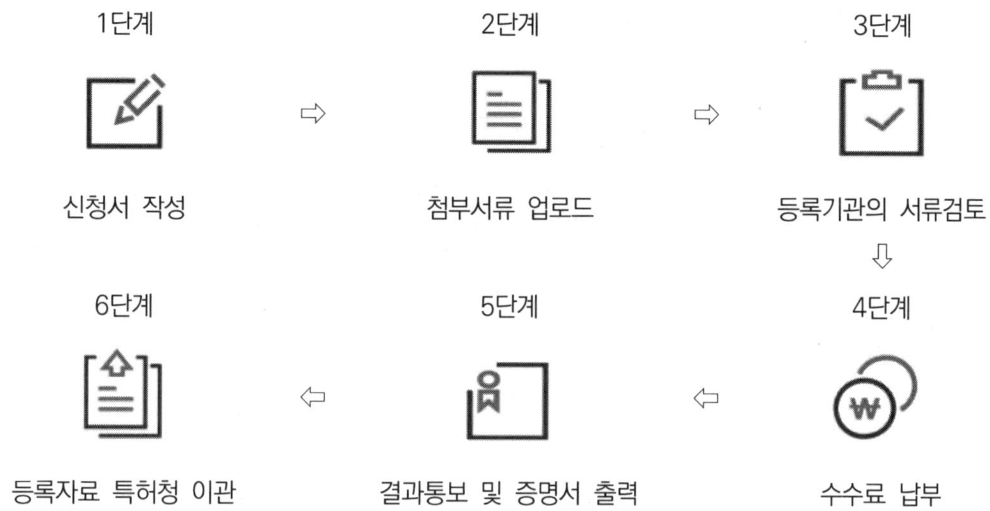

〈디자인 공지증명 신청절차〉

공지증명의 장점으로는 ① 디자인 등록출원 전 디자인 창작 사실(창작자, 시기)을 대외에 공지하고, ② 디자인 개발 과정 중 개발된 수십 개의 디자인이 공지등록된 경우 모방 디자인(Dead Copy)의 출원등록을 방지하며, ③ 디자인권 등록으로 권리화 되지 않은 디자인이라도 경쟁업체의 모방 방지와 이에 대한 분쟁 대응이 가능하다는 것이다. 공지증명(공개)된 디자인은 특허청 디자인권 심사 시 창작 사실 증거자료로 활용되어 무권리자의 디자인 무단 등록으로 인한 디자인 침해 피해 예방이 가능하다.

〈디자인등록제도와 디자인공지증명제도의 비교〉[290]

구분	디자인등록	디자인공지증명
목적	·독점배타적인 디자인권 발생	·공지사실 증명
처리기간	·출원 후 6개월 내외	·짧음(1~3일)

290) 한국디자인진흥원(2022). https://drights.kidp.or.kr/.

권리범위	·동일 또는 유사한 디자인을 실시할 권리를 독점(디자인보호법 제92조)	·독점 배타적 권리 없음 ·등록 후 12개월 이내 디자인 출원한 경우 디자인권 확보 가능
신청절차	·출원인이 출원 수수료 납부와 함께 디자인등록출원서 제출 ·실체심사를 거쳐 등록 결정 후 설정등록료 납부를 통해 디자인권 발생	·디자인을 파악할 수 있는 간단한 도면과 신청서만을 제출 ·실체심사 과정이 없으므로 절차 간단
비용	·출원비용 : 94,000원 ·설정등록료(1~3년분) : 75,000원 ·연차등록료 : 4년 후부터 3년 단위로 누진제	·20,000원/건, 대학생 이하는 무료(변리사 대행 불필요, 직접 등록 가능)
권리보호 기간	·존속기간 20년	·부정경쟁방지법의 경우 창작일로부터 3년간
신청기관	·특허청(www.kipo.go.kr)	·한국디자인진흥원(www.kidp.or.kr)

다만, 주의할 사항으로는 ① 디자인 공지증명은 신청 후 바로 접수되는 무심사 형태로 운영되기 때문에 디자인 공지증명을 하였다고 하여 디자인권 등록이 모두 가능한 것은 아니다. 디자인등록출원을 하여 특허청 디자인심사관의 심사과정에서 디자인권 등록이 거절될 수도 있다. 또한 ② 디자인 공지증명을 하여 공개된 디자인은 공지일로부터 12개월 이내에 디자인권 등록출원을 해야 디자인권 등록이 가능하며, 디자인권으로 보호를 받기 위해서는 반드시 특허청에 디자인등록출원을 하여 최종 등록결정을 받고, 설정등록료를 납부하여야만 디자인권으로 등록을 받을 수 있다.

2) 출원공개 신청제도 활용

출원인은 자기의 출원에 대한 공개를 신청할 수 있는데(디자인보호법 제52조), 등록 전에는 확정적인 권리가 부여되는 것이 아니기 때문에 출원계속 중 제3자가 출원디자인에 관한 권리를 침해하는 경우, 출원공개신청을 통해 출원디자인이 공개되면, 제3자에 대한 서면 경고 및 보상금청구권이 발생할 수 있으므로(디자인보호법 제53조), 디자인권 침해를 미연에 방지할 수 있다.

3) 부분디자인 제도 활용

부분디자인제도는 내가 출원하고자 하는 디자인의 특징적인 일부분만을 특정하여 출원할 수 있는 제도이다. 내 디자인을 제대로 보호받고 모방품의 출시를 저지하기 위해서는 반드시 활용되어야 하는 가장 중요한 제도이다. 부분디자인의 도면은 등록받고자 하는 부분은 실선으로 표현하고, 그 외의 부분은 파선과 또는 색상으로 구분하여 특정 한다.

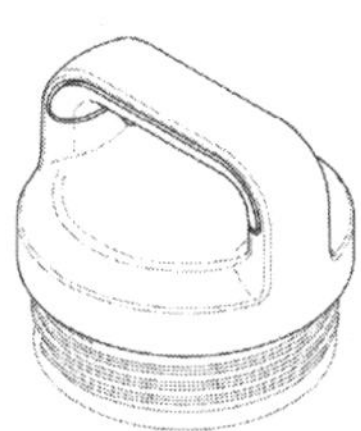

KR 30-0906084, 병뚜껑

KR 30-0919725, 신발

KR 30-0927252, 안경본체

〈부분디자인〉

디자인출원 시 디자인의 특징적인 부분을 최대한 많이 표현하면 권리범위가 넓어진다고 오해하는 경우가 많지만, 가장 적게 표현할수록 오히려 권리범위가 넓어진다. 그 이유는 제3자가 내가 표현한 부분만 채택해서 사용한다면, 그 외의 부분을 어떻게 변경하더라도 침해로 인정받을 수 있기 때문이다.

부분디자인 vs. 부품디자인

부품디자인이란, 전체 물품의 일부분 중 독립적인 물품(단추, 바퀴, 손잡이 등)에 대한 디자인을 의미한다. 얼핏 보면 부분디자인과 부품디자인이 같은 개념인 것 같지만 권리범위에 있어서는 부품디자인이 더 넓은 권리범위를 확보할 수 있다.

부분디자인으로 출원할지, 부품디자인으로 출원할지 고민이 된다면, 컵의 손잡이와 같이 물품의 일부라서 별도로 판매가 되지 않는다면, 부분디자인으로 독립적으로 판매되는 물품이라면 부품디자인으로 출원하는 것이 좋다.

KR-0858964, 청소기용 바퀴

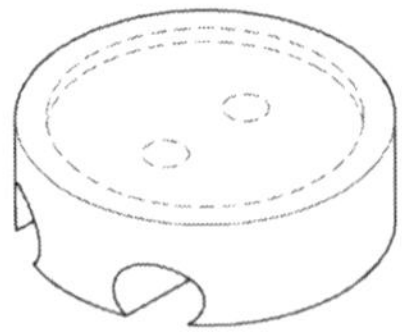

KR-0715832, 단추

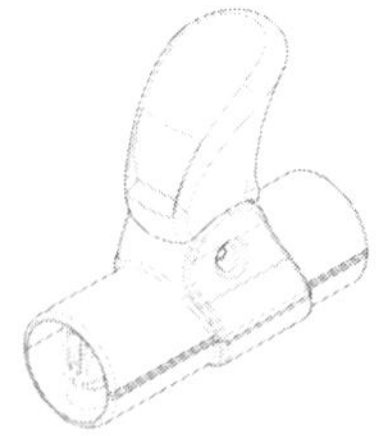

KR-0909925, 문손잡이

〈부품디자인〉

4) 관련디자인 제도 활용

제3자가 내 디자인을 모방하여 일부 변형 후 판매하는 경우가 많이 있다. 이 경우, 제3자의 판매제품이 내 디자인권(기본디자인)과 거의 동일하다면 침해가능성이 높으므로 문제 될 것이 없다. 관련디자인은 기본디자인과 유사한 디자인이지만, 관련디자인과 유사한 디자인까지 권리범위가 미친다. 즉, 기본디자인과는 비유사하지만 관련디자인과는 유사한 제3자의 판매제품까지 권리범위가 미칠 수 있다.

KR 30-0973435, 인형(기본디자인)

KR 30-0973436, 인형(관련디자인)

〈기본디자인과 관련디자인〉

따라서, 관련디자인은 기본디자인의 추상적인 유사범위에 속하는 디자인 중 하나를 등록받아 그 권리범위를 명확히 하고, 더 나아가 독자적인 권리범위를 중첩적으로 확보해 둠으로써 침해를 미연에 방지하고, 침해 시 신속한 조치를 취할 수 있다.

5) 한 벌 물품디자인 제도 활용

디자인출원 시 원칙적으로 하나의 출원서에는 하나의 디자인만 출원할 수 있다. 그러나 예외적으로 둘 이상의 물품이 일반적으로 함께 사용되고, 각 구성물품이 동일한 방법으로 표현되거나, 관념적으로 관련 인상을 주어 통일성이 있는 경우 이를 보호받기 위해서는 한 벌 물품의 디자인제도를 활용하면 된다(제42조).

다만, 한 벌 물품의 디자인으로 등록받은 경우 각각의 물품을 개별적으로 등록받는 것보다 비용측면에서 절감할 수 있으나 권리범위가 상당히 좁아진다는 단점이 있다.

KR 30-0912381, 한 벌의 식탁 식기 세트

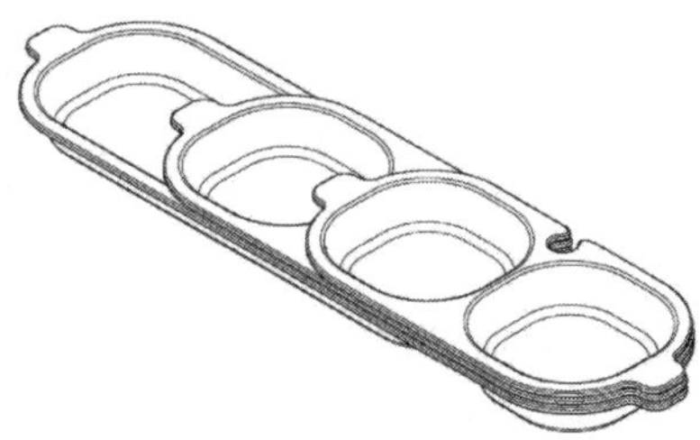

KR 30-1160136, 한 벌의 식판 세트

〈한 벌의 물품디자인〉

6) 복수디자인 제도 활용

복수디자인제도는 여러 디자인이 같은 물품류(로카르노 분류코드)(p.96)에 속하는 경우에 한해 최대 100개까지 한 번의 절차로 출원할 수 있는 제도이다(제41조). 여러 디자인을 하나의 출원서에 첨부할 수 있어 출원절차가 간소화되는 편리성이 있다.

그러나 출원번호도 각각 생성(출원번호는 같으나 M01, M02, M03 ··· 으로 출원번호 구분)되고, 출원료도 디자인 개수만큼 부과되며, 디자인권리도 한 벌 물품의 디자인과 달리 각 디자인마다 독립적으로 발생한다.

KR 30-1160656-0001, 동물용 목걸이

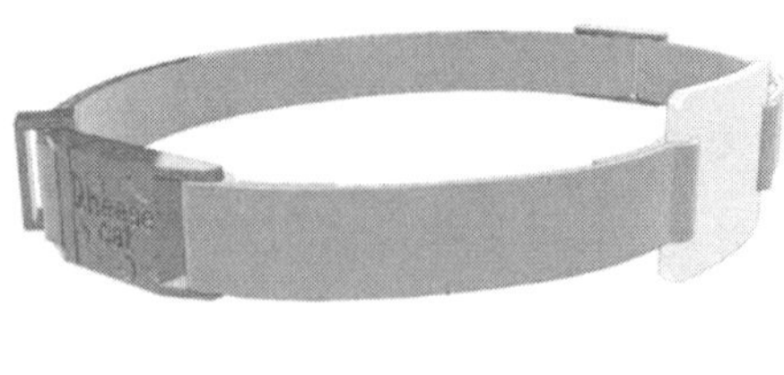

KR 30-1160656-0003, 동물용 목걸이

〈복수디자인〉

7) 비밀디자인 제도 활용

디자인등록출원인은 디자인권의 설정등록일부터 3년 이내의 기간을 정하여 그 디자인을 비밀로 할 것을 청구할 수 있다. 이 경우 복수디자인등록출원된 디자인에 대하여는 출원된 디자인의 전부 또는 일부에 대하여 청구할 수 있다(제43조). 따라서 제3자의 모방이나 침해를 미연에 방지하고 동시에 제품의 실시를 위한 준비기간을 확보할 수 있다.

다만, 제3자가 나의 등록디자인과 유사한 디자인을 실시함을 이유로 민사상 또는 형사상 조치를 하기 위해서는 상대방이 나의 등록디자인의 존재를 알았거나(고의) 알 수 있었어야(과실) 한다.

비밀디자인의 민·형사상 조치 시 고려사항

비밀디자인제도를 통해 비공개된 디자인을 제3자가 알 수는 없다. 더욱이, 디자인보호법에서는 비밀디자인의 경우는 상대방의 과실이 추정되지 않아 상대방이 나의 디자인등록이 있었음을 알았거나 알 수 있었음에 대한 증명책임을 디자인권자에게 요구하고 있다.

따라서 침해자에게 경고장을 보내어 나의 등록디자인을 인지시켜야 추후 소송 발생 시에 침해자의 고의 또는 과실을 입증할 수 있다. 이를 위해 디자인권자는 특허청에 '비밀디자인등록 증명신청'을 제출하고, 침해자에게 '비밀디자인등록증명'을 첨부하여 경고장을 발송한 후에, 민·형사상의 조치를 취할 수 있다.

2. 디자인설정등록 후단계에서의 디자인 침해 예방 조치

1) 등록디자인의 표시[291)]

디자인권자·전용실시권자 또는 통상실시권자는 등록디자인에 관한 물품 또는 그 물품의 용기나 포장 등에 디자인등록의 표시를 할 수 있다(제214조). 이러한 표시는 침해를 미연에 방지하고, 침해행위의 위법성의 입증을 용이하게 하는 실익이 있다.

표시 방법은 등록된 디자인의 물품 또는 그 용기나 포장에 '등록 디자인'이라는 문자와 그 등록번호를 표시하거나, '등록디자인'이라는 표시와 함께 등록현황, 등록번호를 확인할 수 있는 인터넷 사이트의 주소(바코드나 QR코드 가능)로 표기가 가능하다.

〈등록디자인 표시 사례〉

지식재산권 허위표시 유형

① 제품에 적용되지 않은 지식재산권 등록(출원) 번호를 표시하거나, 존재하지 않는 지식재산권 등록(출원) 번호를 표시하는 행위
② 지식재산권 등록이 거절된 제품인데도 불구하고, 지식재산권 표시를 하는 행위
③ 존속기간 만료 등으로 권리가 소멸되었는데도 불구하고, 지식재산권 표시를 하는 행위
④ 지식재산권 출원 중인 제품에 대해 지식재산권 등록 표시를 하는 행위
⑤ 지식재산권 명칭을 잘못 표시하여 지식재산권 표시를 하는 행위
(예 : 실용신안 등록을 받았는데, 특허표시를 하는 경우)
⑥ 지식재산권 출원 중이 아닌데도 불구하고, 지식재산권 출원표시를 하는 행위

291) 특허청(2015). 지식재산권 표시 가이드라인.

확인 학습

1. 다음 중 디자인 설정등록 이후 단계에서의 디자인 침해 예방적 조치는?

① 공지디자인증명제도, ② 출원공개신청제도, ③ 부분디자인제도,
④ 관련디자인제도, ⑤ 등록디자인표시제도

2. 다음 중 디자인 창작물에 대한 창작사실(창작자, 시기)을 증명해 주는 제도는?

① 공지디자인증명제도, ② 출원공개신청제도, ③ 부분디자인제도,
④ 관련디자인제도, ⑤ 등록디자인표시제도

3. 다음 중 내가 출원하고자 하는 디자인의 특징적인 일부분만을 특정하여 출원할 수 있는 제도는?

① 공지디자인증명제도, ② 출원공개신청제도, ③ 부분디자인제도,
④ 관련디자인제도, ⑤ 등록디자인표시제도

4. □□디자인이란, 전체 물품의 일부분 중 독립적인 물품(단추, 바퀴, 손잡이 등)에 대한 디자인을 의미한다. 얼핏 보면 부분디자인과 부품디자인이 같은 개념인 것 같지만 권리범위에 있어서는 부품디자인이 더 넓은 권리범위를 확보할 수 있다.

5. □□디자인은 □□디자인과 유사한 디자인이지만, □□디자인과 유사한 디자인까지 권리범위가 미친다. 즉, □□디자인과는 비유사하지만 □□디자인과는 유사한 제3자의 판매제품까지 권리범위가 미칠 수 있다.

학습 3 권리권자의 구제 조치와 그 대응

학습 목표 • 디자인 권리권자가 침해를 받았을 경우의 구제조치에 대하여 설명할 수 있다.

[1] 침해에 대한 구제 조치

1. 디자인권 침해에 대한 구제 조치

특허청에 디자인등록을 받은 상태라면, 디자인권에 기초하여 디자인을 침해한 경쟁업체에 경고장(내용증명) 발송 및 침해금지가처분, 디자인권리범위 확인심판의 청구, 침해금지 및 예방청구권의 청구, 손해배상청구권의 청구, 신용회복청구권의 청구, 부당이익반환청구권의 청구, 침해죄 고소, 양벌 및 몰수 규정 등의 조치를 할 수 있다.

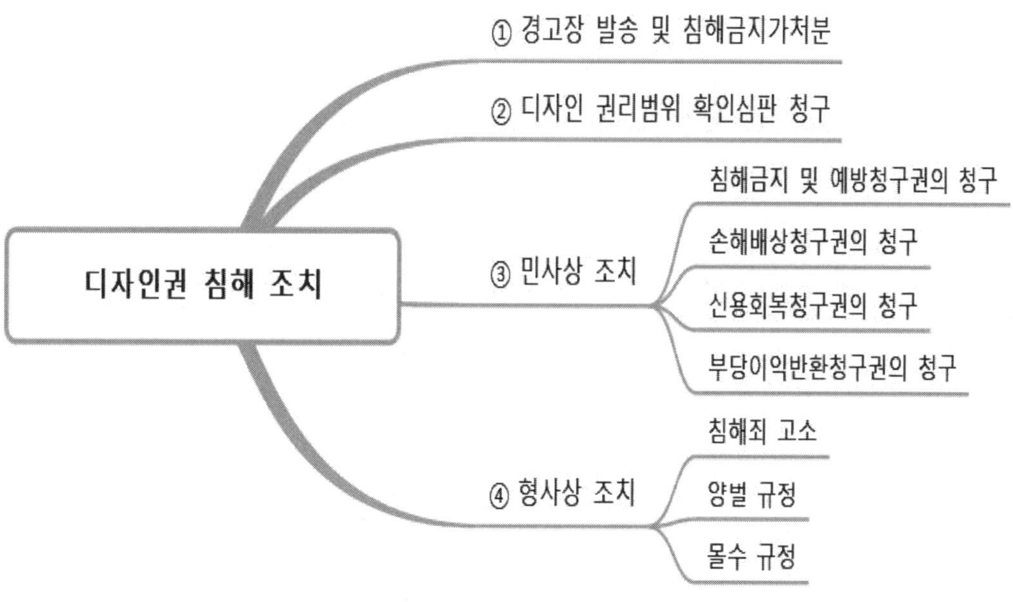

〈디자인권 침해 조치〉

1) 경고장 발송 및 침해금지가처분 청구

(1) 경고장 발송

디자인권자는 자신의 등록디자인 또는 이와 유사한 디자인을 무단으로 실시하는 자에게 경고장을 발송할 수 있다. 경고장 발송을 통해, 디자인권자는 그 실시자에게 자신의 등록디자인의 존재를 알리고, 침해 중지를 요청할 수 있다. 따라서, 경고장 발송은 침해자에 대한 법적 조치 중 가장 선행해야 하는 조치이다.

□ 경고장에 포함해야 할 사항

1. 실시 제품이 디자인등록출원과 동일함
2. 디자인등록시 경고장을 받은 시점부터 지급해야 함
3. 계속 침해시 형사처벌 및 민사상 배상해야 함

*공개/등록공보, 등록원부 첨부

〈경고장에 포함해야 할 사항〉[292)]

(가) 자신의 등록디자인과 유사한지 판단한다.

경고장 발송 전에 나의 등록디자인과 침해품이 유사한지를 변리사, 그 분야의 디자이너 등 전문가와 함께 충분히 검토해야 한다. 침해판단은 사안별로 일부 주관적인 부분이 있지만, 등록디자인의 창작 포인트를 침해품이 그대로 모방하고 있는지가 핵심이다. 따라서 침해품을 직접 주문하여 실물을 보고 판단해야 한다.

(나) 침해하고 있다는 증거 자료를 최대한 수집한다.

침해자가 침해품을 판매하고 있다는 증거를 최대한 많이 수집해야 한다. 온라인 사이트의 광고 페이지를 캡처하거나, 오프라인 매장에서 판매 중인 장면을 사진으로 촬영하는 등 침해품에 대한 광고 및 판매 행위에 대한 증거 자료를 최대한 많이 수집해야 한다.

---

292) 특허청.(2022). 지식재산권의 손쉬운 이용.

(다) 경고장을 보낸다.

경고장에는 요구사항을 명확하게 기재하고 빠른 해결을 위해 경고장에 대한 회신기한을 정하여 기재하는 것이 바람직하다. 침해품과 유사한 내 등록디자인이 존재함을 침해자에게 인지시키기 위해 경고장을 보내는 것이 좋다. 더불어, 불필요한 분쟁보다는 경고장을 통해 원만한 협의를 유도하는 것이 바람직한 방법이다.

또한, 상대방뿐만 아니라 관련된 제3자를 상대로 경고장을 보낼 경우에는 사전에 적극적 권리범위확인심판 등과 같은 객관적인 침해판단을 받아보는 것이 좋다.

(2) 침해금지가처분 신청

침해의 금지를 구하는 본안소송이 확정될 때까지 침해 상태를 방치하는 경우 현저한 손해를 받거나 급박한 위험에 처하는 등 소송 목적을 달성하기 어려운 경우에 디자인권자가 침해의 정지 또는 예방을 구하는 신청이다.

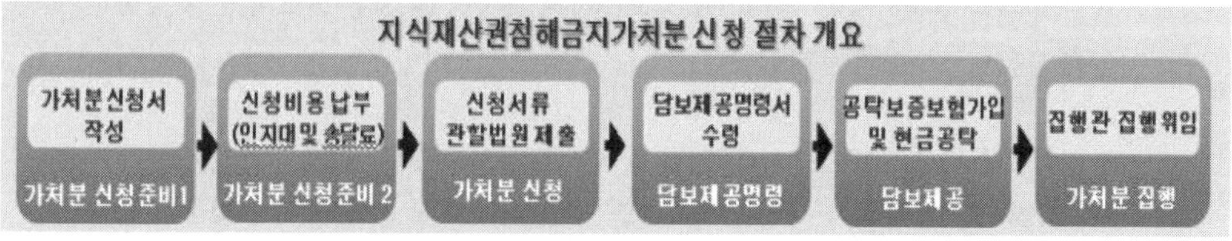

〈지식재산권 침해금지가처분 신청 절차 개요〉[293]

293) 찾기 쉬운 생활법률정보.(2022), https://easylaw.go.kr/

경고장(내용증명) 예시[294)]

○○○○년 ○월 ○일

내용증명우편

수 신 인: 주식회사 ○○○
대표이사 ○○○
서울시 ○○구 ○○로 12 ○○빌딩

발 신 인: 주식회사 ○○○
대표자 ○○○
대전광역시 ○○구 ○○로 123

제 목: 디자인등록 제30-0123456호에 기초한 디자인권 침해중지 요청

1. 귀사의 일익 번창하심을 기원하며, 부득이하게 귀사에 본 서신을 보내게 된 것을 심히 유감으로 생각하는 바입니다.

2. 주식회사 ○○○(이하, '당사'라 함)은 당사가 보유하고 있는 국내 디자인등록 제30-0123456호(이하 '이 사건 등록디자인'이라 함)에 대한 침해 중지 요청을 드립니다.

3. 귀사는 오프라인 및 온라인 쇼핑몰에서 이 사건 등록디자인과 동일한 '○○○'(이하 '이 사건 침해품'이라)를 광고, 전시 및 판매하고 있습니다. 이 사건 침해품의 모델명은 '○○○○'로 소개되고 있으며, 당사는 이에 대한 증거 자료를 확보하여 보유 중입니다.

이하 생략

…

294) 특허청(2020). 디자인보호가이드북.

읽어보기

디자인권 침해 주장하며 법적절차 밟지 않고 거래처에 경고장 발송은[295)]

영업활동 방해 해당… 불법행위 책임져야

디자인권을 침해당했다고 주장하면서 법적 구제절차는 밟지 않고 상대방과 상대방의 거래처에 경고장을 보낸 것은 영업방해에 해당되므로 불법행위 책임을 져야 한다는 판결이 나왔다.

경고장은 자력구제의 성격, 법치이념 훼손 우려

특허법원 특허25부(재판장 서승렬 부장판사)는 제조업체인 A사가 B씨를 상대로 낸 손해배상 청구소송(2017나2424)에서 최근 "1억3000여만원을 지급하라"며 원고일부승소 판결했다.

B씨는 홈쇼핑 등을 통해 진공항아리를 판매하며 2014년과 2015년 제품과 관련한 '진공압착판'과 '누름판' 디자인 등록을 받았다. 한편 A사도 2014년 진공누름판과 밀봉캡 등에 대한 디자인 등록을 하고 진공항아리를 생산·판매했다.

생산자·거래처 신용에 영향, 고도의 주의 요구

A사는 2014년 11월 C홈쇼핑을 통해 제품을 판매했는데, B씨는 당시 A사와 C홈쇼핑에 'A사의 진공항아리 제품을 광고·판매하는 것은 내 디자인권을 침해하는 행위이므로 금지하라. 불응하면 민·형사상 조치를 취하겠다'는 내용의 1차 내용증명통고서를 발송했다. 이에 C홈쇼핑은 A사에 '분쟁 종료시까지 제품 판매를 중단한다'고 통보했다. 이후 B씨는 2015년 재차 A사 거래처에 'A사가 만든 제품의 생산·판매는 부정경쟁행위 및 민법상 불법행위'라며 2차 내용증명통고서 발송했다. 이에 A사는 소송을 냈다. A사는 이와 별도로 2016년 B씨를 상대로 "B씨가 등록한 디자인은 신규성이 부정돼 무효"라며 소송을 냈고 승소했다.

재판부는 "B씨가 A사에 제품의 생산·판매를 금지하는 가처분을 구하는 등 사법적 구제절차를 밟지 않고 곧바로 A사와 그 거래처 등에 1차 및 2차 내용증명통고서 등을 발송한 것은 정당한 권리행사를 벗어나 고의 또는 과실로 위법하게 A사의 영업활동을 방해한 것으로 불법행위에 해당한다"고 밝혔다.

이어 "내용증명통고서와 같이 경고장을 발송하는 행위는 사법적 구제절차를 선취 또는 우회할 목적으로 이뤄지는 자력구제의 성격을 가지는 것으로 법적 제도를 통한 분쟁해결이라는 법치주의의 이념을 훼손할 우려가 크다"며 "등록디자인권자가 이러한 경고장을 발송할 때는 매우 신중할 것이 요구되고, 또 디자인권 등 침해 의심 제품의 생산자와 거래처 등에 대해서까지 경고를 할 때는 생산자의 영업상 신용을 훼손할 우려가 크기 때문에 고도한 주의가 요구된다"고 설명했다. (이하 생략)

2) 적극적 디자인 권리범위 확인심판 청구

디자인권자는 등록디자인의 보호범위를 확인하기 위하여 권리범위 확인심판을 청구할 수 있다 (디자인보호법 제122조) 따라서 디자인권자는 자신의 등록디자인의 권리범위 내에 제3자의 실시 디자인이 속하는지 여부를 확인할 수 있다. 권리범위 확인심판을 실질적인 민형사상 절차에 이르기 전에 침해 여부를 사전에 파악할 수 있다는 점에서 분쟁 비용을 줄일 수 있고, 쌍방 합의에 도달 할 수 있는 수단이 될 수 있다는 점에서 의미가 있다.

권리범위 확인심판의 심결은 민사 또는 형사 소송에서 법적 구속력을 갖진 않지만, 침해를 입증할 수 있는 중요한 증거자료가 되므로 디자인권 침해를 사전에 종결할 수 있는 아주 효율적인 법적 절차이다.

3) 민사상 조치

디자인권 침해가 발생할 경우, 디자인권자에 의한 민사적 구제방법으로는 침해금지 및 예방청구권, 손해배상청구권, 신용회복청구권 및 부당이득반환 청구권의 방법이 있다.

(1) 침해금지 및 예방청구권의 청구

디자인권자는 자기의 권리를 침해한 자 또는 침해할 우려가 있는 자에 대하여 그 침해의 금지 또는 예방을 청구할 수 있다(제113조 제1항). 이 경우 침해행위를 조성한 물품의 폐기, 침해행위에 제공된 설비의 제거 기타 침해의 예방에 필요한 행위를 청구할 수 있다.

---

295) 법률신문(2019.2.21.). https://www.lawtimes.co.kr/Legal-News/Legal-News-View?serial=150867

(2) 손해배상청구권의 청구

디자인권자는 고의 또는 과실에 의하여 자기의 디자인권을 침해한 자에 대하여 손해배상을 청구 할 수 있다(민법 제750조). 이에 디자인보호법은 손해액의 입증이 곤란함을 고려하여 손해액의 추정규정(제115조)을 두고 있고, 과실 입증을 용이하게 하기 위해 과실의 추정 규정(제116조)을 두어 입증책임을 전환하고 있다.

(3) 신용회복청구권의 청구

법원은 고의 또는 과실에 의하여 디자인권을 침해함으로써 디자인권자의 업무상의 신용을 실추하게 한 자에 대하여는 디자인권자의 청구에 의하여 손해배상에 갈음하거나 손해배상과 함께 디자인권자의 업무상의 신용회복을 위하여 필요한 조치를 명할 수 있다(제117조).

(4) 부당이익반환청구권의 청구

디자인권자는 정당한 권원 없이 자기의 권리를 실시하여 이득을 얻고 자기에게 손해를 끼친 자에 대하여 그 손해를 한도로 이득의 반환을 청구할 수 있다(민법 제741조).

4) 형사상 조치

디자인보호법은 디자인권 침해, 위증, 허위표시, 사기행위에 대하여 형사처벌을 규정하고 있다. 조사기관은 검찰청과 경찰청이지만 디자인권자는 침해자의 주소지 또는 침해지를 관할하는 경찰청이나 검찰청에 침해자를 고소할 수 있다.

경찰 및 검찰에서 조사가 이루어진 후 최종적으로 검찰에 의하여 해당사건을 어떻게 처리할 것인지에 대한 결정이 이루어지지만, 디자인권의 침해에 해당한다고 판단한 경우, 기소유예, 약식명령 및 기소의 세 가지 중 하나를 선택할 수 있다.

기소유예 〈 약식명령 〈 정식기소[296)]

① 기소유예 : 검사는 범인의 연령·성행·지능과 환경, 피해자에 대한 관계, 범행의 동기·수단과 결과, 범행 후의 정황등의 사항을 고려하여 소추가 필요 없다고 생각되면 기소하지 않아도 되도록 되어 있다. 이처럼 이른바 범죄의 혐의가 인정되고 소송여건이 구비되었으나 여러 가지 형사정책

상의 고려에서 기소하지 아니하는 처분을 말한다. 이에 대하여 범죄가 특히 경미하여 기소할 것까지는 없다고 생각되기 때문에 기소하지 않는 처분을 미죄처분이라 하여 실무상 구별하고 있다.

② 약식명령 : 약식절차에 의하여 지방법원의 관할사건에 대하여 검사의 청구가 있을 때 공판절차에 의하지 않고 검사가 제출한 자료만으로 조사하여 벌금, 과료, 또는 몰수의 형을 과하는 간이재판을 말한다. 약식명령시에는 추징 기타 부수의 처분도 할 수 있다.

③ 기소 : 공소를 제기하는 것으로 검사가 특정한 형사사건에 대하여 법원의 심판을 구하는 행위를 하며 공소제기라고도 한다. 민사소송법에서는 기소한다는 용어대신에 "소를 제기한다"라는 표현을 사용하고 있다.

(1) 침해죄 고소(양벌 및 몰수 규정 적용)

디자인권자는 고의로 디자인권을 침해한 자에 대하여 7년 이하의 징역이나 1억 이하의 벌금형에 처하는 침해죄로 고소할 수 있다(제220조). 이 경우 법인의 대표자, 법인 또는 개인의 대리인·사용인 기타 종업원이 그 법인 또는 개인의 업무에 관하여 침해죄의 위반행위를 한 때에는 그 행위자를 벌하는 외에 그 법인에 대하여도 벌금형을 과한다(제227조).

한편, 침해행위를 조성한 물건 또는 그 침해행위로부터 생긴 물건은 이를 몰수하거나 피해자의 청구에 의하여 그 물건을 피해자에게 교부할 것을 선고하여야 한다. 피해자는 물건의 교부를 받은 경우에는 그 물건의 가액을 초과하는 손해의 액에 한하여 배상을 청구할 수 있다(제228조).

296) 한국법제연구원.(2022). www.klri.re.kr, 법령용어검색.

2 침해 경고에 대한 대응

1. 디자인권 침해 경고에 대한 제3자의 대응

디자인권자의 경고는 디자인권자의 주관적 판단에 기초한 것이므로 남용되는 경우가 적지 않기 때문에 경고를 받은 제3자는 그 정당성을 면밀히 조사검토한 후 적절한 조치를 취하여야 한다.

1) 디자인권자의 주장이 적법한지 여부를 판단한다.

디자인권자로부터 침해 경고를 받은 제3자는 특허청을 통해 등록디자인에 관한 정보를 열람 할 수 있다(디자인보호법 제206조).

제3자는 침해 경고를 주장하는 자가 적법한 권리자, 즉 디자인권자 또는 전용실시권자인지 여부를 확인해야 하고, 디자인권이 타인에게 이전된 것은 아닌지, 디자인권이 소멸된 것은 아닌지, 등록디자인에 원시적인 하자가 존재하는 지 등을 면밀히 검토하여 자신의 실시가 디자인권 침해(간접침해 포함)에 해당하는지 여부를 확인해야 한다.

침해 경고를 받은 후 상당한 기간 동안 그에 따른 적절한 대응을 하지 않으면, 차후 민형사상 소송에서 불리한 법적 지위를 갖게 된다.

(1) 등록된 디자인권을 근거로 경고장을 받은 경우

디자인권이 현재 유효한 등록디자인인지, 소멸된 디자인인지 여부를 등록원부 확인을 통하여 확인한다. 또한 상대방이 등록디자인을 출원하기 전에 국내, 국외에서 동일, 유사한 디자인이 존재하였는지를 국내·외 인터넷 검색 및 디자인등록 DB 등을 통하여 찾아본다.

그리고 상대방이 등록디자인을 출원하기 전 12개월 이전부터 상대방이 실제 제품으로 판매하였는지도 조사해 본다.

또한, 상대방이 디자인등록출원하기 이전에 내가 먼저 해당 제품을 판매하고 있었는지 알아본다. 내가 실시하고 있는 제품과 등록디자인이 서로 비유사하다면, 변리사의 상담과 도움을 통해 양 디자인이 서로가 다르다는 소극적 권리범위 확인심판을 받아볼 필요도 있다.

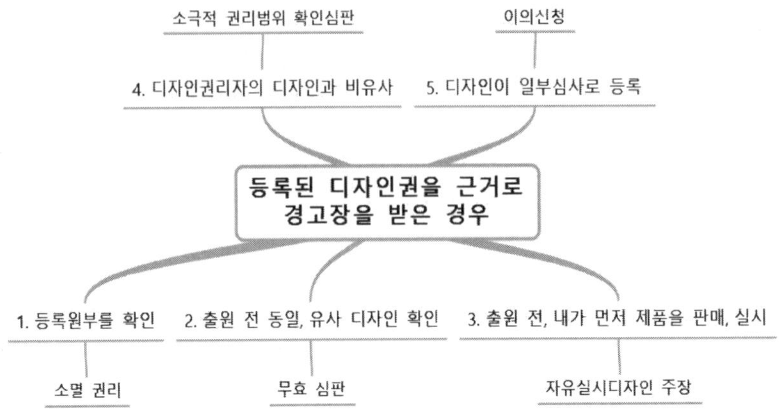

〈등록된 디자인권을 근거로 경고장을 받은 경우, 고려 사항〉

아울러, 누구든지 일부심사등록출원에 의한 디자인권의 설정등록이 있는 날부터 일부심사등록공고일후 3개월이 되는 날까지 당해 이의신청이유에 해당하는 것을 이유로 특허청장에게 이의신청을 할 수 있다(디자인보호법 제68조).

이의신청에 의해 일부심사등록디자인권에 하자가 발견되면 그 일부심사등록 디자인권은 결정으로 취소되고, 취소결정이 확정되면 그 디자인권은 처음부터 없었던 것으로 간주되므로 디자인권자의 침해 주장으로부터 완전히 벗어날 수 있다.

일부심사등록제도

디자인을 심사하는 방식은 선행디자인 검색을 통한 심사(실체심사)를 진행하는지에 따라 '심사방식'과 '일부심사(구, 무심사)' 두 가지로 나뉜다. '심사방식'은 도면 흠결 등을 검토하는 '방식심사'와 '실체심사'를 동시에 진행하는 것이고, '일부심사방식'은 '방식심사'만 진행하고, 선행디자인 검색은 진행하지 않아 조기에 심사 결과를 받아볼 수 있는 것이다.

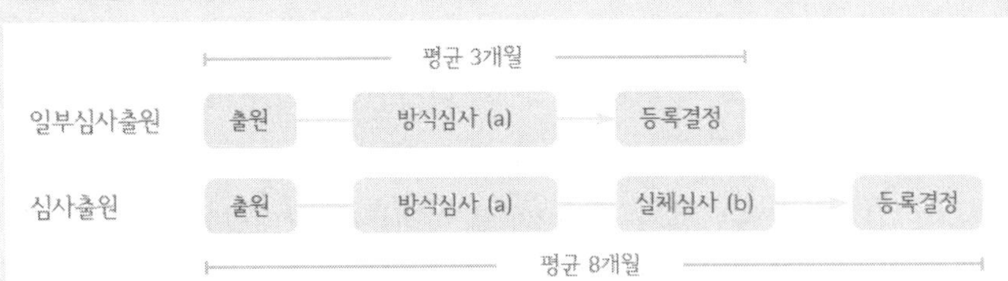

일부심사는 디자인 물품류 중 제2류(의류 및 패션잡화용품), 제5류(섬유제품, 인조 및 천연 시트직물류), 제19류(문방구, 사무용품, 미술재료, 교재) 등과 같이 유행성이 강한 일부 물품에 대한 신속한 권리화를 도모하기 위함이다. 한국은 유일하게 물품에 따라 '심사방식'과 '일부심사방식'을 병행해서 운영하고 있다. 반면, 미국과 일본은 심사주의 국가로 방식심사와 실체심사를 동시에 진행하며, 유럽연합과 중국은 일부심사주의 국가로 방식심사만 진행한다.

디자인일부심사등록 이의신청서 양식[297]

■ 디자인보호법 시행규칙 [별지 제8호서식] <개정 2017. 9. 22.>

특허로(www.patent.go.kr)에서 온라인으로 제출할 수 있습니다.

디자인일부심사등록 이의신청서

(앞쪽)

【신청 구분】 □ 디자인일부심사등록 이의신청

□ 정당한 권리자의 디자인일부심사등록 이의신청

【이의신청인】

【성명(명칭)】

【특허고객번호】

【대리인】

【성명(명칭)】

【대리인번호】

(【포괄위임등록번호】)

【사건의 표시】

【디자인등록번호】

【등록일】

【디자인의 대상이 되는 물품】

【신청이유】(별지에 기재)

【증거방법】(별지사용 가능)

위와 같이 특허청장에게 제출합니다.

이의신청인(대리인) (서명 또는 인)

【수수료】 개 디자인 원 (기재방법 제7호 참조)

(【수수료 자동납부번호】)

【첨부서류】 법령에서 정한 서류 1통 (기재방법 제9호 참조)

210mm×297mm(백상지 80g/㎡)

297) 특허청(2022). www.kipo.go.kr.

(2) 출원 중(등록 전) 디자인권을 근거로 경고장을 받은 경우

현재 출원 중인 디자인을 근거로 경고장을 받는 경우가 종종 발생한다. 출원일보다 앞서 내가 디자인을 사용하고 있었다면, 출원 중인 디자인과 내 제품 디자인이 유사한지를 먼저 판단해보고, 유사하다고 판단될 경우에는 정보제공제도를 활용할 수 있다.

이 제도는 공개된 디자인출원에 대하여 누구든지 그 출원이 등록될 수 없다는 정보를 제공함으로써 부실 권리의 발생을 방지하고자 하는 제도이다.

정보제공제도

현재 출원 중인 디자인이 거절되어야 하는 근거자료를 특허청에 제출함으로써, 심사관에게 해당 출원디자인의 심사에 제출한 근거자료를 함께 참작해달라는 요청서로, 주로 디자인출원 이전에 공개된 유사한 디자인을 근거로 하여, 해당 출원디자인이 신규성이나 창작성이 없다는 의견을 개진하는 것이 일반적임

1. 특허로 접속(https://www.patent.go.kr/smart/portal/Main.do)
2. 신청/제출 선택

3. 면담신청/정보제공 선택 4. 정보제출서(익명) 제출 선택

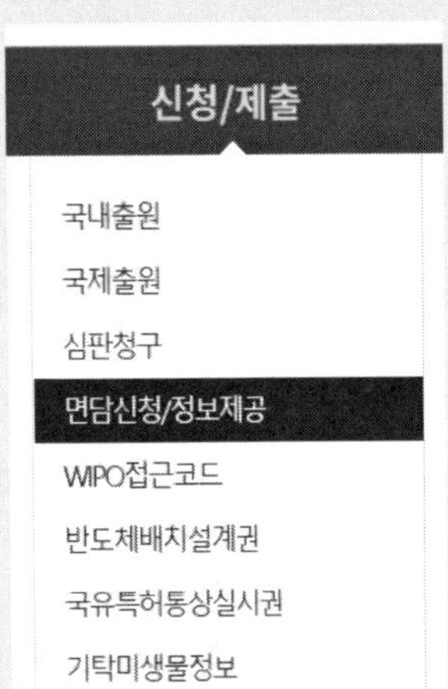

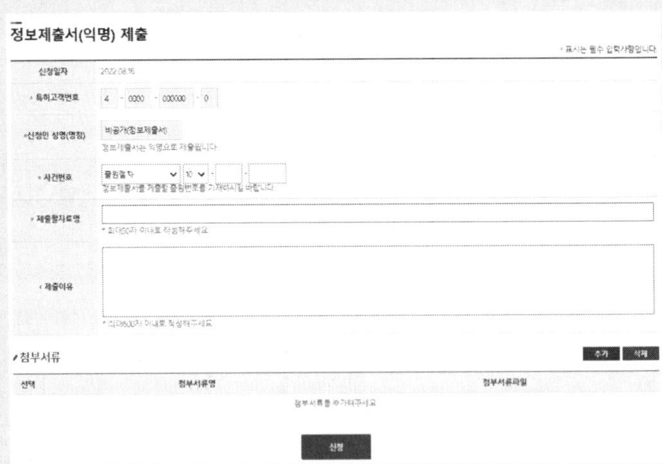

2) 디자인권자의 침해 주장이 타당하지 않은 경우

(1) 권리범위에 속하지 않는다는 주장

(가) 소극적 권리범위 확인심판의 청구

디자인권자로부터 침해경고를 받은 이해관계인은 등록디자인의 보호범위를 확인하기 위하여 권리범위 확인심판을 청구할 수 있다(제122조).

따라서, 침해경고를 받은 제3자는 자신의 실시디자인이 등록디자인의 권리범위 내에 속하는 지 여부를 확인할 수 있다. 권리범위 확인심판을 실질적인 민형사상 절차에 이르기 전에 침해 여부를 사전에 파악할 수 있다는 점에서 분쟁 비용을 줄일 수 있고, 쌍방 합의에 도달할 수 있는 수단이 될 수 있다는 점에서 의미가 있다.

(나) 자유실시디자인 항변[298)]

자유실시디자인의 항변은 특정한 디자인이 등록디자인의 권리범위에 속하는 지를 판단함에 있어서 등록디자인과 대비되는 실시디자인이 공지디자인과 동일 또는 유사한 디자인만으로 이루어지거나(대법원 1994. 9. 27. 선고 93후1995 판결13), 그 디자인이 속하는 분야에서 통상의 지식을 가진 사람이 공지디자인으로부터 쉽게(용이하게) '실시'(대법원 2016. 8. 29. 선고 2016후878 판결) 할 수 있는 경우에는 등록디자인과 대비할 필요 없이 등록디자인의 권리범위에 속하지 않게 된다고 주장하는 것을 말한다.

(2) 무효심판 청구

디자인 이해관계인은 디자인등록이 무효사유에 해당하는 경우 무효심판을 청구할 수 있다(제121조). 따라서 침해 경고를 받은 자는 이해관계인으로서, 그 등록디자인에 무효사유가 존재함을 발견하게 되면 즉각적인 무효심판청구가 가능하다. 만약 무효심판 청구에 의거 디자인등록을 무효로 한다는 심결이 확정된 때에는 그 디자인권은 처음부터 없었던 것으로 간주되기 때문에 등록디자인에 대한 무효심결이 확정되면 디자인권자의 침해 주장으로부터 완전히 벗어날 수 있다.

---

298) 정태호(2022). 신규성 상실의 예외와 관련된 자유실시디자인의 의미에 대한 고찰, 사법, 1(60), 655-703.

3) 침해 경고가 타당한 경우

(1) 실시의 중지

손해배상청구 등은 고의 또는 과실의 경우에만 그 요건을 충족하고, 손해액의 추정 규정 적용 시에 있어서도 고의나 중대한 과실이 없는 경우에는 손해액 산정에 참작될 수도 있기 때문에(디자인보호법 제115조제5항) 실시를 중지하고 선의 또는 무과실을 주장하여 디자인권 침해에 따른 피해를 최소화하는데 집중해야 한다.

(2) 실시권의 설정 또는 디자인권의 양수

디자인권의 침해를 인정하지만, 그 등록디자인 또는 이와 유사한 디자인을 향후에도 계속 실시할 필요가 있으면, 디자인권자와 협의하여 적절한 실시료를 지급하고 실시권 계약(라이선스)을 맺거나 디자인권에 상당하는 금액을 제공하여 디자인권을 이전받는 것도 고려해야 한다.

알아보기 : 산업재산권분쟁조정위원회[299)]

□ 산업재산권 분쟁조정제도 개요

ㅇ 산업재산권 분쟁은 많은 비용과 오랜 시간이 소요되기 때문에, 소송으로 발생하는 국민의 경제적·시간적 부담을 줄이고, 분쟁의 신속하고 공정한 해결을 돕기 위해 운영

□ 산업재산권 분쟁조정제도의 효과

ㅇ 시간과 비용 절약, ㅇ 전문적이고 중립적인 조언

ㅇ 조정 성립시 재판상 화해의 효력 발생, ㅇ 신속성, 비공개성

□ 조정 절차 및 기간

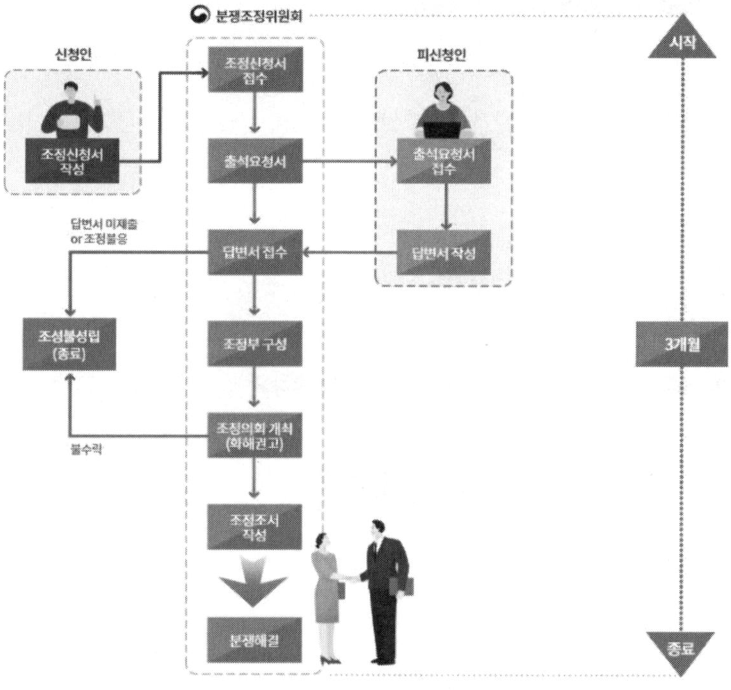

299) 산업재산권분쟁조정위원회.(2022). www.koipa.re.kr.

따라하기 / 디자인 공지증명 신청해보기

http://drihts.kidp.or.kr로 접속

2. 디자인 공지증명 접수 메뉴를 클릭

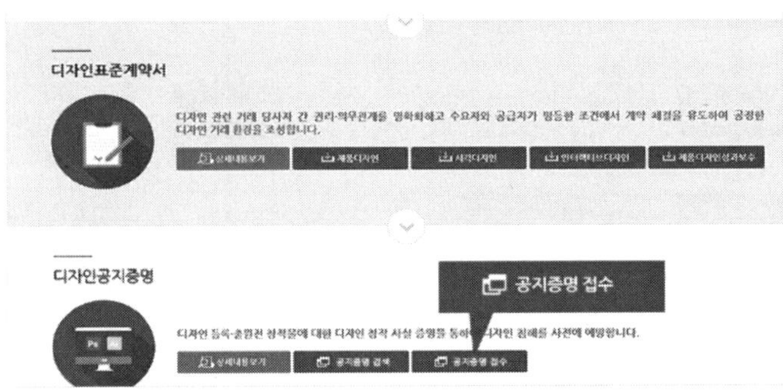

① 디자인공지증명 접수는 로그인이 필요하다.
② 회원 가입을 먼저 하고, 첨부 서류는 pdf 파일로 미리 준비해 둔다.

3-1. 디자인 공지증명 접수 〉 동의서 작성

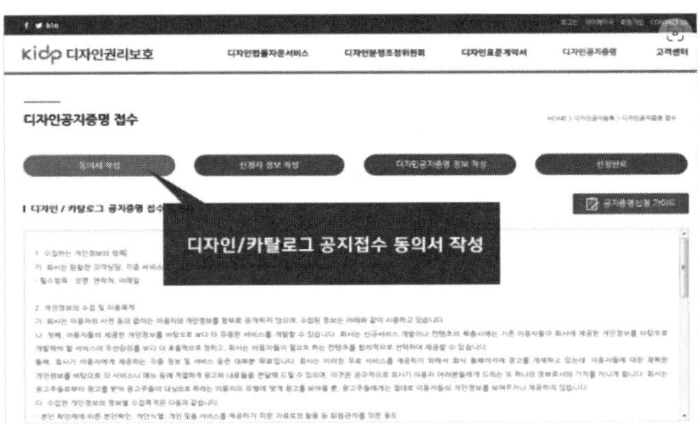

① 디자인공지증명 신청서 접수는 모두 4단계로 구성되어 있다.
② 디자인/카탈로그 공지증명 접수 동의서를 작성한다.

3-2. 디자인 공지증명 접수 〉 신청자 정보 작성

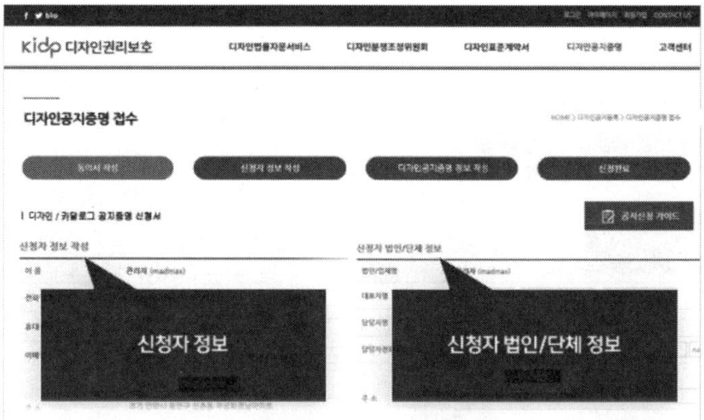

① 회원 가입시 등록한 정보와 일치하는 확인하며, 변경된 정보가 있을 경우 수정하면 된다.

3-3. 디자인 공지증명 접수 〉 디자인 공지증명 정보 작성

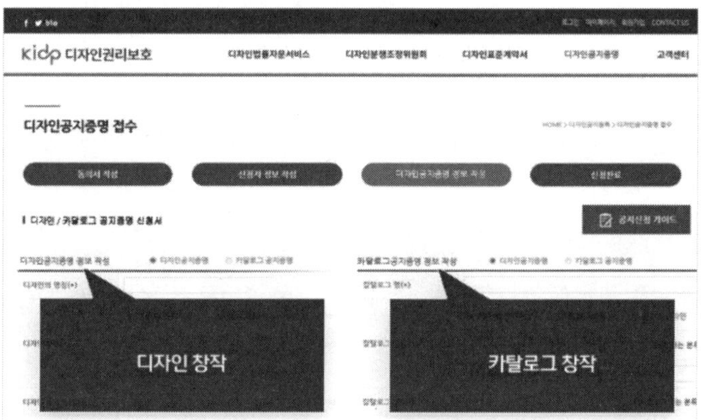

① 디자인창작에 따라 접수 정보가 다르기 때문에 해당하는 디자인창작 종류를 선택한다.

② 화면에 제시되어 있는 디자인의 명칭, 창작 종류, 창작자명 등의 순으로 자료를 입력하거나 선택한다.

3-4. 디자인 공지증명 접수 〉 신청완료

4. 마이페이지 확인

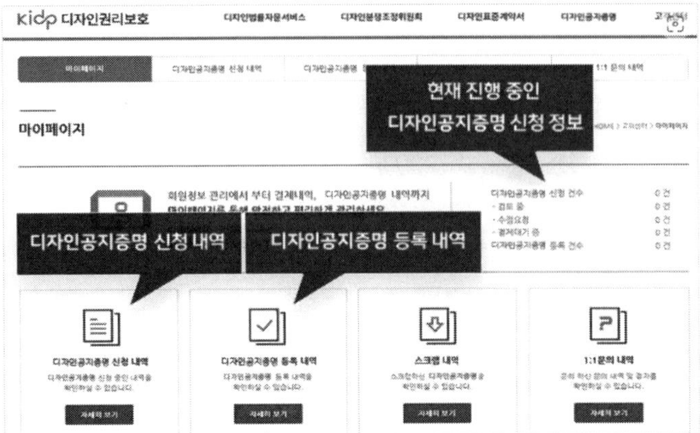

① 마이페이지에서 신청 진행 중인 디자인에 대해 확인이 가능하며, 등록 완료된 디자인 공지증명에 대해서도 확인 및 출력이 가능하다.

5. 디자인 공지증명 등록 신청 내역

① 현재 신청 진행 중인 디자인에 대해 확인이 가능하며, 진행 상태는 검토 중, 수정 요청, 결제대기 중, 무통장 입금의 진행 상황을 확인할 수 있다.

6. 수수료 납부

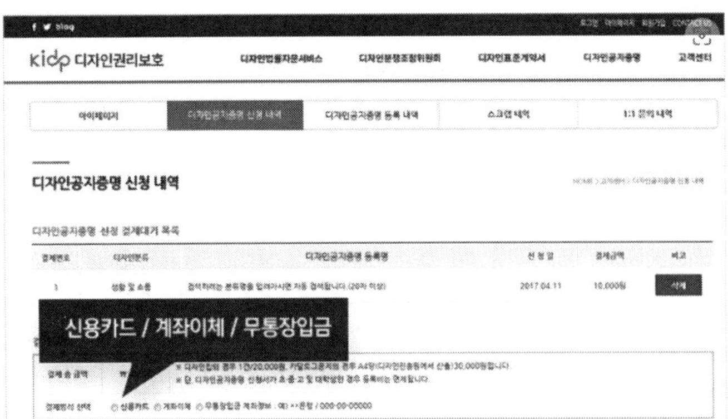

① 수수료 납부는 신용카드. 계좌이체, 무통장입금 3가지 중 하나를 선택하여 진행하면 된다.

7. 디자인공지증명 등록 내역

① 수수료까지 납부한 디자인/카탈로그에 대해서는 공지증명번호가 발급되며, 공지증명서 출력도 가능하다.

8. 디자인공지증명서 출력

① 디자인 공증증명서가 출력된 모습으로, 좌측 상단에 공지증명번호가 제시되어 있다.

확인 학습 /

1. 디자인 권리권자는 디자인설정등록 후단계에서 어떠한 디자인 침해예방 조치를 할 수 있는가?

2. 다음 심판 중 권리권자와 침해 경고를 받은 자가 취할 수 있는 심판은?

권리권자		침해 경고를 받은 자
보기	① 무효심판, ② 적극적 권리범위 확인심판, ③ 소극적 권리범위 확인심판, ④ 거절결정불복심판, ⑤ 불사용 취소심판	

3. 여러분이 디자인 권리권자로부터 디자인을 침해했다는 경고장을 받았다면, 어떠한 내용들을 확인해 보아야 할까요?

①

②

③

4. 자유실시디자인의 항변은 특정한 디자인이 등록디자인의 권리범위에 속하는 지를 판단함에 있어서 등록디자인과 대비되는 □□디자인이 공지디자인과 동일 또는 유사한 디자인만으로 이루어지거나(대법원 1994. 9. 27. 선고 93후1995 판결13), 그 디자인이 속하는 분야에서 통상의 지식을 가진 사람이 □□디자인으로부터 쉽게(용이하게) '실시'(대법원 2016. 8. 29. 선고 2016후878 판결)할 수 있는 경우에는 등록디자인과 대비할 필요 없이 등록디자인의 권리범위에 속하지 않게 된다고 주장하는 것을 말한다.

참고자료

〈도 서〉

- 노태정(2016). 디자인보호법 개설.
- 특허청(2015). 지식재산권 표시 가이드라인.
- 특허청(2020). 디자인보호 가이드북
- 특허청(2022). 지식재산권의 손쉬운 이용.

〈인터넷〉

- 경향신문(2012.11.22.) https://m.khan.co.kr/it/mobile/article/201211111401281#c2b
- 법률신문(2019.2.21.). https://www.lawtimes.co.kr/Legal-News/Legal-News-View?serial=150867
- 이투데이(2021.8.31.). https://www.etoday.co.kr/news/view/2058032
- 중소기업뉴스(2022.6.14.). http://www.kbiznews.co.kr/news/articleView.html?idxno=91400
- 찾기 쉬운 생활법률정보(2022), https://easylaw.go.kr/
- 투데이신문(2021.1.12.). http://www.ntoday.co.kr/news/articleView.html?idxno=76771
- 특허정보검색서비스(2022). www.kipris.or.kr
- 특허청(2022). www.kipo.go.kr
- 파이낸셜 뉴스(2020.6.10.). https://www.fnnews.com/news/202006101753415562
- 한국디자인진흥원(2022). https://drights.kidp.or.kr/.
- 한국법제연구원.(2022). www.klri.re.kr, 법령용어검색.